빅홀니스

Finding Radical Wholeness

FINDING RADICAL WHOLENESS
by Ken Wilber

Copyright © Shambhala Publications, Inc. 2024
All rights reserved.

Korean translation edition is published by arrangement with
Shambhala Publications, Inc., Boulder through Sibylle Books
Literary Agency.

Korean Translation Copyright © Minumin 2025

이 책의 한국어 판 저작권은 시빌 에이전시를 통해
Shambhala Publications, Inc.와 독점 계약한 ㈜민음인에 있습니다.

저작권법에 의해 한국 내에서 보호를 받는 저작물이므로
무단 전재와 무단 복제를 금합니다.

빅 홀니스

Finding Radical Wholeness

켄 윌버

추미란 옮김

나를
완성하는
다섯 가지
깨어남

판미동

차례

머리말 —— 8

1장 깨어남이란 —— 28

깨어남의 증거 | 완전한 깨어남의 5대 상태-단계 | 영원성과 무한성

2장 우리는 왜 성장해야 하는가? —— 52

성장이란 무엇일까? | 성장의 약식 4단계 모델 | 마법, 신화적 구조-단계들

3장 성장이 깨어남을 설명한다 —— 77

4장 영적 지능 대 영적 경험 —— 89

영적이되 종교적이지 않은 | 예수와 가이아 | 구조 대 상태

5장 성장의 초기 단계들 —— 117

태고 융합(혹은 크림슨/진홍색) 단계 | 마법-힘(혹은 레드/붉은색) 단계 | 신비주의 경험의 주요 유형들 | 윌버-콤즈 격자 | 샤머니즘의 마법적 자연 신비주의 | 요약

6장 신화-문자적 앰버/황색 단계 — 152

오리지널 신화들의 문자적 의미 | 신화적 정묘 상태 | 컨베이어 벨트

7장 근대-합리적 오렌지색 단계 — 171

탈신화로서의 합리성(혹은 제퍼슨 성경) | 신화의 성질 | 합리적 무신론자
원인 무형 상태 | 초기 불교 | 신화적 신의 죽음 | 진화, '무엇'과 '왜'

8장 탈근대-다원적 그린 단계 — 209

자유 대 평등 | 진보 좌파와 보수 우파 | 그린의 미덕 | 성장 위계 대 지배 위계
그린 종교

9장 포괄적-통합적 터콰이즈/청록 단계 — 242

통합 단계의 성질 | 터콰이즈 포괄적-통합적 단계와 일미 | 뉴 패러다임 과학에
내재하는 이원성 | 탄트라의 의미 | 요약: 성장과 깨어남을 둘 다 포함해야 하는 이유

10장 정화와 그림자 치료 — 269

자기 경계의 변경 | 3-2-1 과정 | 3-2-1 과정 연습 | 요약

11장 드러냄 — 302

사분면 | 사분면 혹은 빅 쓰리 | 정신-몸의 관계에 대한 난제
물질의 진짜 의미 | 트랜스젠더 정체성에 대한 논쟁
일상에서의 분면 | 빅 홀니스 내 사분면의 중요성

12장 열림 — 344

다중 지능 | 진화와 다중 지능

13장 오늘날의 어두운 그림자들 — 348

상호 확증 파괴 | 근대의 진정한 죄악 | 의도적 개발 문화

14장 근대성이라는 악몽 — 381

자연의 위대한 체계 | 측정의 엄청나게 크고 완전히 엇갈린 발전
원자론 대 시스템 이론: 뉴 패러다임? | 내일의 세상: 글로벌 트랜스휴머니즘?

15장 깨어남 — 406

개관 | 깨어남에 대한 역사적 망각 | 목격 대 일미 | 연습에서의 두 단계
지적 지도 | 나됨 깨우치기

16장 목격과 일미 지적 — 434

목격 1라운드 | 일미 1라운드 | 목격 2라운드 | 일미 2라운드

17장 깨달음의 느낌들 — 458

지복을 넘어서는 큰 지복 | 사랑을 넘어서는 큰 사랑의 충만함

18장 통합 성 탄트라 — 470

탄트라에 대한 개관 | 탄트라의 상대적 축복과 상대적 사랑을 이용하는 법

19장 통합 성 탄트라 수행 — 481

탄트라에서의 인식 | 지복의 목격 의식을 인식하기 위해 섹스 이용하기
사랑의 일미 의식을 인식하기 위해 섹스 이용하기 | 지복과 사랑의 궁극적 합일
요약

맺음말 — 513

주 — 521

머리말

이 책은 홀니스Wholeness(전체성)에 관한 책이다. 내가 홀니스란 말을 대문자 W로 시작하는 이유는, 거기에 어떤 무게감을 부여하고 싶기 때문이다. 사실 나는 진정한 전체성을 발견하는 것이야말로 진짜 영성이 의미하는 바라고 믿는다.(그리고 당신을 그렇게 설득해 보고자 한다.) 따라서 이 책은 당신 인생에 진정한 의미와 목적을 제시할 수도 있다.

그렇다고 이 책이 유신적有神的 영성에 관한 책이란 건 아니다. 이 책은 신화적이지 않고 특정 믿음 체계를 전제로 하지도 않는다. 이 책은 당신이 숭배해야 하는 지대한 신이나 초자연적인 존재나 초월적인 세상을 상정하지 않는다. 그중에 당신이 믿는 것이 있다면 좋겠지만 이 책은 그런 것들에 관한 책이 아니다. 게다가 그런 것들을 믿어도 여전히 진정한 홀니스 자체는 결핍될 수 있다. 반대로 그런 것들을 믿어서 진정한 홀니스를 얻게 될 수도 있다. 여하튼 이 홀니스를 발견하는 것이 진정한 영성의 모든 것이라고 할 만하므로, 이 책으로 당신은 인생에서 진정한 홀니스를 발견하는 방법들을 제대로 찾아내게 될 것이고, 그 결과 당신의 존재와 의식$_{Awareness}$에 일어날 심오한 변화들을 보게 될 것이다.

"영적이지만 종교적이지는 않다."는 말을 당신도 들어 봤을 것이다. 이것은 이 책에도 어느 정도 해당하는 말이다. 이 책의 접근법은 바로 지금 여기 당신의 삶에서 진정한 홀니스(전체성, 진정한 영성)를 직접적으로 발견하는 데 도움을 준다는 의미에서 영적이다. 하지만 이를 위해 마법적이고 신화적인 이야기, 기적적인 사건이나 제도권 종교 같은 것에 대한 그 어떤 믿음도 요구하지 않는다. 진정한 영성을 진정한 홀니스의 발견으로 재정의할 때, 우리는 세상의 수많은 종교에 퍼져 있는 마법적, 신화적 믿음들을 대부분 건너뛰게 된다. 정확히 그런 의미에서 이 책은 "영적이지만 종교적이지는 않다."

따라서 "모세가 정말로 홍해를 갈랐다." "무함마드가 정말로 말을 타고 날아올라 가 검으로 달을 반쪽 냈다." "노자는 태어날 때부터 이미 900살이었다." 같은 믿음은 이 책에서 나오지 않는다. 이런 신화적 이야기는 많은(심지어 대부분의) 세계 대종교의 초석이었고, 실제로 진정한 신자인지 아닌지 가늠하는 중요한 요소가 지금도 이런 신화들을 믿는지 여부다. 다시 말하지만 이런 신화적 믿음들을 당신이 받아들인다 해도 나는 상관하지 않는다. 다만 이 책은 그렇게 받아들이기를 요구하지 않을 것이다. 대신, 당신 삶 전반에 걸쳐 있는 새로운 형태의 영성을 드러내 보여 줄 것이다. 즉 진정한 홀니스를 발견하게 해 줄 것이다. 그 진정한 홀니스를 직접적, 즉각적으로 깨닫는 데 실질적으로 도움이 되는 육체적, 정신적 연습과 함께 말이다. 따라서 당신은 분명히 "나는 영적이지만 종교적이지는 않다."고 말할 수 있게 될 것이다.(참고로《타임》의 최근 여론 조사에 따르면 밀레니엄 세대의 70퍼센트 이상이 자신이 "영적이지만 종교적이지는 않다."고 말한다고 한다. 나의 이런 접근법을 독자들이 진지하게 받아들일 준비가 되어 있는 듯 보인다.)

1793년에 임마누엘 칸트는 "무릎을 꿇고 기도하고 있는 사람이 다른 이에게 들켜 매우 당황하게 된다면 그것은 분명 근대 세상"이라고 했다. 오늘날 우리는 세계 대종교들이 말하는 마법적, 신화적 이야기를 대부분의 사람들이 (특히 고등 교육을 받은 사람이라면) 믿지 않는 세상에 살고 있다. 그리고 그들 대부분이 어떤 방식으로든 그런 고대의 '믿을 수 없는' 신화적 이야기를 믿고 있음을 들키면 당황해할 것이다. 그러나 이 책이 말하는 영성은 당신이 아무리 고등한 교육을 받았더라도 당신을 당황하게 만들지 않을 거라고 나는 장담한다. 이 책은 그저 당신 존재와 의식에 있어 진정한 합일과 홀니스를 발견하는 데 도움을 줄 뿐이다. 당신 인생에서 그런 홀니스를 발견할 때 일, 인간관계, 여가, 자녀 교육, 경력, 존재 자체에 있어 놀라운 혜택들을 많이 얻게 될 것이다.

세계 대종교들의 원형에 좋은 측면이 전혀 없다는 말은 아니다. 단지 이 책이 전통 종교들이 말하는 마법적, 신화적, 혹은 기적적인 이야기들을 믿으라고 요구하지는 않을 거라는 말이다. 예를 들어 나는 예수 그리스도가 정말로 동정녀의 몸에서 태어났음을 믿으라고 당신을 설득하지는 않을 것이다.(실은 마리아가 놀랍기만 하다. 임신했는데 아이 아버지가 남편이 아니라면 다른 이성과 관계를 가졌다는 말이고, 그렇다면 이야기를 꾸며 내야 했을 것이다. 남편 요셉은 바보처럼 마리아의 이야기를 믿었다. "네, 저는 섹스를 했어요. 하지만 걱정하지 마세요. 진짜 아빠는 지구인이 아니니까요.") 이런 것들이 현대인이 자신이 믿고 있음을 들키면 머리를 긁적이며 당황해하는 '믿을 수 없는' 이야기이다.

그렇다고 기독교가(혹은 세계 대종교들이) 아무 가치가 없다는 말은 아니다. 물론 여기서 우리는 매우, 아주 *매우* 주의해야 한다. 나는 세계 대종교 대부분에 내가 말하는 의미의 진정으로 영적인, 작지만 중요한 핵심이 들어 있다고 말하고 싶다. 다시 말해 전통 종교들 대부분에 진정한 홀니스를 발견하는 데 정말로 도움되는 어떤 측면들이 있고, 그 핵심만이 "영적이지만 종교적이지는 않다."

예를 들어 기독교를 보자. 기독교도들이 믿어야 하는 마법적, 신화적 믿음들과 기적들이 많이 있다. 「니케아 신경」과 「사도 신경」에 제시된 모든 믿음들, 그리고 당신이 지은 죄를 위해 죽었고 심판의 날 당신의 영광을 위해 재림할, 우주 유일한 창조자의 유일한 생물학적 아들을 둘러싼 모든 신화와 그 변형들이 있다. 오늘날 교육받은 사람에게 이런 말들은 다 믿을 수 없다. 그런데 특히 초기 기독교는 그 외의 것도 제시했다. 즉 홀니스 의식으로의 깨어남Waking Up에 관해 말하며, 명상 혹은 관상의 길을 통해 그러할 수 있다고 했다. 예를 들어 성 바울은 "그리스도 예수 안에 있던 이 의식을 여러분 안에 있게 하여 우리 모두가 하나가 되게 하라."고 했다. 이런 하나임Oneness을 향한 탐색, 홀니스로의 충동이, 힌두교, 불교, 수피교 같은 다른 지혜의 대전통들에서도 그러하듯 기독교를 이루는 핵심이었다. 중요한 점은 이 홀니스가 믿음과는 아무런 상관이 없다는 것이다. 특히 성경 같은 종교적인 경전 속에서 발견되는 마법적-신화적 믿음들은 전혀 필요 없다. 그것들은 더 이상 필요하지 않다. 왜냐하면 인류 초기의 낮은 수준의, 지금은 매우 고루해진(따라서 '믿을 수 없는') 진화나 성장 단계(다시 말해 마법적, 신화적 단계)의 잔재들이기 때문이다.

임사체험은 유물론자, 관념론자, 허무주의자, 그 어떤 다른 신념의 소유자도 가리지 않는 독립적인 경험이다. 마찬가지로 진짜 홀니스의 발견도 당신이 어떤 마법적 혹은 신화적 믿음 체계를 따르든(혹은 합리적인 믿음 체계를 갖든) 거기에 의존하지 않는다. 홀니스의 발견에 그냥 그런 것들은 필요하지 않다.

기독교의 모든 신화적 이야기를 배척하지 않으면서도 진정한 홀니스의 직접적인 경험을 목표로 하는, 명상적, 관상적 혹은 신비주의적인 기독교 분파들이 있다. 예를 들어 『무지의 구름 The Cloud of Unknowing』(여기서 '무지'는 모든 믿음 체계를 초월하는 의식으로, 깨어나기 위해 신화적 믿음들을 넘어선 상태를 뜻한다.)의 경전들이 보여 주는 접근법이 그렇다. 이러한 홀니스는 기독교로의 개종에 일반적으로 따라오는 마법적, 신화적 믿음을 수용했기 때문에 경험하는 것이 절대 아니다. 내가 아는 진정한 기독교 신비주의자 대부분은 동정녀 임신, 육체의 부활을 포함한 초자연적 기적 혹은 기독교의 중심을 이루는 신화의 그 어떤 것도 믿지 않는다.(여기서 내가 말하는 '신비주의자'는 홀니스를 영적으로 직접 경험한 사람이다.)

따라서 기독교도로서 당신의 그리스도 의식을 발견하는 것, 그러니까 참나 Real Self와 전 우주와의 근본적인 전체성("따라서 모두가 하나임")을 발견하는 것과 "성부와 성자와 성령을 믿고 성자가 동정녀의 몸에서 탄생해 십자가에 못 박힌 다음 부활해 하늘나라로 올라갔으며 내 원죄를 구제함을 믿는" 것은 서로 별개이다. 이 둘은 서로 완전히 다르다. 전자는 영적이고 후자는 종교적이다.

수많은 책을 집필한 뛰어난 주교, 존 셸비 스퐁 John Shelby Spong은

2018년 저작, 『믿을 수 없는Unbelievable』에서 기독교에 대해 그와 아주 유사한 점을 강력히 주장했다. 스퐁은 경험Experience과 설명Explanation이 아주 다르라고 지적하며 시작하는데, 이는 아주 정확한 지적이 아닐 수 없다. 일반적으로 '면식Acquaintance에 의한 지식'이 경험이고 '묘사Description에 의한 지식'이 설명이다. 이런 구분은 아주 중요하다. 우리가 앞으로 탐구할 것은 홀니스 체험에 의한 지식(직접적인 경험)이다. 궁극의 합일 의식이 묘사(설명)되더라도 당신은 그 전체성을 당신 스스로 직접적으로 경험할 필요가 있다. 그 묘사가 무슨 의미인지 실제로 알고 싶다면 말이다.(우리는 그런 경험을 하게 만드는 연습들도 해 볼 것이다.)

스퐁은 진정한 기독교는 하나임Oneness의 직접적인 경험에 관한 것이지만, 역사 속 기독교는 문자 그대로 해석된 1세기 신화들과 비잔틴적이라 할 만한 4세기 철학적 해석에 사로잡혔다고 주장했다. 성경 속 신화와 기적들에 관해 스퐁은 현실성이 없음을 격하게 주장했다. 스퐁 자신도 그중 어떤 것도 믿지 않았음이 분명하다. 예수가 우리의 죄를 사하기 위해 죽었다는 생각, 생물학적 동정녀 잉태 개념, 육체의 승천, 모세의 홍해 가르기, 엘리야가 수레를 타고 하늘로 올라간 것 등을 포함한 기독교의 모든 마법적-신화적 믿음들을 그는 전부 거부한다. 다시 말해 스퐁은 기독교와 연결된 모든 신화, 기적, 초자연적 사건들을 거부한다.(그는 수많은 책에서 끈질기게 그래 왔다. 스퐁이 주교였음을 기억하자. 나는 솔직히, 하느님이 도우사, 그가 어떻게 파문을 면했는지 모르겠다.) 스퐁은 하나임, 그 순수한 홀니스의 직접적인 경험(이것을 그는 "살아가고 사랑하고 존재하는" 홀니스라고 부른다.)을 원한다. 그리고 그는 그 경험에 대한 (믿을 수 없는) 설명으로 단 하나의 신화도 용납하지 않았고, 바로 그래서 그의 책 제목이 『믿을 수 없는』이 되었다. 스퐁은 진정으로 "영적이지만 종교적이지 않았고", 예수 또한 그랬을 거라고 (나처럼) 믿었으며, 예수가 전한 메시지의 핵심이 홀니스의 선언이라고 믿었다.

나는 거기에 덧붙여 그것이 붓다, 상카라Sankara, 플로티노스Plotinus, 공자, 요기니 초갈Tsogyal, 장자, 전통 종교의 창시자들, 위대한 성인들 대부분이 전한 메시지의 핵심이라고 말하겠다. 주요 신화들은 서로 아주 다른 이야기를 하지만 홀니스의 탐구가 대종교 대부분의 핵심이다. 우주와 진정으로 하나가 될 때는 어떤 틀로 어떻게 설명하든 우주와 하나인 것이다. 하나는 하나이다. 위대한 전통들을 잘 들여다보면 실제로 거의 모두에서 합일 의식이라는 공통의 핵심이 쉽게 발견된다. 실제로 이 근본적인 홀니스가 세계의 모든 대종교들이 추구하는 것이라고 믿는 '영원의 철학Perennial Philosophy'이란 학파가 있다. 종교들 각각의 외면적 형태는 매우 다르더라도(즉 그들의 신화적 설명이 서로 다르더라도) 그 안의 홀니스는 기본적으로 실제 모두 같다(하나임의 경험을 보여 준다는 점에서 유사하다)는 것이다.

여기서 우리는 주의해야 할 점이 있다. 모든 종교가 기본적 홀니스를 추구한다는 점에서 유사하기는 하지만 대부분의 경험이 (부분적으로 각각의 문화에 기반하는) 어느 정도의 해석을 포함하는 것도 사실이기 때문이다. 따라서 우리는 사실 진정으로 '영원하거나' 변하지 않는 것을 그렇게 많이 발견하지는 못한다. 하지만 그런데도 점점 더 정교해지는 명상 체계들이 모두 아주 유사한 궁극의 홀니스를 가리키는 경향이 있다는 사실을 생각하면 '영원의 철학'은 그 핵심을 드러내고 있는 듯하다. 홀니스의 발견(합일 의식의 직접적인 경험)은 열반, 깨우침, 사토리, 변성Metamorphosis, 파나Fana, 해탈 등으로 다양하게 불렸고, 모두 명상의 기본적인 목표였다.

　나중에 직접 탐구하겠지만 홀니스는 신화적, 초자연적 혹은 마법적이지 않다. 홀니스 경험은 주변의 세계를 보다가 갑자기 당신과 그 세계가 합일 의식 속에서 하나의 경험이 되는 것이다. 당신은 자신이 정말로 온 세상과 하나라고 느낀다. 모든 것과 하나이고 온 우주가 당신 안에서 일어난다. 이것이 전형적인 합일 의식 경험이다. 그렇게 경험하고 난 후 당신은 어떻게든 그것을 설명하려고 시도하게 될 텐데, 그 대부분이 조금의 비판적인 분석도 견디지 못하고 합리적으로 격추될 테지만, 그렇다 해도 설명을 포기하지는 않을 것이다. 그리고 당신은 설명이 아무리 어렵다고 해도 어쨌든 그 경험 자체는 아주 실재함을 잘 알 것이다. 그것은 정말로 모든 존재의 바탕The Ground of All Being에 대한 진정 최고의 경험이고, 깨어남, 궁극의 합일 의식에 대한 일견, 신성한 하나임, 진정한 홀니스에 대해 일부 티베트 불교도들이 말하는 "일미一味, One Taste"이다.

　따라서 나는 힌두교의 베단타 학파, 도교, 카발라, 관상 기독교 혹은 기독교 신비주의, 신플라톤주의, 초기 불교, 대승불교, 밀교의 모든 학파, 하시디즘, 수피즘 같은 모든 전통이 그 가장 깊은 중심에서 이런 비이원의 진정한 홀니스를 추구하고 발견하려 한다고 주장한다. 우리는 이 홀니스에 깨어나는 상태에 대해 살펴볼 것이며, 거의 언제나 이 종교들의 원형과 함께 오는 신화적 이야기나 다른 기묘한 설명들을 채택할 필요 없이, 그것을 직접적으로 깨닫고 경험하는 방법들을 탐구할 것이다. 영성은 기본적으로 기묘한 설명들을 뺀 종교이고, 이것이 우리가 추구할 형태의 종교이다.

이 책이 주장할 또 다른 점을 미리 살펴보자면, 우리는 인간의 발전이 장 겝서Jean Gebser 같은 뛰어난 연구자들이 설명하고 이름 지은 (태고, 마법, 신화, 합리적, 다원적, 통합적 시대 같은) 성장과 진화의 여러 단계를 포함하고 있다는 점도 살펴볼 것이다. 인류는 이 단계들을 통과해 가고 있다.(마법과 신화의 낮은 단계들을 포함하면서 합리적, 통합적 단계 같은 더 높은 단계로 가고 있는데, 지금의 인류는 통합 단계의 초기에 막 도달한 상태이다.) 이런 단계들은 뒤에 가서 자세히 살펴볼 것이다. 여기서는 성경의 거의 모든 마법적, 신화적 이야기들이 인류가 약 2000~6000년 전 마법과 신화의 초기 단계에 있었을 때 쓰였다고 주장할 거라는 점만 밝혀 두겠다. 따라서 그것들이 쓰인 시기에는 신화와 마법이 실수나 환각, 혹은 망상이 아니었다. 단지 마법과 신화의 초기 발전 단계에 있던 인간에 의해 쓰였을 뿐이다. 그리고 그들은 자신들이 쓴 것에 정직했고 진심이었다. 이 지점에서 나는 종교적 관점에 대한 강한 비판(이는 다섯 살 아이에게 소리를 지르는 것과 같다.)을 완화할 것이다. 그것들이 정말로 초기의 낮고 대체로 고루하고 더 이상 쓸모없는(따라서 정말로 '믿을 수 없는') 인간 진화 단계의 산물이라는 주장은 변함없지만 말이다. 그래도 당신이 그런 믿음 중 어떤 것을 믿고 있다면 그 믿음을 없앨 필요는 없다.(없애기로 선택하거나 최소한 업데이트할 길을 찾을 수는 있겠지만 말이다.)

우리는 진정한 홀니스를 추구한다. 하지만 홀니스에는 아주 이상한 점이 있고, 바로 그 지점이 이 책의 핵심이다. 즉 홀니스는 결코 저절로 깨닫게 되지 않는다. 홀니스는 바위나 나무처럼 모두가 자동적으로 보게 되는 것이 아니다. 당신은 사실 홀니스를 어디서 찾아야 하는지 알아야 하고, 그다음 나가서 그것을 찾아야 한다. 그렇지 않으면 이상하게 들리겠지만 홀니스를 찾지 못할 테고 당신은 부분적이고, 파편적이며, 깨진 상태로 남게 될 것이다. 적어도 당신이 될 수 있는 만큼의 온전한 상태에는 도달하지 못할 것이다. 비록 홀니스는 말 그대로 당신 주변 도처에, 당신과 함께, 당신 안에 있지만(지금도 당신 의식에 넘치고 있다.) 어디서 찾아야 하는지 모르면 그것은 당신을 곧장 지나쳐 갈 테고, 당신은 그것이 거기 있음을 꿈에도 모를 것이다. 나는 이 점을 우리 둘 다 완전히 지쳐 버릴 때까지 거듭 강조할 것이다. 정말 사실이 그렇다. 내가 이 책으로부터 당신이 얻어가기를 바라는 단 한 가지가 있다면 바로 '홀니스를 어디서 찾아야 하는지 알아야 한다.'일 것이다. 어디를 보면 되는지 아무도 가르쳐 주지 않기 때문에 이 세상의 대다수 사람들이 홀니스가 거의 없는 삶을 살아가고 있다.

홀니스를 찾는 길을 추구할 때 몇 가지 서로 다른(하지만 각각 똑같이 중요한) 진정한 홀니스 유형들을 발견하게 된다는 점도 마찬가지로 흥미롭고 놀랍다. 그리고 그 각각의 유형을 보기 위해 탐구할 수 있는 길(혹은 수행이나 체험적인 연습들)이 있다. 우리는 홀니스의 그 서로 다른 영역을 각각 주의 깊게 살펴보고 분명히 설명해 볼 것이다. 그 결과 그것들을 보기 위해 정확히 뭘 해야 하는지 알게 될 것이다. 먼저 이러한 홀니스의 유형들 중(유형은 다섯 가지다.) 오직 하나만이 영성과 관련되어 있음을 밝혀 두겠다. 따라서 영성에 관심이 전혀 없다고 해도 이 책을 좋아하고 즐길 수 있을 것이다.

나는 홀니스의 이 서로 다른 다섯 가지 유형에 각각 깨어남Waking Up, 성장Growing Up, 열림Opening Up, 정화Cleaning Up, 드러냄Showing Up이라는 이름을 붙여 줄 것이다. 이들은 모두 당신이 살면서 할 수 있는 활동들이고, 각각 그것만의 믿을 수 없이 심오한 홀니스 유형을 보여 줄 것이다. 그리고 이 홀니스의 유형들을 모두 완수할 때 당신은 극도로 포괄적인 '빅 홀니스Big Wholeness'를 성취하게 될 것이다. 홀니스의 다양한 유형에 대한 설명을 잘 읽고 그 설명이 합당한지 보길 바란다. 합당하지 않은 것은 언제든지 버릴 수 있다. 하지만 사람들 대부분은 이 유형들이 시사하는 바가 믿을 수 없이 많다고 본다. 사실 이 빅 홀니스에 헌신하는 세계 곳곳 전문가들의 사상적 흐름이 존재한다. 빅 홀니스를 둘러싼 이 흐름을 '메타 통합 이론'이라고도 하는데, 어쩌다 보니 내가 그 이론을 대표하는 사람이 되었다.

처음 보면 매우 놀라울 것이다. 이 다섯 가지의 길은 각각 서로 아주 다른 유형의 홀니스를 드러낸다. 당신은 홀니스는 말 그대로 완전하고, 따라서 홀니스는 하나뿐이라고 진지하게 생각할지도 모른다. 하지만 바로 그래서 우리는 충격적인 깨달음에 이르게 된다. 진정한 깨어남의 길이 제공하고 세계 대종교들의 핵심을 이루고 '모든 것과 하나가 되는' 경험으로 구성되는 홀니스가 단지 홀니스의 주요 유형 중 하나일 뿐임이(우리가 '깨어남'이라고 부르는 유형) 드러난다면 말이다. 홀니스에는 최소한 다섯 개의 주요 측면, 차원, 혹은 근본 영역이 존재한다.(다시 말해 깨어남, 성장, 열림, 정화, 드러냄) 이는 극히 중요한데, 왜냐하면 그 각각이 아주, 정말로 아주 다른 홀니스의 유형을 보여 주기 때문이다.

동서양, 남·북반구의 인류는 오늘날에 이르기까지 수천 년간 홀니스의 이 모든 영역을 발견하기 위해 노력해 왔다. 쉬운 일은 아니었다. 홀니스의 이 영역들 중 어느 것도 명확하거나 확실하지 않기 때문이다. 지금도 마찬가지다. 이들 중 당신 의식Awareness 안에서 보란

듯 당당히 걸으며 큰소리로 자신을 과시하는 것은 하나도 없다. 모두 우리가 직접 찾아야 한다. 그리고 이것들이 거기 있다는 걸 알아야 한다. 그렇지 않으면 찾으려는 시도조차 못 할 테니까.

통합 메타 이론(통합은 기본적으로 '홀니스'를 뜻한다.)이 홀니스의 이 모든 영역을 찾는 데 거의 40년이 걸린 것도 바로 그래서이다. 그리고 이런 통합적 접근을 발견할 때 사람들이 보이는 첫 반응은 보통 이마를 탁 치는 것이다. 홀니스의 이 모든 영역을 왜 스스로 보고 발견하지 못했을까 생각하면서. 그만큼 그것들을 일단 한번 보게 되면 다 너무 당연하게 느껴진다. 홀니스들은 어느 정도 매우 당연하고, 지금도 당신의 의식을 관통하고 있다. 하지만 그것들을 어디서 어떻게 찾아야 하는지 모른다면 평생 미스터리로 남을 것임도 분명한 사실이다. 사실 방금 말한 홀니스의 다섯 유형 중 성장, 열림, 정화 세 유형은 단지 지난 100년간에 발견되었다. 이 말은 거의 전 역사에서 인간이 실제로 부분적, 파편적, 깨진 상태가 되는 훈련을 해 왔다는 뜻이다.

오늘날 세상에 홀니스의 이 다섯 유형을 모두 포함하는 성장 체계는 (통합 이론 외) 다른 어디에서도 찾아볼 수 없다. 그러므로 진정한 홀니스를 원한다면 잘 찾아온 것이다. 이어지는 페이지에서는 이 책에 대한 간단한 설명과 수행법, 즉 '빅 홀니스'의 다섯 영역을 직접적이고 거의 즉각적으로 보여 주고, 쉽게 이용 가능한 '지적 지도指摘指導, Pointing-out Instruction'에 관해 간단히 소개하려 한다. 이 중 내가 스스로 발명한 것은 아무것도 없다. 각 영역마다 그것을 무한히 깊고 정밀하게 탐구하는 실질적인 지식 공동체들이 전 세계에 퍼져 있으며, 나는 이들 모두를 하나로 모아 대전체론Superholism(혹은 통합 메타 이론)

으로 제시할 뿐이다. 이런 제시가 당신이 근본적인 빅 홀니스를 온전히 발견하는 데 도움이 될 것이다. 빅 홀니스는 어디를 봐야 하는지 알기만 하면 당신 바로 코 앞에 나타나니까 말이다.

 이 책의 제목은 원래 '모든 것을 위한 공간 만들기'였다. 홀니스에 대한 지금까지의 논의를 고려할 때 내가 왜 처음에 이런 제목을 생각했는지 당신도 짐작이 갈 것이다. 진정한 홀니스(빅 홀니스)는 당신 인생에 지금은 아직 포함되지 않은 많은 것들을 위한 공간을 만들어 준다. 당신은 지금 실제로 당신에게 속해 있고 당신 인생에 포함되어야 하며, 그로 인해 당신에게 큰 혜택을 주고 성장을 이끌 수 있었던 많은 것들을 놓치고 있을지도 모른다. 당신은 그것들을 위한 공간을 만들지 않았을지도 모른다. 다시 말해, 당신은 충분한 홀니스를 갖고 있지 않을 수도 있다.

 이 세계의 근본적인 빅 홀니스를 정말로 본다면 모든 것이 적합하다고 느끼고 삶에 충만함이 넘친다. 그리고 마찰도 긴장도 정신적 고문도 없다. 하지만 모든 것을 위한 공간을 만들려면 완전한 홀니스를 위해 정확히 어디를 봐야 하는지 알아야 한다. 진정한 깨어남과 성장과 열림과 정화와 드러냄을 위해 어디를 어떻게 봐야 하는지 알아야 한다. 이 과정들 각각이 그것의 진정한 홀니스가 어디에 있는지 당신에게 정확히 알려 줄 것이다. 학자와 수행자로서 살아온 내 삶을 통틀어 진정한 홀니스가 얼마나 철저하게 숨겨져 있는지를 깨달았을 때가 가장 충격적인 순간 중 하나였다. 일단 한번 보고 나면 아찔할 정도로, 절대적으로 명백하기에 충격적이다. 그것들을 발견하는 데 인류는 수천 수백 년이 걸렸으니, 인간의 눈은 대체 얼마나 멀 수 있는가?

예를 들어 성장Growing Up이 무엇인지 보게 되면 다른 사람들처럼 당신도 크게 두 가지 반응을 보일 것이다. ①지금으로부터 약 100년 전 시대에 와서야 그 전 과정이 인류에게 발견된 이유를 이해하게 될 것이다. ②이 과정이 홀니스에 대해 보여 주는 내용에 매우 놀라게 될 것이다. 왜냐하면 존재하리라고 생각지도 못했던 홀니스의 한 유형을 보게 될 것이기 때문이다. 당신이 아무리 진지한 전체론자Holist이거나 시스템 이론가, 혹은 진정한 홀니스를 믿는 사람이었다고 해도 "와우, 이런 종류의 홀니스가 존재할 줄은 꿈에도 몰랐는걸!" 하고 반응하게 될 것이다.

성장 홀니스의 폭로 과정은 이해하기 쉬운데도 (지적Pointing out으로 완전히 분명해지기 전에는) 전혀 명백하지 않은 특성을 보여 줄 것이다. 이는 다른 네 유형의 홀니스도 마찬가지이다. 예를 들어 깨어남 홀니스의 폭로 과정에서 우리는 '직접 경험'에 관해 이야기할 것이다. 직접 경험이란 애초 대부분 대종교들의 기반이 되어 그들이 원래 전도하고자 했던 것으로, 바로 홀니스의 순수한 경험을 뜻한다. 그리고 이처럼 심오한 깨어남 경험에 대한 증거가 너무도 압도적이어서, 어느 존경받는 전문가의 말에 따르면 그 존재는 "논쟁의 여지가 없다." 그 사실을 우리는 다음 장에서 보게 될 것이다.

대종교들의 명상이나 관상 체계들은 온전히 이런 깨어남의 실현에 관한 것이라 마법이나 신화적 이야기와 전혀 관련이 없고, 심오한 의식-변형 심리 공학과 관련이 있다. 이 체계들이 원했던 것은 오직 순수한 홀니스 혹은 비이원적, 궁극적 합일의 경험이었다. 그 다음 그 직접 경험에 서로 다른 종교들이 서로 다른 설명을 내놓았다. 많은 방식에서 서로 다른 종교의 신비주의자들(하나임을 실제로 직접 경험한 사람들)이 만나 서로 이야기할 때 그들은 거의 즉각적으로 모두가 같은 근본 실재Reality를 말하고 있음을 알았다. 서로의 눈을 들여다보면 그냥 알았다. 그들은 볼 수 있었다. 사물과 사건들이 분리된 이 상대적인 세상의 배후나 그 너머, 혹은 그 아래에 심오한 하나임이나 진짜 홀니스가 있음을. 그리고 그 늘 존재하는 합일Ever-present Unity을 깨닫지 못한 사람은 여전히 인간 종래의 영원한 고통과 비참함의 세상, 흔히 무너진 세상이라고 하는, 원죄로 가득하고 소외되고 깨지고 조각나고 극단적인 세상에 갇혀 있음을. '눈 깜짝할 사이에' 완전히 꿰뚫어 보며 진정으로 깨어날 때 그 세상이 늘 존재하는 진정한 홀니스로 거듭날 수 있음을 그들은 알았다.

이 깨어남 연습의 불교 버전인 '마음챙김Mindfulness'에 익숙한 사람이 요즘 많다. 이들은 스트레스를 줄이고, 수면의 질을 높이고, 우울과 불안을 완화하고, 건강과 생산성을 좋게 하고, 인간관계와 다른 다양한 자기 계발을 위해 마음챙김을 이용하는데, 이는 좋은 일이다. 마음챙김이 이 모든 일을 해 준다는 과학적인 증거가 많다. 그런데 마음챙김은 원래 그런 것들을 위한 게 아니었다. 마음챙김은 원래 신을 직접 경험하기 위한 수단으로 만들어졌다. 다시 말해 신화적 신의 개념을 내려놓고, 조각나고 단절되며, 망상적이고 끊임없는 고통이 지속되는 윤회의 세상 대신, 비이원적이고 순수한 홀니스, 합일 의식, 모든 존재의 근본이자 바탕 없는 바탕, 무한히 온전하고 고통 없는 열반을 즉각적으로 깨닫고 직접 경험하기 위한 수단으로 쓰였다.

이런 깨어남Waking Up 체계들은 깨어남이라는 궁극적 목표에 대해 두 가지를 주장한다. ①바로 지금 우리 모두는 (순수한 홀니스를) 완전히 깨닫거나 (그것에) 깨어난 정신을 완전히 소유하고 있다. 그러나 ②실제로는 아무도 그것을 알아차리지 못한다. 따라서 위대한 명상 전통들 대부분이 깨어남, 깨달음 혹은 해탈을 위해 당신이 할 수 있는 일은 아무것도 없다는 태도를 견지한다. 왜냐하면 그것은 이미 바로 지금 완전히 현존하고 있으며, 이미 존재하는 것을 성취할 수는 없기 때문이다.(이때 깨달음을 얻는다는 것은 당신의 폐나 발을 얻는 것과 다를 바 없기 때문이다.) 그런데 당신은 다른 누군가가 지적해 주기만 하면 늘 존재하는 깨달은 마음을 그 즉시 인식할 수 있다.(이를 '지적 지도'라고 하는데 당신 스스로 직접 보고 경험할 수 있도록 앞으로 많은 지적 지도의 사례가 나올 것이다.)

　다섯 홀니스의 완전한 명백함은 (제대로 지적될 경우) 그저 놀랍기만 하다. 그런데 이들 중 서로를 포함하는 것이 하나도 없다는 점도 그만큼 놀랍다. 당신은 하나의 홀니스를 완전히 발견했다고 해도 다른 영역이 제공하는 홀니스는 보지 못할 수 있다. 이는 깨어남의 궁극적 합일 의식조차 그렇다. 당신은 크게 깨어나는 경험을 하더라도 여전히 성장, 정화, 열림 혹은 드러냄 영역에 있어서는 여전히 전혀 아무것도 보지 못할 수 있다. 마찬가지로 드러냄에서 완전함에 도달하더라도 깨어남에 대해서는 감도 잡지 못할 수도 있다. 혹은 정화를 수행하는 중이라도 성장에 대해서는 절대적으로 무지할 수 있다. 한술 더 떠서 홀니스의 이 다섯 유형 모두 서로 다른 길을 통해 성장, 발전한다. 거의 서로 완전히 독립적으로. 그렇기 때문에 당신은 한 영역에서 아주 발전해도 다른 영역들 각각이나 그 모두에서 여전히 매우 낮은 수준에 있을 수 있다. 홀니스의 유형들은 이를테면 각각의 사과, 오렌지, 배, 라임, 복숭아 같다. 다시 말해, 서로 상당히 다른 다섯 가지 실재이다. 그 모두가 함께 하나의 놀라운 빅 홀니스를 이룬다고 해도 말이다.

하지만 이 홀니스들의 어느 하나라도 볼 수 있으려면 몇 가지 해야 할 일이 있다. 이 홀니스들의 상당 부분이 태어나는 순간부터 당신 무릎에 놓여 있다고 해도 그것을 실질적으로 의식하는 것은 또 다른 문제이다. 당신이 볼 수 있게 그 홀니스가 지적되어야 하고, 이는 정말 확실한 사실이다. 그 지적을 받지 못할 때 당신 인생에 홀니스가 상대적으로 거의 부재할 가능성이 매우 높으며, 당신도 자신의 인생이 그렇다는 사실을 거의 틀림없이 알고 있을 것이다. 설령 약간의 홀니스가 있다고 하더라도 분명 그다지 많지는 않을 것이고, 발전의 여지가 매우 클 것이다.

이 부분에서 이 책이 도움이 되고자 한다. 이 책은 바로 지금도 당신을 온통 감싸고 있는 홀니스의 다섯 버전을 지적할 예정이다. 즉 빅 홀니스를 구성하는, 깨어남, 성장, 열림, 정화, 드러냄이 제공하는 홀니스들을 살펴볼 것이다.(그리고 지적 지도를 이해하는 데 직접적인 도움이 될 '통합 성 탄트라Integral Sexual Tantra'도 살펴볼 것이다. 통합 성 탄트라는 깨어남의 직접 경험을 위해 섹스를 이용한다.) 이 다섯 유형의 중요한 홀니스가 당신을 기다리고 있다. 진정한 홀니스가 절대적으로 늘 정말로 현존하지만 거의 항상 완전히 숨겨져 있음은 진정 놀랍다. 그야말로 '숨어 계시는 하나님Deus Absconditus', 혹은 영Spirit, 혹은 홀니스이다. 보이는 것을 어떻게든 피하려는 듯, 그것은 자신을 드러내지 않는다. 그것은 나타나지 않거나 명백하지 않다.

오늘날 실제로 홀니스의 다섯 유형 모두 대체로 비밀처럼 숨겨져 있고, 그만큼 세상에 홀니스가 결여되어 있다. 오늘날의 세상은 정말로 부러지고 부서지고 깨졌으며, 대단히 양극화되어 있다. 우리는 홀니스의 주요 다섯 유형의 어느 하나도 의식적으로 따르지 않는다. 오늘날의 세상은 홀니스, 혹은 영이 상당히 결여되어 있다. 홀니스와 영을 나는 기본적으로 동의어로 쓴다.1 그리고 오늘날의 세상은 어떤 기준으로 보더라도 매우 종교적인 곳들은 있지만, 정말로 영적인 곳은 거의 찾아볼 수 없다. 세상에 흘러 다니는 홀니스가 단지 턱없이 부족할 뿐이다.

홀니스의 부족, 영의 부족이 오늘날 세상이 모든 것을 위한 공간을 만드는 데(때에 따라서 어떤 하나에 대한 공간을 만드는 것도) 이토록 어려운 시기를 겪을 수밖에 없는 이유이다. 당신은 당신 인생에 대해서도 이렇게 느낄지도 모르겠다. 오늘날의 세상은 비좁고 붐비고 발톱을 세우고 밀실 공포증을 유발한다. 모든 것이 다른 모든 것에 의해 박살 나고 사람들은 자기만의 의견, 관점, 생각을 위한 더 많은 공간을 확보하려고 모든 곳에서 서로 밀쳐 대기에 바쁘다. 특히 비좁기 그지없는 소셜 미디어를 보면 사람들이 서로를 얼마나 대놓고 시끄럽고, 불쾌하고, 악의적인 방식으로 대하는지 볼 수 있다. 모든 것을 위한 공간을 만드는 것이 요즘 사람들이 정확하게 가장 힘들어하는 점이다. 그들의 공간은 작고, 그들의 영토는 붐비며, 그들의 뒷마당은 침입자로 가득하다. 공간을 조금 더 갖겠다고 모두가 고함치고 비명을 지른다.

그런데 바로 지금 당신 코앞에 있는 홀니스의 그 모든 유형을 다 볼 때 당신의 세상은 더없이 넓고 광활해진다. 마치 갑자기 당신의 존재와 의식이 열리는 것 같고, 그렇게 당신 인생의 모든 것을 위한 공간이 생기는 것 같다. 생의 한가운데서 심오한 의미와 목적이 드러나며, 그 의미와 목적이 당신 삶의 핵심까지 흠뻑 적셔 줄 것이다. 당신의 세상 안에서 빅 홀니스를 일단 한번 보게 되면 당신이 정확히 어디에 속하고 어디에 적합한지 알게 될 것이고, 그 홀니스 속 당신의 의미가 매우 분명하고 명백해질 것이다. 여기서 그 의미란, 당신이 이 모든 홀니스와 궁극적으로 하나라는 사실이다. 당신이 그 지점에 다다르기 전까지 이 홀니스는 당신을 온통 둘러싸고 있으면서도 숨어 있을 수밖에 없다. 당신이 그것을 전혀 알아차리지 못하니 홀니스는 자신의 공간을 충분히 활성화하여 당신에게 내어줄 수 없다.

  세상은 정말로 완전히 비좁고 붐비고 닫히고 제약으로 가득한 듯하고, 당신은 으스러져 있다. 하지만 바로 당신의 뒷마당에 놓여 있는 방대한 홀니스, 그 진정한 빅 홀니스를 발견하고 나면 완전히 새로운 세상이 펼쳐질 것이다. 그리고 그 세상은 정말로 모든 것을 위한 공간을 만든다. 이것은 거짓도 공상도 아니다. 당신이 발견할 깊고 방대한 홀니스는(그것은 대관람차를 타는 것만큼이나 현실적이고 생생하다.) 당신의 내면과 당신의 세상에서 일어나는 모든 것에 다가가 그것들을 포용하고 아무런 스트레스도, 부담도, 마찰도, 억누름도 없이 당신이 그 모든 것에 완전히 열리게 해 줄 것이다. 이 놀라운 발견을 해낸 사람들로부터 내가 자주 듣는 말은 이렇다. "모든 것과 하나가 될 때 나는 그것이 내가 사는 동안 내내 내 얼굴을 응시해 왔음에도 불구하고 마치 난생처음 제대로 숨을 쉴 수 있게 된 것 같았다."

  나는 '모든 것을 위한 공간을 만드는 것'이 당신에게도 같은 변화를 가져다주리라 믿는다. 당신에게 인생의 의미 가득한 모든 것을 기쁘게 포용하면서 구애 없이 자유롭게 움직일 공간을 충분히 줄 것이다. 당신은 더 이상 당신의 통제 밖에 있는 것처럼 보이는 상황들과 사건들에 떠밀리거나 끌려다니지 않을 것이다. 그러기는커녕 전 우주와 하나가 된 자신을 발견하며 온 우주를 그것이 신인 듯 끌어안을 것이다. 완전한 홀니스가 '신'이라는, 이 신에 대한 우리의 새로운 해석에 따르면 정확히 온 우주가 신이다. 당신은 최대로 "영적이지만 종교적이지는 않은" 사람이 될 것이다. 혹은 원했던 만큼의 전체Whole가 될 것이다.

원한다면 바로 지금 그 놀라운 발견을 시작할 수 있다.

1장   Finding Radical Wholeness

깨어남이란

먼저 깨어남Waking Up이 제공하는 극적인 홀니스로 시작해 보자.

깨어남은 깊고 광범위하며 심지어 절대적인 홀니스 경험을 원하는 사람에게는 하나의 기준점이라(여기서 절대적인이 무엇을 의미하는지는 곧 살펴볼 것이다.) 아마도 그 어떤 다른 경험보다 인간 역사에 심오한 영향을 주었을 것이다. 평범한 사람들은 "조용한 절망의 삶을 (그리고 괴롭고 고통스러운 삶을) 살아가지만"* 깨어남은 동서양을 불문하고 보다 진정성 있고, 활기차며, 깨달음을 지닌 '깨어 있는' 삶, '절대적인' 혹은 '궁극적인' 의미를 발휘하는 삶을 원하는 다른 모든 이들을 위한 대책이었다. 왜냐하면 깨어남은 "모든 존재의 궁극적 바탕Ultimate Ground of All Being"에 직접 가닿는 것이기 때문이다.(그리고 이는 신화적인 설명이 아니라 즉각적이고 직접적인 경험이다.)

인류는 수천 년 전부터 깨어남에 대해 알고 있었고, 그 가장 초기 형태는 2만 년 전 고대 샤먼까지 올라간다. 고대 샤먼들은 상층 세

---

* 헨리 데이비드 소로의 말(이하 각주는 모두 옮긴이의 주)

계와 하층 세계로의 여행을 통해, 앞으로 우리가 살펴볼 (비이원적 홀니스의) 깨어남 유형들의 전조가 되는 경험들을 했던 것으로 보인다. 인류가 진화하고 영적 깨달음도 점점 진화함에 따라 깨어남의 영성도 점점 깊어지고 훨씬 더 정교해졌다.

다양한 영적 경험(옛말로는 종교적 경험, 혹은 더 간단히 말해 엄청난 홀니스 경험)에 대해 내가 지금부터 하는 말들이 과격하거나 우스꽝스럽거나 심지어 미친 소리처럼 들릴 수도 있다. 그래서 나는 당신이 앞으로 생길지도 모를 의혹이나 혐오를 일단 보류하고 일단 따라와 주길 바란다. 인류는 다양한 깨어남 경험을 입증하기 위한(확정 혹은 거부하기 위한) 매우 심오한 방법들을 연구해 왔다. 여기서 우리가 말할 "영적이지만 종교적이지는 않은" 경험들은 일종의 내면 과학의 기반을 이루는 것들이다. 믿음이나 신조가 아닌 직접적인 경험과 증거에 기반해 주장하면서 스스로 확인하지 않은 것은 아무것도 믿지 말라고 하는, 내면을 다루는 과학 말이다. 그러니 이 점을 염두에 두고 앞으로 나올 과학적 검증 사례들을 봐 주기 바란다. 당신이 직접 경험하지 않은 것은 아무것도 받아들일 필요가 없다.

일단 지금은 전 세계의 다양한 영적 체계들이 수 세기, 수천 년에 걸쳐 점점 더 깊어지고 더 넓어지고 더 높아지는 경험들을 하게 되었음을 주목하면서 깨어남 주제에 발을 들여놓기로 하자. 점점 커지고 점점 더 많은 것을 포함하는 의식의 영적 상태에 대한 꾸준한 발견이 있었고, 내면에서 필요한 과학적 실험 및 연습을 한 사람이라면 누구나 점점 더 높아지는 의식 상태가 어떤 상태인지 스스로 발견할 수 있었다.

일반적으로 깨어남의 길에는 하나의 큰 목표가 있다. 깨어남의 길은 좁고 한계가 있으며 분열된 상태, 괴로움과 불안과 고뇌가 내재된 전형적인 인간의 평균 의식 상태, 일반적으로 '분리된 자아감', '자기중심', '망상적 자아', '타락한 자아', '꿈꾸는 자아' 혹은 단순히 '에고' 같은 것들과 연관된 상태(이 중에 좋은 것은 하나도 없다.)에서 시작된다. 그리고 깨어남의 목표는 명상, 관상, 요가 같은 직접적이고 실험적인 수행을 통해, 제한적이고 옹졸한 의식 상태에서 훨씬 더 포용적이고 열리고 자유로운 여러 상태를 지나, 진정한 홀니스, 순수한 비이원 상태, 궁극의 합일 의식, 혹은 우주 의식1, 혹은 전 우주와의 절대적 하나임 상태로 나아가는 것이다. 이 홀니스는 종교적 믿음이나 신학적 신조나 단순한 신념 같은 것이 아니라, 명상이나 관상 같은 내면의 실험을 성공적으로 실행한 사람이라면 누구나 경험할 수 있는, 직접적이고 즉각적이고 개인적인 경험, 진정한 입증이나 정보이다.(명상은 기본적으로 신화적인 믿음 체계가 아니라 직접적인 자각을 위한 수행 체계이므로 나는 명상을 "영적이지만 종교적이지는 않은" 사례로 본다. 명상은 분명 설명이 아니라 경험이다. 그리고 대부분의 명상 체계는 설명을 문제의 해결이 아니라 문제의 일부로 본다.)

세상의 수많은 명상이나 관상 체계들은 대부분 그 더 높은 영적 영역에 대한 상당히 자세한 지도를 남겨 놓았다. 그리고 그 더 높은 상태로 나아가고 그 상태를 직접 경험하기 위해 우리가 해야 하는 아주 구체적인 실험들도 남겨 놓았다. 영적 성장과 발전, 그리고 깨달음, 깨우침 혹은 깨어남의 과정은 홀니스가 드러나는 심오한 과정이며, 위대한 지혜 전통들의 주요 명상, 관상, 요가 혹은 기도 체계 거의 모두에서 발견되는 과정이다.

여기서 우리가 말하는 것은, 하늘의 왕좌에 앉아서 당신이 하는 모든 생각과 행동을 내려다보는 노인 같은 신성이 아님을 알기 바란다. 우리는 마법적이거나 신화적인 이야기, 종교적 믿음이나 기적 혹은 이와 비슷한 그 어떤 것도 말하지 않는다. 우리는 (설명이 아닌) 직접적이고 즉각적 경험인 의식 상태를 말한다. 무한하고 유한한 모든 것, 현현하고 현현하지 않은 모든 것, 전 우주와 깊이 하나라고 느끼는 상태 말이다.

이것은 '깨어남', '궁극적 합일 의식', '비이원 의식', '신성한 하나임', 혹은 '일미One Taste'라고 하는 직접 경험이다.(일본 선불교에서는 이것을 '사토리Satori'라고 하는데 이는 앞으로 내가 종종 쓸 용어이다.) 그리고 이런 용어들을 살면서 한 번도 들어 본 적 없는 평범한 서양인에게는 믿을 수 없을 만큼 낯설고 이상하게 들리겠지만 이런 유형의 절대 의식이 존재한다는 증거는 완전히 압도적이고 사실상 부인이 불가하다.(그 일부 증거를 곧 보여 주겠다.) 당신의 영적인 믿음들(혹은 그냥 일반적인 믿음들)에 대한 근거를, 그 존재를 근본적으로 증명하는 어떤 것에서 찾고자 한다면, 바로 여기서 찾게 될 것이다.

더욱이 깨어남의 길은 인간 역사를 통틀어 궁극적 진리를 다루는 유일한 학문이다. 상대적 진리는 도처에 있고 해탈의 길들(즉 깨어남에 대해 직접적이고 분명하게 다루고 있는 지혜의 전통들)은 상대적 진리의 그 어떤 것도 부인하지 않는다. 후대에 과학이 정립할 진리들, 즉 물리학, 화학, 생물학, 천문학 등의 진리들은 모두 받아들여지고 존중되었다. 하지만 이들은 상대적인 진리들이다.(이 진리들을 믿는 사람들 또한 그 이상을 주장하지 않는다.) 이 진리들은 시공간의 상대적인 영역, 시간이 지남에 따라 진화하고 변하는 상대적 실재들을 다룬다. 반면, 반복해 말하지만 깨어남은 상대적 진리가 아니라 궁극적 진리를 다룬다. 궁극적 진리는 특정 존재나 존재 집단이 아니라 대문자로 시작하는 존재Being 자체를 다룬다. 즉 모든 상대적 진리의 기초가 되지만 그 자체는 상대적 진리가 아닌, 모든 존재의 바탕, 공간을 초월해서 무한하고, 시간을 초월해서 영원한, 바탕없는 바탕을 다룬다.(따라서 일반적이고 외부적인 과학이 아니라 내면적인 명상의 과학에 의해서만 탐지된다.) 이 급진적인 깨어남 경험이 정말로 상대적 진리가 아니라 궁극적 진리를 드러낸다는 것. 그 점은 모두에 의해 보편적으로 주장되었다.

약간 부차적인 이야기지만 (의사, 변호사, 박사, 웨이트리스, 허드렛일꾼, 정원사 포함) 내가 아는, 궁극적 진리로의 깨어남이나 진짜 사토리를 경험한 사람 중 최소 90퍼센트가 정말로 궁극적인 진리가 드러났다고 느꼈다. 아니면 그들이 경험한 것 중 가장 '절대적' 혹은 '궁극적' 실재에 가깝다고 할 만한 상태가 드러났다고 느꼈다. 그들은 자신의 사토리나 깨어남 경험을 "내가 해 본 가장 분명한 경험", "가장 진실한 경험", "가장 부인할 수 없는 경험", "가장 의미 있는 경험", "가장 영원하고 변치 않는 경험" 등으로 설명했다. 이에 대해 당신이 어떻게 생각할지는 앞으로 보게 되겠지만, 깨어남 경험을 위한 실질적인 수행법 일부가 나중에 제공될 테니, 깨어남이 정말로 '궁극적인지' 아닌지는 당신 스스로 판단할 수 있을 것이다. 다만, 우리의 빅 홀니스의 도구상자로 진짜 깨어남을 경험하게 된다면 이 방법이, 궁극적 진리를 드러낸다고 만장일치로 주장된 역사상 유일한 수행법임을 알기 바란다.

더욱이 이 경험은 모든 것과 하나가 되는 경험이며, 정확하게 온 우주와 하나임을 경험하거나 느끼는 것이다. 다시 말해 깨어남이 제공하는 홀니스는 당신이 생각할 수 있는 가장 큰 홀니스이며, 진정한 빅 홀니스 직전까지 가는, '큰big'이라는 말이 이를 수 있는 경계거의 그 끝까지 가는 크기의 홀니스이다. 이처럼 깨어남은 빅 홀니스의 상당한 부분을 담당한다.(하지만 빅 홀니스의 전부를 담당하지는 않는다. 나머지는 홀니스의 나머지 네 유형이 채워 준다.) 어쨌든 깨어남은 무한하고 유한한 모든 것의 합일을 주장하며, 이는 실로 엄청나게 크다.

깨어남의 증거

깨어남 상태의 실체를 보여 주는 적당한 참고 자료가 많다. 먼저 천재적인 윌리엄 제임스William James의 『종교적 경험의 다양성』(우리의 용어로 말하자면 '영적 경험의 다양성') 혹은 MIT의 저명한 학자 휴스턴 스미스Huston Smith의 훌륭한 책 『잊혀진 진실Forgotten Truth』이 있다.(이 제목으로 스미스는 다음과 같이 말하고 있다. 해탈의 길들 사이에 궁극적 진실의 구성에 대한 보편적인 동의가 있어 왔지만 그것이 현대 세상에서는 대체로 잊혀진 진실이라는 것.)

하지만 나는 책 초입부터 논쟁의 소지가 있는 주장은 피하고 싶으므로 토론토대학의 명예 교수이자 온라인 유명 인사이기도 한 임상 심리학자 조던 피터슨 한 사람만 언급하고자 한다. 존경받는 임상 심리학자로서 피터슨은 수많은 정신 질환 환자들을 만나 왔으므로 망상과 현실의 차이를 잘 알고 있을 테니, 우리는 최소한 그가 온전한 정신의 소유자이며 따라서 이상한 종교적 믿음은 결코 지지하지 않을 것임은 어느 정도 확신할 수 있다. 피터슨 박사에 대한 사람들의 생각은 호불호가 극명한 듯하다.('그를 사랑하거나 떠나거나' 둘 중 하나인 듯) 하지만 그의 생각이 탄탄한 과학적 연구와 실험에 기반하고 있다는 데에는 대부분 동의한다. 우리는 그의 의견들이 상당한 근거에 기반하고 있다고 가정할 수 있다.

그리고 우리의 주제에 관해서라면 피터슨은 끝내주는 진실만을 말하고 있다. "두 종류의 의식이 존재함을 보여 주는 증거는 압도적으로 많다. 첫째 국소적이고 구체적인 존재(당신의 개인적인 에고)로 존재하는 당신의 의식이 있고, 둘째 대양에 용해되고 우주적 존재(혹은 궁극적 홀니스)를 감지하는 의식이 있다."[2] 피터슨은 "서로 다른 상태의 의식이 존재한다는 사실은 논쟁의 여지가 없다."고도 했다. 그는 또 소곤거리듯 "이것은 실재를 구성하는 것에 대한 우리의 개념에 어느 정도 도전적인 것이 사실이다."[3]라고 덧붙인다.

자, 나는 이렇게 말하겠다. 깨어남은 언제나 궁극적 진리 혹은 절대적 실재(모든 존재의 바탕)로 깨어나는 것을 의미했다. 우리가 무지한 가운데 일반적으로 '실재Reality'라고 부르는, 다소 꿈속에서 걷는 상태 같은 실재와 대비되는 실재 말이다. 그 절대 의식을, 꿈꾸는 상태와 비교해서 '깨어남'이라고 부르는 것이다. 그리고 진짜 사토리를 경험할 때 정말로 그런 느낌이 든다. 악몽에서 막 깨어나 "아, 꿈이었다니 하느님 감사합니다!"라고 말하는 것처럼 사토리와 함께 당신은 깨어나 일상적인 세상 전부가 단지 꿈이었음을 본다.(혹은 그렇다고 느낀다.) 바로 그래서 이 경험이 정말로 '깨우침Awakening' 혹은 '깨달음Enlightenment' 혹은 '깨어남Waking Up'이라고 불려 왔던 것이다. 그러므로 나는 이 깨어남, 혹은 '절대 의식'이 실재함에 대한 증거가 압도적이어서 정말로 "논쟁의 여지가 없다."는 피터슨의 주장을 그냥 받아들일 것이다.

완전한 깨어남의 5대 상태-단계

전 세계의 다양한 명상이나 관상의 전통들은 궁극적 합일 의식을 위한 명상법들을 제시한다. 물론 전통들이 제시하는 깨어남(의식 변형)의 단계들이 일관적이지는 않다. 그래도 깨어남의 주요 길들을 테이블 위에 올려놓고(주요 길만 수십 개가 된다.) 자세히 비교 대조해 보면, 의식이 에고에 의한 제한적인 자기 수축에서 시작해, 모든 것을 포함하는 광활한 깨달음으로 확장되는 공통의 의식 상태 스펙트럼이 있음을 볼 수 있다. 역사적으로 진화해 온 깨달음의 상태들이 실제로 다양한 명상의 길에서 명상의 단계들로 통합된 것이다.(좀 더 많은 단계를 포함해 완성도를 높인 길도 있고, 알려진 모든 단계를 포함하는 길도 있다.)

티베트 불교의 마하무드라, 족첸, 힌두교 베단타(불이일원론不二一元論), 명상적 도교, 신플라톤주의, 유대교의 카발라, 관조적 기독교, 이슬람의 수피즘 같은, 각각의 전통들에서 가장 수승한 것으로 간주되는 명상의 길들이 일반적으로 깨어남의 주요 상태와 단계 모두를 포함한다. 그 단계들이 무엇이든 그것들을 다 기억할 필요는 없다. 앞으로 당신이 알아야 하는 것은 모두 살펴볼 테고, 특히 가장 높은 두 상태를 직접 경험하는 데 도움이 될 수행법들은 더욱 자세히 살펴볼 테니까. 여기서는 최근 연구에 기반해 다니엘 브라운Daniel P. Brown의 용어들과 통합 메타 이론의 용어들[4]로, 깨어남(의식 변형) 전 과정의 주요 상태-단계들만 짧게 개관해 보자.

전통들을 메타 분석한 것에 따르면 명상의 길에는 주요 다섯 단계가 있다. 대부분 사람들에게 시작 단계가 될 그 첫 단계는 이른바 원숭이 생각이라고 하는 거친 생각, 에고, 혹은 내면의 정신적 수다가 끊이지 않는 단계이다. 많은 전통이 이 단계를 "깨어나는 상태Waking State"라고 부르는데, (잠에서) 깨어나는 의식의 일반적이고 관습적인 혹은 '망상적인' 단계이다.(통합 이론에서는 이 단계를 '거친 단계'라고 한다.) 거의 모든 위대한 명상 전통들에 따르면 에고가 지배하는 이런 (추락한, 무지한 혹은 깨닫지 못한) 상태가 인간의 조건에 해당하는 괴로움과 고통의 직접적 원인이다. 이 옹졸하고 해롭고 사악한 원숭이 마음에서 벗어나도록 돕는 것이 이 전통들이 무엇보다 하고자 하는 일이다.(인간의 자연 상태에 대한 홉스의 고전적 정의에 따르면 이런 상태는 "고독하고 가련하고 해롭고 야수 같고 짧다.")

이 무자비한 상태의 초월은 브라운이 "자각Awareness"이라고 한 2단계와 함께 시작된다. 이 단계에서 거친 생각 너머, 에고가 죽고 대신에 브라운이 아주 "미세한 인격"이라고 한 것이 존재하는, 생각 없는 자각 상태로 옮겨 간다. 통합 이론은 이 단계를 '정묘 상태Subtle State'라 하고, 에고가 아니라 혼soul인 미세한 인격이 빛을 발하는 단계로 본다. 이제 자아감이 비좁고 옹색하고 피부 안에 갇힌 에고에서 나와, 스즈키 선사가 "빅 마인드Big Mind"라고 한 궁극적 상태의 지고의 정체성Supreme Identity으로 확장되기 시작한다.

브라운은 세 번째 단계를 "자각 그 자체Awareness Itself"라고 했다. 거칠고, 미세한 현상들에서 모두 벗어나 핵심, 배경, 우주의 시공간 매트릭스 안으로 접속해 들어가는 순수한 자각의 단계이기 때문이다. 통합 이론은 이 단계를 '원형archtypal' 혹은 '원인causal 상태'라고 부른다. 원인 상태는 종종 생각과 생각 사이에 존재하는 순수한 무형의 침묵 속에서 직관된다. 전통들은 또한 사람은 누구나 매일 밤 꿈 없는 깊은 수면 상태에서 이 원인 상태를 경험한다고 말한다. 깊은 수면 상태는 아무 대상, 생각, 관념 없이 순수한 의식 그 자체에 직접 접속하는 완전한 무형 상태이고, 수면이 깊은 상쾌함을 가져다주는 것도 바로 그래서이다.

브라운은 네 번째 단계를 "한없고 변화 없는 자각Boundless Changeless Awareness"이라고 했다. 바로 그래서 우리는 이 단계가 진정으로 의미 있는 단계라고 말할 수 있다. 이 단계는 베단타(불이일원론)를 따르는 통합 이론이 투리야Turiya(산스크리트어로 말 그대로 '네 번째'라는 뜻)라고 부르는, 대상 없는 순수한 의식 상태이다. 거친 상태, 정묘 상태, 원인 상태의 첫 세 단계 후, 네 번째 오는 의식의 주요 단계이기 때문에 이런 이름을 붙였다. 네 번째 단계는 자각하는 어떤 내용이 아니라, 순수하고 시간을 초월하는 목격과 순수한 나됨I Amness을 감지하는, 항상 존재하는 자각 그 자체이다. 나중에 이 항상 존재하는 상태가 정말로 무엇을 의미하는지 그리고 그것이 실제로 왜 '영원'을 의미하는지 자세히 살펴볼 것이다. '영원Eternity'은 매우, 매우, 매우 긴 시간을 말하는 것이 아니다. 영원은 시간 없는 점, 시간 없는 지금을 의미하고 이는 다다르기 어려운 것이 아니라 피하기 불가능한 것이다. 우리 의식의 이 목격 단계는 명상 전통들이 말하는 가장 높은 단계 중 하나이고, 이미 말했듯이 곧 여러 가지 연습으로 당신 스스로 탐구하고 조사해 볼 단계이다.

브라운은 가장 높은 다섯째 단계를 "비이원의 깨우친 자각Nondual Awakened Awareness"이라고 했고, 베단타를 따르는 통합 이론은 이 단계를 투리야티타Turiyatita(산스크리트어로 말 그대로 '투리야를 넘어선'이란 뜻)라고 부른다. 이 단계는 순수하고 비이원의 여여如如, Suchness(있는 그대로의 것) 혹은 진여眞如, Thusness(꼭 그러한 것), 궁극적 합일 의식 혹은 일미 一味, One Taste, 궁극적 하나임Oneness 혹은 비이원의 단계이다. 이 극적인 상태의 직접적인 인식이 깨달음, 깨우침, 변성, 파나Fana, 목샤Moksha, 사토리, 대해탈Great Liberation, 지고의 정체성 등으로 불린다. 이 단계가 정말로 나를 모든 것과 하나로 만든다. 여기서 순수한 합일 혹은 비이원적 하나임이 이루어진다. *비이원적*이란 '둘이 아니다not-two'라는 뜻이다. 일미는 압도적인 증거들로 그 존재에 "논쟁의 여지가 없는" 정말이지 절대적인 의식이다.

우리는 이 궁극적 상태의 인식을 위한 연습들도 하게 될 것이다. 그래야 당신이 스스로 이 상태를 (그리고 당신이 생각하기에 그 상태가 어떤 종류의 '궁극적' 진실을 말하고 있는지를) 분명히 알아볼 수 있으니까. 그리고 이 말, 즉 당신과 내가 이 궁극적 상태를 직접 인식하기 위한 연습들을 할 거라는 말이 무엇을 의미하는지 알기 바란다. 이 말은 의식의 이 다섯 주요 상태의 핵심, 그 상당한 부분이 바로 지금 완전히 경험될 수 있음을 의미한다. 의식의 이 상태들이 (거친 상태에서 일미 상태로) 차례대로 올라가야 하는 것만 같고, 명상 수행의 특정 단계들에서만 나타나는 경향이 있다고 해도, 이 상태들은 정말로 어떤 상태들이고 늘 존재하기 때문에(심지어 아기들도 거친 상태로 깨어나고 정묘 상태로 꿈꾸고 원인 상태로 잠잔다.) 성장Growing Up의 거의 모든 단계에서 완전히 경험될 수 있으며, 이 말은 바로 지금 경험될 수도 있다는 뜻이다. 그러니 깨어남 연습을 기대해 주기 바란다!

그때까지 이 '상태-단계'들을 다 기억할 필요는 없다. 말했듯이 알아야 할 필요가 있는 것은 모두 그때그때 다시 살펴볼 것이다. 다만 의식의 이 주요 상태들에 대한 다양한 변형이 위대한 전통들이 말하는 명상 단계들 전반에서 발견됨을 알기 바란다. 단계의 수는 다양해도 자세히 보면 모두 비슷하다. 성녀 테레사의 7궁방, 요가짜라Yogācara의 팔식八識, 십자가 성 요한의 관상 단계들, 카발라의 열 가지 세피로트Sefirot, 파탄잘리의 『요가 수트라』가 말하는 상태-단계들, 선불교의 십우도, 수피즘의 주요 다섯 단계 그리고 이블린 언더힐Evelyn Underhill이 말하는 신비주의의 다섯 가지 발전 단계. 모든 발전 모델이 그렇듯 어떤 깨어남 모델은 단계들이 좀 더 많고 어떤 모델은 적다. 하지만 다 거친 상태, 정묘 상태, 원인 상태, 목격 상태, 일미 상태의 주요 다섯 상태/단계가 약간씩 변형된 것이다.

이 상태들은 우리가 직접 인식할 수 있는 우리 의식의 일반적인 상태들이다. 예를 들어 (힌두교의) 베단타와 (티베트 불교의) 금강승Vajrayana은 거친 상태가 우리가 깨어나 있을 때의 상태라고 하고, 정묘 상태는 꿈을 꿀 때의 상태라고 하며, 원인 상태는 꿈 없는 숙면 상태라고 하고, 투리야 혹은 항상 존재하는 목격 상태는 일상의 정신 속에 완전히 현존한다고 하고, 궁극적 비이원은 이 모든 상태의 근본이라고 한다. 따라서 우리는 깨어 있고 꿈꾸고 숙면하고 목격하는 상태에 있고, 또 일미 상태에 있다. 이것들은 우리 의식의 주요한 자연 상태들이다.

의식의 이 주요한 상태들이 명상의 주요 단계들이 된다. 인간의 중심 정체성이 에고가 지배하는 전형적인 (잠에서) 깨어나는 상태에서 시작해, 명상을 해 나감에 따라 의식의 그 모든 상태-단계들을 건넌 다음, 궁극적 합일 의식으로의 순수한 깨우침에 다다른다는 말이다. 나는 이런 상태-단계의 순서를 전체적으로 또는 부분적으로 깨어남Waking Up이라고 부른다.

영원성과 무한성

말했듯이 우리는 깨어남의 가장 높은 두 단계, 순수한 목격과 일미 상태를 살펴보고 그 조금 더 뒤에(16장에서) 이 두 단계를 직접 경험하기 위한 연습도 할 것이다. 여기서는 거의 모든 종교나 영적 체계에서 어느 시점이 되면 꼭 말하곤 하지만 거의 모두가 정말이지 터무니없게도 완전히 오해하고 있는 두 개념, 즉 영원성과 무한성에 관해 살펴보고자 한다. 깨어남은 (불행히도) 자주 종교적인 개념으로 말해지기 때문에(이는 깨어남 의식 상태가 인간 의식의 신화적-종교적 단계에서 처음 발견되었기 때문이다.) 당신은 종교적인 사람들이 사용하는 '영원'과 '무한'이라는 말을 자주 들어 보았을 것이다. 나는 당신이 이 두 용어를 사용할 때 그 사람들처럼 헷갈리지 않기를 바란다. '영원'은 정말 긴 시간을 의미하지 않고, '무한'은 정말 큰 공간을 의미하지 않는다. 사실 거의 그 반대라고 할 수 있다.

영원Eternity부터 살펴보자. 사람들은 대부분 영원을 끝없이 지속되는 아주아주 긴 시간 혹은 시간의 길고 긴 확장이라고 생각한다. 하지만 영원이 의미하는 것이 그렇다면 우리 인간이 영원한 영적 세상을 과연 경험할 수 있겠는가? 그것을 경험하려면 영원히 살아야 하는데 그런 일은 결단코 일어나지 않는다. 따라서 깨어남 경험이 영원한 실재를 경험하는 것이고 영원이 끝나지 않는 시간을 의미한다면 우리는 깨어남 경험을 절대 할 수 없는 것이 된다. 이건 뭔가 확실히 이상하다.

이 곤란한 문제는 사실 아주 간단히 해결된다. 영원은 끝나지 않는 시간을 의미하지 않는다. 영원은 시간 없는timeless 점을 의미한다.

영원이 '시간 없음(시간 없는 점)'을 의미하기 때문에 영원의 모든 것이 시간의 모든 점 속으로 완벽하게 끼어 들어간다. 그리고 영원은 시간 없음이므로 영원과 시간 사이에 그 어떤 갈등이나 긴장도 없다. 시간 없는 영원의 모든 것이 시간의 모든 순간에 온전히 존재한다. 이것은 영원이 항상 존재한다$_{ever-present}$라는 뜻이다. 영원이 시간 없음이므로 영원의 100퍼센트가 시간의 모든 지점에 온전히 그리고 완벽히 존재한다. 바로 지금 당신이 경험하는 것 안에서 당신은 영원에 100퍼센트 접촉한다. 95퍼센트도 99퍼센트도 아니고 100퍼센트, 모두 바로 지금 이 순간에. 이것을 종종 '영원한 지금$_{Timeless Now}$' 혹은 '순수한 현재$_{Pure Present}$'라고 한다. 영원은 정말로 정확하게 시간 없음이므로 영원의 모든 것이 매 순간에 완전히 현존$_{present}$한다. 영원한 지금, 그 매 순간에. 그리고 이것은 당신이 바로 지금 영원한 삶에 온전히 접촉할 수 있다는 뜻이다.

따라서 영원을 경험하기 위해 영원히 살아야 하는 것은 결단코 아니다. 수레를 타고 하늘로 올라간 엘리야, 혹은 소금 기둥이 된 롯의 아내, 혹은 죽음 후 그 어떤 천국에서 영원히 사는 것 같은 마법적 신화 속 확고한 믿음들을 받아들여야 하는 것도 아니다. 나는 깨어남$_{Waking Up}$이 이런 것들과 결별하기를 바라고 당신도 그러하기를 바란다. 영원의 빈틈없는 목격자로, 나는 서양에서 가장 빈틈없는 철학자로 불릴 만한 루트비히 비트겐슈타인을 소환한다. 젊은 시절 비트겐슈타인은 빈틈없음 그 자체였다. 사실 『논리-철학 논고』로 그는 빈틈없음 그 자체인 논리 실증주의 분야를 거의 단독으로 수립했으며 종교적인 어리석음이 부르는 그 어떤 유토피아도 단연코 거부했다. 『논리-철학 논고』에서 비트겐슈타인은 영원의 실재를 인정함과 동시에 영원에 대한 절대적으로 완벽한 정의를 내렸다. 이 정의를 아주 주의 깊게 읽어 주기 바란다. 왜냐하면 이것이 모든 문제의 해결책이기 때문이다. "영원을 시간의 지속이 아니라 시간 없는 점으로 본다면 영원한 삶은 현재를 사는 사람의 것이다."[5]

정확히 그렇다. 그리고 이것은 영원한 삶이 당신에게 바로 지금 완전히 가능하다는 뜻이다. 사실 영원한 삶은 당신에게 바로 지금만 가능하다.(그래서 '영원한 지금'이라고 한다.) 그리고 영원한 지금 속으로 빠지는 것, 이것이 진정으로 깨어날 때 일어나는 일이다. 따라서 깨어남은 영원한 삶의 발견을 포함한다. 당신의 영원한 삶 말이다.

'영원한 지금'에 관해 좀 더 알아보자. 영원한 지금이 기본적으로 언제나 존재하는 영원과 같은 것이라면 이 영원한 지금은 정말로 바로 지금 가능할까? 영원한 지금은 정말로 언제나 존재할까? 시간의 흐름 속 모든 지점에서 완전히 존재할까? 그렇다. 분명코 그렇다. 앨런 왓츠Alan Watts는 그의 훌륭한 책 『불안이 주는 지혜』에서 왜 그런지에 대한 완벽한 설명을 제공한다. 나는 이 설명의 다양한 버전들을 수없이 반복해 왔는데 지금 다시 반복하려 한다. 그만큼 설명이 간단하고 명백하기 때문이다.

문제는 우리는 분명 시간의 흐름 속에 사는 것 같은데, 이 지속되는 시간의 모든 순간 속에 왠지 언제나 존재하는 영원, '영원한 지금'이 있어야 한다는 것이다. 이 영원한 지금은 얻기 힘든 것이 아니라 피하기가 불가능한 것이다. 그리고 이 영원한 지금을 알아차리는 것이 영원을 발견하는 것이고, 영원을 발견하는 것이 진정으로 깨어나는 것이다. 따라서 영원한 지금이 언제나 온전히 존재한다면 진정한 깨어남 또한 언제나 온전히 존재한다. 그 모든 것이 바로 지금 말이다.

 이는 전적으로 옳은 말이다. 실제로 모든 해탈의 길(전통)은 깨달은 마음은 성취하거나 획득하기가 절대적으로 불가능하다고 말한다. 기독교 신비주의는 완전한 구원에 도달하기 위해 그 어떤 일도 할 필요가 없다고 주장한다. 일본 선불교도 "매일의 마음, 단지 그것이 도."라고 말한다. 당신이 바로 지금 갖는 일상 의식의 상태가 정말로 그 자체로 깨달은 마음이라는 뜻이다. 대승불교의 실질적 핵심을 보여 주는 『반야심경』도 다음 한 가지를 거듭 지적한다. "깨달은 마음을 획득할 수 없음을 깨닫는 바로 그 순간, 당신은 깨달을 것이다." 깨달은 마음은 그 자체로 온전히 이미 거기에 있기 때문에 획득할 수 없다. 깨달은 마음은 자신의 콩팥이나 발을 획득할 수 없는 것처럼 획득할 수 없다. 여기에는 순전한 역설이 존재한다. 당신은 이미 항상 깨달았지만 여전히 그 사실을 인식해야 한다는 것 말이다.

 이 책 뒤에 가서 내가 제시하는 연습들은 당신만의 언제나 존재하는 깨우친 마음을 직접 인식하도록 도울 것이다. 그렇게 언제나 존재하는 것은 '영원한 지금'도 마찬가지이다. 영원한 지금도 언제나 존재하므로 단지 인식하기만 하면 된다. 이 인식은 실제로 영원의 발견이며, 왜 영원이 실제로 항상, 즉 현재 순간을 포함한 모든 순간에 완전히 존재하는지에 대한 직접적인 이해이고, 따라서 '영원한 삶은 현재를 사는 사람의 것'에 대한 직접적인 이해이다.

 당신은 이미 현재, 그 '영원한 지금'에 온전히 살고 있지만 그것을 인식하지 못할 수 있다. 영원한 지금을 인식하지 못하는 것은 시간 자체가 실재한다는 믿음과 관련이 있다. 우리는 현재에 살지 않는 것 같은데, 왜냐하면 우리는 과거와 미래를 실재처럼 보고 그 과거와 미래에 대해 생각하느라 영원한 현재와 깨달은 마음을 놓치고 있기 때문이다. 그리고 해탈의 길들에 따르면 시간의 흐름은 단지 일종의 환영/착각이다. 시간의 흐름은 사실 존재하지 않는다. 시간의 흐름은 '꿈 세상'에 속하는 것일 뿐이다. 우리가 깨어나야 하는 꿈 세상 말이다. 깨어나기 위해 우리가 해야 하는 일은 단지 항상 존재하고 이미 존재하는, 시간 없는, 영원한 지금, 즉 언제나 이미 그랬던 그 지금을 인식하는 것뿐이다.

자, 당신의 마음을 관통하는 그 시간의 흐름이 정말로 실재하는가, 아니면 환영/착각인가? 한번 확인해 보자. 더할 수 없이 실재처럼 느껴지는, 당신 과거의 어떤 일을 하나 생각해 보라. 그 과거의 사건을 가능한 한 생생히 다시 느껴 보라. 그것은 당신이 실재한다고 생각하는 과거이다. 다만 그 과거의 일을 다시 생생히 들여다볼 때 실제로 당신이 인식하는 것은 모두 그 일의 기억이고 그 기억은 지금-순간에만 일어나고 있음을 알아차리기 바란다. 더욱이 그 일이 실제로 일어났던 그때도 그 일은 현재의 지금-순간에 일어났던 것이다. 따라서 당신이 직접적으로 인식하는 것은 과거의 그 일이 아니라 오직 현재의 지금-순간뿐이다.

마찬가지로 미래의 일도 생각해 보라. 분명히 똑같은 현상이 일어날 것이다. 당신은 실제 미래를 보는 것이 아니고 미래에 대한 현재의 이미지 혹은 생각을 볼 뿐이다. 그 이미지는 오직 지금-순간에만 존재한다. 그리고 당신이 지금 생각하는 그 일이 미래에 실제로 일어난다면 그것도 지금-순간에 일어날 것이다.

당신이 언제나 실제로 인식할 수 있는 것은 모두 항상 존재하고 영원한 지금-순간, 항상 존재하는 현재뿐이다. 이것은 어쩔 수 없다.

이 지금-순간이 시간을 통해 움직이는 것이 아니라 시간이 이 지금-순간을 통해 움직인다. 그리고 '항상 존재한다'란 정말로 **항상 존재한다**는 뜻이다. 현대 양자역학의 공동 창시자인 에르빈 슈뢰딩거에 따르면 "유일하게 끝이 없는 것이 현재이다."6 현재(영원한 지금)는 정말이지 끝이 없다. 현재에는 시작도 없다. 시작과 끝이 관계하는 것은 영원Timelessness이 아니라 시간Time이다. 영원Eternity에는 시간이 없으므로timeless 영원은 시간의 흐름 속으로 들어가지 않는다. 영원은 항상 존재한다. 시간의 흐름 속에서 정말로 오래 지속되기 때문이 아니라 애초에 시간의 흐름 속으로 들어가지 않기 때문이다.

많은 해탈의 길들은 그래서 깨달은 마음이 '불생不生, The Unborn'이라고 한다. 시간 속으로 절대 들어가지 않으므로 불생이다. 깨달은 마음은 결코 시간의 흐름 안에서 태어나지 않는다. 바로 지금 당신의 직접적인 인식 속에서 당신의 깨달은 마음이 불생이다. 당신은 절대로 그것이 태어나게 할 수 없다. 왜냐하면 그것은 이미 그 온전한 모습으로 완전히 존재하고 따라서 정말로 획득될 수 없기 때문이다. 바로 영원한 지금이 그런 것처럼.

해탈의 길들은 깨달은 마음이 '불멸不滅, Undying'이라고도 한다. 깨달은 마음은 시간의 흐름 속으로 결코 들어간 적 없으므로(그래서 불생) 시간의 흐름을 떠날 수도 없다. 다시 말해 절대 죽지 않는다. 이것이 당신의 참나 혹은 빅 마인드Big Mind가 절대 태어나지 않고 또 절대 죽지 않는 이유이다. 참나 혹은 빅 마인드는 불멸, 불사이다. 간단히 말해 영원이고 동시에 순간이다. 영원한 지금이 그렇듯 당신의 참나 혹은 빅 마인드도 항상 존재하고(실재하고) 이것이 (한 예로) 사람들이 대부분 자신이 절대 죽지 않을 것을 직감하는 이유이기도 하다. 물론 자신의 피상적이고 일상적인 자아와 몸이 죽으리라는 것은 잘 안다. 하지만 자신 안에는 가장 깊고 가장 진실한 그 어떤 부분이 있고 그 부분은 결코 죽지 않으리라는 것도 안다. 당신 자신도 거의 확실히 알 것이다. 혹은 기본적으로 그렇다고 감지할 것이다. 당신은 당신의 죽음이나 존재의 멈춤을 직접 인식할 수 없다. 당신의 참나가 불생불멸이라서 태어나는 것도 정말로 죽는 것도 인식할 수 없기 때문이다.

당신의 가장 깊은 부분이 절대 죽지 않음을 직감한다는 말이 당신이 시간 안에서 영원히 살 거라는 뜻은 당연히 아니다. 다만 당신의 참나가 존재의 무한한 바탕 속으로, 그 너무 깊고 너무 영원해서 시간의 흐름이 그 중심에 전혀 가닿을 수 없는 바탕 속으로 곧장 접속해 들어간다는 뜻이다. 이 바탕 혹은 자신의 참나를 막연하게나마 감지할 때 사람들은 실제로 불생과 불멸을 직감한다. 가장 깊은 곳에서 자신이 바로 불생불멸임을 알고 그렇지 않다고는 도저히 상상할 수 없다.

이것은 '지도指導, Instruction의 역설'을 부르곤 한다. 깨어남에 관해서라면 깨우친 상태를 부르기 위해 당신이 할 수 있는 일은 하나도 없다. 영원한 지금처럼 깨달은 마음도 이미 항상 완전히 존재하고 바로 지금 당신 인식 속에서 온전히 기능하고 있다. 그런데 당신은 여전히 그러함을 인식해야 한다.(여기에 역설이 있다.) 간단히 말해 사토리가 필요 없음을 깨닫기 위해 사토리가 필요한 것이다.(여기서 지적 지도가 도움이 될 것이고, 바로 이것이 지적 지도 연습으로 돌아가야 하는 이유이다.)

이 영원한 지금 혹은 영원히 존재하는 참나에 대해 해탈의 길들은 얼마나 진심인가? 여기서 보통 나는 일본 선불교의 예들을 든다. 내가 동양의 전통에 중점을 두어서가 아니라 동서양의 모든 대전통 중에서 일본 선불교가 실제로 사토리를 경험하는 것을, 항상 존재하는 참나의 현실을 직접 인식하는 것을, 즉 진정한 깨달음을 가장 강조하기 때문이다. 그래서 일본 선불교는 "당신의 본래면목을 보여 주시오."라고 말한다. "본래면목(원래 얼굴)"은 여기서 당신의 항상 존재하는 참나를 의미한다. "당신 부모가 태어나기 전 당신이 가졌던 원래 얼굴을 보여 주시오." 당신 부모가 태어나기 전이라고? 이것은 당신의 참나가 당신 부모가 태어나기 전에 존재했던 어떤 것이라는 뜻인가? 우리는 이것을 상징적, 비유적으로 이해해야 할까? 아니다. 사실 이 질문은 그 말 그대로이다. 여기에 상징적인 것은 아무것도 없다. 하지만 그렇다고 당신의 부모가 시간의 흐름 속에 존재하고, 당신의 참나가 같은 시간의 흐름 속에서 당신 부모가 태어나기 전 어떤 지점에 존재했다는 의미는 아니다. 그보다는 당신의 원래 얼굴, 즉 당신의 참나가 시간의 흐름 이전에 존재했음을 의미한다. 당신의 원래 얼굴, 당신의 참나는 말 그대로 시간에서 완전히 벗어나 있고 언제나 존재하며 영원하다. 당신의 참나는 당신 부모의 탄생 전, 이 지구의 탄생 전, 이 태양계의 탄생 전, 이 은하계의 탄생 전에 존재한다. 왜냐하면 시간의 흐름 전에 존재하기 때문이다. 이게 전부이다.

 이것은 당신이 거대한 과거와 끝없어 보이는 미래 사이에 잔인하게 끼어 있는, 비좁은 현재 순간 속에 살고 있지 않다는 말이다. 당신은 과거에서 현재를 지나 미래로 달려가는 시간의 순서 속에 갇혀 있지도 끼어 있지도 않다. 오히려 당신은 모든 것을 포용하는 영원한 지금의 그 한계 없이 광활한 공간 속에 있으며, 따라서 모든 과거, 현재, 미래의 사건들이 끝없고 경계 없는 현재의 그 방대한 개방성 속에서 발생한다, 당신은 과거-현재-미래의 순서 안에 있지 않다. 그 순서가 당신 안에 있다. 당신은 그 모두를 포용한다. 당신은 그 모두에 열려 있고, 그렇게 열려 있는 의식은 정말이지 '모든 것을 위한 공간을 만든다.' 이것이 깨어남이 '지도指導의 역설'을 극복하며 수행하는 모두에게 전달하는 엄청나게 거대한 홀니스이다.

여기까지가 분명히 밝힐 필요가 있었던, 영원성에 대한 기본적인 점들이다. 이 점들은 불가피한 사실을 분명히 말해 준다. 진정으로 깨어난 사람이라면 누구나, 영원하고 절대적이며 편재하고 모두를 포함하는 실재와의 깊고 직접적인 연결을 느낀다는 것이다. 그것은 실재를 깨달았다는 느낌이기도 하고 "집으로 왔다."는 느낌이기도 하다. 왜냐하면 그곳이 우리가 정말로 속하고 항상 속했던 곳이기 때문이다. 그 실재가 이미 그리고 시간을 초월해 항상 존재하는 지고의 정체성이다. 이 사실이 우리의 본래면목을 깨운다. 그럼 우리는 안다.

이런 직접적인 경험은 "당신의 두뇌가 생리학적 붕괴를 겪었고, 그래서 깊은 혼란과 망상에 빠져 있다." 따위로 간단히 설명해 버릴 수 있는 것이 아니다. 당신은 깨어남의 영원한 지금-순간에서 모든 존재의 근본적이고 편재하는 바탕 없는 바탕을 직접적, 즉각적으로 경험한 것이다. 이런 경험은 시간을 초월하고, 따라서 항상 존재하며, 따라서 영원하다. 당신이 나의 이런 설명을 비유적인 혹은 상징적인 혹은 단지 철학적인(헷갈리는) 설명으로 받아들인다고 해도 사실 나는 상관하지 않는다. 중요한 것은 경험 자체이고 경험 자체는

"논쟁의 여지가 없다."

영원(그리고 깨어남으로 사람들이 경험하는 시간을 초월한 실재)에 대해 살펴보았으니 이제 무한성에 대해서도 짧게 다뤄 볼 수 있겠다. 무한성에 대한 설명은 영원에 대한 설명과 기본적인 점들이 같기 때문에 시간 대신 공간을 넣고 생각해 보면 된다.

영원의 경우와 유사하게 사람들은 무한Infinity이 '매우 매우 매우 큰 공간'을 뜻한다고 많이들 오해한다. 다시 말하지만 무한은 사실 그 반대이다. 무한이 '무지막지하게 거대한 공간'이라면 어떤 사람이 무한한 실재가 드러나는 것 같은 영적 깨어남을 경험했다고 할 때 그것은 그 사람의 혼이 물리적으로, 그리고 말 그대로 은하수 너머까지 확장됐다는 뜻이어야 하지 않을까? 만약에 그렇다면 무한이 드러나는 사토리를 경험할 사람은 그다지 많지 않을 듯하다. 그리고 그렇다면 당연히 무한이 '매우 매우 매우 큰 공간'을 의미하지 않는다는 결론이 나온다.

그 반대로 무한은 '공간 없는 한 점'을 의미한다. 무한은 '엄청나게 방대한 공간'이 아니라 '공간 없음Spaceless'(혹은 공간을 초월함)을 뜻한다. 그리고 영원이, 즉 시간을 초월했다 함이 영원의 모든 것이 시간의 모든 점에 완전히 존재한다는 뜻인 것처럼, 공간 없는 무한이란 무한의 모든 것이 공간의 모든 점에 완전히 존재한다는 뜻이다. 다시 말해 무한의 100퍼센트가 바로 **여기에** 완전히 온전하게 존재한다. 지구의 다른 쪽이 이쪽과 다른 무한을 갖는 것이 아니고, 목성이 지구와 다른 무한을 갖는 것도 아니다. 거칠게 말하면 무한(그리고 영원)의 총계는 단지 하나One이다. 이것이 바로 진정으로 깨어날 때 사람들이 모든 것을 포함하는, 그토록 충격적인 하나임Oneness을 느끼는 이유이다. 깨어난 사람은 근원, 조건Condition, 모든 존재의 본성, 모든 존재의 유일하고 비이원적이고 무한하고 영원한 바탕으로 접속해 들어가는 것이다.(그리고 그것은 절대 의식이고 따라서 "논쟁의 여지가 없는" 경험이다.) 진정한 무한을 바로 여기서 발견할 때 당신은 그것을 모든 곳에서 발견한 것이다.

정말로 이것이 심오한 깨어남 경험을 하는 사람들이 심지어 가장 먼 은하들과도 하나라고 느끼는 이유이다. 진정 모든 것과 하나이다. 모든 상대적 진실과 하나가 되는 것은 아니다.(사실 이 합일 의식은 쿼크 입자의 구조 혹은 다양한 다중우주의 존재 같은 상대적인 진실에 대해서는 거의 아는 바가 없다.) 그보다는 (자신의 진정한 본성, 항상 존재하는 조건, 모든 존재가 공유하는 하나의 바탕, 모든 본성들의 본성, 모든 조건들의 조건 같은) 궁극적 진실 그 자체와 하나가 된다.

이제는 진부해진 "지금 여기를 살라.Be Here Now."는 말이 바로 무한과 영원에 대한 이런 간단한 이해에서 나왔다. 우리 눈에 명백히 보이는 우주는 시공간 혹은 시공간 연속체라고 하는 것 안에 존재한다. 하지만 당신은 온전히 "여기Here"를 살기 바란다. 그럼 모든 곳에서 공간 없는 무한과 직접 접촉하게 된다.(공간의 모든 점에 온전히 존재하는 것이 무한이기 때문이다.) 그리고 즉시 "지금Now"을 살라. 그럼 시간을 초월한 영원과 접촉한다.(시간의 모든 점에 온전히 존재하는 것이 영원이기 때문이다.) 따라서 "지금 여기를 살라." 그럼 모든 존재의 무한하고 영원한 바탕에 바로 지금 여기서 곧장 접촉한다. 모든 존재의 이 무한하고 영원한 바탕은 성취하기가 어렵지 않다. 실은 피하기가 불가능하다. 실은 획득이 불가능하다. 즉 존재하지 않는 지점이 없기 때문에 존재하지 않는 지점에서 존재하는 지점으로 이동할 방법이 없다.

이것이 존재하는 모든 시공간의 모든 단일 지점의 여여如如, Suchness(있는 그대로의 것 혹은 본질)이다. 그리고 당신의 여여이다.

　물론 바로 지금 있는 그대로의 당신이 모든 존재의 바탕과 완벽하게 하나임이 분명한 사실이지만 당신은 여전히 그 사실을 인식해야 한다. 이것이 지도의 역설이다. 사토리가 필요하지 않음을 보기 위해 사토리가 필요하다는 것. 여기까지가 깨어남에 대한 전부이다. 그리고 깨어남은 통합 이론이 아주 진지하게 따르는 하나의 과정이다. 깨어남은 궁극적 진실, 일미로 통하는 문이고, 깨어날 때 어디에서나 그리고 모든 곳에서 발견될 수 있는 궁극적 홀니스가 당신에게 드러난다.

　그럼에도 불구하고 기묘하게도 이것은 단지 당신에게 가능한 홀니스의 시작에 불과하다. 결국 빅 홀니스는 다섯 유형의 주요 홀니스로 구성되어 있고 깨어남은 그중 하나에 불과하니까 말이다. 우리는 뒤에 다시 깨어남으로 돌아와 좀 더 깊이 들어가 볼 것이다. 그 전에 먼저 다른 네 가지 유형의, 똑같이 흥미진진한 홀니스들을 살펴보고자 한다.

　그럼 시작해 보겠는가?

2장 Finding Radical Wholeness
우리는 왜 성장해야 하는가?

　진정한 빅 홀니스 안에서 우리에게 가능한 다른 유형의 주요 홀니스들을 탐구하기 전에, 왜 빅 홀니스를 얻는 데 깨어남만으로 충분하지 않은지 잠시 알아볼 필요가 있다. 깨어남은 우리에게 영원하고 무한한 홀니스를 제공할 수 있지만, 기묘하게도 이것이 우리에게 가능한 가장 큰 홀니스(빅 홀니스)는 아니다. 그런데 깨어남이 가장 큰 홀니스라는 믿음이 심오한 깨어남 경험을 한 사람들 사이에 매우 흔하다.(선불교 수행자들 사이에서도 그렇다.) 깨어남으로 모든 것과 말 그대로 하나가 되는데 다른 무엇이 필요하겠는가? 모두가 깨우치거나 깨닫기만 하면 전쟁이 사라지고 평화가 도래하여 인류는 번영할 것이며 모두가 행복할 것이다? 확실히 지난 몇천 년 동안 이런저런 형태의 이 같은 가정들이 매우 흔했고, 종교적 믿음들 대부분의 핵심을 형성해 왔다.

　그러다 몇백 년 전부터 과학이 발전하고, 합리적 인식 방식들이 마법적, 신화적 방식들을 대체하고, 제우스와 여호와의 전통적인 신화의 세상이 코페르니쿠스, 다윈, 프로이트의 근대 세상에 길을 내주었다. 이런 변화와 함께 문화적으로 용인되던 깨어남의 방식도 쇠퇴하는 경향을 보였다. 이는 많은 경우 깨어남 경험 자체에 부족함이 있어서라기보다는, 근대 과학의 합리성으로 대대적으로 대체된 이전의 전통적인 신화적 세계관과 깨어남 경험이 서로 심각하게 혼동되었기 때문이다. 이런 혼동이 무엇과 관련되어 있는지, 그리고 이 혼동이 어떻게 일어났는지는 14장에서 자세히 살펴볼 것이다. 요약하면 깨어남의 직접적인 경험이, 그 경험에 대한 상대적으로 원시적인 마법-신화적인 설명과 혼동되었고, 그래서 불행히도 목욕물을 버리려다 소중한 아기까지 버린 꼴이 되었다.

근대 과학이 모든 형태의 깨어남에 겨눈 비판들은 진지하게 검토되지 않았고, 왜 그런지는 앞으로 살펴보게 될 것이다. 하지만 깨어남에도 분명 그 어떤 한계가 있으며, 여기서는 이 점을 짧게 요약해 보려 한다. 그래야 깨어남 외에도 우리에게 가능하고 또 극도로 중요한 또 다른 홀니스의 형태들이 왜 있어야 하는지 그 이유를 알 수 있을 테니 말이다.

일단 깨어남의 한계들을 이론적으로 설명하고 그다음 아주 간단한 예들을 제시하겠다. 깨어남 경험은 모든 존재의 궁극적 바탕과의 합일, 혹은 현현한 형태의 전 우주를 포함하는 궁극의 텅 빔Emptiness, 空을 직접적으로 경험하는 것이다. 그런데 이런 경험은 우리 우주의 상대적 형상들에 대한 구체적 정보는 주지 않는다. 당신은 정말로 모든 것과 하나가 되며 대단히 중요한 절대적 깨달음에 이를 수 있지만, 그렇다고 실제로 특정한 어떤 것을 구체적으로 알게 되지는 않는다는 말이다.

이 한계가 인류 역사상 종교가 전개되어 온 방식에서 발생했던 많은 문제의 핵심이고, 오늘날 깨어남이나 사토리를 경험하여 그것이 미래 인류의 안녕에 필요한 전부라고 생각하는 개인들을 위해서도 매우 중요한 점이 아닐 수 없다. 이들은 사토리가 모든 존재의 진정한 바탕을 드러내기 때문에 깨어남 경험이 온 세상이 필요로 하는 모든 것이라고 생각한다. 이들에게는 정말로 달리 필요할 것이 없다. 이 사랑스러운 영혼들은 심오한 사토리와 홀니스의 확장 버전을 경험한 후, 깨어남의 실현에 또 다른 근본적인 것이 추가될 수 있다고 믿지 않는다.

  문제는 이것이다. 심오한 깨어남 경험은 그 역사가 최소한 수천 년(샤먼 형태의 깨어남까지 포함하면 수만 년) 전까지 거슬러 올라간다. 그렇다면 예를 들어 2000년 전에 궁극의 깨어남 경험을 한 사람이 있다고 해 보자. 이 사람은 숲을 걷고 있다. 반짝이는 햇살을 보고, 발에서 느껴지는 땅의 감촉을 느끼고, 양옆의 나무들을 본다. 당시 사람들은 지구가 평평하고 태양이 지구를 돈다고 믿었다. 그리고 자신을 다른 형상들과 분리된 존재로 경험했다. 이 사람도 그런 보통 사람으로 숲을 걷는 중이었는데 갑자기 대단한 사토리를 경험한다. (에고로서) 대양 속으로 소멸된 후 (참나로서) 모든 것과 순수하게 하나가 된다. 태양, 땅, 숲의 나무들과 하나가 된다. 순수한 존재의, 모든 것을 포함하는 멋진 바탕을 깨우치고 그 바탕이 된다. 궁극의 진리를 본 것이다.

  하지만 이 사람은 이 우주의 구체적이거나 상대적인 사건들에 대한 그 어떤 정보와 지식도, 혹은 진실도 얻지 못한다. 이 사람은 땅과 하나라고 느끼지만 여전히 그 땅이 평평하다고 생각한다! 태양과 하나지만 여전히 태양이 지구를 돈다고 생각한다! 그리고 숲의 모든 나무와 하나지만, 그런 하나임의 경험이 그 나무들을 구성하는 세포, 원자, 분자들에 대해서는 아무것도 말해 주지 않는다. 정확히 말해 모든 존재의 바탕은 모든 것과 절대적으로 하나이기 때문에(모든 곳에 똑같이 무한이 편재하기 때문에) 사실 그 안의 어떤 개별 존재에 대한 구체적인 정보는 하나도 줄 수 없다.

어떤 의미에서 이는 매우 충격적이다. 궁극적 깨어남의 깊고 분명한 경험을 했던 모든 대종교들이 이 상대적 세상 속에서 그다지 발전하지 못했던 사실이 전혀 이상하게 느껴지지 않는다. 이 종교들은 대단위의 합리적인 과학을 발전시키지도, 노예를 해방하지도, 여성에게 동등한 투표권을 주지도 못했고, 사토리를 경험할 때 방출되는 우리 뇌의 신경전달물질에 대해서도 몰랐고, 그 뇌를 구성하는 원자, 분자와 세포에 대해서도 전혀 몰랐다. 그리고 성장, 정화, 드러냄의 홀니스에 대해서도 몰랐다.

이것은 정확히 말해 (과학을 포함한) 그 모든 발전이 상대적이거나 유한한 영역에서 일어났기 때문이다. 우리가 성장Growing Up의 다양한 단계들을 통과하며 자라고 발전하면서 배우는 것들이 그렇다. 성장은 참나 혹은 궁극적 진실과 관계가 없다. 성장은 시공간에서, 성장과 발전의 상대적인 세상에서 전개된다. 다시 말해 성장은 *진화*이다. 우리는 시공간 진화 영역에 속하는 상대적인 진실들을 배운다. 그러나 궁극적이고 무한한 진실 자체는 진화하지 않는다. 궁극적 진실은 공간과 시간을 초월해 무한하고 영원하다. 따라서 끝이 없고 변하지 않는다. 부분이 없기 때문에 진화할 게 없다.

상대적인 세상은 계속되는 성장, 발전 혹은 진화의 과정에 있다.

이것은 복잡성, 합일, 의식이 점점 더 커지는 과정이고, 구체적인 결함들이 끊임없이 더 큰 전체성으로 대체되는 과정이다. 하지만 궁극의 진실에는 결함이 없으므로 깨어남은 순전하고 절대적인 완성의 느낌을 준다. 그리고 앞으로 보게 되겠지만 이 깨어남과 성장은 서로 완전히 독립적인 두 과정이다. 전통들은 대개 깨어남 과정에 고도로 동조했던 반면, 성장 과정에서 앞서갔던 전통은 실제로 하나도 없었다. 당시 인류가 성장의 길에 있어서 아직 그다지 진화하지 못했기 때문이다. 인류가 아직은 마법적 혹은 신화적 단계에 있었던 것이다. 정화, 드러냄, 열림(모두 상대적인 진실들)을 분명히 의식했던 전통도 없었다.

따라서 통합적 접근이 위대한 빅 홀니스에 추가하는 전체성의 새로운 영역들은 모두 본질적으로 *상대적 진실이나 실재*에 관한 것이다. 상대적 진실은 궁극적 진실이나 실재에 대해 아무리 깨어난다고 해도 알 수 없는 것들이다. 나무, 개구리, 인체가 갖는 존재의 무한하고 영원하고 단일한 바탕은 모두 같은 바탕이지만, 그 바탕을 발견한다고 해서 나무, 개구리, 인체 각각에 대한 구체적인 것을 알게 되지는 않는다. 깨어남은 모든 존재 자체의 바탕이나 존재 상태를 보여 주지만, 특정 존재 자체에 대해서는 전혀 아무것도 보여 주지 않는다.

성장, 열림, 정화, 최소한 이 세 유형의 주요 홀니스는 100년 전 즈음 처음으로 발견되었다. 이렇듯 최근에 발견된 것은 모두 대종교 전통들에 포함되지 못했다. 이 새로운 유형의 홀니스는 사실 오늘날의 자기계발이나 자기 변화 강의에서도 거의 찾아볼 수 없다.

따라서 당신이 깊이 깨어나 궁극 혹은 무한의 진실을 경험했다고 해도 (상대적 세상에서 전개되는) 유한한 성장, 열림, 드러냄, 정화에서는 거의 아무런 변화가 없을 것이다. 이것은 인류 역사에 결정적인 역할을 한, 심각한 결핍이라 할 만하다. 통합 모델이 매우 혁명적인 것은 홀니스의 이 영역들을 모두 포함하기 때문이다.

그럼에도 진정한 궁극의 진실이나 '절대 의식'으로의 깨어남이 ("논쟁의 여지가 없는" 것에 더해) 놀랍고 믿기 어려울 정도로 중요한 것도 여전한 사실이다. 홀니스의 다섯 유형 중 깨어남은 분명 가장 심오하고, 또 모든 문화의 깊이 있는 구도자들이 '궁극의 진리'라고 주장해 온 유일한 실재이다.(그리고 내가 계속 약속하듯이 우리도 여기서 이 절대 의식을 살펴볼 테고, 당신만의 즉각적인 깨어남을 위한 구체적인 도구들도 알아볼 것이다. 따라서 당신 스스로 결론 내릴 수 있을 것이다.)

이제 우리는 성장 과정을 탐구하려 한다. 성장 과정의 이해는 중요한데 왜냐하면 성장의 어느 단계에 있느냐에 따라 (깨어남 경험 혹은 영적 경험을 포함한 모든) 경험을 이해하고 해석하는 방법이 달라지기 때문이다. 이것이 모든 것을 바꾼다. 앞서 언급했듯이 지혜의 대전통들은 성장 과정에 거의 완전히 무지했다. 하지만 분명하게도 진정한 빅 홀니스라면 깨어남과 성장 둘 다 포함해야 한다.(그리고 열림, 정화, 드러냄도 포함해야 한다.) 그리고 지금 당신이 서 있는 그 성장의 단계가 당신이 다른 모든 홀니스를 해석하고 설명하는 법을 규정할 것이다.

그렇다면 거의 미지의 이 성장의 영역을 한번 살펴보도록 하자. 우리는 성장이라는 매우 구체적인 유형의 홀니스를 탐구하고, 이 홀니스가 왜 그토록 숨겨져 있었는지 살펴보면서, 당신이 성장한다면 당신 인생에서 누릴 수 있는 점이 무엇인지 알아볼 것이다.

성장이란 무엇일까?

나는 지금까지 성장Growing Up의 중요성, 성장이 어떻게 깨어남을 보충하는지, 그리고 모든 진정한 빅 홀니스에 성장 홀니스를 포함하는 것이 왜 중요한지 말해 왔다. 다시 말해 성장의 주요 단계들을 정리하는 것은 고사하고, 성장이 무엇인지도 제대로 설명하지 않았다. 그래서 지금쯤 당신은 머리를 긁적이고 있을지도 모르겠다. 이제 성장이 무엇인지 간략히 정리해 보자. 그럼, 모든 게 훨씬 더 명료해질 것이다. 내가 왜 이 성장이(그리고 성장 과정이 제공하는 유형의 홀니스가) 믿을 수 없이 중요하다고 말하는지도 명확해질 것이다.

예를 들어 의학, 법, 수학, 혹은 정신 요법 같은 인간의 탐구 영역을 생각해 보자. 6개월 된 아기가 이들 중 하나라도 이해할 수 있을까? 물론 그럴 수 없다. 다섯 살 난 아이는? 이해할 수 없다. 열두 살 난 아이는? 아마도 이해할 수 없을 것이다. 스물다섯 청년은? 흠, 정말로 똑똑하다면 이해할지도 모른다.

왜 그럴까? 왜냐하면 인간은 성장하고 발달하는 존재이기 때문이다. 이 말은 인간의 능력, 그러니까 모든 능력이 성장하고 발달한다는 뜻이다. 뼈, 피부, 근육만이 아니라 생각, 감정, 언어적 능력, 정신적 역량 그리고 도덕 지수까지 발달한다. 모든 것이 성장하고 발달한다. 우리가 가진 능력 중 태어날 때부터 완성된 능력은 하나도 없다. 모든 능력은 어떤 형태로든 성장 과정을 통과해야 한다.

성장, 발달하는 인간의 능력과 관련해 우리는 아주 최근에야 인간에게 한 종류의 지능만 있지 않음을 알게 되었다. 과거에는 인간에게 단지 하나의 주요 지능, 즉 IQ 테스트로 측정되는 인지 지능만 있다고 생각했다. 하지만 최근 우리는 우리가 약 12개의 다양한 종류의 지능을 가진 다중 지능 소유자라는 걸 발견했다.1 인지 지능 외에도 우리는 감성 지능, 도덕 지능, 음악 지능, 대인관계 지능, 수학 지능, 언어 지능, 미학 지능 그리고 '영적 지능' 등을 갖고 있다. 곧 탐구해 보겠지만 영적 지능은 성장Growing Up에서 중요한 지능이다. 그리고 영적 지능에 의한 성장은 깨어남Waking Up과정에서 하는 영적 경험과 아주 다르니 이 둘을 혼동하지 말기 바란다. 우리가 가진 모든 지능 혹은 발달 라인line에 접근하는 작업이 내가 열림Opening Up라고 부르는 과정이다. 열림은 우리 모든 지능의 계발을 의미하고 그것만의 홀니스를 드러낸다.(이 점은 나중에 좀 더 살펴볼 것이다.)

한 사람의 다중 지능은 매우 고르지 않게 계발될 수 있다. 인지 지능이 고도로 발달한 사람이 (감성 지능 같은) 다른 지능은 보통일 수 있고, (도덕 지능 같은) 또 다른 지능은 매우 낮을 수도 있다. 나치에 부역했던 학자들을 생각해 보자. 인지 지능은 매우 높았지만 도덕 지능은 매우 낮았다. 갓 태어난 아기는 모든 지능 지수가 사실상 제로이다. 자라고 성장하면서 그 지수들이 높아진다.

이 지능들에 대해 알아낸 또 다른 것이 있는데, 이는 매우 중요하며 성장Growing Up 주제와 직접 관련이 있다. "발달 라인"이라고도 불리는 이 지능들은 서로 아주 다르지만 모두 발달의 똑같은 기본 레벨(성장 단계)들을 통과하며 성장하고 전개된다. 서로 다른 지능들이라도 똑같은 단계들을 통과한다. 당신은 각각의 지능 지수가 높을 수도 중간일 수도 낮을 수도 있지만, 그 모든 지능이 (높은 단계, 중간 단계, 낮은 단계로 구성되는) 똑같은 눈금Scale(혹은 기준)을 따라간다.

우리는 이 일반적이고 수직적인 눈금(발달 단계/레벨의 기본 단위)을 성장의 '고도Altitude'라고도 부른다. 왜냐하면 이 눈금이 특정 지능 혹은 발달 라인이 얼마나 높이 발달했는지를 보여 주기 때문이다. 고도Altitude와, 어떤 레벨에서 어떤 기술에 얼마나 능한가를 보여 주는 재능Aptitude은 서로 다르다. 한 지능의 고도를 바꾸는 것은 그 레벨을 완전히 바꾸는 것이다. 사람들은 대부분 서로 다른 레벨들 혹은 성장의 고도들에 있는 발달 라인들(지능들)을 갖는다. 어떤 지능은 낮은 레벨에 있을 수도 있지만, 누구나 높은 레벨에 있는 지능을 한두 개는 갖고 있다. 당신은 인지적 발달에 있어서는 낮은 레벨에 있고, 감성적 발달에 있어서는 천재일 수도 있다. 당신의 어떤 지능이 어떤 고도에 있든 의기소침할 필요는 없다. 왜냐하면 고도는 언제나 높일 수 있기 때문이다. 영적 지능을 포함해 실제로 이 지능들 모두의 고도를 높이기 위해 당신이 할 수 있는 일들이 있다. 앞으로 계속 이 사실을 명심하기 바란다.

발달 라인(지능)들의 고도를 높이는 과정, 즉 성장의 과정은 그것만의 고유한 홀니스를 가져온다. 그리고 아까 말했듯이 서로 다른 발달 라인(지능)들에 대한 접근성을 높이는 것이 열림Opening Up이다. 성장Growing Up의 발달 레벨들이 곧 모든 지능에 동일하게 적용되므로, 그 레벨들은 열림에도 그대로 적용된다. 성장의 각 레벨에서의 (지능의) 고도 증가는 실제로 그 레벨에 해당하는 고유한 형태의 홀니스의 증가를 의미한다.(더 높은 복잡성, 더 깊은 합일, 해당 지능에 더 열리는 것을 의미하고, 이것이 곧 성장이다.) 따라서 우리가 성장에 대해 이야기할 때마다 그것은 곧 우리의 10여 가지 지능 중 어느 하나의 고도가 높아짐을 의미한다.

현재 발달의 다양한 레벨들을 설명하는 약 24개의 주요 발달 모델들이 있다. 이 모델들을 모두 나란히 놓고 비교해 보면 당신은 거의 모든 모델에서 등장하는, 6~8 발달 단계 혹은 레벨들이 있음을 알게 될 것이다. 어떤 모델들은 적은 수의 레벨들을 가지고 어떤 모델들은 많은 수를 가지지만, 기본적인 6~8개의 주요 레벨들은 항상 빠지지 않고 나온다. 『통합 심리학*Integral Psychology*』에서 나는 통합 메타 이론을 만들기 위해 100개가 넘는 발달 모델들을 살펴본 바 있다.(그 책 뒷부분에 100개 모델을 도표로 정리해 두었다.) 100개 모델 전부에서 이 6~8개의 기본 레벨들이 반복적으로 등장함을 볼 수 있다.

6~8 발달 단계를 포함하는 성장 과정의 발견은 지난 몇 세기 동안 심리학이 이루어 낸 가장 중요한 진전이었다. 이는 거의 모든 것에 대한 우리의 이해를 바꿔 놓았고, 그 중요성은 점점 더 분명해질 것이다. 성장Growing Up은 매우 중요해서 뒤이은 몇 장을 할애해 6~8개의 각 레벨들을 하나씩 자세히 살펴볼 것이다. 이 장에서는 네 가지 주요 단계만 포함하는, 매우 간단한 개요를 제공하는 것으로 관련 내용들과 그 작동 방식을 쉽게 확인하도록 하려 한다.

성장의 과정이 발견된 것이 단지 약 100년 전이었음을 다시 상기하자. 정말이지 매우 최근의 일이다. 인류가 몇십만 년을 지구에서 살아왔는데 왜 이렇게 늦게 발견했을까? 특히 그 중요성을 생각해 볼 때 더 의아할 수밖에 없다. 여기에는 여러 이유가 있겠지만 가장 큰 이유는 성장의 단계들은 내면 들여다보기 혹은 성찰(혹은 명상)만으로는 볼 수 없기 때문이다. 깨어남은 1인칭 경험이나 1인칭 의식 *상태*인 반면, 성장은 3인칭 의식 *구조*이다. 이것이 무슨 뜻인지 보자. 구조는 이해하기가 더 어렵기 때문에 우리는 이 장에서 의식의 구조를 설명하는 데 약간의 시간을 할애할 것이다.(의식의 상태는 이해하기 쉽다. 의식의 상태는 당신이 일상에서 하는 즉각적이고 직접적인 1인칭 경험들을 말한다. 여기에 이해하기 어려울 건 없다. 뒤에 다시 이 의식의 상태로 돌아가 볼 것이다.) 어쨌든 성장 의식의 구조는 보고 이해하기가 너무 어려워서 100년 전까지 발견되지 못했다. 좀 더 자세히 알아보자.

의식의 구조는 문법 규칙과 아주 유사하다. 사람은 누구나 자기가 자란 문화의 언어를 정확하게 구사하게 된다. 주어와 동사를 제자리에 잘 배치하고 형용사와 부사도 정확하게 잘 이용한다. 해당 언어의 문법 규칙을 상당히 정확하게 따른다. 하지만 자신이 쓰는 언어의 문법 규칙을 다 써 보라고 하면 그렇게 할 수 있는 사람은 사실상 없다. 당신과 나도 지금 영어 문법 규칙을 따르고 있지만 그 문법을 다 알지는 못한다. 이것은 문법의 구조가 단순히 내면을 들여다본다고 해서 알 수 있는 게 아니기 때문이다.

성장의 구조-단계도 마찬가지이다.(나는 여기서 '상태-단계'와 구분하기 위해 '구조-단계'라는 말을 쓴다. 상태-단계는 명상 같은 수행에서 나타나는 의식의 다양한 단계들을 말한다. 주로 자기중심적인 1단계에서 비이원의 5단계로 이어진다.) 구조-단계들은 내면을 들여다본다고 해서, 혹은 단순히 성찰한다고 해서 볼 수 있는 것이 아닌 문법 규칙과 같기 때문에 우리는 거의 최근까지 이들의 존재를 전혀 알아차리지 못했다.(세계의 대전통들이 모두 그 존재를 알아차리지 못한 것도 같은 이유에서다.)

구조-단계들은 생물학적 성장이나 성숙의 여러 단계(유아기, 아동기, 잠재기Latency*, 청소년기, 청년기, 성년기)와는 다른 것이다. 생물학적 단계들은 충분히 분명하게 볼 수 있으므로 구조-단계들 혹은 성장의 수직적 레벨들과 다르다. 이 구조-단계들은 정말로 문법과 비슷

---

* 프로이트 심리학에서 보는 성 심리 발전의 네 번째 시기

하고 단순히 내면을 들여다보는 것으로는 아무리 오래 들여다본다고 해도 드러나지 않는다. 그리고 이것이 바로 30만 년 인간(호모사피엔스) 역사 동안 최근에 와서야(약 100년 전) 이 단계들을 발견하게 된 이유이다. 이것이 정확하게 무슨 의미인지는 앞으로 계속 더 분명해질 것이고, 당신은 이 구조-단계들이 정확하게 어떤 것인지 보기 시작할 것이다. 나는 성장이 제공할 홀니스에 당신이 놀라게 될 거라고 믿는다. 그리고 그 즉시 이 홀니스 유형이 정말로 얼마나 중요한지도 보게 될 것이다. 일단 그 시작으로 약식 4단계 모델을 살펴보자. 이것은 ①자기중심적, ②민족 중심적, ③세계 중심적, ④통합적 단계들로 이루어진 모델이다.

성장의 약식 4단계 모델

갓 태어난 아이는 '여기 안' 자기 내면의 세상과 '저기 밖' 외부 세상을 쉽게 구별하지 못한다. 아기는 어디서 자기 몸이 끝나고 어디서 의자가 시작되는지 모른다. 이는 흔히 말하는 '이원이 아닌adual', '구분 없는 융합 상태'이다.('이원이 아닌'이란 자기와 타자 사이에 구분이 없는 혹은 이원성이 없는 상태를 말한다.) 자, 이 상태는 영적으로 모든 것과 비이원적 하나가 되는 것과는 분명코 다른 상태이다. 이 상태는 '소외된 에고'의 출현을 위해 곧 소멸될 상태이다. 많은 복고풍 낭만주의 사상가들은 이 상태가 '궁극의 합일 의식' 성취를 위해 우리가 다시 돌아갈 곳이라고 주장한다. 하지만 갓난아기는 어떤 경우에도 모든 것과 완전히 하나가 될 수 없다. 이 구조-상태가 물질, 몸, 정신, 혼, 영과 완전히 하나가 아니기 때문이다. 그러기는커녕 대체로 존재의 위대한 사슬에서 가장 낮은 단계인 물질과만 하나이다. 더 정확하게는 바로 옆에 있는 물질 세상과만 하나이다. 갓난아기는 그 가장 낮은 단계와 자신을 혼동한다. 따라서 '이원이 아닌adual'이 자아가 존재 사슬에서 가장 낮은 단계인 물질과 혼동된 것이라면, '비이원nondual'은 물질에서 시작해 몸, 정신/마음, 혼, 영까지 존재 사슬의 단계들과의 진정한 합일Unity을 의미한다. 존재 사슬의 각 단계는 성장의 점점 더 높은 구조-단계들과 함께 순차적으로 나타날 것이며, 가장 높은 단계, 즉 영의 단계에서 마침내 순수한 비이원 또는 완전한 합일이 일어난다.

여기까지가 '이원이 아닌 융합 구조-단계'이다. 자아가 나르시시즘적이고 자기중심적인 초기 단계들의 시작점이다. 아기들은 타자와 세상의 여러 측면에 호불호를 개발하게 될 테지만 타자를 자신의 나르시시즘적인 확장으로(자신과 구분할 수 없는 존재로) 다루는 행태로 계속 되돌아갈 것이다. 페미니스트 캐럴 길리건Carol Gilligan은 (우리의 약식 4단계 모델과 일치하는) 약식 성장 4단계 모델을 제시하는데, 그 첫 구조-단계(그녀는 이를 레벨 1이라고 한다.)를 "이기적인" 단계라고 했다. 통합 이론에서는 보통 '자기중심적' 단계라고 한다.

다음 구조-단계(길리건의 레벨 2)는 '민족 중심적ethnocentric' 단계이다. 두 가지 색의 공 실험을 통해 구조-단계가 왜 이렇게 중요한지와 왜 대개 잘 알아차릴 수 없는지를 한꺼번에 설명해 보겠다. 한쪽 면은 빨간색이고 다른 쪽 면은 녹색인 공이 하나 있다. 그 공을 당신과 아직 자기중심적인 초기 단계에 있는 두세 살 난 아이 사이에 둔다. 공을 여러 번 돌려서 아이가 공 양면의 색이 다름을 보게 한다. 그다음 빨간 쪽을 아이 쪽으로 두고, 녹색 쪽은 당신 쪽으로 향하게 한다. 아이에게 묻는다. "어떤 색이 보이니?" 아이는 정확하게 "빨간색."이라고 대답할 것이다. 다시 아이에게 묻는다. "나는 무슨 색을 볼까?" 아이는 여기서도 "빨간색."이라고 대답할 것이다.

다시 말해 이 초기 단계(레벨 1)에 있는 아이는 당신이 자신과 다른 관점으로 세상을 보고 있음을 전혀 알지 못한다. 아이는 그야말로 다른 사람의 입장을 취하지 못한다. 심리학자들은 "타인의 역할을 취할 수" 없다고 할 것이다. 구조-단계 초기에 있는 아이의 시각은 여전히 자기만의 관점, 이기적이고 나르시시즘적이고 자기중심적인 관점으로 제한되어 있다. 이 아이의 홀니스 정체성도 그 자기중심적인 매우 좁은 관점으로 제한된다는 점에 주목하기 바란다.

하지만 아이가 민족 중심의 2단계(이 단계는 네다섯 살에서 시작되고 평생 지속되기도 한다.)에 도달하면 모든 게 바뀐다. 이제 아이에게 "나는 어떤 색을 볼까?"라고 물으면 아이는 "녹색."이라고 맞게 대답할 것이다. 아이의 관점이 자기에게 보이는 것만 보는 자기중심적이고 제한적인 입장에서 타인의 역할도 실제로 취할 줄 아는 민족 중심적 입장으로 확장된 것이다. 자기중심적 자아감에서 집단 중심적 자아감(혹은 2인칭 자각 자아감)으로 전환된다. 아이는 이제 다른 사람들이 세상을 다르게 봄을, 자신과 반대되는 관점이 있음을, 그리고 그러함을 고려하기 시작해야 함을 깊이 이해하기 시작한다.(이보다 더 어린 아기들도 사람들이 세상을 다르게 본다는 걸 이해할 수는 있지만 그런 다른 사람들의 관점을 실제로 취하지는 못한다.)

따라서 이 구조-단계의 주요 투쟁은 '에고가 자기 몸과 그것의 충동들(특히 성性, 공격성, 권력 같은 자기중심적인 충동들)과 어떻게 하면 잘 지내는가.'에서 '다른 에고들과 그 에고들이 갖는 다른 역할들 모두와 어떻게 하면 잘 지내는가.'로 전환된다. 여기서 그런 갈등들을 다루는, 지금까지 우리가 써 온 가장 흔한 방식이 타인들이 하는 말에 절대 순응하는 것이다. 따라서 민족 중심적 단계(레벨 2)에는 종종 '순응주의자', '전통적인', '옳든 그르든 내 조국', '좋은 소년, 착한 소녀', '신화적 멤버십Mythic Membership'*, '애국심' 등으로 설명되곤 한다. 그리고 절대론적이라고도 하는데, 어떤 궁극적인 실재를 드러내서가 아니라 자기만의 시각을 절대적이고 변하지 않고 틀림없는 진실로 여기기 때문에 그렇다. 근본주의자, 극단주의자 대부분과 거의 모든 분야의 엄격한 열성당원들(근본주의 과학자들, 근본주의 마르크스주의자들, 근본주의 페미니스트들, 근본주의 포스트모더니스트들 등등)이 여기에 강력한 기반을 두고 있다. 구조-단계 2가 '민족 중심적'이라고 불리는 이유는 이 단계의 사람들이 자신의 정체성을 자기 자신(자기 중심적)에서 사람들의 집단 전체로 확장하기 때문이다. 홀니스 관련, 전반적인 정체성이 자기중심적에서 민족 중심적으로 옮겨 갔으므로 당사자가 느끼는 홀니스도 마찬가지로 자기중심적에서 집단 중심적으로 옮겨 간다.

 민족 중심으로의 이런 수직적 이동은 자아 정체성의 홀니스가 자기 유기체에 국한되다가(자기만 생각하는 이기적인 단계) 유기체의 집단 전체(전체 공동체를 생각하는 단계)로 확장되기 때문에 좋은 것이다. 하지만 자아 정체성이 여전히 모든 집단, 모든 사람, 모든 인류를 포함하는 데까지는 확장되지 않는다.(이 정도의 홀니스는 '세계 중심적'인 3단계에서 발생한다.)

---

* 개인이 자신이 속한 집단을 절대적이고 신성한 것으로 여기며 그 소속감에 정체성과 도덕성을 의존하는 상태

집단 전체를 보살피고자 하는 마음이 커지기 때문에 길리건은 이 두 번째 단계를 "보살핌Care"단계라고 했다. 최소한 다른 사람들을 진짜로 보살피고자 하는 마음이 일어나고 또 커지는 단계인데, 이는 말할 수 없이 중요한 발전이다. 하지만 사실 이것은 여전히 굉장히 '우리 대 그들'에 해당하는 정신 상태로, 자신이 속하는 특정 집단만 보살피고 그 밖의 다른 사람들, 다시 말해 믿지 않는 자, 변절자, 이단자, 혹은 일반적인 '타자들'은 모두 철저히 의심하는 상태이다. 그래도 자기가 속한 집단으로 확장되는 보살핌은 진정한 보살핌이다.(나치들도 자신의 가족과 조국은 진정으로 사랑했다.)

이 나치를 비웃은 발언에는 두 가지 의미가 있다. ①그들의 사랑은 진짜였다. 나는 나치들이 자신의 가족을 매우 깊이 사랑했음을 의심하지 않는다. 하지만 ②나치들은 극도로 민족 중심적이었다. 그리고 이 민족 중심적이라는 용어에는 부정적인 암시가 들어 있다. 다시 말해 특정 그룹을 장려하거나 특별 대우하고 다른 아웃사이더 '타자'를 깊이 불신하거나 편협하게 대할 때, 그런 사람을 우리는 민족 중심적이라고 말한다. 이들은 종종 타자들을 믿을 수 없이 강퍅하게 대한다.(부드러운 편견부터 공격적인 혐오까지, 정도는 다양하다.) 이것이 나치(편견으로 가득 차서 자신이 속한 특권 집단은 초인간들이고, 유대인 같은 다른 집단은 하위 인간들이라고 생각하는 사람들)에 대해 사람들 대부분이 하는 생각이다. 이것이 앞 발언의 두 번째 의미이다. 즉 이 세상에서 우리가 마주하는 정말이지 역겨운 편견, 선입관, 완고함 대부분이 이 민족 중심적 단계에 발판을 두고 있다는 것이다. 이 단계는 '우리 대 그들'이라는 극단적인 사고방식, 그 절대주의, 민족 중심성을 넘어 진정으로 더 높은 세계 중심적 도덕성과 더 위대한 홀니스로 나아가지 못하는 한계가 있다.

다음의 구조-단계 3, 세계 중심적 단계(특권 집단을 보살피는 민족 중심성에서 모든 집단을 보살피는 세계 중심성으로 옮겨 간다.)는 엄청나게 중대한 발전이다. 이 단계에서 도덕적 보살핌은 선택된 집단만이 아니라 예외 없이 모든 집단, 인류 전체로 확장된다. 길리건이 자신의 이 레벨 3을 '보살핌'이 아니라 '보편적 보살핌' 단계라고 말한 이유가 여기에 있다. 통합 이론은 이 단계를 '세계 중심적' 단계라고 부른다. 이 포용적인 단계가 지니는 중요성은 아무리 강조해도 지나치지 않는다. 이 단계는 인종, 피부색, 성, 젠더, 민족 혹은 신념에 상관없이 모든 사람을 공평하게 대하려 한다. 이 구조-단계는 모든 인간을 하나의 진정한 홀니스, 즉 진정 새롭고 더 높은 홀니스의 부분으로 본다. 이 홀니스는 분명 우리 모두 인식할 필요가 있고, 최소한 인식한 듯 행동할 필요가 있는 보편 홀니스이다. 이 세계 중심적 도덕성과 그 의식, 즉 새롭고 보편적인 홀니스는 진정한 성장Growing Up의 직접적 결과이며, 다른 어느 곳에서도 쉽게 찾아볼 수 없다.

당신은 어쩌면 모든 사람을 공평하게 대하는, 이런 종류의 세계 중심적 도덕성은 너무 흔하고 당연하므로 굳이 이렇게까지 강조할 필요가 있을까 생각할지도 모르겠다. 하지만 절대 그렇지 않다. 노예제도만 봐도 그렇다.(혹은 역사적으로 우리 사회가 소수 집단을 어떻게 다뤄 왔는지만 봐도 그렇다.) 대부분 국가에서 노예제도가 사라진 지는 200년도 채 되지 않는다. 인간 사회는 노예제도를 약 30만 년 동안 고수해 왔던 것이다. 여기서 당신은 성장과 깨어남이 제공하는 서로 다른 홀니스 사이의 차이점을 제대로 볼 수 있다. 깨어남의 중대한 형태들을 일찍부터 소개했던 그 모든 문화들도 노예제도는 포용했다. 대부분 초기 종교들도 그랬다. 성 바울은 노예들에게 "주인에게 복종하고 예수 그리스도를 사랑하라."고 했다. 아메리카 인디언들조차 백인들에 의해 강제 이주되는 과정에도 노예들을 거느렸다.

노예제도를 포용한 (종교들을 포함한) 이 문화들 다수가 심오한 깨어남 수행법을 갖고 있었다. 하지만 이 모든 문화의 문화적 중심점은 민족 중심 구조-단계였고 이 단계는 (노예들이 '우리'가 아니라 '그들'인 한) 노예제도에 그다지 반대하지 않는다. 이 민족 중심적 문화들에서도 더 높은 세계 중심적 단계들로 옮겨 간 진보한 개인들이 있었지만(그 확실한 예로 아리스토텔레스가 있다.) 문화 자체는 그렇지 못했다. 사실 18세기 서양의 계몽주의 시대에 와서야 문화적 중심점이 민족 중심에서 세계 중심으로 옮겨 가 노예제도가 전반적으로, 그리고 도덕적으로 참기 어려운 것이 되었다.('우리 대 그들'의 '우리'가 '그들 모두를 포함하는 우리'로 옮겨 갔고, 그 결과 모든 인간이 똑같이 가지는 보편 권리가 이해되었으며, 그러자 노예제도는 혐오스러운 것이 되었다.) 한 사람이 다른 사람을 소유한다는 게 정말 비도덕적인 행위임을 마침내 깨달은 때가 30만 년 인류 역사에서 단지 200년 전이었다는 사실을 생각해 보자. 여기서 우리는 민족 중심적 세계관의 뿌리가 얼마나 깊은지, 진정한 세계 중심적 세계관이 얼마나 드문지(그리고 얼마나 최근의 일인지) 알 수 있다.

이 약식 4단계 성장 모델에서 가장 높은 구조-단계는 이전 단계들의 관점들을 모두 통합하기 때문에 '통합된', '체계적인', 혹은 '통합적인' 단계로 불린다. 길리건은 여성적, 남성적 의식이 통합되어 완전한 인간 의식을 낳기 때문에 '통합된' 단계로 본다. 나는 이전 단계들을 통합하기 때문이라고 보는 쪽이다. 어느 쪽으로 보든 성장 홀니스에 고도 상승이 일어나는 건 마찬가지이다.

우리는 지금까지 상대적 세상 속 성장 과정에 자기중심성에서 민족 중심성과 세계 중심성을 통과한 다음, 통합에 이르는 점점 더 진화하는 홀니스의 구조들이 있음을 보았다. 진화는 '나'에서 '우리'로 그리고 '우리 모두'로 또 '통합'으로 이어진다. 여기서 이 구조-단계들이 모두 홀론Holon*임을 알기 바란다. 각 단계의 전체가 다음 단계 전체의 부분이 된다. 이렇게 홀니스는 계속 그 고도를 높이고 또 높인다.

그리고 이것은 일반적으로 명백하지 않은 유형의 홀니스이다. '저기 밖에서' 보여질 수 없기 때문에 명백하지 않다.(그리고 '여기 안에서'도 보여질 수 없다.) 어느 방에 사람이 100명 있다고 해 보자. 그들 모두가 발달의 통합 단계에 있지는 않을 것이다. 사실 연구들을 보면 7퍼센트 정도가 통합 단계에 있다. 대충 20~30퍼센트가 자기중심적 단계에 있고, 60~70퍼센트가 민족 중심적 단계에 있고, 10~20퍼센트가 세계 중심 단계에 있고, 5~10퍼센트가 통합 단계에 있다. 그런데 이것은 그 방 안의 모든 사람을 그냥 보는 것만으로는 알 수 없다. 이 단계들은 '외부적'이지 않고 '내부적'인 현실이다. 따라서 그들을 그냥 응시하거나 행동을 관찰한다고 해서 알 수 있는 게 아니다. 그렇다고 내면을 들여다보거나 자기 성찰로 알 수 있는 것도 더더욱 아니다. 이는 내면을 들여다본다고 해서 문법 법칙을 알 수 없는 것과 마찬가지이다.(문법 구조가 당신 내면, 즉 당신 뇌-정신 안에, 성장 Growing Up 구조가 그런 것처럼 분명히 존재한다고 해도 말이다.)

---

* 그리스어에서 '전체'라는 뜻의 holos와 '개체'라는 뜻의 on의 합성어. 전체이면서 동시에 부분인 존재를 말한다.

네 구조-단계 각각을 살펴보았을 때 당신은 이 단계 중 하나라도 혹은 이 단계들이 가져다줄 홀니스 유형의 어느 하나라도 새롭다고 느꼈는가? 그렇지는 않았을 것이다. 자기중심에서 민족 중심, 세계 중심을 지나 통합으로 이어지는 이 순서를 일단 한번 듣게 되면 우리는 (그제서야) 다 맞는 말이라고 생각한다. 이러니 100여 년 전까지 아무도 이 단계들을 알아내지 못했음이 전혀 놀랍지 않다!

연구자들은 사람들이 자기중심적으로, 혹은 민족 중심적으로, 혹은 세계 중심적으로, 혹은 완전히 통합적인 방식으로 행동한다는 가설을 세운 다음, 사람들의 행동을 관찰하며 연구했다. 그다음 그런 행동을 부르는 내면의 지도나 구조를 추론했고, 그렇게 마침내 성장의 새로운 구조들을 발견했다. 그 가설을 서로 다른 집단들로 실험해 언제나 같은 결과를 얻으면 한 가지 공통의 내부 지도나 구조가 그 원인이라는 결론을 내렸던 것이다. 그다음 연구자들은 각각의 개인들 안에서 시간이 지남에 따라 변하는 내면의 지도를 따라가 보았고, 내면의 지도가 항상 한 방향으로만 전개됨을 발견했다. 예를 들어 민족 중심적 구조에서 관점을 바꾸는 사람들이 있다면 이 사람들은 항상 세계 중심적 구조로 나아간다. 절대 자기중심적 구조로 돌아가지 않는다. 다시 말해 이 지도나 구조들은 단지 일반적인 의미의 다양한 반응들이 아니라 다양한 단계들(여기서는 구조-단계들)인 것이다. 이런 과정을 통해 성장Growing Up이 발견되었다. 인류의 역사 30만 년 중 29만 9900년을 이 성장에 대해 완전히 무지한 채 보낸 후 마침내 인류는 성장의 과정이 있었음을 이해했다.

당신도 이것이 현실적으로 어떤 의미인지 분명히 볼 수 있을 것이다. 좋게 잡아도 세계 인구의 약 60~70퍼센트가 여전히 민족 중심

(혹은 성장의 낮은) 단계에 있고 이 수치는 심히 걱정스럽다. 우리는 인간의 갈등, 증오, 전쟁의 원인을 경제적, 정치적, 종교적 요인에서 찾는 데 익숙하고, 그런 요인이 어느 정도 있는 것도 사실이다. 하지만 인구의 60~70퍼센트가 민족 중심적 혹은 타자 불신의 발달 단계에 있는데 정말 그렇게 더 먼 곳을 봐야 할까? 그런데도 이런 현실을 모든 지도자(그리고 사람들 전반)가 여전히 모르고 있다.

당신도 성장이 제공하는 홀니스가 왜 놀랍고 중요한지 보기 시작했을 것이다. 이 홀니스는 인류 자체의 홀니스, 즉 인종, 피부색, 성, 젠더, 민족, 신조, 혹은 믿음을 초월하는 모든 사람의 깊은 합일을 부른다. 노예제도 폐지가 단지 몇백 년 전 일이라는 사실이 이 홀니스가 얼마나 최근의 일이고 얼마나 드문 일인지를 보여 준다. 이 홀니스는 인간의 자연 상태에서는 절대 이루어질 수 없다. 이 홀니스는 문화적으로 장려하고 투쟁해서 얻어야 하는 것이다. 소중하게 돌봐야 하는 것이고, 세대마다 거듭 강조되어야 하는 것이다. 그렇지 않으면 인류 역사의 99퍼센트 기간 동안 그것이 들어가 있었던 그 똑같은 블랙홀 속으로 다시 사라져 버릴 것이다. 그리고 당신의 인생, 당신의 존재, 당신의 의식을 위해서도 이는 완수하기 위해 전념해야 할 성장과 발전의 길이다. 완수하기에 한참 먼 길이다. 예를 들어 로버트 키건Robert Kegan의 연구에 따르면 미국인 5명 중 3명이 세계 중심 레벨에 이르지 **못한다.** (이는 미국인 60퍼센트가 아직 민족 중심 레벨에 머무르고 있다는 말이다.)2 민족 중심 레벨에 있는 사람들은 마치 머리에 난 심한 상처로 인해 의식에 구멍이 나고, 그 구멍으로부터 심오한 세계 중심적 홀니스가 술술 새어 나와, 그 누구보다 자기 스스로 서서히 약해지는 큰 고통을 받고 있는 것 같다.

우리는 성장 홀니스를 잊어버리지 않을 것이다. 이 홀니스를 발견하기까지 인류는 소립자, 빅뱅, DNA를 발견하는 데 걸리는 시간만큼 오래 걸렸다. 이 홀니스는 빅 홀니스의 지울 수 없는 부분이고, 이 책에서는 계속 이를 갖고 갈 것이다. 그렇게 할 때 우리는 모두 고양될 것이다.

마법, 신화적 구조-단계들

우리는 방금 겨우 200~300년 전에 등장한, 발전의 세계 중심적 구조-단계를 보았다. 그리고 발전의 가장 높은 단계, 즉 통합 단계는 단지 21세기의 1분기에 해당하는 지금, 전체 인구의 5~10퍼센트에 해당하는 사람들과 함께 나타나기 시작하는 중이다. 그 전에 약 1만 년 동안 인간 문명의 문화적 중심점은 대체로 발달의 이런저런 민족 중심적 신화 단계들에 있었고, 그 이전 약 5만 년 전까지는 대체로 이런저런 자기중심적 마법적 단계들에 있었다.

앞으로 보게 될 테지만 발달론자들은 자주 이 성장의 구조-단계들을 발달의 어느 측면, 즉 어느 지능을 연구하느냐에 따라 다른 이름들을 사용한다. 성장의 6~8 구조-단계들을 위한 가장 유명한 명칭들은 천재 발달론자 장 겝서에 의한 것이다. 앞에서 보았듯이 겝서는 이 단계들을 '태고의', '마법적', '신화적', '합리적', '다원적', '통합적' 단계라고 불렀다. 이 단계들을 우리의 약식 4단계 모델로 보면 다음과 같다. 태고, 마법 단계=자기중심적 단계, 신화적 단계=민족 중심적 단계, 합리적, 다원적 단계=세계 중심적 단계, 통합적 단계=통합적 단계. 곧 이 이름들이 정확히 무엇을 의미하는지 보게 될 것이다. 여기서는 성장에 있어 초기이자 낮은 두 단계인 '마법적', '신화적' 단계에 주목하자. 이것들은 겝서가 각각 자기중심적, 민족 중심적 발달 구조-단계들에 부여한 명칭들이다. 이 명칭들은 겝서의 관찰이 매우 탁월함을 보여 주는데 왜냐하면 '근대 문명'이 대체로 단지 몇백 년 전 계몽주의, '이성의 시대', 세계 중심적-합리적 단계에서 일어났다면, 대부분의 '대★문명들'은 이 두 마법적, 신화적 단계에서 일어났기 때문이다. 근대의 세계 중심적 단계는 앞서 살펴봤듯이 노예제도의 폐지를 의미했다. 그리고 화학, 물리학, 천문학, 생물학 등 합리적인 근대 과학의 탄생을 의미했다.

그런데 대★신화기(기원전 1만 년~기원후 1500년)는 이미 말했듯이 세계의 대종교들 대부분이 일어난 시기이기도 하다. 이는 의미심장한데 왜냐하면 종교적 문헌들이 인간 발달에 있어 신화적 혹은 마법적 구조-단계에서 쓰였다는 뜻이기 때문이다. 그리고 이는 무엇보다도 이 문헌들이 근대의 합리적인 과학에 대한 아무런 이해 없이 쓰였다는 뜻이다. 그 결과 서양의 계몽사상과 근대 과학의 도래와 함께 모든 종교가 사실상 버려졌다. 과학적이지 않아서이기도 하지만 초자연적인 존재들과 기적에 대한 신화적이고 마법적인 이야기들로 가득하기 때문이기도 하다. 오늘날 우리가 제우스, 아프로디테, 산타클로스, 이빨요정을 바라보듯이 말이다.

이는 많은 재앙을 낳았으므로 유감스럽기 그지없다. 무엇보다 근대 세상이 종교를 거의 버렸다는 것은 곧 성장Growing Up과 깨어남Waking Up의 버전들(즉 성장의 합리적 단계 이전의 단계들과 깨어남의 모든 단계들)도 함께 버렸다는 뜻이다. 다시 말해 근대 세상은 마법과 신화적 이야기, 그리고 성장의 민족 중심적 단계에서 발견되는 믿음들만 버린 게 아니라 진정한 깨달음으로서의 깨어남 경험도 모두 버린 것이다. 종교가 사라졌다. "신은 죽었다." 하지만 그렇게 영성도 죽었다. 그리고 서양에 남겨진 것은 (무조건 좋은) 과학과 (무조건 나쁜) 종교 사이의 대전쟁이었다. 왜 이런 일이 일어났을까? 한 사람이 속한 성장의 구조가 그 개인이 하는 모든 경험에 대한 그 개인의 해석을 규정한다. 이는 개인이 하는 깨어남의 모든 영적 경험이 그 개인이 속한 성장의 단계에 따라 해석된다는 뜻이고, 그 개인이 마법 혹은 신화적인, 합리성 이전의 단계들에 있다면 자신이 하는 영적 경험들조차 그 마법적이고 신화적인 용어로 해석할 거라는 뜻이다. 그러므로 그런 영적 경험들이 (합리적 단계에 있는 다른 사람들에 의해) 비합리적이라고 쉽사리 치부될 것이다. 정확하게 그런 일이 서양에서 일어났다. 합리적이고 과학적인 유물론이 곧 근대 서양에서 커다란 철학적 배경이 되었고, 그 상태가 지금까지 이어지고 있다.

  이는 정말이지 재앙이지만 매우 당연한 일이기도 하다. 모두가 자신이 속해 있는 성장의 구조 단계에 따라 자신의 경험을 해석한다. 당신이 마법적 혹은 신화적 단계에 있다면 당신은 당신의 세상을 마법적 혹은 신화적 용어로 해석하는 경향을 보일 것이다. 이때 화산 폭발은 화산이 당신에게 화가 났기 때문이다. 당신이 아프면 당신이 믿는 신이 당신에게 화가 나서다. 가뭄이 들면 위대한 대지의 여신에게 정성껏 기우제를 드려야 하고, 그럼 비가 올 것이다. 마법적이고 신화적인 성장의 구조가 자연스럽게 만들어 내는 생각들이 이렇다.(옛날에 당신이 이런 초기 단계에 있었을 때 산타클로스와 이빨요정을 믿었듯이 말이다.) 성장의 합리적 단계들로 옮겨 갈수록 이런 마법적 신화적인 이야기들을 점점 더 참을 수 없게 되고, 이는 이성의 시대가 도래했을 때 정확하게 서양에서 일어난 일이다.

이것이 중요한 이유는 우리가 모두 성장과 깨어남 사이의 차이를 알 필요가 있기 때문만은 아니다. 성장의 어느 단계에 있든 진정으로 깨어날 수 있음을 보여 주기 때문에도 이는 중요하다.(마법적-신화적 단계만이 아니라 합리적 통합적 단계에서도 진정으로 깨어날 수 있다.) 하지만 이 다양한 단계들을 구분하지 않으면 당신은 모든 깨어남을 마법이나 신화 같은 합리성 이전의 단계와 혼동하는 경향을 보일 테고 그렇게 계몽주의 시대가 한 실수, 즉 깨어남과 관계하는 모든 영성을 마법적이고 신화적인 성장 단계의 모든 이야기, 종교적인 미신, 기적들과 함께 버리는 실수를 반복하게 될 것이다. 이때 이른바 계몽주의의 죄가 반복되고 우리는 보다 과학적이지만 유물론으로 살게 될 뿐이다. 과학은 더할 수 없이 중요한 활동이지만 모든 것을 과학으로 축소하는 것은 정말이지 재앙이고 어떤 종류의 진정한 빅 홀니스를 위해서든 결단코 피해야 할 일이다.

그렇다면 이제 성장의 과정과 그 구조-단계가 어떻게 우리의 모든 경험을 해석하는지를 더 자세히 알아보자. 이는 진정한 빅 홀니스가 우리 삶에서 발휘하는 힘을 제대로 이해하고자 한다면 꼭 필요한 과정이다. 또 빅 홀니스에 깨어나는 데 핵심 역할을 하는, 깨어남과 성장 사이의 중요한 차이점을 이해하는 데도 도움이 될 것이다. 물론 당신 존재 자체와 당신 의식을 훨씬 더 의식적으로 분명하고 완전히 그리고 따뜻한 마음으로 이해하는 데에도 좋을 것이다.

3장   Finding Radical Wholeness

성장이 깨어남을 설명한다

    한 사람이 속한, 성장Growing Up의 구조-단계는 그 개인이 모든 것에 대해 어떻게 생각하고 느끼는지를 결정하는 경향을 보인다. 이 때문에 성장의 단계가 큰 의미를 갖게 된다. 당신이 지금 속해 있는 성장의 단계는 발달의 주요 과정 중 하나이고 당신의 세상을 *해석한다*. 구조-단계들에 겝서가 부여한 명칭들(태고의, 마법적, 신화적, 합리적, 다원적, 통합적 단계)에서 추측할 수 있듯이, 이 단계들은 당신의 세상을 서로 상당히 다르게 해석할 것이다.

    이는 모두에게 똑같이 주어지는 주변 세상을 우리가 능동적으로 인식한다는 뜻이다. 바위, 나무, 산 같은 물질 대상은 모든 사람이 대체로 유사하게 인식한다. 하지만 우리가 '보는(혹은 알아차리는)' 것들은 대부분 단순히 물질적 대상만이 아니다. 사랑, 상호 이해, 관심, 미움, 자비, 친절, 동정심, 시기, 질투, 화, 걱정 같은 것들 말이다. 이런 것들은 모두에게 똑같이 주어지더라도 각각 다르게 인식된다. 우리에게 세상은 인식Perception 만을 의미하지 않는다. 우리에게 세상은 개념Conception이기도 하다. 이 말은 우리가 세상을 단지 보기만 하는 것이 아니라는 뜻이다. 우리는 세상을 해석한다.

바위, 나무, 산 같은 단순한 물질 대상을 보는 능력은 생의 첫 2년 동안 생기지만(이런 능력을 장 피아제Jean Piaget는 감각운동 지능이라고 했다.) 해석과 설명을 위한 능력은 성장 단계의 전 스펙트럼에 걸쳐 계속 성장하고 진화한다. 그리고 성장의 6~8 주요 단계들 각각에서 우리는 세상을 아주 다르게 경험하고, 따라서 다르게 해석한다.(예를 들어 태고, 마법, 신화, 합리, 다원, 통합의 관점으로 해석할 것이다.)

우리는 앞 장에서 성장의 6~8 주요 단계 혹은 레벨들이 약 12개의 서로 다른 성장 라인들과 나란히 발전해 감을 보았다. 즉 우리가 쓰는 모든 지능이 성장의 주요 단계들을 통해 전개되고 발전한다. 인지 지능, 감성 지능, 도덕 지능, 미학 지능, 영적 지능 다 이 똑같은 6~8개 성장의 기본 단계들을 따라 움직인다. 라인들은 다양해도 레벨들은 같다. 그리고 모든 해석이나 설명이 우리 지능의 산물이므로 경험에 대한 우리의 설명도 모두 이 성장의 구조-단계들을 통해 나아갈 것이다. 이는 깨어남의 영적 경험을 포함한 우리의 모든 경험이 지금 우리가 있는 성장의 구조-단계에 의해 설명된다는 뜻이다. 이것은 영성 자체에 대한 우리의 생각을 송두리째 흔든다.

이제 당신은 내가 왜 성장이 깨어남을 해석하고 설명한다고 하는지 이해할 것이다. 이것은 사실상 세상의 그 어떤 종교나 영적 체계도 깨닫지 못한 사실이다. 이 개념을 여기서 나는 분명히 해 두려 한다. 깨어남과 성장이 제공하는 홀니스들 사이의 관계를 이해하는 데 이 개념이 매우 중요하기 때문이다. 그리고 정말로 '큰' 홀니스를 얻고자 한다면 이 개념을 아는 것이 결정적일 수 있다.

더 정확한 이해를 위해 나는 우리의 4단계 약식 성장 모델을 이용해 각 단계가 깨어남 경험을 어떻게 다르게 해석하고 설명하는지 보여 주고자 한다. 복잡한 방식으로 상호 작용하기는 해도 성장과 깨어남은 어느 정도 서로 독립적으로 진행된다. 이 말은 매우 성장했더라도 덜 깨어난 상태일 수 있다는 뜻이다. 혹은 그 반대일 수도 있는데, 사실상 모든 조합이 가능하다. 주요 영적 전통 중 성장에 대해 알아차린 전통이 있었다면 '구원', '해탈' 혹은 '열반'의 의미가 굉장히 달라졌을 테고, 그 심오한 결과들을 모두 세심히 연구해 놓았을 것이다. 하지만 성장의 주요 단계들을 알아차린 전통은 하나도 없었고, 따라서 깨어남에서 아무리 진보한 전통이라도 성장과 깨어남의 비범한 상호 관계를 놓칠 수밖에 없었다.

그렇다면 이제 성장에 대한 우리의 약식 모델 그 각각의 단계가 깨어남(혹은 궁극적 합일 의식)을 어떻게 다르게 해석하는지 간략하게나마 살펴보도록 하자. 물론 (종교적이든 아니든) 영적으로 보이는 것을 모두 피하고 싶다면 깨어남 대신 당신이 좋아하는 다른 대상, 즉 특정한 건물, 대화, 또는 어느 한 학년을 선택할 수도 있다. 그저 성장의 각 단계가 그것을 어떻게 다르게 해석하는지만 알아차리면 된다. 어떤 사람도 태어날 때부터 완벽한 언어 능력과 사회성과 도덕성 혹은 이타성을 가질 수는 없다. 이런 능력들 그리고 우리의 지능들은 모두 오랫동안 때로 힘들고 고통스러운 과정을 거쳐 성장하고 발달한다. 여기서 중요한 점은 세상 자체가 그런 발달 구조-단계 각각에서 매우 다르게 보인다는 것이다.(그리고 이는 그 각각의 단계에서 세상이 정말로 다르기 때문이다.) 이는 성장의 발견이 인간에게 가져다준 충격적인 깨달음이 아닐 수 없다.

그럼 이제 시작해 보자. 매우 이상하게 들릴 수도 있는데 당신은 성장의 자기중심적인 1단계에 있음에도 진정한 깨어남 경험을 할 수 있다. 당신이 기독교도라고 치자. 그리고 당신은 진정한 그리스도 의식이 당신의 참나임을 깨달았다.(여기서 '그리스도 의식'이란 정화된 비이원적 합일 의식을 뜻한다.) 그런데 당신이 성장의 자기중심적인 단계에 있다면 당신은 오직 당신만이 실제 예수 그리스도라고 믿을 수 있다. 슬프게도 이 세상에는 이런 불행한(혹은 '정신 분열증적인') 영혼들이 많다. 관련해서 나는 람 다스의 형 이야기를 자주 예로 들곤 한다. 람 다스의 형도 바로 이런 이유에서 정신병원에 입원한 적이 있다. 람 다스는 누구나 자신의 형을 보기만 하면 그가 얼마나 천재적이며 깊이 깨달은 사람인지 즉시 알게 된다고 했었다. 하지만 인도에서 몇몇 깨어난 대스승들을 만나고 돌아온 직후 다시 형을 만난 람 다스는 형이 자기중심적인 단계 안에서 깨어난 사람임이 확실하다고 했다. 기독교 문화적 배경 때문에 그의 형은 자신의 깨달음을 당연히 순수한 그리스도 의식으로 해석했고, 람 다스를 포함한 다른 사람들 또한 그런 깨달음을 경험할 수도 있다는 가능성은 받아들이지 못했다. 람 다스는 그렇지 않다고 형을 설득하려 오랜 기간 노력했지만 아무 소용이 없었다. 이는 깨어남 경험을 정말로 했지만 (온 세상과 진정한 하나임을 직접적으로 느끼고 자신의 그리스도 의식을 깨달았지만) 그 경험을 성장의 아주 원시적이고 자기중심적인 레벨을 통해 경험하고 해석하는, 즉 자기만이 그런 경험을 할 수 있다고 생각하는 전형적인 예이다. 이런 사람들은 하나임을 즉시 자기 에고가 확장된 것으로 *해석한다*.(이들에게는 사실 모든 것이 자기 에고의 확장이다.) 그 경험은 실재한다. 하지만 그 설명은 원시적이다. 이타적인 자아를 자각하지만 이기적인 에고가 그것을 해석한다. 이들은 진정한 깨어남 상태에 있지만 성장에서는 태고 단계에 있던 것이다.

신비주의자들에 따르면 우리 몸이 수정되고 태어나는 어느 시점에 참나가 태아 속으로 들어간다고 하는데, 람 다스의 형 같은 사람들이 느꼈던 그 자아는 진정한 자아였다. 그 시기를 임신 4개월 즈음으로 보는 기독교 신비주의자들도 있다. 그게 언제든 태어날 즈음이면 우리는 이미 진정한 목격(순수하고 시간을 초월하는 목격)을 한다. 비록 진정으로 깨어날 때까지 그런 참나를 의식하게 되지는 않겠지만 말이다. 그리고 깨어남과 성장은 실제로 비교적 서로 독립적이며, 참나는 변하지 않고 경계 없고 항상 존재하는 의식이기 때문에, 진짜 깨어남은 사실상 자기중심적인 단계를 포함해 성장의 모든 단계에서 일어날 수 있다.(타인의 관점을 취하는 능력에 한계가 있겠지만, 항상 존재하는 자신만의 참나를 깨닫고 모든 것과 하나라고 느낄 수 있다.)

계속 성장하고 발전해 민족 중심적인 2단계에 도달할 즈음이면 인간은 타인의 눈으로 세상을 보는 법을 알고 타인의 입장이 되어 볼 수 있다. 인간의 정체성이 자기중심에서 민족 중심(혹은 집단 중심)으로 확장되는 과정을 앞서 두 가지 색의 공 실험으로 본 바 있다. 나만 걱정하는 것에서 전체 집단(가족, 가계, 부족, 나라, 종교적 연합체 등)을 걱정하는 단계로 전환이 일어난다. 간단히 말해 나에게서 우리로, 자기중심에서 민족 중심으로 전환이 일어난다.

이 구조-단계에 있는 사람도 진정으로 깨어날 수 있다. 그런데 이 사람이 예를 들어 근본주의 개신교도라면(근본주의자는 그 믿음, 종교, 철학을 막론하고 '민족 중심적'이다.) 예수를 자신의 구원자로 받아들인 사람들만 '다시 태어나는' 존재로서의 깨어남 경험을 할 수 있다고 생각할 것이다. 이 사람에 따르면 그런 경험을 했다고 생각하는 다른 사람들은 실제로 그 경험을 한 게 아니라 악마에 사로잡힌 것이기 쉬운데, 어쨌든 그게 뭐든 실재를 경험한 것일 리 없다. 역사적으로 이런 예들을 한번 떠올려 보자. 깨어남을 경전으로 기록한 힌두교와 불교의 사원들 중에는 노예를 거느린 곳도 많았다. 깨어남이 민족 중심적 구조-단계에 의해 해석될 때 노예를 거느리는 것이 (심지어 깨어난 사람에게도) 허락되었기 때문이다.

다시 말하지만 깨어남은 모든 것과 하나가 되는 1인칭 시점의 직접적인 경험이지만, 다른 모든 것의 상대적인 진실에 대해서는 거의 아무것도 말해 주지 않는다. 깨어남은 분명 당신이 다른 모든 존재와 하나임을 말해 주지만, 그 다른 모든 존재가 어떤 관점을 갖는지 (자기중심적인 관점인지, 민족 중심적, 세계 중심적, 통합적 관점인지)는 말해 주지 않는다. 따라서 그런 관점들은 그 깨달은 사람의 생각 속으로 들어오지 않고, 이는 정확하게 역사적으로 일어난 일이다. 이 모든 예에서 우리는 진정한 깨어남을 보지만 그 깨어남이 예를 들어 민족 중심적 단계를 통해 해석되었다. 따라서 중세 시대 기독교 신비주의자는 깊이 깨어나 자기만의 그리스도 의식 및 다른 모든 것과 하나임을 깨달았음에도, 여전히 세례를 받지 않은 아이들은 모두 지옥불에서 영원히 타들어 갈 거라고(혹은 잘해야 중간 세계 림보로 보내진다고) 믿었을 수 있다. 이것은 진정한 깨어남이 조악하고 편협한 단계에 의해 해석되는 한 예이다.(실제로 민족 중심적인 나치들도 깨어남의 길에 굉장히 관심이 많았다. 예를 들어 극악한 나치, 힘러Himmler는 아리안족의 수많은 신들이 등장하는 오컬트에 심취했었는데, 그럴 수 있었던 것은 정확하게 깨어남과 성장이 비교적 서로 별개이기 때문이다.)

인간으로서 계속 성장한다면 이들은 민족 중심에서 세계 중심으로, '보살핌'에서 '보편적 보살핌'으로, 민족 중심의 '우리'에서 세계 중심의 '우리 모두'로 나아갈 것이다. 그렇게 나아간 이들의 성장한 마음은 인간이 재산처럼 취급되는 노예제도에 집단적으로 격분한다. 이 성장 단계에 있는 사람도 깨어날 수도 있고, 깨어나지 않을 수도 있다. 하지만 어느 쪽이든 (기독교도의 사례를 계속해 보면) 예수 그리스도를 유일무이한 (민족 중심적) 신의 유일무이한 아들이자 세상의 구세주가 아니라, 세상의 많은 지도자 중 한 (세계 중심적) 지도자로, 다른 지도자들처럼 우리에게 무언가 중요하게 가르칠 게 있는 사람으로 해석하기 시작할 것이다. 이 사람은 진정한 깨어남 경험을 했더라도 여전히 자신이 기독교도라고 할 텐데, 영적 지능을 이용해 그 깨어남 경험을 해석할 때 그 영적 지능이 속해 있는 구조, 즉 세계 중심적인 구조에 따라 해석하게 되고 이 경우 기독교적 설명 체계에 가장 편안함을 느끼므로 (세계 중심적으로 해석된) 기독교 체계를 이용해 자신의 서사를 설명할 것이기 때문이다.(물론 불교의 마음챙김 명상 등 다른 지도자들의 가르침을 통합하는 데도 완전히 열려 있을 것이다.) 이것은 진정한 깨어남일 수 있다. 단 성장의 높은 단계(즉 모든 인류를 포함하는 세계 중심적 단계)에 의해 해석된 깨어남이다.

2차 바티칸 공의회(1962~1965) 동안 기독교 교회는 기독교가 제공하는 구원과 비교할 만한 종교적 구원을 다른 종교에서도 누릴 수 있다고 명백히 인정했다. 이는 기독교가 유일한 진짜 종교라는 거의 2000년 된 민족 중심적 주장에서, 영성은 인종, 피부색, 성, 혹은 종교적 신조와 상관없이 모두에게 열려 있는 보편적이고 세계적인 거라고 인정한 굉장한 도약이었다. 여기서 우리는 "잔인성을 기억하라!"고 외쳤던 볼테르를 떠올리게 된다. 스페인 종교재판부터 여성 수만 명을 죽였던 마녀사냥과 십자군전쟁까지 민족 중심적 단계에 있던 기독교가 수백만 사람들에게 가한 잔인성을 기억하라는 말이다. 볼테르의 한탄이 깨달음을 위한 절실한 함성이 되었고, 역사상 최초로 일어났던 세계적이고 대대적인 사회 운동이 되었는데, 이는 정말로 노예제도의 종식을 불러 왔다.

이제 당신은 깨어남과 성장이 어떻게 다른지를, 그리고 당신이 속한 성장의 단계가 당신의 깨어남 경험을 해석하므로 믿을 수 없이 중요하단 걸 분명히 이해했을 것이다. 성장의 주요 단계들 모두에서 일어날 수 있는 깨어남 경험의 핵심은 '우리 모두'를 포함하는 전면적인 홀니스이다. 이것은 사실이다. 성장의 모든 단계가 '세상과 하나가' 되는 깨어남을 경험한다. 그런데 '그 세상'은 성장의 어느 단계에 있든 자신을 계속 확장한다. 그 세상은 하나임을 깨닫는 '나'(자기중심적)에서 하나임을 깨닫는 '우리'(민족 중심적)로, 그리고 인종, 피부색, 성, 젠더, 종교적 신념에 상관없이 하나임을 깨닫는 '우리 모두'(세계 중심적)로 나아간다. 하나임/홀니스의 심오한 경험이 모든 성장 단계의 깨어남 경험 속에 존재한다면, 성장은 그 주요한 6~8 구조-단계들을 통해 '나'에서 시작해 '우리', '우리 모두'를 거쳐 '통합 단계'로 옮겨 가며 정말이지 성장하고 전개되고 진화한다.

통합 단계에 대한 설명으로 넘어가기 전에 나는 깨어남을 추적하는 것만으로는 상대적 세계가 확장되고 있음을 알 수 없기 때문에 이 모든 것을 이해하기가 매우 어렵다는 점을 지적하고 싶다. 왜냐하면 ①깨어남은 성장의 상대적 세계에 대해 사실상 아무것도 알려주지 않기 때문이다. ②깨어남은 항상 전체적인 '모든 것과 하나'인

변하지 않는 느낌을 주기 때문이다. 하나임은 하나임이지만(모든 곳에서 하나임은 '경계 없고 변하지 않는' 의식이라고 말하는데, 이는 시간을 초월한 '하나임' 혹은 '궁극의 합일 의식' 속 영원한 '합일'을 대변한다.) 그것이 해석되는 방식은 성장 과정과 함께 성장하고 변한다. 스퐁이 영적 경험과 영적 설명을 어떻게 구분했는지 다시 떠올려 보자. 영적 경험은 시간을 초월하고 영원하지만, 영적 설명은 시간과 진화의 세상에 존재하며, 이 세상은 의미심장하게 변하고 전개되며 발전한다.

이 발견은 굉장히 중요하다. 이 발견은 영성과 종교에 대해 우리가 아는 것에 완전히 새로운 관점을 제공한다. 그리고 확실히 인간 역사에 대한 상당히 많은 것을 설명해 준다. 예를 들어 깨어남을 전파한 문화들이 왜 여전히 노예들을 거느렸으며 종종 심한 가부장적인 사회를 유지했는지 그리고 왜 정밀한 과학을 거의 발전시키지 못했는지를 설명해 준다. 깨어남을 발견한 문화들이 성장에 있어서는 상대적으로 평범한 단계(신화적 단계나 민족 중심적 단계)에 있었기 때문이다. 이 사실은 성장과 깨어남이 비교적 독립적인 서로 다른 두 과정임을 분명히 보여 준다.

종교적 경험이 성장의 낮은 단계(자기중심적 혹은 민족 중심적 단계)로 해석될 때 상상 가능한 가장 잔인하고 사악한 형태의 종교가 탄생하기도 한다. 이런 종교들은 이단자들을 ('우리'가 아니라 '타자'라고 생각하여) 잔인하게 고문했던 스페인 종교재판, 혹은 이교도들을 기꺼이 학살했던 십자군전쟁(이것은 우리의 민족 중심적 버전의 종교가 유일한 신을 섬기는 유일한 종교라고 생각했기 때문이었다.) 같은 일들에 기꺼이 몰두하고, 진정으로 깨우친 신비주의자조차 이런 행태들을 많이 지지했다. 성장의 민족 중심적 구조-단계로 해석된 종교는 인류 역사에서 적대감, 고문, 전쟁의 가장 큰 원천이었다. 반면 더 높은(세계 중심적 혹은 통합적) 구조-단계로 해석될 때 종교는 사랑과 자선과 자비의 가장 큰 원천이 된다. 바로 여기서 엄연한 '종교의 역설'이 생겨난다.(종교는 가장 최악의 적대감, 고문, 전쟁의 원천이기도 했고, 가장 위대한 사랑, 자비, 보살핌의 원천이기도 했다.) 이 역설은 지금도 여전하다. 하나의 영성 체계가 얼마나 깨어났든 여전히 성장에 대해서는 완전히 무지할 수 있고, 따라서 그 추종자들도 성장의 발달 단계 중 어느 곳에든, 심지어 가장 원시적인 단계에도 있을 수 있는 것이다.

마지막으로 개인이 세 번째 단계에서 진정으로 통합된 네 번째 단계로 옮겨 간다면 (깨어남 경험 포함) 모든 경험에 대한 그들의 해석 능력도 마찬가지로 더 크고 더 넓은 통합 단계로 나아갈 것이다. 이 말은 무엇보다 그들 이전의 모든 단계의 관점을 '초월하고 포함'할 거란 뜻이다. 이 단계에서 그들은 모든 것을 더 극적으로 포함하고 종합하고 통합한다. 그리고 이 통합 단계에 도달하면 자신이 진실이라고 믿거나 실재한다고 혹은 중요하다고 믿는 영역, 개념, 분야, 주제들이 극적으로 확장되기 시작한다. 과학을 선호하는 굉장한 유물론자라면 그런 관점에 완전히 반대되는 것들을 고려하기 시작하며 초월적인 세계에 더 마음을 열게 될 수도 있다. 종교적 근본주의자라면 다른 영성 체계 내에서 귀중한 진리를 찾기 시작할지도 모른다. 철저한 민족주의자라면 세계주의 관점에 더 마음을 열고 다른 이웃 국가들 및 통합 인류와 함께하는 더 큰 공동체의 문맥에서 자신의 애국심을 이해하게 될 것이다.

끝으로 성장의 통합 단계에 있는 개인이 진정한 깨어남 경험을 한다면 이 사람은 궁극의 비이원적 합일 경험에 (마침내) 그 경험이 필요로 하는, 온전하고 전체적이며 깊이 통합된 해석을 내릴 것이다! 이 깨어남은 상대적인 영역의 모든 것을 포용하면서 상대적인 영역을 궁극의 영역과 합치는 온전한 비이원성을 제공한다. 다시 말해 최대 형상Form을 포용하면서 동시에 그 형상과 텅 빔空의 위대한 합일을 실현한다. 즉 삼사라Samsara*의 최대 양을 포용하면서 삼사라와 니르바나의 완전한 합일을 경험하게 한다. 이는 최대한의 땅을 제공하면서 땅과 하늘의 가장 위대한 합일을 드러내는 것이다.

예를 들어 플로티노스, 롱첸파Longchenpa, 샹카라, 마이모니데스Maimonides, 셸링Schelling** 같은 과거의 가장 진화한 정신들은 항상 최고의 깨어남만이 아니라 최고의 성장 단계도 같이 추구했다.(성장 자체가 아직 발견되지 않았고 따라서 의식적으로 이해되지 않았을 때였으므로 완전히 이해하고 그랬던 것은 아니었겠지만) 개인으로서 이들은 어떻게든 통합의 발달 단계로 나아가려 했으므로 (깨어남의) 궁극적 경험에 대한 (성장 구조-단계에서 보기에) 가장 위대한 해석들을 제공했다.

성장이 과거에 얼마나 이루어졌든(혹은 이루어지지 않았든), 좋은 소식은 현재 우리 모두에게, 지금 가능한 가장 위대한 의식에 도달할 기회가 주어졌다는 것이다. 우리가 이 굉장한 기회를 갖게 된 것은 성장Growing Up에 있어 우리 문화의 중심점이 과거 200년 동안 현대의 세계 중심적인 단계로 옮겨 왔기 때문이다. 따라서 우리 모두 그런

---

* 인도 기원 종교에서 중요한 개념으로, 윤회의 끊임없는 생사 순환과 환생의 과정을 의미한다. 이는 깨달음이나 해탈을 통해 벗어날 수 있는 고통의 순환으로 여겨진다.
** 플로티노스(204~270): 신플라톤주의 창시자인 고대 그리스 철학자. 롱첸파(1308~1364): 티베트 불교 닝마파 전통의 수행자. 아디 샹카라(788~820): 인도 베단타 철학의 아드바이타(불이론) 학파 주요 인물. 마이모니데스(1135~1204): 중세 유대교의 가장 영향력 있는 철학자이자 랍비. 프리드리히 빌헬름 요제프 셸링(1775~1854): 독일 관념론 철학자.

문화 속에서 성장하면서 이 세계 중심적 단계에 상당히 노출되어 왔을 가능성이 매우 높고, 그로 인해 더 높은 다음 단계인 통합 단계 직전에 서 있는 셈이다. 우리는 또한 인터넷의 출현 덕분에 인류 역사상 처음으로 세상의 모든 문화에 쉽게 접근할 수 있게 되었다. 따라서 고대에 출현한 모든 깨어남 문화에도 접근할 수 있게 되었으며, 현재 세계적으로 이 문화들의 수행법들을 깊이 연구하고 그 결과를 사람들이 볼 수 있게 공개하는 공동체들이 많다.

그럼에도 이미 보았듯이 진화와 발달의 최전선인 이 통합 단계에 있는 사람은 오늘날 상대적으로 드물어서 전체 인구의 5퍼센트에 지나지 않는다. 하지만 여전히 이 구조-단계는 거기에 도달하고자 노력하는 사람들 모두에게 열려 있다.(5장에서 성장의 주요 단계들 각각을 살펴볼 텐데, 그때 이 노력에 대해 더 논의할 것이다.)

내 생각에 지금 시급한 일은 이 두 길, 성장과 깨어남을 진정 **통합적**Integral 접근법으로 합치는 것이다. 통합적 접근법은 발달의 통합적 구조-단계만이 아니라(물론 이 단계도 포함한다.) 성장과 깨어남을 (열림, 정화, 드러냄과 함께) 온전히 포용하는 접근법이다. 이 접근법이 우리에게 역사적으로 전례 없는 가장 완전한 빅 홀니스를 제공할 것이다.

이 접근법을 이용하지 않을 이유가 있을까? 바로 지금 존재하는, 모든 것을 포함하는 빅 홀니스를 얻겠다는 목표를 정하고 그것을 열망하지 않을 이유가 있을까? 부정적으로 말하면, 현재 세계의 많은 것이 서로 분열되고 깨져 있으며 불완전하다는 점을 고려할 때 우리가 잃을 것이 있을까? 좀 더 긍정적으로 말하면, 무한한 행복을 마다할 이유가 있을까?

이런 질문들에 대한 답을 찾아보자.

4장   Finding Radical Wholeness

영적 지능 대 영적 경험

직접적인 깨어남과 통합 성性 탄트라 연습을 포함한 빅 홀니스의 세부적인 것들을 살펴보기 전에, 깨어남 및 의식의 *상태*와 관련된 영적 노력, 그리고 성장 및 의식의 *구조*와 관련된 영적 노력 사이의 차이점을 탐구해 보는 게 유용할 듯하다. 이것은 곧 깨어남의 직접적인 영적 경험과, 영적 지능의 간접적이고 영적인 노력 사이의 차이점이 될 것이다. 그리고 (깨어남 상태의) 직접적인 1인칭 경험 대 (성장의 구조를 통한) 3인칭 설명에 대한 논의이기도 할 것이다. 서로 아주 다른 이 두 형태의 영적 노력은 역사적으로 거의 구분되지 않았는데, 사실 이 둘을 혼동할 때 엄청난 오해와 혼란이 일어난다. 인류 역사 내내 발생했던 엄청나게 많은 잔혹 행위들이 그 증거이다.

영적 지능은 실제로 다중 지능 혹은 성장 내 발달 라인 중 하나이다. 또 영적 지능이 제공하는 홀니스는 깨어남에서 발견되는 홀니스와 극적으로 다르다.(물론 둘 다 빅 홀니스에 포함된다. 빅 홀니스는 성장과 깨어남을 포함한다.) 영성 일반(혹은 꼭 집어서 홀니스)에 흥미를 두고 있다면 지금쯤 당신은 영적 경험과 영적 지능이 정확하게 어떻게 다른지 매우 알고 싶을 듯하다.

영적 지능은 우리가 영성이나 궁극적 실재를 *생각하는* 방식에 관계하는 *지능*이다. 영성에 대해 생각할 때, 혹은 영적 관념들을 만들 때, 혹은 영성을 설명하기 위해 단어와 개념들을 쓸 때, 우리는 영적 지능을 이용한다.(영적 지능은 깨어남과 관계하는 영성의 직접적인 *경험*과 대립되는 개념이다.)[1] 예를 들어, 수학자나 철학자가 하듯이 어떤 종류의 궁극적 실재, 무한, 혹은 한계 없는 존재에 대해 생각할 때마다 우리는 우리의 영적 지능을 이용한다. 그리고 영적 지능은 성장 내 발달 라인의 하나이므로 성장의 다른 모든 라인들처럼 성장과 발달의 똑같은 6~8 주요 레벨들을 통과해 나간다.

따라서 성장Growing Up 내 영적 지능에서의 '영적'이 영성(혹은 모든 궁극적 실재)에 대해 우리가 *생각하는* 방식이라면, 영적 깨어남Waking Up에서의 '영적'이란 영성의 *직접적인 경험*을 말한다. 이 깨어남이나 깨달음의 직접적인 경험은 깨어남의 길에서 경험하는 영성과의 대면과도 같은 것이다. 그다음 그 직접적인 영적 경험에 대해 *생각하며* 그것에 개념이나 이름을 주거나 그것을 어떤 신학, 철학 혹은 형이상학과 연결시킬 때 우리는 성장 구조-단계에 있는 영적 *지능*을 이용한다. 다시 말해 깨어남은 이를테면 면식Acquaintance에 의한 영적 지식이고, 성장은 설명Description에 의한 영적 지식이다. 즉 깨어남은 직접적인 영적 경험을 중심으로 하고, 성장은 영적 개념에 대한 사고를 중심으로 한다.[2]

영적 지능이 당신의 삶을 포함한 다른 사람들의 삶에서 어떻게 작동하는지는 일반적으로 거의 잘 알려지지 않았다. 당신이 기본적으로 일반적인 사람이라면 영적 지능을 거의 항상 이용할 테지만 아마도 그러함을 전혀 알아차리지 못할 것이다. 우리는 당신이 살아가는 동안 당신의 영적 지능이 (다른 모든 지능이 그렇듯) 겪게 될 6~8개 주요 구조-단계들을 앞으로 살펴볼 것이다. '영성'을 믿든 안 믿든 당신은 영적 지능이 지금 당신의 의식 속에서 발현되는 방식은 알고 싶을 듯하다.(그리고 당신이 무신론자든 불가지론자든 독실한 종교인이든 혹은 다른 무엇이든, 바로 지금 영적 지능을 이용하고 있다는 분명한 증거를 곧 보여 주겠다. 그렇다는 것을 알아차리든 않든 말이다.)

우리는 영적 지능이 모든 인간이 갖는 약 12개의 지능들(혹은 성장 라인들) 중 하나임을 보았다. 이 라인들에는 인지 지능, 감성 지능, 도덕 지능, 미학 지능, 영적 지능 등이 있다. 진화론적으로 중요한 점은 이 지능들이 삶의 근본적인 질문들을 던진다는 것, 그리고 인류가 수만 년간 진화해 오는 동안 이 지능들도 그 중요한 질문들과 문제들을 던지기 위해 진화해 왔다는 것이다. 예를 들어 도덕 지능은 '옳은 일은 무엇일까?'라고 질문한다. 감성 지능은 '이것에 대해 내가 지금 느끼는 것은 무엇인가?'라고 질문한다. 인지 지능은 '바로 지금 나는 정확하게 무엇을 인식하고 있는가?'라고 묻는다. 미학적 지능은 '나에게 가장 아름다운 것 혹은 가장 매력적인 것은 무엇인가?'라고 묻는다. 그렇다면 영적 지능은? '내 궁극적 관심Ultimate Concern(혹은 내가 생각하는 궁극의 실재)은 무엇인가?'라는 중요한 질문을 던진다.

"궁극적 관심"은 정연한 논리를 펼친 현대의 천재 신학자 폴 틸리히Paul Tillich가 자주 썼던 말이다.(틸리히는 "존재의 바탕The Ground of Being"이라는 말도 썼는데, 이는 또 다른 천재 통합 사상가인 플로티노스에게서 빌려 온 말이다.) 그 후 최근에 천재적인 선구자 제임스 파울러James Fowler가 인간이 자신의 궁극적 관심을 생각하면서 통과하는 발달 단계들, 즉 인간의 영적 지능이 통과하는 구조-단계들을 (대대적인 인터뷰를 통해) 직접 평가했다. 그리고 깜짝 놀랄 사실을 발견했다. 다름 아니라 궁극적 관심에 관한 생각도 다른 지능들이 모두 통과하는 성장의 그 6~8단계들을 똑같이 통과한다는 사실이었다.(파울러는 정확히 7단계를 발견했고, 이에 대해서는 곧 알아볼 것이다.)

더 확실히 하기 위해 밝히자면 이 두 이론가 모두에게 "궁극적 관심"은 본질적으로 '영Spirit'과 동의어였다. 이들은 "궁극적 관심"이라는 용어가 매우 유용하다는 사실을 발견했다. 왜냐하면 '신', '여호와' 혹은 '알라' 같은 전형적인 용어들이 너무 많은 (말 그대로) 피의 역사나 신화적 의미를 갖고 있어서 오늘날에는 사실상 가치가 없기 (그리고 믿을 수 없기) 때문이다. 반대로 "궁극적 관심"은 당신의 삶에서 영적인(하지만 꼭 종교적일 필요는 없는) 차원, 혹은 당신이 영적인 사람이 아니라고 생각해도 당신이 궁극적으로 실재한다고 생각하거나 중요하다고 생각하는 어떤 것을 지시한다. 나는 당신이 알든 모르든 살면서 언제나 영적 지능을 이용하고 있음을 보여 주겠다고 했다. 다음이 그것이다. 당신 인생에서 진정으로, 그리고 더없이 중요한 것들의 목록을 만들어 보라. 가장 중요한 것들 중에 더 가장 중요한 것들로 말이다. 그 가장 위에 있는 것이 당신의 궁극적 관심이다. 그리고 그것이 당신의 신이다. 당신은 분명 그것을 갖고 있다. 어렵지 않다.

나는 당신이 '영적임'에 대해 새로운 방식으로 생각하는 데(그리고 계속 그렇게 생각하는 데) 도움을 주려는 것이다. 우리가 계속 주목하고

자 하는 충격적인 점은 오늘날 '종교' 혹은 '신'이라고 부르는 대부분이 실은 성장의 단계들, 그것도 거의 모든 경우 아주 초기의 상당히 원시적인 단계(보통 마법 혹은 신화적 단계)에 의해 만들어진 해석이라는 것이다.(종교적인 용어의 경우 특히 더 그렇다.) 비록 모든 사람이 여전히 그런 초기 단계들을 거쳐야 하지만(성장Growing Up에 있어 사람은 누구나 원점에서 시작하여 다양한 단계를 거쳐 위로 올라가게 되어 있다.) 그럼에도 이 초기 신화-종교 단계는, 거기서 발전을 멈추기에는 너무 편협한 곳이다. 많은 현대인이 이를 알기 때문에 심지어 조금이라도 '종교적'으로 보이거나 들리는 것조차 본능적으로 피한다.(스퐁의 책 제목이 『믿을 수 없는』이었음을 기억하기 바란다.)

영적이되 종교적이지 않은

우리의 종교적 설명과 해석들이 대개 성장의 초기 단계에서 나온 것임을 알게 되면, 그 초기 마법-신화적 단계에 갇혀 있던 우리의 영적 지능을 자유롭게 풀어 줄 수 있게 된다. 그리고 훨씬 더 근대적이며 탈근대적이고 (과학과 합리성을 좋아하는 형태들을 포함하는) 통합적인 형태로 확장, 즉 합리적, 다원적 혹은 통합적으로 확장될 수 있다. 이때 "영적이지만 종교적이지는 않은", 아찔할 정도로 새롭고 신나는 형태들이 펼쳐진다. 과학과 영성을 통합하는 새로운 방식들만이 아니라 참으로 빅Big한 홀니스 형태들까지 드러나고, 이는 확실히 우리 인생에 심오한 영향을 줄 것이다. 우리가 실재를 보는 법, 실재에 대해 느끼는 법, 실재에 대해 행동하는 법까지도. 이것은 새로운 세상이며, 이 세상에는 모두를 위한 공간이 있다.

"궁극적 관심"으로 돌아가 보자. 흥미롭게도 그리고 약간 이상하게도 거의 모든 것이 우리의 관심사가 될 수 있다. 마약 중독자라면 마약이 그의 관심사일 것이다. 태어난 지 얼마 안 된 아기라면 모유가 관심사일 것이다. 사랑에 깊이 빠진 사람이라면 그 상대가 관심사일 것이다. 슈퍼 리치는 아마도 돈에 관심이 많을 것이다. 기독교 근본주의자라면 예수가 관심사일 가능성이 높다. 고등학생이라면 첫 자동차가 관심사일 수 있고, 해병대 군인이라면 애국심이 관심사일 수 있다. 탈근대주의자(포스트모더니스트)라면 기후 변화와 지구에서의 생존이 관심사일 수 있다. 영적 지능이 우리에게 주는 답이 꼭 종교적일 필요는 없다. 방점은 궁극적에 있다. 당신은 당신 인생에서 중요한 것들 중에서도 가장 중요한 것에 대해, 혹은 실재하는 것들 중에서도 가장 실재하는 것에 대해 진지하게 생각할 때 영적 지능을 쓴다.

그 어떤 궁극적 실재를 생각할 때마다 당신은 자동적으로 당신의 가장 절대적인 관심사, 그것을 위해서라면 목숨도 내놓을 수 있는 무언가를 생각하게 된다. 어쨌든 그 정도로 당신에게 매우 중요한 무언가, 즉 궁극적 관심인 무언가를 생각할 때 그 사고 작용이 영적 지능이 하는 일이다. 앞에서 말했듯이 인류는 거의 처음부터 자신에게 가장 중요한 것(혹은 실재)을 평가해 왔고, 그렇게 진화해 온 지능이 바로 영적 지능이다. 왜 안 그랬겠는가? 영적 지능의 존재는 인지 지능이나 감성 지능 혹은 도덕 지능의 존재만큼이나 전혀 놀랍지 않다. 자신이 무엇을 인식하는지(인지 지능), 자신이 무엇을 느끼는지(감성 지능), 자신이 윤리적으로 어떻게 행동해야 하는지(도덕 지능)에 대해서는 생각했는데, 인생에서 무엇이 *가장 중요한지*에 대해서는 절대 한 번도 생각하지 않았다고?

  그럴 리는 없다. 인류는 존재하기 시작한 첫날부터 사실상 자신의 궁극적 관심이 무엇인지 생각했다. 발달의 주요 단계에 대한 장 겝서의 용어를 빌리자면, 처음에 우리는 궁극적 관심의 태고 단계에 있었고, 그다음 마법 단계로 나아갔다. 그다음 신화-문자적 단계로, 그다음 근대적, 합리적, 다원적 단계를 거쳐, 현재는 통합적 발달 단계에 와 있다. 그러는 내내 동일한 영적 지능이 작동하고 진화해 왔다. 당신과 나는 지금 이 순간도 여전히 우리의 영적 지능을 이용해 이 글을 쓰고 또 읽고 있다. 왜냐하면 우리는 지금도 우리 인생에서 아주 중요한 것들과 그다지 중요하지 않을 것들을 갖고 있고, 어떤 일이 이 중요성 등급의 어디에 위치하는지 평가하고 있기 때문이다. 우리의 영적 지능은 우리가 성인일 때라도 성장의 6~8 구조-단계 어디든 있을 수 있다. 왜냐하면 오늘날의 인류는 이 단계들을 모두 이용할 수 있기 때문이다. 따라서 영적인 혹은 종교적인 어떤 것을 명백하게는 믿지 않는다고 해도 매일 눈을 뜨고 생활하는 한 우리는 자신만의 신을 추구할 수밖에 없다.

  이것이 영적 지능이다. 영적 지능은 영적 경험과는 **다른 것임을** 꼭 알기 바란다. 영적 지능은 궁극적 바탕에 대한 생각이지 그 바탕의 직접적인 경험이 아니다. 영적 지능은 깨어남의 흐름 속에서 의식의 전환 상태 혹은 직접적인 1인칭 경험으로서 존재하는 것이 아니라, 상대적인 성장의 흐름 속에서 여러 지능 중 하나로, 혹은 의식 구조의 하나로 존재한다. 이미 보았듯이 철저한 깨어남 경험이 실재함에 대한 증거는 진정 압도적이다. 혹은 "논쟁의 여지가 없다." 하지만 이런 직접적이고 철저한 경험은 영적 지능과 다르고, 바로 이 다른 점을 지금 우리가 다루고 있는 것이다.

　무엇보다 성장에 약 6~8개 구조-단계(태고, 마법, 신화, 합리, 다원, 통합)가 있고, 깨어남에 5개 주요 상태-단계(거친 상태, 미세한 상태, 원인 상태, 투리야 순수의식 상태, 투리야티타 비이원 상태)가 있음을 알기 바란다. 우리는 아직 성장의 모든 단계를 자세히 살펴보진 않았다. 그것은 5장에서 시작할 것이다. 하지만 명상의 5개 주요 상태-단계, 혹은 자연적인 의식의 5개 주요 상태를 논하면서 깨어남의 5개 상태, 즉 잠에서 깨어난 거친 상태, 미세하게 꿈꾸는 상태, 꿈 없는 원인 상태, 투리야의 순수의식 상태, 투리야티타의 비이원 상태에 대해서는 이미 간단히 살펴보았다. 깨어남의 이 다섯 상태-단계들은 모두 직접적이고 즉각적인 상태 경험들이다. 반면 성장의 단계들은 발달에 대한 간접적 구조나 해석이다. 깨어남 경험을 말할 때 나는 보통 투리야와 투리야티타의 구체적인 상태를 뜻한다. 이 두 상태는 어떤 성장 단계들과도 정말로 매우 다르다. 이 두 상태는 직접적이고 즉각적인 1인칭적 경험(면식에 의한 지식)이기 때문이다. 반면 성장 구조들은 설명이나 해석에 의한 3인칭적 지식이다.

　내가 이 차이점을 이토록 거듭 강조하는 이유는 오늘날 종교와 영성 둘 다 거의 항상 성장Growing Up의 구조-단계들에 기반하는 믿음 체계로만 이해되기 때문이다. 그리고 더 큰 문제는 종교와 영성이 일반적으로 성장의 더 진화된 후기 단계들이 아니라 초기 단계들에서 나온 믿음 체계로 이해된다는 점이다. 정말이지 '종교적' 용어들의 90퍼센트 이상이 초기의 마법-신화적 의미들을 지닌다. 상황이 이렇기 때문에 성장의 더 높은 구조들(합리적, 다원적, 통합적 구조들)의 영적 지능이 하고자 하는 말을 사람들이 받아들일 수 있도록 적절히 설명하는 일은 사실상 거의 불가능하다. 성장의 어떤 구조와도 완전히 다른, 그 자체로 '한계 없고 변화 없는' 상태인 진정한 깨어남에 대한 설명은 더 말할 것도 없다.

성장의 더 높은 단계에 기반하는 진정으로 영적인 관점을 알리고자 할 때 '신'이나 '종교' 같은 전통적인 용어들을 조금이라도 쓴다면(지금 내가 여기서 하는 것처럼) 일단 이 용어들이 갖는 전통적인 의미들을 어떻게든 부인부터 한 다음 시작해야 한다. "이것은 우리 부모 세대가 믿었던 종류의 종교가 아닙니다." 혹은 "이것은 당신이 알고 있다고 생각하는 그 신이 아닙니다."라고 말이다.

그래서 말인데 내가 '영적'이라고 할 때 '영적이지만 종교적이지는 않음'을 의미함을 알기 바란다. '영적이지만 종교적이지는 않음'은 성장의 모든 단계에 있는 영적 지능의 성격이기도 하다. 마법적이고 신화적이고 종교적인 구조-단계의 영적 지능도 그렇고, 근대의 합리적인 단계, 탈근대의 다원적 단계 혹은 체계적 통합 단계의 영적 지능도 그렇다. 요컨대 어떤 종류의 영적 지능은 성장의 모든 단계에 존재한다. 이건 다른 지능들도 마찬가지이다.

종교에 대한 관심이 현대에 와서 점점 사라졌다고 말한다. 이는 신화-문자적 종교에 관해서라면 충분히 맞는 말이다. '신화적' 그리고 '신화-문자적' 발달 단계는 민족 중심적 단계에 속한다. 6장에서 우리는 이 개념들에 대해 좀 더 깊이 들어가 볼 것이다. 여기서는 이 발달 단계들이 성장의 전형적인 8단계 모델에서 3단계에 해당한다는 것만 밝히고 넘어가겠다. 신화-문자적 단계의 영적 지능은 그 단계가 말하는 모든 것이 역사적으로 경험된 사실이라고 믿는다. 요컨대 신화가 진실이 된다. 예를 들어 모세가 실제로 홍해를 갈랐고, 그리스도가 정말로 동정녀에게서 태어난 것이 된다. 오늘날 이러한 것들은 상당히 낮은 단계에 속하지만 신화적인 세계의 대종교들은 대개 이 시대에 생겨났다. 신화-문자적 종교의 쇠퇴에 관해서 말하자면, 유럽에서 독일, 영국, 프랑스를 비롯해 사실상 거의 모든 나라에서 전통적인 신화적 기독교에 흥미를 느끼는 사람은 전체 인구의 15퍼센트도 되지 않는다. 신화적 신만 죽은 것이 아니라 신화적 기독교도 거의 같이 죽었다.

하지만 이것은 영적 지능의 오직 한 단계, 신화-문자적 단계만 쇠퇴했음을 의미한다. 영적 지능의 이용 자체는 사라지지 않는다. 단지 영적 지능이 발달한 것이고 그 내용, 그 궁극적 관심의 대상이 바뀐 것이다. 이런 변화는 종종 상당히 극적이다. 지금의 영적 지능이 합리적, 다원적 혹은 통합적 단계에 있는 것만 봐도 그렇다. 궁극적 관심은 발달의 모든 단계에 여전히 존재하고, 따라서 영적 지능도 여전히 할 일이 많다. 예를 들어 당신은 궁극적 실재 혹은 궁극적 홀니스 혹은 궁극적 영이 있는지 없는지 생각해 본 뒤, 그런 건 없다고 결론 내리고 나서 자신이 무신론자라고 말할 수 있다. 하지만 그런 생각을 하는 주체가 바로 당신의 영적 지능이다. 당신은 여전히 궁극적 실재에 대해 생각하는 중이고 따라서 궁극적 실재가 없다고 생각해도 여전히 영적 지능을 이용하고 있는 것이다. 당신은 궁극적 실재가 있는지 없는지 확신할 수 없다고도 생각할 수 있다. 그럼 당신은 불가지론자이다. 그리고 이때도 당신은 영적 지능을 이용한다. 거의 모든 사람이 자신의 영적 지능을 최소한 가끔이라도 이용하고 있다고 보면 된다.

영적 지능의 또 다른 두 생산물을 예로 들어 영적 지능이 성장의 서로 다른 단계에서 어떻게 서로 다르게 작동하는지 좀 더 자세히 알아보자. 그 첫 번째가 (성장의 8단계 모델 중 3단계에 나오는) 예수에 대한 기독교 근본주의자 개념이고, 그 두 번째가 (6단계에 나오는) 탈근대적 가이아 혹은 생태학적 지속가능성 개념이다. 당신은 이 둘이 얼마나 다른지(또 얼마나 유사한지) 보고 놀라게 될 수도 있다.

예수와 가이아

우리는 영적 지능을 이용할 때 우리가 창조해 내는 서사, 이야기 혹은 관념들이 꼭 종교적으로 보일 필요는 없음을 살펴보았다. 하지만 명백하게도 그런 경우가 있을 수 있으며, 또 자주 그렇다. 예를 들어 어떤 사람이 근본주의 기독교도라면 그의 영적 지능이 만드는 서사는 다음과 같을 수 있다. "나는 동정녀 마리아에게서 태어나 죽은 지 3일 만에 부활해 천국으로 올라가 지금 하나님의 오른쪽에 앉아 있는, 하나님의 유일한 아들 예수 그리스도를 내 개인적인 구세주로 받아들인다. 내가 예수를 내 삶에 진정으로 받아들인다면 나는 원죄를 사함받고 천국에서 하나님과 예수 옆에서 영원히 살 것이다. 성경이 그렇게 말하고 성경은 하나님의 말씀이므로 나는 이것이 사실임을 안다." 이것은 실제로 성경이 신성하고 오류가 없으며 말 그대로 신의 말씀이라고 믿는 (신화-문자적 단계에 있는) 많은 사람이 하는 생각이다. 따라서 이 사람의 궁극적 관심은 신, 예수 그리스도와의 관계라고 할 수 있다.

이런 종류의 영성은 이야기를 포함하기 때문에 종종 영성의 서사적 형태라고 불린다. 영적 지능의 산물 중 많은 것이 궁극적 관심을 둘러싸고 만들어진 어떤 종류의 이야기나 서사를 포함한다.(이 경우 자신의 구세주로서의 예수 그리스도 이야기)

좀 더 최근의 탈근대적, 세계 중심적 영성의 서사적 형태는 다음과 같을 수 있다. "현대 자연과학이 이룬 모든 업적을 볼 때 우리는 새로운 패러다임이 등장했음을 알 수 있다. 이 새 패러다임은 우주의 삼라만상이 서로 완전히 연결되어 있으며, 따라서 생명체들이 서로 얽혀 있는 하나의 거대한 그물임을 말해 준다. 나 자신을 이 거대한 그물 속 단 하나의 줄 같은 존재로 볼 때마다 나는 이 세상에서 내가 진정으로 있어야 할 자리를 점점 더 분명히 보게 된다. 양자역학은 우주의 모든 것이 다른 모든 것과 깊이 얽혀 있음을 보여 주고, 이를 깨달을수록 즉 우리 각자가 전체의 한 부분임을 깨달을수록 우리는 자연과 더 조화를 이루며 살게 될 것이며, 생물권을 파괴하여 인간도 파괴할, 우리가 지금 야기하고 있는 자살 행위와도 같은 지구 온난화와 자원 고갈 행위를 멈추게 될 것이다."

이 사람의 궁극적 관심은 가이아$_{Gaia}$와 생태학적 균형이고 따라서 이 사람의 영적 서사도 이들에 초점이 맞춰져 있다. 이 사람은 이 서사를 영적인 이야기로 생각할 수도 있고 아닐 수도 있다. 영적인 이야기가 아닐 경우 이 이야기를 최신 과학, 그 진정한 새 패러다임의 산물로 생각하고 진정으로 과학적이라는 점만 다를 뿐, 위대한 신비주의자들이 선언했던 우주의 상호 연결성과 같은 것을 보여 준다고 생각할 수도 있다. 어느 쪽이든 이 서사는 이 사람의 궁극적 관심에 관한 것이고, 따라서 그것에 대해 생각할 때 자신의 영적 지능을 이용하는 것이다.

이 두 믿음 체계(예수 대 가이아)는 그 내용은 서로 다르지만 (성장의 영적 지능이 생산하는 영성의 서사적 형태를 공유한다. 이 말은 두 이야기 다 실재에 대한 제3자적 객관적이고 실질적인 설명으로 간주된다는 말이다. 두 사람 다 자신의 이야기를 가장 진실하고 세상에 존재하는 가장 중요한 실재로 간주한다. 두 사람 다 자신의 궁극적 관심이 심각하게 받아들여지지 않을 때 인류 전체가 굉장한 고통을 받을 것이며 심지어 자멸할 수도 있다고 믿는다. 둘 다 사람들이 그 궁극적 관심에서 달아날 수도 있고, 거기에 순종해 재난을 피할 수도 있다고 믿으며, 바로 그래서 그것이 자신의 궁극적 관심이 될 수밖에 없다고 믿는다. 각자의 믿음 체계가 각자의 삶에서 중요한 것들 중 가장 중요한 것으로 나타나는 것이다. 둘 다 그러한 믿음을, 둘 다 객관적이고 설명적인 진실이라고 주장하는(영적 지능은 어쨌든 설명을 통한 제3자적 지식이다.) 이야기로 표현한다. 그리고 그 이야기(예수 또는 가이아)는 궁극적인 관심의 본질을 설명한다. 그것이 그들에게 중요한 이유, 그들이 그것을 궁극적으로 사실이라고 믿는 이유 등등. 요컨대 두 이야기 다 성장의 길에서 발견되는 영적 지능의 산물이다. 잠시 후 두 이야기가 어떻게 성장의 서로 다른 레벨(앰버의 3단계와 그린의 6단계)에서 오는지 살펴볼 것이다.

그런데 이들의 영적 지능이 서사를 생산했다는 사실이 이들이 깨어남 경험을 했는지 하지 않았는지 대해서는 아무것도 말해 주지 않는다. 둘 다 직접적이고 진정한 깨어남 경험을 하지 않았을 가능성이 매우 크다. 만약 그렇다면 이들의 영적 노력은 깨어남의 길과 그 직접적인 영적 경험에 있지 않고, 오히려 성장의 길과 그 간접적인 영적 지능에 있다. 이들은 면식에 의한 영적 지식이 아니라 서사적 설명에 의한 지식을 갖는다. 이것이 문제될 것은 전혀 없다. 사실 극도로 흔한 경우다. 이것이 흔한 이유는 깨어남 경험을 했든 하지 않았든 모두가 거의 항상 어떤 단계든 영적 지능을 이용하고 있기 때문이다. 그러나 누군가가 깨어나는 경험을 한다면, 그리고 그 사람이 기독교도(특히 근본주의 기독교도)일 때 그 깨어남은 성 바울의 권고와 같은 것일 가능성이 높다. "그리스도 예수 안에 있던 이 의식을 여러분 안에 있게 하여, 우리 모두가 하나가 되게 하라." 이 사람은 궁극적 합일(진정한 깨어남)을 경험했다. 그리고 자신의 영적 지능을 이용해 그것에 대해 생각하고 분석하고 설명한다. 근본주의 기독교도 문맥에서 그 깨어남은 종종 그리스도 의식 안에서 '다시 태어나는' 경험으로 묘사되고 해석될 것이다.("내 안에 내가 아니라 그리스도가 산다.") 이런 경험은, 최소한 그 진짜 절정에서는 시간을 초월하고 언제나 존재하는, '모든 존재의 바탕'의 직접적인 경험일 수 있다. 다시 말해 윌리엄 제임스 자신이 기독교 신비주의자들에게서 목격한 진정한 영적 경험일 수 있다. 하지만 이 근본주의자 기독교도가 속해 있는 성장의 단계는 문자적 근본주의 형태들이 주로 발현되는 앰버 신화-문자적 단계이다. 성장의 이 단계에 속한 사람은 성경에 나오는 신화들이 역사적으로 말 그대로 사실이라고 믿을 가능성이 높다. 진정한 깨어남 경험을 했더라도 말이다.(그래서 '신화-문자적' 단계라고 부른다.) 자신을 '거듭난 기독교인'이라고 부르는 엄청난 수의 사람들만 봐도 우리는 이것이 사실임을 알 수 있다. 이들은 자신의 '거듭남'이 진정한 깨어남 경험임을 보여 주는 믿을 만한 설명들이 있어도 여전히 성경 속 말만 그대로 믿는다.

우리는 앞서 깨어남 경험을 포함한 모든 경험이 그 사람의 성장 구조에 의해 해석됨을 보았다. 여기 이 예의 경우 신화-문자적 단계가 성경의 신화를 말 그대로 진실로 해석한다. 심오한 깨어남인 사토리조차 지구가 평평하다는 믿음을 교정할 수 없다고 했던 것을 기억하기 바란다. 영적 지능이 신화-문자적 단계에 있는 사람이라면 성경 속 아무리 어리석은 신화라도 그것을 바로잡을 수 없다.

잠시 성장이 깨어남을 해석하거나 설명한다는 개념을 조금 확장해 보자. 자, 어떤 심오한 깨어남 경험 자체는 사실 그 어떤 말도 이름도 개념도 관념도 없는 상태이다. 깨어남은 순수한 경험 혹은 언어 없는 순수한 의식에 가깝다. 그런데 우리는 그 관념 없는 상태에서 나오자마자(언젠가는 나와야 한다.) 그 경험을 생각하고 해석하고 그 의미와 왜 그 일이 일어났는지 물을 것이다. 심지어 아주 정교한 철학 혹은 형이상학에 따라 그 경험을 해석할 수도 있다. 다시 말해 자신의 정신과 언어와 개념들을 이용한다. 즉 일종의 지능을 이용한다. 이 경우 주로 영적 지능을 이용한다.(물론 인지 지능도 함께 이용할 테고 감성 지능, 도덕 지능, 미학 지능 등 다른 지능의 도움도 받을 것이다.) 그리고 우리는 그 각각의 지능들이 속해 있는 발달 레벨(단계)에 영향을 받을 것이고, 이 말은 우리의 해석과 설명이 성장의 그 단계로부터 (그 단계가 무엇이든 간에) 튀어나올 거란 뜻이다. 이것은 정말이지 피할 수 없다. 그리고 이것이 바로 깨어남이 언제나 성장의 특정 레벨에 의해 (어떤 지능으로든) 해석되는 이유이다.

따라서 민족 중심적, 신화-문자적 성장 단계에 있는 거듭난 근본주의 기독교도라면 진정한 깨어남 경험을 했더라도 예수가 유일신의 유일한 아들로 동정녀에게서 태어났고 말 그대로 자신의 죄를 사하기 위해 죽었다고(모두 민족 중심적이고 신화적인 믿음들이다.) 생각할 가능성이 아주 높다. 급기야(사실 이것이 더 문제인데) '거듭나는' 경험

(즉 진정한 깨어남 경험)이 그런 자신의 믿음들이 절대적으로 옳다는 확실한 증거라고 생각할 것이다. 따라서 이 사람에게는 이제 기독교가 유일하게 진짜이고 진정한 종교이다. 신화-문자적 단계는 민족 중심적 발달 단계에 속하고 따라서 깨어남 경험을 한 사람조차도 민족 중심적, 편협한 믿음들을 드러낸다. 이것은 성장 단계가 깨어남 경험을 어떻게 해석하는지에 대한 하나의 완벽한 사례이다.(아무리 원시적 혹은 '낮은' 단계의 성장이든, 그리고 아무리 진정한 혹은 '높은' 단계의 깨어남이든 이런 해석 메커니즘이 적용된다는 점에서는 똑같다.)

가이아 혹은 생명의 위대한 그물을 궁극적 실재로 믿고 자신의 궁극적 관심으로 삼는 사람도 마찬가지이다. 이 사람도 직접적인 깨어남 경험을 했을 수 있다. 그 직접적이고 비개념적이고 언어를 초월하고 급진적이고 규정할 수 없는 하나임을 경험한 후 이 사람의 (특정 단계의 성장에 있는) 영적 지능(이 경우 그린, 탈근대, 다원적 단계에 있음)이 그 경험에 대해 생각하기 시작하여, 그것에 이름과 의미를 부여하고 그 개념과 이론들을 구축한다. 이 사람이 갖는, 위대한 그물 혹은 가이아에 대한 강력한 믿음을 고려할 때 그 경험을 그리스도와의 합일이 아니라 자연 모든 것과의 합일로 볼 가능성이 크다. 다시 말해 자신이 자연 신비주의를 직접 경험했다고 생각할 것이다.

이 사람이 그 경험을 할 때 실은 생각을 하고 있지 않았음을 알기 바란다. 이 사람은 비개념적 깨어남을 경험하는 동안 '이것은 자연 신비주의 경험이야.'라고 생각하지 않았다. '수십 조의 실로 이루어진 생명의 위대한 그물이 있고, 나는 그 모든 살아 있는 줄과 완전히 하나야. 그러니까 나는 이 전체와 균형을 이루는 삶을 살아야 해.'라고도 생각하지 않았다. 단지 자신의 현실에 존재하는 모든 것, 그리고 자연의 모든 것과의 비개념적이고 직접적인 하나임을 경험했다. 그 경험에서 나와 (그의 지능이 속해 있는 성장 단계에서) 뇌를 쓰기 시작할 때가 되어서야 다음과 같은 생각을 하기 시작했다. '살아 있는 생명체의 수십조 줄로 이루어진 위대한 그물이 있다. 나는 그 줄 모두와 하나이다. 그렇다면 나는 그 모든 다른 줄과 완전히 균형을 이루는 삶을 살아야 한다. 내 인생, 내 일, 내가 먹는 음식, 나의 직업 모두 이 하나인 위대한 그물과 조화를 이루어야 한다. 원자론적 시각에 대한 믿음은 틀릴 뿐만 아니라 인류의 자멸을 부르므로 반드시 근절해야 한다. 지구 온난화가 그 확실한 예이고 나는 내가 할 수 있는 모든 방법으로 싸워야 한다.' 이런 진술이 진실이 아니란 말이 아니다. 이런 진술은 합리적 다원적 레벨에 있는 이 사람에게는 진실(상대적인 진실)이다. 하지만 이 생각 자체는 직접적인 영적 경험이 아니라 영적 지능의 산물이다.

그러므로 깨어남의 직접 경험을 한 사람은 자신이 속한 영적 발달 단계(영적 지능)를 이용해 그 경험을 해석하고 살을 붙이고 모든 종류의 디테일과 설명을 추가할 것이다. 이 예의 경우 생명의 위대한 그물로서의 실재를 볼 것이다. 그린 단계는 모든 것, 모든 사람이 완전히 동등하다고 보기 때문에 평등주의를 표방한다. 따라서 성장의 이 단계에 있는 사람은 자신의 깨어남 경험을 그것에 상응하는 용어들로 해석할 것이다. 그리고 생명의 평등하고 위대한 그물이 이 사람의 궁극적 관심이 될 것이다.

나아가 그린 단계는 발달의 비교적 높은 단계에 속하고 합리적, 보편적 세계 중심적 단계를 이미 거쳐 왔기 때문에 앰버, 신화적 단계와 달리 자신의 믿음이 과학적이길 바라는 경향을 보인다. 모든 관점이 똑같이 가치 있다는 믿음을 공공연히 밝힘에도 불구하고 기독교의 신화-문자적 가치들을 포용해야 한다고는 결단코 생각하지 않는다. 그린, 다원적 단계가 도래할 즈음(그린은 신화-문자적 단계 이후에도 2~3개의 단계를 더 지난 단계이다.) 신화적 신God 개념은 이미 오래전에 죽은 뒤이고 전통 종교처럼 보이는 것은 거의 찾아볼 수 없다.(물론 이 단계만의 영적 지능은 여전히 존재하고, 그 지능에 의해 생명의 평등하고 위대한 그물 개념이 나온다.) 이 구조-단계의 영적 지능은 종종 위대한 그물이 제공한다는 완전한 상호 연결, 그 궁극적 합일 경험을 현대 과학이 증명함을 보여 주려 한다. 주로 시스템 이론, 상호 얽힘의 생태학, 카오스, 복합성 이론, 특히 양자역학과 양자 얽힘에 관한 연구들에 주목한다.3

따라서 이 그린 단계에 있는 사람은 (직접적인 깨어남 경험을 했든 하지 않았든) 뉴 패러다임New Paradigm 과학*을 믿을 것이고, 그렇게 그것이 궁극적 관심을 가질 만한 것이 된다. '직접적인 깨어남 경험을 했든 하지 않았든'이라고 했는데 왜냐하면 성장의 구조들이 그 사람이 하는 영적 경험을 포함한 모든 경험을 해석하고 설명할 도구들을 제공하기 때문이다. 앞서 우리는 앰버 신화-단계의 근본주의자 기독교도라면 깨어남 경험을 했든 하지 않았든 예수가 동정녀의 몸에서 태어났음을 믿을 가능성이 크다는 것을 보았다. 마찬가지로 영적 관심이 있는 그린 다원주의자는 깨어남 경험을 했든 하지 않았든 대개 뉴 패러다임 과학을 채택할 가능성이 크다. 깨어남 경험을 했든 하지 않았든 이 뉴 패러다임이 그린의 평등주의 성장 단계의 산물임은 변

---

* 일반적으로 기존의 과학적 세계관이나 사고방식과는 다른, 보다 통합적이고 전체론적인 시각을 강조하는 접근을 의미한다.

하지 않는 사실이기 때문이다. 이 뉴 패러다임이 이 사람에게는 무엇이 '정말로 실재하는지'를 말해 준다. 따라서 그런 단계의 영적 지능에게는 이 뉴 패러다임이 궁극적 관심이다.

사실 이 뉴 패러다임 과학을 믿는 사람들 대부분이 깨어나지 않았다. 이들은 단지 자신의 영적 지능을 이용해 하나임에 대해 생각할 뿐이다. 그리고 이것이 나쁠 건 없다. 단지 깨어남이 아닐 뿐이다. 우리는 깨어남과 성장 사이의 차이점을 말하며 아주 많은 시간을 들이고 있는데, 이는 한 가지 점을 확실히 인식하기 위해서이다. 시스템 이론이나 양자 얽힘 혹은 뉴 패러다임을 아는 일은 당신 안에서 깨어나는 일과 아무런 관계가 없다는 점 말이다. 개념적 지식은 설명에 의한 지식일 뿐이다. 면식에 의한 지식이 아니다. 개념적 지식은 깨어나는 데 도움이 되지 않고 성장의 영적 지능을 이용해 서사적 개념적으로 생각하는 능력만 강화한다. 이는 수직적 변형이 아니라 수평적 배움이다.

그리고 (진심으로) 다시 말하지만 수평적 배움이 잘못되었다는 것이 절대 아니다. 단지 당신이 실제로 무엇을 하고 있는지 알고 있으라는 말이다. 당신은 성장의 영적 지능을 높이고 싶은가 아니면 깨어남의 영적 경험을 하고 싶은가? 당신이 진정으로 원하는 것을 알고 이 영적으로 매우 다른 두 노력을 구분하는 법을 배우기 바란다. 예를 들어 당신의 영적 지능을 이용하며 뉴 패러다임에 대해 생각하는 이론적인 관심에 집중할 때 당신은 깨어남을 위한 수행을 하는 것이 아니다. 깨어남을 위해서는 완전히 다른 접근법이 요구된다.(이 접근법은 뒤에 알아볼 것이다.) 그런데 사람들은 대부분 성장과 깨어남 사이의 차이점들을 이해하거나 인식하지 못하기 때문에 그중 한 가지만 연습하면서 그러함을 알아차리지 못하고, 따라서 궁극적 실재에 대해 단순히 사고만 하는 상태를 그것을 직접적으로 깨달은 상태와 쉽게 혼동한다. 그리고 최악은 뉴 패러다임에 천착하면서 자신이 모든 기반을 다 갖추고 있다고 생각하고 진정한 깨어남에 대한 추구를 멈추는 것이다. 이때 역설적이게도 영적 지능이 영적 깨어남을 방해하게 된다.

앞서 (다시 돌아오겠다 하고) 언급만 하고 넘어간 점을 아주 짤막하게 살펴보며 이 장을 마치려 한다. 앞서 나는 제임스 파울러의 영적 지능의 구조-단계에 대한 연구를 언급한 바 있다. 여기서 이 연구를 살펴보는 게 좋을 듯한데, 왜냐하면 다음 장부터 성장의 6~8 기본 단계들 중 약 여섯 단계를 조금 자세히 알아보기 시작할 것이기 때문이다. 파울러의 연구는 우리가 지금까지 짧게만 언급해 온 주요 여섯 단계(태고, 마법, 신화, 합리, 다원, 통합 단계)에 대한 상세한 설명을 제공한다. 그런데 파울러의 각 단계에 대한 상세한 설명은 시사하는 바가 매우 크고, 인간이 자신의 세계를 보는 매우 다른 방법들에 대한 우리의 이해를 상당히 심화한다. 그렇다면 이제 우리는 당연히 물을 수 있다. '파울러의 연구를 볼 때 영적 지능 또한 성장의 여섯 단계를 통과해 움직이는가?'라고 말이다.

그 대답은 결단코 '그렇다'이다. 파울러는 발달 이론 연구에 천재적인 선구자이다. 자신의 실험 연구에서 파울러는 수천 명에게 그들의 영성에 대해 물었다. 영성이 그들에게 무엇을 의미하고, 영성에 있어서 중요한 점이 무엇이며, 영성을 어떻게 설명하고, 영성을 유지하기 위해 해야 할 일은 무엇이며, 영성이 그들의 삶을 어떻게 바꾸었는지 등등. 이 실험은 사람들이 영성, 혹은 궁극적 실재, 혹은 파울러가 명백히 "궁극적 관심"이라고 불렀던 것에 대해 어떻게 생각하는지를 알아보고자 했다. 그리고 궁극적 실재에 대한 생각(즉 영적 지능)이 주요하게 여섯 혹은 일곱 발달 단계를 통과함을 보여 주었다.(파울러는 주요하게 1단계부터 6단계를 말했지만 최초의 유아적 융합 단계인 0단계도 포함했다. 따라서 0단계를 포함시키냐 마느냐에 따라 6단계 혹은 7단계가 있다고 말할 수 있다.) 파울러는 이 단계들을 어떤 종류든 실질적인 깨어남 경험과 매우 분명히 구분했다.(파울러는 신비한 경험이나 직접적인 깨어남에 대해 조사한 게 아니라, 영이나 궁극적 관심에 대해 사람들이 어떻게 생각하는지 조사했다.) 요컨대 파울러는 영적 깨어남이 아니라, 영적 성장과 관계하는 영적 지능에 대해 조사한 것이다.

파울러는 사람들이 갖는 자신의 영성에 대한 이해가 거의 항상 발달의 여섯 혹은 일곱 단계를 통해 전개되고, 각 단계마다 그들의 영성에 대한 관점이 매우 다름을 발견했다. 이 단계들은 발전의 모든 다양한 라인(지능)들이 성장의 과정에서 통과하는 6~8개의 주요 발달 레벨(단계)과 본질적으로 같았다. 게다가 사람들은 이전에 깨어남 경험을 했든 하지 않았든 성장의 이 주요 구조-단계들을 통과했다. 영에 대해 사람들이 어떻게 생각하는가(성장)와 영에 대해 사람들이 어떻게 경험하는가(깨어남)는 명백하게도 서로 다른 것이다. 다음 장에서 이 단계들을 자세히 살펴보면 이 단계들이 당신의 삶에 어떻게 영향을 주는지와 당신이 어떤 단계에 있는지를 정확하게 보게 될 것이다.

나는 영적 지능의 구조-단계들을 우리가 꼭 이용해야 한다고 말하는 것이 아니다. 나는 우리의 영성을 (혹은 관련한 다른 것들을) 이 6~8 단계를 통해 봐야 한다고 말하는 것도 아니다. 나는 우리가 이미 그렇게 하고 있다고 말하는 것이다. 우리가 알든 모르든 그런 일은 벌어지고 있다. 우리는 모두 다중 지능 그 각각으로써 성장의 이 단계들을 통과하는 중이다. 우리는 아주 낮은 고도(태고, 마법의 단계)에 있을 수도 있고, 중간 고도(신화적, 합리적 단계)에 있을 수도 있고, 높은 고도(다원적, 통합적 단계)에 있을 수도 있다. 다만 이 단계들은 틀림없이 존재하고, 우리가 우리의 세상을 해석하고 경험하고 설명하는 법에 매 순간 영향을 주며, 심지어 지배하기도 한다. 하지만 당신의 그 지능이 어느 단계에 있든 언제나 계속 성장하고 발전하고 진화할 수 있음을 알기 바란다. 이는 뒤에 다시 살펴볼 중요한 점이다.

구조 대 상태

마지막으로 기술적인 점을 하나 짧게 짚고 넘어가겠다. 지난 장에서 나는 의식의 구조들을 조심스럽게 언급했는데 이제 제대로 설명하려 한다. 우리는 성장Growing Up이 의식의 구조들로 구성되고 깨어남Waking Up이 의식의 상태들로 구성됨을 보았다. 구조Structures와 상태States는 전혀 다르며, 이것이 성장과 깨어남, 이 두 실재가 정말로 그렇게나 다른 진짜 이유이다.

모든 깨어남과 관계하는 의식의 상태는 직접적이고 즉각적인 1인칭 경험이다. '작은' 상태들이 모여서 당신의 경험이 된다. 행복하고 슬프고 기쁘고 불안하고 흥분하고 낙담하고 들뜨고 기대하고 우울하고 두려워하는 등의 상태들이 이 '작은' 상태에 해당한다. 깨어 있는 거친 상태, 꿈꾸는 정묘 상태, 숙면의 원인 상태, 선잠의 중간 상태, 투리야의 순수 의식 상태, 투리야티타의 일미One Taste 상태, 이것들은 '큰' 상태들이다. 깨어남의 길에서 주요 5단계(거친 상태, 정묘 상태, 원인 상태, 투리야 상태, 투리야티타 상태)가 이 큰 상태이다. 이 책에서 상태를 말할 때 나는 (다른 의미임을 밝히지 않는 한) 이 다섯 주요 큰 상태를 의미한다.

그런데 큰 상태든 작은 상태든 특히 중요한 점은 그 상태에 있을 때 당신이 그것을 안다는 점이다. 모든 종류의 깨어남 경험을 포함하여 어떤 상태를 경험할 때 당신은 분명히 그러함을 안다. 철저한 하나임의 사토리를 경험하고 사랑과 축복 속에서 전 우주와 하나가 되었다고 느낀다면 당신은 분명하고 확실하게 그것을 알아차린다. 다시 말해 그런 상태는 모두 직접적인 1인칭 경험이기 때문에 당신은 그런 상태에 있을 때 언제나 그것을 완전히 알아차린다.

성장의 단계를 구성하는 의식의 구조들은 정확히 그 반대이다. 성장의 특정 단계에 있을 때, 그리고 그 구조 단계가 당신이 세상을 보는 법을 결정지을 때 당신은 그런 일이 벌어지고 있음을 반드시 꼭 알게 되지는 않는다. 다시 말해 상태는 거의 항상 알아차리는 반면, 구조는 거의 절대로 알아차리지 못한다. 상태는 직접적인 1인칭 경험인 반면, 구조는 객관적인 3인칭 실재이다.[4]

구조들이 거의 항상 발달 단계들 안에서 나타나기 때문에(구조는 성장과도 항상 관계한다.) 우리는 자주 이 둘을 묶어서 '구조-단계'라고 부른다. 이는 명상 상태의 단계와 같이 종종 단계적으로 나타나는 상태를 가리키는 '상태-단계'와 구별하기 위해서다. 우리는 이미 깨어남을 위한 명상의 길이 일반적으로 주요 다섯 단계(이는 상태-단계들이다.)로 전개됨을 개괄했다. 많은 사람이 깨어남에 단계가 있다고 생각하지 않는데, 이는 깨어남 경험을 한 사람들 대다수가 보통

단 한 번 크게 깨어나지 연속적으로 깨어나지는 않기 때문이다. 이들은 한 번 심오한 하나임 상태를 경험하고 또다시 경험하지는 않는다.(내가 '깨어남'이란 용어를 주로 단수로 사용하는 이유가 여기에 있다. 즉 이것은 다섯 가지 자연적 상태를 아우르는 개념이 아니라 하나의 단일한 상태로 간주하기 때문이다.) 그 한 번의 경험이 인생을 영원히 바꾸기는 하지만 말이다. 그런데 이런 일회성 사건으로서의 깨어남은 상당히 흔하다. 사실 많은 연구 조사에서 보이는 일관적인 결과들에 따르면 약 60퍼센트의 인구가 몇 분에서 몇 시간 지속되다가 결국 희미해지는, 의미 있는 깨어남 경험을 한다. 이런 경험들이 (보통 다섯 단계로 이루어진) 일련의 상태-단계들을 통해 계속 전개되는 것은, 효과적인 명상으로 깨어남 수행을 지속적으로 할 때만 가능한 일이다.

그런데 개인이 얼마나 많은 깨어남 경험을 하든 그 상태를 경험할 때는 확실히 그러함을 안다. 이것은 정말로 당사자의 의식 속으로 분명히 들어오는 직접 경험이다. 반대로 성장의 구조-단계들은 과연 우리가 의식하지 않고 사용하는 문법 규칙들과 비슷하다. 개인이 성장의 특정 단계에 있을 때 그 개인은 (보통) 그 특정 구조-단계가 자신의 세상을 해석하고 경험하는 법을 지배하고 있음을 전혀 알지 못한다. 당신은 내면을 보거나 자기 성찰을 통해서 깨어남 상태는 볼 수 있지만, 아무리 내면을 보고 성찰하고 명상하고 모든 것을 심사숙고해도 성장의 구조는 결코 볼 수 없을 것이다. 지금 당장 내면을 들여다본다고 해서 당신이 평소에 정확히 따르고 있는 문법 규칙을 볼 수 없는 것처럼 말이다.

그러므로 어떤 사람이 들어가 있는 성장의 특정 구조-단계가 대체로 그 사람의 세계관, 가치관, 도덕성, 그리고 다른 현현한$_{\text{manifest}}$ 상대적 영역에 대한 관심들을 지배할 것이다.(왜냐하면 그 사람의 다중 지능들 각각이 6~8 구조-단계들 중 하나에 있을 것이기 때문이다.) 그 사람은 그럼에도 (보통은) 그런 일이 벌어지고 있음을 전혀 알지 못한다. 이것이 그 구조들이 약 100년 전 시대에 와서야 발견된 주요한 이유이다. 위대한 명상/영적 수행 체계들 중에 이 구조들을 정확하게 알아차린 체계는 하나도 없다. 왜냐하면 이 구조들은 내면을 들여다보며 명상하면서 혹은 사색하면서는 볼 수 없기 때문이다. 어떤 대종교를 살펴봐도 성장의 수많은 단계에 대한 지식은 전무하다.

그리고 공평하게도 그 반대도 마찬가지이다. 약 100년 전, 성장의 주요 구조-단계들을 발견해 낸 근대의 발달 심리학자들도 깨어남 혹은 그 상태-단계와 수행법에 대해서 사실상 아무런 지식도 갖고 있지 않았다. 왜냐하면 그들도 기본적으로 성장의 구조-단계들만 연구했기 때문이다. 이 말은 인류 역사를 통틀어 성장이나 발달을 원할 때, 혹은 자신 최고의 잠재성을 발견하고자 할 때 인간은 깨어남이나 성장 중 하나를 선택해야만 했다는 뜻이다. 이 두 개를 모두 포함하는 체계는 세상 어디에도 없었다. 다시 말해 역사 내내 인간은 반쪽짜리 수행을 해 온 셈이다.

깨어남과 성장의 길이 정말로 그렇게나 서로 (상대적으로) 독립적인 이유는 상태와 구조가 그만큼 서로 근본적으로 다르기 때문이다. 당신은 실제로 성장의 어떤 단계에서도(즉 의식의 어떤 구조 안에서도) 의식의 어떤 상태 안에서 심오한 깨어남 경험을 할 수 있다. 성장과 깨어남은 변형의 서로 급진적으로 다른 두 유형이며, 매우 다른 홀니스의 두 유형을 낳는다. 이는 중요한데 왜냐하면 매우 높은 깨어남 상태에 있으면서 동시에 매우 낮은 성장 상태에 있을 수도 있기 때문이다.(이것은 뒤에서 더 살펴볼 것이다.) 그리고 그 반대도 마찬가지이다. 당신은 사토리 혹은 깨어남 경험을 한 번도 하지 않고도 매우 진보한 성장 상태에 있을 수 있다. 혹은 이 두 경우 사이 어느 중간에 있을 수도 있다. 이는 매우 중요한 문제이다.

깨어남 상태와 성장 구조가 제공하는 각각의 홀니스가 서로 어떻게 다른지는 앞서 살펴본 바 있다. 깨어남은 궁극적 진실(무한한 홀니스)을 제공하고 성장은 상대적인 진실(유한한 홀니스)을 제공한다. 깨어남으로 우리는 무한한 실재나 모든 존재의 바탕에 직접적으로 연결되고 이때 우리는 '모든 것과 하나'인 느낌을 받는다. 이는 조던 피터슨이 "논쟁이 불가능한 절대적 의식"이라고 말한 그것이다. 그런데 이 궁극적 진실은 상대적인 진실의 영역, 즉 일상의 유한한 세상에 대해서는 (우리가 '세상의 모든 것과 하나'라는 사실을 제외하곤) 거의 아무것도 말해 주지 않는다. 우리는 깨어남이 지구가 평평하지 않다는 사실이나 지구가 실은 태양을 돌고 있다는 사실조차 말해 주지 않는다는 걸 이미 살펴보았다.

바로 여기서 성장이 등장하게 된다. 성장은 유한한 영역에서 발견되는 상대적 진실들을 다룬다. 그리고 성장이 우리에게 말해 주는 것 중 하나가 일상을 사는 우리의 유한한 자아가 (약 6~8개의) 여러 구조-단계들을 거치며 유한한 영역 속 홀니스의 점점 더 높은 단계들로 성장하고 발전하고 진화해 나가고 있다는 것이다. 각 단계는 (1인칭 시점에서 2, 3인칭 시점을 거쳐 더 높은 시점으로) 점점 더 많은 시점을 가져오고 ('나'에서 '우리', '우리 모두'를 거쳐 '모든 관점이 모여 통합된 존재'로) 점점 더 크고 넓은 자아 정체성을 보여 준다. 이 말은 유한한 영역 속 홀니스가 점점 더 커진다는 뜻이다.

더욱이 모든 존재의 똑같은 무한한 바탕이 이 유한한 영역의 모든 단계에 균등하게 존재하므로, 우리는 성장의 모든 구조에서 진정한 깨어남의 무한한 상태를 경험할 수 있다. 그리고 그 깨어남의 무한한 상태는 우리가 속한 개인적 성장의 구조에 의해 해석될 것이다. '상태'와 '구조'의 특성상, 성장이 깨어남을 해석하기 때문이다. 다시 말해 구조가 상태를 해석한다. 이것은 특히 깨어남 경험 자체가 대개 언어, 상징, 개념을 초월한 의식 혹은 자각 상태이기 때문에 그렇다. 그것을 무엇이라고 부르든 모든 존재의 바탕Ground of All Being에 대한 황홀할 정도로 자유롭고, 분류할 수 없으며, 직접적이고, 비언어적이며, 비개념적인 경험이다. 이 '비언어적인' 특성 때문에 깨어남 자체는 종종 '정신놓음Mindless'의 상태로 불린다.(그 외에도 '무지의 구름', 일본 선불교가 말하는 '무념 의식', '대상 없는 의식', '신성한 무지', 단순히 '공', '무한한 심연' 상태 등으로 불리기도 한다.)

하지만 우리는 결국 그 직접 경험 상태에서 벗어나 '정신이 돌아오게' 된다. 이는 우리의 하나 이상의 지능이 다시 작동에 들어간다는 뜻이다. 그 경험을 설명하고, 그것에 어떤 의미와 틀을 제공하며, 어쩌면 심지어 그 경험으로부터 완전한 이론, 철학 혹은 형이상학을 가공해 내기 위해서 말이다. 다시 말해 열 개가 넘는 우리 지능 중 하나 혹은 여러 개를 이용하게 된다. 그리고 이 지능들은 모두 성장의 주요 6~8 구조-단계를 통해 성장하고 발달한다. 따라서 모든 깨어남 경험이 성장에 의해 설명된다. 그런 정점의 경험을 해석할 때 우리가 이용할 수 있는 도구는 우리가 이미 갖고 있는 것, 우리가 이미 계발한 도구(즉 성장의 6~8 주요 구조-단계 중 어떤 것)뿐이다. 따라서 어떤 깨어남 경험을 하든 우리가 속해 있는 성장의 단계로 해석할 것이다. 성장이 깨어남을 해석함은 우리의 통합 접근법이 발견한 것 중 하나이다.

다음 장부터 나는 성장의 6개 주요 구조-단계들을 영적 지능 라인 중심으로 설명할 것이다. 살아 있는 모든 사람이 발달의 구조-단계들을 통과해 가고 있음을 염두에 두기 바란다. 그리고 우리의 영적 지능의 발달도 이 발달에 포함된다. 무신론자/비종교인이라도 혹은 '뉴 패러다임(과학)'의 신봉자라도 그렇다. 왜냐하면 이미 보았듯이 영적 지능의 산물이 꼭 영적이거나 종교적이기만 한 것은 아니기 때문이다. 영적 지능은 우리의 궁극적 관심사, 우리가 궁극적 실재라고 생각하는 것, 우리 인생에서 가장 중요한 것들 중에서도 가장 중요한 것을 다루는 지능이다.

5장　　　　　　　　　　　　　　　　Finding Radical Wholeness

성장의 초기 단계들

　이 장을 시작하기 전에 먼저 우리가 이해하고자 하는 것이 정확하게 무엇인지 분명히 해 두자. 우리는 성장Growing Up의 길과 관련된 홀니스의 유형을 보고자 한다. 성장 자체는 발달의 길이며, 인류가 진화해 왔고 지금도 진화 중인 수만 년 동안의 다양한 단계들에 걸쳐 있다. 이 성장은 많은 서로 비교적 독립적인 발달 라인들(다중 지능)을 포함한다. 약 12개의 지능이 있다고 하는데 인지 지능, 감성 지능, 도덕 지능, 미학 지능, 대인관계 지능, 영적 지능 등이 그것이다. 이 발달 라인(지능)들은 서로 다르지만 모두 같은 발달의 기본 *레벨(단계)*들을 따라 움직이고 성장하고 전개된다. 이 장에서는 성장의 기본 레벨들을 그 각 레벨이 제공하는 홀니스의 유형과 함께 살펴볼 것이다.

　성장의 여섯 레벨은 발달의 다양한 라인들에서 기본적으로 모두 같은 것이지만 각 레벨이 명명되는 방식은 많은 면에서 그것이 발생하는 라인에 의존한다. 같은 레벨이 인지 라인, 감성 라인, 도덕 라인, 영성 라인 등에서 어느 정도 다른 모습으로 나타나는 것인데 이건 당신도 상상할 수 있을 것이다. 따라서 레벨들이 어떤 라인과 관계하느냐에 따라 보통 각각 다른 이름들이 주어진다. 예를 들어 발달의 똑같은 민족 중심적 단계가 (피아제의) 인지 라인에서는 "구체적 조작기Concrete Operational"로 불리고 (콜버그의) 도덕 라인에서는 "관습적Conventional 단계", (로에빙거의) 자아 발달 라인에서는 "순응기Conformist", (매슬로의) 욕구 라인에서는 "소속감Belongingness 단계"로 불린다. 이 모두가 성장 과정의 같은 레벨을 뜻한다.(이는 이 용어들이 내포하는 공통적인 의미로도 추측할 수 있다.)

따라서 다양한 라인들 모두에 적합한, 성장의 각 레벨을 위한 단 하나의 이름을 생각해 내기는 매우 어렵다. 통합 이론이 성장의 레벨 각각을 색깔로 표기하는 이유가 여기에 있다. 특히 특정 라인 관련해서가 아니라 모든 라인에 공통되는 레벨의 특성을 논할 때 그렇다. 그러므로 우리는 '오렌지색 인지 지능', '오렌지색 도덕 지능', '오렌지색 자기 정체성 지능', '오렌지색 미학 지능'이라고 말할 수 있고, 여기서 '오렌지색'은 이 모든 라인에 있어 같은 고도에 있는 성장의 단계를 의미한다.(120~121쪽 표 참조) 마찬가지로 때로는 '자기중심적', '민족 중심적', '세계 중심적', '통합적' 같은 극도로 넓은 개념을 사용하기도 한다.(때로는 겝서의 '마술적', '신화적', '합리적', '다원적', '통합적' 단계 분류를 따르기도 한다.) 각각의 라인들에서는 다른 용어로 다양하게 바뀌겠지만 레벨 일반을 의미할 때는 이런 용어들을 사용해도 무방하다. 따라서 우리는 이 책에서도 색깔별 분류 외에도 이런 몇 가지 일반적인 용어들을 쓰기로 한다.

다음 120~121쪽에 나오는 두 표에서 가로단은 발달 라인을, 세로

단은 성장 레벨을 보여 준다. 각각의 라인에 성장 레벨마다 다른 이름이 달려 있지만 표 왼쪽 끝에 통합 이론의 색깔 용어로 표준화해 두었다. 우리는 이런 종류의 표를 '통합 심리도Integral Psychograph'라고 부르는데 당신에게 해당하는 라인이나 지능을 최대한 찾아보기 바란다. 그리고 당신의 그 지능 각각이 발달의 어느 단계에 있는지도 따져 보기 바란다.(이에 대해서는 나중에 더 자세하게 이야기할 것이다.)

첫 번째 표에서 깨어남은 몇 개의 원으로 표시되었다. 각 원은 깨어남의 서로 다른 단계를 보여 준다. 이것은 성장의 단계가 아니라 비교적 독립적인 방식으로 발달되거나 전개되는, 근본적으로 다른 깨어남의 길이다.(따라서 이 원들은 모든 레벨이나 색에서 나타날 수 있다. 다시 말해 깨어남의 모든 단계는 성장의 모든 구조에서 발생할 수 있다.)

이 장, 그리고 계속 이어지는 6~9장에서 나는 가장 잘 알려진 발달의 주요 여섯 단계(크림슨/진홍색, 레드/붉은색, 앰버/황색, 오렌지색, 그린/녹색, 터콰이즈/청록색)1를 개괄적으로 설명할 것이다. 다시 말해 각각의 레벨들 자체, 즉 라인들에서 공통적으로 나타나는 레벨들 자체에 대해 논할 것이다. 예를 들어 앰버/황색 레벨을 설명할 때 이 레벨을 개괄적으로 설명하지, 도덕 지능, 미학 지능, 욕구 발달 지능에서 드러나는 황색 레벨 각각을 설명하지는 않을 것이다. 따라서 대체로 라인이 아니라 레벨에 대해서 논하게 될 것이다.

그러나 지금까지 영적 지능에 초점을 맞춰 왔고 각각의 레벨들에 대해 자세히 논하고자 할 때는 어떤 구체적인 용어를 사용할 필요가 있으므로 다양한 레벨들의 영적 지능이 어떻게 발현되는지를 중심으로 논의를 이어 갈 것이다. 따라서 우리는 예를 들어 앰버 레벨에 관해서라면 앰버 레벨을 개괄적으로 논한 다음 앰버 레벨이 영적 지

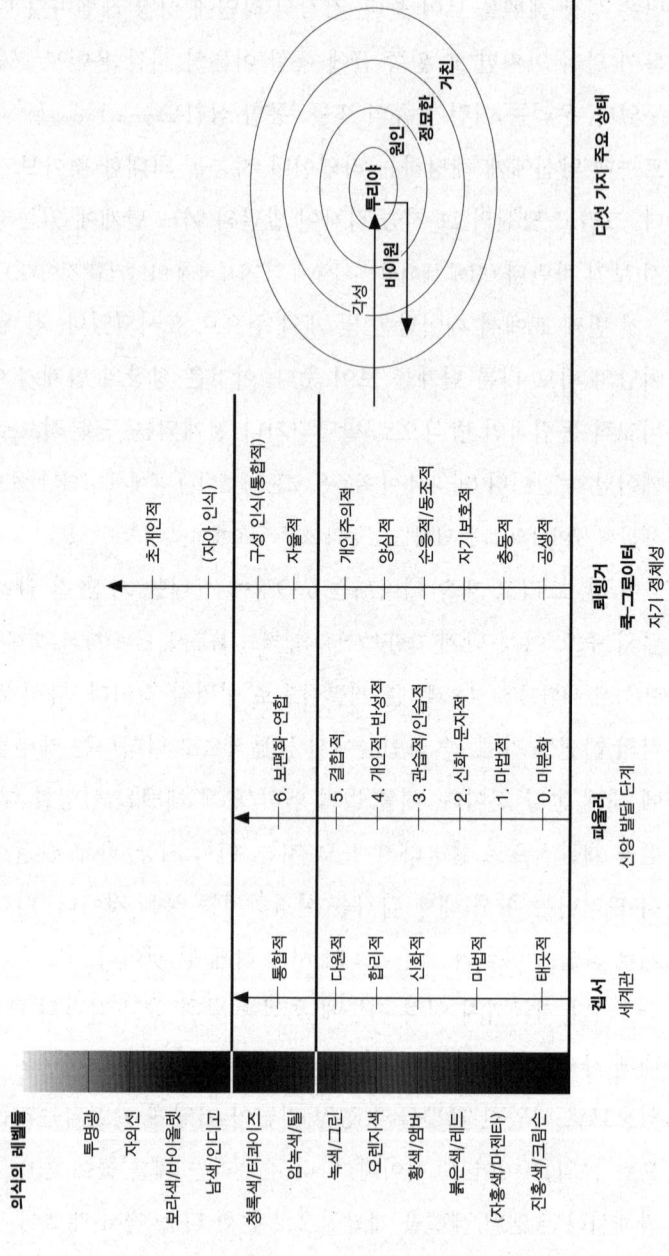

의식 구조와 의식 상태의 발달 단계

120

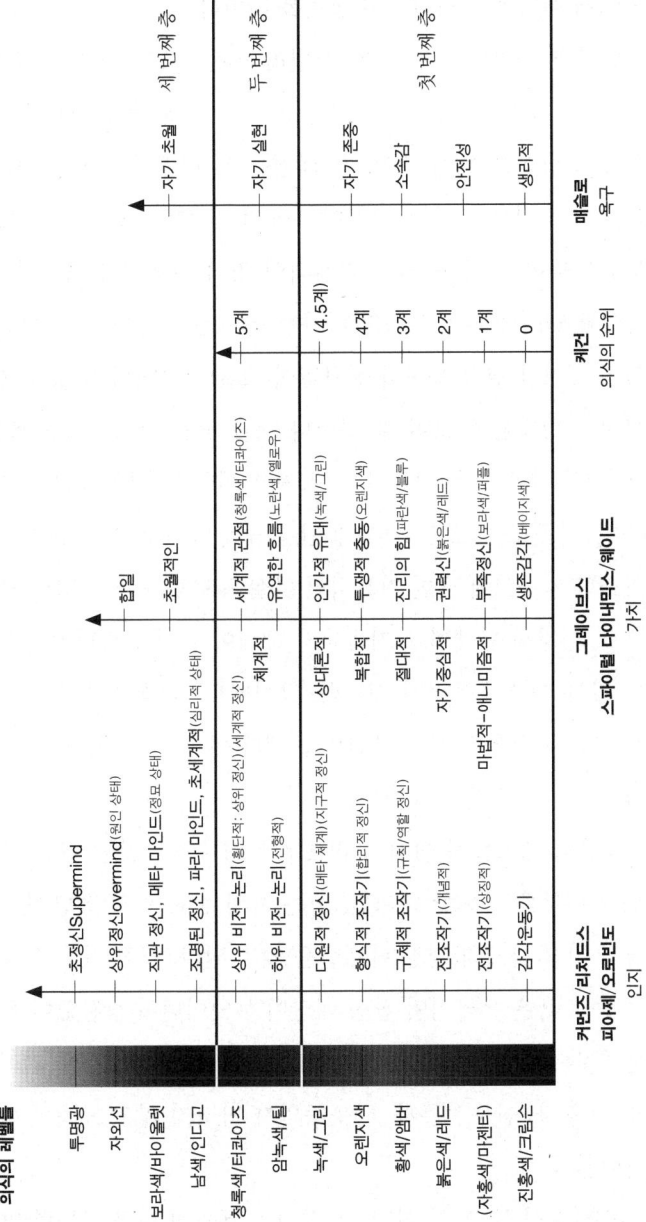

5장 성장의 초기 단계들 | 121

능에서 어떻게 나타나는지 살펴볼 것이다.

또한 지구상에서 현재 가장 널리 퍼진 종교가 기독교이므로(세계 75억 인구 중 20억 이상) 영적 지능이 여섯 레벨 각각에서 나타나는 기독교적 방식을 보여 주고, 각 레벨을 그 레벨에서 예수 그리스도가 해석된 방식으로 부를 것이다.(마법적, 신화적, 합리적 등등) 여기에 기독교도들이 할 수도 있는 직접적인 영적 경험이나 깨어남(이것은 여기서 완전히 다른 문제이다.)의 다양한 유형은 포함되지 않는다. 기독교도의 깨어남 경험 유무와 상관없이 그들이 자신의 궁극의 관심을 해석하는 방법들을 보여 줄 뿐이다.(예를 들어 마법적 단계는 '예수가 마법적 슈퍼 히어로'인 단계이고 합리적 단계는 '예수가 합리적 세상의 선생'인 단계이다.) 기독교는 그 긴 역사 동안 지구상의 수많은 사람에 가닿았고 최소한 기독교에 대한 기본적인 사실은 모두가 어느 정도 알고 있으므로, 성장의 단계별로 기독교의 해석이 어떻게 달라지는지 살펴보는 것이 가장 효율적일 것이다. 그럼에도 이 책 자체의 목적이 그렇듯 근본 목적은 당신이 당신의 존재와 의식을 더 깊고 더 넓고 더 높이 이해하도록 돕는 것이다.

성장의 레벨들이 어떤 모습으로 드러나는지 보기 위한 하나의 예로 기독교를 이용할 테지만, 이는 특정 종교의 성장 단계가 아니라 영적 지능 자체의 성장 단계임을 잊지 말자. 영적 지능의 성장 단계는 종교 혹은 궁극적인 관심 대상이 무엇이냐에 상관없이 무신론자, 불가지론자, 힌두교도, 유신론자, 불교도, 유대교도, 새 패러다임(과학) 추종자, 신무신론자, 허무주의자 가리지 않고 모두에게 똑같이 진행된다.

미리 알려 둘 것 한 가지 더. 성장 단계들에 대한 설득력 있는 증거들을 발견해 온 엄청난 수의 발달 모델들이 있다. 성장의 각 단계를 설명할 때마다 그 주요 연구자들과 그들이 그 단계에 부여한 명칭들을 표로 만들어 두었으니 참고하기를 바란다.

태고-융합(혹은 크림슨/진홍색) 단계

진홍색 태고-융합 단계와 등가의 단계들

연구자/체계	성장 단계
통합 이론	크림슨/진홍색 태고-융합 단계
파울러	0단계
프로이트	대양적oceanic 상태
케건	0계
콜버그	0단계
뢰빙거	공생적 단계
매슬로	생리적 욕구 단계
피아제	감각운동 지능 초기 단계

이것은 일반적인 인간 발달의 가장 초기 단계이다. 계통 발달학으로 볼 때 유인원에서 엄밀한 의미의 인간으로 바뀌는 진화론적 전환기(약 100만 년 전)에 해당하고 기본적으로 생리적인 필요성만을 충족해 나가던 시기이다. 이 시기는 보통 생후 첫 6개월 정도의 유아기에 유아와 물리적 주변 사이의 구분(혹은 분리)이 거의 전무한 융합 상태로 나타난다. 자신을 타인 및 환경과 구분하는 자아 체계가 아직 의미 있는 정도로까지 형성되지 못한 시기이다. 유아는 자신의 몸이 어디서 끝나고, 의자가 어디서 시작되는지 모른다. 이 시기는 과연

유인원의 욕구와 인식에서 인간의 욕구와 인식으로 전환되는 시기이다. 따라서 이 시기는 배고픔, 갈증, 쾌감/고통 같은 생존 욕구와 따뜻함, 차가움 같은 초기 형태의 감각운동 지능이 부각된다. 이 융합 상태는 우리에게 "너희 인간들은 너희가 대단하다고 생각하지. 하지만 사실 너희도 동물에 지나지 않아. 너희는 물질세계와 전혀 다르지 않아. 너희와 물질세계 사이에 분리란 없지."라고 말해 주는 듯하다.

이 상태를 때로는 미이원론未二元論, Adualism(두 개가 아닌 것, 무분리)이라고도 하는데 이것은 비이원론非二元論, Nondualism과 분명히 구분되어야 한다. 미이원과 비이원은 인간 의식의 스펙트럼에서 각각 양 끝에 있다고 할 만큼이나 극단적으로 다르다. 미이원론적 융합 상태는 유기체가 자신을 자기 주변의 물질 환경과 구분하기 시작하지만, 자신을 그 환경과 분리할 수는 없는 상태이다. 기독교에서 말하는 존재의 위대한 사슬, 즉 물질, 몸, 정신, 혼, 영으로 이야기할 때 융합 상태는 그 가장 낮은 단계와 하나인 상태이다. 한편 깨어남의 비이원적 상태는 그 모든 단계를 포용할 수 있다.(물질, 몸, 정신, 혼, 영과 완전히 하나인 상태) 이런 일은 정말이지 언제고 일어날 수 있다.

그런데 이런 융합 혹은 물질 영역과의 미분화를 영Spirit과 영의 모든 발현과의 완전한 합일로 보고자 하는 복고-낭만주의 이론가들의 상상력은 그 끝을 모르는 것 같다. "기원으로 돌아가자!"가 이들의 슬로건이다. 하지만 이들은 기원을 진화의 가장 낮은 단계, 즉 진화의 시작(빅뱅 시기의 물질 단계)으로 착각하고, 진화의 가장 높은 단계 혹은 내재의 시작 단계(이것은 모든 것을 포함하고 시간 자체 혹은 영원에 앞서는 영이다.)와 혼동한다. 이들은 둘 다 어떤 합일의 형태라는 이

유만으로 가장 낮은 상태의 합일과 가장 높은 상태의 합일을 동일시하고 있다. 우리는 영성과 관련해 존재의 사슬Chain of Being 전체를 그것의 가장 낮은 단계와 혼동하는 것만큼은 피해야 한다.

정신 분석과 심리 치료의 초기 학파들 대부분이 태어난 직후에는 자아가 아직 형성되지 못한 상태임을 알았고, 따라서 이 시기에 무언가가 잘못되면 보통 정신병 같은 최악의 심각한 질환을 부를 수 있다고 보았다.(정신병은 대개 자아와 타자를 혼동 혹은 융합하는 것이다. 따라서 정신병이 아기 때의 어떤 심리적 장애에 기인한다고 보는 것이 자연스러웠다.) 이제 우리는 정신병이 대체로 신경생리학적 문제이고 종종 유전적인 요인에 기인함을 잘 알고 있다. 최소한 초기의 융합 상태가 신경증의 원인이 아닌 것만큼은 확실하다. 신경증은 정신병과 달리 이미 거의 다 형성된 자아가 그 어떤 내면의 생각이나 충동을 억압 혹은 부인할 때 나타난다. 따라서 신경증에서는 (무언가를 억압하기 위한) 형성 과정을 완전히 마친 활발한 자아 체계가 요구되며, 신경증적인 사람은 현실을 잘못 해석하기는 해도 현실에서 완전히 벗어나지는 않는다. 반대로 정신병 환자는 대체로 현실감이 없다.(자기 신체와 주변 환경을 구분하지 못하고 종종 환상을 보거나 다양한 현실 등을 스스로 상상해 낸다.)

그 심각성과 관련해서, 이 두 불기능(정신병과 신경증) 사이에 위치하는 질병을 대충 '경계성 장애(혹은 자기도취증)'라고 한다. 정신병과 신경증 사이 그 경계에 있다고 해서 이런 이름이 붙었다. 정신병에서 자아는 아직 형성되지 않았다. 신경증에서 자아는 이제 대체로 형성되었고, 활발히 작동하여 자신을 공격할 수 있으며, 그 자신의 측면들을 억압할 수 있다. 경계성 장애에서 자아는 똑바로 혹은 완전히 형성되지 못했다. 융합 상태에서 나오는 데 곤란을 겪는 상태다. 경계성 장애 환자들을 다루는 정신과 의사들은 환자가 주변 세상과 관련한 심리적인 것들을 억압하는 능력을 계발하고 나아가 실제로 신경증을 보이면 그것을 진정한 발전으로 본다! 이런 정신적 문제들은 초기의 미이원적 융합 상태의 매우 원시적인 성질을 반영하고, 그런 상태에서 나오려 할 때 인간이 겪게 되는 어려움을 반영한다.

이 상태가 인간 인생의 첫 6개월을 지배한다. 경계성 장애에서처럼 성인에게 이 상태의 잔존물이 보일 수는 있지만, 이 상태가 온전히 보이는 경우는 심각한 뇌 손상, 치매, 중증 알츠하이머 등이 아니라면 거의 없다.

이 단계는 어떤 의미에서 하나의 단계라기보다는 인간의 몸 자체가 나타난 그 시점까지 진화가 만들어 온 수백 가지 변형이 그 정점에 달한 시기라고 할 수 있다. 그 시점(몇백만 년 전)에 인간의 몸은 빅뱅 이래 창조되어 온 모든 창발적 주요 실재들(혹은 홀론들)을 완전히 포용하고 포함했다. 갓 만들어진 인간의 몸이 쿼크, 원자, 분자, 세포, (근육, 신경, 소화, 골격 같은) 상위의 기관들을 모두 포함했고 (식물, 물고기, 양서류, 파충류, 포유류 그리고 영장류의) 이전의 모든 진화 단계의 핵심 사항들을 포함하고 또 초월했다. 그 모든 실재가 여전히 매우 활발히 살아 있었고 그 핵심 사항들이 모두 방금 만들어진 인간의 몸 안에 들어가 있었다.(그 모든 실재가 크림슨/진홍색 단계, 태고 단계 혹은 매슬로의 생리학적 욕구 단계로 불린다.) 따라서 다시 말하지만 이것은 하나의 단계라고 보기에는 조금 애매하다. 이 가장 기본적이고 원시적인 단계에 수많은 작은 단계들이 포함되어 있고 요약되어 있기 때문이다.(피아제는 이 감각운동 지능 아래 6개의 하위 레벨들을 두었다. 고양이는 하위 레벨 4까지 도달한다.)

다시 말해 이 단계는 인간 유기체가 살아남기 위해 수없이 많은 변수에 적응해야 했던 모든 방식과 진화의 결과이다. 신중하게 조정된 산소 요구량, 강력한 굶주림에 의해 조종되는 음식과 영양분에 대한 욕구, 즐거움과 고통에 맞춰 매 순간 조정되고 우리 몸을 바꾸는 수많은 감지기, 강력한 갈증이 부르는 물을 마시고 싶은 욕구, 파충류의 뇌간에 내장된 싸움 및 도주 혹은 멈춤의 반응 메커니즘, 포유류의 변연계에 내장된 기본적인 감정 상태, 이 모두가(그리고 더 많은 것들이) 과거가 주는 선물이고 인류 이전의 것들이지만, 어제의 진화 덕분에 여전히 오늘날의 인간 안에서 발견되는 실재들이고 요구들이며 충동들이다. 그리고 이 모두가 모든 인간이 일상에서 매일 충족해야 하는 '태고의' 요구들이다.

따라서 모유를 처음 마시는 인간 아기는 모유에 주어져 그 안에 보존된 140억 년 진화의 결과를 마시는 것이다. 140억 년 동안 창조되고 출현하고 진화해 온 모든 요소가 그 질박한 태고 단계에 생리학적 욕구들과 이제 막 출연한 감각운동 지능과 함께 응집되었다. 이 단계는 아담과 이브의 창조에 이르기까지 「창세기」에 시적으로 묘사된 단계이기도 하다.

이 태고 단계에서 인간 이전에 일어난 진화를 볼 수 있다면, 그 바로 다음 단계(마법 단계)에서는 지금까지 드러난 모든 인간 현실의 시작을 볼 수 있다. 그 시작은 30만 년 전까지 거슬러 올라가는 호모사피엔스의 출현이었다.

니콜라스 웨이드Nicholas Wade(《뉴욕 타임스》 과학 부문 주간)는 그의 책

『골치 아픈 유산A Troublesome Inheritance』에서 진보주의 이론가들(특히 내가 '좌익 인문학 교수들'이라고 부르는 사람들, 요즘은 대학의 인문학 교수들 거의 대부분이 여기에 속한다.)이 약 5만 년 전까지 인간 유기체가 진화를 완수했고 그때부터 진화를 완전히 멈췄다고 믿고 있음을 지적했다. 이런 결론을 내렸던 당시(약 60년 전)에는 기원전 5만 년 이래, 인간 뇌 안에서 일어난 그 어떤 대단한 구조적 변화도 탐지할 수 없었고 따라서 인간의 진화가 기원전 5만 년에 멈추었다고 생각했던 것이다.(나는 인간의 진화가 기원전 5만 년에 멈추었다는 생각은 모든 인간이 온전히 그리고 완전히 동등하며 더 높은 사람도, 더 진보한 사람이나 더 진화한 사람도 없다고 보고 싶어 하는, 평등하고 다원적인 탈근대 발달 단계(5~6단계)에 와서 더 매력을 갖게 되었다고 생각한다.) 이것은 지난 50~60년 동안 좌익의 신조가 되었다.(그렇다고 우익이 더 낫다는 건 아니지만 내 생각에 학계는 대체로 좌익들의 영역인 것 같다.)

그런데 웨이드의 지적에 따르면 인간 진화가 진보주의 진영에서 부인되는 진짜 이유는 진화에 대한 초기 이론들이 진화론을 종종 완전히 부적절하고 부정확하게 때로는 매우 편협하고 불쾌한 방식으로 인간 존재에 적용해 왔기 때문이다.(사회 다원주의와 나치들이 오용한 니체의 '초인간' 개념이 그 전형적인 예이다.) 따라서 오늘날의 모든 배려심 많고 품위 있는 사람들은 '문화적 진화'라는 말조차 쓰지 않는다. 어떤 문화가 다른 문화보다 더 진보했음을 암시할 수 있기 때문이다. 그러므로 진보주의 이론가들에 따르면 우리는 진화를 인간에 적용하기를 완전히 그만두어야 한다. 그렇게 하려는 시도 자체가 끔찍한 편견에 사로잡혀 있음을 의미하고 (웨이드가 지적하듯이) "(최근에 일어난) 인간 진화"를 언급하기만 해도 요즘 미국의 아이비리그나 일류 대학에서는 그 자리에서 해고될지도 모른다.

물론 이는 모두 심각한 착각이다. 웨이드가 지적했듯이 인간에 관해서라면 진화가 쓰레기통에 버려진 것은 선의에서 비롯된 일이다. 하지만 지난 최근 몇십 년 동안의 연구들의 막대한 양은(특히 유전체학과 핵산 복제 분야) 기원전 5만 년 이래 인간의 진화가 계속되었을 뿐만 아니라 지금도 매우 활발히 이루어지고 있음을 절대적으로 확실히 보여 준다.(드러냄Showing Up을 다루는 11장에서 보겠지만 진화는 내가 '사분면'이라고 부르는 실재의 네 가지 차원 모두에서 바로 지금도 일어나고 있다.) 위르겐 하버마스 같은 용감한 천재 철학자 정도는 되어야 『커뮤니케이션과 사회 진화』 같은 책을 쓸 수 있다는 것이다. 왜냐하면 '사회 진화'가 바로 좌익이 거의 반세기 동안 부인하고 비난해 온 것이기 때문이다. 그러니 학자적 경력 전체가 망가질 것을 각오하면서까지 당신도 부인하는 편이 나을 것이다.

물론 진실이 부인되는 것을 우려하지 않는다면 그렇다는 말이다. 그리고 나는 당신이 이를 우려한다고 생각한다. 그러니 우리는 인간에게서 진화가 완전히 멈췄다고들 하는 약 5만 년 전(성장의 마법적 단계)에 실은 깊고 심오하고 믿을 수 없이 중요한 진화가 인간 안에서 막 시작되었음을 그냥 인정할 것이다. 진화가 인간 안에서 멈췄던 지점이 아니었다. 진화가 말 그대로 폭발했던 지점이었고, 이는 인간 존재의 개인적이고 집단적인 내면에서 발생한, 캄브리아기 대폭발*만큼 대단한 사건이었다. 바로 이 시점에서 놀랍도록 독창적이고 천재적인 마법적, 신화적, 합리적, 다원적, 통합적, 그리고 그 너머의 형태들이 그 진화를 시작했고, 충격적인 "새로움에의 창조적 전진

---

* 5억 4200만 년 전에 다양한 종류의 생물이 갑작스럽게 출현한 지질학적 사건

Creative Advance into Novelty"2 속에서 심리적, 문화적 진화의 산물로 막 자리매김하기 시작했다. 사실 이 시기 인간은 태고의 초기 단계를 막 지나 진정한 인간 형태의 진화와 발달(마법, 신화, 합리, 다원, 통합)을 시작하던 중이었다. 이 단계들은 그 각각의 발현 시점부터 인간이 영원히 이용 가능한 의식 구조로 차례로 자리매김했고, 따라서 오늘날 살아 있는 모든 인간은 진화의 그 모든 주요 구조-단계를 온전히 이용할 수 있다. 일단 자리매김한 단계는 원자, 분자, 세포가 한번 생기면 계속 존재하듯이 계속 존재한다.

이런 진화는(어떤 이들은 이를 "활동 중인 영Spirit-in-action"으로 본다.) 지금도 여전히 살아 움직이고 있다. 영의 얼굴The Face of Spirit이 계속 펼쳐지며, "영원이 시간의 생산을 사랑하기 때문에"3 시간을 초월한 시간 안에서 점점 더 많은 구조를 생산하는 가운데, 이 '진화의 사랑 Evolutionary Love'은 계속 진화하며 우리를 미래로 이끌어 마침내 아주 놀랍게도 미래의 종교를 우리에게 보여 줄 것이다.

그리고 이 태고의 1층에서 처음 벗어난 인간은 틀림없이 마법사였다.

마법-힘(혹은 레드/붉은색) 단계

태고의 크림슨/진홍색, 미이원의 융합 단계에서 나와 형성을 시작한 자아는 초기의 여전히 매우 원시적인 단계들을 통과하며 최초 문명 단계인 앰버/황색의, 신화적 혹은 신화-문자적 단계로 향하게 된다. 앰버 단계 전인 이 초기의 두 원시적 단계를 나는 각각 '마법적(혹은 충동적, 혹은 마젠타/자홍색)' 단계, '마법적-신화적(혹은 자기중심적 힘의)' 단계라고 부른다. '마법적' 단계는 인간 존재 자체가 마법적 힘을 소유한다고 믿었던, 말 그대로 마법적인 단계이다. 예를 들어 생각만으로 무언가를 만들거나 그 무언가의 상징을 바꾸는 것만으로 그것 자체를 바꿀 수 있다고 여기는 식이다.

다음으로 '마법적-신화적(혹은 힘의)' 단계, 즉 레드/붉은색 단계가 오는데 이 단계의 인간은 사실 그들 스스로는 마법을 실행할 수 없고 제우스, 여호와, 아폴로, 비너스 같은 다양한 신화적 존재들이 마법을 실행할 수 있음을 깨닫는다. 그리고 그런 신화적 존재들이 문자 그대로 실재한다고 믿는다.(그래서 이 시기를 '신화-문자적' 단계라고도 한다.) 이 시기의 인간은 (예를 들어 경건한 기도를 통해) 그런 신화적 존재들에 제대로 접근한다면 그들이 인간을 위해 마법을 대신해 주도록 만들 수 있다고 생각한다. 인간이 가졌다고 믿어지는 이런 힘 때문에 이 시기를 종종 '힘의 단계'라고도 한다. 그리고 마법적 힘을 가진 신화적 존재들과 관계하므로 나 또한 이 시기를 주로 '마법적-신화적' 단계라고 부른다.

둘 다 마법적 믿음과 힘이 지배하는 단계이므로 여기 소제목으로 나는 초기의 이 두 단계를 합쳐서 '마법-힘의 단계'라고 했다. 다음 표를 보면 이 단계를 연구한 연구자들 중 절반 이상이 (내가 여기서 하듯) 이 단계를 두 단계로 나눈 것을 확인할 수 있다.

보다시피 이 도표에는 '자기중심적', '충동적', '정령신앙(애니미즘)적', '마법적' 같은 용어가 일반적이다. 그리고 '마법적'이라는 용어는 내가 그렇게 하듯이 '힘의 단계'를 포함하는 개념임을 알기 바란다.[4]

마젠타/자홍색 충동적-마법적 단계와
레드/붉은색 마법적-신화적 힘의 단계 해당 용어들

연구자/체계	성장 단계
통합 이론	마젠타/자홍색 충동적-마법적, 레드/붉은색 마법적-신화적 힘
커먼즈와 리처드스	명목상의 행동Nominal Actions
피셔	단일 표상Single Representational Set
파울러	마법적(마법), 투사적(힘)
겝서	마법적
그레이브스	마법적-정령신앙적(마법), 자기중심적(힘)
케건	충동적(마법), 제국적(힘)
콜버그	순진한 향락주의
뢰빙거	충동적(마법), 자기 보호적(힘)
매슬로	안전
셀먼	자기중심적
스파이럴 다이내믹스	부족 정신(마법), 권력 신(힘)
토버트	충동적(마법), 기회주의적(힘)
웨이드	반응적(마법), 자기중심적(힘)

   인간 진화의 인식 가능한 초기 단계 중에 하나인 이 마법적-힘의 단계에 선 자아는 이제 막 자신을 주변 환경과 분리해 보기 시작한다. 하지만 자신과 타자, 정신과 세상이 여전히 대체로 융합 혹은 혼재한 상태이기 때문에 자신이 정신의 이미지와 상징들을 조작하면 세상이 마법처럼 바뀔 것이라고도 생각한다. 이는 초자연적인 능력과는 관계가 없는, 자아가 어떤 것이나 어떤 이미지에 해당하는 말에 어떤 행동을 가하면 그 말이나 이미지가 마법처럼 실제로 변할 거라고 믿는, 단순한 '말 마술Word Magic' 같은 것이다. 이것이 모든 인

간 마법의 핵심으로, 어린 유기체가 자신을 주변 환경과 구분하는 법을 배우는 진화의 단계(마법-힘의 단계)의 소산이다. 이것은 진정한 능력이 아니다. 이것은 그저 자신과 환경을 구분하지 못해서 그 하나를 조작하면 다른 하나도 조작할 수 있다고 생각하는 무능력일 뿐이다. 그래서 마법이라고 하는 것이다!

여전히 서로 잡아먹고 먹히는 위험한 세상이므로 이 단계에서는 힘과 안전을 찾는 것이 가장 중요하고, 따라서 충동적인 마법과 자기중심적인 힘이 지배한다.(마법과 자기중심적 힘은 순서대로 나타나기 때문에 종종 서로 다른 두 단계로 취급된다.) 이미 언급했듯이 여기서는 단계들을 소개하는 의미가 강하므로 나는 이 두 기본 단계도 합쳐서 하나로 다루었다. 나는 다른 몇 군데서 이 두 단계를 함께 설명할 텐데, 이는 이 두 단계 사이에 유사성이 강조될 때나 둘을 같이 설명해서 논의를 굉장히 단축할 수 있을 때만 그렇다. 따라서 이 두 단계를 합친 것이 마법-힘의 단계이다. 이것은 스파이럴 다이내믹스Spiral Dynamics*가 말하는 "권력 신PowerGods" 단계와 유사한 느낌이다. 권력 신은 이 단계에서 매우 만연하는 초자연적인 존재들(마법적 신들)의 (마법의) 힘을 강조하므로 매우 적절한 용어이다.

말할 필요도 없이 이 단계는 종교 영역에서 매우 잘 드러난다. 이 초기 레드/붉은색 마법-힘의 단계에서는 기적, 초자연적인 존재, 일반적인 마법이 매우 강조된다. 세상의 거의 모든 종교가 이런 마법적 현실을 반영하는 요소들을 그 중심에 갖고 있다. 이 역사는 어쩌면 일부 샤먼들이 정말 불가사의한 힘을 발휘했을 수도 있지만 대부분은 단지 권력을 얻기 위해 눈속임 마법을 이용했을, 수만 년 전

---

* 인간의 가치관과 의식이 단계적으로 진화한다는 심리·사회적 발전 이론

으로까지 거슬러 올라간다. 기독교를 보면 예수는 죽은 사람을 살리고 병을 낫게 하고 물을 포도주로 바꾸고 절름발이를 치료하고 다른 사람의 마음을 읽고 하늘을 날고 물 위를 걷는다. 와우! 정말 수많은 마법적 힘을 가진 강력한 초자연적인 존재가 아닐 수 없다.

이 초기 마법의 발달 단계에 있는 아이들은 토요일 아침에 방영되는 만화 영화를 사랑한다. 이런 영화에서는 슈퍼 히어로가 마법사처럼 뭐든 할 수 있다. 눈으로 광선을 쏘고 사람들을 공격하고 벽을 관통해 걷고 하늘을 나르고 등등. 이런 종류의 마법적 힘이 의식의 이 단계에 있는 사람에게 종교가 그렇게나 매력적인 이유이다. 그리고 이들은 그런 기적이 자신에게도 일어나길 바란다. 예를 들어 기독교의 '번영 복음Prosperity Gospel'에 따르면 제대로 믿고 충분히 독실한 사람은 새 직장을 얻고 연애도 하고 새 차도 생기고 부자가 되는 등등 좋은 일이 생긴다고 한다. 모두 예수 그리스도를 향한 믿음의 힘을 통해 마법처럼 그렇게 된다.

이 초기 단계에서 인간은 자신을 자신의 환경과 구분하는 법을 이제 막 배우기 시작하므로 주체와 객체 사이, 자아와 타자 사이의 융합이 여전히 견고하고 따라서 두 실재가 자주 혼동된다. 다시 말해 주관적인 인간의 특성이 객관적 대상들에게도 부여되는 이른바 정령 신앙이 나타난다.(그래서 그레이브스는 이 단계를 "마법적-정령신앙적"이라고 했다.) 정령신앙/물활론物活論은 모든 곳에서 살아 있는 자연을 보는 것이 아니라 모든 곳에서 인간의 특성을 갖고 살아 있는 자연을 본다. 예를 들어 화산은 당신에게 화가 났기 때문에 폭발하고, 태양이 계속 빛나는 것은 자애롭게도 당신을 계속 보살피기 위해서다. 그리고 작물에 좋은 비가 오는 것은 당신의 희생에 자연이 우호적으

로 응답했기 때문이다. 정령신앙은 매우 인간 중심적인 의인화 세계관이다.5

우리는 이 장에서 성장Growing Up의 단계들을 보고 있는데, 특히 무신론자는 물론 '신무신론자New Atheists'들까지 모든 인간이 분명히 갖고 종종 이용하는 영적 지능 라인에서 이 레벨들이 어떻게 드러나는지를 보고 있다. 하지만 여기서부터 잠시 깨어남Waking Up이나 영적 경험, 그 주요 유형의 역사적 진화에 대해서도 간단히 살펴보고자 한다. 영적 경험은 훨씬 드물게 일어난다. 살면서 깨어남의 영적 경험을 한 번도 못 하는 사람이 많다. 그럼에도 깨어남은 궁극적 진실에 관한 것이라 매우 중요하므로, 다음 몇 페이지에 걸쳐 성장의 각 단계에서 나타나는 가장 흔한 형태의 깨어남에 대해 살펴보고자 한다. 여기 레드 단계부터 시작하자.

우리는 영적 의식(혹은 영적 믿음)이 그 의식을 받치고 있는 성장 단계(영적 지능의 구조-단계)와 있을 수도 없을 수도 있는 깨어남 상태-단계의 산물임을 보았다. 요약하면 이렇다.

영적 의식 = 영적 지능 × 영적 경험

혹은 더 일반적으로 보면 이렇다

영적 의식 = 성장 × 깨어남

물론 이 모두는 전체 아퀄AQAL 매트릭스 안에 들어 있고, 이것은 온전한 우주적 주소Full Kosmic Address를 위해 필요하다.6 그리고 깨어남 경험이 없다면 개인의 영적 의식은 기본적으로 성장 단계에 의해 결정된다. 다시 말해 영적 지능만으로 결정되는데, 이는 가장 흔한 경우이다.

이 장에서 우리는 기본적으로 (마법, 신화, 합리, 다원, 통합) 성장이 영적 의식에 깊이 공헌하는 방식들을 추적해 가고 있다. 언제나 존재하지만, 영적 의식에 관해 거의 논의에 포함되거나 이해되지 못한 부분이 성장이기 때문이다.(내면 들여다보기나 자기 성찰로는 성장의 단계들을 볼 수 없기 때문이다. 이 책과 비슷한 책이나 발달 이론에 대한 교재들을 읽어야 성장 단계들에 대해 조금이라도 알 수 있다.)

인간 역사가 그 주요 시기를 거치면서 새로운 성장의 단계들이 차례대로 나타나, 구석기 시대의 마법 단계, 중세의 신화적 단계, 근대의 이성 단계, 탈근대의 다원주의 단계, 현대에 도래하고 있는 통합 단계로 크게 정의되는 동안, 각 단계에서 깨어남까지 경험하는 개인은 그리 많지 않았다. 하지만 말했듯이 성장의 단계에 대해 논하는 중간에 나는 각 단계에서 가장 흔했던 유형의 깨어남 경험(깨어남의 주요 다섯 상태-단계, 즉 거친 단계, 정묘 단계, 원인 단계, 투리야 혹은 비이원 단계 중 어떤 것도 될 수 있다.)에 대해 요약하는 방식으로 조금 언급하고자 한다.

깨어남 경험의 흔한 유형을 논하려면 깨어남 경험에 대한 일종의 이론 혹은 메타 이론이 필요하다. 알고 보니 나에게도 그런 게 하나 있었다. 나는 이미 의식의 주요한 자연적 다섯 상태를 소개한 바 있다. 거친 상태, 정묘 상태, 원인 상태, 투리야/순수 의식 상태 그리고 투리야티타/비이원적 일미 상태가 그것이다. 나의 메타 이론에 따르면, 어떤 사람의 근접 자아Proximate Self 혹은 중심 자아가 이 다섯 주요 상태 중 어느 하나에서 그 절정의 강렬한 경험을 할 때 어떤 유형의 신비적 영성을 경험하는데, 그 유형이 실은 전 세계에서 흔히 발견되는 신비주의 전통의 유형들과 일치한다. 다시 말해 이 다섯 상태 중 어느 하나가 의식적이고 즉각적이고 직접적이고 강렬한 방식으로 경험될 때 (이 강도의 스펙트럼은 교감, 연합, 동일시까지 이른다.) 그 결과가 신비 경험인 것이고, 이 신비 경험은 그 경험 자체에 소환된 의식 상태가 무엇이냐에 따라 달라진다는 것이다.

신비주의 경험의 주요 유형들

거친 영역(물질 혹은 자연 영역) 전체와 (교감, 연합, 동일시를 거치는) 직접적인 합일의 절정 경험이 일어날 때 그 결과는 모든 자연과 하나가 된 느낌, 즉 *자연 신비주의이다.*(예를 들어 가이아 또는 생명의 위대한 그물과 얽혀 있는 순수한 합일이나 순수한 하나임)

의식의 정묘한 상태는 꿈꾸는 상태와 같은 상태를 포함한다. 그리고 꿈꾸는 상태에서는 자연도 가이아도 물질 영역도 없고 단지 맹렬한 형상, 상징, 충동, 폭포처럼 쏟아지는 아이디어, 신과 다양한 신화적 이미지의 '초물질' 혹은 '초자연' 혹은 '형이상학적 영역'만 존재한다. 이런 꿈 같은 초월적이고 미세하고 초자연적인 신성의 형태와 직접적인 합일 상태일 때 그 결과는 정묘한 *신성 신비주의*이고 종종 굉장한 빛 혹은 강렬한 발광, 하나임, 사랑, 자비, 구원의 느낌을 주는 특징을 보인다. 모든 인간이 자연적 의식의 다섯 유형(거친 상태, 정묘한 꿈 상태, 꿈 없는 원인 상태, 투리야 상태, 투리야티타 상태)을 다 갖고 태어나지만 대개 이 중 하나만 (즉 거친 상태만) 알아차리기 때문에 다른 상태의 절정 경험을 하게 되면 그 신비주의적 경험이 대개 어느 정도 저세상의 일 같은 느낌을 주는 듯하다.

다음 더 높은 상태인 원인 상태는 형상과 무형상의 두 주요 차원을 갖는다. 이 상태는 그리스어로 '원형Archetype', 동양에서는 훈습薰習, Vasana이라고 불리는데, 현현에 있어 아주 초기에 해당하는, 매우 미세한 형상들Forms의 집으로 이해된다. 영이 시시각각 전 우주를 만들어 갈 때 그 최초의 형상들이 원형들이고 이 형상들에서 우주의 다른 모든 형상이 나왔다고 한다. 그 최초의 형상들을 직접적으로 경험할 때 그 결과가 일반적인 원형적 신비주의이다. 예를 들어 융은 "신비주의는 원형을 경험하는 것이다."7라고 했다. 이것은 플라톤 신비주의, 피타고라스 신비주의, 긍정의 신학Kataphatic, 혹은 (속성이 있는 인격 신을 전제로 한) 사구나Saguna* 류의 신비주의에서 매우 흔하다. 원인 상태의 최고점에 이르면, 원형 자체가 사람들이 꿈 없는 숙면 상태에서 경험한다고 여겨지는, 형상도 이미지도 없는 비현현의 무형상 영역으로 서서히, 그리고 완전히 스며들게 된다. 이 꿈도 없고 형상도 없는 영역을 직접적, 의식적으로 경험할 때 그 결과는 무형 신비주의(혹은 무한한 심연 신비주의)로 나타난다. 이런 무형의 영역은 종종 "신 너머 신"으로 불리는데 사실 상당히 흔하다. '무지의 구름' 상태도 이 유형에 속한다.

네 번째 상태 혹은 투리야(순수 의식 혹은 나됨I AMness)는 순수한 앎 혹은 목격 의식으로, 그 자체는 (그 자체를 포함한) 모든 범주를 초월해 분류가 불가능하며 급진적으로 텅 비어 있다. 혹은 열려 있다. 이 목격자(혹은 나됨) 부분을 깨달을 때 그 결과는 순수한 의식-유일 신비

---

* 사구나 브라흐만을 뜻하며, 니르구나 브라흐만과 달리 '의식' 같은 특성을 지닌 영을 말한다.

주의Consciousness-only Mysticism 혹은 **나됨 신비주의이다.**(유일무이한 자기Unique Self, 유일한 정신Mind-only, 대상 없는 절대 의식Absolute Consciousness, 절대적 주관 혹은 진정한 자아True-Self 신비주의라고도 한다.) 투리야의 분류가 불가능한 부분, 공한 부분, 또는 열린 부분이 더 강조될 경우 그 결과는 순수한 공空 신비주의로 나타나고, 이 신비주의는 종종 직전의 무형 신비주의와 같이 말해진다. 이 두 신비주의는 네티네티Neti, Neti(이것도 아니고 저것도 아닌 것), 부정Apophatic, (특성 없는) 니르구나Nirguna, 부정의 길Via Negativa 등을 따르는 신비주의의 다른 이름이다.

다섯 번째 상태 혹은 (투리야티타의) 궁극적 비이원 상태가 깨어나면 그 결과는 비이원적 신비주의로 이것은 순수한 여여如如, 진여眞如, 일미One Taste 혹은 궁극적 합일 의식이다.

자연이나 신과의 합일, 원형 경험, 순수한 앎, 목격, 여여, 진여, 일미 등 이것들은 의식의 주요 다섯 상태 각각에서 나오는 가장 전형적인 영적 혹은 신비적 경험의 유형들이고, 위에서 말했듯이 연구자들이 경험 가능하다고 주장하는 신비주의의 주요 유형들과 맞아떨어진다. 전 세계의 수준 높은 연구자들이 신비주의의 이 주요 유형들을 발견해 왔다.(비록 이런 깨어남 경험들이 성장 단계들에 의해 어떻게 해석되는지는 보지 못했지만 말이다.)

예를 들어 서양 신비주의에서 가장 위대한 학자-수행자라 할 만한 이블린 언더힐Evelyn Underhill을 보자. 언더힐은 신비주의 발달 단계를 크게 4~5단계로 보았는데 내가 기술한 유형들과 잘 부합한다. 언더힐은 *자연 신비주의*(혹은 거친-상태 신비주의)를 시작으로 신비주의의 완전한 발달 유형 하나를 제시한다. 거친-상태 신비주의라고 하는 것은 의식의 거친 상태에 있는 사람이 그 의식을 확장해 그 거친 상태에 있는 다른 모든 현상과 합일하기 때문이다. 이는 자연 모든 것과의 진정한 합일이지만 정묘 상태, 원인 상태, 투리야 상태, 투리야티타 상태는 생략되므로 여기에 의식의 '수직적' 발달은 그다지 없고 단지 '수평적 확장'만 있다. 그래도 말했듯이 이 경험도 진정한 합일이며, 빅 홀니스는 아닌 거친 영역 전체와의 진정한 홀니스이다. 따라서 자연 신비주의를 한 번만 경험해도 인생이 영원히 심오하게 바뀔 수 있다.

거칠고 명확한 물질 영역과의 합일 너머에 상당히 더 높고 더 포괄적인 상태들이 있다. 자연 신비주의 너머 다음 단계를 언더힐은 형이상학적 신비주의라고 불렀다. 여기에는 원형적 회상, 사색, 성스러운 사랑 그리고 (미세한 상태의) 굉장한 빛 등의 경험이 포함되고 (원인 상태에서) 이 상태가 더 깊어지면서 언더힐이 성스러운 무지 그리고 심지어 '중지Cessation'라고도 부르는 상태로 들어간다. 이 상태를 나는 원인의 무형 신비주의 혹은 심지어 투리야/순수 의식으로 옮겨 간 상태를 지시한다고 말하고 싶다.(투리야/목격자는 모든 대상을 알지만 자기 자신은 앎의 대상이 될 수 없기 때문에 성스러운 무지이다. 투리야는 알려지는 존재가 아닌 아는 존재이다. 보이지 않는 보는 자이다. 이 아는 자 자체는 분류가 불가능하고, 이름 붙일 수 없으며, 알려질 수 없다. 따라서 그 자체가 성스러운 무지로 경험된다. 이 성스러운 무지는 말할 수 없는 순수한 공空 혹은 열림으로, 일본 선불교에서는 "오직 모를 뿐."이라고 말한다.)

마지막으로 언더힐의 영적 발전은 신성한 신비주의 형태로 나아간다. 언더힐은 이 단계가 주로 "영혼의 어두운 밤"으로 시작한다고 했다. "영혼의 어두운 밤"은 (성 테레사의 멘토인) 비범한 십자가의 요한이 처음 널리 알린 개념이다. 많은 사람이 "어두운 밤"이란 고통스럽게 진정한 영적 자유와 신을 찾아가는 시기를 의미하고 그런 때를 말할 때 쓸 수 있는 개념이라고 생각한다. 하지만 십자가의 요한에게 어두운 밤은 거의 그 반대를 의미한다. 그에 따르면 어두운 밤은 철저한 자유를 직접적으로 알게 되는 심오한 영적 경험 후에 찾아오는 상태이다. 신이 사라지거나 희미해질 때(처음에는 그렇게 될 것이다.) 완벽했던 사랑과 축복이 사라질 때 당신은 거의 진짜 지옥과 같은 상태에 남겨질 수 있다. 이것이 어두운 밤의 진짜 의미이다. 신을 한 번도 본 적 없는 것도 나쁘지만 발견한 신을 다시 잃는 것은 더 나쁘다. 진정한 형이상학적 신비주의를 경험하는 사람은 정말이지 사랑과 축복과 철저한 자유의 진정 신성한 상태 속으로 빠져든다. 그런데 영원한 합일의 상태로 나아가려면 이런 상태는 떠나보내야 한다. 그렇게 떠나보내는 것이 주는 고통은 상상할 수 있는 가장 어두운 밤보다 더 어두울 수 있다.

 어두운 밤의 고통은 아무리 미화해도 일시적이고 유한한 것이 사실인 존재 상태에서, 진정으로 시간을 초월하여 영원한 실재를 추구할 때 느끼는 고통이다. 어떤 신비주의자는 이것을 "시간의 세상에서 시간을 초월한 것을 찾기 위해 법석을 떠는 것"이라고 표현했다. 이 고통은 진정으로 무한하고 영원하고 항상 존재하는 모든 존재의 바탕 혹은 언더힐이 최종 상태라고 한 궁극적 합일 의식을 직접적으로 깨달을 때 극복된다. 궁극적 합일 의식은 꾸준한 수행이나 노력으로 얻을 수 있는 것이 아니고, 대부분의 서양 신비주의 학파들에 따르면 단지 신의 은총으로 주어진다.(얻고 발견하고 찾아야 하는 것이 아니라 바로 지금 여기에서 이미 당신에게 완전히 주어지는 것이다.) 동양의 전통들은 이 합일 의식을 *사하자*Sahaja, 즉 완전히 즉흥적이고 원인 없으며 항상 존재하는 실재라고 말할 것이다. 어느 쪽이든 "타트 트밤 아시Tat tvam asi", 즉, "그대는 이미 그것이다." 혹은 전 세계 어디서나 볼 수 있는 술래잡기 놀이에서 아이들이 말하듯 "네가 그거야!You are it!"*이다. 그리고 당신은 정말로 그것, 즉 존재의 무한하고 영원한 바탕과 철저하게 하나이고, 이를 수피Sufi들은 우리 "지고의 정체성"이라고 했다. 어느 일본 선사가 말한 대로 "인간 존재의 진짜 몸은 전체 우주이다." 그리고 그 투리야티타가 마침내, 완전히 그리고 진정으로 당신이다.

윌버-콤즈 격자

말했듯이 신비주의의 주요 유형들은 동서양 전 세계의 수준 높은 이론가들에 의해 발견되어 왔다. (언더힐, 다니엘 P. 브라운, 더스틴 디페르나 등이 그랬듯) 관상 발달의 전 과정을 연구하다 보면 우리는 이 유형들이 신비주의의 다섯 유형에 그치지 않고 신비주의적 혹은 명상적 전개 과정에서 드러나는 의식의 다섯 상태-단계이기도 함을 알 수 있다. 나아가 이 상태들은 독단적인 믿음, 신화적 주장, 신학적인 구성물 혹은 그 어떤 예감에 의한 개념이 아니라 직접적이고 즉각적인 1인칭 경험이라서 개인이 그 상태의 실재를 직접 확인할 수 있다. 이 상태들은 설명에 의한 지식이 아닌 면식에 의한 지식이다.(나중에 가장 높은 혹은 궁극의 두 상태, 즉 투리야/목격자와 투리야티타/일미를 직접적으로 경험하기 위해 다양한 연습을 해 볼 텐데, 그럼 당신 스스로 직접 판단할 수 있을 것이다.)

---
* "네가 술래다."라는 뜻

이제 이 간단한 신비주의 메타 이론의 결론 단계에 이른 것 같다. 오늘날 사람들은 지금까지 진화 과정에서 드러난 성장의 주요 여섯 단계 어디에든 있을 수 있고, 이 여섯 단계 어디에 있든 깨어남의 주요 다섯 상태 중 어떤 것도 경험할 수 있다. 다시 말해 성장의 모든 단계가 깨어남의 모든 단계를 경험할 수 있다. 이 사실은 현재 윌버-콤즈 격자Wilber-Combs Lattice로 널리 이해되어 받아들여진다.

도표를 보면 가로로 의식의 다섯 주요 상태가 나열되어 있다. 이것은 깨어남 경험의 주요 영역들이기도 하고 따라서 신비주의의 주요 다섯 유형들(자연 신비주의, 신성 신비주의, 무형 신비주의, 나됨 신비주의,

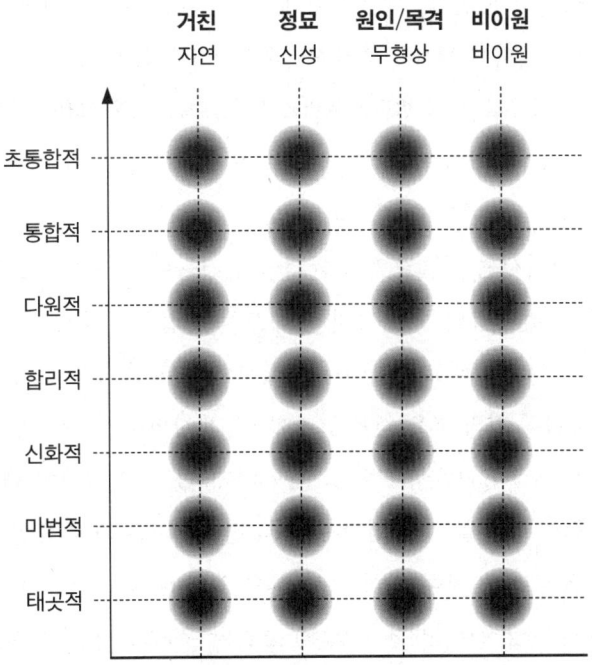

윌버-콤즈 격자

5장 성장의 초기 단계들 | 143

비이원적 합일 신비주의)이기도 하다. 왼쪽을 보면 수직으로 (영적 세상 혹은 깨어남 경험을 포함한) 인간의 세상이 어떻게 해석되고 경험되는지 관장하는 성장의 주요 일곱 단계가 표시되어 있다. 즉 위에는 깨어남의 상태들이, 옆에는 성장의 구조들이 열거되어 있다.8

이제 이 메타 이론에서 가장 중요한 점을 말하려 한다. 오늘날 세상에서 대부분 사람들은 도표 속 모든 교차점에 있을 수 있다. 진화가 그만큼 전개되었기 때문이다.9 이것은 잘 살기 위한 목표가 당신이 태어날 때 있었던 왼쪽 아래 교차점(거칠고 물질적인 깨어남 상태 속 미이원, 태고의 구조)에서 시작해 가장 오른쪽 위(통합적 구조-단계에 의해 경험되는 일미 상태-단계)로 옮겨 가고 성장하고 발달해 간다는 의미이다. 이 성장으로 당신은 당신이 상상할 수 있는 가장 완전하고 충만한 삶에 접근하게 된다. 간단히 말해 윌버-콤즈 격자는 잘 사는 삶을 위한 지도이다.(윌버-콤즈 격자 속 모든 교차점에 접근할 잠재성을 가진다고 해서 모든 것이 달콤하고 밝다는 의미는 아니다. 모든 단계/레벨에서 무언가가 잘못될 수 있고, 높은 단계/레벨일수록 잘못될 가능성도 높다. 이 부분에 대해서는 정화Cleaning Up 장에서 자세히 살펴보겠다.)

어쨌든 여기서는 오늘날의 평균적인 인간들이 성장의 주요 일곱 단계 모두와 깨어남의 주요 다섯 상태 모두에 접근할 잠재성을 갖고 있음을 볼 수 있다. 태고 단계에서는 절정 혹은 고원 체험Plateau Experience을 하는 사람이 거의 없을 것을 고려할 때, 성장의 여섯 주요 단계(마법적, 신화적, 합리적, 다원적, 통합적, 초통합적)가 있고 그 각각이 깨어남의 다섯 주요 상태를 다 경험할 수 있다면, 총 서른 가지 유형의 구조/상태 경험 혹은 영적 의식을 가질 수 있다.(앞에서 나는 이를 '영적 의식=성장×깨어남'으로 설명한 바 있다.) 오늘날 우리가 이 서른 유형의 영적 의식을 모두 가질 수 있음을 보여 주는 의미 있는 증거가 많다. 하지만 여기서는 가장 높은 한두 단계를 경험하는 데 집중할 테니 크게 걱정할 필요는 없다.

이것이 바로 메타 이론을 요약해 보여 주는 윌버-콤즈 격자이다.

내가 영적 경험의 주요 다섯 유형을 다 다루지 않는 것은 이 책의 후반부에서 투리야와 투리야티타, 이 두 가지 가장 높은 상태를 주의 깊게 그리고 직접적으로 다룰 것이기 때문이다. 나는 당신이 이 두 상태를 즉각적으로 경험하게 하는 데 집중할 것이다. 다시 말해 비록 우리가 직접적인 영적 경험의 다섯 가지 유형 모두에 대해 깊이 생각하지는 않더라도 깨어남 자체의 가장 높은 혹은 궁극적인 두 가지 상태를 경험하기 위해 상당한 시간을 할애할 텐데, 이는 특히 이 책에서 가장 중요하다.

그런데 그 경험의 어떤 것도 당신에게 성장의 단계를 더 잘 이해하게 만들지는 않을 것이다. 바로 그래서 이 장과 다음 6장~9장에 걸쳐서 성장의 각 단계를 자세히 살펴보며 이해를 돕고자 한다.

과거의 진화 과정을 쭉 살펴보면 인류(호모사피엔스)가 지구에서 약 30만 년 전 처음 진화를 시작했을 때는 성장의 높은 단계들에 전혀 접근할 수 없었음을 알 수 있다. 당시 인류는 마법 단계가 막 시작하는 태고 단계에 있었다. 뒤이은 세월, 성장의 주요 단계들이 나타나고 진화하여 인간 조건으로 영구히 포함되었고 그 결과 각 시대 인간들은 그 시점까지 진화한 최신의 구조-단계 각각을 통해 발전할 기회를 가질 수 있었다. 그리고 성장의 구조-단계들의 정해진 순서와 똑같은 순서로 발전했다. 즉 새로운 구조-단계가 정해질 때마다 인간은 (영적 세계 포함) 자신의 세계를 정립하고 경험할 수 있는 또 다른 레벨을 갖게 되었다.

깨어남의 다양한 상태들 그 각각에 대한 접근성은 주어진 문화에서 (주어진 시기에) 깨어남 상태가 얼마나 진화했느냐에 따라 달라지는 경향이 있었다. 의식의 상태들은 말 그대로 (우리가 가진) 의식의 상태들이다. 하지만 인간은 그 모든 것에 쉽게 의식적으로 접근할 수 있게 태어나지 않는다. 인간은 거친 상태에만 의식적으로 접근할 수 있게 태어난다. 다른 모든 더 높은 상태들은 그냥 깨달아지지 않는다.(예를 들어 사람들은 일반적으로 꿈은 꾸지만 자각몽은 꾸지 않는다.) 그런 깨달음이 일어나게 하려면 자발적으로 다양한 수행과 연습을 해야 하고 지적 지도도 받아야 한다. 그리고 이런 수행과 연습과 지도들은 우리가 속해 있는 각각의 문화 속 대전통들(혹은 해탈의 길들)에서 거의 언제나 찾아볼 수 있었다.

그런 대전통들을 진화론적으로 추적해 보면 우리는 깨어남 상태들 각각에 대한 의식적 접근이 역사적으로 보통 그 상태들이 진행되는 순서대로 전개됐음을 알 수 있다. 다시 말해 다섯 상태에 대한 접근이 거친 상태에서 정묘, 원인, 투리야, 투리야티타 상태로 진화해 갔다.(이것은 순서대로 샤먼, 요기, 성자, 현자, 싯다Siddha를 낳았고 각각 자연 신비주의, 신성 신비주의, 무형 신비주의, 나뒴 신비주의, 비이원 합일 신비주의로 연결된다.) 따라서 윌버-콤즈 격자는 성장의 길에서 진화가 태고의 구조-단계에서 시작되어 더 높고 새로운 단계들(마법적, 신화적, 합리적, 다원적, 통합적)로 순차적으로 진화했으며, 이런 진화를 통해 인간들이 자신의 세상을 정의하고 정립했음을 보여 주고, 동시에 의식의 다양한 상태로의 접근이 거친 상태에서 시작해 점점 더 높은 상태들(정묘, 원인, 투리야, 투리야티타)로 성장하고 진화해 나갔음을 보여 준다.

샤머니즘의 마법적 자연 신비주의

윌버-콤즈 격자 틀로 우리는 인간 존재가 가장 왼쪽(거친 상태)의 가장 낮은 곳(태고 단계)에서 그 역사를 시작했음을 보았다. 당시로서는 다른 교차 지점들은 의식적으로 접근이 불가했다. 따라서 우리는 인간 진화에서 영성의 가장 초기 유형(대체로 마법 단계에 의해 해석되는 자연 신비주의)을 샤머니즘에서 보게 된다.

샤머니즘적 관점은 대체로 현실을 주요하게 하위 세계, 중간 세계(이 세계), 상위 세계로 나눠서 본다. 샤먼은 이 세 세계들 사이의 비밀스러운 합일을 이해하고 그 사이를 여행할 수 있다.(우리가 자연 신비주의 유형의 영적 경험 시 직접적으로 느끼는 것이 이 세계들의 합일이다. 이 경험은 그 강도가 교감, 연합, 동일시로 이어지는데 대개는 교감 정도에 그친다. 이것이 샤먼 문헌들에서 신비적 연합$_{Unio\ Mystica}$ 수준의 동일시 상태와 유사한 어떤 강력한 상태도 찾아볼 수 없는 이유이다.) 샤머니즘의 핵심에는 샤먼 여행 혹은 '혼의 비행$_{Soul\ Flight}$'이 있다. 정묘 영역으로의 첫 진출과 세 세계가 서로 얽혀 있다는 샤먼 특유의 이해 덕분에 샤먼의 의식은 세 가지 세계 중 어디로든 '날아가거나 여행할 수' 있다. 단 비행할 수 있는 '정묘한 육체'를 채택해야 함은 당연하다. 이런 여행은 깨어 있는 상태에서 정묘한 꿈 상태의 영역으로 들어간다는 점에서 자각몽과 유사하다.

이것이 인류가 감행한, 더 높은 대안적 상태 혹은 영역으로의 최초 항해임을 기억하자. 우리가 아는 한 이것은 이 우주의 홀론이 140억 년 만에 최초로 일반적인 감각운동 세상의 벽을 깨고 나와 의식의 스펙트럼에서 더 높은 상태에 도달한 사건이다. 따라서 우리는 이 모험을 모든 시작이 그렇듯 조금 조악하고 불안정한 것으로 볼 수도 있지만, 이 샤먼들이 어마어마한 선구자이며 대단한 영웅들이 었음을 알아야 한다. 따라서 이 단계에서 보이는 모든 '유치한' 특성에도 불구하고(인류 최초의 시도였으니 '미성숙'한 것이 당연하다.) 우리가 진정한 위대함에 대면하고 있음을 결코 잊어서는 안 된다.

샤먼 여행으로 얻을 수 있는 것으로는 (특히 비전 탐구와 관계하는) 미세-상태 비전을 갖는 것, 자신의 파워 애니멀Power Animal과 미세한 스피릿-가이드Spirit-guide를 발견하는 것, 그리고 많은 종류의 병을 치료하거나 치유한다고 믿어지는 다양한 약을 (샤먼 혹은 의사에게서) 받는 것(서양인들이 여전히 굉장히 좋아하는 약으로 아야와스카Ayahuasca가 있다.) 등이 있다. 발광發光 혹은 영적인 빛을 다양하게 경험하는 것도 샤먼 여행에 포함된다.(발광은 정묘 상태의 전형적인 특성이다.)

그러나 로저 월시Roger Walsh가 그의 훌륭한 책 『샤머니즘의 세상The World of Shamanism』에서 밝힌 그대로, 샤먼들이 원인, 투리야, 혹은 투리야티타 상태에 접근했다는 증거는 거의 없다.10 샤머니즘은 거친 영역의 좀 더 미세한 측면들과의 교감, 그리고 정묘 상태로 들어가기 시작한 시점으로 이해하는 것이 가장 좋다.(요기들은 여기서 시작해 정묘 상태의 강렬한 절정으로 나아간다.) 그리고 그런 상태들이 당시 막 도래했던, 진화의 마법적 단계를 통해 해석되었다. 요약하면 샤머니즘은 마법적 자연 신비주의의 한 유형이다.(샤머니즘은 자연 신비주의에서 비롯된 만큼이나 마법적 구조에서 비롯되었다.) 마법 단계가 샤머니즘에 가한 묵직한 영향력은 대체로 모두가 인정하는, 많은 샤먼이 실행했던 속임수와 기만에서 찾아볼 수 있다. 하지만 이 '속임수'는 대부분 비도덕적이지 않았고 심지어 의도적이지도 않았다. 샤먼들은 세상의 본성이 마법이라고 보았고, 따라서 실제로 그런 것처럼 행동했으며 필요시 명백한 '속임수'로 세상을 도왔다.

요약

이 장에서는 인간이 태고-자연과의 융합 단계에서 처음 나왔을 때 실제로 마법사였기 때문에 레드/붉은색 마법 구조로 논의를 이어 가면서 성장 단계들의 진화에 관한 이야기로 돌아가 보았다. 레드 마법 시대에는 그 전형적인 영적 믿음이, 마법 단계 자체가 공헌한, 샤머니즘 내에 존재하는 정령 신앙이다. 이 단계는 자연을 의도와 힘으로 가득한 살아 있는 것으로 보았다. 자연은 실제로 살아 있지만 자연에 부과된 이 특색들은 자연 중심적이지 않았다. 인간 중심적이었고 의인화되었으며 자기중심적이었다.(마술적-자기중심적 단계의 전형적인 성질) 이런 세계관과 함께하는 어떤 종류의 합일 경험이 있었다고 볼 수 있지만, 그것은 진정으로 통합적이고 전체적이고 단일한 세계관이 아니라 마법적인 미분화에서 나온 결과였다.

성장의 이 단계에서는 주체와 객체가 많은 방식으로 여전히 합쳐져 있기 때문에(혹은 대체로 구분되지 않기 때문에) 사람들은 주체를 바꾸는 것으로 객체를 바꿀 수 있다고 믿었고, 따라서 주체와 객체가 마법적으로 연결되어 있다고 믿었다.(바로 그래서 이 단계가 대체로 '마법적 단계'라고 불린다.) 이 단계에서는 세상이 마법과 기적과 미신으로 가득하고 위험하고 위협적임에도 황홀하다. 부두교 혹은 산테리아 Santeria* 의식에서처럼 생존하는 사람을 상징하는 인형을 만든 다음 바

---
* 아프리카계 쿠바 종교

늘로 찌르면 실제로 그 사람이 마법처럼 아프게 될 것이다. 혹은 비를 기원하는 춤을 추면 자연이 실제로 비를 뿌려 줄 것이다. 주체를 바꾸는 것으로 객체도 바꾼다.(무언가에 대한 마음속 이미지를 바꾸면 그 무언가 자체도 곧장 바뀐다.) 이런 마법은 정말이지 매우 정령 신앙적이고 자기중심적이다. 마법적 세계관은 현재 순간에 집중하고 충동적(이 단계의 또 다른 특징)이고 힘의 논리에 지배된다.(이것은 위험으로 가득한 세상이 부르는 현실적인 결과이기도 하다.) 많은 상황에서 기적(혹은 마법)을 찾고 특별한 의례와 의식을 실행하고 주문을 외운다. 이것이 내가 인간이 최초로 진화하기 시작했을 때 마법사로 시작했다고 말한 이유이다.

이 단계의 기독교도에게는 예수 그리스도가 최고의 마법사이고 마술계의 슈퍼 히어로이다. 예수는 원할 때마다 기적을 일으킬 수 있다.(물 위를 걷고 죽은 자를 살려 내고, 물을 포도주로 바꾸고, 병자를 치료하고, 절름발이를 고치고, 하늘을 날고, 순간 이동하고, 스스로 죽었다 살아나고, 과거와 미래를 보고, 사람의 마음을 읽고 등등) 예수를 충분히 믿으면 예수에게 부탁한 것들(새 직장, 새 자동차, 더 많은 돈이나 성공 등)을 마법처럼 얻게 된다. 기도는 충분한 믿음으로 행해졌을 때 반드시 이루어진다. 이 단계는 보통 매우 '결과주의적'이다. 인생에서 (돈, 사랑, 일 관련) 경험할 수 있는 성공의 정도가 마법사 예수 그리스도에 대한 믿음의 양에 정확하게 비례한다.

놀랍도록 흔한, 마법적 기독교 버전 중의 하나가 뱀-조련사 종파 Snake-chamer Sects이다. 이 종파는 '진정으로 믿는 자는 독사가 물지도 않고 물 수도 없다.'고 하는 성경의 한 구절에서 유래한다. 따라서 이 종파는 자신이 정말 믿는 자임을 보여 주기 위해 실제로 방울뱀 예배를 드린다. 사실 이 종파의 꽤 큰 미국 지부의 한 젊은 지도자가 최근 방울뱀에 물려 죽은 일도 있다.

나는 기적 같은 것은 없다거나 초자연적인 일들이 절대 일어나지 않는다고 말하려는 것이 아니다. 사실 (초능력, 신통력, 예지력 등) 초자연적인 능력 관련 실험들에 대한 여러 건의 메타 분석은 이런 초자연적인 사건들이 '사실상 확실히 존재한다.'는 결론을 내린다. 나는 여기에 완전히 동의한다. 요지는 '진짜 마법이 존재하지 않는다.'가 아니라 '인간이 마법이 존재한다고 생각하는 대부분의 경우 실제로는 존재하지 않는다.'이다. 그리고 그런 믿음이 정말로 당신을 죽일 수도 있다는 것이다. 하지만 우리 모두는 마음속 깊은 곳에서 여전히 어느 정도 마법을 믿는 마음이 있다. 왜냐하면 우리 모두 마법이 존재한다고 믿으면서(그리고 우리 자신이 마법을 실행할 수 있다고 믿으면서) 이 삶을 시작했기 때문이다. 그리고 마법을 실행할 수 없음이 정말로 분명해질 때까지 계속 믿었기 때문이다. 우리는 결국 그 잘못된 믿음을 버렸지만 그렇다고 어딘가 다른 곳에 마법사가 여전히 있을 거라는 믿음까지 버렸다는 말은 아니다.

예를 들어 예수 그리스도 같은 사람 말이다.

6장   Finding Radical Wholeness

신화-문자적 앰버/황색 단계

극도로 일반적인 신화적 단계가 존재한다는 증거를 발견한 연구자들이 매우 많다.(다음 도표 참조) 이들에 따르면 이 단계는 당연히 신화적이고 덧붙여 순응적, 절대적, 민족 중심적, 전통적인 특징을 갖고 있다.

인간의 정신이 이즈음 타인의 역할을 취해 보기도 하는 능력을 계발했으므로 어떻게 사회적으로 적절히 행동하고 동료 인간들과 행동을 같이하는지가 이 신화적-멤버십 세상에서 크게 대두된다. 그리고 마법이 그 힘을 잃기 시작한다. 처음부터 완전히 사라지지는 않지만 수많은 신화적이고 초자연적인 존재들(남녀신, 정령 등)에 그 자리를 내어 준다. 그렇게 인간 자신은 더 이상 마법을 실행할 수 없지만 신 존재들은 할 수 있다. 그것도 인간을 위해서 실행할 것이다. 인간이 (예를 들어 지금도 상당히 흔한 특별한 기도, 동물 희생제, 심지어 인간 희생제나 역사적으로 결코 없지 않았던 식인 문화 등을 통해) 그들에게 접근하는 법을 정확히 안다면 말이다.(미국의 남서부 지방의 원주민 부족들에

식인 풍습이 있었다는 실질적인 증거가 있다.)

앰버/황색 민족 중심적 신화적-멤버십 단계 해당 용어들

연구자/체계	성장 단계
통합 이론	앰버 민족 중심적 신화적-멤버십
커먼즈와 리처드스	기본적인 행동, 구체적 작용
피셔	표상 대응, 표상 체계
파울러	신화-문자적, 관례적
겝서	신화적
그레이브스	절대적/성자 같은
케건	대인관계/전통적
콜버그	법, 질서
뢰빙거	순응
매슬로	소속감
셀먼	반성적인 역할들
토버트	외교적
웨이드	순응

이 단계의 인간의 인식 능력은, 간단한 마법에서 훨씬 더 수준 높은 신화적 형태로 이동하면서 좀 더 복잡해진다. 마법적 인식은 대체로 현재에 이루어지고 즉각적인 만족감을 열망하고 기본적으로 1인칭/자기중심적인 반면 신화적 인식은 복잡한 서사, 이야기 그리고 믿음 체계가 동반되며 본질적으로 2인칭/민족 중심적이다.(이래서 겝서의 마법 단계는 신화 단계로 이어진다.)

이 단계의 인류는 자신들의 신화가 문자 그대로 사실이라고 믿는다. 제우스가 정말로 존재한다. 모세는 정말로 홍해를 갈랐고, 노자는 태어나자마자 900살이었으며, 롯의 아내는 정말 소금 기둥이 되었다. 영적 지능의 이 단계를 제임스 파울러가 '신화-문자적' 단계라고 한 이유가 여기에 있다.(이 단계는 이전의 '권력 신' 단계에 뿌리를 둔다. 권력 신에 대한 믿음이 신들에 대한 관례적, 순응적, 절대론적 믿음으로 발전한 것이다.)

오리지널 신화들의 문자적 의미

많은 현대의 서양 사상가들이 보고 싶어 하는 바와 달리 신화는 깊은 의미를 가진 심오한 메타포나 비유가 아니다. 신화는 정확히 그것이 말하는 그대로일 뿐이다. 역사적 사건들에 대한 설명이란 뜻이다. 하나님은 정말로 애굽인들에게 메뚜기 비를 내렸고, 그리스도는 정말로 동정녀에게서 태어났고, 엘리야는 정말로 죽음의 문턱에서 수레를 타고 곧장 천국으로 올라갔고, 롯의 아내는 정말로 소금 기둥으로 변했고 등등. 이들 어디에도 깊은 메타포는 없다. 문자 그대로이고 그저 신화적일 뿐이다.

신화를 문자 그대로 절대적 사실로 받아들이는 종교를 일반적으로 '근본주의적'이라 하고, 실제로 모든 근본주의 종교가 이 앰버 신화 단계에 그 뿌리를 두고 있다. 근본주의적 신화는 앰버 단계에서 드러나는 절대적 진실의 핵심으로 받아들여진다. 여기서 절대적이란 어떤 종류의 궁극적 진실을 뜻하는 것이 아니라 그 진실이 절대적으로 사실이고 진짜이며 틀릴 수 없음을 의미한다. 천재적인 선구자 클레어 그레이브스가 이 단계를 '절대적'이라고 부른 이유가 여기에 있다. 절대적으로 오류가 없다는 종교에 질문하거나 의심을 품는 것은 이 단계의 사실상 모든 영성에 의해 신성모독이나 이단으로 간주된다. 이것이 이 단계를 넘어가는 게 그렇게나 어려운 이유 중 하나이다. 신화적 믿음을 포기하는 것은 말 그대로 자신의 혼을 잃고 지옥 불에서 영원히 태워지는 것이다. 말할 필요도 없이 이런 입장은 자발적 질문과 비판적 자세를 용납하지 않는다. 따라서 (합리적인 과학과 함께) 다음 단계가 출현할 때 신화적 종교와 합리적 과학 사이에 맹렬한 전쟁이 일어난 것은 당연했다.(물론 꼭 그래야 하는 것은 아니지만 이 단계의 절대적인 특성을 고려할 때 보통 그렇게 된다.)

이 '과학 대 종교' 싸움의 가장 나쁜 측면은 과학을 합리성과 동일시하고 종교를 성장의 근본주의-신화적 단계와 동일시하는 과정에서, 깨어남Waking Up은 절대 논의되는 법이 없이 완전히 무시된다는 점이다.(합리적 단계에서도 그것만의 영적 지능 형태가 존재한다는 사실 또한 무시된다. 하지만 새 '패러다임' 안에는 언제나 영적 지능의 새로운 형태가 들어 있기 마련이다.) 종교를 영성의 신화-문자적 측면을 다루는 것으로만 보려 한다면 기본적으로 종교를 이 앰버/황색 단계에 두는 것은 어느 정도 적절하다. 하지만 종교를 일반적인 '영적 지능'을 의미하는 것으로 본다면 이 영적 지능은 성장의 모든 레벨에 존재하는 하나의 발달 라인이다.(즉 수많은 지능 중 하나이다.) 성장의 모든 레벨에는 물론 과학이 실증적이고 객관적인 사실들을 다루고, 영적 지능이 모든 궁극적 관심이나 실재를 다루는 오렌지색/합리적 레벨도 포함된다. 오렌지색/합리적 레벨에서는 분명 과학과 영적 지능 둘 다 존재한다. "이건 단지 (오렌지색의) 더 높고 합리적인 과학 대 (앰버의) 멍청하고 유치하고 신화적인 종교와의 싸움이야."라고 말하는 전형적인

논쟁은 어떻게 생각해 봐도 멍청하다.[1]

우리는 절대적인 믿음이 대개 성장의 비교적 매우 낮은 단계에 속하는 신화적 단계에서 나온다는 것을 보았다. 이런 일은 다음의 한두 가지 방식으로 일어날 수 있다. ①당신은 당신만의 성장에서 진화해 이 절대적인 단계에 도달한다. 혹은 ②더 높은 단계에서 이 단계로 퇴보한다.(당신이 이 단계에 있다는 것은 당신의 근접 자아나 중심 자아의 전부, 혹은 적어도 상당한 부분이 이 단계와 동일시된다는 의미이다.) ②의 경우, 당신의 믿음 체계를(그것이 무엇이든, 그리고 어떤 더 높은 단계에서 나왔든) 광신적이고 열성적으로 고수할 때마다 발생한다. 그런 고수는 사실상 어떤 의문도 가질 수 없는 절대적인 믿음이기 때문이다. 그 맹렬하고 절대적인 자세와 함께 당신은 마침내 정말로 집에 돌아왔다고 느낀다. 과학이 과학만능주의가 되고 마르크스주의가 근본주의 종교가 될 때(페미니즘, 인종주의 혹은 성차별주의도 마찬가지이다.) 그 믿음에 신화-문자적 절대주의가 부과된다.

자신이 가진 것이 유일한 진실이라는 믿음은 정말로 신화일 뿐이다. 매우 진지하게, 그 자체로, 문자 그대로 받아들여지는 신화 말이다. 이런 신화라면 절대적이라는 그 진실에 순응하는 게 무엇보다 중요하다. 사실 많은 심리 모델이 이 단계를 '순응' 단계라고 부른다. 그래서 '신화적 멤버십'도 이 단계의 좋은 설명이며, '절대주의적', '민족 중심적(오직 내 부족만 궁극적 진실을 가진다.)'도 마찬가지이다.

신화적으로 해석되는 정묘한 신(신성 신비주의 경험)은 마법적 힘으로 넘치는 경향을 보이며, 이 신화적 단계에 있는 인간 창조물의 주요 역할은 신이 내린 계명과 의무를 완수할 방법이나 마법 같은 은총을 받기 위해 신을 기쁘게 하는 방법을 찾아내는 것이다. 극단적인 형태의 신화적 단계라면 선택받은 사람들(이것은 매우 민족 중심적인 개념으로 이 단계와 어울린다.)에게 유일무이한 절대적 진실이 유일무이한 신에 의해 전달되고, 나머지 세상에 대한 이들의 뿌리 깊은 민족 중심적 태도가 일종의 지하드聖戰를 만든다. 다시 말해 자신들의 유일무이한 신을 받아들일 때까지 이교도를 개종시키고 강압하고 고문하거나 죽인다. 지하드의 강도는 (선교를 통한 개종 같은) 부드러운 형태부터 (강압의 시도 같은) 강제적 형태, (고문과 죽음 같은) 가장 잔인한 형태까지 다양하다. 이 모든 경우에 오직 자신들만이 우주 궁극의 신보다 결코 덜하지 않는, 절대적인 승인을 받은 선택된 사람들이란 믿음이 깔려 있다는 사실은 여전히 놀랍기 그지없다.(이런 굉장한 민족 중심적 믿음 체계는 깨어남의 모든 상태를 막론하고, 거의 모두 성장의 앰버 신화적 단계에서 나온다.)

이 단계에서 깨어남 요소가 존재한다면 그것은 대개 넓은 의미의 꿈 같은 정묘 상태로의 깨어남이다.(신성 신비주의) 정묘 상태는 꿈의 원천이기도 해서 이 상태에 의식적으로 깨어나는 것은 현대에 우리가 '자각몽'이라고 하는 상태와 매우 유사하다. 그리고 자각몽 안에서는 모든 것을 바꿀 수 있다.

먼저 그 정묘 상태를 해석했을 성장 구조에 대해서 좀 더 말해 보자. 왜냐하면 '상대적인' 깨어남 상태들(거친 상태, 정묘 상태, 원인 상태)은 특히 그것을 해석하는 것들(성장의 단계들)에 비추어 볼 필요가 있기 때문이다. 신화적 단계는 당시로서는 최첨단 방식으로 정말로 자아 중심적-마법적 단계에서 민족 중심적-신화적 단계로 상향 진화한 것이었다. 그 변형이 좋았느냐 나빴느냐는 대체로 그것을 어느 방향에서 보느냐에 달렸다. 자아 중심적 레벨에서 보면 민족 중심적 레벨은 굉장한 도약이고 진정으로 의미 있는 전진이다. 민족 중심 단계는 타자의 역할(진정한 2인칭 관점)을 받아들이는 폭넓은 능력을 소개했고, 따라서 인간 정체성을 작은 자기중심적인 가계와 부족에서 대부족과 훨씬 더 큰 민족 중심적 사회로 확장시켰다. 또 그만큼 한 집단 안의 사람들이 타인에게 확장할 수 있는 사랑과 보살핌의 정도도 증가했다.(캐럴 길리건이 이 민족 중심적 단계를 "이기적"이 아닌 "보살핌" 단계라고 불렀음을 기억하기 바란다.) 이런 이유에서 이 단계는 오늘날의 세계 내 모든 건강한 발달에 언제나 포함되어야(더 정확히 말하자면 '현대에 맞게 승화되면서 포함되어야') 한다.

그런데 오렌지색 세계 중심적 합리성(다음으로 오는 주요 단계)이라는 더 높은 관점에서 보면 이 앰버 민족 중심적 단계는 악몽과도 같다. 인류는 개인이 사회적 집단으로 들어가 모이는 느리고 고통스러운 과정에 있었다. 인류는 극도로 작은 가계(기껏해야 40명)에서 좀 더 큰 부족(100명)으로, 그다음 작은 마을(수천), 더 큰 도시(수만), 대도시(수십만), 방대한 제국(수백만)으로, 그리고 마침내 아찔할 정도로 큰 지구촌(약 70~80억)으로 나아가는 고통스러운 과정에 있었다. 인간은 처음부터 이웃(혹은 작은 가계) 이상을 사랑하도록 태어나지 않았다. 인간은 성장하고 진화해 타인을 보살피는 능력을 길러야 했고, 보살핌을 유지하는 사회적 구조를 만들어야 했다. 그리고 모든 지표가 이것이 매우 길고 험난한 길이었음을 보여 준다. 민족 중심적 앰버 단계의 인류는 말하자면 성장의 한 중간에 있었다. 많은 부족을 초기 단계의 도시 국가로 엮은 다음 극도로 큰 제국을 만들었고 마침내 지구 중심적 지구촌으로 나아가게 한 것이 이 민족 중심적 앰버 단계이다. 이 신화적 단계에서 인류는 '나'에서 '우리'로 나아갔다. 하지만 아직 '우리'에서 '우리 모두'로, 세계 중심으로는 나아가지 못했다. 세계를 여전히 '우리 대 그들'로 나눴고 그들(타자)은 본래부터 적이었다. 그들은 신뢰할 수 없으므로 적대시해야 한다. 그들은 이교도고 변절자고 믿음이 없는 자들이다. 그들은 개종시키거나 제거하거나 둘 중 하나이다.

따라서 성장의 큰 스펙트럼 안에서 이 단계는 커다란 '중간 영역'이라고 할 수 있다. 자기중심적 '나'와 세계 중심적 '우리 모두' 사이에 있는 민족 중심적 '우리'의 단계이다. 이 단계는 인류 역사상 다른 어떤 기간보다 미움, 살인, 노예, 전쟁, 그리고 전방위적인 잔인성의 가장 큰 원천이었다. 언제 어디서 나타나든 이 신화적 단계는 절대적으로 세상을 '우리 대 그들'로 나누고 대개 '그들'을 인정사정없이 파괴하려 들었다. 이런 일은 뒤이은 역사 전반에서도 일어났다. 왜냐하면 모든 사람이 윌버-콤즈 격자 왼쪽 맨 아래에서 태어나, 지금까지 출현한 성장의 모든 레벨들을 통과해야 했기 때문이다. 그리고 민족 중심적 단계가 출현했던 역사의 그 시점부터 우리 모두에게 가능해졌기 때문이다. 따라서 심지어 20세기에도 히틀러의 민족 중심적 인종주의가 출현해 (600만 '타자' 유대인 포함) 1300만 명을 죽음으로 몰아갔다. 믿을 만한 추정에 따르면 스탈린의 강제 노동수용소에서는 170만 명이 죽었고, 마오쩌둥의 '문화혁명' 때는 150만에 가까운 사람들이 살해되었다. 모두 절대적 진실을 가졌다는, 민족 중심적으로 선택되었다는 사람들이 저지른 일이었다.

대종교의 대부분이 이 앰버 민족 중심적 '중간' 기간에 발생했기 때문에 종교 자체가 드물지 않게 이런 잔인성을 보여 주었다. 심지어 세계적이고 합리적이고 다원적인 근대와 탈근대에서조차 진실로 야만적이고 흉악한 행동을 일삼는 움직임들은 이 앰버 단계에서 시작되었거나, 그렇지 않으면 이 단계로 퇴보하여 자신들의 생각을 근본적이고 절대적인 종교로 삼고 다른 이교도와 배교도는 무시와 폭력을 받아 마땅하다고 생각하는 움직임들이었다. 이 민족 중심적 단계에서 인류는 자기중심적인 '나'에서 민족 중심적 집단 혹은 '우리'로 사회적 경계를 확장하는 지점에까지 도달했다. 이 경계는 많게는 수백 개에 이르는 다른 많은 부족을 충분히 포함할 정도로 확장했지만, 세계의 모든 부족을 포함하고 보편적인 포용에 이르러 '인종, 피부색, 성, 젠더, 민족, 종교'에 상관없이 모든 인간을 공정하게 다루고자 열망하는 데까지는 도달하지 못했다. 따라서 이 거대한 '중간' 시기 내내 각각의 대부족 안에는 사랑이, 대부족들 사이에는 사악한 잔인성이 어느 정도 존재했다.

그러나 세월이 흐름에 따라 인류의 폭력은 점점 줄어들었고 *정확하게 그만큼* 사회적 경계가 점점 더 많은 사람을 포용하는 쪽으로 성장해 나갔다. 그리고 이런 성장은 실제로 피부색, 성, 민족에 상관없이 전 인류를 존중하고 보살피는 것이 가치 있는 일이라는 생각이 널리 퍼질 때까지 계속되었다.(길리건이 세계 중심적 단계를 "보살핌" 단계가 아니라 "보편적 보살핌" 단계라고 했음을 기억하기 바란다.)

하지만 방금 보았듯이 일단 생겨난 단계는 언제나 존재하게 되어 있어서 민족 중심적 앰버 레벨도 일단 한번 작동하기 시작하면 결국 근대 세상에서도 홀로코스트부터 강제 노동수용소나 전 세계에서 발생하는 테러리즘까지 모든 일을 일으키게 된다. 따라서 내가 이 글을 쓰는 지금도 우리는 여전히 이 거대한 '중간' 시기에 있을 수 있으며 '중간' 시기는 종종 지옥의 시기가 되기도 한다.

신화적 정묘 상태

성장의 길 위에 있던 이 시기의 대다수 사람들은 신화적 앰버 단계로 이동한 상태였다. 하지만 3분의 1 정도는 여전히 마법 단계에 머물러 있었고, 오렌지색 합리적-근대 단계로 앞서가는 아주 소수의 사람도 존재했다. 그리고 이 세 단계의 어디서든 개인은 다양한 깨어남 경험—(이전의 마법 시대에 이미 의식 가능했던) 거친 상태의 자연 신비주의 경험, 혹은 (이 신화 시대에 와서야 완전한 의식이 가능해진) 정묘 상태의 신성 신비주의, 혹은 (다음 오렌지 시대에 그 완전한 의식이 가능해질) 몇몇 소수를 위한 최첨단의, 더 높은 원인 상태 무형 신비주의—을 당시 가장 흔하고 가장 널리 수용되고 가장 진보한 영성의 형태, 즉 정묘 상태 신성에 대한 신화적 단계의 해석, 혹은 간단히 말해 신화적 신성 종교Mythic Deity Religion와 함께 경험할 수 있었다. (깨어남 차원의) 정묘-상태 요소들은 정말로 영을 미세한-상태로 만들고 초월적이고 꿈 같고 저세상 같고 초자연적이고 형이상학적인 성질들로 구성되어 있다고 느끼게 한다. (성장 차원의) 신화적 요소들은 이 깨어난 정묘-상태 영을 신에 의해 선택된 사람으로 민족 중심적, 신화 문자적, 순응적, 절대적으로 해석한다. 이것이 신화적 단계에 의해 해석된 정묘-꿈 상태이다.

하지만 자각몽은 정말로 모든 것을 바꾼다. 신화적 신성 종교의 많은 구체적인 해석들이 애초에 정묘한 상태에 (기본적으로 바로 자각몽처럼) 진정으로 깨어난 개인들에 의해 시작된 것이라고 해도, 자각몽을 꾼 사람에게는 모든 것이 바뀌게 되어 있다. 먼저 전형적인 꿈은 대체로 무의식적인 과정이다. 꿈꾸는 사람은 자신이 꿈을 꾸고 있음을 모른다. 꿈에서 일어나는 일은 그 사람의 통제 밖에 있다.(강렬하게 진동하는 이상한 요소들에 의해 그저 강타당하고 구타당한다.) 하지만 자각몽을 꿀 때는 꿈을 꾸고 있다는 사실을 완전히 인식한다. 더욱이 꿈속에서 무언가를 바꾸고 싶다면 당신이 해야 할 일은 그것을 생각하는 것뿐이다. 날고 싶나? 그냥 나는 걸 생각하기만 하면 자동적으로 날고 있다. 뷔페를 원하는가? 생각만 하면 맛있는 성찬이 당신을 기다리고 있다? 섹스? 그냥 생각만 하면 된다. 신을 보고 싶은가? 무언가를 원할 때는 조심하라.

자각몽을 꾸는 사람들은 아주 다른 실재를 보고 그렇다는 사실을 안다. 그 실재는 정묘한 꿈 상태에서는 실재이지만 거친 상태, 즉 깨어 있는 상태에서는 그렇지 않다. 따라서 이들은 굉장한 선지자가 될 수 있다. 자신의 생각이 정묘 영역에서 물질화하지만 거친 영역에서는 그렇지 않음을 보기 때문에 그 꿈의 비전을 사람들이 이해하고 실현할 수 있도록 큰 소리로 세상을 독려한다. 다시 말해 이들은 자신이 꿈에서 본 것들을 거친 영역이 마침내 따라갈 수 있도록 거친 영역을 바꾸려 한다. 이들은 예언자, 현자, 선지자가 될 수 있다. 사실 이들을 통해 더 높은 실재들이 알려진다. 깨어 있는 상태에서 이들이 어떤 종교적 수행을 하거나 일종의 신성한 실재를 직감한다면, 그리고 그 실재가 정묘한 꿈 상태에서 나타나기를 바란다면 이들은 결국 그 실재의 어떤 버전을 경험할 것이다.(성장의 이 신화적 단계에서 그 버전은 보통 정묘-단계 깨어남의 신성 신비주의이다.) 하지만 이들은 하산해 사람들에게 자신이 본 것, 사람들도 스스로 믿기만 한다면 볼 수 있는 것을 말해 줄 것이다. 그리고 이 모든 것이 그 시대에는 보통 신화적 구조를 통해 해석되었다.

인간 진화의 신화적 시대에 인류는 성장의 레드 마법 단계에서 앰버 신화 단계로 진화했고, 그 시대에 가장 의식적으로 경험된 가장 흔한 깨어남 상태는 (자연 신비주의의) 거친 영역에서 (신성 신비주의의) 정묘한 영역으로 진화했다. 요약하면 신화적으로 해석된 신성 신비주의라고 할 수 있다. 의미 있는 깨어남 경험 자체를 하지 않은 대부분 사람들은 (성장의) 영적 지능만을 가졌고 이 영적 지능으로 신화-문자적 신성 개념을 만들었다. 그 신성을 직접 경험하는 일 없이.

그리고 오늘날을 사는 모든 인간은 오늘날 가능한 성장의 주요 단계들(크림슨, 레드, 앰버, 오렌지색, 그린, 터콰이즈)을 통해 자동적으로 성장하고 진화하지만 깨어남의 특정 상태(거친, 정묘, 원인, 투리야, 투리야티타)를 직접적, 의식적으로 깨우치는 절정의 영적 경험을 하느냐 마느냐는 대체로 자발적인 선택과 수행에 달려 있다. 개인은 성장의 단계를 선택하지 않는다. 우리가 해야 하는 일은 계속 살아가는 일뿐이고 그럼 일반적으로 계속 성장할 것이다. 하지만 깨어남은 선택해야 한다. 성장과 달리 깨어남은 자동적으로 주어지는 것이 아니다. 깨어남은 주로 불굴의 자발적인 연습과 수행의 결과이다. 이런 수행법들은 보통 위대한 전통들이 존재의 더 높은 상태와 인식(다시 말해 거친, 정묘, 원인, 투리야, 혹은 투리야티타의 확장된 절정 의식)을 깨우는 데 특히 효과적이라고 알게 된 것들이다.

따라서 의식의 주요 상태들이 태어나면서부터 거기 있기는 하지만(인간은 누구나 깨어나고 꿈꾸고 잠자고 절대적 목격 의식을 갖고 존재의 궁극적 바탕을 갖는다.) 그럼에도 그 모든 상태를 자동적으로 완전히 의식할 수 있는 사람은 아무도 없다. 인간은 원래 단지 거친 상태만 완전히 의식할 수 있다.(태어남과 함께 바로 여기서부터 인간의 상태-정체성이 시작된다.) 이 상태를 제외한 나머지는 영적 깨어남을 위한 의도적인 길을 걸어 (그리고 구체적인 수행, 요가를 자발적으로 수행하고 지적 지도로 받으며) 의식을 거친 영역과 동일시하는 것에서 (정묘, 원인, 목격, 비이원의) 더 높은 상태와 동일시하는 것으로 바꾸어야 한다. 그리고 그렇게 할 때 자연 신비주의, 신성 신비주의, 무형상 신비주의, 나뉨 신비주의 혹은 비이원 합일 신비주의를 경험하게 된다. 이들 모두 깨어남(혹은 홀니스) 영성의 종류들이다. 어떤 종류의 깨어남 영적 경험이 일어나든 그것은 그 경험을 하고 있는 성장 단계(크림슨-태고 단계에서 터콰이즈-통합 단계까지)에 의해 해석될 것이다. 누구나 역사적으로 이미 발생한 성장의 단계를 통해 어느 정도 자동적으로 성장하지만, 상대적으로 적은 수만이 진정한 의식적 경험과 더 높은 단계로 깨어나는 연습들을 자발적으로 할 것이다.

신화적-민족 중심적 발달 단계가 오늘날 발견되는 가장 흔한 단계이다. 로버트 케건의 연구는 '5명 중 약 3명이 이 단계 너머로 나아가지 못함'을 보여 준다. 다시 말해 세계 인구의 약 60퍼센트가 신화적-민족 중심적 단계(혹은 그 아래)에 있다는 말이다.(다중 지능들의 평균 고도, 즉 '무게 중심'이 앰버 혹은 앰버/오렌지색 단계에 있을 때, 그 사람은 신화적-민족 중심적 단계에 있다고 본다.)

이런 사실은 인류가 현재 직면하고 있는 가장 비통하고 위협적이고 해로운 상황들을 시사하는 것 같다. 세계 인구의 대다수가 여전히 '우리 대 그들' 고도Altitude의 민족 중심적 단계에 있다면 인류가 진정한 결속과 세계 평화와 조화를 이룰 가능성은 제로에 가깝다. 내면에서 우리 대부분은 여전히 거대 부족의 집합체일 뿐이다. 따라서 우리 대부분은 서로 다르고 상충하는 정체성, 가치 체계, 이상, 윤리적 충동과 뗄 수 없는 관계에 있으며, (햇필드와 맥코이Hatfields and McCoys*처럼) 분열되고 부서져서 서로를 배려하는 법에 대해 동의하거나 전체적인 조화에 도저히 도달할 수 없다.

컨베이어 벨트

종교는 대체로 이 문제에 도움이 되지 못한다. 사실 많은 종교가 여전히 이 민족 중심적, 신화-문자적 단계에서 작동하고 있으므로 오히려 문제를 악화시킨다. 내가 보는 이 문제의 유일한 해법은 영성의 이른바 '컨베이어 벨트'를 돌리는 것이다. 이 컨베이어 벨트 위에 주요 종교들이 자신들의 종교와 그 주요 교리들이 성장의 주요 단계 각각에서 어떻게 보일지를 (내가 지금 이 책에서 기독교를 두고 하는 것처럼) 전시하는 것이다. 알든 모르든 사람들은 어쨌든 성장의 단계들을 통과하는 중이다. 그렇다면 일단 그렇다고 먼저 말해 줄 수도 있다. 그리고 종교적 탐구자가 성장의 전체 길을 잘 따라갈 수 있게 (쇄신된 그들의 종교를 가이드북으로 이용하는) 분명한 계획을 제시한다면 세계 종교들은 현재 대부분의 종교가 그렇듯, (마법과 신화 단계의) 가장 낮고 원시적인 성장/발달의 단계에 감금된 이 상황의 원인이 아니라 (마법 단계에서 신화적, 합리적, 다원적, 통합적 단계로의) 믿을 만하고 진정한 사회적 변형의 원천이 될 수 있다. 나는 가장 낮고 원시적인 단계들도 축복하지만, 그건 어디까지나 딱 거기까지이다.

컨베이어 벨트가 돌아가고 만약에 당신이 기독교도가 되기 위해

---

* 19세기 후반 미국 켄터키-웨스트버지니아 국경 지역에서 약 30년간 지속된 가장 유명한 가문 간의 불화. 최소 13명이 사망했으며 오랜 원한과 끈질긴 복수의 대명사가 되었다.

목사나 신부를 만난다면, 당신은 예를 들어 기독교의 여섯 혹은 더 많은 주요 단계들을 정리해 둔(예를 들어 마법적 기독교, 신화적 기독교, 합리적 기독교, 다원적 기독교, 통합적 기독교) 소책자를 받게 될 것이다. 영성 교육도 공공 교육 기관을 비롯한 사실상 모든 교육 기관이 이미 하고 있는 방법, 즉 단계별 교육을 똑같이 채택할 수 있다. 당신은 첫 단계에서 시작해 최소한 여섯 단계를 통과한 다음 그 너머 더 높은 단계들로 나아갈 수 있다. 우리는 단계별 접근법을 (이미 이용하고 있어서) 쉽게 이해하고 받아들이므로 영성 교육에 이 접근법을 똑같이 적용하는 데 문제 될 건 없어 보인다. 그리고 믿음의 '낮은' 단계에 있는 사람에 대해 부정적으로 생각할 필요도 없다. 왜냐하면 진정한 구원은 깨어남에 달려 있고 성장의 거의 모든 단계에서 심오한 깨어남을 경험할 수 있기 때문이다.(비록 더 높은 성장 단계에서 더 나은 해석이 나오긴 하지만 말이다.)

어떤 사람이 깨어남의 길을 추구하기로 한다면 그건 그 사람의 선택이다. 그걸 원하는 사람도 있고 원하지 않는 사람도 있다. 하지만 그걸 선택한 사람은 깨어나기 위해 관상이나 명상을 하게 될 것이고, 그걸 선택하지 않더라도 어쨌든 자신을 위한 성장의 적합한 단계, 그리고 그 시기의 성장 단계에 맞는 종교적 단계에서 시작하게 될 것이며, 그 단계로 자신의 경험을 해석하게 될 것이다. 그다음 적당한 때가 되면(그러니까 그가 자신의 성장에 있어 다음 단계로 이동하고 싶어 하는 때가 오면) 그는 그 종교의 다음 단계로 옮겨 갈 것이다. 그러는 동안 그가 원한다면 깨어남에 관해서도 계속 나아간다.

이 시스템은 컨베이어 벨트처럼 작동할 텐데, 그래야 사람들이 (이미 통과하고 있는) 자기만의 성장의 주요 단계들을 보고 이해하는 데 도움을 줄 수 있기 때문이다. 이때 이들의 종교는 이들이 점점 더 높은 단계로 성장하는 것을 돕는 변형 보측자 Transformation Pacer(보조를 맞춰 걷는 사람)가 될 수 있다.(그러는 동안 이들은 자신의 관상적 깨어남을 선택하고 확장해 나갈 수도 있다.) 오늘날 대부분 종교는 대개 성장의 보측자나 촉매자이기는커녕 우리가 성장의 가장 낮은 단계에 고정되고 붙잡혀 있게 만드는 원인이다. 종교들이 지금 지구상의 대다수 인구에게 하고 있는 일은 일종의 재난이고 엄청난 규모의 문화적 재앙이다. 리처드 도킨스, 크리스토퍼 히친스, 샘 해리스Sam Harris, 대니얼 데닛Daniel Dennett 같은 신무신론자들이 모든 종교가 악몽이라고 하는 것도 이해할 수 있다. 어느 정도 맞는 말이니까 말이다.

결론을 내리자면, 앰버 단계는 기독교를 어떻게 이해하는가? 앰버 단계의 기독교도는 예수 그리스도가 유일신의 유일한 아들이고, 절대적 진실의 구현이며, 진정한 구원에 이르는 유일한 문이라고 믿는다. 다른 모든 종교는 틀렸고 진리가 아니며 진정한 구원을 주지 않을 것이다. 다른 종교를 믿는 사람들은 불행히도 불지옥에 영원히 갇히게 될 운명이다. 예수 그리스도를 내 개인적 구세주로 받아들일 때만 나는 신과 함께 영생할 수 있다. 「니케아 신경」과 「사도 신경」 같은 문헌들이 보여 주는 모든 (신화적) 믿음들은 그 핵심부터 강력하게 신화-문자적이고 민족 중심적이다. 다시 말해 성부와 성자와 성신의 존재, 동정녀 마리아, 예수가 죽은 지 사흘 만에 부활했고 유일한 창조주의 유일한 아들이라는 것 등등을 문자 그대로 믿는다. 이 모두가 절대적 사실이고 이런 말들을 받아들여야만 진정으로 구원받은 기독교도가 될 수 있다. 하나님은 우리 모두에게 계획한 바가 있고 예수 그리스도를 통해 그런 하나님을 믿을 때 나는 그 계획을 완수할 것이다. 성경은 말 그대로 하나님의 말씀이고 그 모든 말씀이 역사적으로 말 그대로 사실이자 경험된 것이다. 그리고 그 어떤 비판이나 의문의 대상도 아니다. 특히 펜터코스트Pentecost*와 복음 교회 같은 기독교 단체들에게 진정한 구원은 (그리스도와 교감, 연합, 동일시로 이어지는 스펙트럼의 강도 안에서) 정묘-상태의 종교적이고 직접적인 신성 신비주의의 절정을 경험하는 것과 관련이 있는, '거듭남Rebirth(혹은 거듭난 기독교도가 되는 것)'의 직접적이고 영적인 경험을 의미한다. 비록 비교적 드물기는 하지만 (비이원적 하나임으로 곧장 이어지는) 더 높은 상태의 경험들이 기독교 내에서도 완전히 전무한 것은 아니다. 비록 성장의 이 단계에서 그런 일이 일어난다고 해도 신화적 절대론적으로 해석되는 경향을 보일 테지만 말이다.

엄밀히 말해 우리는 오늘날 존재하는 성장의 모든 단계에서 정묘-상태 깨어남의 영적 경험을 할 수 있지만 대부분의 기독교 전통에서 이런 깨어남 경험은 신화-문자적 단계로 공식적 교조적으로 해석될 것이다.(대부분의 기독교 전통이 원래 이 단계에서 나왔기 때문이다.) 정묘한 깨어남이라는 비범한 경험을 오직 예수 그리스도를 자신의 개인적 구세주로 받아들였기 때문이라고 하는 것이 그런 해석 중 하나이다.

이 앰버 단계의 영적 지능은 다른 종교적 믿음 체계들과도, 물론 그 내용은 다르겠지만 유사한 방식으로 작동한다. 절대주의, 민족 중심주의, 근본주의가 그 가장 공통적인 요소들이다. 앰버 단계의 영적 지능은 자신이 유일하게 절대적으로 진실인 접근법을 갖고 있고 그런 현실에 모두가 민족 중심적으로 순응해야 한다고 굳게 믿는

---

* 미국의 근본주의 기독교 종파

다. 당신의 믿음 체계는 두 가지 방식으로 이 단계에 있을 수 있다. ①당신의 발달 과정에서 처음으로 이 단계를 통과할 때, 혹은 ②더 높은 상태에서 이 단계로 퇴행할 때. 당신의 믿음을 열성적, 열광적, 절대적으로 믿고 고수하기 시작할 때 당신은 이 단계로 퇴행할 가능성이 매우 높아진다. 앰버 단계의 절대적인 인식 수준에서 가장 편안함을 느끼니 그렇다. 동시에 다시 부족 상태(민족 중심적)로 돌아가고, 극도의 양극화를 초래하며, 당신의 믿음을 근본주의 종교의 방식으로 고수하고, 모든 곳에서 이단자를 보기 시작할 것이다. 과학이 과학만능주의가 될 때, 마르크스주의가 종교가 될 때, 사회 정의 활동가가 (문화 전쟁에서) 자신의 믿음을 너무 광적으로 고수해서 거기에 동의하지 않은 모든 '타자'를 '나치'로 여기고 말도 섞지 말아야 한다고 주장하며 건강한 그린에서 깨진 그린으로 바뀔 때, 그렇게 된다. 이런 주장은 사실 문화 전쟁에서 극좌파에 위치하는 사람들에게 굉장히 흔하다. 사회 평론가들은 이 깨진 그린이 '세속적 종교 혹은 세속적 근본주의'가 되었음을 지적한다. 깨진 그린은 그것만의 신화들을 만들었고 종종 '퇴행적 좌파'라고 불리는데 이는 나의 주장을 잘 설명하는 표현인 듯하다. 극좌파들은 정말로 이단자만 보는, 절대주의적이며 퇴행적이고 근본주의적이며 신화적인 종교가 되었다.

지금까지 내가 설명한 모든 단계들(태고 융합 단계, 자기중심적 마법 단계, 민족 중심적 신화 단계, 그리고 이들의 하위 단계들)에서 흥미로운 부분은 인류가 이 지구에서 살았던 99퍼센트의 시간 동안 이 단계들에 있었다는 점이다. 더 높은 합리적, 세계 중심적 단계가 처음으로 광범위하게 나타난 시기는 단지 지금으로부터 약 200~300년 전이다.

이러한 세계 중심적 단계로의 발전은 역사라는 직물에 난 뜻밖의 구멍이었고, 정말이지 모든 것을 바꾸었다. 성장 홀니스는 점점 더 큰 단계들로 가차 없이 진행되고 확장되었다. 우리는 이제 이 더 높은 세계 중심적 단계들로 고개를 돌리고 있다. 우리는 이 단계들이 제공하는 홀니스의 유형을 즉시 포용할 수 있다. 어디를 봐야 하는지 안다면 말이다.

7장　　　　　　　　　　　　　　　　　　　Finding Radical Wholeness

근대-합리적 오렌지색 단계

　이제 우리는 성장의 중요한 단계 중 하나로 나아가려 한다. 지금까지 드러난 가장 중요한 단계는 아니지만(그것은 통합 단계가 될 것이다.) 지금까지 논의해 온 모든 단계들 중에는 가장 설득력 있고 가장 전체적이며 역사적으로 가장 의미심장한 단계이다. 바로 합리적 단계 말이다. 다양한 연구자들이 이 단계를 설명하는 용어들을 다음 도표에 정리해 두었으니 참고 바란다. 합리적, 형식적, 근대, 성취, 개인적 같은 용어들이 강조됨을 볼 수 있을 것이다.

　이 단계에서도 인지적 성장은 계속되어 민족 중심적이고 신화적이고 2인칭적인 인지 능력('우리 대 그들' 사고방식)을 지나 보편적이고 합리적이고 3인칭적인 인지 능력(하나의 글로벌 인류 개념 안에서 '우리'만이 아니라 '우리 모두'를 포용하는 사고방식)으로 나아간다. 이는 관점이 정말로 더 보편적이 되었다는 뜻이다. 혹은 이전의 민족 중심적 자세를 초월해 우리가 *세계 중심적 자세*라고 부르는 쪽으로 나아갔다는 뜻이다. 따라서 이 시점에서 처음으로 인종, 피부색, 성, 민족,

젠더 혹은 (종교적/민족적) 믿음을 초월한 모든 사람의 평등이 중요한 사회적 가치가 된다.

오렌지색 근대-합리적 에고 단계
해당 용어들

연구자/체계	성장 단계
통합 이론	오렌지 근대-합리적 에고
커먼즈와 리처드스	형식적, 체계적
피셔	추상 인지, 추상 대응
파울러	개인적 반성적
겝서	정신적 합리적
그레이브스	합리적 다양성
케건	형식적 제도적/근대적
콜버그	우선권 Prior Rights
뢰빙거	합리적 양심적
매슬로	자부심
셀먼	개인적인 역할
토버트	성취자
웨이드	성취/연계 affiliative

그리고 이 3인칭, 세계 중심적, 보편적, 합리적 (그리고 단지 신화적이지만은 않은) 사고가 돌연 선구적인 근대 과학의 모든 발전을 불러왔다.(근대 물리학, 천문학, 생물학, 화학 등등, 모두 지금으로부터 약 300~400년 전에 시작되었다.) 동시에 자아 감각이 민족 중심적-순응적인 것에서 개인의 보편적인 권리, 해방, 자유를 강조하는 개인적-에고 중심적으로 바뀌었다.

역사적으로 이것은 르네상스, 계몽주의와 함께 단 몇백 년 전에 나타난 비교적 최근의 일이다.(물론 플라톤, 아리스토텔레스로 대표되는 그리스 문화에서 몇몇 합리주의 선구자들을 찾아볼 수는 있다.) 그리고 이 단계는 인류 역사상 처음으로 인류 전체의 보편적인 권리를 믿었던 시기이므로(즉 민족 중심적에서 세계 중심적으로 옮겨 간 시기) 마침내 노예제도를 금지한 첫 시기가 되었다. 1770~1870년까지 약 100년 동안 노예제도는 지구상의 모든 합리적 산업 사회에서 불법이 되었는데, 이는 역사상 처음 일어난 일이었다. (사실상 모든 대종교가 발생했던) 대략 기원전 첫 번째 천 년기인 축의 시대에서조차 일어나지 않았던 일이다. 당시 사회가 노예제도를 금지하지 않았던 것은 그 시절 사람들이 여전히 노예제도를 받아들이는, 혹은 최소한 반대하지는 않은 대신화-민족 중심적 시대를 살고 있었기 때문이다. 민주주의의 탄생지라고 칭송받는 아테네에서조차 인구 3분의 1이 노예였다. 거의 모든 대문화권이 그랬고 심지어 대종교의 발상지도 마찬가지였다. 인류는 지구상에서 100만 년 가까이 살아왔지만 한 사람이 다른 사람을 소유하는 것이 나쁘다는 데 마침내 상당수가 동의하게 된 때는 불과 200년 전이다.(이는 역사적으로 생각해 봐야 할 점이다.)

탈신화로서의 합리성(혹은 제퍼슨 성경)

오렌지 단계는 인지 능력이, 견고한 신화-문자적 사고에서 합리적이고 보편적인 인식 양식들로 옮겨 가기 때문에 대개 이성, 합리성과 관련한 이름들로 불린다. 하지만 이는 무미건조하고 분석적이고 추상적인 합리성이 아니라 자기반성 능력을 의미하고, 한 걸음 물러서서 더 보편적이고 세계 중심적이고 3인칭적이고 글로벌한 관점을 취함을 의미한다. 따라서 오렌지 단계에서 우리는 정말로 근대적이고 합리적이고 보편적인 과학(근대 물리학, 화학, 천문학, 생물학 등)의 발전을 처음으로 목격한다.(힌두교 화학 대 프로테스탄트 화학이 아니라 그냥 보편에 가닿는 화학 말이다.) 똑같은 이유로 영적 지능도 훨씬 더 합리적이 된다. 혹은 모든 사람의 포용을 지향한다. 그리고 해당 문화의 종교적 요소에 있어 신화-문자적 요소들이 경시되거나 더 합리적이고 도덕적이고 보편적인 믿음들에 대한 선호로 인해 급기야 완전히 거부되는, 이른바 '탈신화'가 널리 진행된다.

그 완벽한 예가 토머스 제퍼슨이다. 일화에 따르면 제퍼슨은 백악관 계단에 앉아 한 손에는 성경을 다른 손에는 가위를 들고 성경의 신화적이고 초자연적인 내용들을 대노하며 다 잘라 내 오직 합리적이고 도덕적인 부분만 남겼다고 한다. 제퍼슨은 실제로 신약의 내용들을 없애고 잘라 내어 재배열했고 이것은 사후에 『제퍼슨 성경』으로 출간되기도 했다. 『제퍼슨 성경』에는 초자연적인 신화, 마법적 기적 같은 것들은 제외되고 합리적이고 도덕적인 윤리는 살아남았다. 이는 축하할 만한 오렌지 단계 종교로의 진입이 아닐 수 없다. 그리고 이 단계도 깨어남과 별도로 작동함을 기억하기 바란다. 당신이 깨어났든 깨어나지 않았든 이 단계에 있다면 당신은 깨어남을 이 세계 중심적-합리적 단계의 규칙과 원칙에 따라 해석할 것이다.

오렌지 단계에 있는 사람은 이전의 확고부동하고 절대적인 믿음들에 의문을 품고 조사하기 시작한다. 신화-문자적 요소들이 경시되거나 심지어 완전히 부인되는 탈신화 과정이 일어난다. 예수는 유일하게 진짜인 신의 유일한 생물학적 아들이 아니다. 신은 세계 곳곳에서 다양하지만 똑같이 타당한 형태로 존재한다. 대신에 예수는 오늘날에도 여전히 가르칠 소중한 것이 많은, 아주 중요한 세계적 교사World Teacher(다시 말해 세계 중심적 세계적 교사)로 여겨진다. 예를 들어 예수는 심오하고 진실한 도덕성을 예증하고 이런 도덕성은 우리의 합리적 행동에 바탕이 되어야 할 것이다.

종교의 기본 요소들이 이제 신화에서 벗어나 합리성이 강조되는 단계에 와 있으므로, 예수 그리스도는 신화적이고 동화童話적인 방식이 아니라 매우 인본주의적 방식으로 '신인神人'적 존재를 대표하기 시작한다. 다시 말해 나사렛의 예수는 완전한 인간이지만 심오하게 깨어난 비범한 존재가 되었다. 예수는 '자신과 아버지 하나님이 하나'임을 진정으로 깨달았다. 지금은 이것이 완전히 탈신화한 형태로 이해된다는 사실만 다르다. 이제 예수는 자신의 가장 깊은 참나 혹은 나됨I AMness이 보편적 영과 완전히 하나라는 사실을 깨우친 사람이 된다. 예수는 자신의 진정한 본성이 말 그대로 신임을 깨달은 것이다. 간단히 말해 자신의 지고의 정체성을 깨달은 것이다. 그는 정말로 특별한 신분이거나 태어나길 그렇게 태어나서가 아니라 변성을 통해 '신인神人'이 되었다. 변성Metamorphosis은 희랍어로 신약 성서에서 실제로 상당히 자주 사용되었고 진정한 깨어남, 깨달음, 목샤, 인식Recognition, 대해탈Great Liberation을 뜻한다. 예수가 "아브라함 이전에 내가 있다.I AM"라며 자기 깨달음의 핵심을 언명했을 때 그것은 참된 '나됨I AMness 신비주의'와 연관된 진정한 원인 단계의 형상 없는 깨달음을 드러낸 것이었다. 바로 이 지점에서 나사렛의 예수는 예수 그리스도가 되었다.

그리스도Christ는 이름이 아니라 칭호이다. 머리에 '성유聖油 부음을 받은 자'라는 뜻인데, "자신의 신성을 발견하고 표현한 자"[1]라는 뜻이기도 하다. 따라서 깨어난 자라는 뜻이다. 그리스도의 나됨은 정말이지 영과 자신이 하나임을 깨우친 것이었다. 중요한 것은 그가 자신의 깨달음을 앰버, 신화적-민족 중심적 단계가 아니라 오렌지 보편-세계 중심적 단계로 해석했다는 점이고, 바로 그래서 자신의 깨달음을 유대인뿐만 아니라 이교도에게도 전하려 했다는 점이다. 그는 진정한 나됨을 인식했을 뿐만 아니라 그것을 민족 중심적이 아닌 세계 중심적으로 가르치려 했다. 예수는 자신이 가장 기본적으로는 '인간의 아들'임을 주장했다. 즉 어떤 사람들의 아들이 아니라 '모든 인간의 아들'임을 주장했다. 이는 보편적이고 진정한 나됨("아브라함 이전에 내가 있다.Before Abraham was, I AM")의 자각이다. 히브리어에서 '나는 존재한다.I AM'를 뜻하는 음절들은 '신God' 혹은 '영Spirit'을 뜻하는 음절들과 같다.("I AM that I AM 나는 스스로 있는 자/신-영인 자이다.") 따라서 모든 사람의 진정한 본성이 그리스도 의식이고, 나사렛의 예수는 특별히 강력하게 그것을 깨달아 스스로 예수 그리스도로 변성했다고 할 수 있다.

예수 그리스도는 신화적-민족 중심적 깨달음을 넘어 누구보다 비범하게 보편적-세계 중심적 깨달음으로 나아갔다. 그것은 진정한 투리야 혹은 나됨 깨달음으로 옮겨 간, 형상 없는 원인 단계의 깨달음이었다. 그리고 그의 나됨이 영과 하나라고 주장한 것이 그를 십자가에 못 박히게 했다. 어느 시점에서 예수는 "그대들은 왜 나에게 돌을 던지는가?"라고 물었다. "그것은 선한 일을 위한 것인가?" 그리고 군중은 "아니오. 당신이 인간이면서 신이라고 주장하기 때문이오."라고 대답한다. 그는 정확하게 바로 그 '신인God-man'이었고 바로 그래서 십자가에 못 박혔다.

일단 보편적-세계 중심적 진실을 깨닫고 최소한 무형상의 원인 영역을 열고 나면 일반적으로 더 높은 깨어남 상태들에도 사실상 열릴 수 있다. 투리야 공(空) 상태 혹은 나됨 신비주의 상태에 열리지만 가장 높은 투리야티타 혹은 일미(一味) 영역에도 열릴 수 있다는 것이다. 세계 중심적 합리성을 이용해 신화적 영역을 극복하고 보편적 무형의 원인 영역에 열리게 되면, 인식상의 모든 형상 의식을 제거하는 것으로 더 높은 상태들(투리야와 투리야티타 같은 형상을 모두 초월하는 상태들)을 허락한다. 나중에 고타마 붓다가 합리성 자체로 (그리고 무형의 원인으로) 자신의 깨달음 전체를 해석했음을 살펴볼 것이다. 그리고 바로 그래서 그가 공 혹은 열반의 영역에 다다를 수 있었음을 볼 것이다. 그리스도처럼 붓다도 이름이 아니라 칭호이다. 무슨 뜻일까? 고타마 싯다르타가 깨달았을 때(그래서 고타마 싯다르타에서 고타마 붓다가 되었을 때) 사람들이 그에게 그가 신이냐고 물었고 그는 "아니다."라고 대답했다. 사람들은 "그렇다면 당신은 누구입니까?"라고 물었고 그는 "깨우친 사람이다."라고 대답했다.

형상 없는 원인 단계에 열렸다고 해서 반드시 투리야나 투리야티타에도 열리는 것은 아니지만 전자가 후자를 허락할 것이다. 형상 없는 원인 단계에 열릴 때 우리는 최소한 신화-문자적 민족 중심적 영역을 초월하고 합리적, 보편적 해석에 열리게 된다. 붓다에게 분명히 이런 일이 일어났고 이것은 영 자체와 하나가 되는 투리야, 나됨에 열렸을 때 예수 그리스도에게 일어난 열림과 상당히 비슷하다.

어쨌든 이 변형으로 예수 그리스도는 신화-문자적 유일한 신의 유일한 생물학적 아들이 아니라 깨달은 위대한 자들 중 하나가 되었다. 고타마 붓다, 샹카라, 파드마삼바바, 레이디 초갈, 마이스터 에크하르트, 보디다르마, 바알 쉠 토브Baal Shem Tov, 노자 같은 이들 중 한 명 말이다. 이 세계 중심적인 시각으로 볼 때 예수는 그를 따르고자 하는 모든 사람에게 신화적 천국에서의 영생이 아닌 자신들만의 신성 의식으로 바로 지금 이 땅에서 깨어날 것을 독려했다. 즉 그들만의 영원한 그리스도 의식, 그 진정한 천국으로의 깨어남 말이다.(앞에서 보았듯이 영원함은 시간을 초월한 지금 이 순간을 의미하므로 항상 존재하는 지금이 진정한 천국이다.) 여기에 신화 같은 것은 없다. 이는 항상 존재하지만 거의 인식되지 못하는 실재에 대한 비범한 인식일 뿐이다. 신인God-man들이 역사를 통틀어 우리에게 상기시키는, 진짜 나됨으로의 진정한 깨어남 속에서 깨닫게 되는 것이 바로 이 실재이다. 이 관점에서 볼 때 예수는 자신의 투리야 진정한 자아로 깊이 깨어났던 또 다른 한 명의 인간이 된다. 시간의 흐름 속에서 오늘날까지 그 영향력을 남길 정도로 깊은 깨어남이었지만 여기에 신화적 요소는 아무것도 없다.

이렇게 볼 때 기독교의 모든 신화-문자적 치장들이 돌연 붕괴하고 만다. 이 단계에서는 어쨌든 전부 필요 없게 된다. 여전히 존재는 할 테지만 함축적인 컨베이어 벨트 위, 초기 마법적 신화적 단계들이 갖는 종교적 관점의 일부로서만 존재할 것이다. 오렌지 합리적 시대의 시작과 함께 전반적으로 구석으로 물러나게 되는 것이다. 혹은 '승화되고 포함될 것이다.' 그리고 실제로도 위대한 기독교 신비주의자들에 의해 구석으로 물러나고 승화되었다. 그런데 신화는 지금도 아주 상징적, 비유적으로 이용될 수 있다. 아주 아주 아주 조심히 이용한다면 말이다.

신화의 성질

신화는 대개 초합리적 혹은 초논리적인 것으로 받아들여져 단순한 합리성이 제공할 수 있는 것보다 더 깊거나 더 높은 의미와 지혜를 제공한다는 믿음의 대상이 되고, 그만큼 종종 매우 가치 있는 것이 된다. 이성을 능가하는 신화의 지혜를 극찬하는 책들이 지금도 시장에는 말 그대로 수천 권이 넘는다.

그런데 아마도 지난 세기 최고의 신화학자라 불릴만한 조셉 캠벨이 곧이곧대로 받아들여지는 신화는 "왜곡Perversion"이라고 했음을 알기 바란다. (캠벨에 따르면 정확하게 임마누엘 칸트가 설명한 그대로) '마치 ~인 것처럼As-if 형식' 속에 있는 신화들만이 진짜이고 믿을 만한 신화이다. 다시 말해 예를 들어 예수 그리스도가 동정녀에게서 태어났다라는 생각의 진정한 신화적 버전은 사실 "그리스도가 너무 순수해서 마치 동정녀에게서 태어난 것 같다."라고 말하는 것이다. 캠벨은 세상의 신화들 그 방대한 대다수가 곧이곧대로 받아들여지고, 따라서 왜곡되었다고 주장했다.

그러므로 이성에 반대되는 신화의 지혜를 찬양하는 수천 권의 책들은 (캠벨에 따르면 그 대부분이) 왜곡을 찬양하는 것이다. 그러나 캠벨은 절반만 알고 있다. 앰버 신화-문자적 단계에 의해 생산된 신화는 모두 그 이름이 말해 주듯이 문자 그대로 받아들여졌다. 이 단계는 지금까지 드러난 모든 단계 중 신화의 가장 큰 원천인 단계이고 그 신화들은 모두 곧이곧대로 받아들여졌다. 따라서 캠벨은 그 신화들이 모두 왜곡되었다고 주장해야 할 것이다.

캠벨(그리고 분명하게도 다른 많은 사람들)은 '마치 ~인 것처럼'이 (오렌지, 합리성의) 형식적이고 조작적인operational 인지 단계에서만 출현함을, 그리고 이 단계에서만 이해될 수 있음을 깨닫지 못했다. 다시 말해 '마치 ~인 것처럼'(그리고 '~라면 어떻게 될까?') 자체가 피아제와 다른 많은 발달 심리학자가 증명했듯이 합리성의 산물이라는 것이다. 이 말은 캠벨이 주장했듯이 *이성의 공간*에 있는 신화만이 믿을 만한 신화일 수 있다는 뜻이다. 그리고 이와 함께 신화가 일종의 이성을 초월한 지혜를 제공한다는 개념도 사라진다. 오직 이성에 의해 유지되는 신화만이 믿을 만한 신화이다.

영적 혹은 종교적 상징이란 정확히 무엇을 말하는 걸까? 오렌지 혹은 그보다 더 높은 발달 단계에 있었던 클레멘스Clement, 오리게네스Origen 같은 초기 기독교 신학자들은 성경에 너무도 많은 신화-문자적 이미지들이 등장하는 매우 당황스러운 현실에 직면했고 직설적으로 말하자면 탈출구가 필요했다. 성경은 신의 말이어야 하는데 그 신화들은 믿기에는 너무 우스꽝스러웠다. 이들은 어떻게 그 신화들을 받아들이면서 동시에 제거할 수 있었을까?

이들은 매우 영리하게도(그리고 내 생각에 매우 정확하게도) 신화는 세 가지 수준에서 읽을 수 있다고 주장했다. 가장 낮은 레벨 1은 문자 그대로 읽는 단계이다. (최소한 이 단계에 따르면) 모세가 정말로 홍해를 갈랐다. 레벨 2는 비유적 혹은 상징적으로 읽는 단계이다. 여기서 신화는 무언가 더 깊거나 더 높은 것의 상징이 된다.(이것은 신화가 캠벨식으로 합리적인 '마치 ~인 것처럼' 양식 안에 있어야 하는 단계이다. 따라서 레벨 2에서 모세가 '마치 홍해를 가른 것 같은' 그것은 다른 더 깊은 무언가를 상징한다.) 예를 들어(다음은 단지 내가 레벨 2 해석의 예로 생각해 낸 것이다.) 이스라엘 민족이 단결해 그들만의 나라를 만드는 것이 절실한 상황에서 홍해는 그들이 나라와 민족으로서의 강력한 정체성을 만드는 데 직면했던 모든 장애를 상징할 수 있다. 그렇다면 모세가 홍해를 갈랐다는 것은 '실은' 모세가 그들만의 주권 국가를 만들기 위해 사람들을 이끌며 일련의 매우 힘든 장애들을 헤쳐 나갔다는 뜻이 된다. 이것은 신화 속 뭔가 더 깊은 의미를 읽어 내는 레벨 2 해석의 한 예이다.(여기서 신화 자체는 명백하게 말하지 않고, 어떤 식으로든 암시도 하지 않는다.) 여기서 모세는 수많은 험난한 장애들을 극복했고 그것은 마치 그가 홍해를 가른 것과 같은 것이 된다. 혹은 롯의 아내가 무언가 아주 나쁜 짓을 한 것이 *마치* 소금 기둥으로 변한 것과 같은 것이 된다. 혹은 예수 그리스도는 너무 순수해서 *마치* 동정녀에서 태어난 것 같다. 이렇게 할 때 문자 그대로의 신화에 담긴 우스꽝스러울 정도로 어리석은 의미가 모두 한 번에 사라지고, 당신은 자꾸 당황해하지 않으면서 좋은 기독교인이 될 수 있다. 그리고 이 '마치~인 것처럼' 해석은 합리성을 넘어서지 않는다. 이 해석은 합리성을 요구하고 합리성의 '마치~인 것처럼' 구조 내에 있다.

레벨 3은 신비주의적(혹은 초월적) 해석이다. 여기서 신화는 실질적인 신비주의 경험 혹은 깨어남을 의미한다. 예를 들어 여기서 홍해는 의식의 장애나 속박(제한적인 에고의 자기 속박)을 의미하고, 이것은 가장 깊고 가장 진실한 실재를 발견하고자 한다면 뚫고 나가야 하는 어떤 것이다. 이것은 전합리적prerational 실재가 아니라 초합리적transrational 실재이고, 여기서도 합리성은 (초월되더라도) 필요하다.

이렇듯 합리성(오렌지 단계)의 도래와 함께 신화는 상징적('마치~인 것처럼') 혹은 신비적(초월적) 방식의 해석에 열리게 되고, 이러함을 온전히 의식하는 한 이런 해석에 문제될 것은 없다. 그러므로 예를 들어 그리스도의 십자가에서의 죽음과 부활이 (이 신화 자체가 명백하게 말하는 대로) 그가 실제로 죽은 다음 육체적으로 다시 살아나서는 산 채로 신화적인 천국으로 올라가 영원히 사는 것을 의미하지 않는다. 대신에 모든 진정한 깨우침이나 변성을 경험하는 데 필요한 대로 자신의 분리된 자아 감각('나사렛의 예수')을 버려야 했음을 의미한다. 그것을 버리고 나자('죽고 나자') 그만의 나됨 I AMness으로 그의 의식이 부활했고, 그의 가장 깊고 가장 진실한 그리스도 의식('예수 그리스도')이 부활했다. 승천은 '저 위의' 신화적이고 물리적인 천국으로의 영원한 이동이 아니라('하늘 저 위에' 있다는 천국은 정확히 어디에 있는가? 달 근처 혹은 화성 근처 아니면 은하수 바깥에?) 그의 의식이 시간을 초월한 순간의 영원성, 그 진짜 천국 안에서 그의 가장 높은 그리스도 의식(혹은 형상 없는 참나)으로 올라갔다는 뜻이다.

따라서 그리스도의 육체적 죽음과 실질적인 천국으로의 승천은 심오한 '마치~인 것처럼' 형식 안에서 읽힐 수 있다. 그리스도는 자신의 환상에 불과한 에고를 초월했고, 그것은 마치 그의 에고가 육체적으로 죽은 다음 부활해 참나로서 자신의 지고한 정체성을 깨달은 채 천국으로 올라간 것과 같았다. 그러므로 '그리스도가 나의 죄를 사하기 위해 죽었다.'는 내가 그리스도의 모범을 진정으로 따르려면 나의 에고를 완전히 죽인 다음 나의 참나로 부활해 '내가 아닌 그리스도 의식이 내 안에 살게' 해야 한다는 뜻이다.

앰버 신화-문자적 단계에 의해 만들어진 문자적 신화들이 진정한 신화의 '왜곡들'이 아님을 아는 것이 매우 중요하다. 이 신화들은 오히려 신화의 진짜 성격을 드러낸다. 이 신화들이 성장의 앰버 단계에 있는 세상 모든 건강한 사람에 의해 창조된, 신화의 원래 형태이자 자연스러운 형태이다. 문자 그대로의 신화는 발달의 신화-문자 단계가 보는 세상 그 자체이다. "모세가 홍해를 갈랐다."는 신화가 처음 쓰였을 때 (신비주의적은 말할 것도 없이) 절대 은유적이거나 상징적으로 쓰여지지 않았을 것이다. 이 신화를 처음 쓴 사람은 '어디 보자, 이스라엘의 부족들이 단합해 진짜 나라를 세우는 게 중요해. 그래서 우리가 지금 여기 홍해에 서 있는 거잖아. 그렇다면 나는 그냥 모세가 실제로 이 홍해를 갈랐다고 말할 테야. 그렇게만 말하면 이스라엘 민족이 모든 장애를 극복하고 마침내 나라를 세웠음을 뜻하게 될 거야.'라고 생각하지는 않았다. 그런데도 우리가 그 사람이 그렇게 생각하며 '모세가 홍해를 갈랐다.'고 썼다고 생각해야 하나? 이건 말이 안 된다.(그리고 상징적으로 쓰였다고 해도 아무도 그 의미를 이해하지 못했을 것이다. '모세가 홍해를 갈랐다.'가 실은 그런 더 깊고 상징적인 의미를 가진다는 걸 대체 누가 알 수 있었겠는가?) 거의 모든 신화가 원래 전혀 비유적이지도 상징적이지도 않았다. 신화들은 단지 말해지는 그대로, 문자 그대로였다. 그 속에 숨겨진 의미는 없었다. '롯의 아내가 소금 기둥으로 변했다.'의 의미는 정확하게 그 말 그대로였다. 그녀는 말 그대로 소금 기둥으로 변했다. 마찬가지로 '모세가 홍해를 갈랐다.'도 성경과 다른 종교적 문헌들 속 사실상 모든 신화가 그렇듯, 신화-문자적 정신이 기억하는 사건 그 자체이다.(성경이 쓰인 시기가 인간 진화의 신화-문자적 단계라 성경에 신화가 넘쳐나는 것이다.)

합리적(혹은 더 높은 단계의) 정신이 그런 문자적 신화들을 보고 대체 무슨 의미인지 알아내려고 애쓸 때가 되어서야(왜냐하면 신화들은 전前합리적 단계에 쓰여 전혀 합리적이지 않으므로) 신화들은 비유적이거나 상징적인 다양한 방식으로 읽히기 시작한다. 그러므로 당신은 원하는 대로 신화를 해석하되 원래 의미를 읽는 중인 척하지만 말길 바란다. 하나의 신화가 '진짜로 의미하는 것'을 말하려고 할 때(그것이 그 신화 자체가 명시하는 의미가 아닌 다른 무엇일 때) 사실상 당신은 이야기를 꾸며 내는 것일 뿐이다.

따라서 신화는 그게 아무리 터무니없게 들려도 그 말 그대로를 의미하며 단순하고 문자적인 형식 안에서 시작한다. 이것은 레벨 1의 방식이고 사실 이것이 신화의 *원래 의미이고 진짜 의미이다*. 그 의미가 종종 유치하게 보인다면, 그것은 발달의 그 단계 자체가 인류의 성장과 진화 과정에서 유치한 단계이기 때문이다. 이후 합리성이 나타나 그 신화들을 '마치 ~인 것처럼 형식' 안에서 읽을 수 있고, 따라서 훨씬 더 깊고 이치에 맞는 의미를 발명하고 창조할 수 있으며, 그것이 그 신화가 '정말로 의미하는 것' 혹은 '진정한 의미'라고 주장할 수 있다. 하지만 그것은 단지 합리적으로 발명된 '마치~인 것처럼 형식' 속 의미이고 레벨 2의 방식이다.(조던 피터슨에서부터 데니스 프레거Dennis Prager까지, 오늘날 많은 성경학자가 '성경 합리적 읽기'에 헌신하는 길고도 자세한 강연들을 하고 있는데 그 자체로 문제될 건 없다. 단지 레벨 2 방식에 의해 발명된 의미들일 뿐.)[2] 그리고 깨어난 경험을 한 사람이라면 모든 신화를 레벨 3 방식으로 읽고 그 안에서 매우 깊고 신비롭고 초월적인 의미들을 찾아낼 수 있다.

신학자들은 대부분 성경 속 레벨 1의 신화들에서 레벨 2, 나아가 레벨 3에 해당하는 의미를 찾아내는 데 일생을 바친다. 하지만 지금은 그냥 신화-문자적 접근법을 버려야 하는 시대이다.(컨베이어 벨트 위에서 앰버 신화적 단계에 있는 사람이라면 어렵겠지만 말이다.) 그리고 (오렌지, 그린, 터콰이즈의) 더 높은 단계의 영적 지능으로 옮겨 가야 할 때이다.(미래의 종교들은 거의 확실히 모두 그렇게 할 것이다.) 다시 말해 원한다면 레벨 1의 신화들을 사용하되(이것들을 정말로 피할 수는 없으므로) 그 신화들의 원래 의미는 그것들을 애초에 생산했던 단계(보통 마법 혹은 신화적 단계)로부터 온다는 걸 알기 바란다. 이를 염두에 두고, 원한다면 그 신화들에 더 높은 레벨 2나 3의 해석을 내리되 그 해석들이 그 신화의 원래 의미는 아님을 알기 바란다. 그런 해석을 내리는 것은 괜찮다. 어차피 원래의 문자적 의미는 모를 수가 없고 그 문자적 의미를 보면 (예를 들어 합리적, 다원적 혹은 통합적인) 더 높은 단계로 해석하지 않을 수 없을 것이다. 다만 그런 해석들이 그 신화의 원래 의미가 절대 될 수 없음을 잘 알고 염두에 두기를 바랄 뿐이다. 더 높은 수준의 재해석을 필연적으로 하게 되더라도 말이다.

(오렌지 합리적 혹은 더 높은) 탈신화적 관점에서 보면 나사렛의 예수는 다른 사람들과 같은 보통의 사람이었고, 다른 사람들이 할 수 있는, 자신의 신성한 참나(지고한 정체성)에 깨어나는 심오한 경험을 한 것이다.(물론 예수만큼 깊이 깨어나지는 못하겠지만 어쨌든 모두가 그런 가능성을 갖고 있음은 분명하다.) 그리고 다른 많은 사람들처럼 그는 자신의 가장 깊고 진실한 참나(그의 투리야 그리스도 의식)를 발견했고, 그 시점에 그는 나사렛의 예수에서 예수 그리스도가 되었다. 앞서 보았듯이 '그리스도'는 이름이 아니라 칭호이고, 자신의 가장 높고 가장 진실한 참나(투리야)에 의해 기름 부음을 받은 자란 뜻이며, 참나는 영 자체와 하나(투리야티타)이다. 사실 예수는 몇 번의 깨어남 경험을 했다. 예수는 요단강에서 세례자 요한의 세례를 받으며 첫 변성을 경험했고, 그다음 변모Transfiguration가 있었고, 그다음 십자가 위에서 에고의 최종적 죽음을 경험했고, (본질적으로 거친, 정묘한, 원인/투리야, 비이

원의) 합일 혹은 지고의 정체성으로 승천했다.

이것은 6년 동안 자신의 진정한 실재를 찾아다니다가 마침내 깨달은 싯다르타 왕자의 이야기와 매우 비슷하다. 깨달은 후부터 왕자는 '붓다'로 불리게 되었고 '그리스도'처럼 붓다도 이름이 아니라 칭호이다. 이 칭호는 무슨 뜻일까? 앞서 말했듯이 사람들이 붓다에게 "당신은 신입니까? 당신은 신성한 존재입니까?"라고 물었을 때 붓다는 "아니다."라고 대답했다. "그럼 당신은 누구입니까?"라고 묻자 그는 단지 "깨어난 자다."라고 대답했다.

지고至高 체험, 몰입 상태, 고원 체험, 영적 경험, 일반적인 깨어남 등은 아주 흔하고 자연스러운 일이다. 앞서 언급했듯이 조사에 따르면 약 60퍼센트의 사람들이 대대적인 '합일 의식'을 경험한다. 따라서 예수를 그리스도로 만든 그 사건을 (심오하지만) 일반적인 깨어남 경험으로 이해할 때 그리스도(그리고 영성 일반)는 비현실적이고 신화-문자적인 옛날 동화의 땅에서 나와 현재의 이 실재 한가운데로 직행한다. 무엇이 예수를 그리스도로 만들었나에 대해 산타클로스 같은 동화는 더 이상 없다.(반면에 대부분의 신화-문자적 종교들에는 거의 동화뿐이다. 이 종교들은 더 이상 실재가 아니다. 앰버보다 높은 단계들이 봤을 때 제우스, 아폴로, 아프로디테 혹은 이빨요정 정도만큼만 실재한다.) 그렇다면 그리스도와 붓다 같은 위대한 초인과 깨달은 사람들의 본질에 관한 이야기는 이제 어떤 신화나 동화가 아니라(이것들은 근대와 탈근대 정신 모두에 의해 이미 완전히 불신당했다.) 그들의 변경된 의식 상태가 드러낼 실재에 그 초점이 맞춰질 것이다.

수많은 연구가 분명히 밝힌 바에 따르면 변경된 의식 상태가 진정한 실재를 드러낸다고 한다. 그 실재들은 이 세상의 차원들 중 하나지만 평소에는 매우 드물게 보이거나 느껴지는 것들이다. 예를 들어 타석에 설 때 자신을 향해 날아오는 야구공의 바늘땀 수를 셀 수 있다고 말하는 야구 선수들이 있다. 이들은 타석에서 변경된 의식 상태에 있는 것이다. 우리는 야구공의 존재를, 혹은 야구공에는 실제로 바늘땀이 몇 개 정도 있음을 의심하지 않는다. 이것들은 실재한다. 하지만 시속 100마일 속도로 내 얼굴을 향해 날아오는 야구공에 바늘땀을 셀 수 있는 사람은 거의 없다. 이 책 후반에서 높은 영적 상태들을 경험하기 위한 수행법들을 살펴볼 때 알게 되겠지만 날아오는 야구공의 바늘땀 수를 세는 것은 가장 높은 영적 상태에서 실재들을 보는 것과 똑같다. 그 실재들은 언제나 존재하지만 아주 소수의 사람만이 볼 수 있다. 야구공의 바늘땀만큼이나 실재하는데도 말이다.

이런 실재들에 신화나 동화 같은 것은 아무것도 없다. 신비주의자들이 예전부터 주장해 왔듯이 신비적 실재는 진심으로 보고자 하는 사람 누구에게나 열려 있는 직접 경험이다. 깨어남의 주요 다섯 상태가 정말 그렇다. 과거와 현재의 위대한 깨달은 자들, 위대한 신인들의 이야기는 마법이나 신화적인 초영웅의 이야기가 아니다. 이들은 신으로 태어난 사람이 아니라, 자신의 가장 깊고 가장 진실한 실재를 깨우친 일반 사람들이다. 정확하게 예수 그리스도와 고타마 붓다가 2000년도 더 전에 그랬던 것처럼. 그리고 정확하게 당신이 지금 바로 여기에서 그러할 수 있는 것처럼.

당연한 말이지만 (마법-신화적 동화가 아닌 심오한 깨어남이 낳은) 예수 그리스도의 관점이 반드시 오렌지 합리적 단계의 영적 지능에 도달한 모든 사람이 유지하는 관점은 아니다. 하지만 예수 그리스도의 관점은 오렌지 단계에 이르렀을 때 이 단계의 탈신화적 특성 덕분에 가능해진다. 다시 말해 신화가 사라지고 사람들은 깨달은 자들이 남긴 막대한 영향력(깨달은 자들 중 많은 이가 하나의 종교나 영향력 있는 그 계열들을 새로 세웠다.)에 대한 설명을 신화가 아닌 다른 곳에서 찾기 시작한다. 그리고 주요 차원들의 형태형성장形態形成場, Morphic Field*을 남긴, 심오하고 진정한 깨어남이 그 가장 명백한 설명이 된다. 이 형태형성장은 종종 그 추종자들에게 심오한 영향을 주었다.

그런 설명을 받아들이느냐 마느냐는 기본적으로 그 사람의 깨어남 경험에 달려 있다. 지금까지 보았듯이 깨어남 경험은 성장과 달리 그 인식이(그리고 분명 그 수행도) 대개 매우 임의적이다. 사람들은 터콰이즈의 통합 단계까지 곧장 성장하면서도 한 번의 깨어남 경험을 하지 않을 수도 있고 심지어 깨어남의 현상 자체를 의심할 수도 있다. 깨어남 경험을 한다면 예수 그리스도나 고타마 붓다 같은 깨달은 자들에 대한 (레벨 3의) 그런 설명을 거의 확실히 이해할 것이다. 그리고 자신도 성 바울의 "그리스도 예수 안에 있던 이 의식을 여러분 안에 있게 하여 우리 모두가 하나가 되게 하라."는 말대로 할 수 있음(진정한 합일 의식이 될 수 있음)을 이해할 것이다. 그렇지 않다면, 그러니까 깨어남의 존재가 알려지지 않거나 부인된다면, 영적 지능의 합리적 단계에서는 곧장 무신론자나 불가지론자가 되거나 토마스 제퍼슨처럼 종교를 보편 도덕 원칙의 주요 원천과 합리적 가이드 라인으로만 보고 마법적 신화적 이미지들은 모두 완전히 버리게 될 것이다.

---

* 셸드레이크에 따르면 어떤 장소에 그 전에 없던 일이 한 번 발생하면 형태형성장이 생겨 그 일이 계속해서 발생할 수 있다.

합리적 무신론자

이제 우리는 이 오렌지 단계 영적 지능의 매우 일반적인 경향을 살펴보기에 이르렀는데, 자신이 무신론자임을 혹은 최소한 불가지론자임을 합리적으로 결정하는 것이 그것이다. 이런 결정도 여전히 영적 지능에 의한 것이다. 궁극적 실재, 궁극적 관심이 무엇인가를 생각할 때만(즉 진짜 정말로 실재하는 것은 무엇인가 물을 때만) 내릴 수 있는 결정이기 때문이다. 영적 지능이 하는 일이 그렇다. 결국 무엇을 결정하는가는 중요하지 않다. 유신론적, 무신론적, 불가지론적, 유물론적, 허무주의적 혹은 궁극적 실재에 대한 또 다른 생각들, 이 중 뭐든 결정할 수 있다. 신무신론자들은 이런 문제들을 내가 아는 어떤 사람들보다 많이 생각하고 영이 없다는 결론을 내리는 데 지구상 어떤 다른 사람들보다 더 많이 영적 지능을 이용한다. 영에 관해 두꺼운 책을 쓸 정도이다.(예를 들어 『신 망상 The God Delusion』, 『위대하지 않는 신 God Is Not Great』, 『기독교 국가에게 보내는 편지 Letter to a Christian Nation』, 『깨어나라 Waking Up』 같은 책들)

나는 단순한 형식의 오렌지 대 앰버 비교에 대해 지적할 뿐 합리적 무신론을 크게 다루지는 않을 것이다. 모든 오렌지(과학)는 좋고 모든 앰버(종교)는 나쁘다고 말하는 것은 정말이지 어떻게든 통합하지 않으려는 입장이다. 이런 관점은 레드에서 앰버, 오렌지로 이어지는, 혹은 마법에서 신화, 합리로 이어지는 발달 과정 자체를 인식하지 않으므로 신화적 종교나 합리적 과학이 애초 어디에서 나오는지 절대 제대로 설명할 수 없다. 따라서 이런 관점은 그냥 어쩌다 합리성을 이용하게 된 모든 사람은 옳고 (세계 인구의 60~70퍼센트에 달하는) 앰버 종교 상태에 있는 사람들은 모두 선천적인 멍청이라고 주장하는 것이다.

어쨌든 오렌지 합리적 단계가 시작됨에 따라 영적 지능은 유치하게밖에 보이지 않는 모든 신화-문자적 종교에 호전적인 질문들을 대단위로 던지기 시작하고 종종 공격도 할 수 있게 된다.(그런데 합리성이 좁은 의미에서의 종교를 공격하기 시작한다면 좀 더 넓은 의미의 종교를 포용하기 시작할 수도 있다는 뜻이다.) 그 결과 합리적 과학 대 신화적 종교의 대결 구도가 근대 역사상 가장 치열한 문화적 전투의 양상을 띠게 되었다. 그 주요 전제들이 아무리 바보 같아도 말이다. 오렌지 단계는 "신은 죽었다."고 주장할 수 있는 (그리고 실제로 주장하는) 최초의 단계이다. 니체에 의해 처음 유명해진 이 주장이 오렌지 단계가 계속 확장되던 계몽주의 시대 전 유럽에서 크게 울려 퍼졌다. 이는 *신화적* 신이 죽었다는 의미이고, 정말로 그랬다.

원인 무형 상태

신화적 신은 죽었다. 성장의 오렌지 단계와 그보다 더 높은 모든 단계에서 신화적 신은 정말로 죽었다. 하지만 낮은 마법과 신화적 단계에서는 여전히 생생히 살아 있다. 사람은 누구나 출발점, 그러니까 크림슨/진홍색 단계에서 태어나 마법, 신화, 오렌지 합리를 거쳐 더 높은 단계로까지 발달하므로 심지어 무신론자를 포함한 사람들 대부분이 마법-신화 종교 기간을 통과한다. 그게 단지 산타클로스나 이빨요정을 믿는 것이라고 해도 말이다. 그런데 우리는 오렌지 합리적 시대 동안 일부 사람들 안에서, 깨어남 관련 정묘 상태의 신성 신비주의에서 원인 상태의 무형 신비주의로의 발전이 이루어짐도 본다. 그리고 신성 신비주의는 대체로 신화적으로 해석되고, 무형 신비주의는 대체로 이성에 의해 해석된다.

그런데 여기서 원인 상태에 대한 정확한 의미를 전통들 자체가 서로 다르게 말하고 있을 뿐만 아니라 많은 부분 서로 모순되는 것처럼 보이기에 약간의 혼란이 일어난다. 세계 종교들에 어느 정도 능통한 사람에게도 원인 상태는 조금 악몽과도 같은 주제이므로 여기서 나는 어느 정도 밝혀 보려 한다.(이어질 내용은 부차적인 부분이니 크게 관심이 없다면 대충 그렇구나 하고 넘어가면 된다. 어차피 깨어남을 목적으로 하는 '합리적' 종교로서의 불교를 살펴볼 때 다시 나올 주제이다.)

원인 상태는 존재 현현의 아주 초기 차원들을 의미한다. 즉 영이 이 우주를 순간순간 창조하고 드러낼 때, 혹은 모든 존재의 바탕에서 전체 우주가 순간순간 현현할 때, 그때 나타나거나 창조된 가장 초기의 것들을 우리는 '원인 형상들Causal Forms'이라고 한다. 그리스인들은 이 형상들을 원형Archetype(태고의 형태)이라고 불렀다. (베단타 같은) 일부 전통들은 이 상태를 모든 하위 형상들과 존재 차원들의 원인이므로 '원인' 상태라고 불렀다. (티베트 불교 같은) 다른 전통들은 이 상태를 모든 현현한 차원 중 가장 정묘한Subtle(미세한) 상태이기에 (정묘를 넘어선) '매우 정묘한' 상태라고 부른다. 모든 더 작은 형상들의 출처라 할 수 있는 이 최고의 가장 정묘한 형상들은 플라톤의 이상적 형상Ideal Form, 화이트헤드의 영원한 객체Eternal Object(색깔이든 뭐든 우주에서 무언가를 창조하려면 있어야 하는 것), 불교 유식학파의 훈습習, Vasana(집단 기억 형태), 아카식 레코드의 영원한 형상과 같은 것이다.

많은 전통의 주장에 따르면 당신은 이 원형들을 직접 경험할 수 있고, 그 경험이 바로 원형적이고 영적인 신비주의 경험이다. 플라톤의 형상, 유식학파의 집단 훈습, 아카식의 형상들이 확실히 그렇다. 융 또한 "신비주의는 원형 경험"3이라고 했다. 이 원형적, 원인 상태를 가리킬 때 나는 보통 '원형적'이라고 부르고 그것의 직접 경험이 '원형적 신비주의'라고 본다.(모든 영적 경험들이 그렇듯 이 경험도 그 사람이 있는 발달 단계에 따라 해석될 것이며, 오렌지 단계에서는 보편-합리적으로 해석된다. 따라서 형상들은 거의 항상 보편적인 것으로 주장된다.)

전통들 대부분은 원인 상태를 두 개의 주요 차원으로 나눈다. 원형 그 자체의 차원과, 원인 상태의 최고 지점에서 나타나는 순수한 무형의 공空 차원이 그것이다. 후자는 꿈 없는 깊은 수면 상태나 형상 없는 명상 상태 같은 것이다. 이 때문에 원인 상태를 정확하게 정의하는 데 혼란이 일어난다. 원인 상태는 모든 존재 내 최고의 가장 정묘한 형상(원형)인가 아니면 순수하고 무한하고 형상 없는, 현현하지 않은 영역(무형Formless)인가? 전통들 대부분은 원인 상태가 이 둘을 모두 포함한다고 주장한다. 따라서 우리는 원인 상태를 이야기할 때 매우 조심해야 한다. 나는 특별히 이 둘 중 하나를 의미할 때는 그렇다는 것을 분명히 밝힐 것이다.

자주 약간의 혼란을 불러오는 또 다른 문제도 있다. 원인 상태가 순수하고 형상 없고 현현하지 않은 영역으로 서서히 나아갈 때 종종 투리야 상태와 결합한다는 점이다. 투리야는 말했듯이 의식의 네 번째 상태로, 거친 상태, 정묘 상태, 원인 상태 다음에 온다. 투리야는 순수하고 텅 비고 형상 없는 목격 상태이다. 순수하고 내용 없는 자각이고 대상 없는 의식이다. 이 상태는 참나, 나됨, 절대적 주체성, 우리의 본래면목 등으로 불린다. 투리야 자체는 (투리야 자체를 포함한)

모든 성질에서 자유로우므로 철저히 규정할 수 없다.4 목격은 본질적으로 모든 현현에서 철저히 자유롭다. 즉 '나는 감각을 느끼지만 그 감각이 아니다. 나는 감정을 느끼지만 그 감정이 아니다. 나는 생각이 있지만 그 생각이 아니다. 나는 오직 보는 자이지 보일 수 있는 그 어떤 것이 아니다. 목격될 수 있는 것이 아닌 진정한 목격이고, 알려질 수 있는 것이 아닌 순수하게 아는 자이다.' 따라서 투리야는 때로 순수한 공空 혹은 순수한 무형Formlessness(고유 명사로서의 무형) 상태로 말해진다. 그런데 투리야는 '의식의 순수한 인식 혹은 앎'의 측면—그래서 순수하고, 텅 비어 있으며, 규정할 수 없는 목격—이기도 하다.(이 투리야 상태는 우리가 나중에 탐구하고 경험할 주요 상태들 중 하나이다.)

투리야가 원인 상태와, 종종 그렇듯, 결합한다는 것은 두 상태의 순수하고 무형인 측면이 만났다는 뜻이다. 따라서 이것은 순수한 무형의 신비주의 혹은 철저한 공 신비주의를 부른다.(반면 투리야의 순수한 앎의 측면은 '의식 유일 신비주의Consciousness-only Mysticism' 혹은 나됨I-Amness 신비주의를 부른다.)

따라서 '원인' 상태는 모든 형상의 최고 형상(원형)과 모든 형상을 초월하는 순수한 무형 상태 둘 중 하나일 수도 있고 둘 다일 수도 있다.(원인 상태가 꿈 없는 깊은 수면 상태라고 할 때는 순수하게 무형인 상태를 의미한다.) 원인 상태로의 진화가 일어남에 따라 원인 상태의 의식이 가능하게 되면서 인류는 이 두 측면 모두가 전면에 등장함을 발견하게 된다. 한편으로 인류는 세계 전반에서 (플라톤의 형상이든 동양의 아카식 레코드든, 『능가경』의 훈습이든 피타고라스학파의 기하학이든) 원형들을 발견하게 된다.(이 원형들은 현대의 끈 이론*이 꼭 상정해야 한다고 생각하는 태고의 차원들 같다. 다른 모든 차원들이 나오는 태고 차원의 끈 말이다.) 그리고 그렇게 발견하자마자 곧장 무형상(원인/투리야)도 깨닫는다. 무형상은 진정한 비현현, 무한, 순수한 중단의 영역, 다수 너머의 하나 One beyond the Many, 모든 형상을 초월한 공空 그리고 가장 유명하게는 모든 윤회를 초월한 니르바나Nirvana(열반)이다. 이 순수한 투리야 상태는 말 그대로 니르바나 혹은 니로드흐Nirodh(순수한 소멸) 상태이고 니르바나의 발견은 모든 윤회에서 완전히 자유롭게 되는 것이기 때문에 무한하고 순수한 자유를 발견하는 것이다. 이 자유는 이론적 상정이 아니고 순수하고 규정할 수 없는 나됨의 직접적인 경험이다. 이 순수하고 무형의 텅 빔 상태가 의식의 모든 형상을 제거하기 때문에 사실상 깨어남의 모든 더 높은 상태들로 우리의 의식이 열리게 된다.(투리야 상태에서 투리야티타 상태로 나아갈 수 있게 된다.)

이 논의에 대한 결론으로, 성장에서 진화가 앰버 신화 단계에서 오렌지색 합리적 단계로 옮겨 가는 동안 깨어남에서는 대개 원인 상태로의 진화가 진행됨을 알기 바란다. 그리고 '원인' 상태는 방금 설명했듯이 여러 가지를 의미함도 알기 바란다. '원인' 상태는 원형적 신비주의(플라톤의 형상과 피타고라스의 기하학이 그 전형적인 예)를 뜻할 수도 있고, 높은 원인 상태(깊은 수면 상태)의 경우 순수하고 강력한 공 상태 혹은 비현현의 순수한 무형상을 뜻할 수도 있다. 후자는 흔히 투리야 상태(목격 혹은 무형의 나됨 상태)와 연결된다. 투리야 상태는 초기 불교에서 윤회의 모든 형상에서 자유롭게 되는 무형의 니르바나 상태이다.

---

* 모든 입자와 힘을 1차원 '끈'의 진동으로 설명하며, 우주가 여러 차원으로 이루어졌다고 보는 물리학 이론

초기 불교

존재의 무한하고 텅 빈 바탕(원인/투리야)은 다른 사실상 모든 상태가 그렇듯 현재 성장의 모든 주요 단계들에서 경험되고 해석될 수 있다. 고타마 붓다의 영적 접근법은 오렌지 합리적 단계를 주로 이용하는 접근법이었다. 붓다의 초기 불교 체계의 목표는 윤회(현현된 형상의 전 우주)의 영역에서 깨어나 '니르바나', 그 순수 무형의 텅 빈 비현현 상태를 발견하는 것이었다.(니르바나는 철저하게 공空한 '에고 없는' 투리야 상태이다.) 이것은 모든 현현 형상이 완전히 중단되거나 소멸되고, 그 결과 괴로움, 죄, 착각, 현현된 전체 세상(윤회)으로의 추락에서 완전히 벗어남을 의미한다. 이는 철저한 투리야 상태이자 순수한 깨어남 상태이다.

붓다의 접근법은 붓다가 이것을 완전히 합리적인 방식으로 설명했다는 점에서 매우 큰 의미가 있다. 붓다는 그 어떤 신, 정령 혹은 그 비슷한 것도 말하지 않는다. 마법적이거나 신화적인 것은 전혀 찾아볼 수 없다. 붓다는 완전히 합리적인 방식으로 매우 명백하고 직접적으로 설명한다. 붓다는 특히 모든 괴로움(윤회)의 소멸을 의미하는, 순수한 소멸 혹은 중단(니르바나 혹은 니로드하) 상태를 깨닫는 것이 자신의 목표라고 말한다. 그런데 깨어나거나 깨달은 상태 자체는 합리성이나 그 어떤 사고 과정으로도 포착될 수 없다. 그래서 붓다는 그 깨어남을 경험하려면 생각 대신 명상하며 완전한 중단과 소멸의 오로지 공한 상태(붓다가 특히 '니르바나'라고 부른 상태로, 엄밀히 말하면 '니로드하' 즉 모든 정신적 형상이 완전히 소멸된 상태를 말한다.)를 깨우기 위해 노력해야 한다고 말한다. 이 모든 가르침은 완전히 합리적인 방식으로 전달되었다. 명상법에 대한 가르침도, 초합리적인 깨달음으로 이끄는 명상법임에도 완전히 합리적인 방식으로 전달되었다. 다시 말해 붓다는 깨어남의 원인/무형/투리야 상태를 오직 성장의 오렌지 합리적 단계로 해석한다.

니르바나는 영성과 관련해 사용되는 다른 많은 산스크리트 용어들이 그렇듯 '~없이', '~않다' 혹은 '하나도 ~않다'를 뜻하는 접두사 니르nir로 시작한다. 니르바나는 '욕심 혹은 욕망이 없는' 상태이다. 당시 예를 들어 니르비칼파*nirvikalpa*(생각 형상이 없는), 니르구나*nirguna*(성질이 없는, 완전히 규정할 수 없는), 니로드하*nirodh*(순수 소멸 혹은 완전한 중단) 같은, 똑같이 니르를 접두어로 쓰는 용어들이 사용되기 시작했는데 왜냐하면 이 용어들이 인류 역사상 진화적으로 이제 막 처음으로 접근 가능해진 완전한 공, 무형, 규정할 수 없는 실재를 다양하게 지시했기 때문이다. 그리고 현현된 우주 전체에 가득한 모든 고통, 고문, 죄, 괴로움, 착각으로부터의 완전한 자유를 지시했기 때문이다. 이는 진정 (철저한 자유로서의) 투리야 깨어남 상태이다. 이런 상태가 역사의 이 시점에서 경험된 것은 진화 자체가 신화적 형상을 넘어 오렌지 합리적 영역의 초입으로 옮겨 갔기 때문이다. 이 합리적 단계는 신화 단계를 넘어섰던 그것만의 초월적 능력으로 투리야 깨어남의 초월적 가능성도 열어 주었다.

초기 불교는 (순수한 텅 빔, 투리야 상태를 목표로 하지만) 세계 종교들 중에서 성장의 오렌지 합리적 단계에 기반하는 극소수 종교들 중 하나이다. 학자들은 불교가 왜 다른 주요 종교들과 그렇게 다른지에 대해 그리고 심지어 불교를 과연 종교라고 할 수 있는지에 대해 끊임없이 고심했다. 불교는 확실히 다르다. 그 다름은 깨어남의 순수하게 공한 상태에 도달하겠다는 그 궁극적 목표에 있지 않다. 이런 목표는 (『무지의 구름』이 말하는 "아무것도 아닌 것Nothingness", 유대교의 아인Ayin*, 영지주의의 "신을 넘어서는 신성Godhead beyond God"을 포함해) 다른 많은 종교에서도 발견된다. 그 다름은 사실상 세상의 다른 모든 종교가 강력한 마법-신화적 배경을 그 해석의 기반으로 갖는 반면, 불교는 전혀 그렇지 않다는 데 있다. 마법적-신화적 요소의 결여가 종교를 기본적으로 마법적-신화적 요소들과 동일시하는 많은 학자들로 하여금 불교는 사실 종교가 아니라고 주장하게 만들었다. 불교는 사실 순수 심리학에 가깝다는 것이다.

나는 불교 수행의 목표인 무한한 텅 빔의 완전한 소멸이 다른 많은 종교의 그것과 특별히 다르거나 새로운 것은 아니지만, 불교가 이를 해석하는 틀 혹은 불교가 이를 해석하는 데 바탕으로 삼는 성장의 단계가 정말로 매우 다르다고 생각한다. 불교가 이용하는 해석의 틀은 마법적이거나 신화적이지 않고 합리적이다. 그리고 이것은 당시로서는 분명히 매우 새로우며, 실제로 다른 모든 주요 종교들과 극히 다른 지점이었다.5

불교의 목적이나 목표에 관해서라면, 이 시기에 투리야 상태를 다음과 같이 설명하는 다른 예들도 찾아볼 수 있다. 순수한 하나임Oneness**, 무한한 텅 빔, 신을 넘어서는 신성 혹은 모든 윤회를 초월하는 니르바나. 우리는 또한 파르메니데스의 일자One, 인도의 상키야 학파가 말하는 푸루샤Purusha(순수 자아)와 프라크리티Prakriti(현현한 다수)

---

* 유대교 신비주의(카발라)에서 신의 근원을 뜻하는 '무(無)', 모든 존재 이전의 절대적 비존재 상태

** 이것은 비이원의 투리야티타 상태가 아니라 조금 뒤에 나오는 '무형의 하나One와의 동일시'를 뜻하는 것으로 보인다.

의 대비, 제논의 역설 그리고 현현한 세상 전체가 생래적으로 모순이며 추락이며 심지어 망상임을 보여 주기 위해 오렌지 시대 조숙한 이성을 노골적으로 이용하는 다른 모든 유사한 사고 실험들 안에서도 투리야 상태를 볼 수 있다.

상키야 학파의 '순수한 푸루샤 대 현현 프라크리티'의 이원론은 (수많은 영적, 종교적 전통들의 모태라고 할 수 있는) 인도의 거의 모든 대종교들을 위한 기본적인 영적 접근법이 되었다. 상키야 학파는 현실을 실재하는 요소(푸루샤, 목격, 나됨, 참나, 대상 없는 의식 혹은 순수한 공의 자각)와 완전히 현현한 요소(프라크리티, 현현한 물질 세상 전부)로 나누었다. 이러한 분리는 실증적이고 물질적으로 현현한 세상과 자신을 동일시하며 인간이 겪을 수밖에 없는 괴로움에서 벗어나, 공한 의식의 철저한 자유를 발견하고 완전한 해방을 획득하기 위해서다. 이것은 정말로 뒤이어 나타난 수많은 인도 종교 체계들이 지속적으로 추구하는 목표가 되었다. 물론 후대에 와서 베단타와 밀교에서 비이원론이라는 변형(뒤에 가서 살펴볼 것이다.)이 나타나기는 했지만 말이다. 그리고 이런 변형은 정확하게 우리 의식이 (세상이 니르바나와 삼사라로 나눠져서 본래적으로 이원적일 수밖에 없는) 투리야의 순수하게 공한 의식에서 (니르바나가 삼사라와 합일하는) 깊이 비이원적인, 투리야티타의 궁극적 합일 의식으로 더 진화했을 때 나타났다.

지금 여기서는 무한한 무형의 영역과 유한한 형상의 세상을 나누는, 즉 니르바나와 삼사라를 분리하고 무형의 하나$_{One}$와의 순수한 합일과 현현한 다수의 완전한 거부를 조언하는 (원인/투리야의) 이원적 버전들을 말하고 있다.

신화적 신의 죽음

서양에서 신화적 신의 죽음이 일어났을 때 그것은 끔찍하게 고통스럽고 비통한 전환이었다. 전통적 신이 없을 때 사람들은 정말로 무슨 짓이든 다 허락된다고 생각했다. 도덕이 온데간데없이 사라지고 죄가 횡행하고 세상이 붕괴할 수도 있었다. 하지만 세상은 붕괴하지 않았고, 인류 진화 역사상 가장 충격적이고 가장 커다란 전환 중 하나로, 신화적 신이 진정한 지식의 가장 신뢰할 수 있는 원천인 합리적인 과학으로 대체되었다. 그렇게 신화적 신의 죽음이 선언되었다.

개인적으로 당신이 지금 이런 전환기를 겪고 있다면 당신은 여전히 당신의 종교가(만약에 종교가 있다면) 당신에게는 세상 최고의 종교라고 믿을지도 모른다. 하지만 그렇다고 그 종교가 다른 모든 사람을 위해서도 자동적으로 최고의 종교가 되는 것은 아니다.

사람은 누구나 기본적으로 자신의 종교를 그 종교 자체가 하는 말이 아니라 자신이 있는 성장 단계에 따라 해석한다. 기독교에서는 계몽주의 시대 이래 기독교를 합리적인 (그리고 탈신화적인) 용어로 해석하는 독실하고 진지하고 지적인 사람들이 늘 있어 왔다. 그 시작으로는 기독교에 대한 최초의 가장 합리적인 집단적 접근으로 대규모 추종자를 낳은 이신론理神論이 있다. 미국 내 영향력 있는 종교적 창단자들의 다수가 이신론자들이었고 이는 오늘날도 마찬가지이다. 이런 이성적 기독교도의 잘 알려진 예가 앞에서도 언급했던 셸비 스퐁 주교이다. 스퐁 주교는 (동정녀 임신, 하나님의 유일한 생물학적 아들, 육체적 부활 같은 기독교의 매우 핵심적인 신화들을 포함한) 기독교의 주요 신화나 기적들을 믿지 않는다고 분명히 말했다. 그리고 나아가 현대의 신학자 중에 그런 것을 믿는 사람은 한 명도 알지 못한다고도 했다.(흠, 나는 그런 신학자를 안다. 그것도 많이. 하지만 스퐁 주교가 한 말의 요지는 전달되었을 것이다.) 앞에서 살펴본 그의 최근 책 『믿을 수 없는』이 이 모든 걸 말하고 있다. 기독교의 핵심을 이루는 신화들 하나하나가 모두 오늘날의 세상에서는 도저히 믿을 수 없는 사실이란 걸 말이다. 하지만 그는 신화들을 그렇게 거부함에도 자신은 여전히 매우 독실하고 진실한 진짜 기독교도라고도 분명히 밝힌다. 나는 여기에도 더할 나위 없이 동의한다!

따라서 영성의 좀 더 합리적인 형태들이 오렌지 구조-단계에서 (그리고 다음으로 오는 그린의 세계 중심적, 다원적 단계에서도) 매우 흔하게 되었다. 한 사람의 성장 단계가 신화적 단계를 넘어서면 그때부터 오는 더 높은 단계들은 모두 신화에서 벗어나거나 합리적이다. 영적 지능이 신화적 종교의 좀 더 전통적인 형태에서 벗어나기 시작할 때 대개 시스템 이론Systems Theory 같은 합리적인 과학이 영을 생명의 위대한 그물로 설명하는 데 이용되기 시작한다. 혹은 양자역학이 모든 생명의 상호 연결의 증명으로 이용된다.(이것은 분명 범신론적이다.)[6] 이 오렌지 혹은 그린 단계들에서 우리는 직접적인 깨어남 경험을 할 수도 있고 하지 않을 수도 있다. 그런데 만일 한다면 그것은 그 단계의 용어들로 해석될 것이다. 오렌지 단계라면 이 단계의 영적 지능은 대개 합리적이고 과학적이고 보편적이고 세계 중심적이고 증거에 기반하며 시스템 이론, 양자역학, 복잡성 이론Complexity Theory 같은 최신 과학에도 한 발을 걸쳐 둔다. 그리고 영 자체는 보통 현현된 전 우주에서 완전히 서로 엮여 있는 것(혹은 범신론적 생명의 위대한 그물)

으로 해석된다.

이 합리적 단계에 있는 사람의 영적 체계가 진정한 신비주의에 기반한다면(그러니까 원인/투리야 같은 의식의 더 높은 상태로 직접적인 깨어남을 돕는 진정한 수행법들에 기반한다면) 그 사람은 고타마 붓다가 그랬듯 궁극적 영을 합리적인 용어로 해석하고 설명할 수 있다. 하지만 이 사람의 영적 체계가 깨어남 혹은 의식의 상태 변화를 직접적으로 경험하지 않는다면 이 사람은 영적인 자각을 하는 데 (성장의) 영적 지능만 쓸 수 있고, 따라서 종종 (양자역학에서 시스템 이론까지 모든 것을 이용하는) '과학적인' 설명과 이론들이 그 자체로 신학적인 기운을 띠기 시작한다. 이때 궁극적 실재에 대한 과학적 설명에 능통한 것이 궁극적 실재를 직접적으로 깨달은 것으로 오인되기 쉽다. 이는 설명에 의한 지식 체계와 면식에 의한 진정한 지식을 혼동하는 것이고, 달을 가리키는 손가락을 달이라고 생각하는 것이다.

영에 대해 '이성적'이기 시작할 때 뉴 패러다임 과학에 대한 그 어떤 의견을 갖는 것은 직접적인 깨어남 경험 자체와는 분명히 다른 것임을 알아야 한다. 정말로 그렇다. 아니면 깨어나려고 시도조차 하지 말거나. 당신이 시간을 들여 뉴 패러다임 과학을 검토하고 연구한다면 당신은 성장 내 당신의 영적 지능을 높이는 것이다. 이것이 문제될 건 없다! 하지만 이런 성장 노력이 당신이 깨어나는 것을 직접적으로 돕지는 않는다. 사람들은 대부분 깨어남과 성장을 혼동하고, 그래서 어떤 새로운 과학적 패러다임을 열심히 공부하다 보면 깨어남에도 발전이 있을 거라고 생각한다. 하지만 그렇지 않다. 사실 전자가 후자에 방해가 되는 경우가 더 많다. 깨어남과 성장을 혼동할 때 당신은 성장에 애쓰는 것이 깨어나려 애쓰는 것이라고 생각하고, 따라서 깨어나기 위한 노력을 정말로 하지는 않을 것이며, 그럼…… 흠…… 그냥 깨어나지 않을 것이다. 그러므로 특히 합리성이 영적 시장에 굉장한 수의 대안들을 제공하기 시작하는 오렌지 단계의 초입에 있을 때, 당신은 이 경고를 염두에 두고 깨어남과 성장의 중요한 차이점을 기억하며, 이 둘을 완전히 포함하고 통합하는 것이 특히 얼마나 중요한지를 기억해야 할 것이다.

진화, '무엇'과 '왜'

오렌지 합리적 단계의 영적 지능은 진화 개념을 "활동 중인 영Spirit-in-action" 같은 어떤 것으로 재해석한다. 일반적인 다윈의 진화론 전체를 꼭 다 포용하는 것은 아니지만 최소한 진화 자체가 적법한 영성과 양립될 수 없다는 생각은 더 이상 하지 않는다. 하지만 이들은 진화를 아주 특이한 방식으로 이해하고 있다. 말하자면 근대 진화론에는 최소한 두 개의 서로 별개의 측면이 존재한다. 다시 말해 진화의 연대기적 무엇에 해당하는 부분이 있고, 이론적 왜에 해당하는 부분이 있다. 그리고 똑똑한 오렌지 합리성(오렌지 단계 과학자들)은 '무엇' 부분은 거의 항상 받아들이지만 '왜' 부분은 거의 절대라고 할 만큼 받아들이지 않는다.

연대기적 '무엇'은, 실제로 일어났고 점점 더 복잡하고 통일되고 의식적인 개체로 향하는 전반적인 경향과 함께 지금도 새롭고 창발적인 홀론들을 계속 생산하고 있는, 진화의 많은 단계들에 대한 단순한 설명 부분에 해당한다.(쿼크에서 원자, 분자, 세포, 유기체로 이어지는 단계들, 그리고 식물에서 물고기, 양서류, 파충류, 포유류, 영장류, 인간으로 이어지는 단계들, 그리고 늘 더 큰 전체Wholeness로 나아가려는 계속되는 충동에 의해 인간이 자기중심적에서 민족 중심적, 세계 중심적, 통합적으로 나아가는 단계들에 대한 설명이다.) 이것이 진화의 '무엇'에 해당하는 부분(실제로 일어난 실증적 역사적인 부분)이다. 그리고 오렌지 단계의 영적 지능이 일반적으로 인정하는 부분이다.(현대의 진화 이론 학파들도 사실상 모두 이 '무엇'의 핵심 부분을 받아들인다.)

문제가 복잡해지고 정통 과학자들조차 진지한 논쟁과 불일치를 드러내는 것은 진화의 '왜'에 해당하는 부분이다. 이 논쟁과 불일치에는 여러 요소가 얽혀 있는 듯하다. 화이트헤드는 분명한 진화 충동을 특별하고 고유한 방향 속 "새로움으로의 창조적인 전진The Creative Advance into Novelty"7이라고 불렀다. 그리고 이 전진을 화이트헤드는 작동하는 모든 우주에게 요구되는 '궁극적인' 것으로 보았다. 에리히 얀치Erich Jantsch는 분명한 진화 충동을 "자기 초월을 통한 자기 조직화Self-organization"라고 불렀다. 노벨 화학상에 빛나는 일리야 프리고진Ilya Prigogine의 역작에서 보면 그것은 "혼돈으로부터의 질서Order out of Chaos"이다. 프란시스코 바렐라Francisco Varela는 그것을 "자기 생산 체계Autopoiesis"와 "상연上演, Enactment"이라고 부르고, 일부 철학자들은 종종 단지 "에로스"라고도 하는데, 아마도 현재 과학계에서 가장 자주 사용되는 용어는 "자기 조직화"일 것이다. 자기 조직화를 위한 우주의 본래적인 충동이 진화를 작동시켰고, 그다음 자체적으로 늘 더 크고 통일적인 전체(혹은 홀론)의 창조를 밀어붙였다. 그리고 그 140억 년의 자기 초월을 통한 자기 조직화의 결과가 다름 아니라 지금 우리가 들어가 살고 있는 이 믿을 수 없이 아름다운 세상이다. 이것은 우주 자체 안에 존재하는 본래적인 충동, 실재하는 힘이다. 중력, 전자기장, 강하고 약한 핵의 힘만큼이나 실재하는 힘이다.

이 에로스 혹은 자기 조직화는 진화적 전개에 있어 우리를 점점 더 높은 단계에 열리게 하며, 우리의 성장과 발달도 추진한다. 빅뱅으로부터 은하계를 만든 힘, 흙에서 고릴라를 만든 힘, 자기중심적 나르시시즘에서 글로벌 세계 중심적 관심을 낳은 힘이 곧 성장과 발달과 진화에 있어 우리를 점점 더 높은 단계로 이끌 힘이다. 그리고 당신이 진화가 "활동 중인 영"에 의한 것이라고 본다면(이것은 이 오렌지 단계에서 나타나는 하나의 가능한 관점이다.) 이 에로스 혹은 자기 조직화 활동의 충동이 바로 존재의 매 순간 텅 빔에서 무언가를 창조하는, 존재하는 모든 존재의 창조적 바탕인 영 자체의 창조적 충동이라고 볼 수 있다.

시간적 많은 단계들을 추적하는 진화론의 '무엇' 부분을 의심하는 사상가들은 거의 없다. 과학자가 진화는 의심할 수 없다고 말한다면 이는 이 '무엇' 부분을 말하는 것이며, 또 맞는 말이다. 원자, 분자, 세포, 물고기, 양서류, 포유류 등으로 이어지는 진화의 순서는 분명히 존재한다. 이 "새로움으로의 창조적 전진"은 우주의 실제 역사를 제대로 들여다본다면 부인할 수도 부정할 수도 없다.

그런데 이런 진화가 '왜' 일어났는가는 다른 문제이고 진화 생물학자들 자신들도 점점 더 이 문제에 대해서는 좀처럼 의견 일치를 보지 못하고 있다. 신다윈주의는 진화가 왜 일어났는가에 대해 우연한 변형에 의한 돌연변이 때문이고, 어쩌다 보니 생존과 생식에 호의적인 방향으로 일어나는 그 우연한 변형이 우선적으로 선택되기 때문이라고 설명한다.(이른바 자연 선택) 하지만 이런 설명을 완전한 이론으로 받아들이는 과학자는 현재 거의 없다. 따라서 데이비드 슬론 윌슨David Sloan Wilson 같은 선도적 진화 생물학자들은 심지어 생식과도 관계없는 심리학적, 문화적 진화 같은 것을 말한다. 우리는 진화 속에서 엄청난 다양성과 점점 더 복잡하고 더 통일적인 형상들이 계속 가차 없이 만들어지는 것을 보기에 이런 일이 단순한 우연에 의한 것이라는 주장은 극도로 믿기 어렵다. 예를 들어 아미노산 150개로 구성되는 단백질 사슬 하나가 정확한 순서로 (우연히) 정확하게 생산될 가능성은 그것이 부정확하게 생산될 가능성보다 1077배 높다. 다시 말해 더 큰 질서, 전체, 자기 조직화에 대한 충동이 우주 자체 안에 구축되어 있어야만 한다는 것이다. 정확히 화이트헤드가 "새로움으로의 창조적 전진"이라고 부른 것 말이다. 그리고 이런 충동이 없다면 우주는 빅뱅 이래 10억 분의 1초도 전진하지 못했을 것이다.

요약하면 우주 자체 안에 더 큰 질서로 향하게 하는 일종의 본래적인 추진력, 이를테면 가능성 확대 기계 같은 것이 있어야 한다. 우리는 최소한 프리고진이 말한 "혼돈으로부터의 질서"를 생산할 본래적 충동 같은 것이 필요하다.(예를 들어 심지어 죽은 물질 자체도 그 평형 상태에서 멀리 밀려나면 더 많은 질서를 갖는 더 높은 수준으로 점프하여 그 장력에서 빠져나온다. 마치 물이 하수구로 혼란스럽게 튀길 때 갑자기 완벽한 소용돌이가 되는 것처럼.) 프리고진에게 노벨상을 안겨 준 연구를 보면 "혼돈으로부터의 질서"를 창조하는 이 충동은 빅뱅과 함께 시작된 물질 우주 자체의 본래적 충동이다. 명망 높은 산타페 연구소의 스튜어트 카우프만Stuart A. Kauffman은 우주의 복잡성은 "이를테면 자기 조직화와 자연 선택이 합해진 것."이라고 했다.(여기서 자기 조직화는 더 큰 새로움, 더 큰 복잡성, 더 큰 질서를 향한 본래적 충동을 뜻한다.)

정말로 훌륭한 많은 이론가에게서 이런 관점의 변형들을 볼 수 있다. 브루스 다머Bruce Damer는 '생명의 기원에 대한 과학적 연구'와 자연발생설Abiogenesis 분야에서 존경받는 선도적 학자이다.(나는 그와 상당한 시간을 보냈는데, 그는 내가 아는 그 어떤 사람보다 이 중대한 과학적 발견에 정통한 사람이다.) 그리고 그의 설명 체계의 시작부터 그것이 없다면 체계 전체가 조금도 앞으로 나아갈 수 없는 무언가가 나오는데, 그것이 바로 가능성 확대 기계Probability-increasing Machine 개념이다.(나는 방금 전에 다머의 이 개념을 차용해 말했다.) 다시 말해 생명 자체가 탄생하기 위해서는, 고차원적인 존재의 창조적 출현을 촉진하고 무작위성에 적극적으로 저항하는(그리고 열역학 제2법칙에 저항하는) 무언가가 있어야 한다. 우주는 축소되고 있지 않다. 진화가 일어나는 것은 무언가에 다다르기 위한 그 어떤 충동이 있기 때문이다. 가능성 확대 기계가 바로 그 충동이다.

아니면 미국이 낳은 위대한 천재 철학자라 불리는 찰스 퍼스Charles Peirce의 이론을 보자.8 퍼스는 진화가 네 개의 힘에 의해 이루어진다고 보았다. 그 첫 두 개가 우연과 필연성이다. 일반 다윈주의에서 돌연변이와 자연 선택을 이끄는 요인이다. 그리고 이 우연과 필연성이 합쳐질 때 '진화Evolution'라는 것이 생기고 이것이 세 번째 힘이다. 그런데 퍼스는 이 세 개의 힘만으로는 진정한 의미의 진화라고 부를 수 있는 어떤 것도 설명할 수 없다고 주장한다. 그는 진화하려면 우연, 필연성, '진화'를 초월하는 네 번째 힘이 필요하다고 했고 그 힘을 "창조적 진화" 혹은 "진화적 사랑"이라고 불렀다.(그리고 퍼스는 사도 요한의 말을 인용하며 "신은 사랑이다."라고 덧붙였다.) 다시 말해 혼돈에서 질서를, 바위에서 의식을 창조하려면 우주의 본래적인 충동, 에로스가 필요하다.(진화는 궁극적으로 에로스 혹은 진화적 사랑에 의해 일어나고, 신도 사랑이다. 그리고 이것이 퍼스처럼 명석한 모든 사람이 진화를 "활동 중인 영"이라고 말하는 정확한 이유이다.)

그러므로 이제 더 큰 복잡성, 더 큰 질서, 더 큰 전체를 부르는 본래적인 충동은 우주의 정당하고 본래적인 충동으로(세속적 버전) 보아도 되고, 혹은 영 자체의 창조적 충동, 즉 공空에서 순간순간 무언가를 만드는 "활동 중인 영"으로 보아도 타당하다. 이 문제를 고심하는 영적 지능은 혼돈에서 질서를 만드는 이 본래적인 충동을 우주 자체에 내재하는 성질이나 영이 갖는 창조성의 주요 형태로 볼 수 있다. 오렌지 시대가 시작되면서 이 두 버전 중 하나가(세속적 버전이든 영적 버전이든 둘 다 자기 조직화를 포용한다.) 진화가 *왜* 일어나느냐에 대한 가장 흔한 설명이 된다. 우연한 돌연변이와 자연 선택만이 있었다고 주장하는 광기는 사라진다. 이 주장은 너무 멍청해서 "인간의 모든 멍청함에는 옹호자가 있다."고 했던 아서 러브조이Arthur Lovejoy가 생각날 정도다.

이 본래적인 질서의 관점을 고려할 때, 진화의 '이유'를 설명하는 데 신화적 여호와(혹은 다른 신화적 신)가 필요하다고는 이제 정말이지 믿을 수 없다. 그렇다고 주장하는 지적 설계론Intelligent Design Theory은 전혀 합리적이지 않다. 분명히 영적 지능이 작동한 주장이기는 하지만 많은 면에서 여전히 이전의 신화적 단계에서 작동하는 영적 지능이 내린 주장이다. 지적 설계론은 진화의 '왜' 부분에 대한 설명인 자연 선택이 얼마나 불합리한지를 매우 거칠게 공격하는데, 이러한 대체로 정당한 비판들이 지적 설계론을 흥미로운 이론처럼 보이게 한다. 하지만 이 '왜' 부분에 대한 (대개 성경의 하나님이 등장하는) 그들만의 신화적인 설명을 슬쩍 끼워 넣는 일은 완전히 부적절하고 어차피 아무런 효과도 없다. 지적 설계론의 진짜 문제는 '지적' 부분에 있는 것 같다. 마이클 머피Michael Murphy에 따르면 진화는 곧장 진행되지 않고 구불구불 진행된다. 분명 더 높은 질서를 창조하려는 본래적인 충동에 의해 추진되기는 하지만, 그럼에도 불구하고 우연도 정말 자주 일어난다. 진화의 모든 사소한 항목이 명확하고 신중하게 지능적으로 설계되는 것은 아니다.(어떤 것들은 여전히 우연히 발생한다.) 에로스 혹은 자기 조직화는 정확하고 자세한 청사진이 아니라 보편적인 추진력, 커다란 경향, 대강의 방향, 일반적인 형태 같은 것이다. 지적 설계론의 골수 추종자가 실제로 오리너구리 같은 신박한 무언가를 창조할 때는 술에 취할 때뿐인 듯하다.

그러므로 오렌지 단계에서 진화의 '이유'는 대체로 영 자체가 실제로 이 세상을 창조하는 방식, 영이 새로운 요소들과 새로운 창발을 즉흥적으로 소개하고 "활동 중인 영"의 창조 충동을 의식 안에서 확장하는 방식(화이트헤드의 "새로움으로의 창조적 전진")으로 설명된다. 이 단계의 기독교에서는 과학 지향적인 진화가 신화 지향적인 기원을 대체한다. 마이클 다우드Michael Dowd의 작업은 이 오렌지 단계(혹은 그 상위의 단계)의 접근법을 취하기 시작한 많은 기독교인들을 잘 보여 주는 사례다. 이들은 진화 자체를 영의 창조의 산물이자 그 창조의 증거(진정으로 풍요로운 창조적 충동의 장엄한 증거)로 본다. 나아가 이런 관점에서 보면 예수 그리스도는 미래에 진화한 인간을 보여 주는 빛이 된다.

8장 Finding Radical Wholeness

탈근대-다원적 그린 단계

그린/녹색, 탈근대postmodern, 다원적, 상대적 단계는 진화가 어떻게 계속되고 있는지 보여 주는 좋은 예이다. 1959년에는 미국 인구의 3퍼센트만이 그린 단계에 있었는데 오늘날은 그 수치가 33퍼센트에 달한다. 진화는 계속되고 있다! 그린 단계로의 진화가 미국에 많은 새로운 변화를 불러왔다. 탈근대의 등장이 그 가장 중요한 변화일 것이다. 탈근대는 많은 것을 포함하지만 무엇보다 여전히 횡행하는 일련의 고약한 문화 전쟁을 포함한다. 다양한 연구자들이 그린 단계를 어떤 용어로 불렀는지를 다음 도표에 정리해 두었다. 다원적, 상대적, 탈근대, 다문화, 평등주의 같은 용어가 강조된다.

그린 단계는 이전 단계의 제3자 관점에 제4자 관점을 추가하고 그 결과 관점의 다양성을 매우 강조한다. 그리고 다양한 관점들을 모두 똑같이 중요하게 여긴다.('평등주의' 시각) 따라서 공정성, 다양성, 다문화주의를 포용한다. 제3자 합리적 단계가 창조한 시스템들을 숙고하는 제4자의 메타시스템적 능력 덕분에 그린 단계는 동등하게 대우

그린/녹색 다원적-탈근대 단계
해당 용어들

연구자/체계	성장 단계
통합 이론	녹색 다원적-탈근대(다문화적 평등주의)
커먼즈와 리처드스	메타시스템적
피셔	시스템
파울러	연결적인
겝서	다원적
그레이브스	상대적
케건	탈형식/탈근대
콜버그	사회적 접촉
뢰빙거	개인적
매슬로	자기 실현 시작
셀먼	상징적 교류
토버트	실존적
웨이드	연계affiliative

받아야 하는 집단들을 차별하는 듯 보이는 체계들을 '독재적 권력' 체계라고 특히 비판하며 '해체되어야' 한다고 주장한다.

따라서 그린 단계는 모든 인간의 완전한 평등을 매우 강조하고, 그 영적 지능은 *사회적 정의*를 궁극적 관심사로 받아들이는 경향이 강하다. 그린 단계는 차별, 소외, 억압처럼 보이는 모든 것과 싸운다. 그리고 지구 환경에서 일어나는 일들에 극도로 민감하다. 가이아 생태계를 궁극적 영으로 보는 경향이 일반적이다. 다시 말해 사회적 정의 실현과 생태계 보호가 이들 궁극적 관심의 두 측면이다. 오렌지 근대-합리적 단계에서 생명의 그물Web of Life이 대체적으로 과학적 사실이었다면, 그린의 탈근대-다원적 단계에서 생명의 그물은 도덕적 명령이다.

그린 단계의 기독교도는 예수 그리스도를 수많은 문화 속 훌륭한 세계 교사들 중 하나로 본다. 다른 종교들은 (오렌지 단계에서처럼) 단지 용인되는 것이 아니라 자신의 정신적 수행에 포함할 수도 있는 보완적 요소가 된다.(예를 들어 불교의 마음챙김 명상을 해 보기도 한다.) 다원적 기독교는 이 모든 것을 받아들인다.

자유 대 평등

오렌지 단계와 그린 단계 둘 다 세계 중심적이므로 인종, 피부색, 성, 젠더, 민족 혹은 종교에 관계없이 모든 사람을 공평하게 대하려는 열망을 갖는다. 그런데 둘 다 세계 중심적 공평함이 중요하다고 믿지만 각각이 말하는 *공평함Fairness*의 의미는 매우 다르다.

자유를 지향하는 오렌지 단계의 공평함이란 모든 사람에게 똑같은 *기회*가 주어지는 것이다. 달리기 능력을 인정받은 사람이라면 절대적으로 누구나, 예를 들어 올림픽 100미터 달리기에 출전할 수 있다. (인종, 피부색, 민족, 종교 관련) 어떤 집단의 어떤 구성원도 그 집단에 속한다는 이유만으로 배제될 수 없다. 그다음 결승선을 제일 먼저 통과한 사람이 누구든 금메달을 받고, 두 번째는 은메달을, 세 번째는 동메달을 받는다. 능력이 매우 중요하며 '제일 잘하는 사람이 이길 것이다.(공평한 기회가 모두에게 주어지는 한)'

그런데 평등을 지향하는 그린 단계에서 공평함이란 *결과가* 똑같음을 의미한다. 때로 이것은 공정함Equity이라고도 불린다. 그린 단계는 경주를 모두가 동시에 시작하고 동시에 끝내기를 바란다. 어떤 집단이 계속 다른 집단보다 늦게 들어오면 그것은 승자 혹은 어떤 사악한 권력이 그 집단을 차별하고 억압하고 저지하기 때문이다. 즉 그 집단은 패자가 아니라 희생자이다. 승자와 패자에 대한 오렌지 단계의 구분은 그린 단계에 와서 억압자와 희생자에 대한 구분이 된다.(현실에서는 분명 이 두 구분 모두 존재한다. 통합 이론은 오렌지 단계나 그린 단계나 통합을 원하지 않으므로, 문제 해결의 비결은 이 두 단계를 통합하는 데 있다고 주장한다.)

   오렌지 단계와 그린 단계는 둘 다 세계 중심적이고 따라서 둘 다 모두의 자유와 평등을 원한다고 말한다. 하지만 이 두 용어를 사용하는 방식에서 상당히 다르다. 이는 똑같은 기회(오렌지 단계의 *자유*)와 똑같은 결과(그린 단계의 *공정*)가 서로 다르다는 것과 관련이 있다. 예를 들어, 특정 직업을 수행할 자격이 있는 사람이라면 누구나 그 직업에 지원할 수 있고 그 결과가 오직 그들이 가진 능력으로만 결정될 때, 기회가 공평하게 주어진다고 말할 수 있다. 동성애자라서, 흑인이라서, 여성이라서 혹은 어떤 소수집단의 일원이라서 거부되는 사람은 아무도 없다. 이는 자유를 강조하고 포용하는 것이다. 오렌지 단계에서는 자격을 갖춘 사람이라면 누구에게나 지원의 자유를 주고 싶어 한다. 지원하는 사람들 모두가 공정한 기회를 갖고 그중 최고의 사람이 선택될 때, 오렌지 단계는 고용된 그 사람이 어떤 집단 혹은 소수집단에 속하는지에 대해서는 매번 고용되지 못하는 집단의 사람들이 있어도 그다지 신경 쓰지 않는다. 예를 들어 '능력이 제일 좋은 사람이 선택되어야 한다.'는 믿음이 있을 때 그 선택된 사람이 여성보다 남성이 훨씬 많아도 정말로 능력에 따라 고용되고 있다면 괜찮다. 여기서 더 중요한 것은 자유이다.

그런데 이것은 그린 단계에서는 용납되지 않는다. 그린에게는 평등이 더 중요하므로 오렌지 단계의 방식은 자유는 지킬지 몰라도 공평 혹은 공정하지가 않다.(여성과 남성이 지원할 기회를 공평하게 얻었지만 실제로 남성이 여성보다 두 배 더 고용된다면 모두에게 공평한 자유가 주어졌을 수는 있어도 공평함은 여성보다 남성 쪽이 두 배로 더 주어진 것이다.) 이는 자유와 평등이 서로 굉장히 다른 개념이라는 뜻이다. 그리고 그린 단계는 더 많은 평등을 위해 자유는 조금 무시해도 괜찮다고 생각한다. 쿼터제를 도입해 여성이 남성보다 더 많이 지원하게 하고 의도적으로 여성을 더 많이 뽑는 것도 괜찮다고 여긴다.

자유와 평등은 나란히 가기 어렵다. 사실 이 둘은 서로 반비례한다. 이 점을 처음 지적했던 소스타인 베블런Thorstein Veblen은 "인간은 서로 많은 차이를 갖고 태어난다. 그래서 자유와 평등 중 하나만 가질 수 있지, 둘 다 가질 수는 없다."고 했다.

예를 들어 1960년대 초에는 대학 졸업장을 가진 사람 약 61퍼센트가 남성이었고 39퍼센트가 여성이었다. 이것은 대학에 지원할 때 여성들이 차별을 받았기 때문이 아니다. 당시에도 이런 식의 남녀 차별은 불법이었다. 거의 모든 분야에서 동등한 기회가 법적으로 보장되었기 때문에 그런 보장을 부인하면 벌금형을 받거나 구속될 수 있었다. 그러므로 그것은 결과의 불평등과 관계가 있었다. 여성과 남성 졸업자 수가 불평등했던 것이다. 당시 여성들에게는 자유가 부족했던 게 아니라 평등이 부족했다. 여성과 남성이 똑같이 자유롭게 대학에 지원할 수 있었지만 졸업자는 남성이 훨씬 많았다.

여기서 우리는 극도로 조심해야 한다. 그린 단계 인간은 동등한 결과에서 조금이라도 벗어나면 그것이 늘 차별과 억압 때문이라고 보기 쉬울 것이다. 건강한 그린 단계 인간이라면 꼭 그렇지는 않을 텐데, 불가능에 빠진, 즉 깨진 그린 단계 인간이 그렇다. 이들은 사회에서 여성과 남성의 비율이 일 대 일이라면 모든 직업군에서 여성과 남성의 비율이 반반이어야 하고, 이 비율에서 조금만 벗어나도 (희생자가 생길 수밖에 없는) 억압 때문이라고 본다.

그런데 이것은 단언컨대 틀렸다. 남녀평등이 가장 좋다는 북유럽 국가들만 보아도, 예를 들어 기술직에서의 남녀 비율이, 남녀가 공평하게 대우받을 때 기대되는 1:1에 전혀 미치지 못한다. 오히려 그 비율은 놀랍게도 20:1이다. 남녀가 평등하다는 국가들에서 왜 이런 일이 일어날까? 간호사 같은 전형적으로 여성 우호적인 직업군을 볼 때도 마찬가지다. 여기서도 남녀 비율은 놀랍게도 19:1이다. 그렇다면 다시 물어보자. 무엇이 이런 차이를 부르는 걸까?

이 큰 차이는 지적 능력의 차이 때문이 아니라 *관심 분야가 다르기 때문이다*. 여성들은 기술직에서 남성만큼 잘할 수 있지만(이는 간호직의 남성도 마찬가지이다.) 여성들 대부분이 기술직에 관심이 없다.(그래서 기술직 일을 하지 않는다.) 남성들은 기술직에 관심이 더 많고 그래서 기술직으로 더 많이 진출한다. 게다가 이런 관심의 차이는 세계 수많은 문화권에서 연구되었는데, 남녀평등 문화가 강한 곳일수록 더 크게 나타났다. 이는 남녀가 공평하게 대우받을수록 각자의 자연스러운 관심사를 더욱 적극적으로 추구할 수 있도록 허용된다는 뜻이다. 《런던 타임스》는 세 건 이상의 관련 연구를 보도하며 그 연구들이 만장일치로 내린 결론, 즉 "남녀가 평등한 사회일수록 남녀 관심사가 극명히 갈린다."는 주장을 "현대 사회 과학에서 가장 확고한 발견"이라고 했다.

인간은 정말로 서로 수많은 차이를 지닌 채 태어나고 발전한다. 다양한 재능, 자질, 장애, 기술, 선호, 욕망, 목표, 관심사 등등. 이런 요소들이 중요한 어떤 분야에서 인간이 활동하게 될 때, 모두가 동시에 결승선을 통과할 거라고 기대하는 것은 말이 안 된다. 그린 단계의 사람들이 완강하게 주장하는, 모두에게 주어지는 절대적인 '평등'은 불가능하다. (여성 기술자나 남성 간호사의 예처럼) 결과가 절대적으로 평등하지 않은 것을 볼 때마다 (서로 다른 관심사를 포함한) 인간에 내재하는 진정한 그리고 종종 극도로 중요한 차이점들을 고려해야 한다. 여성 기술자와 남성 간호사가 적은 것은 능력의 차이 때문이 아니라 관심의 차이 때문이라는 점 말이다.(남성이 여성들만큼 잘할 수 없는 것이 아니라 여성들만큼 그 일에 관심이 없기 때문이다.)

이는 평등한 결과가 전혀 중요하지 않다고 말하는 것이 아니다. 예를 들어 지배 권력(개인이든 단체든)이 어떤 집단들을 정말로 차별하거나 억압했던 사례들이 과거에는 특히 많았다. 차별받은 집단들은 대개 처음부터 동등한 기회를 얻지 못했기 때문에 동등한 결과도 가져올 수 없었다. 이들이 경주를 끝낼 수 없었던 것은 애초에 경주를 허락받지 못했기 때문이다. 하지만 동등한 기회라는 자유가 완전히 주어졌는데도 어떤 집단은 할 수 있는 만큼의 성과를 내지 않았을 때는 대부분 오랜 세월 (예를 들어) 달리지 않는 데 적응해 왔기 때문에 경주가 허락되었음에도 참여하지 않은 경우였다.(여성의 고등 교육도 오랫동안 그러한 경우였다.) 하지만 통합 이론에서 이 불균형을 바로잡고자 할 때는 평등만을 보고 자유는 간과하지 않도록 주의해야 한다. 평등만을 보고 자유를 간과하는 것은 오렌지색 단계와 그린 단계를 통합하는 것이 아니다. 그것은 깨진 그린, 절대주의 그린 단계에 사로잡히는 것이다.

문화 전쟁들을 보면 사람들은 거의 항상 그린의 평등 혹은 오렌지의 자유 편에 서서 싸운다. 하지만 확실히 우리에게는 이 둘 다 필요하다. 1960년대 여성의 대학 졸업자 수는 결과에 있어서 남녀가 크게 차이남을 보여 주는 분명한 예이고, 이는 자유가 아니라 평등에서의 차이를 보여 준다.(전체 졸업생 수의 61퍼센트가 남자, 39퍼센트가 여자였다.) 오렌지 단계의 동등한 기회를 주장했던 사람들은 이런 결과에 그다지 신경 쓰지 않았다. 여성들이 어쨌든 대학에 지원할 기회를 똑같이 받았으니까 말이다. 그래서 모든 평등하지 못한 결과는 능력의 결과로 치부됐다.(다시 말해 남성들이 대학에 더 관심을 가졌고 그래서 더 많이 입학했으며 결국 더 많이 졸업했다.)

하지만 이런 차이 나는 결과는 자세히 들여다볼 가치가 있다. 역사적으로 여자들에게는 대체로 고등 교육에 대한 선택권이 없었는데 사회에서 여성의 역할이 변함에 따라 그 선택권이 생겼다. 1960년대 오렌지 단계가 선호하는 동등한 기회가 여성에게 이 기회를 박탈하는 일을 불법으로 만들었다. 하지만 여성들이 사회가 부여하는 여성의 역할들을 수행하는 데 있어 너무 많은 경우가 고등 교육을 필요로 하지 않았다. 따라서 1960년대 중반에 들어서면서 (그린 단계의 최신 가치를 역사상 최초로 소유한 베이비부머 세대를 필두로) 미국 사회는 어린 소녀와 여성들이 고등 교육을 받는 데 도움이 되는 관행들을 따르기 시작했다. 이런 노력이 대단한 성공을 거두었다. 사실 2013년 즈음에는 남녀 대학 졸업자 비율이 완전히 전도되어 여성 졸업자가 61퍼센트이고, 남성 졸업자가 39퍼센트였다.

이것이 극단적인 정책들이 빚은 결과라고 비난하는 사람들도 있다. 정책들이 교육과 다른 많은 분야에서 남성에 대한 전면적인 공격으로까지 이어졌다는 것이다.(『소년들과의 전쟁The War against Boys』, 『위기의 소년들The Boy Crisis』 같은 책들이 이런 주장을 한다.) 예를 들어 하버드대학은 아시아 학생 그룹으로부터 소송을 당했다. 하버드대학이 흑인 학생들을 선호해 자신들이 차별받아 왔다고 주장한 것이다. 일반적으로 대학 입학 자격 시험에서 아시아인 학생들이 흑인 학생들(그리고 다른 인종의 학생들)보다 대체로 더 높은 점수를 받았는데, 다양한 인종의 학생군을 원했던 하버드대학이 (그리고 다른 대학들도) 흑인 학생들에게 입학 자격 시험 점수를 수백 점 가산해 준 다음 그렇게 조정된 점수를 조정되지 않은 아시아인 학생들의 점수와 비교해 더 높은 점수를 가진 학생에게 입학 자격을 주었기 때문이다. 이는 물론 흑인 학생 입학자 수를 다른 인종 학생의 입학자 수와 *공평하게* 만들기 위해, 아시아인 학생들의 *자유*를 제한한 것이었다. 다시 말해 더 공평한 결과를 위해 아시아인 학생들의 기회를 제한한 것이다. 확실히 능력만을 기준으로 삼는 가치관은 개인의 자유로운 경쟁은 보장하지만, 결과의 평등을 이루는 데에는 한계가 있다.

　통합 이론은 자유와 평등이 발달의 오롯한 두 단계(오렌지와 그린)를 대표하는 가치 체계이고 모두가 이 체계들을 통해 성장하므로, 오늘날 많은 문화 전쟁에서 그렇듯 서로 대치시키는 것이 아니라 통합해야 한다고 주장한다. (앰버/황색 대 오렌지, 오렌지 대 그린, 혹은 민족 중심적 전통 가치들 대 자유를 소중히 하는 근대적 가치들, 근대적 가치들 대 평등을 중요시하는 탈근대적 가치들 사이의) 문화 전쟁은 크게 봤을 때 성장Growing Up 단계들이 발달하고 전개된 결과이다. 이 사실을 고려하지 않으면 점점 심해지는 양극화가 절대 끝나지 않을 것이다. 느리지만 꾸준한 통합 단계의 출현이 문화적 지평에서 양극화를 막는 유일한 힘일 것이다.

진보 좌파와 보수 우파

그린 탈근대 단계와 이 단계가 중요하게 생각하는 가치들을 이해하는 데 도움이 될 것 같으니, 문화 전쟁에 대해 몇 가지 점을 좀 더 짚고 넘어가자. 그레이브스가 앰버, 오렌지, 그린 단계를 각각 '절대적', '다원적', '상대적'이라고 설명했음을 기억하자. 역사는 유일한 진실(신화)만 절대적으로 인정하는 민족 중심적 집단에서, 모든 것이 서로 다른 많은 관점에서 보여질 수 있음을 인식한 다원적 합리성을 지나(신화보다 훨씬 더 정확한 진실로 믿어지는 합리적이고 근대적인 과학이 중요해짐), 증가하는 복잡성으로 진실 개념이 고정적인 것에서 매우 상대적인 것으로 변한, 상대적 탈근대 시대로 나아갔다.(이 '탈진실Posttruth' 시대에는 모든 진실이 상대적이므로 모든 진실이 똑같이 가치 있다. 따라서 평등주의, 다문화주의, 평등한 결과가 강조된다.) 다원적 관점(오렌지)이든 상대적 관점(그린)이든 (현대 문화 전쟁에서 자주 그렇듯) 지나치다 못해 광적이고 절대적인 방식에 빠지면 그 사람은 진실이 하나뿐이라고 믿는, 절대적, 민족 중심적 앰버 단계로 퇴보하게 된다.

1960년대에 출현한 이래 그린은 안타깝게도 많은 면에서 점점 더 극단적, 광적, 절대적인 모습을 보였고 불기능이 갈수록 심해졌다. 너무 자주 '깨진 그린'의 모습을 보여 왔는데, 이 점이 현대 문화 전쟁에 큰 원인 중 하나이다. 자유Liberal 진영의 오락, 미디어, 예술계는 깨진 그린이 점령하다시피 하고 있다.(그리고 조던 피터슨이 보고했듯이 과학, 기술, 공학, 수학STEM 분야도 자유 진영이 점점 침투 중이다.) 이런 현상은 정치적 올바름Political Correctness, 정체성 정치, 극좌 정치를 촉진한다. 정체성 정치는 모든 소수집단을 위한 더 많은 평등한 결과를 추구하는 것으로 시작하지만, 정의상 민족 중심적 정체성 정치이다. 이 정체성이 아닌 저 정체성을 의도적으로 선택한다는 것은 민족 중심적이 되기를 선택하는 것이다. 그리고 그 정체성을 절대적으로 과도하게 유지하면 할수록 그 사람은 민족 중심적 앰버 단계로 퇴보하기 쉽다. 따라서 오히려 자신이 그렇게나 공격적으로 싸우는 민족 중심적 인종주의 혹은 성차별주의의 살아 있는 표본이 된다. 극좌파들이 때로 '퇴보한 좌파'로 불리는 이유가 여기에 있다. 이들은 정말로 그린에서 앰버로 퇴보하고 있다. 그렇게 정말로 민족 중심적 단계로 퇴보하게 되면 반대자들과 대화를 나누는 것조차 불필요하다고 생각하고 소리를 질러 반대자가 아무 말도 못 하게 만들곤 한다. 즉 그들만의 신조와 이단과 성상 파괴를 가진 새로운 근본주의 종교가 된다.(이는 극좌파를 "미국의 신흥 종교"로 칭하는 다양한 사회 해설가들에 의해 잘 알려진 바이다.)

깨진 그린의 가장 큰 문제는 집단들 간의 모든 차이가 단지 차별과 억압 때문이라고 믿는 데 있다. 삶이라는 경주에서 모두가 같은 시간에 결승선에 도달하지 않는다면, 이들은 그것이 경기에서 이기고 지는 문제도 아니고, 관심이나 욕구의 차이 때문도 아니며, 오직 억압자와 희생자만 있기 때문이라고 여긴다. 그리고 인간은 억압자 아니면 희생자만 선택할 수 있다. 이상적인 세상을 꿈꾸던 선한 사람들이 이렇게 정말로 민족 중심적이고 절대적인 앰버 단계로 퇴화하는 경향을 보이고, 그로 인해 이들은 자신에 동의하지 않은 사람들과는 대화조차 나눌 필요가 없다고 생각한다.(정말로 세계 중심적이라면 절대 이렇게 생각할 수 없다.)

앰버 절대적 단계로 퇴보한 이들은 이미 그곳에 있던 (네오나치, KKK, 백인 우월주의 같은) 진정으로 민족 중심적인 집단과 연합한다. 이것이 미국을 사로잡고 있는 부족 상태로의 복귀, 양극화, 점점 더 심해지는 문화 전쟁의 주요 원인이다. 민족 중심적 정체성을 가진 부족이 다른 민족 중심적 정체성을 가진 부족과 끝없이 싸우는데, 이들 각각은 사실상 근본주의 종교의 신봉자들처럼 행동한다.

정치적으로 이는 악몽을 만들어 냈다. 프랑스 혁명, 미국 혁명 같은 사건들을 중심으로 한 근대의 도래는 발달의 세계 중심적이고 합리적인 오렌지 단계의 출현과 함께한다.(윌 듀런트Will Durant가 말한 "이성과 혁명의 시대"가 출현한 것이다.) 근대가 중요하게 생각하는 자유의 합리적-세계 중심적 관점은 기존의 전통적, 신화 지향적, 민족 중심적 가치들과 첨예하게 대립했다. 그리고 후자의 가치들을 당시 정치적 보수주의는 정말로 보존하고 싶어 했다. 새로운 오렌지 세계 중심적 관점은 진보적인 사회적 변화, 모두를 위한 자유의 확대를 필사적으로 원했고 이는 너무도 새로운 정치적 입장이었기에 새로운 용어가 필요했다. 그렇게 선택된 용어가 자유Liberty에서 나온 자유주의Liberal였다. 이것은 개인의 해방과 자유를 강력한 중심 가치로 포용하는, 성장의 오렌지 단계를 반영한다.

그리고 단지 프랑스 국회에서 구식의 보수주의자들이 왕의 오른쪽에 앉고 신식의 자유주의자들이 왼쪽에 앉았기 때문에 우파Right와 좌파Left란 말이 정착해 오늘날까지도 (보수/전통 우파와 자유/진보 좌파라는) 정치적으로 중요한 두 방향을 지칭하는 용어로 쓰이고 있다.

몇백 년 동안 앰버 보수 우파와 오렌지 자유 좌파는 서양 정치에 지배적인 두 방향이었다. 둘은 그 둘을 낳은 두 성장 단계의 중심 가치들을 충실히 표방했다. 대체로 민족 중심적 앰버 단계에 의해 움직이는 보수 우파는 매우 전통적이고 관습적이고 신화적인 종교를 완전히 포용했고, 신화적 신, 나라, 가족을 중요시했으며, 종종 불쾌한 방식들로 민족 중심적인 면모를 보여 왔다.(이것은 그 단계에서 불가피했을 수 있다.) 인종주의, 남녀 차별, 동성애 혐오, 외국인 혐오, 군국주의, 선민의식 등이 드물지 않게 드러났다. 이 모든 것들이 절대적 진실에 가까운 어떤 것으로 포용되었다.

한편 신식 자유 좌파는 사실상 대부분 오렌지 단계에 있었으므로 깊이 세계 중심적이고 합리적이었다. 신화적 종교 대신에 과학을 믿었으므로 예를 들어 우파가 혐오한 진화론을 거의 즉시 받아들였다. 이들은 종종 '진보'라고도 불리는데, 특히 개인적 자유(동등한 권리)를 믿었으며, 자유가 모두에게 주어지는 보편적인 권리여야 한다고 믿었다.

자유주의 철학자들이 「인간과 시민의 권리선언Declaration of the Rights of Man and of the Citizen」 같은 글을 쓰기 시작했다. 당시에는 특권 집단의 권리 혹은 민족적 권리만 존재했으므로 보편 권리 개념은 정말로 매우 급진적이었다. 예를 들어 당신이 죽었는데 당신이 기독교도라면 천국에 가서 하나님과 영원히 산다. 하지만 당신이 힌두교도나 유대교도나 불교도라면 아무런 권리도 갖지 못한 채 지옥 불에서 영원히 불태워진다. 자유주의 철학자들은 이런 것들이 얼토당토않다고 생각했다. 그리고 인간으로 태어나기만 하면 누구나 다 똑같은 권리를 갖는다고 믿었다.

"인간 보편 권리" 같은 제목이 합당하게 여겨졌으나 정확히 보편적이라고는 할 수 없었던 것은(여기서 '인간'이란 단지 '남자'를 뜻한다.) 이 원조 오렌지 철학자들조차 거의 백인, 유럽인, 신체적으로 정상, 재산가, 시스젠더Cisgender*, 이성애자 남성이었으며, 보편과는 거리가 멀었기 때문이다. 하지만 이들이 소개한 자유의 원칙들은 실제로 보편적이어서 (동등한 기회를 의미하는) 자유에 대한 오렌지 단계의 원칙들이 유럽 백인 남성 너머로 가차 없이 확장되기 시작했다. 역사적으로 흑인 남성부터 시작해 여성, 동성애자로 확장되기 시작했고, 지금은 모든 부류의 성전환자와 소수집단으로 확장되고 있다. 왜냐하면 세계 중심적이라는 말은 말 그대로 모든 사람을 포괄하기 때문이다.

계속 더 많은 집단을 포함하는 이런 권리의 확장에 막대한 도움을 준 것이 그린의 탈근대주의Postmodernism이다. 탈근대주의도 세계 중심적이고, 근대 오렌지와 탈근대 그린도 둘 다 인종, 피부색, 성, 종교에 상관없이 모든 사람을 공평하게 대하려고 한다. 그런데 '공평하게 대하는 것'에 이 둘은 상당히 다른 관점을 갖고 있었다. 앞서 보았듯 오렌지 단계에서 공평함이란 모두가 똑같은 기회(혹은 자유)를 갖는 반면, 그린 단계에서 공평함이란 모두가 똑같은 결과(혹은 공정함)를 갖는다. 원조 우파(앰버)와 원조 좌파(오렌지)가 역사적으로 수백 년 동안 정치 풍경을 지배했었는데, 1960년대에 와서 세 번째 주요 선수, 즉 평등과 다문화와 탈근대를 주장하는 그린 단계가 대두되기 시작했다. 그리고 '둘은 좋지만 셋은 너무 많으므로' 이 세 번

---

* 생물학적 성과 성 정체성이 일치하는 사람

째 선수의 등장에 미국 사회는 문화 전쟁 속으로 빠져들었다.

이것은 자유주의자를 특히 혼란스럽게 만들었다. 수 세기 동안 좌파는 개인의 해방과 (보편적으로 주어지는 동등한 기회로서의) 자유라는 오렌지 단계의 가치들을 대표해 왔다. 그런데 '진보적이기도' 하므로 새로운 그린 단계가 떠오르기 시작하자 자유주의자 대다수가 그린의 탈근대 단계로 나아갔다. 하지만 대개는 그린 단계가 만들어 내는 가치들이 오렌지 자유 단계가 만들어 냈던 고전적인 가치들과 상당히 다름을 발견하고 놀라워했다. 고전적인 오렌지 자유주의자들(이들을 '구좌파Old Left'라고 부르자.)이 (동등한 기회를 의미하는) 자유를 믿었다면 그린의 '신좌파New Left'들은 (동등한 결과를 의미하는) 엄격한 평등을 믿었다. 구좌파들이 개인의 권리를 믿었다면 신좌파들은 사회적 권리를 믿었다. 구좌파들이 민주주의를 믿었다면 신좌파들은 사회주의를 믿었다. 구좌파들은 개인적 정의를 믿었고 신좌파들은 사회적 정의를 믿었다. 늘 그렇듯 서로 반대되는 자유와 평등은 서로 잘 지내지 못했다.(그리고 늘 그렇듯, 통합 이론은 이 둘이 통합되어야 한다고 주장한다. 세련된 정치 사상가들은 대부분 발달의 통합 단계에서 배출되므로 이들은 이를 잘 알고 있다.)

자유주의와 좌파는 이제 좌파에게 더 이상 같은 의미가 아니게 되었다. 자유주의는 이제 신좌파가 믿는 평등 가치와 반대되는 평등한 기회를 의미하는, 오렌지 단계의 자유를 대표하는 고전 자유주의, 구좌파 자유주의를 의미했다. 따라서 이제 좌파 자체는 '신좌파'를 의미하게 되었다.

하지만 이 모든 과정에서 엄청난 정치적 혼란이 일어났다. 누구나 자유와 평등이 다르다는 것은 아는데, 그 진짜 이유인 오렌지 단계에서 그린 단계로의 발달에 대해서는 거의 아무도 알지 못했기 때문이다. 그린의 새로운 가치들을 포용하지 못한 수많은 고전 오렌지 자유주의자들은 "내가 민주주의를 떠난 것이 아니라 민주주의가 나를 떠났다."고 한탄할 것이다. 그리고 시시때때로 "이 새 민주당원들(신좌파)은 다 함께 제정신이 아니다."라고 말하는 게 일반적이 되었다. 현재 민주당에서 자신들이 추구하는 가치들에 목소리를 높이는 사람들이 구좌파(고전 오렌지)보다는 대개 신좌파(탈근대 그린)들인 것이 사실이다.

많은 의미에서 자유주의와 좌파는 각자의 길을 갔다. 자유주의(고전 오렌지)와 좌파(탈근대 그린)의 결별은 우리가 (프레이거유PragerU 같은) 유튜브 정치 토론 채널에서 사람들이 가장 한탄하는 것 중 하나이다. 비록 그 결별의 이유를 이해하는 사람은 아무도 없어 보이지만 말이다. 자유주의와 신좌파의 다른 점은 두 집단 모두에 의해 충분히 알려졌고 신좌파 민주당원들을 '미쳤다.'고 생각하는 사람들이 많다.(왜냐하면 깨진 그린은 정말로 미쳐 보이기 때문이다.)

흥미롭게도 보수주의 '신우파New Right'가 고전 자유주의의 가치들을 포용하기 시작했다. 이는 진화가 계속됨에 따라, 원조 좌파의 한 부분이 오렌지 단계에서 그린 단계로 점프해 간 것처럼 원조 우파의 한 부분도 앰버에서 오렌지 단계로 점프해 갔기 때문이다. 어쨌든 문화를 선도하는 것은 그린이었으므로 이제 더 오래되고 더 전통적인 오렌지 단계가 '보수'에게는 가치 있게 된 셈이다! 오렌지 단계 신우파에 속하는 사람들은 월 스트리트의 오렌지 단계 가치들을 포용했으므로 종종 '월 스트리트 공화당원들'이라고 불렸다. 신우파는 원조 오렌지 혹은 고전 자유주의의 세계 중심적인 가치들을 공공연히 포용했다. 예를 들어 신좌파들은 소수집단의 감정을 상하게 할 수 있다는 이유로 종종 표현의 자유를 제한하고자 했다. 대법원이 이미 혐오 발언도 헌법에 의해 완전히 보호받음을 판결 내렸음에도 불구하고 말이다.(표현의 자유가 혐오 발언을 보호한다.) 그런데 이제 세계 중심적 오렌지 단계에서 나온 신우파가 표현의 자유라는 원조 오렌지 자유주의의 가치를 거의 홀로 소리 높여 맹렬히 옹호했다. 구우파Old Right는 여전히 민족 중심적 앰버 단계에 있는 원조 우파를 뜻하는데, 이들은 언제나 있던 그 자리, 민족 중심주의, (가끔) 인종주의, 남녀 차별주의, 동성애 혐오의 근본주의 앰버 단계에 있었다. 하지만 오렌지 가치로 옮겨 간 신우파는 개인의 자유와 평등이라는 근대의 세계 중심적 자유주의 가치들을 온전히 지지했다.

한편 신좌파, 특히 깨진 그린의 신좌파들은 자신들에 동의하지 않는 사람은 모두 나치로 보는 경향이 있다.(실제로 그렇게 취급한다.) 물론 제대로 된 사회라면 (민족 중심의 앰버 단계에서 나온) 진짜 파시즘에 맞서 싸워야 한다. 하지만 그린은 파시즘 같은 가치 시스템과 따로 떼어 놓을 수 없는 발달 단계를 이해하지 못하고, 앰버 단계 파시즘의 진정한 위협을 평가할 방법도 전혀 갖고 있지 못하므로 거의 항상 그 위협을 어마어마하게 과대평가한다.(예를 들어 항상 그린은 우리가 반드시 조심해야 하는 진정한 파시스트들로 KKK 단원들을 지적한다. 하지만 1920년 KKK 단원은 거의 400만 명이었지만 오늘날은 남부빈곤법률센터Southern Poverty Law Center에 따르면 단지 6000명으로 축구장 하나도 채우지 못할 숫자이다. 이 엄청난 감소의 가장 큰 원인은 미국 사회의 중심이 세계 중심적 더 높은 단계들로 계속 진화해 왔고 그래서 민족 중심적인 구성원들이 점점 더 줄어들었기 때문이다. 이런 점은 성장의 단계들에 대해 알아야지만 분명히 볼 수 있다.)

(앰버의) 파시즘은 지금의 선도적 그린 단계로부터 두 단계 전의 일이므로 이 사회에서 다시 영향력의 중심점이 될 가능성은 거의 없다. 대학, 미디어, 엔터테인먼트 모두 이미 그린들이 지배적이다. 이 나라의 어떤 대학에서도 '좋은 네오나치 되는 법'을 알려 주는 강의는 없다. 물론 여전히 존재하는 앰버 파시즘을 줄이기 위해 당신이 할 수 있는 일을 하고 싶을 수는 있다. 하지만 문화 전쟁에 있어 훨씬 더 큰 문제는 문화적 진화의 최첨단이 아직도 분열을 부르는 첫 번째 층에 속하는 그린이라는 점이다. 두 번째 층에 해당하는 통합 단계가 아니라. 그린은 분열을 부르기 때문에 세상을 통일하거나 통합하는 데 할 수 있는 일이 거의 없다. 게다가 깨진 그린이면 문화적 퇴보('퇴보하는 좌파')까지 부를 수 있는데, 절대주의로 퇴보하는 것은 더더욱 도움이 안 된다.

대부분의 엄격한 평등과 공정함을 향한 움직임은 (그것이 정말로 정당하든 아니든) 평등주의적이고 다문화적이며 상대주의적인 그린 단계에서 비롯된다. 이 과정에서 그린은 세상의 다양한 문화와 인구 집단 간의 합일뿐만 아니라, 오렌지 단계의 합리성을 바탕으로 한 체계적 통합성마저도 분화시킨다. 그리고 그 결과로 드러나는 다양성(그린이 추구하는 기본 가치)을 강조한다. 하지만 그린은 아직 이러한 다양성을 완전히 통합하거나 더 높은 수준에서 참된 합일로 이끌 수 없기에, 결과적으로는 폭력과 극단적 양극화로 치닫는, 분열되고 상대주의적이며 부족 중심으로 재조직된 세계에 의도치 않게 기여하게 된다. 진정한 통합이나 합일이 가능해지는 단계는 오직 다음 (통합) 단계이다.

그린의 미덕

나는 이 책에서 약간의 공간을 그린과 그린 다원주의의 미덕을 격찬하는 데 할애하고자 한다. 나는 그린의 부정적인 측면에 집중하는 경향이 있는데, 왜냐하면 오늘날의 문화를 볼 때 그린의 대부분이 깨진 그린이기 때문이고, 이는 오늘날의 그린이 문화적 진화에 있어서 가장 선도적인 단계임을 고려할 때(바로 그래서 미디어, 아카데미, 엔터테인먼트 모두 그린들이 지배한다. 그리고 이것은 깨진 그린이 많다는 뜻이기도 하다.) 큰 문제이기 때문이다. 하지만 건강한 그린은 많은 미덕을 갖고 있고, 나는 그 미덕을 다음과 같이 요약한다. ①맥락주의 Contextualism(의미는 언제나 맥락에 따라 달라진다.) ②구성주의Constructivism(모든 실재는 발달 과정을 지니며, 하나의 단계 위에 또 다른 단계가 차례로 구성되어 만들어진다.) ③무조망주의Aperspectivism(지배적이고 독점적으로 정확한 관점은 없다.) 그린 다원주의는 이 모든 멋진 개념들에 공헌한다.

지금까지 논의해 온 문화 전쟁에 그린이 기여한 바가 큰 것은 분명하다.(여기서 우리는 건강한 그린과 깨진 그린을 조심해서 구분해야 한다. 문화 전쟁을 일삼는 그린은 대개 깨진 그린이다.) 세계 중심적인 그린 자체는 모든 사람이 인종, 피부색, 성, 젠더, 종교에 상관없이 공정한 대우를 받아야 한다고 말하는 오렌지 단계의 주장에 동의했다. 오렌지는 (동등한 기회를 의미하는) 자유를 모든 사람에게 주기 위해 200년을 노력해 왔다. 앞에서도 말했듯이 오렌지의 자유는 백인 남성에서 흑인 남성, 여성, 모든 동성연애자, 모든 성전환자, 모든 소수집단으로 차례대로 확장되었다. 그리고 놀랍도록 많은 방식에서 큰 성공을 거두었다.

예를 들어, 1871년 일리노이주의 한 여성은 법학대학원을 졸업하고 변호사 자격증을 신청했는데, 여성이 변호사로 개업하는 것은 불법이라는 소리를 들었다. 그녀는 일리노이주 대법원에 소송했고 대법원은 여성이 변호사가 되는 것이 불법임에 동의했다. 그녀는 다시 미연방 대법원에 소송했고 미국의 최고 법원도 8 대 1의 표결로 여성이 변호사가 되는 것이 불법임을 선언했다. 하지만 1920년대 여성들은 투표권을 얻었으며 오늘날 여성 변호사는 어디에나 있다. 미국은 노예를 두는 것이 합법이고, 여성이 변호사가 되는 것을 금지하는 법이 있고, 유대인이 끔찍하게 차별받고, 동성연애가 도덕적, 법적으로 금지된 나라에서, 이 모든 금지를 금지하는 법률들을 가진 나라가 되었다. 오렌지의 동등한 기회는 법적으로 사실상 모든 소수 집단으로 확장되었다. 이것이 오늘날 형사 사법 제도에 종사하는 사람들 대부분이 우리의 모든 법률이 모든 소수자에게 공정하게 적용되고 어떤 집단도 법에 의해 배제되거나 소외되지 않도록 작성되었다고 강력하게 주장하는 이유이다. 그래서 이런 의미에서 보자면, 법적으로는 체계적인 인종주의, 남녀 차별 혹은 사회적 배제는 존재하지 않는다.

자! 법적으로는 정말 그렇다. 지금은 예를 들어 "당신이 은행가라면 여성에게는 대출을 더 적게 주세요." 혹은 "백인을 위한 호텔과 흑인을 위한 호텔을 따로 지으셔야 합니다. 이들을 분리해야 하니까요."라고 말하는 법률은 없다. 예전에는 이런 법률이 있었지만 오늘날 어떤 은행원이 정말로 그렇게 한다면 큰 벌금을 물거나 실형까지 받을 수 있다. 법률이 수립되어 제도의 일부가 되는, 객관적이고 실질적인 세상(대체로 오렌지 합리성이 창조한 객관적인 세상)에서는 법적이고 체계적인 인종주의나 남녀 차별은 거의 찾아볼 수 없다. 예전에는 모든 곳에서 찾아볼 수 있었으나 지금은 거의 찾아볼 수 없다. 대부분의 법률 자체가 (오렌지의 자유 가치 덕분에) 정말로 세계 중심적이라 모두에게 똑같이 적용된다. 하지만 제도가 작동하는 방식에는 여전히 공정하지 않은 부분들이 많다.

주관적이고 내적인 세계에는 여전히 민족 중심적 편견들이 상당히 많이 존재한다. 차별 없는 법률을 어떻게 적용할지 결정하는 사람들의 이 주관적이고 내적인 세계 안을 살펴보면 지금도 계속 자기 중심적인 단계에서 민족 중심적, 세계 중심적, 통합적 단계로 성장하는 중이다. 민족 중심적 단계는 어떤 법이나 규정이 아니라 여전히 모든 사람이 예외 없이 통과해야 하는 발달 단계이다. 앞서 보았듯이 로버트 케건의 연구에 따르면 현재 5명 중 3명이 여전히 이 민족 중심적 단계에 갇혀 있다. 따라서 우리 인구의 60퍼센트가 민족 중심적 단계에 있다면 이들은 세계 중심적 법률을 민족 중심적, 차별적 방식으로 적용할 것이다. 그리고 자명하게도 내면 세계에서 민족 중심적이 되는 것을 금지하는 법률을 만들 수는 없다. 민족 중심적 발달 단계에 있는 어떤 사람이 (이론적으로는 세계 중심적인) 객관적 법률들을 실제로 적용하는 자리에 있게 된다면, 그 사람이 하는 결정은 자주 (놀랍지도 않게) 그 자체로 민족 중심적일 것이다. 예를 들어 "교통경찰은 백인보다 흑인이 모는 차를 훨씬 더 자주 검사해야 한다."고 말하는 법은 없지만 현실은 여전히 그렇다. 현재 세상에서 가장 나쁜 인종 차별, 남녀 차별, 심한 편견은 대부분 체계적이고 객관적인 제도나 법률 안에서가 아니라 그 법률의 주관적이고 내면적인 적용 안에서 일어난다.

이런 문제를 이해하는 데 우리 내면에 발달 단계들이 존재함을 아는 게 매우 중요한데, 안타깝게도 우리 문화에서 이를 아는 사람은 거의 없다시피 한다. 원인을 모르는 병은 치료할 수 없다.

그린은 이런 문제들에 주의를 준다. 비록 그 원인을 이루는 요소들을 정확히 알지 못하고 깨진 그린의 경우 문제를 심지어 더 왜곡하고 증폭하지만 말이다. 형사 사법 체계 안의 법률들 자체는 거의 전부 세계 중심적이지만 그 법률들이 항상 세계 중심으로 적용되는 것은 아니다. 그 법률을 실제 사건에 적용하는 사람들 대부분이 세계 중심적인 오렌지나 그린이 아니라, 에고 중심적인 레드나 민족 중심적인 앰버 단계에 다양하게 걸쳐 있고, 따라서 당연히 이들의 일부가 법률을 세계 중심적이 전혀 아닌 방식으로 적용하고 있다. 그린은 대개 차별 문제에 집중해 왔다. 지금 가장 큰 과제는 민족 중심적 가치들이 어디서 왔는지를 우리 문화가 더 많이 이해하도록 만드는 것이지만, 그린은 개인들이 민족 중심적 가치들을 포용하는 것을 제한하고 그것을 공격하는 데 많은 노력을 기울여 왔으며, 어쨌든 이는 현재까지 그린이 서구 사회에 준 가장 큰 기여라 할 수 있다. 이것이 그린 사회 활동의 초점이었고, 그런 점에서 그린은 중요한 사회봉사를 수행해 왔다.

사회 정의 활동가들이 지적하는 점들을 한번 들어 보자. 나는 그 각각의 경우에서 이들이 정말로 말하고자 하는 것은 객관적이고 제도적인 법률 자체가 바뀌어야 한다가 아니라, 그 법률을 적용해 결정을 내리는 사람들의 주관적인 자세들을 살펴볼 필요가 있다라고 생각한다.(이 활동가들 역시 관련 발달 단계에 대해서는 전혀 이해하지 못하지만 말이다.) 다음이 그 목록이다. 교육계 내 차별(예를 들어 누가 일류

대학에 입학할 기회를 얻는가와 같은 문제), 의료계 내 차별, 법률계 내 차별, 금융계 내 차별, 경제계 내 차별, 가족 제도 내 차별, 정치계 내 차별.(우파들은 반여성주의 혹은 반흑인주의나 인종주의라고 계속 비난받는다. 그리고 그들이 정말로 앰버 민족 중심적 구우파라면 실제로 인종 차별자, 남녀 차별자이고 민족 중심적일 것이다. 이것이 바로 여기서 말하려는 요지다.)

나는 다음을 다시 강조하고 싶다. 위에 나열된 차별들 중에서 법에 의해 강제되는 건 아무것도 없다는 것. "소수자에게 다른 모든 사람보다 더 자주 사형을 언도해야 한다."라고 말하는 법률은 없다. 그럼에도 그러한 일들이 실제로 자주 일어나는데, 특히 법률을 적용하는 사람 자체가 세계 중심적 발달 단계보다 낮은 단계에 있을 때 그렇다.(이런 사람 중에는 그린에서 민족 중심적 앰버 단계로 돌아간 '퇴화한 좌파', 즉 깨진 그린도 있다.) 그러므로 다시 말하지만 이것은 법률 자체 때문이 아니라 그 법률을 적용하는 사람이 민족 중심적 발달 단계에 있기 때문이다. 그리고 우리는 민족 중심적인 법들을 불법으로 만들 수는 있지만, 민족 중심적 발달 단계를 불법으로 만들 수는 없다. 살면서 한 번은 이 단계에 있을 수밖에 없는 세상 모든 사람을 체포할 수는 없으니까 말이다.

여기서 문화 전쟁이 완전히 미쳐 간다. 세계 중심적 단계(오렌지와 그린) 둘 다 인종, 피부색, 성, 민족, 종교에 상관없이 모두가 공정하게 대우받게 하고 싶다. 하지만 앞에서 보았듯이 오렌지가 말하는 공정함은 동등한 기회를 가질 수 있는 자유를 의미하고, 그린이 말하는 공정함은 동등한 결과를 부르는 평등을 의미한다. 따라서 모든 공공재와 모든 직업을 얻는 데 있어 동등한 기회가 주어지는 한 오렌지에게, 예를 들어 흑인은 공정하게 대우받는 것이다. 그리고 오린지들은 지금 이미 대체로 그렇게 되어 있다고 믿는다. 하지만 그린에게 공정함이란 동등한 결과를 의미하므로 흑인이 인구의 13퍼센트를 구성하기 때문에 흑인이 모든 직업과 주요 직함에서 최소한 13퍼센트는 되어야 한다고 믿는다. 그렇지 않으면 흑인이 여전히 차별받고 억압받는 것이고 희생자인 것이다. 오렌지는 "현재의 미국보다 흑인, 여성, 소수자들을 더 잘 대우한 곳은 아무 데도 없었다. 지금이 제일 좋다!"고 주장한다. 하지만 다양한 직종에서 흑인이 13퍼센트 이하이고 여성이 50퍼센트 이하임을 보는 그린은 "지금보다 나빴던 적이 없었다!"고 응수한다. 그리고 여기서 문화 전쟁은 양극단으로 미친 듯이 폭발한다.(앰버로 말할 것 같으면, 이들은 물론 오렌지와 그린 둘 다 싫어한다. 그리고 그들만의 근본주의 종교적 가치들을 이 전쟁에 보탠다.)

이 관점들은 모두 각각 부분적으로만 사실인데, 그렇다는 것은 더 큰 문맥에서만, 즉 완전한 성장의 진정한 홀니스 안에서만 알아차릴 수 있다. 다시 말해, 앞으로 보겠지만 이 전쟁의 유일한 해법은 새로운 선구자로서 통합 단계가 출현하는 것이다. 이 세 전투원(앰버, 오렌지, 그린)들은 모두 부분적으로만 사실인 현실에 초점을 맞추는 첫 번째 층에 속한다. 이들 중에 타자를 완전히 포용할 수 있는 집단은 없다. 첫 번째 층 단계는 자신의 진실과 가치가 가장 중요한 진실이고 가치라고 생각하는 반면, 두 번째 층 단계는 그것들을 모두 통합하고 그것들을 진정한 홀니스(전체)로 끌고 가기 시작한다. 그렇게 이 엄청난 갈등을 서서히 줄여 갈 수 있다. 사람은 누구나 여전히 원점에서 태어나고, 통합 단계보다 낮은 단계들을 통과하는 개인들도 언제나 있을 테지만, 통합 단계가 문화적 발달의 선구자가 되면 사회의 전체 경로가 바뀔 것이다. '이 가치들 중 어떤 것이 옳은가, 다른 옳지 않은 가치들은 어떻게 없앨 것인가?'가 아니라 '이 가치들을 어떻게 모두 합칠 것인가? 우리는 어떻게 초월해 이 모두를 포함할 것인가?'가 맞는 질문이 될 것이다. 요약하면 문화 전쟁의 유일한 진짜 해법은 두 번째 층인 통합의 층이 문화 진화의 선구자로 등장하는 것이다.

성장 위계 대 지배 위계

위의 주제(문화 전쟁의 해법/통합의 층)에 대해서는 터콰이즈/청록 단계를 논할 때 다시 살펴볼 것이다. 지금은 그린 단계에 집중하고 있으므로 지난 수십 년 동안 이 선구자 단계의 일부였던, 특히 유해하기 그지없는 혼동 하나에 대해 지적하려 한다. 이것은 거의 그린(특히 깨진 그린)의 정체성이라고 할 만한 혼동이다. 그린은 보통 *성장 위계*Growth Hierarchies와 *지배 위계*Dominator Hierarchies를 혼동한다. 정확하게 그린의 평등주의 입장(동등한 결과에 대한 욕망) 때문에, 모두가 동시에 경주를 끝내지 않을 때 그 유일한 원인이 그린에게는 차별과 억압이다. 집단 간의 서로 다른 결과의 유일한 이유가 폭군적 권력에 의해 만들어진 지배 위계라는 말이다.

그린에게는 *지배 위계*가 세상에서 가장 혐오스러운 것이다. 카스트제도, 마피아 카사 노스트라, 조직 범죄단, 억압적인 사회 체계, 주인-노예 관계, 독재 정부 같은 지배 위계에서는 높이 오를수록 더 많은 사람을 억압하고 배제하고 지배하고 소외시킬 수 있다. 더 높은 자리일수록 지배가 많아지고 더 낮은 자리일수록 억압이 많아진다. 모든 위계를 지배 위계로 본 만큼, 그린은 자연스럽게 모든 위계를 완전히 끔찍하고 매우 부도덕한 것으로 여긴다. 따라서 당연히 '모든 위계를 깨부수라.'가 그린이 제공하는 유일한 조언이 된다.

하지만 앞에서 보았듯이 어떤 사람이나 집단이 다른 사람이나 집단과 다른 결과를 내는 데에는 많은 이유가 있다. 억압받거나 소외되는 것도 분명 그 이유 중 하나인데, 이런 이유는 분명 진지하게 연구되어야 한다. 하지만 이런 이유가 우리가 보는 이유의 전부라면 우리는 출구 없는 그린에 빠져 있는 것이다. 일종의 불평등한 결과가 발생하는 데에는 발달 스펙트럼 전반에 걸쳐 충분히 정당한 이유들이 존재할 수 있다. 예를 들어 서로 다른 관심사, 재능, 선호, 욕구, 목표 등등. 그리고 사람들은 (IQ 포함) 유전적으로도 서로 다르게 태어난다.

지금까지 수없이 보았듯이 에고 중심적, 민족 중심적, 세계 중심적, 통합적이라는 근본적인 입장들이 존재하고, 이들은 매우 실재하는 *성장 위계* 속 단계들이며, 이 단계들은 상위 단계에 계속 포함된다. 우리는 처음부터 다양성과 다문화주의라는 그린의 가치를 갖고 태어나지는 않는다. 이런 가치들을 가지려면 성장의 다섯 혹은 여섯 단계를 통과해야만 하고 이 단계들이 바로 성장 위계의 단계들이다. 그런데 그린은 모든 위계를 혐오한다. 그린은 모든 위계를 상위 계급이 하위 계급을 힘으로 억압하고 희생시키는 지배 위계로 본다. 따라서 그린은 자신의 목표와 가치에 도달하게 하는 그 (성장의) 길 자체를 적극 부인하고 그 길에 맞서 싸우는 꼴이다. 다시 말해 다음 단계로의 성장을 부인하고 그 성장에 맞서 싸운다.

진정으로 건강한 그린이 되려면 동등한 결과(그린이 보는 사회적 정의를 위한 유일한 목표)에 대한 광적이고 절대적인 집착을 풀 필요가 있다. 우리 문화 속 사람들 사이에서 그 어떤 차이가 존재하는 데에는 관심사부터 생물학적 요인들과 문화적 분화까지 수많은 정당한 이유가 있다. 결과에서의 차이가 언제나 억압이나 희생 때문은 아니다. 그리고 성장 단계가 그 이유들 중에서도 가장 중요한 이유이다. 성장 단계는 진정한 성장 위계이며, 그린의 가치 자체를 향해서도 달려가는 중이다.

자연에는 방대한 수의 성장 위계가 존재한다. 쿼크, 원자, 분자, 세포, 유기체의 위계는 지배 위계가 아니라 성장 혹은 진화 위계이다. 분자는 원자를 혐오하지 않고 지배하지도 않는다. 분자는 원자를 포함하고 포용한다. 혐오하지 않고 사랑한다. 더욱이 애초에 지배 위계를 만드는 것은 성장의 낮은 단계(에고 중심적, 민족 중심적 단계)뿐이다. 성장의 더 높은 단계들(세계 중심적 단계와 특히 통합적 단계)은 지배 위계를 만들지 않을뿐더러 그런 위계에 적극적으로 맞서 싸운다. 성장의 높은 단계들은 사람들을 통제하고 지배하고자 하는 편협하고 제한적인 정체성을 초월하며 나아간다. 그리고 인종, 피부색, 성, 종교에 상관없이 모든 사람을 공정하게 대하는, 더 글로벌하고 더 포용적이고 더 세계 중심적인 정체성을 드러낸다. 요약하면 지배 위계의 유일한 치유법은 성장 위계에 있어서 더 높은 단계로 나아가는 것이다.

그린이 이렇게 난감한 상태에 빠진 것은 멍청해서가 아니라 너무 똑똑해서다. 그린이 오렌지보다 높은 단계임을 기억하자. 그리고 오렌지는 인류에 노예제도 폐지와 현대 물리학과 달 착륙을 선물한 단계이다. 그린이 모든 위계를 의심하는 것은 정확하게 그만큼 오렌지의 보편적 생산품들을 조사할 만한 능력을 갖고 있기 때문이다. 그린은 문제를 발견할 정도로 충분히 똑똑하지만 그 문제를 해결할 정도로 똑똑하지는 않다.

모든 사람이 그린 덕분에 더 진정으로 관용하고 공정해지고 배려심을 갖게 된 것은 좋은 소식이다. 나쁜 소식은 모든 위계를 부인하느라 그린의 다문화주의가 에고 중심적인 문화, 민족 중심적인 문화, 진정으로 세계 중심적인 문화, 심지어 통합적인 문화도 제대로 구분하지 못하게 된 것이다. 그린의 완고한 평등주의 신조에 따르면 이 문화들은 모두 똑같은 대우를 받아야 한다.("모든 위계를 깨부수라!") 따라서 이론적으로 우리는 나치, KKK, 인종 차별주의자, 모든 종류의 성차별주의자를 다문화 테이블로 초대해 완전히 동등하게 대우해야 한다.

물론 이것이 다문화주의가 정말로 바라는 것은 아니다. 하지만 그린은 이 난감한 상태에서 빠져나올 길이 없다. '모든 문화와 모든 가치를 철저히 동등하게 대우한다.(그리고 따라서 모두가 동등한 결과를 누릴 자격이 있다.)'를 부인 불가한 근본 교의로 이미 너무도 공공연히 밝혀 왔기 때문이다. 그린은 수많은 차이를 통합하는 방법을 전혀 모르기 때문에 다음 단계인 통합 단계가 도래할 때까지는 이 문제를 풀 수가 없다. 그때까지 그린은 사회적 정의를 추구하는 정치적으로 올바른 영Spirit이고, 이 영은 보통 수많고 다양한, 그리고 모두가 똑같이 타당한 문화적 해석들이 함께 상호 작용한다는 측면에서 생태학적으로 얽혀 있는 가이아(시스템 이론)의 일종으로 간주된다.(비록 백인 남성에 의한 해석부터 시작해 많은 해석이 정서적인 이유로 거부되기는 하지만 말이다.)

그린 종교

 평등을 강조하는 그린 단계에 있는 종교들은 대개 사회 정의를 추구하는 활동가에게 정당성을 제공하는 도구로 이용된다. 예를 들어 서양에 있는 수많은 불교 센터는 사실 '사회 참여적 불교'로 불리며, 그전에는 기독교 해방 신학이 그랬다. 이런 일이 일어나는 것은 제4자 관점을 등장시킨 그린 단계가, 오렌지 단계가 만들어 낸 제3자의 보편 체계를 적극적으로 반성할 수 있기 때문이다. 모든 곳에서 똑같은, 하나의 거대한 보편 체계를 반성할 때(이 보편 체계에서는 힌두 화학 대 프로테스탄트 화학 같은 것은 없고, 그냥 화학만이 있다.) 그린은 보편 체계 대신 전 세계에서 대폭 변동하고 나뉘어 갈라지고 바뀌는 모든 사회적 가치와 다양한 문화들 속에서 수많은 다름의 상대성을 본다. 따라서 그린은 오렌지의 큰 체계들을 효과적으로 미분할 수 있다.(그래서 다문화주의) 하지만 그 수많은 차이들을 통합할 수는 아직 없기 때문에 당연히 그린은 그 모두를 동등하게 대우해야 한다고 주장한다.(그래서 평등주의를 믿고, 공정하려고 애쓰며, 다문화주의를 포용한다. 그리고 좋은 위계와 나쁜 위계를 혼동하여 모든 위계를 거부한다.)
 영성에 대한 그린 단계 접근법은 미국에서 아마도 교육받고 소셜 미디어에 능한 선도적 중산층 사이에서 가장 흔할 것이다.(밀레니엄 세대 40퍼센트가 사회주의를 선호한다고 한다.) 이 접근법이 가장 만연한 곳은 분명 이른바 '뉴 에이지'라고 하는 곳들이다. 우리는 이미 '사회 참여적 불교'의 광범위한 확산을 보았다. 기독교에서는 조금 드문 편이다. (깨어났건 아니건) 사회 정의, 페미니즘, 자선, 사랑, 좌파 정치, 환경 보호, 열린 이민 정책, 성소수자LGBTQ 권리를 옹호하고, 이

슬람 혐오에 반대하는 기독교가 그린 기독교이다. 다시 말해 그린 단계 자체가 그 단계의 신념을 형성하는 주요한 결정 요인이다.

종교(영성)가 포용하는 성장Growing Up의 고도가 높아질수록 그 종교는 신화-문자적 단계에 처음 생겨나 독단적이 된 종교의 앰버 원조 신화들이 말하는 것에서 더 멀어진다. 또 그래서 개인들은, 그들 종교의 그런 기본적인 신화와 신화적 교리들을 해석하기 위해 영적 지능을 이용하는 데 더 노련해야 한다. 이는 다문화적 가치들이 많은 면에서 종교의 신화적-민족 중심적 핵심 믿음들과 직접적으로 부딪히는, 다원적-탈근대 그린 단계에서 특히 명백해진다. 기독교에서는 가부장적 경향, 만연한 여성 혐오, 생태계에 대한 무관심, 노예제도를 포용하는 자세, 동성애에 대한 심각한 편견 같은 믿음들이 거기에 해당한다. 모두 그린 단계가 절대 받아들일 수 없는 믿음들이다. 따라서 그린 단계의 영적 지능은 이 믿음들을 전부 완전히 거부한다.

이런 충돌들 때문에 종교들은 자신들에게 가장 중요한 것을 제대로 알리는 더 높은 수준의 해석 틀을 발견해야 한다. 전 세계 모든 종교가 오늘날 받고 있는 중심 질문이 '신화를 포기하면 우리한테 과연 무엇이 남을까?'이다. 한번 생각해 보자. 그 대답이 무엇이든 '모세가 홍해를 갈랐다.' '롯의 아내가 소금 기둥으로 변했다.' '노자는 태어날 때 이미 900살이었다.' 같은 것들보다는 훨씬 더 적절할 것이다. 그리고 행운이 따라 준다면 진정한 깨어남 같은 것들이 그 대답에 포함될 것이다. "그리스도 예수 안에 있던 이 의식을 여러분 안에 있게 하여, 우리 모두가 하나가 되게 하라." 이것은 신화가 아니다. 이것은 깨어남의 진정한 합일 상태를 직접적으로 지시하는 것이며, 제대로 된 종교에서 찾을 수 있는 모든 것의 중심에는 바로 이 체험이 있다. 기독교는 특히 정묘한 신성 신비주의("나와 하나님 아버지는 하나이다.")와 원인 상태의 무형 신비주의(영지주의의 '신 너머의 신', 무지의 구름)에 열려 있고, 진정한 투리야, 나됨 신비주의(예수의 "아브라함 이전에 내가 있었다."라는 말이 '그리스도 의식'이라고 불리는 투리야에 대한 직관을 잘 보여 준다.)로 나아갈 수 있다. 그리고 때로 비이원 신비주의에 도달한다.("말씀이 육신이 되어The Word made flesh"는 비이원적 직관을 드러내며 이는 기독교의 가장 높은 형태를 보여 준다. 기독교는 그 최상의 상태에서 '체현 신비주의', 즉 영/육신 비이원 상태를 보여 주는 종교다.)

앞에서 보았듯이 원인 상태의 무형 신비주의에 도달했다는 것은 더 높은 거의 모든 신비 경험에 열려 있다는 뜻이고, 이는 여기서도 분명히 그렇다. 그리스도는 분명 정묘 단계 신성 신비주의를 소개했지만("나와 하나님 아버지는 하나이다.") 원인 단계의 무형 신비주의에도 들어갔고, 이것이 그를 직접적인 투리야 나됨 경험에도 열리게 했다.("아브라함 이전에 내가 있다.") '나됨'의 이 진술이 인류에게 전하는 그리스도의 메시지 중에 핵심이다.

그린 단계에도 기독교에 끌리는 개인들이 있고 이들은 그린 탈근대 기독교로 향하는 경향을 보인다.(나는 우리가 그린 단계를 통해 종교를 보아야 한다고 말하는 것이 아니라, 일부 사람들이 이미 종교를 그린 단계를 통해 보고 있으니, 그렇다면 우리도 이를 주지의 사실로 인식해야 한다고 말하는 것이다.) 이 단계에 있는 잘 알려진 저술가들로 셸비 스퐁 주교와 마커스 보그Marcus Borg가 있다.(이 두 분은 훌륭한 그린으로, 오렌지 합리성을 '초월하고 포함했다.') 영성에 그린의 접근법을 도입한 가장 초기 형태 중 하나가 해방 신학이다. 중남 아메리카에서 발원한 해방 신학은, 특히 가난한 사람들과 사회적 약자들을 돌봐야 한다고 했던 그리스도를 생각할 때 기독교 역시 완전히 다른 세상에서의 영혼의 구원을 약속하는 것만이 아니라 이 세상에서 약자들을 위한 사회적 정의에도 초점을 맞추어야 한다고 강조했다. 진정한 사랑은 그림의 떡 같은 약속을 주는 것이 아니라 지금 실현해야 하는 것이다.(해방 신학은 이 세상에서의 정의가 모든 포괄적인 영성의 중요한 측면이어야 한다고 했지만 진짜 해방도 해방 신학에 포함시켰어야 했다. 우리에게는 그런 탈근대 성장 가치 체계와 함께 진정한 깨어남도 필요하다는 말이다.)

그린 단계의 기독교도에게 그리스도는 기본적으로 사회적 해체의 동력이다.("나는 평화가 아니라 검을 가지고 온다." "부자들, 잘 먹고 잘 웃고 모두가 칭찬하는 자들에게 화가 있으리라." 다시 말해, 좋다고 생각하는 모든 것이 완전히 해체된다.) 그리고 이것은 위계를 뒤집는 것이다.("온유한 자는 땅을 차지하며 영혼이 가난한 자가 천국에 이를 것이다." 등등) 위계(그린에 따르면 가장 큰 억압)를 뒤집는 것으로 그리스도는 이 세상에 사회적 정의로서의 사랑을 불러온다. 체계들도 사랑에 의해 지탱되기 때문에 그리스도는 진정한 생태운동가이고, 근본적인 평등함(생물 평등*Bioequality*, 생명을 가진 모든 존재는 생명의 거대한 그물 속 동등한 가닥들이다.)을 강조하며 지구상 모든 존재를 사랑하고 돌보고자 한다. 비유대인들에게 손을 뻗으며 그리스도는 다양성과 포용(그린의 기본 가치들)에 대한 자신의 깊은 믿음을 입증했다. 어느 종교학자가 그리스도의 가르침을 '급진적 평등주의'라고 한 바 있는데 이 말이 많은 걸 요약해 준다.

마찬가지로 그린 단계의 불교도는 '사회 참여적 불교'로 기울어질 것이다. 사회 참여적 불교는 사회 정의, 좌파 정치, 페미니즘, 성소수자 권리, 생태계, 이민자를 위한 열린 국경 같은 그린의 표준들을 확고하게 믿는다.

그린의 영적 지능에 특별히 초점을 맞출 때 (그 어떤 깨어남 경험이 있고 없고를 떠나서) 그린이 전체 그림 속에 공헌하는 바를 우리는 뭘로 가장 잘 요약할 수 있을까? 그린의 영적 세계관의 중심은 *다문화적 범신론/다신교*라고 할 수 있다. 서로 얽혀 있는 현현 우주의 총체(가이아 혹은 생명의 위대한 그물)는 근본적으로 영Spirit이다.(영을 창조된 우주의 총체로 보기 때문에 범신론임) 하지만 영은 세상의 다양한 문화에서 서로 다르게 나타나고 그 각각이 똑같은 가치를 지닌다.(다문화적임) 그린은 이 다양한 문화 체계들을 통합하는 법을 모르기에 기본적으로 그 모두가 완전히 동등하다고 주장하며, 그래서 기본적으로 사회적 정의에 관심을 둔다. 그 사회적 정의는 그린에 따르면 모든 사람이 동등한 기회를 갖는 게 아니라 동등한 결과를 내는 것이다.

그린은 인류 최초의 진정으로 전체적인holistic 통합 단계를 위한 준비와 토대로서 역사에 남을 것이다. 통합 단계는 그린(그리고 다른 모든 첫 번째 층)을 초월하며 '격변'과 '의미의 기념비적인 도약'을 부를 것이다.[1] 이제 이 통합 단계와 이 단계가 불러올 심오한 홀니스 유형에 대해 살펴보자. 그리고 이 홀니스를 당신의 삶에 바로 지금 어떻게 포함할지에 대해서도 살펴보자.

9장 포괄적-통합적 터콰이즈/청록 단계

통합 단계를 뒷받침하는 엄청난 양의 증거들이 있다. 다양한 연구

터콰이즈/청록 통합 단계 해당 용어들

연구자/체계	성장 단계
통합 이론	틸teal/암청록 전체적, 터콰이즈/청록 통합적
커먼즈와 리처드스	패러다임적, 교차 패러다임적
피셔	체계의 체계
파울러	보편화
겝서	통합적
그레이브스	체계적/통합된
케건	통합된 개인차interindividual
콜버그	보편적 윤리적
뢰빙거	자율적, 통합된
매슬로	심화된 자기 실현
토버트	반어가Ironist
웨이드	진짜의

자들이 이 단계를 위해 사용하는 용어들을 위 도표에 정리해 두었다. *통합된, 체계적, 전체적, 교차 패러다임적* 같은 용어가 강조된다.

통합 단계의 성질

태고의 융합 단계, 레드의 마법 단계, 앰버의 신화 단계, 오렌지의 합리 단계, 그린의 탈근대 단계, 이 모든 이전의 단계들은 자신이 고수하는 진실과 가치들이 유일하게 중요하다고 생각하는 공통점을 갖고 있어서 종종 '첫 번째 층'으로 묶인다. 자기 것과 다른 진실과 가치들은 모두 유치하거나 멍청하거나 확실치 않거나 단지 틀렸다고 생각한다. 그런데 '두 번째 층'의 포괄적-통합적 단계를 시작으로 이전의 단계들이 모두 매우 의미 있다는 관념이 생긴다. 모든 단계가 인간의 성장과 발달의 한 단계이므로 적어도 어떤 단계도 삭제하거나 건너뛸 수 없다. 이 때문에 두 번째 층에 속하는 통합 단계는 진정으로 전체적이고 포괄적인 최초의 단계가 되고, 이는 (클레어 그레이브스가 "대격변", "의미의 기념비적인 도약"이라고 한 만큼) 진화에 있어 놀랍도록 심오한 도약이다. 이제 막 도래했지만 통합 단계는 우리가 아는 인간의 본성을 깊이 바꿔 놓을 것임이 분명하다.

마젠타/자홍색과 레드(마법 단계와 마법-신화 단계)에서 그랬듯이 여기서도 나는 두 주요 단계, 즉 틸/암청록의 전체적Holistic 단계와 터콰이즈/청록의 통합적Integral 단계를 하나로 합쳐 설명할 것이다. 이 둘 중 하나를 의미할 때는 따로 그 이름/색을 말하겠지만 대부분은 합쳐서 터콰이즈 포괄적-통합적 단계로 부를 텐데, 그 이유는 둘 다 두 번째 층에 속하고, 매우 드물게 나타나는 단계인 데다가, 둘 다 함께 성장이 제공하는 최고의 홀니스를 대표하기 때문이다. 어떤 발달 이론을 차용하느냐에 따라 다르겠지만 틸 전체적 단계에 있는 사람은 현재 전체 인구의 5~7퍼센트, 터콰이즈 통합 단계는 0.5~2퍼센트 정도이다. 따라서 터콰이즈 포괄적-통합적 단계에 있는 사람은 합쳐서 약 6~8퍼센트라고 할 수 있다. 어쨌든 이 두 번째 층이 진화에 있어 현재 가장 선구적인 단계임은 확실하다. 그리고 이 단계에서 미래의 진정한 종교들이 발생할 것이다.[1] (세 번째 층의 더 높은 단계 혹은 초통합 단계에 있는 사람들은 현재 극도로 드물어서 전체 인구의 1퍼센트도 되지 않으므로 세상사에 거의 영향을 주지 못한다. 하지만 미래에는 상당한 의미를 갖게 될 사람들이다.) 내가 쓰는 용어, 통합Integral은 발달의 두 번째 층(터콰이즈 포괄적-통합적 단계)을 의미하지만 아퀄AQAL, All Quadrants All Levels(모든 분면, 모든 단계를 의미하는 통합 지도)의 우주적 주소Kosmic Address를 포함하는 통합 메타 이론 자체를 의미하기도 한다.

하버드대학 마이클 커먼즈의 발달 모델은 이 두 통합 단계를 포함하는 세련된 모델의 전형을 보여 준다. 커먼즈를 따르는 한지 프라이나흐트Hanzi Freinacht는 커먼즈의 패러다임 단계(나의 용어로는 틸 전체적 단계)를 다음과 같이 설명한다. "패러다임 단계는 여러 개의 매우 추상적인 메타 시스템을 다룰 수 있어서 세상을 바라보는 새로운 사고방식과 패러다임, 그리고 새로운 과학 혹은 과학 내 새로운 분야들을 창조할 수 있다."[2] 커먼즈는 두 번째 통합 단계이자 그가 보는 가장 높은 단계를 '교차 패러다임' 단계(나의 용어로는 터콰이즈 통합 단계)라고 부르는데, 이 단계가 (틸) 패러다임들을 취한 다음 심지어 더 큰 홀니스를 창조하기 위해 그것들을 다른 패러다임들과 교차 및 종합하기 때문이다. 그는 이 교차 패러다임 단계를 다음과 같이 설명한다. "교차 패러다임 단계는 여러 패러다임을 다루며 새로운 분야들을 창조해 낼 수 있다. 뉴턴 물리학, 다윈의 진화론, 혼돈 수학과 복잡성의 발명, 컴퓨터 조작 방식의 발명, 켄 윌버의 전체적 '통합 이론' 발명, 끈 이론 발명 같은 것들이 그런 분야들이다."3

당신은 이 두 통합 단계가, 서로 미세한 차이는 있겠지만, 상세하고 복잡한 수많은 것들을 놀랍도록 새로운 홀니스(전체)로 합치는 것과 상관 있음을 볼 것이다. 그 홀니스(전체)는 (최소한 "켄 윌버의 전체적 '통합 이론'"에 따르면) 깨어남, 성장, 열림, 정화, 드러냄을 포함한다. 이것들이 교차 패러다임 방식으로 합쳐질 때 진정한 빅 홀니스가 이루어진다. 맞다. 터콰이즈 포괄적-통합적 단계는 이 일을 할 능력이 있다. 그리고 그만큼 중요하게 홀니스의 완전히 새로운 유형들을 찾는 방법도 알고 있다. 예를 들어 플로티노스는 그 시대에 허락된 최고의 사상가였고, 또 최고로 통합된 아름다운 천재였다. 그는 대체로 (현실의 모든 근본적인 차원들을 포함한) 드러냄Showing Up과 (일자One를 어떻게 직접 경험할 것인가에 대한) 깨어남Waking Up을 다루었지만, 그가 살았던 당시에는 성장, 열림, 정화에 대한 구체적인 이해가 존재하지 않았다. 하지만 오늘날에는 이 홀니스들도 매우 중요하다.

터콰이즈 포괄적-통합적 단계와 일미

프라이나흐트의 교차 종합 사례들을 보면 동시대의 통합적 접근법들은 모두 주류 과학을 포함하는 것이 분명하고, 통합 메타 이론도 분명히 그렇다. 하지만 이 책에서 나는 특히 영성과 영적 지능에 집중하고 있으므로 계속 이 주제들에 집중하려 한다.

깨어남에서 투리야티타 혹은 일미가 뚜렷하게 나타나는 것은 기본적으로 성장의 포괄적-통합적 단계에 이르러서다. 물론 합리적 원인 무형의 신비주의 등장과 함께 의식의 모든 형태가 제거되었으므로, 더 높은 단계의 신비적 경험이 최소한 가능성의 차원에서는 존재할 수 있게 되었다. 하지만 투리야티타, 일미가 실제로 등장했을 때 그것은 거의 항상, 포괄적-통합적 발달 단계와 함께였고, 그로 인해 일미의 해석도 놀라울 정도로 포괄적이 되었다. 깨어남과 성장의 단계들이 비교적 서로 독립적이긴 하지만, 성장의 터콰이즈 통합 단계가 처음 가능해졌을 때 깨어남의 단계가 저절로 투리야티타로 나아가는 경향을 보였다. 이 둘의 결합(즉 포괄적-통합적 단계에 의해 해석되는 투리야티타 일미)이 티베트 불교, 탄트라, 베단타, 밀교 일반 같은 매우 전체적이고 포괄적이고 통합적인 접근법들을 낳았다.

기독교도라면 터콰이즈 통합 단계에서는 성장의 모든 단계가 중요하고 아무것도 건너뛸 수 없으므로, 그리스도의 가르침은 분명히 그것이 각 단계에서 드러나는 대로 해석되어야 할 것이다. 그래야 그리스도의 가르침이 성장의 모든 단계에 효과적으로 호소할 수 있으며, 독단적으로 한 단계만 유일하게 옳은 단계로 만들지 않을 테다.(이는 기독교도를 전형적인 '신화-문자' 독단에서 벗어나게 해 준다.) 나아가 기독교가 그 신자들에게 성장의 주요 단계 각각에서 기독교의 메시지를 어떻게 해석해야 하는지를 가르칠 때 기독교는 변형 보측자(보조를 맞춰 걷는 사람) 기능을 하게 된다.(진정한 성장의 촉진자이자 그 성장이 제공할 수 있는 깨어남의 촉진자가 된다.) 나는 이런 성장, 변형에 도움을 주는 모든 시스템을 '컨베이어 벨트'라고 부르고, 컨베이어 벨트로서의 기독교는 기독교적 통합적 이해를 반영한다.

진정한 빅 홀니스를 포용하는, 진정으로 포괄적인 성질 때문에 터콰이즈 통합 단계는 잠재적으로 성장과 깨어남을(그리고 정화, 열림, 드러냄까지) 포함할 수 있고, 성장, 깨어남, 정화, 열림, 드러냄은 인류 역사상 처음으로 진정한 빅 홀니스 안에서 함께 포용될 수 있다. 이런 통합적 접근법은 종교가 함께하든 그렇지 않든 일어날 것이다. 하지만 종교가 동참한다면 우리는 진화의 상당히 낮은 과거의 단계만이 아니라 미래의 더 높은 단계도 아우르는, 믿을 만한 진정한 미래의 종교를 갖게 될 것이다. 모두가 천국으로 돌아가는 길 위에 있는 에덴동산에 있게 되는 것이다.

이것은 인간의 성질 자체(인간은 무엇이며, 무엇이 될 수 있나?)에 대한 가장 깊은 개념들도 바꿀 것이다. 그리고 종교는 (너무 자주 근대와 탈근대 정신들에 의해 조롱과 욕설의 대상이 되는) 지금과 같은 것이 아니라 진정한 컨베이어 벨트로서 인류의 깨어남과 성장을 돕는, 그리고 믿을 만한 미래의 종교임을 제대로 증명하는, 사회적 변형의 보측자가 될 것이다. 통합 단계가 지닌 진정으로 전체적인 성질을 고려할 때 그 영적 지능이 깨어남 의식 상태를 직접적으로 알아차린다면 그것은 보통 투리야와 투리야티타를 강조하는 다섯 번째 유형의 신비주의가 될 것이다. 그리고 투리야티타가 사실상 지금까지 알려진 깨어남의 가장 궁극적인 상태이긴 하지만 다른 모든 주요 영적 상태들도 포함될 수 있음을 알 것이고, 그리고 그 각각이 성장의 6~8 주요 단계 각각에 의해 해석될 수 있으며, 실제로 그렇게 해석될 것이다.(이 경우에는 통합 단계에 의해 해석된다는 뜻이다.)

다시 말해 터콰이즈 통합 단계에 기반하여 전개되는 진정으로 포괄적인 영성(혹은 통합적 삶을 위한 연습)은 윌버-콤즈 격자(143쪽 참조)

내 모든 교차점에 대한 완전한 인식에 열리게 될 것이다. 윌버-콤즈 격자는 진화의 현시점에 인류가 발현할 수 있는 잠재성을 전체적으로 가장 간결하게 요약한 것이다. 다른 중요한 잠재성들(정화, 드러냄, 열림)도 있지만 성장 잠재성의 중심은 깨어남과 성장이다. 앞에서 보았듯이 격자의 위쪽은 깨어남의 주요 다섯 상태를 말하고 격자의 옆쪽은 성장의 6~8단계를 보여 준다. 격자는 근대 이전에서 근대와 탈근대와 통합 단계로 이어지는 인류 진화의 길 동안 발견된 가장 높은 인간 잠재성의 중요한 일부(성장과 깨어남)를 제대로 요약해 준다. 그러므로 격자의 모든 교차점을 실현하는 것은 100만 년간의 인간 진화 중 가장 훌륭하고 빛나는 것들을 실현하는 것이다. 그리고 그것이 좋은 삶의 한 형태를 나타내기 때문에, 이제부터 그보다 덜한 어떤 것도 깊은 만족감을 주지는 못할 것이다.

  물론 통합 단계에 도달한다고 해서 깨어남 경험을 자동으로 하게 되는 것은 아니다. 성장과 깨어남은 정말로 서로 (비교적) 독립적이기 때문이다. 그러나 동시에 가장 포괄적이고 가장 적절해서 깨어남 의식을 경험하고 해석하는 '최고의' 단계는 정말로 터콰이즈 통합 단계이기에(가장 포괄적인 단계라서 그렇다.) 통합 단계에 있는 사람의 영적 참여에 관한 이상적인 목표는 진정한 깨어남을 직접적으로 경험하는 데 도움이 될 수행과 연습을 찾아 시작하는 것일 테다. 이 사람들에는 깨달음의 두 궁극적 상태, 즉 투리야와 투리야티타의 직접적인 실현을 목표로 하는 사람도 포함된다.(투리야티타는 통합 단계 성향을 가지며 투리야를 완전히 '초월하고 포함하므로' 두 상태는 일반적으로 터콰이즈 통합 단계에서 일어나는 깨달음으로 다루어진다.) 게다가 포괄적인 명상(상태 단계로서 의식의 다섯 상태를 전부 포함하는 명상)을 수행한다면 가장 높고 혹은 가장 궁극적인 이 두 상태는 물론이고, 깨어남의 가능한 모든 상태를 자동적으로 포함하게 될 것이다. 그리고 성장의 가장 높은 단계에 의해 해석되는 깨어남의 가장 높은 상태를 경험하는 일은(즉 터콰이즈 통합 단계에 의해 해석되는 투리야티타 일미 경험을 하는 일은) 윌버-콤즈 격자의 모든 교차점을 '초월하고 포함할 테니' 정말이지 이상적인 상황이 아닐 수 없다.

약간 다른 주제이긴 하지만 나는 일미 경험을 위해 만들어진 영적 전통들이 포괄적-통합적 발달 단계에 이미 접촉했거나 최소한 통합 인식의 원형과 접촉한 (예를 들어 나가르주나나 플로티노스 같은) 스승들에 의해 수립되었을 가능성이 매우 높음을 시사한 바 있다. 깨어남과 성장이 비교적 서로 독립적이더라도 깨어남에 대한 비이원적 접근법들은 영성에 대해 매우 급진적이고 개혁적이라서, 첫 번째 층에서 두 번째 층으로의 급진적인 전환을 이미 마친 사람들이(그래서 홀니스를 깊이 수용할 수 있는 능력을 지닌 터콰이즈 교차 패러다임 단계로 옮겨 간 큰 사람들이) 더 잘 받아들일 것이다.

인류 역사상 어느 시점을 보더라도, 성장 스펙트럼의 모든 단계에 있었던 사람들이 일부 있었음을 알기 바란다.(하버마스는 부족 사회 시대에도 형식적 조작적 단계, 즉 통합 이론이 말하는 오렌지색 단계 사람들이 극소수 있었다고 추정했다.) 발달 스펙트럼상 다른 한쪽 끝에 대해서 말하자면, 오늘날 세 번째 층(초-통합적 단계)에 가 있는 사람은 0.01퍼센트도 안 된다고 추정된다. 그래도 미국 내 약 3만 3000명이 아주 높은 단계에 있다는 뜻이다. 따라서 엄청나게 발달했거나 진화한, 획기적인 학문의 창시자가 존재할 수 있다.(이들은 최소한 두 번째 층에 있을 테고, 일부는 세 번째 층에도 있을 것이다.) 비록 그 추종자는 거의 그렇지 못하다고 할지라도 말이다.

그러므로 깨어남 영성의 비이원적 학파의 모든 창시자, 혹은 어떤 창시자가 (일미 의식을 정확하게 해석하는, 엄청나게 거대한 전체적 능력을 갖춘 교차 패러다임 단계 같은) 성장의 두 번째 층, 통합 단계나 그 원형 단계에 있었다고 하더라도 나는 놀라지 않을 것이다. 그러나 나가르주나를 비롯한 그들은 깨어남에 있어 투리야에서 투리야티타로, 무형의 공에서 '형상 아닌 것이 아닌 공'으로, 절대적 주관성(혹은 대상 없는 의식)에서 주체와 객체를 완전히 초월한(그리고 포용한) 비이원적 일미로, 삼사라와 완전히 분리되는 니르바나에서 그 둘을 더 큰 홀니스 안에서 포함하는 비이원적 바탕으로, 확실히 밀고 나아갔다. 그리고 이것은 단순한 자연 신비주의의 합일이 아니었다. 자연 신비주의의 합일에는 무한한 공의 깨달음이 없고, 형상의 총계로서 혹은 현현된 유한한 우주의 총체로서 범신론적 영만 있다.(언더힐이 "의식의 수직적 변형"이 아니라 "의식의 수평적 확장"이라고 했던 것) 나가르주나 같은 사람들이 깨달은 것은 공과 형상, 니르바나와 삼사라를 완전히 포함하는, 모든 존재의 진정한 바탕이었다.(이 땅과 분리된 천국이 아니라 이 땅 위의 진정한 천국이었고, 의식의 진정한 수직적 변형이었다.)

천재 불승 나가르주나는 이 진화적 혁명의 가장 뛰어난 전령이라 할 만하다. 따라서 나가르주나의 역할과 그의 혁명적 발견을 명백하게 통합적인 관점으로 간략하게나마 살펴보는 것이 전체적인 그림을 정확히 보는 데 도움이 될 것이다.

나가르주나는 초기 불교에 흠뻑 젖은 분위기에서 태어나 자랐다. 초기 불교는 원인/투리야의 깨달음과 삼사라 자체(현현된 무한한 상대적 세상)가 본래적인 고통$_{dukkha}$, 욕심, 환영/착각으로 가득하다는 믿음과 그런 착각에서 벗어나는 유일한 방법이 의식 속에서 모든 현상을 완벽하게 끊어 내는 '니르바나(삼사라와 완전히 분리된, 절멸 상태로서의 니르바나)'를 획득하는 것이라는 믿음에 그 뿌리를 두고 있다.

이런 원인/투리야 깨달음은 사실 매우 이원적이다. 니르바나와 삼사라, 공과 형상, 하나One와 다수Many가 서로 다르고 분리되어 있다고 말한다. 이것은 기껏해야 공, 무형의 투리야, 순수하고 완전한 니르바나(절멸)와 니로드흐(소멸), 즉 삼사라를 통합하는 것이 아니라 완전히 삭제하는 세상이다.

그럼에도 니르바나의 상태는 신화가 아니다. 니르바나는 매우 실재하고 취할 수 있는 깨어남의 상태이다.(다시 말해 깨어남의 네 번째 투리야 상태) 우리는 베트남전쟁 때 그 충격적인 예를 보았다. 당시 불교 스님들이 (불교 깃발을 걸지 못하게 한 것부터 전쟁 자체에 이르기까지) 다양한 문제들에 항거하며 니르바나/니로드흐의 순수한 소멸 상태에 들어갔는데 그들은 몸에 가솔린을 붓고 불을 붙였다. 수백만 시청자가 보는 생방송 중에 타죽어 갔지만, 몸을 조금이라도 움직이는 스님은 한 명도 없었다. 니르바나는 매우, 매우, 매우 실재하는 상태이고 현현 우주 전체로부터 진정한 해방과 자유를 제공한다.

나가르주나는 이런 니르바나 상태의 존재를 의심하지 않는다. 다만 그것이 우리에게 가능한 가장 높은 상태인지 의심한다. 그리고 그는 '그렇지 않다.'는 결론을 내린다. 니르바나 너머에 새롭게 접근 가능해진 비이원성(깨어남의 다섯 번째 상태)이 있고, 이 비이원 상태는 초기 불교가 추구했던 니르바나만의 더 작은 실재를 통합하고 온전하게 만든다. 나가르주나는 니르바나가 삼사라와 완전히 분리된 것이고 공이 모든 형상과 완전히 단절된 상태라면, 비이원 상태는 니르바나와 삼사라를 이음새 없이 연결하고 공과 형상을 완전히 합치고 하나와 다수를 전체Whole로 만든다고 말한다. 그러한 이원성은 깊은 단계에서 보면, 그 아래에 놓여 있는 비이원적이고 전체적인 실재의 두 측면임이 밝혀졌다. 이것은 자석이라는 하나의 근본적인 실재(그것들은 '둘이 아니다.' 혹은 '비이원적이다.')가 남극과 북극이라는 두 측면을 갖고 있는 것과 같다. 이를 『반야심경』에서는 이렇게 말한다. "색즉시공 공즉시색.色卽是空 空卽是色" 니르바나가 삼사라와 다르지 않으며 삼사라가 나르바나와 다르지 않다는 말이다. 그리고 이 통찰로 영성의 온 세상이 전복된다. 예를 들어 이제 섹스를 영적 깨달음에 방해물로 보는 대신에 섹스와 영을 하나로 볼 수 있고, 따라서 섹스는 영에 반하는 죄가 아니라 영으로 향하는 직선로가 된다. 이에 대해서는 17~19장에서 통합 성 탄트라를 탐구할 때 자세히 살펴볼 것이다.

나가르주나는 이 새로운 전체적 실재를 '공'으로밖에 해석할 수 없는 순야타Shunyata라고 불렀다. 하지만 이 공은 형상의 반대를 뜻하는 공과는 상당히 다른 공이다. 이 공Shunyata은 '형상 없음Formless'이 아니라 '형상과 다르지 않은 것'으로 사실상 모든 형상을 포함한다. 이 공은 일반적 의미의 공 그리고 모든 형상을 온전히 포함하는 비이원적 합일을 의미한다.(이 둘은 실제로 '둘이 아니다.') 요컨대, 이것은 이원적인 파편화가 아니라 비이원적인 전체성Wholeness이며, 형상과 분리된 공이 아니라 형상과 하나 된 공이다. 그리고 이 새로운 전체성이야말로 진정한 공(순야타), 혹은 진정한 영이다.

그런데 나가르주나의 지적은 여기서 심지어 더 깊이 들어간다. 중요한 것은 그 비이원적인 공, 즉 그 궁극적이고 절대적인 실재를 어떻게 정말로 아는가 혹은 어떻게 직접적으로 깨닫는가이기 때문이다. 나가르주나는 공에 대한 언어적이고 개념적 설명은 그냥 이해할 수 없다고 말한다. 그건 단지 묘사에 의한 설명일 뿐이다. 모든 궁극적 실재(진짜 공 혹은 영)를 진정으로 알고 온전히 깨달으려면 직접적, 즉각적으로 경험해야 한다. 혹은 어떻게든 그것을 직접적으로 의식하는 상태로 들어가야 한다. 그럴 때 우리는 묘사Description가 아니라 면식Acquaintance에 의한 지식을 얻게 된다.

예를 들어 여기 성장의 오렌지 단계에 있는 사람이 있다. 이 사람은 자신이 있는 단계보다 두 단계 더 높은 터콰이즈-통합 단계에 대한 책을 하나 받았다. 그리고 여러 번 읽어 통합 단계의 성질들을 모두 외운 다음 시험을 쳤고, 정답만 적어서 A 플러스를 받았다. 그렇다고 이 사람이 통합 단계를 직접적으로 안다고 할 수 있을까? 아니다. 이 사람은 여전히 오렌지색 단계에 있고, 면식 혹은 실제 의식을 통한 직접적인 앎에는 근처도 가지 못했다. 이 사람이 아는 것은 진짜 경험이 아니라 명칭과 설명뿐이다. 이것은 마치 버뮤다 지역으로 휴가를 간다고 하면서 지도책만 들여다보는 것과 같다. 그렇게는 버뮤다 지역을 정말로 알 수 없다. 마찬가지로 나가르주나에 따르면 우리는 순야타(궁극적 합일 의식, 순수한 비이원성)를 직접 경험해야 한다. 왜냐하면 그러지 않고는 그 상태를 아무리 '정확하게' 묘사한다고 해도 그것을 정말로 아는 것이 아니기 때문이다. 그것은 진짜 버뮤다가 아니라 버뮤다 지도만 보고 있는 것이다.

나가르주나는 당신이 궁극적 실재로 어떤 성질 혹은 특성을 택하든(즉 궁극적 실재가 영이든, 신이든, 의식이든, 하나임이든, 비이원성이든, 사랑이든, 빛이든, 선함이든, 진실이든, 아름다움이든 혹은 다른 무엇이든) 그것을 x

라고 할 때 궁극적 실재는 'x'가 아니고, 'x가 아닌 것'도 아니고, 'x 이면서 x가 아닌 것'도 아니고, 'x가 아니면서 x가 아닌 것이 아닌 것' 도 아니다라고 말함으로써 이 요지를 공식화한다. 그러니 말이 무슨 소용이 있겠는가? 순수한 진실을 궁극적 실재로 선택할 때 당신은 궁극적 실재는 순수한 진실이라고 말할 수 있다. 하지만 나가르주나 는 궁극적 실재는 진실도 진실이 아닌 것도 아니고, 그 둘 다도 아니 고, 그 둘 다 아닌 것도 아니라고 할 것이다. 다 아니다. 다 적합하지 않다. 왜냐하면 그 어떤 것도 (당신이 믿는 궁극적 실재) 그 진실에 대한 직접 경험을 가져다주지는 않을 것이기 때문이다. 기호학으로 말해 보면 실재하는 지시 대상을 실제로 모른다면 그 어떤 기표(시니피앙) 도 그 실재를 대신할 수 없다. 오르가슴이란 단어를 거듭 말할 수 있 겠지만 한 번도 직접 느껴 보지 못했다면 그 말은 실제 오르가슴 근 처에도 가지 못하고, 앞으로도 그럴 것이다.

궁극적 실재를 진정으로 아는 것에 관해서라면 어떤 말과 개념도 소용없다.(맞다. 이 말도 마찬가지이다.) 실제로 우리의 모든 말은 그 반 대와 비교할 때만 의미가 있다. 쾌락 대 고통, 선함 대 악함, 무한 대 유한, 삶 대 죽음 등등. 그런데 궁극적 실재는 모든 것을 완전히 철저 하게 포함하기 때문에 반대가 없다.(하지만 이 말 자체도 효력이 없다. 이 말도 그 반대, 즉 모든 것을 배제하기와 비교할 때만 의미가 있으니까.)

하지만 우리는 궁극적 실재를 알 수는 있다. 상대적인 말과 개념 을 이용하는 것이 아니라 우리 의식을 궁극적인 상태로 바꾸면서, 즉 궁극적인 합일 의식 혹은 궁극적인 비이원 의식 혹은 일미로 바 꾸는 것으로 알 수 있다. 이런 의식 상태일 때 우리는 궁극적 실재 그 자체를 직접적으로 알게 되고, 그러한 상태의 활성화가 궁극적 실재 혹은 영이 무엇인가라는 질문에 대한 유일한 답이다. 진정한 깨어남을 경험하지 않을 때 그것에 대해 우리가 갖는 모든 생각은 그 반대에 기반한 것이고, 그렇다면 그것은 진정한 깨어남이 아니다.(그리고 나의 이 말도 그 반대에 기반하므로 효력이 없다.) 지도가 아니라 진짜 땅을 원한다면 실재 속에서 직접 깨어나야 한다. 진정한 깨어남을, 의식의 진정한 수직적 변형을 이루어야 한다.

요약하면 이렇다. '진정한 공', '비이원성', '궁극적 실재', '영'은 무엇보다도 (이 문장을 포함한) 모든 말과 개념을 초월한다. 그것은 실질적인 상태이고 실재이지만, 진정으로 알고 싶다면 면식(혹은 즉각적 의식)에 의한 앎이어야지 단순한 묘사(혹은 언어와 개념)에 의한 앎이어서는 안 된다. 그런 일이 일어나게 하려면 그 상태 자체를 즉각적, 직접적으로 경험해야 한다. 이런 경험이나 직접적인 깨달음에 선행하는 말은 그게 무엇이든 효력이 없다. 일단 깨닫고 난 다음에 모든 말이 효력을 갖게 된다.(이는 전혀 합리적이지 않은, 선불교의 화두를 생각해 보면 쉽게 이해할 수 있다. 화두는 직접 경험이나 사토리를 전제한다. 다시 말해 사토리/직접 경험을 해 본 적이 없다면 전혀 이해할 수 없다.) 그러므로 당신은 성장의 어떤 단계에도 있을 수 있고, 깨어남의 궁극적 실재를 묘사하려 무슨 말이든 할 수 있지만, 그 말들 가운데 어떤 것도 당신에게 자동적으로 진짜 깨어남 경험을 주지는 않을 것이다. 경험 자체만이 당신에게 진정한 실재를 보여 줄 것이다.

말과 개념은 상대적인 세상의 상대적인 진실을 말할 때만 훌륭하다. 예를 들어 우리는 "물은 수소 원자 두 개와 산소 원자 한 개가 모인 것이다."라고 말할 수 있고, 이 말은 훌륭하고 효력도 있다. 하지만 궁극적 실재를 말할 때 우리는 예를 들어 "상대적 진실에서는 물이 산소와 수소로 이루어져 있지만 궁극적 진실에서는 영으로 만들어졌다."고 말하고 싶을지도 모른다. 하지만 이 말은 효력이 없고 말이 되는 것 같더라도 공허한 말이다. '영'을 그냥 말하는 것과 영을 정말로 아는 것은 전혀 다르기 때문에 이 말은 아무 의미가 없다. 이 말이 정말로 이해될 때는 당신 자신이 영 자체를 온전히 직접적으로 경험할 때뿐이다. 그리고 그런 일을 일어나게 하는 말은 없다. 그런 일을 일어나게 하기 위해서는 성장Growing Up 단계의 진술이 아니라 깨어남Waking Up의 경험이 필요하다. 직접적인 깨어남 이전에는 어떤 말이나 용어 혹은 설명이나 개념도 진짜 사실이 될 수 없다. 무엇을 설명한다기보다 기껏해야 비유하는 정도이다. 그러므로 여기 나의 말들도 모두 비유/메타포이고 이 말들을 당신이 아무리 원하는 대로 해석할 수 있다고 해도 내가 깨어남 경험으로 의미하는 것을 정확히 이해하려면 당신 스스로 깨어나 봐야 한다.

그래서 나가르주나는 성장 단계의 단순한 진술(혹은 영적 지능의 생각들)은 우리를 궁극적 진실 근처에도 데려가지 못한다고 했다. 우리는 선불교가 말하는 '사토리', 직접적인 깨어남, 순수한 비이원을 경험해야 한다. 그러므로 "영이 무엇인가?" 혹은 "신은 존재하는가?" 같은 질문에 말로 할 수 있는 유일한 답은 "사토리를 얻어서 스스로 알아내라."일 것이다. 당신은 예를 들어 "그렇다, 신 혹은 궁극적인 영은 정말로 존재한다."라고 그야말로 말할 수 없다. 이것은 그 의미가 그 반대에 의존하는 하나의 진술일 뿐이다. 당신은 사토리를 얻거나 진정한 깨어남 경험을 한 후 그 궁극적이고 절대적이고 모든 것을 포함하는 실재를 당신 스스로 직접 보아야만 한다.[4]

뉴 패러다임 과학에 내재하는 이원성

우리는 과학 내 '뉴 패러다임'들이 자신들이 발견한 합일이 신비주의가 늘 말해 왔던 그 합일이라고 주장할 때 특히 조심할 필요가 있다. 예를 들어 데이비드 봄과 관련해, '새로운 물리학'은 서로 분리되어 있는 사물과 사건의 '명백한 질서' 밑에는 궁극적인 합일의 '함축된 질서'가 있으며, 이 '함축된 합일'이 세계의 신비주의자들이 본 그 궁극적 합일임을 증명했다고 흔히들 말한다. 하지만 과학의 '뉴 패러다임'을 상세하게 다 배운다고 해도 절대 그 실재를 실제로 보여 줄 깨어남을 경험하게 되지는 않는다. 당신이 보는 지도만 더 많아질 뿐 버뮤다 자체는 여전히 전혀 보이지 않을 것이다.

더 나쁜 것은 그 지도들 자체가 극도로 이원적이라서 그들이 말하는 합일은 그 반대와 연결될 때만 성립하는 합일이라는 점이다. 봄의 '함축된 질서'는 그것으로부터 분리되고 그것과 다른 '명백한 질서'가 있을 때만 말이 된다.(이것이 봄이 주장하는 바이다.) 이것은 예전에 나가르주나가 그 이원적인 분리를 맹렬히 비판한 니르바나와 삼사라, 공과 형상, 하나 대 다수의 대치와 다를 바 없다. 나는 이 문제를 봄에게 한 번 언급한 적이 있는데, 뒤이은 작업에서 그는 '초-함축적super-implicate' 질서를 소개했다. 이것은 함축된 질서와 명백한 질서 둘 아래에서 그 둘을 합치고 통합하는 질서를 말한다. 하지만 초-함축적은 더 이원적인 말이다. '초-함축적'이란 '초-명백한'과 비교할 때만 의미가 있다. 이것은 결국 (나가르주나가 증명했듯이) 어리석음으로의 무한한 퇴보를 부를 뿐이다. 여기서 정답은 성장의 지도와 깨어남의 진짜 땅을 더 이상 혼동하지 말고 깨어나 버뮤다 자체를 직접 경험하는 것이다.

우리는 양자역학에서도 같은 문제를 본다. 양자역학에 대한 아주 흔한 뉴에이지(그리고 뉴 패러다임) 관점에 따르면 양자역학이 모든 분리 아래 놓여 있는 하나의 서로 뒤섞인 합일, 진짜 하나임이 실재임을 직접적으로 보여 준다고 한다. 다시 말해 양자역학이 우리에게 '궁극적 합일'을 보여 준다는 것이다. 투리야티타의 궁극적 합일 의식에서 직접 경험하는 그 합일 말이다. 예를 들어 프리초프 카프라Fritjof Capra도 그의 책 『물리학의 도교The Tao of Physics』에서 현대 물리학이 선불교를 수행하는 사람이 진짜 사토리를 경험했을 때 인식하는 그 똑같은 실재를 보여 준다고 주장했다.

이런 믿음은 전문 물리학자들이 현대 물리학을 이해하는 것만으로는 진짜 사토리는 고사하고 그 비슷한 어떤 것도 결코 경험할 수 없다는 문제를 설명해 주지 못한다. 그리고 수많은 물리학자들 스스로가 이런 식의 생각을 완전히 거부한다. 즉 현대 물리학을 공부할 때 깨어남의 신비적 합일 경험을 할 수 있다는 생각 자체를 완전히 거부한다. 만약 그것이 사실이라면 현대 물리학이 우리에게 궁극적-합일을 보여 줄 테고, 현대 물리학을 마스터하면 반드시 깨어날 테며, 곧장 그 궁극적 합일을 알게 될 것이다. 하지만 그런 일은 거의 확실히 절대 일어나지 않는다. 궁극적 합일 의식을 갖는 것은 분명 가능하지만, 그런 일은 단순히 현대 물리학을 공부하는 것으로는 거의 절대 일어나지 않는다. 이 둘은 그냥 비슷할 수조차 없다.

그러므로 어떤 '뉴 패러다임'이 세상의 궁극적 하나임(영적 신비주의들이 사토리로 발견하는 바로 그 합일)을 보여 준다고 말하면 꼭 조심하기를 바란다. 그것은 시스템 이론이나 양자역학에 대한 일종의 개념적 개관(그리고 그것과 동양의 아카식 기록 같은 것과의 개념적 연결)은 줄 수 있다. 그러나 그 패러다임이 무엇을 주든 절대 주지 않는 것이 있으니 바로 실제 땅으로의 진짜 깨어남이다. 위대한 전통들(해탈의 길들)은 당신이 한 일은 그저 철의 사슬에서 황금 사슬로 바꾼 것일 뿐 여전히 사슬 안에 있다고 말할 것이다. 진정한 실재를 경험하려면 그 어떤 진정한 사토리(혹은 깨어남)가 필요하다. 그리고 그 사토리로 보게 될 것이 무엇인지, 그것을 설명할 정확한 방법은 없다. 직접 사토리를 얻고, 당신 자신의 눈으로 보는 수밖에 없다.

성장Growing Up에 속하는 영적 지능이 만들어 내는 개념적 체계와 깨어남Waking Up에 속하는 영적 실재의 직접 경험을 혼동하지 않도록 조심하고 또 조심하기를 바란다. 달을 가리키는 손가락을 달 자체와 혼동하지 말자. 그럴 위험이 너무 높다.

탄트라의 의미

탄트라는 성性과 깊이 관련한 것으로 가장 잘 알려진 영성의 한 형태이다. 물론 이것이 탄트라에 대한 정확한 설명은 아니다. 탄트라가 정말 관련하는 것은 (물론 섹스도 포함하는) 생명력 혹은 프라나Prana이고, 이는 아주 비이원적인 방식으로 그렇다. 동서양의 거의 모든 초기의, 비이원 이전(투리야티타 이전) 영성 학파들은 당신이 들어가 있는 현재 상태(속계의 삼사라)와 당신이 들어가기를 바라는 새로운 상태(진계의 니르바나) 사이를 명확하게 구분했다. 이 두 상태는 보통 아주 다른 것이었다.(전자는 모두 나쁘고 후자는 모두 좋았다.) 그리고 죄와 괴로움과 삼사라에서 벗어나 축복 가득한 자유, 구원, 니르바나 상태로 나아가는 것이 중요했다. 이 많은 학파에서 육체 자체가 악마화되었고 육체에 좋은 것은 모두 영을 깨닫는 데 심각한 방해물로 간주되었다. 그 목록 가장 위에 섹스가 있었다. 신성, 무형, 혹은 참나 신비주의 학파 중 금욕을 장려하지 않은 학파는 거의 없었다.

탄트라의 혁명적인 영향력이 여기에 있다. 왜냐하면 정확히 말해 진정한 탄트라는 깊이 비이원적이기 때문에 영과 성을 서로 상반된 것으로 보지 않는 것은 물론이고 서로 분리된 것으로도 보지 않고 오히려 근원적인 전체의 두 측면이라고 보기 때문이다. 그래서 섹스는 더 이상 영으로 향하는 길에 장애가 아니고 사실 영으로 향하는 직선로가 될 수 있다. 그러므로 탄트라가 도래하는 곳마다(탄트라는 인도에서 11~12세기 사이에 발달했다.) 영적 입문식에는 대개 성적인 요소들이 포함됐다. 사실 인도에서 탄트라 입문식에는 대개 '다섯 M'이라고 하는 것이 포함된다. 산스크리트어로 모두 M으로 시작되기 때문에 붙은 이름인데 섹스, 술, 붉은 고기 같이 당시 거의 모든 종교에서 금지된 것들을 말한다.

다섯 M은 어디를 보든 오직 영만이 존재한다는(즉 절대적으로 아무것도 배제되지 않는다는) 사실에 대한 상징으로서 탄트라 입문식과 탄트라 수행에 모두 완전히 포함된다. 이것은 거의 전례 없던 종류의 영적 홀니스였다. 원죄, 본래적 두카(고통) 혹은 존재론적 불안으로 얼룩진, 매우 가엾고 소외되고 추락한 존재 자체에 대한 사실상의 피할 수 없는 반동이 마침내 간파되어 풀려났고, 이 순간과 모든 순간의, 은유적으로 항상 존재하고 모든 것을 포함하는 위대한 완성 Great Perfection이 온전히 드러났다. 통합 탄트라에 대해서는 17~19장에서 진정한 빅 홀니스, 그 깨달음의 일부로서 깊이 탐구해 볼 것이다.

이런 비이원적 깨어남의 경험 자체는 말 그대로 전 우주와 하나가 되는 존재로 확장되는 느낌이고, 이 하나됨은 당신 의식의 모든 상태에서 느껴진다. 당신은 더 이상 태양을 보지 않는다. 당신이 태양이다. 당신은 더 이상 땅을 느끼지 않는다. 당신이 땅이다. 당신은 더 이상 별을 보지 않는다. 당신이 별, 그 모든 별이다. 게다가 그것을 당신은 직접적으로 느낀다. 다시 말해 당신의 의식이 확장되어 온 세상을 포함하고 당신이 그 세상의 모든 것과 하나임을 직접적으로 느낀다. 분리된 자아라는 느낌이 그냥 사라진다. 당신의 에고는 더 이상 경험하지 않는다. 당신의 에고는 자신이 하는 그 경험이 된다. 자아 감각이 그것이 하는 모든 하나하나의 경험을 감싸안을 정도로 확장된다는 말이다. 당신의 자아가 뻗어 나가 온 세상을 포용하고 당신은 온 세상이 된다. 깨어남 경험이 종종 '우주적 의식'이라고 불리는 이유가 바로 여기에 있다. 당신의 의식이 전 우주와 직접적이고 즉각적으로 하나가 된다.

그리고 이 상태는 말했듯이 논쟁의 여지가 없다.

인도 철학에서 이 상태는 삿치타난다Satchitananda라고 하는데 '참존재/참의식/참행복Being/Consciousness/Bless'이라는 뜻이다. 당신의 참의식이 모든 참존재와 하나가 되고 이것이 굉장한 행복감을 선사한다. 자아가 분리되어서 느껴야 했던 그 모든 고통이나 괴로움을 더 이상 느끼지 않아도 되기 때문이다. 당신은 에고를 완전히 떠나보내고 당신과 전 우주의 심오한 합일 혹은 순수한 하나임을 발견한다. 모든 것과 하나가 되는 것, 투리야티타 상태의 느낌이 정확히 그렇다. 세상의 모든 것이 당신 안에서 떠오르고 당신은 정말로 말 그대로 그 모든 것과 하나이다. 이것이 비이원성의 진정한 의미이다. 주체와 객체, 자아와 그것을 둘러싼 환경 전체, 보는 자와 보이는 모든 것, 당신과 온 세상이 '둘이 아닌', 모든 것을 진정으로 포함하고 진정으로 완벽한 하나임, 완전한 홀니스의 상태이다.

요약: 성장과 깨어남을 둘 다 포함해야 하는 이유

성장의 구조-단계와 깨어남의 다양한 상태-단계들을 들여다볼 때 하나의 사실이 분명해진다. 우리가 이 두 길 모두를 절실하게 필요로 한다는 사실 말이다. 혹은 최소한 우리가 얻을 수 있는 한에서 둘 다 필요로 한다. 성장과 깨어남 둘 다 매우 중요하지만 둘은 서로 매우 다른 유형의 홀니스를 드러낸다. 그리고 그냥 누구나 볼 수 있게 널려 있는 홀니스는 세상에 없다. 각각의 홀니스를 보고 그 점점 중요해지는 이점들을 깨달으려면 우리는 어디를 봐야 하는지, 정확하게 무엇을 해야 하는지 알아야 한다. 더구나 홀니스의 한 유형을 안다고 해서 나머지 다른 유형을 저절로 알게 되지도 않는다. 성장과 깨어남에 대한 나의 버전에 동의하지 않는다고 해도 나는 당신이 당신이 받아들이는 버전 안에서 성장과 깨어남이 얼마나 중요한지 볼 수 있기를 바란다. 다시 말해 인류가 발달하고 성숙해 가는 일종의 과정(성장)을 통과하고 있다는 사실과 깨어남의 비범한 고원 체험도 할 수 있음을 최소한 받아들이기를 바란다. 둘 다 진정한 빅 홀니스로 향하는 길에서 우리가 발견할 수 있는 홀니스이고 의미의 심오한 영역들이다.

여기서는 종교와 영성을 집중적으로 보고 있지만 통합 체계는 놀랍도록 많은 영역에 적용할 수 있다. 사실 우리는 통합 체계의 더 통합적이고 포괄적인 버전을 만들어 내기 위해 60개가 넘는 다양한 분야를 전폭적으로 포괄해 왔다.(통합 비즈니스, 통합 의학, 통합 교육, 통합 정치, 통합 마케팅, 통합 예술, 통합 영성 등등) 당신도 이 통합 아이디어를 당신이 흥미로워하는 영역이나 분야에 충분히 적용할 수 있다.

영적인 성장과 관련해 우리는 지금까지 모든 개인이 정확하게 약 여섯 개의 주요 발달 단계들을 통해 성장하며 단계마다 각자의 종교 혹은 영성에 대해 상당히 다르게 이해함을 보았다.(왜냐하면 단계마다 기본적으로 모든 것에 대해 다르게 이해하기 때문이다.) 종교는 그 학생들과 심지어 그 선생들까지 성인으로서 성장하는 거의 모든 단계에 있을 수 있는 매우 드문 영역 중 하나이다.(종교 전반을 모욕하려는 것은 아니지만 사실이 그렇다.) 예를 들어 영적 지능이 레드 마법 혹은 앰버 신화 단계에 있는 신부, 목사, 성직자들이 있고, 이들은 모든 마법-신화적 말들을 문자 그대로 믿는다. 그리고 오렌지 단계에 있는 사람들도 있고, 때로 그린과 터콰이즈 단계에 있는 사람들도 있다. 다시 말해 종교인들은 성장의 전 스펙트럼에 걸쳐 있다.

다른 분야에서 이런 일은 최소한 공식적인 가르침에서는 거의 일어나지 않는다. 예를 들어 과학에서 교수들은 레드 마법 단계의 애니미즘이나 앰버 단계의 점성술을 가르치지는 않는다. 오렌지 단계의 천문학을 가르친다. 그리고 앰버 단계의 연금술이 아닌 오렌지색 단계의 화학을 가르친다. 가르침이 단계들에 걸쳐 있지도 않다. 다시 말해 의과대학 1학년들에게 거머리 마법과 사혈死血을 가르치고, 2학년들에게 신화적 골상학을 가르치고, 3학년에게 비로소 합리적인 항생제나 수술법을 가르치지는 않는다. 당연히 처음부터 합리적인 단계에서 시작한다. 그런데 종교에서는 이 각각의 단계들을 가르치는 종교의 버전들이 모두 존재한다. 자신의 자아 감각과 가르침이 레드 단계에 있는 영적 교사들이 있고, 앰버 단계 혹은 오렌지 단계 혹은 그린 단계 혹은 터콰이즈 통합 단계에 있는 교사들도 있다.

종교가 이 모든 단계에 걸쳐 있다는 사실은 종교가 성장의 컨베이어 벨트로 안성맞춤이라는 뜻이다. 종교는 무의식적으로 이미 사실상 성장의 전 스펙트럼에 걸쳐 있다. 그렇다면 왜 그것을 의식적으로는 하지 않을까? 물론 이것이 매우 이상적이고 유토피아적인 바람이라는 걸 인정한다. 하지만 상상하지 못할 일은 아니다.

종교를 갖든 갖지 않든 우리는 어쨌든 모두 성장의 단계들을 통과한다. 그런데 당신이 종교를 갖고 있다면, 그리고 그 종교가 통합적 단계에 있어서 신자들에게 성장의 단계들을 모두 보여 준다면, 그 종교는 정말로 컨베이어 벨트로 기능하며 당신의 개인적 성장과 변형을 위한 실질적인 지도와 진정한 안내서를 제공할 것이다. 그 신자들은 깨어남을 경험했든 하지 않았든 여섯(혹은 제임스 파울러의 일곱) 단계 안에서 어쨌든 진보할 것이다. 그리고 그렇게 진보할 때 신자들에게 비치는 종교의 모습도 바뀔 것이다.(종교는 성장의 단계마다 다르게 해석되기 때문이다.) 사실 종교가 성장의 단계들을 의도적으로 분명히 보여 주고 활용 가능하게 한다면 개인의 실질적인 성장과 발달을 매우 적극적으로 촉진할 것이다. 다시 말해 성장에 있어 진정한 변형을 위한 컨베이어 벨트로 작동할 것이다.

컨베이어 벨트 종교를 따르기 시작할 때 개인들은 자신이 현재 있는 단계에 해당하는 종교적 믿음과 실천들을 받아들일 것이다. 개인들은 마법, 신화, 합리성, 다원적, 통합적 단계 어디에도 있을 수 있으며, 그 특정 단계가 설명하고 제시하는 대로 그 종교를 받아들일 것이다. 우리는 언제나 자신이 속한 단계가 해석하는 종교를 받아들인다. 이는 피할 수 없다. 그렇다면 왜 성장의 전 과정을 의식해야 할까?

계속 성장하고 발전함에 따라 개인은 자기 종교의 더 높은 단계를 순차적으로 채택하고 그 과정은 완전히 성숙한 터콰이즈-통합 단계에 이를 때까지 계속된다. 터콰이즈 통합 단계는 진화의 현시점에서 가능한 가장 전체적이고 가장 복합적이고 가장 통합되고 가장 의식적인 단계이며, 성장의 과정만이 제공할 수 있는 홀리스의 한 유형이다. 성장하는 종교라면 근대와 탈근대를 사는 교육받은 대부분 개인들의 조롱거리가 될 뿐인, 낮은 단계의 마법과 신화에 집착하며 제자리걸음을 하는 짓은 더 이상 하지 않을 것이다. 대신에 변형을 위한 컨베이어 벨트가 되어 점점 더 높이 성장하고 발달하려는 사람들을 도우며 변형의 진정한 보측자가 될 것이다. 이때 자기 종교의 안내를 받는 개인은 종교가 제시하는 발달 순서를 단지 따라갈 테지만, 그 과정을 완전히 의식하며 성장하고 발전해 갈 것이다. 특정 교회에 소속되어 있다면 각 단계의 구성원들로 이루어진 모임에 매주 나갈 수도 있다.(발달의 2단계 모임은 화요일에 있고, 3단계 모임은 수요일, 5단계 모임은 금요일에 있는 방식)

그리고 성장의 어떤 단계에 있든, 모든 개인이 깨어남을 수행하고 경험할 수 있고, 그렇게 스스로 존재의 궁극적 바탕을 직접 깨달을 수도 있다. 이것은 진정한 영성의 최종 목표이다. 깨어남은 언제나 가능하고 또 매우 가치 있는 경험이다. 다만 성장의 더 높은 단계에서 하는 깨어남 경험이 더 적절히 더 제대로 해석될 것이다.

그런데 성장의 이런 단계들을 잘 알고 있는 사람은 사실상 거의 없다. 성장의 단계들이 존재한다는 증거는 엄청나다. 성장 모델의 어떤 것들은 40개도 넘는 문화들에서 실험되었는데, 그 일반적인 단계와 순서에 있어 커다란 예외는 하나도 발견되지 않았다. 세상의 종교들이 컨베이어 벨트가 되면 성장의 단계들은 정말이지 훨씬 더 잘 알려질 테고, 그럼 개인들의 성장과 발달이 매우 빨라질 것이다. 연구들에 따르면 적법한 발달 모델을 배운 사람은 그 단계들을 더 빨리 지나며 발달한다. 게다가 신화-문자적 혹은 민족 중심적 발달 단계에 갇혀 있는 종교들이 마침내 자유를 찾을 수도 있다. 성장의 모든 단계를 알리고 모두가 이용할 수 있게 하는 것이 진정한 미래 종교가 불러올 수 있는 가장 위대한 변화일 것이다.

그리고 가장 좋은 것은 우리 스스로 바로 지금 자신을 이해하고 의식하여 그 변화를 이룰 수 있다는 것이다. 바로 이것이 진정한 빅홀니스를 이해해 가는 길 위에서 이 책으로 정확하게 우리가 하려는 일이다.

깨어남에 있어서 중요한 것은 (이 말도 그저 말일 뿐일지라도) 우리가 직접적으로 궁극적 실재 그 자체와 하나임을 깨닫는 것이다. 신성, 영, 우리 자신의 가장 높고 가장 깊은 존재의 바탕, 위대한 완성과의 하나임 말이다. 깨어날 때 당신은 홀니스의 다양한 차원들을 통과해 가는 것으로 당신 자아의 영역을 직접적으로 확장한다. 온 우주와의 철저한 하나임에 도달할 때까지 말이다. 그런데 성장할 때 당신은 그 각각의 차원들을 확인할identify 수 있는 수많은 다른 관점들을 알아갈 수 있다. 깨어남이 거친 상태에서 시작해 정묘, 원인, 투리야, 비이원적 상태로 나아간다면 성장은 자기중심성에서 시작해 민족 중심적, 세계 중심적, 통합적 단계로 나아간다. 이 둘은 분명 다르고 당신은 분명히 둘 다 원해야 한다.

성장의 순서는 다른 분야는 물론이고 세계의 모든 대종교들이 생략하는 부분이기 때문에 중요하다. 그리고 어떤 종교가 예를 들어 민족 중심적 단계에 있다면 그 종교는 자기 집단만 생각하고 자기 종교만이 진정한 종교이고 자기가 믿는 신만이 진정한 신이라고 생각할 것이다. 그리고 그 절대적인 단계에 갇히게 될 것이다. 세계의 거의 모든 대종교도 앰버의 민족 중심적 단계에 있었을 때는 자신의 종교만이 진정한 길이고 자신의 신만이 진정한 신이라고 생각하는 그런 기본적인 형식 속에 있었다. 앞에서 보았듯이 2차 바티칸 공의회(1962~1965) 때가 되어서야 교회는 기독교가 제공하는 구원과 비견될 만한 종교적 구원을 다른 종교에서도 누릴 수 있음을 인정했다. 이것이 오늘날까지도 수많은 세계 종교가 인간의 연대, 합일, 사랑이 아니라 (주장은 그렇게 하면서도) 갈등과 불화와 고통의 근본 원인으로 남은 이유이다. 오늘날까지도 말이다!

앞에서 언급했듯이 과거 50년 동안 일어난 거의 모든 주요 테러 행위는 앰버 신화적-민족 중심적 성장 단계에 있는 (근본주의) 종교 집단들에 의한 것이었다. 사실 민족 중심적 단계에 있는 근본주의 종교가 오늘날 테러 활동의 가장 큰 이유이다. 그리고 물론 이런 일은 신과 사랑의 이름으로 행해진다. 미국 남부에서 낙태 병원에 폭탄을 투하하는 남침례교도든, 북아일랜드에서 서로의 목을 겨누는 신교도들이든, 팔레스타인 내 하마스와 헤즈볼라든, 혹은 인도 북부 국경에서 싸우는 파키스탄 모슬림과 인도 힌두들이든, 혹은 알카에다와 IS 이슬람 극단주의자든, 혹은 미국 샬러츠빌의 백인 지상주의자들이든, 혹은 버클리의 안티파Antifa, Anti-Fascist Action(반파시즘)들이든, 모두 사실 자신들의 믿음만이 신에게 닿는(혹은 절대 진실이나 궁극적 관심에 닿는) 유일하게 옳은 경로라고 확신하는 민족 중심적 근본주의 종교 집단들이다.

종교적 기관들이 영적 발달에 있어 최소한 세계 중심적(오렌지 혹은 그 이상의) 단계로 나아가고 신자들도 분명히 그렇게 만들지 않는 이상, 인류는 세계적 평화와 조화와 연대에 결코 도달할 수 없을 것이다. 컨베이어 벨트는 세계 종교들이 그 생성 이래 맞이하는 가장 위대한 변화가 될 것이다. 그리고 가장 좋은 점은 이것이 우리가 삶에서, 바로 지금 여기서 시작할 수 있는 변화라는 것이다. 우리는 오늘 당장 따를 수 있는 내일의 종교를 만드는 것이다.

그런데 깨어남과 성장 둘 다 촉진하는 그런 내일의 종교가 줄 수 없는, 빅 홀니스의 한 영역이 존재한다. 나는 이 영역을 '정화Cleaning Up'라고 부르는데 정화는 우리 정신과 존재의 깨지고 부서진 혹은 억압된 부분과 접촉하게 하고 마침내 우리 자신의 치유되고 다시 합일한 정신, 그 홀니스와 만나게 하는 하나의 접근법이다. 지금 계속 볼 수 있듯이 빅 홀니스의 다섯 영역 모두에서 그중 한 영역을 안다고 해도 다른 영역들에 대해서는 하나도 모르거나 조금만 아는 상태일 수 있다. 이것이 사실임을 우리는 깨어남과 성장의 길을 통해 이미 보았다.(그 하나를 알아도 다른 하나에 대해서는 아무것도 모를 수 있다.) 하지만 이 둘 모두 상당히 쉽게 그리고 완전히 접근할 수 있다. 어디를 봐야 하는지만 안다면 말이다. 정화도 마찬가지이다. 어디를 봐야 하는지만 안다면 정화도 바로 오늘 지금 여기서 이룰 수 있는 홀니스이다. 그리고 쉽게 연습할 수 있는 심리 치료 기술이다.

10장   **Finding Radical Wholeness**

정화와 그림자 치료

우리는 지금 빅 홀니스를 추구하는 중임을 기억하자. 빅 홀니스는 좀 더 작지만 매우 실재하는 홀니스의 유형들, 즉 깨어남, 성장, 열림, 정화, 드러냄을 포함한다. 당신은 이 작은 영역들이 정말로 매우 실재하는 홀니스의 유형들이고 한 영역의 홀니스가 다른 영역의 홀니스를 불러일으키지는 않아서, 진정으로 전체적인 빅 홀니스에 조금이라도 다가가려면 의식적으로 그 모든 영역을 포함해야 함을 이제 잘 알 것이다.

이 장에서는 정화 과정 자체와 정화 과정이 당신의 그림자 제재 Material(당신 자아의 무의식적이고 분리된 요소들)를 통합하고 포함하는 데 정말로 어떤 도움을 주는지를 살펴보며 당신의 전체적이고 진정한 존재와의 진짜 홀니스를 이끌어 내려 한다.

그 시작으로 근대 이래(지난 몇 세기 동안) 이루어진 인간의 특성에 대한 역사적으로 가장 심오하고 의미심장한 발견들을 살펴보자. 즉 정신역학적 무의식의 성질, 억압의 성질, 그림자의 성질, 그리고 이런 기능 이상들을 밝히고 심지어 치유하는 다양한 치료법들을 살펴보자.(이 모든 것을 우리는 '정화'라고 부른다.) 이 치유 자체가 정말로 우리가 새로운 유형의 홀니스(쪼그라들고 부서지고 억압된 정신이 크고 정상적이고 더 건강한 상태로 돌아왔을 때 생기는 홀니스)를 발견하는 데 도움이 된다.

지그문트 프로이트와 그의 동료들이 인간 본성 자체를 보는 법을 깊이 그리고 극적으로 바꾸어 놓았음은 일반적으로 인정된 사실이다. 다윈의 진화론, 코페르니쿠스의 태양 중심설과 함께 우리가 인간의 본성을 보는 법을 가장 심오하게 바꾼 세 가지 중 하나가 프로이트의 개념들이다.

프로이트의 개념들은 깨어남도 성장도 아닌, 우리가 정화라고 부르는 과정과 관련 있다. 프로이트의 정신 분석학(다시 말해 정화의 프로이트 버전)은 인간은 모두 이런저런 감정과 정신적 충동들을 억압하거나 봉인하는데 이것이 정신적으로 다양한 문제를 유발한다는 생각에 기반한다. 따라서 정신 분석학의 목표는 억압된 그림자 제재들을 다시 우리 정신에 포함해 온전하고 건강한 정신을 만드는 것이다.

여기서 우리는 부정적 혹은 세속적 감정들을 말하는 것이 아니다. 거의 모든 대종교들이 세속적 감정들(고통과 파편화를 부르는 인간에게 해로운 감정들)에 대한 가르침과 그 감정들을 더 건강하고 온전하고 즐거운 감정 상태로 대체하는 법들을 제시한다. 하지만 정화에서 우리가 말하고자 하는 것은 실제 억압된 감정들, 의도적으로 부인되고 병적으로 의절되며 나머지 정신으로부터 방어적으로 절단되어 봉인된 감정들(이 감정들이 정신의 진정한 홀니스를 망가뜨린다. 이 홀니스를 재건하기 위해 정화의 과정이 만들어졌다.)이다. (고통스러운 신경증과 심지어 정신병까지 유발할 수 있는 무의식적) 감정의 적극적인 억압은 비교적 최근에 발견되었는데, 특히 지그문트 프로이트와 (진정한 천재였던 칼 융, 알프레드 아들러, 오토 랭크Otto Rank, 샨도르 페렌치Sándor Ferenczi 같은) 그의 초기 핵심 동료들의 공이 컸다. 이 발견은 이후 세계 수천 명의 연구자들의 연구로 폭발적으로 확산되었으며, 앞서 말했듯이 인간의 본성을 보는 방식을 근본적으로 바꾸었다.

프로이트는 (그 이전의 몇몇 선구자와 함께) 과거의 진화 덕분에 인간의 정신에 그 자체로 매우 원시적이지만 여전히 활발한 부분이 방대하게 있음을 세상에 소개한 사람이다. 우리 인간은 (의식적 '에고'를 이용해) 다양한 의식적 요소들을 봉인하고 억압한 뒤 원시적인 무의식 영역(라틴어로 '그것It' 혹은 '제3자 현실' 혹은 '그것의Its'라는 뜻을 가진 '이드Id')으로 밀어 넣을 수 있다. 이 '그림자' 요소들이 여러 가지 불쾌한 감정과 (신경증을 비롯한 다양한) 정신 질환을 부를 수 있고, 정신 분석학은 이 '이드' 요소들이 '에고' 의식과 하나가 되는 치유된 상태를 그 목적으로 한다. 자신의 정신 분석 기술을 요약해 달라는 요구를 받았을 때 프로이트는 "이드가 있는 곳에 에고가 있어야 한다."는 유명한 말을 했다. 이 말은 프로이트 이론의 완벽한 요약이다.

그런데 사실 프로이트는 결코 그렇게 말한 적이 없다. 프로이트가 한 번도 에고나 이드라는 말을 사용하지 않았음을 아는 사람은 많지 않다. 그의 공식 번역가였던 제임스 스트레이치James Strachey가 그 두 라틴어 단어를 추가했던 것인데, 그러면 프로이트 이론이 더 과학적으로 들리리라고 생각했기 때문이다. '에고'는 대체로 자아의 의식적인 부분(우리가 '나'라고 부르는 부분)이고 '이드'는 대체로 모든 문제를 만드는 무의식적이고 원시적인 부분('그것')이다. 하지만 프로이트는 이 라틴어 용어들을 쓴 적이 없고 영어로 '그 나The I'와 '그 그것The It'으로 번역하면 더 정확할 독일어 대명사들을 썼다. 그러므로 프로이트는 스트레이치가 번역한 대로 "이드의 파생물이 자아에 부정적인 영향을 미칠 수 있다."라고 말하지는 않았을 것이다. 프로이트가 말한 내용을 더 정확하게 번역하면 "그 그것The It의 파생물이 그 나The I에게 부정적인 영향을 미칠 수 있다."가 될 것이다. 그는 (독일어로) 그렇게 쓰고 말했다.

그리고 실제로도 프로이트는 그런 일들을 살폈다. 그는 우리가 그 '나' 혹은 자아에 속하는 제재들(느낌, 감정, 생각, 충동, 어떤 특성이나 특질)을 취한 다음, 그것이 우리 것임을 부정하며 우리 의식 밖으로 밀어내 단절하는 방식들을 살폈다. 그런 일을 할 때 우리는 '나'와 내 의식적 자아의 일부인 그 특성을 내가 아닌 것, 타인, '그것'인 것처럼 보이게 바꾼다. 나의 화, 탐욕, 질투 등에 책임지는 대신 나는 그것들과 절연한 후 "그 화, '그것'이 단지 나를 압도했다." 혹은 "이 탐욕, '그것'이 어디서 왔는지 모르겠다." 혹은 "이 질투심, '그것'을 어떻게 통제해야 할지 모르겠다."고 말한다. 이를 바로잡으려면 우리는 '그것'을 다시 받아서 '나', 즉 자아의 일부로 만들어야 한다. 그러므로 프로이트가 실제로 말한 것은 "이드가 있는 곳에 에고가 있어야 한다."가 아니라 "그것It이 있는 곳이 내I가 될 것이다."가 맞다. 이것은 정말로 천재적이다. 그리고 정신 분석을 정말로 잘 요약하는 말이다.

프로이트는 어떤 특성을 억누르거나 부정하는 과정에 대해 정말 훌륭히 분석했다. '에고'와 '이드'는 기묘한 라틴어 용어이고 매우 추상적이다. 하지만 '나'와 '그것'은 즉각적이고 매우 구체적이다.

우리에게는 모두 '나' 감각이 있고, 통제할 수 없어서 '그것'처럼 느껴지는 정신적 부분들도 많다. 우리는 '나' 요소들을 취한 다음 생경한 '그것'으로 절연하여 그림자 제재들을 만들어 낸다. 우리는 그 요소들을 부인하고 부정하고 잘라 낸다. 우리 의식적 자아로부터 분리하고 나면 그것은 1인칭이나 '나'가 아니라 3인칭(그, 그녀 혹은 그것)에 속하는 것처럼 보인다. 하지만 그것은 사실 나의 것이다.

나는 그 완벽한 예로 실제 있었던 어떤 실험 연구 프로젝트를 자주 언급하곤 한다. 열성적인 반反동성애 운동가들(오랜 세월 동성애자들을 보호하는 법률에 적극적으로 반대해 온 남성들)을 대상으로 한 실험인데 이들은 동성애 포르노그래피(진짜 동성애 성애물) 이미지들을 보게 된다. 여기서 그들은 이성애자 보통 남성들보다 훨씬 더 강한 성적 흥분을 일으켰다. 다시 말해 이 운동가들 스스로가 동성애적 욕망을 갖고 있지만 그걸 그림자로 만들며 억압해 왔고 그 그림자를 동성애자들에게 투사하며 동성애자를 제거하는 것으로 자신들의 그림자도 제거하려 했던 것이다. 이는 헛발질로 끝나는 전형적인 그림자 투사Shadow Projection이다.

이를 치유하려면 '그것'을 다시 찾아 자아, 곧 '나'로 돌려보내 재통합/소유하여 그것을 억압했을 때 잃어버린 심리적 홀니스를 복원해야 한다. "그것It이 있는 곳이 내I가 될 것이다." 그런 일을 할 때마다 그림자와 분리 상태인 편협한 페르소나에서 더 완전하고 정확하고 전체적인 정신으로 우리의 자아감Self-sense을 확장하고, 그만큼 더 큰 정신적 홀니스를 이루게 된다. 이것이 정화의 홀니스이다!

이것이 왜 중요한지는 방금 설명한 반동성애자 실험만 봐도 분명히 알 수 있다. 동성애 혐오는 대부분 그림자 투사 때문이다. 자신의 동성애적 충동을 받아들이지도 인정하지도 않는 사람은 종종 그림자 제재로서의 그 충동을 다른 동성애자에게 투사하며 그를 원래 자신의 그림자를 혐오하듯 혐오한다. 대종교들이 억압된 그림자 제재의 존재에 대해서 알고, 그것이 만들어 내는 굉장한 혐오와 분노와 질투심에 대해서 알았더라면 역사적으로 훨씬 더 많은 사랑과 자비를 보여 주었을 것이다. 자신의 그림자를 인식하고 치유하는 방법만 알아도 자신의 이해심과 성장Growth과 홀니스를 높이는 심오하게 중요한 도구를 얻은 것이다.

사람은 누구나 그림자를 갖는다. 영적 스승이라는 사람들도 마찬가지이다. 그리고 심각한 그림자는 성장과 깨어남의 길 둘 다에서 완전한 궤도 이탈을 부를 수 있다. 그러므로 정화의 길을 이해하고 그 기술을 습득하는 것은 (오늘날의 다른 성장 과정들은 물론) 미래의 모든 진지하고 합법적인 종교들에서도 거의 확실히 포함될 것이다.

정서적 기능 이상의 치유, 즉 정화Cleaning Up는 깨어남Waking Up과 성장Growing Up과 매우 다른 과정이다. 우선 첫째로 이 세 과정은 모두 비교적 서로 독립적이다. 한 과정에서 고도로 진보해도 다른 두 과정에서는 뒤처질 수 있다. 한 영역에서의 문제를 해결했다고 해서 꼭 다른 두 영역에서의 문제가 해결되는 것은 아니다. 깊은 깨어남으로 매우 깨달았다는 사람이 정서적, 사회적으로 매우 미성숙할 수 있다.(낮은 성장 단계에 있음) 그들이 그림자 요소들로 심각한 신경증을 앓을 수 있는 것도 (제대로 정화하지 못한 상태) 이 때문이다. 그리고 명상이 꼭 성장을 돕는 것이 아니듯 명상이 그림자 요소들을 반드시 청소해 주는 것도 아니다. 사실 어떤 경우에는 명상이 성장과 정화의 길에서 퇴보를 부르기도 한다.

따라서 진정한 빅 홀니스라면 거의 언제나 깨어남만이 아니라 성장과 정화까지(그리고 앞으로 보겠지만 열림과 드러냄까지) 포함한다. 당신도 당신만의 통합적 영성이나 통합적 삶을 위한 수련에 정화를 포함하고 싶을 것이다. 어떻게 그럴 수 있는지는 곧 내가 '3-2-1 과정'이라고 부르는 정화 과정을 설명할 때 알게 될 것이다. 3-2-1 과정은 건강한 심리적 홀니스를 이루는 데 쓸 수 있는 도구이다. 이 도구를 쓰다 보면 당신 인생의 여정에서 고려해 볼 필요가 있는 중요한 것들에 대한 아주 좋은 영감들을 얻게 될 것이다. 특히 '전체론적'인 것을 조금이라도 중요하게 생각한다면 더 그럴 것이다.

인류는 이 땅에서의 첫날부터 계속 성장해 왔고 그만큼 그림자 문제로도 고통받아 왔다. 비록 의식적으로는 성장에 대해서도, 그림자 문제에 대해서도 자세히 이해하지 못했지만 말이다. 이는 대종교들도 마찬가지이다. 앞에서 말했듯이 대종교들 대부분은 '세속적' 혹은 '건강하지 못한' 혹은 '죄스러운' 감정들을 어떤 식으로든 이해해 왔고 그런 감정들을 다루는 법도 알았다. 하지만 억압된 감정이나 심리역학적으로 분리된 감정, 다시 말해 그림자 제재를 제대로 이해한 종교는 없었다.

정화와 성장의 길이 서로 다른 두 과정이기는 하지만, 나는 성장의 주요 단계 각각이(깨어남의 단계들도 마찬가지) 그것만의 그림자 제재 유형들을 만들어 낸다는 사실을 발견했다. 따라서 (성장과 깨어남의) 발달 단계 스펙트럼에 상응하는 그림자 요소 스펙트럼이 존재한다. 크림슨(진홍색) 그림자가 있고, 레드 그림자가 있고, 앰버 그림자가 있고, 오렌지 그림자가 있고, 그린 그림자가 있고, 터콰이즈 그림자가 있고, 깨어남의 주요 단계들 각각에 해당하는 그림자들이 있다. 깨어남을 경험하는 사람은 상대적으로 그렇게 많지 않으므로 여기서는 성장의 길이 만들어 내는 그림자들에 집중할 것이다. 발달의 단계들 각각에는 의식의 서로 다른 구조와 내용, 도구들이 있는데, 그런 각자만의 요소들을 이용해 서로 다른 방어 기제들을 만들어 내어 그 단계 자체의 그림자 제재가 될 제재들을 제공한다.

따라서 그림자 제재들을 제대로 해소하여 완전한 정화 과정을 밟고자 한다면, 모든 단계의 그림자 제재들의 미세한 차이점과 뉘앙스, 서로 다른 방어 기제들을 살핀 후 각각에 맞는 적절한 치유 과정을 밟아 나가야 할 것이다. 하지만 기쁘게도 발달 단계에 상관없이 모든 그림자 제재의 치유에 좋은 매우 일반적인 연습도 존재한다. 여기서 나는 그림자 제재와 그림자 제재가 만들어지는 법에 대해 당신이 그 전반적인 과정을 이해할 수 있게 개관한 다음, 사실상 모든 그림자 제재에 유용한 3-2-1 과정 기술을 소개할 것이다. 그다음 곧 이 기술을 써 볼 것이다. 그리고 당신이 원할 때 이 기술을 당신 인생에 계속해서 적용하는 데 쓸 만한 도구들도 제시하려 한다.

자기 경계의 변경

방어 기제를 이해하려면(다시 말해 그림자 제재가 만들어지는 법을 이해하려면) 무엇보다 자기 경계(우리가 '자아'라고 느끼는 것과 '자아가 아닌 것' 혹은 '타자'라고 느끼는 것 사이의 선)란 것이 굉장히 유연함을 알아야 한다. 자기 경계는 쉽게 변경된다. 발전이란 더 많은 영토를 갖기 위해 자기 경계를 계속 다시 그리는 것이다. 우리는 이미 그 예를 보았다. 인류는 자기중심성에서 민족 중심성, 세계 중심성, 통합으로 나아갔다. 자아가 단지 자신에서 정체성을 찾는 것으로부터 민족 집단, 세계 집단, 지구촌에서 정체성을 찾는 것으로 전환해 갔는데, 이는 자기 경계의 비범한 확장이 아닐 수 없다. 이 경계는 모든 인간으로부터 모든 생명 행태로, 즉 생태학적 그물 체계에서 자기 정체성을 찾는 쪽으로(세계 중심에서 통합적 우주 중심으로) 계속 확장될 수 있다. 그리고 깨어날 때 자기 경계는 이른바 우주 의식 혹은 궁극적 단일 의식이라는, 전 우주와의 완전한 하나임으로 더 확장될 수 있다.

이렇듯 자기 경계는 유연하다. 그리고 (성장의 여섯 혹은 그 이상의 주요 단계를 포함한) 자아감이 확장하는 그 모든 단계에서 자아의 어떤 측면, 구성이나 요소가 억압 혹은 부인, 절연, 분열, 분리될 수도 있다. 이런 일이 벌어질 때 그 절연된 자아 제재가 그림자가 된다. 억압된 무의식 속으로 추방되어 더 이상 자아 혹은 '나'의 부분으로서 경험될 수 없다.(이때 그것은 생경한 것, 타자, 내가 아닌 것, '그것'으로만 경험된다.) 그런 다음 그 그림자 제재는 보통 다른 사람, 물건, 대상에 투사된다. 그 역겨운 그림자 제재로 가득한 사람은 이제 내가 아니고 나의 이웃, 상사 혹은 배우자이다! 나는 누군가는 그 그림자 제재를 가진다는 걸 아는데, 그게 나일 수는 없으니 다른 누군가여야 한다. 단지 내가 아닌 다른 누군가, 즉 나의 그림자 말이다.

우리는 그 확실한 사례를 이미 보았다. 동성애 포르노를 볼 때 이성애자 남성 평균보다 훨씬 강한 성적 흥분을 일으킨 열성적인 동성애 혐오자들 말이다. 이들은 스스로 상당한 동성애적 욕망을 갖고 있지만, 그것을 그림자 요소로 억압한 다음 그 그림자 제재를 동성애 남성들에게 투사했고, 동성애 남성들을 제거하는 것으로 자신들의 동성애 그림자를 제거하려 했다. 이는 헛발질로 끝나는 전형적인 그림자 투사이다.

  그런데 문제는 여기서 정말 곤란해진다. 그림자 제재를 투사할 때 당신은 그 대상이나 물건으로부터 단순히 위협을 받는 것(그리고 그 사람이나 물건에 극적으로 과잉 반응하게 되는 것)에 그치지 않는다. 실상은 그보다 훨씬 나쁘다. 당신이 감정적으로 과잉 반응하는 사람이나 물건, 당신이 과도하게 경멸하고 혐오하고 질색하는 그 사람이나 물건이 거의 항상 당신 자신의 그림자이기 때문이다. 이렇게 볼 때 이 전체 개념이 받아들이기 매우 어려워진다. 내가 혐오하는 바깥에 있는 저것이 정말로 나의 일부라고?

  음, 그렇다. 일부 맞다. 당신이 새 직장에서 일을 시작했는데 상사가 사사건건 통제하려고 해서 도저히 일을 할 수 없다고 해 보자. 여기서 아마도 모든 사람이 당신처럼 감정적으로 강하게 그 상사에게 반응하는 것은 아닐 것이다. 그런데 당신은 왜 그럴까? 혹시 당신 스스로가 통제하려는 경향이 상당히 강한데, 그런 성질을 싫어해서 자신과 단절했고, 그 결과 그런 성질을 당신 상사에게 투사하여 그를 경멸할 가능성이 매우 높지 않을까? 당신의 통제하려는 경향이 당신에게 정말로 괜찮다면 상사를 그렇게 불편해하지는 않을 것이다. 그런데 아니다. 당신은 일단 당신의 그런 성격을 굉장히 혐오했고, 그 결과 그것과 절연하며 그것과 당신 자신을 분리했으며, 그다음 그 성격을 당신의 새 상사에게 투사했고, 그래서 지금 그 상사를 경멸하고 질색한다. 물론 그 상사가 정말로 사사건건 통제하려 들 수도 있다. 하지만 당신 안에 있는 그 경향을 경멸할 때만이 그 사람의 통제하는 성격을 경멸하게 된다. 그리고 당신의 통제 경향을 그에게 투사했기 때문에 그의 통제하려는 경향은 두 배가 된다.(원래 갖고 있던 양에 당신의 양까지 덧붙여진다.) 그래서 당신은 그 상사만 보면 정말 미칠 것 같다.

이것은 당신의 무의식에 정말로 무엇이 들어 있는지 알아낼 수 있는, 극히 간단하고 확실한 방법이다. 당신은 복잡한 테스트를 받을 필요도, 전문가와 상담할 필요도 없다. 세상에 대해 단순한 정보를 주는 것들은 아마도 당신의 그림자 제재는 아닐 것이다. 당신을 화나게 하고 대단히 불편하게 하는 것, 당신이 진정으로 경멸하는 것들이 거의 확실히 당신의 그림자 제재일 것이다. 이것은 말했듯이 받아들이기가 쉽지 않다. 세상에서 당신이 가장 경멸하고 증오하는 것 그리고 가장 비열하다고 생각하는 모든 것이, 당신 스스로 갖고 있지만 부인하고 단절하고 투사한 성질일 가능성이 아주 높다는 뜻이니까. 이를 깨닫기는 정말이지 쉽지 않다. 그렇지 않은가?(특히 사회 정의 활동가들에게 쉽지 않다. 예를 들어 이들은 "나는 인종 차별주의자가 아니다. 저들이 인종 차별주의자이다."라고 말한다. 정말로 그럴까? 다시 한번 생각해 보기 바란다.)

당신은 당신의 무의식에 무엇이 있다고 생각했는가? 무의식은 천사들과 우아함, 지성, 사랑스러움으로 가득할까? 아니다. 무의식에는 당신이 당신 자신에 대해 혐오하는 것들, 당신이 가장 엄격하게 심판하는 것들, 당신이 그냥 참을 수 없는 것들이 들어가 있다. 당신이 이것들을 경멸하기 때문에, 당신이 이것들이 의식 속에 있음을 참을 수가 없어서 지하실로 밀어 넣어 버렸기 때문에 그곳에 있다. 그림자 요소들이 애초에 생겨나는 방식이 그렇다.

당신은 당신 자아에 대한 믿을 수 없이 긍정적인 것들도 완전히 놓쳐 버릴 수 있다. 당신의 아름다움, 선함, 강함, 미덕 같은 것들 말이다. 그리고 그것들도 다른 사람에게 투사하는데 이것은 이른바 황금 그림자를 낳는다. 이때 당신은 헛발질Shadowboxing이 아니라 당신 주변에 매우 멋진 모든 슈퍼 히어로를 미친 듯이 흠모하며 헛포옹 Shadowhugging을 하며 시간을 죽인다.

 두 경우 모두 매우 흔하기는 하지만, 지금 여기서는 더 쉽게 인식 가능한 부정적인 그림자에 집중해 보자. 당신은 그것들을 당신 자아의 경계 바깥쪽, 즉 그것들이 당신이 아니라 '타자'에게 속한 것처럼 보이는 곳으로 옮기며 당신의 자아감 밖으로 밀어낸다. 그다음 당신이 해야 할 일은 적당한 사람(혹은 '고리hook')을 찾아내는 것뿐이다. 당신이 혐오하는 그 성질을 투사할 사람이나 걸어 둘 사람 말인데, 보통은 이미 싫은 성격을 많이 갖고 있는 사람이나 대상이 되기 쉽다. 열성적인 반동성애 운동가들은 결국 자신들이 경멸하고 항의할 사람들로 진짜 동성애자 남성들을 찾아내야 했다.

 그러므로 당신 안에 있는 끊임없이 자기를 과대평가하고 사람들을 지배하고 통제하려 드는 작은 나르시시스트에게 도널드 트럼프는 완벽한 고리가 되고, 이때 명백하게도 병적인 나르시시스트인 그에게, 당신 안에 있는 자기 과시 욕구의 그림자 조각이 그대로 덧씌워진다. 당신이 애초에 혐오하고 깊이 경멸한 것이 당신의 그것이므로 당신은 트럼프 같은 사람이 단지 도덕적으로 잘못된 데에 그치지 않고, 매우 불편하고 불쾌해질 것이다. 당신은 계속 트럼프 같은 사람들에 대한 악몽을 꾸고 그들의 활동이 실린 기사들을 살살이 살필 테고, 그들을 없애려는 정치 기관들에 가입할 것이다. 아니면 그들에게 헛발질을 하는 데 상당한 시간을 바칠 것이다. 트럼프 같은 사람을 없애기 위해 그렇게 수고를 마다하지 않는 것은 세상에 아주 좋은 일이 될 수 있다. 하지만 트럼프가 당신의 가장 깊은 투사를 위한 고리라면, 당신은 당신의 방어 기제가 정말 얼마나 영리한지 볼 수 있다. 방어 기제는 사실 기본적으로 당신 자신이므로 그것은 당신을 완벽하게 안다. 따라서 당신을 가장 짜증 나게 하는 것, 당신이 가장 부인하고 싶은 것이 무엇인지 정확하게 알고, 따라서 그 혐오스러운 성질들이 나타나는 층level의 경계를 이리저리 움직여 보다가 당신의 자기 경계선 밖으로 밀어낸다. 이제 당신은 그것들을 부인하고 투사하게 되고 헛발질하게 된다.

수많은 미디어가 트럼프의 모든 행동을 거의 하나같이 부정적으로만 보도하며 트럼프에 대한 이런 혐오를 증명했다. 트럼프의 깊은 나르시시즘을 발견한 만큼, 리포터들 역시 자기 내부에서 자가 증식된 병적인 혐오를 드러냈음이 명백했다. 실제로도 모든 민주당원(미국 인구의 약 절반)이 거의 정신을 잃은 듯 트럼프가 한 모든 일을, 그러니까 내 말은 정말로 모든 일을 혐오했다. 이쯤 되면 당신이 트럼프를 흠모하든 않든 그가 우리의 나르시시즘적이고 자기 망상적인 그림자를 투사할 멋진 고리임은 인정해야 할 것 같다. 그의 입에서 나온 사실상 모든 말이 그가 관여한 일들이 어떻게 "역사상 가장 위대한 일"이고 "사람이 이루어 낼 수 있는 최고 중 최고의 결과"이며 "인간이 이룬 최고의 성과"인지, 혹은 그가 어떻게 "최고의 평가를 얻어 낼 수 있었는지"에 관한 것이었다. 나는 사람이 어떻게 저렇게 나르시시즘적일 수 있는지 보려고 그를 열심히 관찰하곤 했다. 그것은 병적인 수준의 나르시시즘이었고, 그저 충격적이었다.

그러나 그를 혐오하든 사랑하든 트럼프는 미국 역사상 어떤 대통령도 하지 않았던 가장 나르시시즘적인 투사의 고리를 국가에 4년 동안 제공했다. 그가 한 거의 모든 일이 투사를 불러왔다. 그리고 그가 말한 사실상 모든 것이 그린 혹은 정치적 올바름과 정면으로 부딪쳤으므로, 그는 특히 그린(미디어, 아카데미, 엔터테인먼트)의 경멸을 받았다. 특히 미디어는 트럼프에 대한 부정적인 뉴스만 집중적으로 보도했다. 이런 현상에 대한 연구들이 이루어졌을 정도이다. 그런 어떤 연구에 대한《로스앤젤레스 타임스》의 보도에 따르면 (당을 막론하고) 미국의 지난 다섯 명의 대통령을 볼 때 그들에 대한 보도에서 미디어는 평균 70퍼센트 긍정적인 톤을 유지한 반면 트럼프에 대해서는 단지 12퍼센트에 그친다. 이런 그린 미디어의 반격은《뉴욕 타임스》를 1면에 뉴스가 아닌 (죄다 반트럼프 논조의) 사설을 싣는 가십 신문으로 바꿔 놓았다. 이런 트럼프에 대한 반감은 '깨어난' 그린의 선도적 문화와 국가적 심각한 양극화에 굉장히 기여했다. 따라서 여기서 우리에게 당연하고도 중요한 질문은 '당신은 트럼프의 어떤 부분을 가장 싫어하느냐?'이다.

트럼프는 분명 다소 극단적인 사례이다. 하지만 그래서 그림자 투사가 어떻게 국가를 휘어잡을 수 있는지 더 분명히 보여 주었다. 트럼프에게 가장 자주 투사되는 그림자 제재는 나르시시즘, 파시즘, 나치즘, 여성 차별주의, 인종주의, 외국인 혐오 등이다. 이 투사들 자체가 너무 크고 강렬하기에(왜냐하면 트럼프라는 고리 자체가 너무 크고 강렬하므로) 미국은 심하게 양극단으로 갈라졌다. 트럼프는 그렇게나 과장된 나르시시즘적인 인격을 가졌기 때문에 그를 혐오하는 사람들은 정말로 그를 혐오한다. 그 혐오가 너무 극단적이어서 심지어 트럼프장애증후군TDS, Trump Derangement Syndrome이라고까지 불린다. 트럼프장애증후군을 가진 사람들은 트럼프가 하고자 하는 일이 무엇이든 대대적으로 반대했다. 민주당원들은 그렇게 정신을 잃었다. 트럼프가 너무도 대대적인 괴물이었으므로 그들도 대대적으로 반응해도 된다는 허락을 받았기 때문이다. 그게 아무리 미친 방식이라 해도 말이다. 이것이 이 나라에서 원래는 매우 냉철했던 사람들마저, 분명히 미쳤다고 말할 수 있을 정도로 과장되어 이전 같았으면 절대 관여하지 않았을 그런 움직임들을 지지하게 된 이유이다. 민주당원들이 그렇게 터무니없는 입장들을 취했던 이유는 단지 트럼프가 원했던 것을 반대하고 싶었기 때문이다. 예를 들어 예전에 그들은 ('불법 체류자'라고 하는) 서류 자격을 갖추지 못한 이민자들에게 미국 시민권을 주자는 쪽이었다면(이미 상당한 논란을 불러온 입장) 트럼프가 대통령이 되고 나자 아예 국경을 거의 완전히 개방하자(트럼프가 절대 원치 않을 일)는 주장까지 할 지경이 되었다. 민주당의 이런 과장된 태도는 시위대에게도 옮겨 갔는데, 이전의 덜 공격적이고 비폭력적인 시위 방식에 방화와 약탈이 추가된 것이다. 헛발질이 헛방화로 이어진 셈이다.

당신의 그림자 제재는 이 정도로 거대하지는 않을 것이다. 약간의 시기, 화, 질투, 탐욕, 성적 욕망, 통제 경향, 간통 충동 정도에 그칠 것이다. 하지만 똑같은 과정이 일어날 것이다. 예를 들어 당신의 간통 충동을 투사할 누군가, 이를테면 당신의 배우자를 발견할 때 당신의 배우자는 그 투사된 성질을 갖고 있는 것처럼 보일 것이고, 당신에게는 그런 성질이 전혀 없는 것처럼 보일 것이다. 이제 당신은 당신의 배우자가 바람을 피고 싶어 한다는 의심에서 벗어날 수 없고, 심지어 배우자를 추궁할지도 모른다. 배우자가 그렇지 않다고 해도 당신은 계속 의심하고 추궁한다. 그리고 이것은 실제로 배우자가 바람을 피우게 만들거나 최소한 그런 생각을 하게 만든다.('내 남편/아내가 어차피 내가 바람을 핀다고 믿고 있으니 차라리 그냥 피워 버릴까?') 여기서 우리는 방어 기제가 작동하는 매우 불편한 방식을 목격하게 된다. 방어 기제는 자기가 물리쳐야 할 것을 오히려 갖고 온다. 이것이 방어 기제가 결국 아무 소용이 없다고 말하는 또 다른 이유이다. 부부 사이의 논쟁과 싸움 대부분은 둘 중 하나 혹은 둘 다 어떤 그림자 제재를 상대에게 투사하고 헛발질을 일삼기 때문이다. '바깥'에서 보이는 부정적인 성질은 사실 내 안에 있는 것이다.

이것이 자기 그림자 연구가 믿을 수 없이 어려운 이유이고, 내가 어떤 형태든 정화 과정을 자기 이해의 길에 포함하는 게 중요하다고 강조하는 이유이다. 우리가 세상에서 제일 경멸하는 것이 정확하게 우리가 갖고 있는 것이며 우리 안에서 우리가 가장 경멸하는 것이다. 이것을 받아들이기란, 우리는 보통 자신이 그렇게 끔찍하지는 않다고 확신하기 때문에 정말이지 어렵다. 우리가 트럼프가 아닌 것처럼 우리는 그런 것들이 아니라고 생각하는 것이다. 물론 우리가 그런 혐오스러운 것들이 아니라고 생각하는 것은 우리가 그것들을 부인하고 단절하고 다른 모든 사람에게 투사했기 때문이다. 우리는 그것들에서 정말 자유롭지 않다. 우리는 그것들을 단지 억압할 뿐이다. 그래서 그것들은 세상 밖으로 나가고, 그 세상에서 우리는 그것들을 독선적인 분노와 증오로 혐오하고 경멸한다. 그리고 그것들을 완전한 악으로 보기 때문에 자신은 도덕적으로 완전히 정당하다고 생각한다. 「포고Pogo」* 만화 시리즈에서 자주 등장하는 말처럼 "우리

---

* 월트 켈리가 1943년부터 1975년까지 연재한 신문 만화. 오케피노키 늪지대에 사는 주머니쥐 포고와 다양한 동물 캐릭터들을 통해 정치적 풍자와 사회 비평을 담아 냈다.

는 적과 만났는데 그게 바로 우리 자신이다."

그리고 물론 황금 그림자도 조심해야 한다. 우리는 우리 안에 있는 진정으로 긍정적이고 감탄을 자아내는 성질들도 완전히 놓칠 수 있다. 우리의 자비심, 강점, 빛나는 재능, 아름다움 같은 것 말이다. 우리는 이것들을 타인에 투사한 다음 진짜 영웅처럼 보이는, 혹은 최소한 엉망진창인 자신보다는 훌륭해 보이는 사람들을 모든 곳에서 본다. 오늘날 가장 흔하게 언급되는 자기 사랑에 대한 태도는 휘트니 휴스턴도 노래한 "가장 위대한 사랑은 나 자신에 대한 사랑"이다. 하지만 정말로 그렇게 느끼는 사람은 그다지 많지 않다. 다들 자신의 사랑스러움을 타인에게 투사하느라 너무 바쁜 나머지 마음속으로는 스스로 가련하고 가치 없다고 느낀다. 그렇게 타인에게 헛발질이 아니라 헛포옹을 한다. 세상에는 감탄을 받을 자격이 충분한 사람들이 분명히 있다. 다만 당신에게도 그런 부분이 있음을 잊지 말아야 한다.

이런 긍정적인 투사는 무엇보다 거의 모든 열렬하고 강박적이고 매우 충동적인 '연애'에서 분명히 드러난다. 열렬하게 연애할 때 한쪽 혹은 양쪽은 자신의 깊이 긍정적인 측면들을 상대에게 투사한 다음 그 상대에게 과도하게 끌리는데, 이것은 투사된 자신의 제재를 되찾고자 하는 시도이고 전형적인 헛포옹이다. 자신의 사랑스러움, 아름다움, 천재성, 친절, 자존감 혹은 강점들을 대거 상대에게 투사하고, 그 모든 것이 사랑하는 그 사람 안에 온전히 존재한다고 본다. 이때 그 성질들을 되찾고자 하는 강렬한 욕망에 휩싸이고, 그 결과 과로를 부르는 압도적이고 강박적인 사랑의 강렬한 에너지가 생겨난다. 이제 잘 수도, 먹을 수도, 생각할 수도 없다. 투사된 성질들로 넘쳐흐르는 그 사랑의 대상 외에는 아무것도 생각할 수 없다.(남자들은 대개 자신의 외모, 매력, 혹은 아름다움을 여자에게 투사하고, 여자들은 종종 자신의 권력, 회복력, 강점 등을 남자에게 투사하지만, 물론 다른 깊은 긍정적인 특성이나 성질이 될 수도 있다.) 여기서도 상대는 그 투사된 성질들을 이미 스스로 상당히 갖고 있을 가능성이 크고, 바로 그래서 애초에 그런 강렬한 투사의 대상이 된다. 하지만 자신의 긍정적인 성질을 잃어버리고 그것을 다른 사람, 즉 그것을 이미 상당히 갖고 있는 사람에게 투사하면 상대가 두 배로 갖게 되는 그 성질로 인해 그에 대한 지나치게 부풀려진 사랑에 빠지게 될 수 있다. 열렬한 연애가 늘 어느 정도의 과장이 동반되는 이유가 여기에 있다. 상대가 그 긍정적인 성질을 두 배(원래 갖고 있던 것에서 투사된 것까지 추가됨)로 갖고 있는 것처럼 보이기 때문이다. 두 배가 된 사랑스러움이 나를 믿을 수 없이 과장된 연애 감정 속으로 몰고 간다.

이런 연애 감정이 대개 1년 혹은 몇 달 안에 사라지는 것도 정확하게 바로 그 두 배가 된 (실은 존재하지 않은) 사랑스러움 때문이다. 투사하는 쪽은, 투사된 그림자 제재를 완전히 돌려받지 못할지라도, (상대를 포함한) 그 누구도 자신이 상상했던 만큼 그렇게 대단할 수는 없음을 깨닫기 시작할 것이다. 세상에 그렇게 아름답고 그렇게 똑똑하고 그렇게 강한 사람은 존재할 수 없다.

이런 깨달음은 대개 두 사람이 함께 살기 시작해서 상대의 인간적인 모습을 보게 될 때 찾아온다. 사랑하는 그 사람도 먹고 화장실을 가고 화장하는 등 보통의 인간이 하는 모든 일을 한다. 자신이 상상했던 초이상화된 버전의 인간이 아닌 점이 보인다.(거의 모든 러브스토리가 정확하게 두 사람이 마침내 함께하게 되었을 때 끝나는 이유가 여기에 있다.

두 사람이 늘 함께 붙어 있게 되면 지금까지 스토리를 이끌었던 투사된 사랑스러움이 유지될 수 없다. 거기서부터는 내리막길뿐이다. 로미오와 줄리엣이 실제로 함께 살았다면 어땠겠는가? 다음 장면에서 줄리엣이 머리에는 헤어롤을 말고 얼굴에는 콜드크림을 바르고 있다면? 과연 로미오는 그 장면을 사랑할까? "로미오, 오 로미오, 당신은 어디에 계신가요?" "나, 여기에서 토하고 있소.")

연애 감정은 굉장한 실망과 함께 심지어 분노까지 동반하며 돌연 사라질 수 있다. 하지만 자주 덜 강렬한 사랑으로 이어지기도 하고, 때로는 지속적인 우정으로 이어지기도 한다. 그런데 어느 쪽이든 그림자 투사는 끝이 난다.(이 시점까지 그림자를 되찾지 못한다면 계속 그림자를 되찾기 위해 바람을 피우며 헛포옹을 해댈 가능성이 크고, 이런 일은 일반적으로 그림자를 정말로 되찾을 때까지 계속된다. 혹은 바람이 들킬 때까지 계속된다. 결혼한 상태라면 말이다.)

그림자를 되찾으면 자아감이 확장된다. 분리되고 투사되어 나가며 자아의 크기를 줄였던 자아의 부분들을 되찾아서 그렇다. 진화는 언제나 의식, 자기 정체성, 자아의 확장과 증가를 향해 나아가는 것이므로, 자아감의 감소는 진화를 거스르는 것이다. 진정한 실재에서 깨어나기 위한 과정으로서의 깨어남, 성장, 정화는 끊임없이 우리 의식이 진화하고 확장하는 방향으로 나아간다. 자아감의 크기를 키워 분리된 개인적 유기체 정체성에서 전체 우주와 함께하는 방향으로 나아가며, 지고의 정체성으로서 매 순간 일어나는 모든 것과 절대적으로 하나가 되는 상태로 나아간다. 이것은 자아의 놀라운 확장이 아닐 수 없다.

그림자 제재를 만드는 것은 실제로 자아 정체성과 의식을 편협하게 하는, 진화를 완전히 거스르는 대표적 과정 중 하나이다. 그리고 그림자 제재의 진짜 문제는 그림자 제재를 정화하는 과정이 깨어남이나 성장의 과정과 완전히 별개이며, 그 두 과정에 좋은 기법들이 그림자 제재에 영향을 줄 수 없다는 점이다. 따라서 모든 자기 변형 과정에는 깨어남, 성장과 함께 꼭 정화 과정이 추가되어야 한다. 빅홀니스에 깨어나기를 목표로 하는 자기 변형 과정이라면 말이다.

앞에서 말했듯이 모든 방어 기제의 문제는 정확하게 자기가 쫓아 버려야 할 것을 가져온다는 점이다. 이 말은 곧 방어 기제가 제대로 작동하지 않는다는 말이다. 방어 기제는 빈 공간을 만들지 않는다. 방어 기제가 공격적인 제재를 제대로 투사하고 없앤다면 그곳에는 빈 공간만 남을 것이다. 하지만 방어 기제는 그 자리에 고통스러운 신경증을 남긴다. 심지어 정신병적 증상들을 남길 수도 있다. 이런 증상들은 언제나 억압된 그림자 제재를 상징한다. 증상을 정확하게 해석할 때 그 안에 어떤 그림자 제재가 숨어 있는지 알 수 있는 게 바로 이런 이유에서다. 그러므로 한번 둘러보라. 당신은 이 세상에서 무엇을 과도하게 싫어하고 무엇을 가장 사랑하는가? 그것들이 당신 그림자 세상이다. 진정으로 '모든 것과 하나'가 되고 싶다면 다시 소유해야 하는 세상 말이다.

그림자 제재를 돌려받아야 한다는 말은 그렇게 나쁜 소식이 아니다. 어쨌든 황금 그림자도 있으니까 말이다. 우리는 아주 긍정적인 것과 아주 부정적인 것을 모두 포함하는 전체 스펙트럼의 무엇이든 억압하고 투사할 수 있다. 그리고 결국 헛발질을 하거나 헛포옹을 한다. 화, 권력욕, 통제 경향, 지배욕 같은 부정적이고 싫어하는 제재들을 투사할 때, 당신은 그 투사의 대상들을 혐오하고 경멸하는 경향을 보인다. 하지만 방금 보았듯이 용기, 아름다움, 재능, 친절함,

사랑스러움, 도덕적 이상 같은 진정으로 긍정적이고 감탄할 만한 성질들을 잃어버리는 일도 상당히 흔하다. 그리고 영웅 숭배나 연애 감정에 빠지거나 혹은 누군가를 정신없이 찬미한다.

부정적 성질이든 긍정적 성질이든 우리는 '타자/그것'을 자신 혹은 '나'의 다시 찾은 측면으로 전환하여 단절되고 억압된 제재들을 다시 통합해야 한다. 그럼 "그것It이 있는 곳이 내I가 될 것이다." 그렇게 자아를 조금 더 크게 하고 자아가 아닌 것은 조금 더 작게 하며 진화해 나가는 것이다.

그러므로 이제 정화의 길을 살펴보자. 나는 그림자를 되찾고 정화를 시작하는 데 3-2-1 그림자 기술 연습을 권한다. 이 기술이 당신이 원할 때 당신 인생에서 그림자 제재를 매우 효과적으로 정화하는 데 도움이 될 것이다.

3-2-1 과정

『미래의 종교』에서 나는 (첫 번째, 두 번째, 세 번째 층으로 이루어지는) 성장의 가장 중요한 12구조 단계를 살펴보고 각 단계에서 가장 흔한 부정적이고 긍정적인 그림자 제재들을 지적한 바 있다. 즉 그림자 제재 역시 성장 단계와 마찬가지로 12단계가 있으며, 이 그림자들은 매우 흔히 경험되는 실재들이다. 정화 연습은 깨어남 연습, 성장 연습과 매우 다르므로 그림자 제재의 이 단계들을 인식하는 것이 매우 중요하다.(하지만 걱정은 말자. 3-2-1 과정만 알아도 모든 단계의 그림자 요소들을 해결할 수 있다. 그림자 해결은 여전히 매우 중요한 문제지만 3-2-1 과정으로 그 과정을 굉장히 단순화할 수 있다.) 당신이 그 어떤 자아실현 프로그램을 실천 중이라도 그림자 문제는 아마도 당신 스스로 알아내야 할 것이다. 자아실현 프로그램이 그림자에 대해서는 아무것도 말해 주지 않을 테니까 말이다. 하지만 그림자는 정말로 큰 문제이고 매우 흔하며, 이런 그림자에 관해 설명해 주는 자아실현 프로그램이나 성장 시스템은 거의 없다. 영적 지도자를 포함해 모든 사람이, 그러니까 당신도 병적인 측면이나 그림자 문제를 한두 개는 갖고 있을 것이다. 그림자를 찾아내는 방법을 모른다면 그림자는 계속해서 당신을 괴롭힐 것이다. 왜냐하면 다시 말하지만 성장도 깨어남도 정화에 직접 도움되지는 않기 때문이다. 그리고 그림자 문제가 심각하다면 성장 과정과 깨어남 과정도 심각한 타격을 받을 수 있다. 무엇보다 그림자가 우리를 아프게 하고 굉장한 고통을 부른다는 건 잘 알려진 사실이다. 따라서 그림자 문제가 일어날 때마다 효과적으로 다룰 수 있어야 한다.

여기서는 발달 단계와 그 단계별 그림자 문제를 모두 자세히 살펴보지는 않고(그러고 싶다면 내 책 『미래의 종교』를 참조하기 바란다.) 주요 그림자들을 해결하는 데 도움되는 매우 일반적인 치유 과정만 살펴볼 것이다. 물론 각각의 그림자에 맞는 구체적인 연습들이 있지만 이것은 내가 '3-2-1 과정'이라고 부르는, 모든 그림자에 효과가 좋은 치료이다.

이 이름은 많은 그림자 제재가 형성되는 메커니즘 자체에서 따온 것이다. 다시 말해 그림자 요소의 분리, 부인, 억압의 과정, 즉 방어기제의 일반적인 형식에서 따온 것이다. 인간 의식이 그림자 제재를 만들어 내는 과정, 그 각 단계의 *시점*들을 자세히 보면 우리는 그림자가 보통 1인칭적 성격으로 시작됨을 알 수 있다.(문법에 익숙하지 않은 사람들을 위해 설명하자면 '1인칭'은 '말하는 사람', '나'를 뜻하고 '2인칭'은 '말을 듣는 사람', '너'를 뜻하며 '3인칭'은 '그 말의 대상이 되는 사람 혹은 것', '그', '그녀', '그것'을 뜻한다.)

말했듯이 그림자는 일반적으로 1인칭적 성격, 즉 자아의식의 완전히 개인적 부분, 혹은 자기 정체성의 중요하고 중심이 되는 부분에서 시작된다. 그림자는 '나' 혹은 '나의 것'이다. 나의 욕망이고, 나의 화이며, 나의 자기 통제 경향인 것이다. 그다음 일종의 분리 활동이 일어난다. 부정적인 판단, 부인, 단절, 부정, 억압이 일어난다. 그렇게 그림자 제재가 고립되고, 회피되고, 밀려난다. 그렇게 억압되고 밀려날 때 그림자 제재는 1인칭적 성질에서 2인칭적 성질로 옮겨 간다. 이제 더 이상 '나' 혹은 '나의 것'이 아니라 '내가 아닌 것' 혹은 '타자'가 된다. 실제로 내 정신 속에 있는 다른 사람(즉 당신) 같다. 혹은 '하위 인격Subpersonality'이라고 불리는 2인칭적 존재가 된다. 그것은 정말로 작은 인격이지만 독립적인 주체처럼 느껴지기 때문이다. 이 시점이면 그것은 이미 병리학적 분리 상태이기 때문에 해로울 수 있지만, 이 정도의 억압으로는 대개 아직 그렇게 위협적이지는 않다. 아직은 여전히 그 2인칭 존재와 그것이 갖는 역겨운 성격을 내가 알아차릴 수 있기 때문이다.(속으로 그것을 '너'라고 부르며 그것과 대화하는 시점이다.) 바로 그래서 우리는 그것을 3인칭 존재로 더 밀어낸다. 그럼 이제 그것은 완전히 분리된 '그것'으로 다뤄진다. 이것이 프로이트가 말하는 '이드', '그것'이다. 사실상 우리 몸 경계의 바깥쪽으로 밀려났으므로 '그것'은 이제 3인칭 존재인 '그', '그녀' 혹은 '그들'에 속한다. 그 3인칭의 그림자는 우리 자신에게 이제 완전히 생경한 '그것'이 된다. 그것은 이제 하나의 증상으로 완전히 변장한 상태로 우리의 통제 밖에 있는 매우 이질적인 것 혹은 '그것'처럼 보인다. 그리고 이제 대개 "불안, 그것이 나보다 강해요.""우울증, 그것이 그냥 나를 덮쳤어요.""이 강박증을 통제할 수가 없어요."처럼 3인칭으로 묘사된다. 그런 증상들을 이제 나는 도저히 이해할 수 없다. 외국어처럼 알아들을 수가 없다.

그림자 제재는 그렇게 1인칭에서 2인칭을 지나 3인칭으로, '나'에서 '너'를 지나 '그것'으로 넘어간다. 3-2-1 치료 기술은 이 과정을 되돌아가는 것일 뿐이다. 성장의 단계를 막론하고 거의 모든 그림자 제재가 이 1-2-3 과정을 통해 생겨나므로 3-2-1 과정으로 돌아갈 때 성장의 단계를 막론하고 모든 그림자 제재를 효과적으로 치료할 수 있다. 각각의 그림자 (성장) 단계에는 그것만의 구체적인 방어 기제, 인식 도구, 충동, 욕구가 존재하므로 그 각각을 하나씩 다뤄 볼 수도 있다. 하지만 사실상 그 모든 그림자가 이 일반적인 1-2-3 과정을 통해 만들어지므로 그 과정을 되돌아갈 때 거의 모든 그림자 제재를 상당히 효과적으로 치유할 수 있는 것이다.[1]

3-2-1 과정 연습

매우 간단해서 내가 자주 이용하는 그림자 문제의 전형적인 예를 하나 들어 보겠다. 당신이 화가 상당히 많다고 해 보자. 그런데 그 어떤 이유로 당신에게 화는 터부가 된다. 자라 온 환경이나 어릴 때 받은 이런저런 트라우마 때문에 혹은 친구, 동료의 영향 때문일 수도 있고, 종교적인 신념 때문일 수도 있다. 그럼 이제 당신의 자아 체계 Self-system는 자신의 세계를 구축하는 데 필요한 번역 과정에서 화에 대한 부정적인 판단으로 자신의 세계를 해석하기 시작한다. 그리고 이것이 심해지면 화를 감지할 때마다 1-2-3 분리 과정이 일어난다. 당신은 화를 제거하기 위한 적극적인 의절을 시작한다. 화가 일어날 때마다 자아 경계 바깥쪽으로 밀어내 '타자'처럼 보이게 하며 화로 인한 죄책감이나 부끄러움에서 벗어난다.

물론 화는 여전히 당신 안에 있다.(여전히 1인칭 상태이다.) 하지만 이제 당신은 그것이 당신이 아닌 체하고 실제로도 당신이 아닌 것으로 인식한다. 화가 당신 정신 속 또 다른 작은 인격인 듯 1인칭의 '나' 혹은 '나의 것' 상태에서 2인칭의 '너' 혹은 '너의 것' 상태로 전환된 것이다. 이 정도로도 충분할 수 있지만 그 하위 인격이 내면에서 자기를 봐 달라고(두 번째 사람 혹은 하위 인격이므로 이는 당연하다.) 자꾸만 시끄럽게 떠들기 때문에 당신은 한 단계 더 나아가 그것을 밖으로 완전히 던져 버리고 싶다. 당신은 그래서 그 그림자 제재를 당신의 시스템 밖으로 완전히 밀어낸다. 그것은 이제 다른 사람 혹은 다른 곳에 속하는 것으로 인식된다. 이제 당신은 그 제재를 1인칭 '나'에서 3인칭 '그것(혹은 그, 그녀, 그들)'으로 완전히 바꾸었다. 안에서 화가 일어날 때마다 이제 그것은 당신의 화처럼 보이지 않는다. 그것은 의절되고 부인되고 분리되었다. 하지만 누군가는 분명히 화를 많이 갖고 있음을 알기 때문에, 그리고 그 누군가는 당신이 될 수 없기 때문에, 당신은 당신의 화를 투사할 사람, 물건이나 집단을 찾아다닌다. 그것은 이제 더 이상 1인칭 화가 아니고 3인칭 화이다. 그 화는 그, 그녀, 그들, 혹은 그것의 것이다.

일단 그들이 당신의 화를 갖게 되면 그 화는 당신을 향하게 될 것이다. 왜냐하면 원래 당신이 그것의 진짜 주인이고 원천이기 때문이다. 따라서 당신이 화를 투사했던 그 제3자가 당신이 도저히 알 수 없는 이유로 당신에게 매우 화가 나 있는 것처럼 보이기 시작한다. 누군가가 당신에게 이유 없이 막 화를 내면 보통은 당신도 그 자리에서 화를 돌려주지만, 지금 당신은 그럴 수 없다. 당신은 화를 부인했기 때문에 화를 허락받지 못한다. 스스로 화를 느낄 수 없기 때문에 이제 당신은 화 대신에 두려움이나 불안감 같은 것을 느끼게 되기 쉽다. 동시에 당신에게 쏟아지는 굉장한 적대감을 느낀다. 그 사람에 대한 두려움과 불안감이 올라오지만 이해할 수 없는 감정들이다. 그 사람이 당신에게 그렇게 화를 내는 이유를 도무지 알 수 없으니까 말이다. 그 '타자'가 극도로 불편하고 무섭고 두렵다는 것만 확실하다. 그 사람이 당신에게 그렇게 무섭고 두려운 것은 지금 그 사람이 화를 두 배로 갖고 있기 때문이다. 그 사람은 그 자신의 화와 당신의 화를 둘 다 갖고 있다.

    이런 분리를 치유하고자 한다면 "그것$_{It}$이 있는 곳"이 "내$_I$가 되어야" 한다. 다시 말해 3인칭 '그것'의 그림자를 다시 1인칭 '나' 상태로 돌리는 것으로 그 그림자를 다시 소유해야 한다.

    당신의 화를 지역 불량배들에게 투사했다고 해 보자. 골칫덩어리라는 평판을 받는 10대 불량배 무리라면 화를 투사하기에 좋은 고리이다. 이제 당신은 화라고 할 만한 것은 거의 갖지 않으므로(혹은 그렇게 생각하므로) 그 불량배 무리는 화를 두 배로 갖게 된다. 당신의 화와 그들의 화를 다 갖게 되는데, 당신의 화는 당신의 귀에 들리게 되어 있다. 당신이 불량배들에게 투사한 화는 사실 당신의 화이고, 당신과 단단히 붙어 있기에 이제 그 불량배들이 당신을 쫓아다니는 것처럼 보일 테고, 유난히 당신에게 앙심이라도 품고 있는 것처럼 보일 것이다. 당신은 이제 그 불량배들이 조금이라도 가까이 다가오면 정신을 잃을 것만 같다. 아니면 그 불량배들이 특별히 다른 불량배들보다 더 나쁘지는 않다고 생각하지만 왠지 악몽을 꾸기 시작한다. 예를 들어 불같이 화가 난 어떤 거대한 괴물이 당신을 잡아먹겠다고 소리치며 쫓아오는 꿈을 자꾸 꾼다. 당신은 화를 억압했기 때문에 그 괴물에게 화가 나지는 않는다. 단지 굉장히 무섭다. 두려움에 사로잡힌 당신은 그 괴물에 계속 쫓기는 신세가 된다. 잡아먹히기 직전 거친 숨을 몰아쉬고 식은땀을 흘리며 깨어날 때까지.

이런 그림자 증세들을 염두에 두고 이제 기본적인 3-2-1 과정을 따라가 보자. 3-2-1 과정이란 그것을 찾아내고(그리고 묘사하고), 그것과 대화하고, 그것이 되는 것이다.

먼저 그것을 찾아낸다.(그리고 묘사한다.) 당신에게는 정확하게 어떤 사안, 문제, 신경증, 증세가 있는가? 다시 말해 당신에게 가장 큰 고충은 무엇인가? 당신이 그 지역 불량배들에게 당신의 화를 투사했고 그래서 지금 두려움을 느끼고 있음을 이미 의심하고 있다면, 그 투사를 해결하면 된다. 하지만 당신은 아마도 당신이 그 불량배들에게 분노를 투사하고 있다고 의심하지 않을 테고, 그 불량배들에게서 느끼는 굉장한 공포가 단지 모두가 느낀다고 생각할 것이며, 그래서 그 굉장한 공포를 고충으로 언급조차 하지 못할 수도 있다. 따라서 우리는 투사가 아니라 당신의 고충을 찾아본다. 그리고 괴물이 당신을 죽이겠다고 쫓아오는 악몽을 자꾸 꾸는 것이 당신의 걱정거리임을 본다. 당신이 일기를 쓰는 사람이라서 인생의 심각한 문제들을 기록하고 있다면 불량배 문제는 기록하지 않더라도 악몽은, 특히 반복되는 악몽이라면 거의 확실히 기록할 것이다. 똑같은 악몽 때문에 서너 번 식은땀을 흘리며 깼다면 일기에 써 둘 가능성이 확실히 높다. 따라서 우리는 그 악몽을 유사 그림자로 받아들인다. 다시 말해 당신을 삼키려 드는 그 괴물에 대한, 식은땀과 공포를 부르는 악몽을 주요 문제로 찾아낸 것이다.

그 괴물을 자세히 살펴보자. 즉 그것을 3인칭, '그것'으로 최대한 자세히 묘사해 본다. 이것이 1단계이다. 괴물을 제대로 들여다보고 그것에 대해 가능한 한 전부를, 다시 말하지만 '그것'으로 묘사해 본다.(그 괴물은 ~처럼 생겼다, ~색깔이다, ~정도로 크다. ~처럼 웃는다, 나를 쫓아올 때는 ~와 같은 행동을 한다 등등) 그 괴물을 제대로 알아본다. 그 괴물에 대해 가능한 한 전부 묘사해 본다.

두 번째 단계는 *그것과 대화하는 것*이다. 그것을 실제로 2인칭 '너'라고 부르는 것으로 시작한다. 게슈탈트 요법에서 쓰는 기술 대로 의자에 앉은 다음, 앞에 빈 의자를 하나 두고 그 괴물이 그 의자에 앉아 있다고 상상한다. 괴물이 정말 무서우면 좀 어려울 수 있다. 그렇다면 괴물 앞에서 느끼는 공포가, 그림자 제재를 제거해야 하는 부정적인 것으로 판단했을 때 느꼈던 그 공포와 같다는 사실을 염두에 둔다. 당신은 그 제재가 당신의 것으로 남을까 봐 두려워하게 되었기 때문에 그것을 바깥으로 던져 버린 것이다. 정확하게 바로 그 두려움이 지금 눈앞의 괴물에게서 느끼는 그 두려움이다.

이제 실재하는 2인칭 '너'인 그 괴물에 말을 건다. 말 그대로 그것과 대화한다. 의자가 싫다면 노트나 아이패드를 이용해도 좋다.(그냥 머릿속에서 진행해도 된다.) 먼저 당신 자신이 되어 그 괴물에게 말을 건다. 그다음 일어나 앞의 의자에 앉는다. "너는 누구냐? 왜 여기에 있지? 나한테 왜 이러냐?" 같은 질문을 던진 뒤 앞의 의자에 앉은 다음 괴물이 되어 그 각각의 질문에 대답한다. 그렇게 괴물을 최대한 알아 간다. 이처럼 왔다 갔다 하며 대화하는 것이 두 번째 단계이다.

그러다 보면 당신은 그 제재를 애초에 왜 억압했는지를 제대로 이해하기 시작할 것이다. 당신은 "나한테 왜 이러나?"라고 묻는다. 그럼 괴물은 "왜냐하면 너는 무가치하니까. 너는 뭐든 제대로 하는 법이 없으니까."라고 대답할 수 있다. 그럼 당신은 "내가 왜 무가치해?" 묻고 괴물은 "지금까지 네가 한 일들은 다 잘못됐어. 너는 완전히 망했어." 대답한다. 그렇게 괴물과 대화를 계속하다 보면 애초의 그림자 제재에 점점 더 가까이 다가가고 그 그림자 제재가 실은 당신의 화였음이 점점 더 분명해진다. 그 괴물과 대화할수록 조금씩 당신의 화를 느끼기 시작할 텐데 그때는 매우 조심해야 한다. 당신의 두려움이 당신의 화에게 길을 내어 주기 시작할 것이며, 바로 그 화를 당신은 받아들이고 다시 소유해야 한다.

그 괴물의 목소리가 당신이 무슨 일을 하든 늘 부정적으로만 평가했던, 예를 들어 당신의 아버지를 닮았음을 문득 깨달을 수도 있다. 당신은 언제나 그런 아버지에게 화가 났고 실제로 화도 냈는데, 결국에는 아버지가 완전히 화가 나서 주먹으로 당신의 가슴을 세게 쳐서 당신을 바닥에 쓰러뜨렸다. 그때 이후로 당신은 다시는 아버지에게 화를 내지 않았다. 사실 그 누구에게도 화를 내지 않았다. 악몽을 꾸기 시작했음에도 말이다.

대부분의 그림자 요소는 (아버지로부터 배를 강타당하는 것 같은) 한 번의 큰 충격이 아니라 작은 충격이 이어질 때 발생한다.(예를 들어 몇 달, 심지어 몇 년 동안 아버지가 계속 당신이 무가치하다고 말하는 것) 많은 그림자 문제가 3살부터 12살까지에 해당하는 성장의 초기 단계(이것은 음식, 섹스, 권력을 상징하는, 우리 몸 아래쪽 첫 세 개의 차크라 혹은 태고, 마법, 신화적 단계와 관계한다.)에서 발생하고, 이는 부모, 형제, 선생님 혹은 또래 친구들과의 관계에서 무언가가 잘못됐음을 의미한다.2

3-2-1 과정의 두 번째 단계에서는 3인칭 타자의 그림자 제재를 찾아내 2인칭, 너로 직접 부르는 행위를 반복한다.(그래야 그것이 3인칭에서 2인칭으로 이동한다.) 계속 괴물 역할을 하다 보면 그 괴물이 사실 무엇인지를 점점 더 확실히 알게 된다. 그 괴물은 정말로 당신에게 화가 나 있다. 너무 화가 나서 당신을 산 채로 먹어 버리려 한다. 그림자 제재가 되어 보기를 계속할수록 당신은 그것이 실제로 무엇인지, 그것이 실제로 무엇으로 이루어져 있는지를 점점 더 확실히 느낄 수 있다. 그것은 화, 당신의 화로 이루어져 있다. 누군가를 정말로 먹고자 하는 괴물을 연기하다 보면 그것이 얼마나 화가 나 있는지 그냥 깨닫게 된다. 당신은 화를 객관적으로 보기 시작한다. 다시 말해 그림자를 의식하기 시작한다.

그런 일이 일어나기 시작할 때 당신은 불안(원래 두려움이었던 것)을 느끼기 시작할 것이다. 하지만 동시에 그 괴물이 당신의 화임을 깨닫고 따라서 두려움이 확실히 화에 길을 내주기 시작할 것이다. 당신은 이 두려움이 화로 바뀌는 변형을 실제로 느낀다.

이 시점에서 당신은 그 그림자 제재가 언제 처음 왜 부인되고 억압되고 단절되었는지에 대한 이미지나 사건을 떠올릴 수도 있고 그렇지 않을 수도 있다. 예를 들어 당신의 아버지가 당신 배를 심하게 때렸던 때가 떠오를 수 있다. 정신 분석 같은 심리 치료 기술에 따르면 이렇게 떠올리는 것이 치료에 결정적인 역할을 한다. 인지 치료 같은 다른 기술에 따르면 이렇게 떠올리는 것이 완전히 불필요하다.

하지만 어느 쪽이든 그림자 제재(여기서는 화)가 당신의 것임을 인식하는 것이 매우 중요하다. 그것을 온몸으로 느껴야 한다. 그럴 때 당신은 그림자 제재를 마침내 받아들이고 다시 소유하기 시작한다. 바로 그 지점에서 세 번째이자 마지막 단계로 나아간다. 즉 그것을 취하는 것에서 그것이 되는 것으로 나아간다.

지금까지 정화 과정에서 당신은 그 화난 괴물이 당신 안에서 화가 나 있는 다른 사람인 것처럼 대화해 왔다. 이제 그냥 그 화가 되어 본다. 그것을 '나', '나의 것'으로 돌려받는다. "나는 그 괴물이다. 나는 화이다. 나에게는 화가 있다. 나는 화를 갖고 있다. 그것은 **나의 화이다.**"라고 말한다. 이제 당신은 분리되고 단절된 화를 (그림자 형태로 존재하는 '그것' 혹은 무서운 괴물로 묘사했던) 3인칭 형태에서 ('너'라고 부르고 직접 대화했던) 2인칭 형태로, 또 (그것을 '나' 혹은 '나의 것'으로 정의한) 원래의 1인칭 형태로 전환했다. 그것은 더 이상 당신의 그림자 화가 아니라 당신의 진짜 화이다. 당신의 악몽이 그런 단절된 화로 인해 발생했다면, 당신이 화를 진정으로 다시 소유하게 되면 의심의 여지 없이 악몽은 사라질 것이다. 지역 불량배들 또한 예전에 비해 전혀 무섭지 않게 될 것이다. 이것이 3-2-1 과정이다. (3인칭) 그것을 찾아내고, (2인칭) 그것과 대화하고, (1인칭) 그것이 되어 본다.[3]

요약

3-2-1 치료법은 일반적인 정화 과정으로, 모든 그림자 치료에 좋다.[4] 성장과 깨어남 과정을 계속하는 동안 정화 과정을 거치는 일은 매우 중요하다. 계속 발전하는 동안 새 영토가 추가되고 우리는 그

영토와 우리를 동일시하게 된다. 발달과 진화는 지금까지 보았듯이 항상 '초월과 포함'을 수반한다. 초월이란 새롭고 더 큰 단계를 추가하기 위해 혹은 새롭고 신기한 제재를 우리 의식에 추가하기 위해 현재 단계를 넘어선다는 뜻인데, 우리는 그 제재를 책임감 있게 소유해야 한다. 다시 말해 그것을 우리 의식에 온전히 포함해야 한다.(어쨌든 '초월과 포함'의 과정이니 말이다.) 레드에서 엠버로 성장(초월)할 때 우리는 엠버의 더 큰 영토를 우리 의식에 추가(그리고 포함)한다. 그리고 엠버에서 오렌지로 성장(초월)할 때 오렌지의 더 큰 영토를 (엠버의 그것과 함께) 우리 의식에 추가(그리고 포함)한다. 그렇게 계속 모든 단계가 이어진다. 성장과 깨어남이 끝나, 우리의 정체성이 편협하고 제한적이고 피부 속에 한정된 에고 정체성에서 우주의 모두와 함께하는 지고의 우주 정체성으로 확장될 때까지 말이다.

진화적 '초월과 포함'의 어느 한 단계에서 새로운 제재를 포함 혹은 흡수하다가 심각한 문제가 생기면 그 제재는 그림자가 된다. 그럼 적절한 초월에도, 완전히 포함에도 실패할 것이고, 만약에 '포함' 부분에서 문제가 발생하면 그 새 영토는 방향을 돌려 우리 의식 밖으로 나가 '내가 아닌' '타자의' 넓은 세상으로 들어갈 것이다. 그때 그 새로운 영토는 포함과 흡수의 단순한 실패에 그치지 않고 증세, 신경증, 병적 이상, 이상 기능의 고통스러운 시리즈로 바뀐다. 우리의 자아는 더 커지는 것이 아니라 더 작아진다. 자아는 점점 더 많은 제재들을 의식 밖으로 집어 던지고 우리 자신을 점점 더 작게 만들면서 진화가 원하는 것의 정확하게 반대 방향으로 향한다.

레드, 엠버, 오렌지, 그린, 터콰이즈 영역 중 어느 것에서든 새롭게 등장하는 영역을 포함하는 데 문제를 겪으면 우리는 그 새 영역에 저항하며 두려움에 떨게 된다. 두려움에 휘둘리느라 사랑으로 나아가지 못한다. 새로움 앞에 위축되고 그 신기한 새 영역을 우리 의식의 문밖으로 던져 버린다. 홀니스로 가까이 갈 수 있는 과정을 거부하고 대신 고통스러운 제약과 억압을 택한다. 우리는 원래 그래야 하는 것보다 작아지는데, 우리 진정한 혼은 이를 잘 알고 있다.

결론적으로 정화는 우리가 작고 부서지고 부정확한 자아 이미지에서 온전하고 완전하고 건강한 정신으로 옮겨 가는 것을 돕고, 새롭고 매우 실제적인 홀니스의 유형을 제공한다. 그림자 문제가 너무도 만연하여 인간 활동의 거의 모든 영역에서 굉장한 문제를 일으키는데도 지혜로운 해결책들이 많이 없고 널리 퍼져 있지도 않다는 사실이 놀랍기 그지없다. 어쨌든 나는 늘 그렇듯 그림자에 대한 내 설명에 모두가 동의하지 않는다고 해도 그림자 정화가 진정한 빅 홀니스를 추구하는 전체론적인 접근법에서는 진정으로 중요하다는 사실을 당신이 분명히 보기를 바란다.

빅 홀니스는 깨어남, 성장, 열림, 정화, 드러냄을 포함한다. 지금까지 우리는 깨어남과 성장과 정화를 살펴보았다. 결국에는 모든 내용을 다루게 되겠지만 다음으로는 드러냄을 소개하려 한다. 우리 존재의 측면들에 관해서라면 드러냄도 우리의 지평을 놀랍도록 넓혀 줄 것이다. 또한 드러냄을 이해할 때 우리의 현실에 통합적으로 접근하는 것이 얼마나 중요한지도 알게 될 것이다. 드러냄은 인간이 실제로 접근할 수 있는 모든 기본 차원과 관점들을 완전히 드러내는 것을 의미한다. 이것이 진실로 무엇을 의미하는지, 드러냄이 당신 인생에 발휘하는 막대한 효과가 무엇인지 이제부터 알아보자.

11장 Finding Radical Wholeness

드러냄

　드러냄은 빅 홀니스에 매우 중요하고 본질적인 부분일 뿐만 아니라 문제들에 통합적으로 접근하는 것이 얼마나 중요하고 의미심장한 일인지를 무엇보다 쉬운 방식으로 보여 준다. 이 장의 도표들을 보면 이게 무슨 말인지 즉각적으로 알 수 있을 것이다. 그럼 308~309쪽의 도표를 자세히 살펴보자.

사분면

　세상의 모든 성숙한 언어들에서 발견되는 1인칭, 2인칭, 3인칭 대명사는 아마도 드러냄의 가장 흔하고 일상적인 사례 중 하나일 것이다. 이 대명사들은 누구나 취할 수 있는, 실재에 대한 아주 다른 세 가지 관점을 말해 준다. 1인칭, 2인칭, 3인칭 대명사가 이렇게나 보편적이고 일반적인 것은 모든 문화에 걸쳐 있는 아주 중요한 실재들을 암시하기 때문이다. 다음은 이 대명사들(즉 드러냄이 말하는 차원 혹은 관점들)의 정의이다. 1인칭은 '말하는 사람(나는, 나를, 나의)'이고, 2인칭은 '말 듣는 사람(너 혹은 당신)'을 뜻하며, 3인칭은 '말의 대상이 되는 사람이나 사물(그, 그녀, 그들, 그것 혹은 그것들)'을 뜻한다.

그렇다면 이 관점들은 무엇을 드러낼까? 이 문화를 초월하는 실재들은 다음의 것들을 드러낸다. ①주관 차원(1인칭 대명사 '나는', '나를', '나의'), ②관계 차원(2인칭 대명사 '너' 혹은 '당신'), '너'가 이해받으려면 상호 이해(혹은 우리)가 필요하므로 이 관계 차원은 종종 '너/우리' 차원으로 불리고 이때 둘 이상의 주체가 생기므로 이 차원을 종종 '상호 주관$_{intersubjective}$' 차원이라고도 한다.[1] ③개인적 객관 차원(3인칭 단수, '그가', '그를', '그의', '그녀가', '그녀를', '그녀의', '그것', '그것의'), ④집단적 객관 차원(3인칭 복수, '그들이', '그들을', '그들의' 그리고 '그것들의'), 이것은 체계적 차원으로 종종 '상호 객관' 차원이라고 불린다. 요약하면 '나', '우리', '그것', '그것들'이 된다. 이것은 모든 인간이 사용하는 네 가지 기본 차원들/관점들/사분면을 설명하는 일반적인 예의 하나이다. 나는 사분면을 '차원들/관점들'이라고 부르는데 진짜 관점을 갖는 진짜 차원들이기 때문이다. 따라서 예를 들어 객관 차원은 진짜 3인칭 관점을 갖는다.

나는 종종 (단수 '그것'과 복수 '그것들'의) 두 객관 분면을 하나의 객관적 '그것' 세상으로 취급하며 사분면을 ('나', '우리', '그것'으로 구성되는) '빅 쓰리'로 줄이곤 한다. 이 근본 차원들이 이미 보았듯 1인칭, 2인칭, 3인칭 대명사의 사용을 뒷받침한다. 이것들은 너무 근본적인 관점들이라 심지어 3-2-1 치유 과정에도 등장한다. 이 네(혹은 세) 관점은 모든 곳에 존재한다. 예를 들어 예수 그리스도 신에 대해 (3인칭) 말했고, 신과 혹은 신에게(2인칭) 말했고, 신으로서(1인칭) 말했다. 삼위일체 신은 정확히 '나', '우리', '그것'의 빅 쓰리이다.

통합 영성을 위해 혹은 영의 진정 포괄적인 이해를 위해 당신은 분명 1인칭 영, 2인칭 영, 3인칭 영의 완전한 관계를 실현하고 싶을 것이다. 기독교 버전을 싫어할 수는 있다. 가부장적인 성부, 성자, 성령의 관계를 받아들여야 할 필요는 결단코 없다. 당신은 (모든 존재의 바탕, 존재의 위대한 사슬 혹은 생명의 위대한 그물 같은) 진짜 존재하는 3인칭 객관 실재로서의 영 개념을 포함하는 관계를 원한다. 그리고 당신은 영에게 혹은 영과 말하는 것을 포함하는, 그래서 영이 2인칭의 약동하는 관계-실재도 포용하는 관계를 원한다.(마르틴 부버가 말하는 나너 관계I-Thou Relationship, 즉 완벽한 2인칭 영이 그 대표적인 예이다.) 그리고 당신은 가장 중요하게 영이 당신의 진정한 자아(나됨I AMness, 라마나 마하리쉬의 위대한 나-나I-I*, 당신의 본래면목Original Face, 혹은 『열반경』이 마하트만 Mahatman이라고 부른 '위대한 자아Great Self')로 보이는 1인칭 영도 포함하는 관계를 원한다. 나는 이것을 '영의 1-2-3'이라고 부른다. 영을 사분면 모두를 통해 보는 것으로 모든 중요한 기초들을 확실히 드러내자는 것이다.

기독교의 삼위일체는(그리고 세 보편 대명사도) 사분면이 다루는 것들의 아주 기본적인 시작일 뿐이다.(곧 더 많은 것을 보여 주겠다.) 드러내고자Showing Up 한다면 당신은 이 관점들의 어느 것도 생략해서는 안 된다. 영 혹은 일반적으로 말하는 실재에 접근하고자 한다면 말이다. 다시 말해 당신은 이 주요 관점들과 이것들이 폭로하는 매우 실재하는 차원들을 모두 드러내고 싶다. 이 실재들이 존재한다면 도대체 왜 그것들을 포함하지 않겠는가? 영에 대해서만이 아니라 당신

---

* 목격자 '나'가 작은 '나' 혹은 에고를 알아차리고 있다는 뜻

인생의 다른 모든 것에서도 마찬가지이다. 60개가 넘는 인간 영역이 아퀄 통합 구조를 통해 완전히 재해석되었다. 통합 비즈니스부터 통합 교육, 통합 의학, 통합 예술, 통합 정치, 통합 심리, 통합 건축 등등. 그리고 가장 중요하게는 통합 영성이 있다. 각각의 영역 속 그것만의 사분면을 모두 포함했기 때문에 통합된 것이다.

나는 보편 대명사를 통해 사분면을 발견한 것이 아니다. 나는 나의 책 『성, 생태, 영성』을 집필할 때 사분면을 발견했다. 나는 다양한 분야의 다양한 발달 모형을 펼쳐 놓고 보았는데, 그 모두가 항상 아주 흥미로운 유사성을 보이지만 그걸 다 설명할 수 있는 하나의 확실한 기본 틀은 보이지 않았다. 예를 들어 쿼크, 원자, 분자, 세포, 유기체의 순서는 분명히 중첩된 발달 계층 구조(혹은 홀라키Holarchy*)이며, 각 단계는 이전 단계를 초월하고 포함한다. 장 겝서의 태고, 마법, 신화, 합리, 다원, 통합으로 이어지는 세계관 발달 순서도 마찬가지이다. 게르하르트 렌스키Gerhard Lenski의 수렵채집, 원예농경, 농업, 산업, 정보로 이어지는 기술-경제 발달 순서도 마찬가지이다. 이것들은 모두 발달/진화 홀라키의 예들이다. 하지만 그 단계들이 서로 잘 맞지 않는 것 같았다. 거의 서로 완전히 다른 것 같았다. 그래도 분명 어떻게든 서로 연결되어 있음에 틀림없었다. 이것들은 실제로 서로 어떻게 어울리고 있는가?

지금은 명백해 보이지만(당신이 통합 메타 이론에 익숙하다면 말이다.) 나로서는 이 문제를 해결하는 데 꽤 오랜 시간이 걸렸다. 새로운 발달 순서 혹은 진화 홀라키를 발견할 때마다 나는 그것을 종이에 적어 바닥에 펼쳐 놓았다. 그렇게 100개가 넘는 종잇장들이 온 집 안을

---

* 전체이자 부분인 존재들(홀론)로 이루어진 계층 구조

가득 채웠다. 예를 들어 언어, 별, 생화학의 발달, 생물학적 진화의 수많은 등급 및 계통, 거의 모든 종류의 지능에 대한 인간 발달 단계, 정부 형태의 진화, 다양한 기술 발달, 세계관과 가치의 진화 단계들, 인지 발달 등등의 예들을 펼쳐 놓았다. 그리고 매일 온 집 안을 걸어 다닐 때마다 바닥에 널린 노란 종잇장들을 응시했다.

결국 그 예들의 절반가량이 내면이나 주관적 실재들 혹은 우리 의식 안의 실재들에 집중하고 있음을 발견했다.(예를 들어 매슬로의 욕구 단계론) 이것은 "아하" 깨달음의 순간이었다. 나머지 절반은 외부나 물질적 실재에 집중했다.(예를 들어 렌스키의 기술-경제 발달 단계들) 종잇장들을 주관적인 것과 객관적인 것(혹은 내면적인 것과 외면적인 것)으로 나누기는 아주 쉬웠다. 그리고 나는 다시 종잇장들을 계속 응시했는데 얼마 안 가 돌연 그 절반가량이 개인에 초점을 맞추고 있음이 분명해졌다.(예를 들어 원자에서 분자, 세포, 유기체로의 진화는 개인적 홀론들의 홀라키였다.) 그리고 나머지 절반이 집단 혹은 그룹 발달에 집중하고 있었다.(예를 들어 개인적 홀론들, 즉 원자들, 분자들, 세포들, 유기체들이 함께 모여 각각 별들, 행성들, 생물권들, 특정 생태계를 형성했다.) 그리고 이 발견도 모든 발달 모델에 썩 잘 들어맞았다.

이 모두를 종합하자 개인적 주관적 실재와 개인적 객관적 실재, 집단/단체의 주관적 실재와 집단/단체의 객관적 실재라는 주요한 네 개의 매우 뚜렷한 그룹이 생겨났다. 이것을 하나의 커다란 도표로 만들자 네 개의 네모 칸 혹은 분면이 나타났다. 최초의 이 도표에서 왼쪽 두 분면은 내면/안(혹은 주관)의 분면이었고 오른쪽 두 분면은 외면/바깥(혹은 객관)의 분면이었다. 위쪽에 위치한 두 개의 분면은 개인 혹은 단수적 관점을 나타냈고(왼쪽/주관, 오른쪽/객관) 아래쪽에 위치한 두 분면은 집단/단체 혹은 복수적 관점을 나타냈다. 아래 도표를 참조 바란다. 따라서 단수(개인적, 사적)와 복수(집단적, 단체적)와 안(내면, 주관)과 바깥(외면, 객관)이 생겼다. 이것들은 분명 모두 함께 생겨 진화하고 '4중으로 상호 작용하는 것'처럼 보인다. 이것들은 사실 존재하는 모든 홀론의 네 가지 동시적 차원들로 판명났다.

사분면

	내면	외면
개인	좌상	우상
집단	좌하	우하

다음에 나오는 두 도표는 사분면의 두 가지 예이다. 308쪽의 도표는 각 분면 속 가장 낮은 곳에서 가장 높은 곳으로 나아가는 홀론들의 표본이고 309쪽의 도표는 인간에게 나타나는 홀론들의 표본이다.

분면의 이 차원들은 우리가 찾을 수 있는 가장 기본적인 차원들이고, (주관 대 객관, 단수 대 복수의) 근본적인 구분에 기반을 두고 있으며, 정확하게 이 차원들로부터 1, 2, 3인칭 대명사가 나타났다.

사분면이 놀라운 점은 잘 알려진 다른 수많은 분류 체계도 지지한다는 데 있다. 사분면은 1인칭, 2인칭, 3인칭 대명사 체계와 기독교의 삼위일체뿐만 아니라 진선미, 불교의 삼보三寶인 부처Buddha, 법Dharma, 승Sangha, 하버마스의 세 가지 타당성 주장, 포퍼의 세 가지 세상, 칸트의 세 가지 비판(순수이성, 실천, 판단력) 등도 포함한다. 사분면은 이 모든 것이 유래한 기초처럼 보인다. 즉 이 모든 분류가 그것의

사분면 홀론들 도표

우상 외면적-개인적 (행동적) — 그것
- 1 원자
- 2 분자
- 3
- 4
- 5 원핵세포
- 6 진핵세포
- 7 신경세포
- 8 신경조직
- 9 파충류 뇌간
- 10 대뇌변연계
- 11 피질
- 12 복합적인 신피질 (3중뇌)
- 13 SF1
- 14 SF2, SF3

우하 외면적-집합적 (사회적) — 그것들
- 1 은하계
- 2 행성
- 3 가이아
- 4 중속영양적 생태계
- 5
- 6 노동분업사회
- 7 "
- 8 집단/가족
- 9 원예농경사회
- 10 부족/촌락
- 11 농업사회
- 12 초기국가/제국
- 13 산업사회 현대국가
- 14 정보사회 지구공동체 세계공동체

좌상 내면적-개인적 (의도적) — 나
- 1 물리적–
- 2 포착/파악
- 3 자극감응성
- 4
- 5 감각
- 6 지각
- 7 충동
- 8 감정
- 9 상징
- 10 개념
- 11 규칙
- 12 형식적
- 13 다원적
- 14 비전–논리

좌하 내면적-집합적 (문화적) — 우리
- 1 물리적–
- 2 플레로마틱
- 3 원형질적
- 4 식물적
- 5 운동적
- 6 우로보로스적
- 7 타이푼적
- 8 태곳적
- 9 마법적
- 10 신화적
- 11 합리적
- 12 다원적
- 13 켄타우로스적
- 14

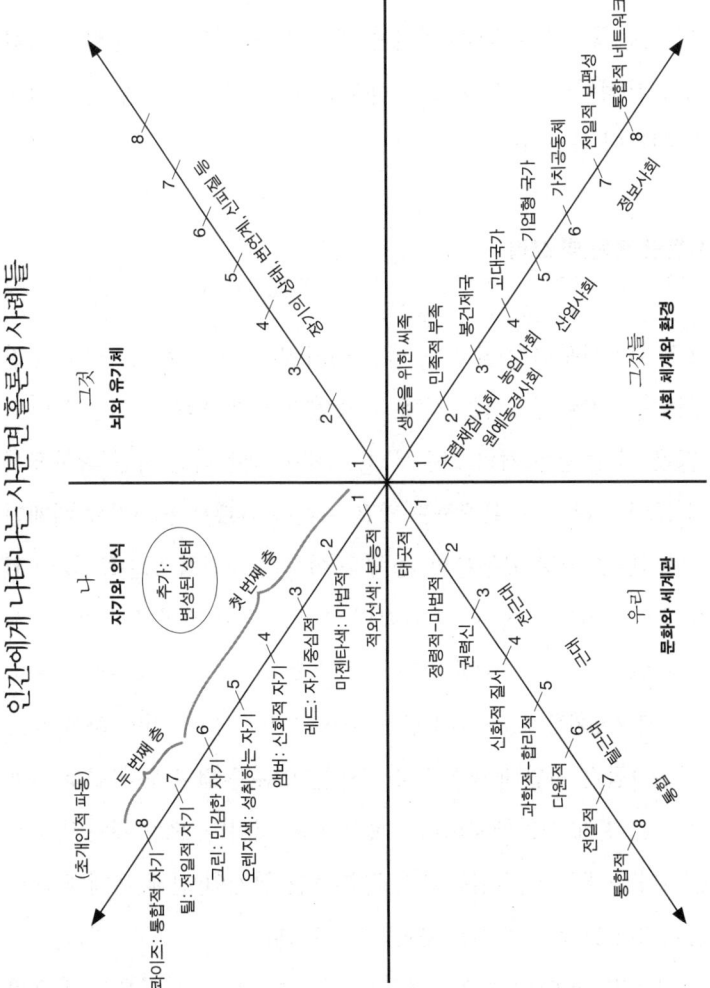

선험적 존재론적 원칙인 사분면의 변주처럼 보인다. 다시 말하지만 사분면은 이 우주의 창조에 있어 극도로 근본적인 차원들을 다루고 있다. 주관/객관, 단수/복수보다 더 편재하는 것 혹은 더 단순화할 수 있는 반대 쌍을 생각해 내기는 쉽지 않다. 이것들은 정말로 놀랍도록 근본적이다. 따라서 모든 사분면의 '드러냄'은 정말이지 아주 좋은 생각이 아닐 수 없다.

사분면 혹은 빅 쓰리

그렇다면 사분면이 맞을까, 빅 쓰리가 맞을까? 객관적 3인칭 물질 세상에서 '진짜 실재하는 것'은 무엇인가에 대한 좀처럼 결론이 나지 않은 이 논쟁은 거의 처음부터, 심지어 객관적인 자연 과학에서조차 끊이지 않았다. 실재하는 것은 오른쪽 아랫부분의 전체 체계인가? 아니면 오른쪽 윗부분의, 전체를 이루는 개인적 부분들인가? 원자론자들은 바퀴를 볼 때 그 각각의 부분들만 볼 뿐이다.(그리고 그 부분들 각각을 볼 때도 그 부분들의 부분들을 볼 뿐이므로 가장 근본적인 '원자들' 혹은 '궁극의 입자들'의 무더기에 대한 논의로 끝이 난다.) 그런가 하면 시스템 이론가들은 정반대 방향으로 치닫는 오류를 범한다. 정말로 실재하는 것은 전체 시스템뿐이라고 주장하는 것이다. 모든 개인적인 부분들이나 요소들은 실질적이고 근본적인 실재인 전체 체계에 대한 관념이거나 그것의 파편일 뿐이라는 것이다.

이 사분면 중 어떤 것이 "정말로 실재하느냐?"는 질문을 받으면 통합 이론은 항상 "모두 실재한다."고 대답한다. 그리고 시스템 이론가들이 보통 그렇듯 오른쪽의 객관적 3인칭 두 분면 모두 실재한다고 본다면(그래서 함께 객관적 우주의 총합을 이루는, 개인성과 전체 체계/우상 우하 분면 둘 다 포함한다면) 당신은 (오른쪽 두 개와 왼쪽 두 개의) 사분면을 갖는 것이다. 반면, 원자론자들이 보통 그렇듯 오른쪽 두 분면 중 하나(즉 개인적 원자의 우상 분면)만 존재한다고 본다면 당신은 삼분면(빅 쓰리)을 갖는 것이다. 물론 사분면 모두 실재한다. 이를 빅 쓰리로 줄이는 것도 상당히 흔하지만 말이다. 심지어 (나를 포함한) 많은 사람이 세상에서 가장 위대한 철학자라고 여기는 하버마스조차 그의 세 가지 타당성 주장*에서 내가 우상과 우하라고 부르는 것을 하나의 3인칭 객관 세상으로 합쳐 버렸다. 이 점을 잘 염두에 두자.

개인과 집단(상하 분면) 사이의 골치 아픈 관계에 관한 질문보다 늘 더 곤란한 게 주관/내면적 분면과 객관/외면적 분면(좌우 분면) 사이의 관계에 대한 질문이다. 통합 이론은 항상 사분면이 더 이상 단순화될 수 '없다'고 말하지만 주관과 객관에 대해 좀 더 자세히 살펴보자. 이 문제는 서양에서 '정신-몸 문제'로 주로 알려졌고 최근에는 '정신-뇌 문제'로 이야기되는데 대개 '어려운 문제'이자 서양 철학에서 가장 곤란한 문제로 여겨진다.

정신-몸의 관계에 대한 난제

실재의 근본적인 측면들임이 판명됨에 따라 사분면은 수많은 난제들을 해결(혹은 설명)하게 되었다. 말했듯이 서양 사상 안에서 가장

---

* 언어로 소통할 때 암묵적으로 따르는 세 가지 기준. 첫째, '진리'는 말한 내용이 실제 세계의 사실과 일치해야 한다는 것. 둘째, '정당성'은 발언이 사회적 규범이나 도덕적 기준에 부합해야 한다는 것. 셋째, '성실성'은 화자가 자신의 감정이나 의도를 진심으로 표현해야 한다는 것.

곤란한 문제로 말해지는 정신-몸의 문제도 그렇게 해결되는 듯하다. 정신-몸의 문제가 곤란한 것처럼 보이는 것은 우리가 끊임없이 한 분면을 다른 분면 안으로 몰아넣으려고 하기 때문이고, 통합 이론은 그것이 불가능하다고 본다. 정신(혹은 의식)이 기본적으로 좌상 분면에 해당한다면(당신이 내면의 1인칭 혹은 주관적 입장에서 개인적 유기체를 볼 때 보이는 것) 뇌는 정말이지 몸의 부분으로 우상 분면에 해당한다.(외면에서 객관적 혹은 3인칭 입장에서 개인적 유기체를 볼 때 보이는 것) 따라서 (당신의 1인칭 관점을 소유하는) 당신만 당신의 정신을 볼 수 있다. 외과 의사는 주기적으로 두개골을 열고 직접 뇌를 볼 수 있다.(그 수술을 지켜보는 다른 제3자도 직접 뇌를 볼 수 있다.) 뇌 자체는 말라 쪼그라든 자몽처럼 보이지만 당신의 정신은 전혀 그렇게 보이지 않는다. 정신과 뇌는 최소한 중요한 점들에서 분명히 서로 별개인 존재들이다. 그리고 실제로 1인칭 정신도, 3인칭 뇌도 완전히 파괴되는 일 없이 그 다른 쪽으로 흡수될 수는 없다.(그리고 상호 작용하는 것은 주관과 객관It의 이 두 차원만이 아니다. 상호 주관We과 상호 객관Its까지 합쳐서 네 개의 주요 차원이 존재하고, 이 차원들은 언제나 4중으로 상호 작용한다. 이 점을 아래에서 이어 살펴보겠다.)

요즘은 정신-몸의 문제가 특히 정신-뇌의 문제로 나타난다.(뇌가 몸에 속하므로 뇌가 '몸'을 대체함) 의식 혹은 정신의 모든 상태가 뇌 신경 생리학적으로 기록됨을 보여 주는 연구들이 넘쳐나면서 정신 혹은 의식(본래 1인칭 관점)을 뇌 상태(3인칭 관점의 객관적인 몸 상태)와 같은 것으로 보려 하는 큰 유혹이 존재한다. 이렇게 숨어 있는 유물론자들은 종종 정신을 뇌로 축소할 것이고, 뇌가 단지 몸 혹은 유기체의 일부이므로 정신-몸의 문제가 해결되었다고 말할 것이다. 물론 해결된 것은 아무것도 없다. 1인칭(좌상) 의식 분면을 3인칭(우상) 뇌 신경생리학 분면으로 몰아넣어 축소한 것이 1인칭 의식의 설명이 될 수는 없다. 실은 1인칭 의식을 파괴한 것이다. 1인칭 차원이 이제 더 이상 1인칭이 아닌 것이다. 이것은 설명이 아니라 기껏해야 해명이다. 이때 당신은 1인칭 정신적 사건을 볼 때마다 단순히 그것을 3인칭 신경생리학적 사건으로 치부해 버린다. 하지만 그것이 1인칭의 그 사람을 설명하지는 못한다. 오히려 그 사람을 없애 버린다.

그런데 정신-몸의 문제는 그 가장 근본적인 측면을 고려할 때 단지 인간과 함께 시작된 것만은 아님을 알 수 있다. 정신-몸의 문제는 기본적으로 왼쪽 분면과 오른쪽 분면 차원들 사이의 관계에 대한 문제이기 때문에, 이 '분열'은 가장 중요하게는 내면적 관점과 외면적 관점의 분열이고, 따라서 현현 우주가 처음 나타나, 예를 들어 원자의 내면(그 최초의 느낌/포착Prehension)과 외면(그 보이는 물질/에너지 형태) 사이의 구별이 존재했던 빅뱅 시기까지 곧장 거슬러 올라간다. 원자의 내면(혹은 느낌/포착)이 정확히 무엇을 의미하는지는 잠시 후에 알아볼 것이다. 여기서는 308쪽 도표에서 볼 수 있듯이 존재의 왼쪽(내면)과 오른쪽(외면) 차원들이 진화의 처음과 그 후 이어진 모든 주요 단계에 동행해 왔음을 알기 바란다. 쿼크와 원자의 내면과 외면에서 시작해 인간 정신(내면)과 물질적 뇌/몸(외면)에 이르기까지 말이다. 내면과 외면은 그 아래에 놓여 있는, 같은 '전체 홀론'의 서로 다른 두 관점이다.

이런 일은 진화의 모든 단계에서 일어났고 기본적으로 내면과 외면은 하나의 근본적인 홀니스(혹은 비이원성)의 서로 다른 두 차원이므로 현현할 때마다 내면과 외면은 부분적인/불완전한 것으로 나타난다. 그리고 몸/정신 문제를 인간 의식으로 풀기에 그렇게 어려웠던 이유가 바로 이 불완전함 때문이었다. 몸/정신 문제는 주체와 객체, 내면과 외면 사이의 근본적인 이원성이 해결되지 않는 한 (이거다라는 '느낌'을 줄 정도로) 완전히 해결될 수 없고, 그런 일은 그 근저에 있는 비이원적 실재 자체를 실제로 정말로 깨닫는 진정한 깨어남 혹은 일미 의식이 발생할 때만 일어난다. 데카르트식의 이원성은 아무리 대단한 논리, 합리성 혹은 증거로도 완전히 설명될 수 없다.(바로 그래서 서양의 논리로는 가장 풀기 어려운 문제였던 것이다.) 이 문제를 굴복시킬 수 있는 것은 비이원적 여여如如의 늘 존재하는 궁극적 실재로 곧장 깨어나는 것뿐이다. 이때 (하늘이 커다랗고 파란 팬케이크로 바뀌며 당신 머리 위로 떨어지면서) 내면과 외면이 마침내 "둘이 아닌"것으로 보이고 이런 깨달음이 마침내 정신-몸 혹은 정신-뇌의 문제를 해결한다.(풀어 준다.) 하지만 상대적인 이 세계에서는 헤아려 봐야 하는 연결 관계들이 여전히 무수히 많다. 우상 분면의 뇌 상태와 좌상 분면의 정신 상태 사이의 주요한 관계들 같은 것 말이다. 하지만 이원성 자체의 문제는 두 차원이 같은 근본 홀니스의 두 관점이라는 진정한 깨달음으로 해결된다.

하지만 드러냄을 시작하기 위해서 대단히 깨어날 필요는 없다. 드러냄에 필요한 것은 당신이 성장의 어느 단계에 있든 사분면의 주요 차원들을 모두 이용할 수 있음을 깨닫는 일뿐이다. 이런 깨달음은 정말이지 사실상 성장의 모든 단계에서 일어날 수 있다. 왜냐하면 사분면은 정말로 '가장 위와 가장 아래까지 곧장' 걸쳐 있기 때문이다. 사분면은 두 도표에서 볼 수 있듯이 모든 단계에 온전히 존재한다. 이것이 무슨 의미인지, 사분면이 왜 그렇게 중요한지, 사분면

이 당신 인생에 어떻게 그렇게나 의미 있는 변화를 부를 수 있는지는 앞으로 계속 탐구해 나갈 것이다.

요약하자면 이렇다. 사분면은 진정으로 비이원적인 실재의 현현이다. 비이원적 영이 조금씩 상대적인 세계 전체에 현현한다. 각각의 사분면 모두가 되어 동시에 현현한다. 다양한 객체와 함께하는 주체가 되어, 단체 혹은 집단적 홀론과 뒤섞일 수밖에 없는 개인적 홀론이 되어 현현한다. 바로 이어서 더 깊이 탐구해 보겠지만 당신은 객관 없는 주관을 가질 수 없다. 개인적 홀론들은 언제나 다양한 단체 혹은 집단적 홀론들 안에 존재한다. 사분면은 함께 일어나고 함께 진화하며 4중으로 상호 작용한다.

물질의 진짜 의미

사분면이 매우 중요하고 영적 실재를 논할 때 특히 의미심장해지는 데는 또 다른 이유도 있다. 왜냐하면 사분면은 우리가 영성 자체를 보는 방식을 그 중심부터 정말로 바꿔 놓기 때문이다.

모든 대전통들이 존재의 위대한 사슬을 설명할 때(이는 대부분 대전통들이 설명하는 주제이다.) 이른바 '물질'은 항상 예외 없이 위대한 사슬의 가장 낮은 단에 위치함을 볼 수 있다. 예를 들어 존재의 위대한 사슬의 전형적인 기독교 버전도 물질에서 시작해 몸과 정신(마음)과 혼을 통과해 영으로 이어진다.(여기서 '물질'은 단지 죽은 물질인 반면 '몸'은 감정과 욕망을 갖는 살아 있는 몸을 의미한다. 다시 말해 물질은 생명체 이전에 존재했던 물리적 세계이다. 즉 생명체는 몸 단계의 출현과 함께 시작됐다.) 물질 혹은 실재의 물리적physical 차원 위의 것은 실제로 모두 '형이상학적meta-physical', '초자연적' 혹은 '탈물질적trans-material'이라고 불린다. 다시 말해 몸, 정신/마음, 혼, 영의 더 높은 단계들 모두 완전히 물질 위의 것이며 모든 종류의 물질적 측면 없이 완전히 존재할 수 있다는 뜻이다. 그리고 이 모델에서는 살아 있는 벌레의 몸이 느끼는 감각적 반응은 두 번째 단계, 즉 감정과 욕망의 몸의 단계에 존재하고, 단지 물질 형태로 간주되는 인간의 3중뇌는 첫 번째 단계, 즉 물질 단계에 존재한다.(하지만 인간의 뇌는 사실 최소한 세 번째 단계, 즉 정신/마음 단계에 존재한다.) 벌레의 감각적 반응이 실제로 인간의 뇌보다 더 높은 단계에 있는 것이다. 이것은 이 모델이 분명히 무언가 잘못됐음을 말해 준다. 근대와 탈근대가 근대 이전 지혜의 전통들과 그 우스꽝스러운 대사슬 이론에 기반하는 거의 모든 생각을 완전히 거부하게 된 게 바로 이런 이유들 때문이다.

한편 통합 이론은 물질이 실재의 *가장 낮은* 단계가 아니라 실재의 *모든 단계*의 외부적 차원이라는 통찰, 과학과 종교가 조화를 이루는 통찰을 제시한다.(왼쪽에서 일어나는 모든 일이 오른쪽에서 드러난 게 물질이다.) 따라서 내 정신/마음이 1인칭, 내면적, 좌상 분면에서 논리적인 생각을 한 가지 하면, 내 물질적 뇌는 3인칭, 외면적, 우상 분면에서 상응하는 전기적 자극들을 만들어 낸다. 심지어 (선불교의 사토리 같은) 좌상 영적 상태조차 그에 상응하는 우상 물질적 뇌 상태를 일으킨다.(다시 말해 사토리가 뇌 생리학에 변화를 부른다.) 최근의 수많은 연구들을 보면 전 우주와 하나가 되는 느낌 같은 굉장한 신비 체험 중에 있을 때 우리 뇌가 특정한 패턴을 보인다는 걸 알 수 있다. 신비 체험 시 불을 켜는 뇌의 위치 혹은 뇌의 패턴까지 밝힌 연구도 있다. 그 부분을 '갓-스팟God-spot'이라고 하는데 실험실 재담가들은 농담처럼 'G-스팟'이라고 부른다. 의식 내 이런 좌상 신비주의적 사건은 우상 물질적 뇌의 그 짝으로 축소될 수 없다. 모든 사분면이 항상 4중 상호 작용하기 때문에 항상 함께 일어나기는 하지만 말이다.

따라서 전통들이 자연 위 혹은 초자연, 혹은 물리적 세상을 넘어선 것(메타-피지컬meta-physical)으로 봤던 것이 실은 물리적 세상 안(인트라피지컬intraphysical)에서 나온 것, 혹은 물질 차원이나 외면 형태와 항상 연결되는 내면의 의식에서 나온 것이었다.[2] 마찬가지로 초자연적인 것은 자연을 초월한 것이 아니라 자연 안에 있는 것이다. 자연은 뒤에 남겨지지 않는다. 그런데 영만 자연과 동일시되는 것이 아니다. 왼쪽 분면의 모든 의식적 사건이 물질이나 자연을 초월한 것이 아니라 두 도표가 보여 주듯 우분면/외면 분면의 내면적 혹은 좌분면인 것이다. 따라서 물질은 존재의 가장 낮은 단계가 아니라 모든 존재 단계의 외면적 차원이다.

이것은 의식과 물질 혹은 영과 물질 사이의 관계를 보는 우리의 방식을 전면적으로 바꿔 준다. 그리고 가장 중요하게는 물질적 짝들이 모든 곳에 존재하는 세상 속에서 진정으로 영적인 관점이 합법적으로 존재할 수 있게 된다.(다시 말해 진정으로 영적인 관점이 과학적 유물론의 세상과 행복하게 나란히 존재할 수 있게 된다. 전자가 내면적, 주관적 분면을 관장한다면 후자는 외면적, 객관적 분면을 관장하기 때문이다.) 세계를 물질로 축소할 때 과학적 유물론은 오류를 범하는 것이지만, 그렇다고 우리도 물질적 짝들의 존재를 부인할 필요는 없다. 지금까지 보았듯이 그것들은 정말로 존재하니까 말이다. 과학적 유물론의 그 어떤 3인칭, 객관적 관점도 (그 정의상) 1인칭, 주관적 관점이 될 수는 없을 것이다. 따라서 그 어떤 3인칭 실재도 1인칭 실재의 존재를 (부인하는 건 고사하고) 충분히 설명할 수 없을 것이다. 그러므로 과학적 연구의 양이 아무리 상당해도 영적 관점을 밀어낼 수는 없다. 이것은 당연한 일인데 왜냐하면 3인칭, 외면적 과학은 1인칭, 내면적 의식과 영을 증명할 수도, 반증할 수도 없기 때문이다.

모든 홀론의 외면적 실재라는 물질의 이 두 번째 의미는 간단히 말해 물질적 외면들이 언제나 인간의 감각 혹은 그 확장Extensions(혹은 대체품)으로 보거나 사진과 영상으로 찍는 등 어떻게든 감지할 수 있다는 말이기도 하다. 물론 어떤 경우에는 고도로 정밀한 촬영기가 필요하겠지만 그런 촬영기만 있다면 (예를 들어 쿼크와 끈Strings 같은 것들을 포함한) 존재하는 모든 외면을 볼 수 있다. 두 도표를 보면 오른쪽/외면 홀론들은 모두 보거나 사진으로 찍을 수 있지만 왼쪽/내면 홀론들은 전혀 그렇지 못하다.

거의 모든 대전통들이 내외면의 관계를 깨닫지 못하고 물질을 위대한 사슬의 가장 낮은 단계에 둔 이유는 현미경과 망원경 같은 도구들이 없었고, 그래서 언제나 발생하는 내외면의 관계를 볼 방법이 없었기 때문이다. 대전통들은 늘 사토리를 경험했지만 아무도 그때 동시에 일어나는 생리학적 뇌의 변화를 볼 수는 없었다. 마찬가지로, 계몽주의와 함께 근대 과학이 도래해 이런 관계를 보여 주는 도구들이 개발되자 이런 관계를 볼 정도로 충분히 '똑똑하지' 못했던 영적 전통들을 모두 묵살하는 경향이 생겨났다. 다시 말해 과학과 종교가 존재하기 시작한 이래 둘은 늘 서로의 존재를 부인해 왔던 것이다.

우리는 모든 것을 그 3인칭 물질의 짝으로 완전히 붕괴시키고 축소하지 않고도, 3인칭 물질 짝의 실재를 완전히 인정할 수 있다. 왼쪽 실재들을 완전히 버리고 부인하지 않고도 오른쪽 실재들의 존재를 완전히 받아들일 수 있다는 말이다. 나는 진실에 대한 우리의 주관적인 주장과 그 과학적 증거들을 따로 놓고 생각해야 한다고 말하는 것이 아니다. 객관적인 과학은 영적 실재를 증명도 반증도 할 수 없고 밀어낼 수도 없다. 하지만 성장Growing Up의 더 높은 단계는 더 낮은 단계에서 발견된 영적 지능의 오류들을 찾아내 없앨 수 있다.(근대 계몽주의와 합리적 영적 지능이 신화적 영적 지능의 상당 부분을 찾아내 없앤 것처럼 말이다.) 그리고 깨어남Waking Up의 더 높은 의식 상태도 더 낮은 의식 상태의 부적당함을 축출하거나 부인할 수 있다.(다섯 번째 상태가 두 번째 상태를 몰아낼 수 있는 것처럼, 혹은 초월할 수 있는 것처럼 말이다.) 하지만 내면의 1인칭 실재들의 어떤 것도 과학적 유물론의 단순한 3인칭 관점에 의해 증명되거나 반증될 수는 없다.

좌분면의 모든 영적 상태는 우분면의 물질적 짝을 가진다.(사토리조차 뇌를 깨운다.) 따라서 물질은 존재의 위대한 사슬에서 가장 낮은 단이 아니라, 존재의 위대한 사슬 내 모든 단의 외면적 차원이 된다. 실재의 가장 낮은 단계('물질'의 첫 번째 의미)조차 외면에 더한 내면을 갖는다. 화이트헤드는 이 가장 낮고 가장 기본적인 단계의 내면을 "파악Prehension"이라고 불렀다.(308쪽 참조) 객관적 감지 도구로 보이거나 촬영되는 그 가장 낮은 단계의 *외면*이 무엇이든(아원자, 미립자, 광자, 쿼크, 10차원의 끈 등등) 그것은 가장 낮은 단계의 *내면*도 포함할 것이다. 다시 말해 일종의 파악을 포함할 것이다.(화이트헤드는 파악을 "경험의 원자"라고도 했다.) 가장 낮은 단계의 "파악"은 의식의 스펙트럼(왼쪽 차원)을 올라감에 따라 계속 그 형태가 복잡해진다.

파악과 복잡성이 점점 더해지며 계속 진화해 감에 따라 가장 낮은 물질 단계는 마침내 원핵생물 같은 가장 초기의 세포를 시작으로 살아 있는 실재 차원들을 생산한다. 원핵생물의 내면은 생물학자들이 '자극 감응성Irritability'(원핵생물의 '파악'의 형태)이라고 부르는 것을 포함하고, 이 말은 당신이 그 살아 있는 세포를 찌르면 그것이 반응한다는 뜻이다. 첫 번째 수준, 무감각의 단계가 모인 형태는 대개 '물리권Physiosphere'이라고 하고, 두 번째 수준, 살아 있는 단계가 모인 형태는 '생물권Biosphere'이라고 한다.

생물권은 (다른 모든 홀론이 그렇듯) 그 *외면*에 있어 여전히 (모든 내면의 외면이라는 '물질'에 대한 두 번째 의미에 따라) 물질적이다. 즉 원핵세포가 (현미경을 통해) 객관적으로 보이고 촬영된다. 그런데 물질은 살아 있지 않은 무감각의 물리권을 뜻하므로 생물권은 기본적으로 물질이 아니다. 살아 있는 세포의 외면은 (현미경으로 볼 수 있듯이) 분명 눈으로 볼 수 있는 물질이다.(질량/에너지 시공간에 존재하는 관찰 가능한 형태이고, 그래서 볼 수 있고, 촬영할 수도 있고, 다른 방식으로도 감지될 수 있다.) 물질이 (우분면에서) 심지어 더 복잡한 물질 형태로 진화를 계속해 3중뇌가 출현했을 즈음 '인지권人智圈, Noosphere'이라는 현실 단계가 나타났고 (좌분면의) 내면은 이미지와 상징을 떠올릴 수 있는 의식의 단계로까지 진화했다.(308쪽 도표 좌상 분면 9단계에서 시작한 의식이 이제 개념, 규칙, 메타-규칙에 이어 더 높은 곳으로 향하고 있다. 생물권은 3단계의 자극 감응성에서 시작되고 파악의 가장 낮은 혹은 가장 초기의 형태는 1단계에서 시작된다.) 내면의 모든 단계는 (외면의 형태 혹은 물질과 대조적으로) 홀론의 내면적 감정-지각 측면들이자 '파악'의 복잡한 형태들이다.

이 간단한 예에서 우리는 물리권, 생물권, 지각권이라는 존재의 세 가지 주요 영역을 볼 수 있다. 그 각각이 내면(다양한 형태의 파악)과 외면(다양한 형태의 물질)을 갖는다. 좌분면은 (물리권 내) 파악의 첫 번째 형태에서 시작해 (생물권 내) 살아 있는 세포의 자극 감응성을 포함하는 파악의 형태들을 통과해 (지각권 내) 정신적 상징과 개념들로 이어지는 내면들을 포함한다. 우분면은 끈, 쿼크, 원자(물리권)에서 시작해 생물학적 유기체들(생물권)을 통과해 복잡한 3중뇌(지각권)로 이어지는 외면들을 포함한다. '물질'은 여전히 실재의 가장 낮고 지각없는/죽은 단계를 뜻할 수 있지만(여기에도 첫 번째 형태의 '파악'과 함께 오는 내면이 여전히 존재함) 지각없는/죽은 단계만이 아닌 실재의 모든 단계의 외면을 뜻할 수도 있다.

이 관점은 때로 '범심론Panpsychism'이라고도 불리는데 화이트헤드, 라이프니츠, 스피노자 같은 많은 대철학자들이 지지했음에도 나는 별로 선호하지 않는 용어이다.(아인슈타인이 "나는 스피노자의 신을 믿는다."라고 한 말은 유명하다.) 내가 이 용어를 꺼리는 이유는 심心, psyche은 쿼크나 광자(혹은 물리권 내 무생물 일반)의 내면에서 발견되기에는 너무 복잡한 실체이기 때문이다. 그 매우 초기 단계에 존재하는 느낌(파악)은 '심'이라고 하기에는 너무 단순하다. ('혼' 혹은 '정신/마음'을 뜻하는) '심'이 보통 갖고 있다고 생각되는 가장 낮은 능력은 이미지와 상징을 이용하는 것이고, 이런 능력은 '모든' 혹은 '모든 것에 적용 가능한'을 뜻하는, 그리고 가장 기본적이고 근본적인 홀론 속에서조차 존재함을 뜻하는 범汎, pan에는 너무 복잡한 능력이다.

나는 범내면주의Pan-interiorism라는 용어를 선호하는데 가장 낮은 단계(혹은 물리권)의 홀론들이 '외면'을 갖는다면 분명 '내면'도 가질 것만큼은 확실하기 때문이다. 모든 다른 반대말처럼 내면과 외면도 서로가 있을 때만 의미를 갖는다. 물리학자들은 바깥의 물리적 홀론들을 상당히 자세히 설명하는 데 아무 문제도 없어 보인다.(예를 들어 주요 쿼크들 모두 입자 가속기에 의해 탐지되고 '보여진다.' 이미 보았듯이 우분면의 모든 것이 '촬영기'로 보여질 수 있다.) 그런데 홀론에 외면이 있다면 내면(그 어떤 '파악'의 형태)도 있다. "쿼크들을 바깥에서 탐지할 수 있다."는 말은 '안에서 탐지할 수 있는' 어떤 유형이 없다면 심지어 무슨 말인지 이해조차 할 수 없을 것이다. 안에서 보이는 주관적인 내면이 있지 않다면 밖에서 보이는 객관적인 외면이 있음을 왜 심지어 인정하겠는가? 객관적인 실재(개인적 혹은 집합적 홀론의 외면)가 있는 곳에는 언제나 주관적인 실재(개인적 혹은 집합적 홀론의 내면)도 있다. 다시 말해 이 둘, 주관과 객관은 서로 밀접하게 의존하며 항상 함께 일어나기 때문에 오히려 서로 반대 개념이 된다.

따라서 나는 범내면주의자이다. 외면만 있고 내면은 없는 세상을 갖는다는 건 위쪽만 있고 아래쪽은 없는, 왼쪽만 있고 오른쪽은 없는, 안쪽만 있고 바깥쪽은 없는 세상을 갖는 것과 같다. 이는 애초에 말이 되지 않는 세상이다.

그런데 여기서 과학적 유물론에 현혹되지 않도록 조심해야 한다. 좌분면에서 점점 커지는 존재와 지각(혹은 '파악') 단계들은 우분면의 물질적 복잡성도 점점 커지게 할 것이다. 따라서 (위대한 사슬이라는 기독교 버전을 계속 이용해 보면) 좌분면에 물질에서 생명, 정신/마음, 혼을 거쳐 영으로의 진화가 있다면(모두 '파악'의 형태를 한 매우 실재하는 내면의 현실들이다.) 우분면에는 무지각의 원자에서 분자, 첫 생명체 세포, 더 복잡한 다세포 유기체, 파충류의 뇌간을 가진 더 복잡한 유기체, 포유류의 변연계를 가진 또 더 복잡한 유기체를 거쳐 심지어 더 복잡한 3중뇌를 가진 인간 같은, 점점 더 복잡해지는 물질적 배열들이 존재한다.(3중뇌는 그것 하나만으로도 지금까지 알려진 우주 속 별들의 숫자보다 더 많은 신경 연결을 가질 정도로 복잡하다.) 그리고 최근의 연구가 증명했듯이 혼 단계의 사토리를 시작으로 하는 영적 경험들이 3중뇌 속 그 짝들을 갖는다.3

의식과 물질의 고유한 상관관계(좌분면과 우분면의 상관관계이기도 함)는 테야르 드 샤르댕Teilhard de Chardin이 "복잡성과 의식의 법칙"이라고 부른 것이다. 다시 말해 물질 형상이 복잡해질수록 그만큼 의식의 급도 커진다. 왜 채식을 하느냐는 질문을 받았을 때 앨런 왓츠Alan Watts는 "죽임을 당할 때 소의 비명소리가 당근의 비명소리보다 크기 때문이다."라고 대답했다. 같은 말이다. 우분면에서 물질이 점점 더 복잡해지는 동안 좌분면의 의식(파악)도 점점 더 커진다. 그리고 앞에서 지적했듯이 우리는 물질에 대한 이 확장된 정의로 인해 유물론에 빠지지 않도록 아주 조심해야 한다. 물질이 모든 단계의 외면이라고 해서, 물질을 다뤘다고 모든 기본을 다 다뤘다는 말은 아니다. 이런 처사는 내면을 완전히 파괴하고 앞으로 살펴볼 '계몽주의의 죄악'을 우리에게 선사한다.

트랜스젠더 정체성에 대한 논쟁

사분면은 트랜스젠더의 정체성에 대한 열띤 논쟁을 진정시키는 데도 이용될 수 있다. 남성으로 태어났지만 수술과 호르몬 치료로 여성으로 전환한 사람들에 대해 생각해 보자. 이들의 (우상분면의) 생물학적인 성은 여전히 남성이다. 즉 그들 몸속 모든 세포가 X염색체 하나와 Y염색체 하나를 갖고 있고 이는 바뀔 수 없다.4 이것이 문화 전쟁에서 과학적인 우상분면에 집중하는 많은 사람들로 하여금 트랜스 여성이 여전히 남성이라고 주장하게 만드는 요인이다. 한편 사람들이 자신의 젠더에 대해 어떻게 느끼는지에 대한, 내면적, 주관적 분면에 집중하는 사람들도 있다. 개인이 젠더에 대해 어떻게 느끼는가는 좌상분면에 속하는 문제이고 그 개인이 속한 문화가 각 젠더를 어떻게 정의하고 관련해 어떤 규범을 만드는가는 좌하분면에 속하는 문제이다.(남성Male와 여성Female이 태어나면서 정해지는 성이라고 한다면 남성성Masculine과 여성성Feminine은 사회적 젠더를 지시한다.) 좌상분면의 관점에서 보면 트랜스 여성Women은 자신의 정체성을 여성Female으로 보기 때문에 정말로 여성이다.

젠더 연구들은 종종 개인의 성이 태어남과 함께 정해지지만 젠더는 사실 이분법이 아니라고 주장한다. 젠더가 단지 둘만 있는 건 아니란 뜻이다. 예를 들어 페이스북은 현재 100개가 넘는 서로 다른 젠더를 인식한다. 과학적이고 생물학적인 성만이 진짜라고 주장하는 사람들은 젠더와 성이 다를 수 있다고 생각하는 사람들이 병적으로 망상적이라는 생각을 견지하는 반면, 트랜스젠더 편에 선 사람들은 그 반대편 사람들이 성소수자들에게 역겨운 편견과 선입관을 드러내는 트랜스 혐오자들일 뿐이라고 주장한다. 이는 극도로 파편화된 문화 전쟁의 전형적인 예이고, 여기서 실질적 도움을 줄 수 있는 건 사분면뿐이다. 어느 쪽도 다른 쪽이 자기만큼이나 진실을 말하고 있음을 보지 못한다. 진실이지만 부분적 진실 말이다. 이 두 분면은 실제로 존재하고, 그중 하나의 관점만 취할 때 당신은 한쪽 관점만 취하는 것이다. 3인칭 관점을 취하고 (과학적인) 우상분면의 실재를 인식한다면 당신은 사람 몸의 모든 세포가 남자XY이거나 여자XX이고 이것은 결코 변하지 않는 사실임을 볼 것이다. 하지만 1인칭 관점을 취하고 (개인적, 문화적인) 주관적 분면들을 인식한다면 당신은 성적 정체성(젠더)이 정말로 이분법이 아니며 100개가 넘는 성적 정체성이 가능함을 볼 것이다. 두 관점 모두 사실이다. 두 관점 모두 정말로 동시에 사실이지만 부분적으로만 사실이다.

일상에서의 분면

드러냄은 존재의 사분면 모두를 충분히 인식하고 그 모두에 완전히 거주함을 뜻한다. 그 어느 하나도 부인하거나 무시하거나 다른 분면으로 축소하지 않고, 모든 분면이 똑같이 실재하고 똑같이 중요하고 똑같이 4중 상호 작용하고 4중 진화함을 보는 것이다. 이것은 어떤 분면이 실재하고 어떤 분면은 묵살할 수 있는지에 대한 수십 세기에 걸친 오랜 논쟁들을 끝낼 뿐만 아니라, 우리로 하여금 우리 삶 속에서 이 분면 속 실재들을 인식하게 만든다. 아직은 분명하지 않을 수도 있지만 당신이 지금 하고 있는 사실상 모든 노력이 사분면 중 하나 혹은 그 이상을 부인하거나 축소하거나 그것에 완전히 무지하거나 헷갈려하는 것과 상관이 있을 것이다. 그리고 이것은 진정으로 당신 인생에서 매우 불쾌한 영향들을 초래할 수 있다.

왜 그런지 설명해 보겠다. 지금까지 사분면의 중요성을 말하기 위해 제시한 예들은 모두 매우 학문적이고 추상적인 논쟁들에 기반한 것이었고, 그래서 당신은 어쩌면 사분면이 당신의 삶 속에서 바로 지금 매 순간 얼마나 중요한 역할을 하는지 실감하지 못했을 수도 있다. 이제 당신 삶과 직접적으로 연관된 예를 하나 들어 보겠다.

우리가 흔히 하는 경험을 하나 생각해 보자. 예를 들어 '내가 좋아하는 팟캐스트를 볼 시간이다.'라는 생각을 한다고 해 보자. 나는 여기서 이 생각이 어떻게 그 즉시 사분면 모두에서 상응하는 짝들을 갖는지, 또 그 각각이 어떻게 애초에 그 생각을 하는 데 필수적인지 보여 줄 것이다. 당신이 어떤 생각을 할 때마다(혹은 어떤 개인적인 경험을 할 때마다) 모든 분면이 활성화되고 완전히 관여하게 된다.

'내가 좋아하는 팟캐스트를 볼 시간이다.'라는 이 생각 자체는 좌상분면에 '존재한다.'(여기서 존재한다는 '주로 그곳에서 드러난다'는 뜻이다.) 이 생각은 1인칭 단수('나', '나를', '나의')의 관점이다. 이 생각은 (과거, 현재, 미래에 대한) 무한한 다른 생각들과 나란히 존재한다. 거칠게 볼 때 그런 무한한 생각들과 다른 주관적 1인칭 경험들의 총합을 우리는 일반적으로 '정신/마음'이라고 한다.(때로 '의식' 혹은 '경험'이라고도 한다.) 당신의 정신/마음은 당신이 지금 내면을 들여다보면 즉시 직접적으로 알 수 있다.—당신은 당신 안에 있는 어떤 것을 1인칭으로 인식한다. 그리고 그 1인칭이 그 생각을 당신, 당신의 자아, 당신의 정신/마음, 당신의 주제, 당신의 경험으로 만드는 것이다. 물론 당신은 그 의식을 이용해 당신 밖의 것들을 볼 수도 있다. 하지만 어느 쪽이든 그 1인칭은 존재론적으로 실재하며,(진짜 차원이다.) 1인칭의 입장에서 세상을 본다.(진짜 관점이다.) 바로 이래서 우리는 분면을 '차원/관점'이라고 부르는 것이다.—이것들은 진짜 관점을 지닌 진짜 차원이다.

바로 지금 당신이 이 책을 읽고 있다면 혹은 듣거나 보고 있다면 당신 정신/마음속에 생각의 흐름이 있을 것이고, 그 흐름이 내가 말하는 것을 무언가 당신이 이해할 수 있는 것으로 번역하려 할 것이다. 그런데 그 번역 과정은 당신과 나 둘이 같은 문화에 속하지 않는 한 전혀 일어날 수 없다. 통합 이론의 구조 안에서 '문화'는 특히 내면에서 보이거나 경험되는 집합적 홀론들을 의미한다. 그러므로 문화는 좌하분면에 해당한다. 왼쪽에는 물론 상하의 두 분면이 있다. 좌상분면은 1인칭 단수의 영역이다.("나' 혹은 '나를' 혹은 '나의'의 개인적 주관적 내면적 실재) 좌하분면은 1인칭 복수의 영역이다.('우리' 혹은 '우리를' 혹은 '우리의'의 집단적/상호 주관적 내면적 실재) 앞서 나는 좌하분면이 2인칭('너' 혹은 '당신')이라고 했고 이는 맞는 말이다. 그런데 내가 당신을 2인칭 대상으로 만났고(즉 내가 당신에게 말을 건다.) 당신이 영어를 모르고 내가 당신의 언어를 몰라서 우리 둘 다 서로 소통할 방법이 전혀 없다면 우리는 서로에게 3인칭 존재로 축소된다. 우리 둘 다 각자 바위나 망치에게 말하는 것과 같다.

다시 말해 진짜 '나'와 진짜 '당신'이 진짜 '우리'를 형성하려면 어느 정도의 최소한의 상호 이해나 진정한 소통이 이루어져야 한다. 따라서 좌하분면은 분명히 2인칭 분면이지만 2인칭이 정말로 2인칭으로 남으려면 어떻게든 '우리'가 형성되어야 한다. 이 '우리'는 대개 말/언어적 교환을 통해 형성된다.(공통 언어는 좌하분면에 중요한 부분이다.) 우리가 서로를 전혀 이해할 수 없다면 진짜 2인칭의 '당신'은 존재하지 않는다. 이때 우리 둘 모두 3인칭 '그것'으로만 보인다. 이 '그것'은 외면(혹은 두 번째 의미의 '물질')이다. 다시 말해 우리는 각자 자기의 왼쪽 내면 실재에 가닿을 방법이 전혀 없는 상태로 단지 자기의 오른쪽 외면 실재를 바라보기만 할 뿐이다. 따라서 내가 자주 좌하분면을 '2인칭'이라고 설명하기는 하지만, 2인칭을 조금이라도 지각하려면 '우리'가 있어야 하므로 좌하분면을 자주 '너/우리' 혹은 그냥 '우리' 분면이라고 부른다.('우리'가 정확히 당신과 내가 소통하기 위해 필요로 하는 1인칭 복수 대명사임을 잊지 말자.) 이 '우리'는 분명 하나의 '나'와 하나의 '너'를 포함하지만 이 하나의 나와 하나의 너는 하나의 '우리'가 진정으로 형성되기 전까지 무언가를 공유하는 건 시작도 할 수 없다. 따라서 존재하는 모든 진짜 '너/당신'은 진짜 '우리'를 암시하고 또 요구한다.

사분면은 여기서 일관적이다. 두 개의 상위 분면은 단수(혹은 개인적)이고 두 개의 하위 분면은 복수(혹은 집합적)이다. 그리고 두 개의 왼쪽 분면은 주관적(파악 혹은 내면)이고 두 개의 오른쪽 분면은 객관적(물질 혹은 외면)이다. 따라서 이 문화의 좌하분면은 나의 '나'와 당신의 '나'(둘 다 왼쪽 주관적, 1인칭 단수 실재들)가 함께 1인칭 복수를 형성했다는 뜻이고, 그 '우리'가 문화라는 뜻이다. 좌상 1인칭 단수 혹은 주관적 차원 둘이 함께 좌하의 복수 혹은 상호 주관적 차원을 형성했다.(이것이 우리가 말하는 '문화'이다.) 둘 다 내면 차원(좌분면)이다. 하나는 단수이고 하나는 복수이다. 여기서 우리는 문화에 막대한 수의 공통 영역들이 포함됨을 알 수 있다. 예를 들어 공통의 언어, 가치, 의미 체계, 이상ideal, 도덕, 규범, 보상 혹은 처벌받을 행동에 대한 집단적 동의, 관습, 목표 등등.

우분면의 실재들과 달리 좌분면의 내면적 차원들은 아무것도 촬영될 수 없다. 그 자체들은 외면적 물체로 보이지 않는다. 촬영될 수 있다면 그것은 우분면의 실재일 것이다. 언어 같은 것이라면 종이 위에서 활자로 볼 수 있으므로 가끔 헷갈릴 수 있다. 언어가 활자로 볼 수 있는 건 사실이지만 그것은 단지 내면적 1인칭 경험과 이해의 외면적 3인칭 짝에 불과하다. 예를 들어 당신과 내가 함께 어떤 문서를 본다고 하자. 스페인어로 쓰인 문서이다. 당신은 스페인어를 잘 이해하지만 나는 스페인어를 전혀 모른다. 그렇다면 정확하게 똑같은 3인칭, 외면적 빛이 당신의 눈과 나의 눈을 때리더라도 우리의 1인칭 정신/마음속에서 그 단어들은 당신에게는 큰 의미를 갖고 나에게는 절대적으로 아무런 의미도 갖지 못한다. 언어의 물질적 형태가 외면 세상의 객관적 형태로 나타날 수는 있지만(문서들은 촬영될 수 있다.) 그 물질 형태의 이해는 그 차원에서 일어나지 않는다. 그 이해는 몸 혹은 뇌 같은 3인칭 외면 대상이 아니라 1인칭 주관 혹은 정신/마음의 내면적 경험이다. 통합 이론은 당연히 언제나 이 둘 다 존재하고 둘 다 관여한다고 본다. 둘 중 어느 쪽도 다른 쪽으로 축소될 수 없다.

그러므로 우리 사이에 어떤 종류의 소통이 있었다는 것은 당신의 '나'가 가진 생각들이 내 생각들과 함께 어떤 '우리-공간We-space'에 존재하고 있다는 뜻이다. 이 말은 당신이 당신의 '나'이면서 동시에 타자의 역할을 취함으로써 나의 '나'가 세상을 보는 법을 보고 이해하려고 한다는 뜻이다. 특히 우리가 같은 방에 있다면 이런 일이 일어나고 있음이 배우 분명해질 것이다. 그리고 우리가 대화를 나눈다면 그 우리-공간이 상호 이해의 공간이 될 것이다.(이것이 모든 우리-문화의 핵심이다.) 당신이 이 책을 혼자 읽고 내가 물리적으로 부재하다면 우리의 상호 이해는 확실히 직접적이지 않고 명백하지도 않을 것이다. 하지만 당신이 이 책의 내용을 조금이라도 이해하고 있다면 우리가 정말로 만나 이야기를 나눌 때 서로 더 확실히 이해할 수 있을 테다. 우리가 서로에게 진짜 '너'가 되는 꼭 그만큼, 진짜 '우리'가 형성될 것이다. 따라서 좌하분면은 항상 '너/우리' 분면이 된다.

심지어 동굴 안에 혼자 있다고 해도 당신이 진짜 '너(말을 듣는 사람)'가 되는 꼭 그만큼, 명백하게 당신은 '우리'의 일부가 된다.(사실 서로 다른 여러 '우리' 혹은 하위-'우리' 혹은 하위-하위-'우리'가 있다.) 따라서 당신이 완전히 혼자라도, 예를 들어 당신이 생각을 할 때마다 당신은 사실 어떤 언어로 생각하는 것이고, 그 언어는 정말이지 진정한 우리-구조, 공유된 의미, 상호 이해로서만 존재하는 공통의 개체이다. 다시 말해 '당신'은 사실 항상 '당신/우리'이다.

좌분면의 모든 것이 그렇듯 이것은 외면의 대상이 아니고 그래서 '촬영 불가' 규칙이 적용된다. 당신은 외면인 우분면의 모든 것을 촬영할 수 있다. 혹은 비유적으로 말해 '손가락을 갖다 댈 수' 있다. 당신은 원자 한 개에 손가락을 갖다 댈 수 있고(전자 현미경으로 볼 때) 분자에도 손가락을 갖다 댈 수 있다.(이것은 일반 현미경으로도 볼 수 있다.) 그리고 세포, 유기체, 식물, 동물에도 손가락을 갖다 댈 수 있고 생태계, 은하계, 성운, 행성, 수렵채취 사회, 원예농경 사회, 농업 사회, 산업 사회 같은 인공물에도 손가락을 갖다 댈 수 있다.(이 경우 물론 손가락이 커야 할 것이다.) 요약하면 외면은 객관적이고, 바깥에서 볼 수 있는 3인칭, 물질 차원에 존재하고, 따라서 촬영하거나 많은 경우 실제 만져 볼 수도 있다.

하지만 상호 이해에 손가락을 댈 수 있는가? 그것을 만져 볼 수 있는가? 그게 정확히 어디에 있는가? 그것을 촬영할 수 있는가? 아니다, 그럴 수는 없다. 그럴 수 없는 것은 정확히 1인칭 주관과 3인칭 객관이 두 개의 아주 다른(하지만 항상 섞여 있고 관여하는) 차원들이고, 이들은 아주 다르고 아주 진짜인 관점들을 이용해야 감지될 수 있기 때문이다. 1인칭 실재들은 모두 경험될 수 있지만 촬영될 수 없다.

당신 정신/마음속 어떤 것에도 손가락을 갖다 댈 수 없다.(뇌를 지문으로 뒤덮을 수는 있어도) 사랑, 시기, 자비, 배려, 연민, 두려움, 적의, 희망, 질투의 감정 어떤 것도, 심지어 대부분의 논리, 수학 같은 경험조차 외면 세상에서 보여질 수 없다.(마이너스 1의 제곱근이 물질 세상을 돌아다니는 것을 본 사람은 아무도 없다.) 이런 경험 어떤 것도 촬영할 수 없다. 손가락을 대 볼 수 없다.

당신과 내가 지금 소통 과정에 있다는 바로 이 사실은, 비록 우리의 눈에 광파가 들어오고 우리의 뇌신경 회로 안에서 디지털 데이터 바이트들이 처리되는 수많은 3인칭 객관적 과정들이 일어나고 있음에도 그 과정들만으로는 충분치 않다. 우리는 그 모든 과정들을 주관적 이해로 전환하기 위해 전혀 다른 사건과 조건을 필요로 한다. 예를 들어 우리 둘 다 같은 언어를 말하고 이해해야 한다.(그 결과 그 같은 언어가 우리의 1인칭 정신/마음들을 통과한다. 그리고 이는 빛이 우리가 각자 읽고 있는 것에서부터 우리의 3인칭 눈으로 반사된다는 사실과는 다른 것이다.) 우리 둘 다 컴퓨터를 갖고 있어야 하고, 가장 중요하게는 컴퓨터 쓰는 법을 이해해야 한다.(그 결과 다시 말하지만 같은 이해가 우리의 정신을 통과한다. 그리고 이는 빛이 컴퓨터 스크린에서부터 우리의 눈으로 떨어진다는 사실과는 다른 것이다.) 우리 둘 다 상당한 배경지식을 소유해야 하고 또 나눠야 한다. 우리 둘 다 이 주제에 관심이 있어야 한다. 이 모든 사건과 조건은 우리 안의 1인칭, 주관적 실재가 있어야 가능하다. 그렇다면 우리 각각은 (1인칭 단수, 주관적 '나' 혹은 개인적 정신/마음에 덧붙여) 어떤 종류의 1인칭 복수, 상호 주관적, 공유된 문화 혹은 '우리'를 가졌다는 뜻이다.

무엇보다 중요한 것은 우리의 정신/마음속에 다른 정신/마음들의 문화와 깊이 얽혀 있지 않은 생각은 없으며, 그 다른 정신/마음들의 문화 없이는 그 생각 자체가 가능하지 않다는 점이다. 개인적인 정신/마음은 함께 모여 문화가 되는데, 그것은 단지 같은 광파가 우리의 눈에 떨어진 다음 뇌 속으로 들어가서(3인칭 차원)가 아니라 공유된 이해가 우리의 정신/마음을 연합하기(1인칭 차원) 때문이다. 당신 자신만 이해할 수 있는 '사적private 언어' 같은 것은 없다는 데 사람들은 대개 동의한다. 당신이 그런 언어를 창조한다고 해도(실제로 간단한 형태가 만들어진 바 있다.) 기본적으로 당신 외에 누구도 이해할 수 없을 테니 소통 수단으로서 완전히 무가치할 것이다. 소통과 이해가 일어나려면 그 언어를 다른 누군가에게 가르쳐야 하고, 그럼 더 이상 사적 언어가 아닌 게 된다.

따라서 문화에 대해 생각할 때(그리고 '내가 좋아하는 팟캐스트를 들을 시간이다.'를 포함해 모든 생각에 대해 생각할 때) 이것을 잊지 말기 바란다. 문화와 생각은 개인적이지도, 고립되어 있지도, 자체적으로 존재하지도 않는다. 당신이 소속된 수많은 문화(그리고 하위문화와 하위-하위-문화)가 있고, 그 모든 개인적 생각들은 그 하나 혹은 다수의 문화 속에서만 어떤 문맥과 의미를 갖는다. 요약하면 모든 주관적 생각은 상호 주관적 의미를 갖는다. 그리고 이것들은 촬영될 수 없다. 그것에 손가락을 댈 수 없다. 이것들은 직접적, 내면적, 주관적 홀론들이고 단수든 복수든 둘 다 각각 당신이 실제로 보고 촬영할 수 있는 우분면 짝을 갖는다. 단 이것들을 우분면의 실재들과 헷갈려서는 안 된다. 혹은 동일시해서는 안 된다.

따라서 어떤 종류든 개인적인 생각/좌상분면적 현상이 일어날 때마다 어떤 종류의 좌하분면적 현상(특히 어떤 종류의 언어 구조, 일련의 규칙과 규범 혹은 집단 간의 상호 이해 등등)도 일어난다. 그 반대로 마찬가지이다. 모든 집단은 항상 하나 혹은 더 많은 개인적 구성원을 포함한다. 그렇지 않으면 집단이 될 수 없다. 요약하면 사분면의 좌상 혹은 좌하의 한 분면이 발생하면 다른 분면도 발생한다. 주관적 정신/마음(좌상)과 상호 주관적 문화(좌하)는 항상 함께 온다.

앞서 보았듯이 일반적으로 정신/마음의 객관적 짝 중 하나가 '뇌'라고 말해진다. 나는 뇌에 대해서는 자세히 논하지 않는 편인데, 뇌의 신경생리학적 연구가 정말이지 객관적이고 자연적인 우분면 과학이라서 어쨌든 앞으로도 계속 진보할 것이기 때문이다. 매주 새로운 연구 결과가 발표되며 화(마음 상태)날 때 혹은 불안(마음 상태)을 느낄 때 우리 뇌의 어떤 부분에 불이 켜지는지를 보여 준다. 심지어 신성과 하나가 되는 경험을 할 때 우리 뇌가 어떻게 되는지도 보여 준다.(앞서 언급했듯 그때 빛이 들어오는 뇌 부분을 '갓 스팟, 혹은 'G스팟'이라고 한다.) 하지만 정신/마음과 뇌는 서로 환원될 수 없다. 분명 어떤 종류든 진짜 신 혹은 영이라면 그것이 하나의 고립된 유기체의 물리적 뇌 속의 특정 위치와 같거나 동일시될 수는 절대 없다. 그게 무슨 신이겠는가? 정신적 사토리는 실제로 우리 뇌 속 물질적 G스팟에 짝을 하나 갖지만, 그 사토리가 밝혀 주는 것(즉 전 우주와의 절대적 하나됨)이 그 점만 한 G스팟으로 축소될 수는 없다. 혹은 그 점으로만 존재할 수는 없다. 전 우주라면 호두 알보다는 클 것이다! 다시 말해 우상분면과 좌상분면 사이에는 커다란 차이가 있다. 둘이 항상 함께 일어나고 밀접하게 서로 의존한다고 해도 말이다.

당연하게도 신경생리학은 확장하고 진보하는 과학이기 때문에(그 결과는 교과서에서 찾아볼 수 있다.) 나는 뇌과학에 대해서는 좀처럼 자세히 논하지 않는다. 다만 사실상 모든 현상들처럼 뇌도 자연 내 홀론이라는 점은 밝혀 두려 한다.5 정말로 모든 분면이 그렇듯 우상분면도 전체론적 경향을 보인다. 진화가 물질적으로 더 큰 복잡성과 자기 조직화Self-organization로 나아감에는 의문의 여지가 없다. 물질은 쿼크에서 원자, 분자, 유기체로 나아간다.(그리고 계속해서 식물에서 물고기, 양서류, 파충류, 포유류, 영장류, 인간으로 나아간다.) 즉 홀론에서 홀론으로 나아간다. 그리고 인간의 뇌는 그런 초월과 포함의 과정의 전형을 보여 준다.(과학적 유물론이 없었더라면 우리는 물질적 복잡성의 이런 흥미로운 사슬들을 점점 더 복잡해지는 홀론들의 증가하는 의식의 사슬들로 제대로 이해했을 것이다. 실제로 그렇다. 이것이 샤르댕이 말한 "복잡성과 의식의 법칙" 이다.)

3인칭 단수의 객관적 뇌도 당연히 수많은 3인칭 복수의 상호 객관적 체계들과 얽혀 있다. 다시 말해, 우상분면은 우하분면의 다양한 생태계, 기술-경제 집합체, 인공물들과 얽혀 있다. 생태계를 비롯한 이 물질적 현상들은 모두 매우 실재하는 우분면 외면의 실재들(혹은 두 번째 의미의 '물질')이다. 개인적, 3인칭 뇌와 그 작용은 거의 무한한 수의 3인칭 복수의 집합적 홀론들(물, 음식, 산소의 체계, 그리고 수렵채취 사회, 원예농경 사회, 농업 사회, 산업 사회, 정보 사회 같은 모든 종류의 생태, 기술-경제의 짝들)과 끊임없는 상호 교환 속에 있다.

복수 형태, 즉 어떤 종류의 집합이나 체계를 갖지 않는 개인적 홀론은 존재하지 않는다. 다시 말해 우상분면의 모든 실재가 우하분면에서 어떤 종류든 그 짝을 갖는다. 좌상분면의 모든 실재가 좌하분면에 하나 혹은 그 이상의 짝을 갖는 것처럼. 예를 들어 개구리라는 존재를 보자. 단지 개구리 한 마리만 존재할 수는 없다. 개구리가 처음 진화해 생겨났을 때조차 최소한 그 전에 수컷과 암컷이 있어야 했다. 그리고 수컷과 암컷도 서로가 없이는 존재할 수 없다. 주변의 동식물 집단 없이 존재할 수 없음은 더 말할 것도 없다. 모든 개인적 생물학적 실재가 복잡한 생태학적 실재들에 의존한다. 그리고 생태학적 실재에는 살아 있는 존재들만이 아니라 그 존재들이 만드는 다양한 인공물들도 포함된다. 예를 들어 새 둥지, 비버 댐, 개미총 같은 것들 말이다.

특히 인간은 자동차부터 집, 기차, 고층빌딩, 컴퓨터, 정보 처리 체계까지 엄청난 수의 인공물을 생산한다. 모든 인공물이 3인칭 물체(우하분면)이다. 그 자체로는 무생물이지만 이것들도 진화의 단계들을 거쳐 왔으며, 최소한 진화의 단계들로 정리될 수 있다. 다시 말해 인류는 진화의 다양한 단계들을 통과하면서 점점 더 진화된 인공물 형태들을 생산해 왔고, 그 결과 그 인공물들을 인간의 진화 단계들과 나란히 정리할 수 있게 되었다. 예를 들어 전쟁 무기의 발달에도 (활과 화살, 석궁, 투석기, 전투기, 폭탄, 핵무기로 이어지는) 뚜렷한 단계가 있음을 볼 수 있다. 게르하르트 렌스키는 기술-경제 분야에서도 아주 중요한 일련의 단계들을 발견했고, 그 단계들이 인간 진화의 단계들처럼 그 복잡성을 점점 더해 감을 알아냈다. 즉 수렵채취(사냥과 채집) 체계에서 원예농경 단계(막대기나 괭이를 이용하는 농사), 농업 단계(큰 동물들이 끄는 쟁기 이용), 산업 단계(기계 이용), 정보 사회 단계(컴퓨터 이용)로 이어진다. 이 인공물들은 모두 무생물, 3인칭 복수 실재나 외면, 집합적 대상들이다. 따라서 모두 우하분면에 존재한다.

우하분면에는 가족, 생태계, 나라 같은 생명체의 체계도 포함된다. 결국 인공물을 생산하는 존재는 애초에 생명체들이다. 하지만 이런 체계들 내에서 발견되는 인공물들은 정의상 무생물이고, 무생물의 체계들은 단지 물질의 우하분면(두 번째 의미의 '물질')에서만 발견된다. 따라서 우하분면은 예를 들어 수렵채취, 원예농경, 농업, 산업, 정보 사회의 기술-경제 인공물을 포함한다. 그리고 이 모든 인공물은 그 자체로는 비생명적인 기술-경제의 형태들이지만, 생명체인 인간과 다른 동식물들도 그 생태계 안에 함께 포함하고 있다. 그리고 이것들은 진정한 체계들로서 시스템 이론에 의해 실재로 받아들여지는 체계들이다.

앞서 언급했듯이 과학에서의 진짜 싸움은 원자주의와 시스템 이론 사이(둘 다 객관적 혹은 외면적인 물질적 실재들을 다룬다.)에서 일어난다. 하지만 통합 메타 이론은 바퀴의 부분들과 바퀴 자체 둘 다 실재한다고 본다. 즉 개인과 집단 모두 실재한다.(바로 그래서 각 분면의 사실상 모든 현상이 실제로 홀론, 전체이자 부분들인 것이다.) 그다음 통합 이론은 내면적 실재들도 마찬가지라고 부언한다. 즉 내면적 홀론들과 외면적 홀론들 둘 다 실재한다. 예를 들어 뇌(우상분면)는 정신/마음(좌상분면)과 늘 함께 가고 정신/마음은 문화(좌하분면)와 늘 함께 가고 뇌는 생태학적 체계(우하분면) 안에서 존재한다. 사분면 모두 서로 깊이 뒤섞여 있는 것이다.

따라서 ('내가 좋아하는 팟캐스트를 볼 시간이다.' 같은) 어떤 생각을 할 때마다 당신은 당신 뇌의 그 어떤 신경 네트워크에 불을 켠다. 그리고 생명체로서의 뇌 자체가 무한한 수의 외면적 생태학적 현상 및 체계적 과정들과 방대하게 얽힌다. 그리고 이 외면적 집합은 바깥의 3인칭 복수, 상호 객관적 차원, 우하분면, '그것들'의 체계일 뿐만 아니라 안의 1인칭 복수, 상호 주관적 차원, 좌하분면, 문화적 '우리'에 의해서 관찰될 수도 있다. 이 말은 외면적 집단은 바깥에서 촬영될 수 있음은 물론이고 내면에서 느껴지고 알려지고 공유될 수도 있다는 말이다. 후자가 문화이다. 우리는 문화가 다른 분면들과 얼마나 불가분하게 엮여 있는지 이미 보았다. 따라서 예를 들어 우하분면 내 상호 객관적, 기술-경제 현실들(홀라키적 순서로, 수렵채취, 원예농경, 농업, 산업, 정보 사회)에 부합하며 이 실재 단계들과 같이 갈 수밖에 없는 상호 주관적, 내면적, 문화적 세계관들(태고, 마법, 신화, 합리적 오렌지색, 다원적 그린)이 좌하분면에 존재한다. 모든 우리-공간 We-space은 다양한 '그것들 Its' 체계들과 불가피하게 연결되어 함께 간다.(308쪽 도표 참조)

 주어지는 현상들은 대체로 특정 분면을 강조하기는 하지만(예를 들어 문화는 좌하분면, 의식은 좌상분면을 강조한다.) 각 분면 내 현상들은 모두 다른 모든 분면에 그 짝을 갖는다. 현상들은 함께 존재하고 함께 일어난다. 4중 상호 작용하고 4중 진화한다. 따라서 ('내가 좋아하는 팟캐스트를 들을 시간이다.' 같은) 단독으로 일어나는 것처럼 보이는 생각을 할 때 사실 당신은 기본적으로 네 개의 모든 분면 속으로 접속해 들어가는 것이다.

 이것이 우주가 하나의 통합된 전체로 연결되어 있는 방식과 그 이유이다. '하나의 통합된 전체로 연결되어 있는'이라고 했을 때 나는 객관적인 원자들 혹은 상호 객관적인 체계들만이 아니라 주관적, 객관적, 상호 주관적, 상호 객관적 차원/관점들, 즉 사분면을 포함해서 말한 것이다. 우주가 탄생했을 때 (예를 들어 중력, 강한 핵력, 약한 핵력, 전자기력 같은 단순히 3인칭 실재이기만 한) 수많은 물리력만 탄생한 것이 아니다. 개인과 집단(단수와 복수), 내면과 외면(주관적 '파악'과 객관적 시공간)의 근본적인 구분도 탄생했다. 이것들은 자기 조직화의 힘을 갖는 우주가 자신을 보고 자신을 알아차리는 다양한 방식들이다. 우주의 탄생에는 사분면 모두 관여했고 지금도 관여하고 있다. 정확히 이렇게 전 우주가 서로 완전히 엮여 있기 때문에 당신은 합일 의식 혹은 우주적 의식의 진정한 경험을 할 수 있는 것이다. 합일/우주 의식의 존재는 정말이지 '논쟁의 여지가 없다.'

빅 홀니스 내 사분면의 중요성

사분면의 중요성은 드러냄Showing Up을 고찰할 때 특히 의미심장해진다. 드러냄은 '이 우주 내 모든 중요한 관점과 차원들을 드러내는 것'이고 사분면이 곧 그 관점과 차원들이다. 드러냄은 인류가 실재의 서로 다른 영역들에 접근하기 위해 개발해 온 다양한 방법론을 살펴볼 때 쉽게 이해할 수 있다. 주관, 객관, 상호 주관, 상호 객관 실재들의 서로 다른 차원 각각을 위해 인류는 그것들을 알아 가는 방법에 대한 서로 다른 인식론을 개발해 왔다. 그리고 한 분면에 대한 적절한 방법 및 인식론을 따르는 사람들과 다른 방법 및 인식론을 따르는 사람들 사이에 어느 쪽이 진짜인지 논쟁과 싸움이 자주 있어 왔지만, 실재에 대해 진정으로 전체론적인 접근법이라면 그 모든 방법이 포함되어야 함은 의심의 여지가 없다. 게다가 모든 방법론의 존재 자체가 그 각 분면이 얼마나 중요한지를 보여 준다.

우상분면을 위해 인류는 경험론적 방법들과 인식론을 개발해 왔다. 이 방법들은 실재를 기본적으로, 인간의 오감과 그 확장을 통해 볼 수 있고 감지될 수 있는 것들이라고 정의한다. 이는 '우상분면에 속하는 몸이 볼 수 있는 것'과 본질적으로는 촬영될 수 있는 모든 것을 의미한다. 실재에 대한 모든 이론(혹은 단순히 말해 모든 진술)이 '증거'로 뒷받침되어야 하고, 여기서 증거는 보통 오감이나 그 확장을 통해 얻은 경험적 데이터를 의미한다.(즉 촬영될 수 있는 것이 증거가 된다.) 무엇보다 이 방법론은 '과학적'이라고 주장하는 모든 이론의 토대가 된다. 이 우상분면, 경험적 차원은 모든 진정한 실재의 중요한 일부이고, 그러므로 결단코 배제되어서는 안 된다.

물론 이런 증거주의는 집단에도 확장, 적용될 수 있다. 집단 혹은 집합을 우리의 감각이나 그 대체품으로 보고 감지할 수 있다면(즉 촬영할 수 있는 경험적 증거를 제공할 수 있다면) 말이다. 따라서 집합적 경험주의도 (개인적 경험주의처럼) 촬영될 수 있는 전체를 포함한다.(두 번째 의미로서의 '물질'의 집합 체계인 생태계조차, 우상분면 경험주의가 요구하는 하나의 홀론은 아니지만, 촬영될 수 있다.) 다시 말해 집합적 경험주의는 모든 우하분면 실재들에 적용된다. 집합적 경험주의의 한 형태가 시스템 이론과 그것이 개발해 온 인식론이다. 그리고 앞서 보았듯이 과학에서 원자주의와 시스템 이론 사이에는 언제나 일종의 싸움이 있어 왔다. 왜냐하면 우상분면과 우하분면 사이에는 실제로 차이가 있기 때문이다. 원자주의와 시스템 이론 둘 다 그 각각의 실재들에 맞는 방법론을 개발해 왔으며(경험주의는 우상분면을, 시스템 이론은 우하분면을 겨냥했다.) 당연하게도 둘 중 어느 것도 배제될 수 없다.

외면 혹은 객관 영역의 옹호자들은 항상 경험주의가 모든 '진짜 실재Real Reality'로 향하는 주요한 접근법, 심지어 유일한 접근법이라고 주장해 왔다. 하지만 엄청나게 중요하고 반드시 포용되어야 할, 내면 혹은 주관 영역의 실재들로 향한 접근법을 제시했던 천재들도 언제나 있어 왔다. 일반적으로 이런 접근법을 우리는 '현상학적'이라고 한다. 그 외면적/물질적 짝처럼 현상학적 접근법도 대체로 개인적 내면(좌상분면)에 대한 접근법과 집단적 내면(좌하분면)에 대한 접근법으로 나눠진다.

개인적 현상학적 접근법들은 인간의 정신/마음 혹은 정신적 실재들을 다루는 방법론이다. 정신 분석, 구조주의, 인본주의-실존주의 Humanistic-existential 치료, 그 외 심리 치료의 다른 형태들, 그리고 물론 현상학 자체가 대표적이다. 이 모두에서 어떤 종류든 자기 성찰이나 '내관Looking Within'이 활용되었으며(이 영역이 정신의 내면과 관계하기 때문이다.) 개인들이 이런 자기 성찰을 재현한 후 그 결과를 어느 정도 확인하거나 검증할 수 있는 방법들도 제시되었다. 모든 종류의 진정한 드러냄을 위해 특히 중요한 것이 발달 구조주의Developmental Structuralism 즉 정신/마음의 실질적인 구조 조사 방법론을 발견하는 것이다.(이 구조들은 직접 촬영될 수 없기 때문이다.) 성장의 여섯 주요 구조들을 개관하면서 우리는 이 구조들을 살펴보았다. 앞서 말했듯이 이 구조들은 약 100년 전에야 발견되었다.(이것들은 단지 내관만 해서는 볼 수 없기 때문이다.) 그렇다고 정신/마음(그리고 실재에 대한 우리 정신/마음의 다양한 접근법들)을 이해하는 데 이 구조들의 중요성을 과소평가해서는 안 된다. 좌상분면 정신/마음들과 그 내면들에 접근하는 현상학적 방법론들은 진실에 대한 모든 종류의 전체론적 접근에 결정적인 역할을 한다.

우리는 집단적, 상호 주관적 혹은 문화적 실재들에 대한 현상학적 접근법들도 발견한다. 이 접근법들은 (주관적 집단적 정신/마음, 즉 상호 주관적 문화들에 해당하는) 좌하분면을 다루기 때문에 문화 연구, 민속 방법론, 기호학, 법학, 사회학을 포함하는 엄청난 수의 분야들이 포함된다. 상호 주관적, 문화적, 좌하분면의 실재들은 믿을 수 없이 방대해서 모든 공유된 가치부터 의미, 언어, 사회적 규범, 관습, 아비투스(문화적 습관)까지, 그리고 하이데거의 현존재Dasein(문화적 존재)에 대한 접근법과 푸코의 (문화적) 권력 구조 연구에 이르기까지 모든 것을 포함한다. 거의 모든 정신 현상에는 다양한 문화적 혹은 하위문화적 문맥들이 존재함으로 (대개 '문화적 연구'라고 불리는) 이런 문맥들의 연구는 모든 종류의 포괄적 방법론에 언제나 중요하다.

경험주의, 시스템 이론, 현상학, 문화적 연구, 이 네 인식론은 개인과 집단(단수와 복수)의 내면과 외면(주관과 객관)을 다루기 때문에 정말이지 매우 근본적이다. 다시 말해 이 네 인식론은 실재의 네 주요 차원/관점인 사분면을 다룬다. 그리고 이 네 인식론 각각이 서로 다른 차원들에 접근하는 강력한 방법론을 개발했다는 사실 자체가 이 차원들의 실재를 증명한다.

정확하게 실재의 서로 다른 주요 차원/관점이 존재하기 때문에 서로 다른 인식론들이 그 차원/관점을 이해할 때 대개 어떤 차원/관점이 가장 중요한지, 혹은 어떤 차원/관점이 유일하게 실재하는지 논쟁하게 된다.(예를 들어 과학에서 원자주의(개인적)와 시스템 이론(집단적) 사이의 싸움, 정신 대 뇌의 싸움을 포함하는 주관과 객관 사이의 싸움) 다른 분면의 실재를 부인하는 분면들의 이런 당파적 경향을 고려할 때 모든 분면의 진정한 드러냄이 더할 수 없이 중요해진다. 특히 우리는 빅 홀니스를 이루고 싶으므로 그 각 영역들(깨어남, 성장, 열림, 정화, 드러냄)을 가능한 한 완성된 상태로 만들어 가고 싶다. 이것은 우리가 그 각 영역을 철저하게 연구해서 그 각각에 포함되어야 하는 측면들을 모두 알아야 한다는 뜻이다. 성장을 생각해 보라. 그 모든 노력을 생각해 보라. 우리 의식에 포함되어야 하는, 그 모든 정신/마음의 다양한 발달 구조를 발견하는 데 들였던 노력 말이다. 그리고 모두 일단 한번 갖게 되면 포함해야 한다. 드러냄도 마찬가지이다. 우리는 드러냄의 다양한 측면들을 모두(사분면 모두) 세심히 포함해야 한다. 그리고 각 분면의 열렬한 지지자들 사이에 일어나는 전쟁들을 고려할 때 이것은 노력이 조금 필요한 일이 될 것이다.

이것으로 진정한 드러냄을 위해 포함해야 하는 다양하고 포괄적인 영역들(개인과 집단의 내면과 외면, 즉 사분면)에 대해 당신이 전반적으로 이해할 수 있었기를 바란다. 우리는 1인칭, 2인칭, 3인칭 개념부터 삼위일체설로 대표되는 영의 1-2-3 개념까지 많은 서로 다른 실재들이 이 사분면에 의지함을 보았다. 사분면은 안 대 바깥(혹은 주관 대 객관) 그리고 개인 대 집단(혹은 단수 대 복수) 같은, 모든 존재 속 가장 근본적인 대립에 관여하기 때문에 그렇게나 근본적이다. 모든 것이 반대편을 갖는다. 주체는 언제나 객체와 함께 일어나고 존재한다. 개인은 언제나 집단과 함께 일어나고 존재한다. 사분면이 '얼마나 작은 세계를 보든 얼마나 높은 차원의 세계를 보든 모든 것을 포괄하는' 이유가 바로 이것이다. 그리고 그렇게나 많은 서로 다른 체계들이 사분면에 의지하거나 아예 사분면을 포괄하는 이유가 바로 이것이다.

이제 당신은 당신이 하는 모든 각각의 생각들이 당신 존재의 사분면 모두로 연결되어 들어가는 이유를 잘 이해할 것이다. '내가 좋아하는 팟캐스트를 볼 시간이다.' 같은 (당신의 좌상분면 정신 안에서 일어나는) 하나의 주관적인 생각을 할 때마다 당신은 (우상분면 내) 당신의 객관적인 뇌 생리학의 어떤 측면을 활성화한다. 게다가 우상분면의 모든 대상은 주관적인 좌상분면에 그 짝을 가지기도 하지만(모든 뇌 상태가 상응하는 정신/마음 상태를 갖는다.) 대상들의 집합 혹은 체계인 우하분면의 문맥 안에서 발생하기도 한다.(우상분면의 모든 대상이 우하분면에 상응하는 문맥을 갖는다.) 나아가 우하분면의 모든 상호 객관적 체계들이 우상분면의 대상 영역뿐만이 아니라 좌하분면의 상호 주관적, 문화적 영역에도 하나 혹은 그 이상의 짝을 갖는다.(인공물의 진화에 대한 렌스키의 연구) 다시 말해서 진짜 세상의 현상들은 모두 사분면에 관여하고, 사분면은 항상 완벽하게 4중 상호 작용하며 4중 진화한다.

서로 분리되고 개별적으로 보일 수는 있지만 사분면의 네 가지 실재/관점은 서로 모두 깊이 얽혀 있고 서로 의지한다. 따라서 당신은 가장 기본적이고 근본적인 차원/관점에서 삶의 모든 순간 온 우주 속으로 접속해 들어간다. 당신이 지금 얼마나 혼자라고 느끼든 삶의 매 순간 당신은 실제로 그리고 진정으로 우주의 집에 와 있다.

이제 곧장 다음 주제로 넘어가 보면 당신은 그 근본적인 '집에 있음at-home-ness'을 하나의 지능만이 아니라 많은 유형의 지능을 통해 직접적으로 알 수 있다. 당신은 사실 당신이 생각하는 것보다 최소한 열두 배는 더 똑똑하다.

그러니 그 많은 지능 모두에 열리는 Opening Up 방법을 살펴보도록 하자. 준비가 되었는가?

12장

열림

Finding Radical Wholeness

다중 지능

우리는 각 분면을 완전히 공부해 그 각각에 포함되어야 하는 요소들을 다 아는 것이 그 모두를 드러내기 위해 꼭 필요함을 보았다. 예를 들어 그런 일을 좌상분면과 할 때 일어나는 일 중 하나가 성장의 다양한 단계들을 통해 우리 의식이 진화함을 발견하는 것이다. 그리고 그 단계 각각에서 전개될 수 있는 병적 측면들도 있는데, 이것은 정화의 과정이 해결한다. 좌상분면의 철저한 공부는 깨어남이 얼마나 중요한지도 밝혀 준다. 마지막으로 (깨어남, 성장, 정화의) 그 모든 영역을 포함하는 것이 완전한 드러냄에 꼭 필요하며, 완전한 드러냄으로 우리는 어엿한 빅 홀니스에 아주 가까워진다.

좌상분면의 완전한 공부가 우리에게 선사하는 또 다른 영역은 우리가 '열림Opening Up'이라고 부르는 것이다. 열림은 우리의 다중 지능을 알아차리고 그것에 완전히 열리는 일에 관한 것이다. 인간 존재로서 우리는 대개 '인지 지능'이라고 불리는, IQ 테스트로 측정되는 기본 지능만 갖고 있지는 않다. (예를 들어 하버드대학 심리학자 하워드 가드너Howard Gardner의 연구 같은) 최근 연구들을 보면 우리는 열 개가 넘는 다양한 지능을 갖고 있다. 중요한 인지 지능에 덧붙여 우리는 감정 지능, 도덕 지능, 음악 지능, 미학 지능, 자기 성찰 지능, 신체운동 지능, 수학 지능, 대인관계 혹은 사회 지능, 가치 지능, 영적 지능 등을 갖고 있다. 다 우리가 활용할 수 있는 지능들이다.

발달 이론 분야에서는 우리가 가진 지능의 전체 수에 대한 상당한 논의와 논쟁이 진행 중이다.(언어 지능, 성심리 지능, 신념 지능, 자기 개념 혹은 에고 지능, 젠더 지능, 세계관 지능, 의지 지능, 동기 혹은 필요 지능을 비롯한 많은 지능을 포함해야 한다고 말하는 사람들도 있다.) 하지만 내가 방금 열거한 열한 개 지능의 존재에는 대체로 동의한다.[1]

이제 나는 간단하게나마 열림Opening Up 과정을 설명해 보려고 한다. 열림은 우리 의식에 새롭고 매우 중요한 유형의 홀니스를 제공하지만 보고 이해하기가 어렵지 않기 때문에 긴 설명은 필요 없다. 그렇다고 열림이 빅 홀니스에서 중요한 영역이 아니라는 오해는 하지 말길 바란다. 그런 오해는 매우 잘못된 결론으로 이어질 수 있다. 성장, 깨어남과 마찬가지로 열림도 빅 홀니스의 다른 어느 영역만큼이나 중요하다.

진화와 다중 지능

우리가 왜 이런 자명한 다중 지능을 갖게 되었는지에 대한 기본적인 원인 중 하나는 수천수만 년을 진화해 오는 동안 삶이 우리에게 계속 여러 근본적인 질문들을 던졌기 때문이다. 무엇이 실재인가? 무엇이 옳은 일인가? 나는 무엇이 매력적이라고 혹은 아름답다고 느끼는가? 저 사람은 무슨 생각을 하고 있나? 그런 질문들 말이다. 하나의 종(種)으로서 우리는 이런 질문들에 대답하려고 부단히 노력해 왔다. 그리고 특정 유형의 질문에 대답하는 기술을 하나씩 획득할 때마다 상응하는 지능을 하나씩 발달시켰다. 나는 지금 무엇을 생각하나 혹은 무엇을 자각하나에 관한 인지 지능만이 아니라 나는 지금 무엇을 느끼고 있나에 관한 감정 지능, 나는 무엇을 매력적이

다중 지능이 던지는 인생의 질문들

지능	인생의 질문
미학 지능	나는 무엇이 매력적이라고 혹은 아름답다고 생각하는가?
인지 지능	지금 나는 무엇을 생각하거나 지각하고 있는가?
에고 지능	나는 누구인가?
감정 지능	나는 지금 무엇을 느끼나?
자기 성찰 지능	나는 지금 내면에서 무엇을 지각하고 있는가?
신체운동 지능	내 몸은 무엇을 느끼나?
수학 지능	이 나무에서 사과를 두 개 얻고 저 나무에서 세 개를 얻으면 나에게는 사과가 몇 개 있는가?
도덕 지능	무엇이 올바른 일인가?
동기적 필요 지능	내가 지금 가장 필요로 하는 것은 무엇인가?
음악 지능	이 음악은 나에게 무슨 말을 하나?
대인관계 혹은 사회 지능	저 사람은 무슨 생각을 하고 있나?
영적 지능	지금 나에게 가장 중요하고 가장 궁극적인 실재(궁극적 관심)는 무엇인가?
가치 지능	이 상황에서 나는 무엇이 가치 있다고 보는가?

라고 혹은 아름답다고 느끼냐에 관한 미학 지능, 무엇이 옳은 일인가에 관한 도덕 지능 지금 나에게 가장 중요하고 궁극적으로 실재하는 것은 무엇인가에 관한 영적 지능도 발달시켰다. 라마르크설에 의한 유전을 통해서든 다윈설에 의한 유전을 통해서든 인류는 약 열한 개의 지능을 개발하고 전달해 왔으며, 위와 같은 주요 질문들이 떠오를 때마다 이 지능들을 써 왔다.(도표 참조) 현재 우리도 여전히 이 지능들을 갖고 있으며, 이런 사실을 깨닫고 더 큰 의식으로 나아가는 것이 열림Opening Up이다.

당신의 생각하는 능력(혹은 인지 지능)이 당신이 가진 유일한 지능은 아니다. 다른 지능들을 위한 공간을 만드는 것이 곧 당신이 가진 다양하고 풍성한 지능들에 열림Opening Up을 행하는 것이며, 동시에 이러한 지능들 덕분에 당신이 소유하는 다양한 능력들(이 지능들에 의해 열리는 인지적, 감정적, 도덕적, 미학적, 영적 성장과 배움의 능력들)에 열리는 것이다.

나는 빅 홀니스에 이 열림 홀니스를 새롭게 포함하면서 빅 홀니스가 정말로 얼마나 '커질' 수 있는지 보기 시작했다. 그리고 우리의 의식이 정말로 얼마나 높고 깊고 넓은지 혹은 얼마나 높고 깊고 넓어질 수 있는지 보기 시작했다. 어디를 봐야 하는지 알기만 한다면 말이다.

그러므로 빅 홀니스의 획득은 확실히 우리가 삶에서 원해야 하는 것이다. 이 온전한 홀니스의 반대는 무엇일까? 지금 일어날 수도 있는 전 지구적 자살은 아닐까?

13장

오늘날의 어두운 그림자들

인류는 전 지구적 규모로 자신을 완전히 파괴하는 집단 자살이 가능한 첫 번째 종이다. 말 그대로 인류의 완전한 파괴 말이다. 이것은 근대 산업 시대(오렌지색)에 와서야 가능해진 일이다. 그리고 이것이 확연히 드러나게 된 시점이 탈근대 정보 사회(그린)가 공식적으로 시작된 때였다.

상호 확증 파괴

전 지구적 자살의 가능성을 구체적으로 가장 처음 시사한 것은 냉전 시대 미국과 구소련 사이의 국제/군사/정치적 입장이었던 상호 확증 파괴MAD, mutual assured destruction이다. 당시 양쪽 모두 누가 먼저 핵무기를 쏘든 다른 쪽도 복수전에 나설 것이고, 그러면 양쪽 모두의 완전한 파괴가 확실하니(그래서 '상호 확증 파괴') 냉전은 '뜨겁게' 되지 않고 '차가운' 상태를 유지할 것으로 믿었다. 핵전쟁이 일어나면 핵

폭발 자체 때문이든 뒤이은 핵겨울 때문이든 기본적으로 모든 인간과 지구상의 나머지 생명체의 상당수가 죽게 될 터였다. 이것은 물론 절대적으로 미친 입장이 아닐 수 없다. 그런데 더 미치겠는 것은 이런 입장이 논리적으로 불가피하다는 사실이었다.

이 모두는 탈근대 시대의 시작을 알렸다고 할 수 있는 쿠바 미사일 위기와 함께 처음 수면 위로 올라왔고 또 매우 명확해졌다. 1963년 '세계를 충격에 빠트렸던 13일' 동안 미국과 구소련은 사실상의 핵전쟁으로 가차 없이 치닫게 되었다. 구소련이 미국 본토에서 단 몇 마일 떨어진 위성 국가 쿠바에 중거리 핵미사일 기지를 건설하면서 시작된 핵 위기였다. 존 F. 케네디 당시 대통령은 어떻게 반응해야 할지를 결정해야 했다.1 이 위기가 의미심장했던 것은(그리고 이 위기를 논쟁의 여지 없이 탈근대 세상의 공식적인 시작으로 만든 것은) 미국과 구소련 모두 지구를 버섯구름으로 뒤덮을 방아쇠를 당기지 않으려고 아무리 필사적으로 노력해도 파국을 향해 점점 더 가까이 다가가게 된다는 점이었다. 쿠바 위기는 구소련과 미국 모두 지금이 어떤 사태인지를 잘 알았음에도 아무런 변화도 만들어 낼 수 없었기에 탈근대로 정의되는 사건이었다. 두 나라 모두 무엇보다 (상호 확증 파괴가 불러오고야 말) 3차 대전을 시작하고 싶지 않다는 걸 알았는데도, 그들이 어떻게 대응하든 계속 상호 파괴에 점점 더 가까워지기만 했다. 무언가를 방지하려고 하는 모든 일이 실제로 그 일에 점점 더 가까워지게 할 때 우리가 대체 무얼 할 수 있겠는가? 그리고 우리가 그런 상황을 완벽하게 의식하고 있다는 사실조차 아무런 도움이 되지 않는다면?

쿠바 미사일 위기를 논쟁의 여지 없는 탈근대의 공식적 서막으로 만든 또 하나의 이유는 사실상 모든 근대의 사상가들이 가차 없이 긍정적이고 진보적이었던 반면 쿠바 위기는 그 분위기가 가차 없이 부정적이었기 때문이다. 탈근대적 세계의 형성에 기여한 것은 데리다, 푸코, 리타르 같은 프랑스 철학자들의 후기구조주의(혹은 탈구조주의)와 디지털/컴퓨터 기술(그리고 많은 전문가가 인류의 멸망을 부를 거라고 느끼는 인공 지능의 발달)이지만, 쿠바 미사일 위기는 전 지구가 파괴될지도 모른다는 위협을 인류가 처음 직접적으로 체감한, 그래서 더할 수 없이 부정적이었던 사건이었다.

그 광기의 13일은 정말이지 근대에서 탈근대로의 전환을 의미했다. 진보, 이익, 최고, 실력을 열정적으로 지향하고, 증명할 수 있는 진실에 기반하며, 풍요로운 인생을 위한 기회가 모든 사람에게 평등하게 주어져야 한다고 믿는 합리적, 성취 지향적 오렌지색 근대가 문화 진화의 선두 주자 자리는 물론 공식 철학 자리까지 내려놓았다. 그렇게 탈근대가 시작됨에 따라 선두 주자의 자리는 탈이성적이고 불확실하고 상대적이고 평등주의이며 다문화적인 그린의 차지가 되었다. 그린은 동등한 기회뿐만 아니라 동등한 결과를 만들어 내는 데 매진하고, 따라서 불가피하게 세상의 모든 희생자를 위한 정의를 염원한다.(그 의도는 더할 수 없이 고결했지만, 피해자 의식을 신성하게 만들고, 따라서 적극적으로 추구하게까지 만드는 의도치 않은 결과도 불러왔다.) 근대 세상에서 보상이 승자에게만 돌아갔다면 탈근대 세상에서는 피해자에게만 돌아간다. 근대의 일반적인 사고방식이 자유, 수익, 성취, 진리에 있어 행복한 진보였다면 탈근대에서는 휘발성, 불확실성, 복합성, 모호함 VUCA, Volatility, Uncertainty, Complexity, Ambiguity이다. 근대가 그것이 건드리는 모든 영역에서 발전 및 성장, 빈곤에 저항하는

부, 진보의 눈사태를 불러왔다면 탈근대는 그 모두의 하락을 목격하고 회복해야 했는데, 이는 탈근대뿐만 아니라 첫 번째 층에 있는 어떤 단계에서도 무리한 요구였다.

그러므로 근대의 열정적 낙관주의가 진실, 아름다움, 진보 혹은 수익이 아니라 죽음, 쇠퇴, 불평등, 권력을 인식하게 되었고, 따라서 사회 정의를 추구하는 탈근대의 염세주의적 하강에 길을 내주었다.(그리고 그렇게 요구된 사회 정의는 오렌지 단계가 제공한 동등한 기회를 갖는 자유가 아니라 그린이 원하는 동등한 결과를 보장하는 강요된 평등이었다. 그런 강요된 평등은 인간 존재가 서로서로 굉장히 다른 존재들이므로 말 그대로 강요될 수밖에 없고, 따라서 광범위한 평등은 다양성을 부인할 수밖에 없으며 사회적 힘의 개입을 요구한다.) 앞서 살펴보았듯 자유와 평등은 양립할 수 없다. 사람들이 굉장히 다양하기 때문에 당신은 자유나 평등을 가질 수 있지만 둘 다 가질 수는 없다. 두 번째 층의 통합 단계는 이 두 가치를 면밀하게 통합할 테지만 오렌지와 그린 단계는 그저 싸우기만 할 운명이므로, 티핑 포인트에 도달해 진화의 새로운 선두 주자로서 세계적 통합 단계가 도래할 때까지 문화 전쟁은 끊이지 않을 것이다.

근대가 놀라운 정도로 많은 영역에서 진보를 선도했다고 한다면 (그리고 거의 아무도 이 진보의 의도치 않은 결과들을 예측하거나 제대로 이해하지 못했다. 그 결과들 중에서 산업 발달로 인한 환경 파괴 같은 것은 실제로 범지구적인 자살을 부른다.) 탈근대는 그 청구서의 납부 기일이 임박한 시대이고, 게다가 그 청구서는 전 세계적인 규모이다.(우리는 지금 군사적 상호 확증 파괴, 생태계 붕괴, 자본주의의 걷잡을 수 없는 탐욕, 핵 시설 사고, 인공 지능 등이 어쩌면 정말로 인류를 파괴할 수도 있다고 깨닫는 중이다.)

인류가 자신을 (말 그대로!) 완전히 파괴할 수 있거나 그럴 가능성이 아주 높다는 것은 인류 역사를 통틀어 전례 없이 충격적인 깨달음이다. 이전의 어떤 인간 행위도 그야말로 전 세계적인 자기 파괴의 가능성으로 이어지지는 않았다. 그런 가능성을 인류는 생각해 본 적도 없다.

이 깨달음이 세상 전체로 퍼져 나가며 세상을 죽음으로 적셨다. 그리고 이것은 인간 본성 자체의 심오한 변화를 의미했다. 인간은 이제 멸종할 수도 있는 종이 되었다. 그것도 자신의 손에 의해서. 그리고 인간은 이런 사실을 잘 인지하고 있다. 그 사실을 안 채로 어떻게 살아갈 수 있을까?

근대의 선도적인 사상가들 대부분이 자신의 분야에서 더 멋진 진보를 이루기 위해 시간을 보냈다면 탈근대의 선도적인 사상가들 대부분은 근대가 도입해 놓은 행동들을 어떻게 교정할 건지 필사적으로 생각하며 시간을 보냈다. 근대와 함께 인류가 흡연을 시작했다면 탈근대와 함께 인류는 자신이 폐암에 걸렸음을 발견했다. 그리고 더 충격적인 것은 치료법이 없다는 점이었다.

이 모든 것은 진화론적으로 인류가 최초로 위급 상황에 부딪혔음을 의미한다. 오렌지 시대에 인류는 마침내 세계적이고 보편적 단계에 도달했다. 그리고 그래서 치러야 하는 비용을 인류는 그런 시대에 들어와 알아차리게 되었다.(대부분 의도치 않은 결과였지만 그렇다고 덜 충격적이지는 않았다.) 수백만 년 전 40명도 안 되는, 사냥 기반의 작은 가계나 부족(크림슨 태고 단계)으로 시작했던 인류는 점점 더 커지는 사회적 홀론들을 거치면서 몇백 명 남짓의 부족 사회(사냥 위주의 마젠타 마법 단계)로부터 수천 명으로 이루어진 크고 다양한 부족 사회(레드 마법-신화 단계), 수백만으로 이루어진 초기 군사 제국의 거대부족 사회(앰버, 신화 단계), 수천만 인구로 이루어진 후기 군사 제국이자 세계적으로 연결된 초기 현대 국가(엠버Umber 신화-합리 단계)2, 처음에는 수백만에 영향을 주는 것으로 시작해 결국에는 전 세계 모두에 영향을 준 보편적 과학적 계몽주의 시대(오렌지색 합리 단계)를 거쳐 아찔한 70억 인구로 이루어진 탈근대의 지구촌 시대(그린 다원적 단계)로 진화해 왔다.

이런 전환들 그 각각이 모두 대대적인 도약이었지만 (낮은 단계의) 민족 중심적 단계에서 (높은 단계의) 세계 중심적 단계로의 전환이 특히 심오한 도약이었다.(전통적 엠버 신화 단계에서 근대적 오렌지 합리적 단계로의 도약) 왜냐하면 인간 진화가 처음으로 각각의 인간 존재 자체와 그 정체성이 (지구라는 행성 자체의 운명은 물론이고) 지구상의 다른 모든 인간과 불가분하게 연결될 수밖에 없는 전 지구적 보편 차원에 도달했기 때문이다. 지구적 단계들(오렌지 단계와 그린 단계의 세계 중심적 보편적 단계들)의 도래는 인간 진화의 역사에 있어 엄청난 전환이었다. 처음에는, 즉 세계 중심적 오렌지 단계에서는 대체로 그런 전환의 진보적 측면을 보았다. 이것은 정말이지 근대의 시작이었고, 근대는 물리학, 천문학, 화학, 생물학 같은 일반 과학의 발전에서 보이는 인식적 진보와, 계몽주의, 노예제도 종식, 보편 인권 강조 같은 도덕적 진보, 그리고 모든 문제에도 불구하고 막대한 수익을 가능하게 했던 자본주의 같은 경제적 진보 등의 특성들을 드러냈다. 이런 특성들은 지금 보이는 세계적 보편적 전개의 초기 단계들이 보인 특성들이다. 물론 발전의 모든 단계에는 하강이 있으므로(진보의 변증법) 이 모든 것들에 하강이 있었다. 하지만 대체로 사람들은 그런 하강의 어떤 것도 보지 못하거나 이해하지 못했다. 적어도 그런 하강이 모든 것의 종말을 의미할 수도 있다고는 믿지 않았다.

이것을 흡연에 비유한 것은 근대의 하강이 처음에는 드러나지 않았기 때문이다. 전 지구적인 근대로의 놀라운 도약이 부른, 진정 위협적이고 가장 의도치 않은 결과들을 보는 데 몇 세기가 걸렸다. 그 깨달음이 나는 탈근대의 공식적 시작이었다고 생각한다. '탈근대'라는 이름 자체가 다른 많은 것들처럼 절박한 소망의 성취를 의미했다. '세상에 우리가 무슨 짓을 한 거야. 이 악몽 같은 근대를 어떻게 바로잡지? 근대는 그냥 제거할 수 있는 게 아니니 근대에서 탈출해야 해!'

예를 들어 산업 자본주의가 만들어 놓은 추한 환경 문제의 어떤 것도 처음에는 분명치 않았다. 탄소 배출과 지구 온난화 사이의 직접적인 연관 관계를(그리고 전체 생물권의 궁극적 하강과 인류를 비롯한 지구상 대부분 생명체의 멸종 가능성을) 처음부터 보고 이해할 수 있었다면 산업화의 실질적인 전개 방향이 매우 달라졌을 것이다. 지금은 비판가들이 자본주의를 아무리 추악하게 그려 내도 모든 CEO가 자신의 자녀와 손주들부터 생각한다.

안타깝게도 지구 온난화의 심각한 결과를 분명히 보여 주는 과학적인 증거들이 충분해진 것은 탈근대가 한참 진행된 최근에 와서이다. 근대와 함께 인류가 흡연을 시작했고 탈근대에 와서 폐암에 걸린 걸 알게 되었다고 말한 이유가 여기에 있다. 그리고 다시 말하지만 정말 충격적인 것은 치료 약이 없다는 점이다. 쿠바 미사일 위기가 거의 분명히 증명했던 것처럼 말이다. 쿠바 미사일 위기는 인류의 전 지구적 죽음에 대한 인식을 우리 정신에 분명히 각인시키는 데 성공했다. 여기에 인구 폭발, 세계적 생태적 파괴, 그리고 인공 지능을 통한 인류의 자살 가능성이 주는 위협들이 곧 따라올 것이다. 이것이 탈근대의 현주소이다.

여기서 우리는 근대와 탈근대에 대해 지금까지 논의해 왔던 점으로 다시 돌아간다. 즉 근대와 탈근대가 발달 모형 안에서 인간 역사상 처음으로 전 지구적, 세계 중심적이 된 단계들이고, 지금 인류가 처한 많은 문제가 바로 그래서 전 지구적 규모로 퍼지게 되었다는 점 말이다. 진보적인 근대의 세계적 확장이 세계적 문제들을 만들었다. 인간의 의식이 민족 중심에서 세계 중심이 되었을 때 인류는 그런 놀라운 진보의 수혜를 받았지만, 그만큼 주요 문제들이 전 세계적인 규모로 퍼져 나갔다.

그리고 이는 역사상 처음으로 인류가 지금 자신을 전 세계적인 규모로 파괴할 수단을 갖게 되었음을 의미한다. 근대와 탈근대 세상은 태고/부족 시대 우리 조상들의 세상보다 진보했지만, 그 진보한 만큼 조상들이 말 그대로 상상도 할 수 없을 방식들로 병들고 자살할 수 있다. 활과 화살로도 많은 사람을 죽일 수 있지만 핵무기와 연결된 빨간 단추는 '세상을 지우는' 단추이다. 한 번만 누르면 인류는 사라진다. 이것은 좋은 소식인가, 나쁜 소식인가?

흠, 물론 둘 다이다. 좋은 소식은 계속되는 성장 덕분에 현대 인류가 평균적으로 존재, 의식, 정체성이 상당히 확장되어 있고 기술적 진보와 물질적 풍요를 이루었으며, 그 결과 부족 시대에는 25세도 안 되었던 인간의 수명이 현재는 평균 75세에 가깝도록 늘어났다는 점이다.(근대를 비판하는 사람들은 이 추가된 50년을 포기할 수 있을까? 근대의 비판가가 나에게 "여전히 부족 단계에 있었다면 지금 우리가 어떨까요?"라고 물으면, 나는 보통 "네, 죽었을 겁니다."라고 대답한다.)

하지만 근대의 하강은 사실이고, 그래서 나쁜 소식은 쿠바 미사일 위기, 상호 확증 파괴, 생물권 붕괴를 부를 수도 있는 지구 온난화, 우리 모두의 죽음을 의미할 수도 있는 인공 지능의 발달이다. 이것은 오렌지 근대 이전의 모든 시대에서는 절대 불가능했을 일이다.

나는 인류의 세계화가 부른 파장을 설명하는 데 상당한 지면을 할애했는데 그건 근대의 하강만큼 재난이라고 할 수 있는 또 다른 한 가지를 설명하기 위해서이다. 그것은 다름 아니라 우리가 직면한 이 문제들을 인간의 감각 혹은 그 확장으로 볼 수 있는 것들, 즉 촬영할 수 있는, 두 번째 확장된 의미로서의 '물질들'을 관장하는 오른쪽 외면 분면들로만 본다는 점이다. 나는 사람들이 이 모든 것에 있어 중요한 한 가지 진실을 보기를 바란다. 인간 사회의 규모가 커진 것을 외면(객관적인 차원들과 측정 가능한 수치)만 보면서 추적할 수도 있지만, 똑같이 실재하는 내면의 것들을 보면서 추적할 수 있다는 진실 말이다. 내면의 실재는 우리가 지금까지 보아 왔듯이 태고 단계부터 시작해 마법, 신화, 합리, 다원 단계를 거쳐 통합 단계로, 혹은 자아 중심적에서 시작해 민족 중심적, 세계 중심적인 단계를 거쳐 통합 단계(진정으로 전 지구적인 단계, 우리는 이 단계를 '지구적-통합적' 혹은 '지구적 두 번째 층'이라고 부른다.)로 이어진다.

지금 인류는 일반적으로 외면만 보면서 이 문제를 추적한다. 인구 증가를 살피거나 각자가 속한 정치 지리적 위치 내 특정 문화들을 추적한다. 혹은 문화의 크기, 그 문화 속에 유통되는 돈의 양 혹은 연간 출산율 등을 추적한다. 그리고 그런 것들과 관계하며 내면에서 일어나는(혹은 적어도 일어나야 하는) 발달은 너무 자주 완전히 무시한다. 안 그래도 내면적 발달은 외면적 발달보다 느리기 마련인데 그

걸 추적조차 하지 못한다는 것은 정말 문제이다. 우리는 내면을 그냥 완전히 무시하기 때문에 심지어 문제를 보지도 못한다. 그리고 바로 그래서 효과적인 해결책도 찾지 못한다.

현재 인간들이 지구촌에서 태어난다고 해서 모두가 지구적 의식으로 시작하지는 않는다는 걸 보여 주는 증거들이 넘쳐난다. 이것은 분명히 그렇다. 진정한 지구적 의식은 인간 발달의 주요 여섯 단계의 산물이다.(대개 6~8단계로, 우리는 이를 이기적/자기중심적, 배려/민족 중심적, 보편적 배려/세계 중심적, 통합된/통합적 4단계로 요약하기도 한다.) '오늘날 살아 있는 모든 사람이 지구촌에 살고 있다.'는 말은 사람들의 의식이 실제로 어디에 있는지에 대해서는 아무것도 말해 주지 않는다. 사람들의 의식은 대체로 이기적이고 권력에 의해 움직이는 자기중심적인 여러 단계 중에 있는가? 혹은 문화 제국주의, 지하드 같은 민족 중심적 여러 단계 중에 있는가? 아니면 오렌지 근대의 진정으로 전 지구적이고 세계 중심적 단계로 나아가기 시작했는가? 아니면 급기야 더 전 지구적이고 세계 중심적인 그린의 단계로 나아가고 있는가? 아니면 마지막으로 전 지구적이고 포괄적이고 통합적인 터콰이즈 단계로 나아가고 있는가?

우리는 모든 지구적 문제가 부분적으로는 세계 인구의 60~70퍼센트가 민족 중심적 단계, 혹은 낮은 발달 단계들에서 살고 있기 때문임을, 다시 말해 이들의 의식이 전 지구적임에 전혀 미치지 못하고 있기 때문임을 보았다. 이들의 외면(기술과 인공물)은 전 지구적일 수 있으나 이들의 내면(의식과 문화)은 분명 그렇지 못하다. 이 60~70퍼센트는 지구촌에 살고 있으나 지구적 의식 속에서 살지는 않는다.(심지어 더 나쁜 것은 두 번째 층 터콰이즈 지구적-통합적 단계에 있는 인구가 단 8퍼센트 미만인데, 두 번째 층만이 첫 번째 층이 만들어 놓은 문제들을 실제로 어느 정도 해결할 수 있다는 점이다.) 그리고 내면의 좌분면을 생략할 때 의식의 깨어남 Waking Up을 위한 접근법들도 모두 차단됨은 더 말할 것도 없다. 전 지구적인 문제들을 조사할 때 연구자들은 보통 외면의 우분면만 고려할 뿐 내면의 좌분면 안의 실재들은 무시한다.

이것은 곧 인류가 드러냄 Showing Up에서의 심각한 실패로 고통받고 있다는 말이다.

오늘날 인류가 직면하고 있는 핵심 문제는 기본적으로 우리가 경제, 재정, 무역, 기술, 교육, 정치에 있어 모두가 얽혀 있는 지구촌에서 살고 있다는 점이 아니다. 핵심 문제는 이런 지구적 현실을 온전히 포용하는 단계에 거주하는 능력은 인간 내면 발달의 결과로 얻어지는데, 현시점에 지구 인구의 30퍼센트 미만만이 그런 온전한 포용이 가능한 세계 중심적 단계들로 발달해 왔다는 점이다.3 이 말은 아직 전 지구적 수준의 의식에 어울리는 삶을 살아갈 수 없는 사람의 경우 로버트 케건의 책 제목처럼 '감당할 수 없는 in over our heads' 상태에 있다는 말이다.(케건은 정확하게 이 문제를 염두에 두고 이런 제목을 지었다.) 케건의 연구에 따르면 5명 중 3명이 근대 세계 중심적 수준에 이르지 못했다. 다시 말해 지구 인구의 60~70퍼센트가 현재 드러나고 있는 세계 중심적 형세의 근본적인 특징인 복잡성과 세련됨의 수준에 적절히 대응할 수 없다. 그래서 요약하면 세계 인구의 막대한 대다수가 '감당할 수 없는' 상태에 있다.

그런데 진짜 문제는 그보다 더 심각하다. 진짜 문제는 우리가 이 내면의 진화를 추적조차 못 하고 있고, 그래서 문제를 어떻게 할까는 고사하고 문제가 있다는 것조차 전혀 모르고 있다는 점이다. 우리는 우리 존재의 주요 차원들 모두에 거주하고 있지 않은데(특히 좌분면 차원에 소홀하다.) 이는 깊이 들여다보면, 그 존재를 부인해 온 실재들에 대한 우리의 깊은 두려움과 얽혀 있는 굉장히 비겁한 자세가 아닐 수 없다.

왜 이것이 정말로 그렇게 문제일까? 문화가 오렌지 세계 중심적 발달 수준에 이르게 되면 모든 사람을 인종, 피부색, 성, 젠더, 민족, 종교에 상관없이 공정하게 대하기를 진정으로 바란다.(민족주의, 인종주의, 성차별주의, 동성애 혐오, 외국인에 대한 편견이 없는 사회를 추구한다.) 그럼에도 불구하고 세계 인구의 60~70퍼센트가 정확히 그런 민족주의자 혹은 낮은 의식의 소유자이고 본질적으로 협소한 동기, 제한된 가치관, 제국주의적, 지하드주의적 관점을 갖는다.(때로는 ISIS, 하마스, 헤즈볼라 같은 더 극단적인 버전으로 빠지기도 한다.) 하지만 이런 내면적 단계들이 전혀 추적되지 않았고, 그래서 민족 중심적 편견에서 더 넓은 공유를 의미하는 세계 중심적 공정함으로 나아가는 길이 거의 알려지지도 이해되지도 못했다.

오렌지 혹은 그린의 좀 더 발달한 단계로 나아가는 데 성공한 사람들은 다른 이들도 모두 자신처럼 생각할 수 있다고 가정한다.(우리는 모두 어쨌든 같은 지구촌의 평등한 인원들이니까 말이다.) 하지만 대다수 사람들은 그들처럼 생각할 수 없다. 이런 사실이 고려되지 않는 상황에서 그 결과는 재난에 가깝다. 이것은 낮은 단계들이 본질적으로 뭔가 잘못되었기 때문이 아니다.(다섯 살로 사는 것이 병은 아니다.) 이런 단계(실재)들을 추적하지 못하기 때문에 우리 문화는 이 단계들을 통해 개인이 가장 높은 세계 중심적 단계로 진화하고 세상이 가장 좋은 상태로 나아가는 법에 대한 정보나 지혜를 갖지 못하고, 그래서 모든 사람을 계속 황무지에서 허우적거리게 만든다.

이렇게 세계적으로 외면적 우분면은, 예를 들어 기술과 거의 모든 인공물에 있어 전 지구적 오렌지색 단계에 도달했지만, 내면적 좌분면이 전 지구적 단계의 의식에 도달하는 것은 그저 거의 하나의 가능성, 잠재력으로만 남아 있다. 혹은 대부분 사람들이 스스로 발견해야 하는 어떤 것으로 남아 있다.(사람들이 속한 문화가 대신해서 드러내 보여 주지 않으니까 말이다.) 심지어 대체로 오렌지 혹은 그린 단계의 선도적인 정부 체계를 가진 문화라고 해도 사회적 큰 문제들 대부분이 (크림슨, 레드, 엠버의) 세계 중심적 단계 이전의 단계들에 여전히 갇혀 있는 사람들로부터 나온다. 물론 이것이 그들의 잘못이 아니라고 해도 말이다. 이 사람들이 초기 발달 단계에서 벗어나지 못하는 하위 문화의 거대한 덩어리를 형성하는데 이는 곧 범죄, 빈곤, 궁핍을 의미한다.

여기서 정말 문제는 자주 민족 중심적 단계에서 작동하는 정부와 (이익기관들을 포함한) 다른 많은 국가/국제 기구들이다. 이들이 사용하는 과학과 기술은 정말로 전 지구적이고 세계적이지만 이들 자신의 내면적 동기들은 대개 레드의 권력 지향적-부족 형태에서 나오거나 엠버의 지하드적-전통적 형태에서 나온다.(이는 군사 기관, 재정 시스템, 국제 정치, 다국적 기업들 내에서도 마찬가지이다. 이 기관들의 기술은 전 지구적이고 세계 중심적인 단계에 도달했지만 그 리더들은 대개 그렇지 못하다.) 다시 말해 인류는 자신의 심오한 내면적 잠재력을 다 발휘하지 못하고 있다. 그리고 우리가 그 내면 차원을 심지어 추적조차 하지 못하고 있어서 문제는 더 심각해진다! 우리는 발달이 저지된 것을 꿈에도 모르고 있다. 왜냐하면 애초에 발달을 알아차리지도 못하고 있기 때문이다.

우리는 드러냄을 철저히(정말로 철저히) 거부해 왔다. 그리고 이런 상황은 더 나빠지고 있다.

근대의 진정한 죄악

오렌지색 세계 중심적(혹은 그 위의) 발달 단계에 있는 좌상분면의 개인과 좌하분면의 집단 문화는 정말로 모든 사람을 인종, 피부색, 성별, 종교에 상관없이 공평하게 대하려고 노력한다. 내면 발달의 이 단계에서는 예를 들어 노예제도 같은 것은 생각도 할 수 없다. 세계 중심적 공정함과 어떤 사람을 노예로 둔다는 것은 절대적으로 양립할 수 없다. 이것이 인류가 오렌지색 발달 단계에 처음 다다랐을 때 지구상 모든 오렌지 단계 국가에서 노예제도가 불법이 된 이유이다. 노예제는 초기 인류와 함께 시작되었다.(렌스키의 자료에 따르면 초기 부족 사회의 약 15퍼센트에 노예가 존재했다.) 이렇게 레드 마법-부족 단계에 시작된 노예제는 엠버 민족 중심적 시대에 극적으로 확장되었다.(놀랍게도 엠버 문화권의 90퍼센트에 노예가 존재했다.) 민주주의의 요람이라는 아테네조차 인구 3분의 1이 노예였다.

오렌지 근대 아주 초창기에는 노예제도가 오히려 전 지구적 규모로 확장됐다. (배에서 철도까지) 근대 수송 체계의 발달로 노예 무역이 활발해진 탓이다. 하지만 동시에 (의식과 문화를 관장하는) 내면의 좌분면에서도 세계 중심적 오렌지 단계에 도달한 개인들이 상당수 생겨났고, 이 사람들이 강력하게 주도한 노예 폐지 운동이 세계적으로 자유의 오렌지 가치에 공감하기 시작한 나라들에서 성공을 거두었다. 그러므로 인류 역사에서 많은 부분이 그렇듯이 근대 노예제도의 확장을 부른 것도 단지 전 지구적이 된 *경제적* 체계 때문만이 아니라 전 지구적 수준에 미처 도달하지 못한 도덕성 때문이기도 했던 것이다.(이는 근대 이전의 지구적이지 못한 사실상 모든 나라가 한 번쯤은 노예를 거느렸던 이유이기도 하다.) 다시 말하지만 우리는 좌분면의 덜 세계적인 근대 이전의 충동과 가치들을 믿는 사람들이 우분면의 세계적인 근대 기술과 체계들을 이용할 때 생기는 문제들을 생각해 보지 않을 수가 없다.

물론 노예제도를 금지한다고 우리 문화 속 인종 차별적 행태들이 완전히 사라지는 것은 아니다. 앞서 문화 전쟁을 다루며 보았던 것처럼 미국은 명백하게 인종 차별적인 행태를 금지했다. 백인과 흑인용 호텔을 각각 따로 만드는 것이 합법일 뿐만 아니라 실제로 짐 크로Jim Crow 법*에 의해 명령되었던 때가 있었다. 당시 인종 차별주의가 합법적, 체계적으로 우분면 속에 박혀 있었던 것이다. 하지만 이런 법은 모두 폐지되어 미국에서 합법적이고 체계적인 인종 차별은 더 이상 없다. 그런데도 사회 정의 활동가들이 때때로 상기시키듯이 미국에는 여전히 끔찍할 정도로 인종 차별이 만연해 있다. 우분면의 법적 체계에서 인종 차별주의를 제거한다고 해서 사람들의 좌분면 내면의 가치 구조를 바꾸지는 못하기 때문이다. 우리는 외면의 행동을 불법으로 만들 수는 있지만 인종 차별적 *사고방식*을 불법으로 만들 수는 없다.(생각을 금지할 수는 없다.)

그리고 우분면의 법체계를 실행하는 사람들도 그들의 좌분면 내

---

* 19세기 말부터 1960년대까지 미국 남부에서 시행된 인종 차별법. 흑인과 백인을 학교, 대중교통, 식당 등 공공시설에서 철저히 분리하여 흑인을 제도적으로 차별했다.

면의 가치 체계에 따라 실행할 것이다. 예를 들어 백인보다 흑인을 더 많이 체포해야 한다고 말하는 법률은 없지만 그런 인종 차별적인 행태가 여전히 자주 일어난다. 내면 발달이 민족 중심적 단계에 머물고 있는 경찰관이 그런 행동을 할 가능성이 많다. 따라서 발달의 민족 중심적 단계 혹은 이보다 더 낮은 단계들에서 살아가기 때문에 여전히 인종 차별적인 사고방식을 갖고 있는 60퍼센트 인구의 문제를 해결하지 않으면 인종 차별은 결코 뿌리 뽑을 수 없을 것이다. 남녀 차별적(혹은 가부장적) 사고방식, 동성애자 혐오, 성전환자 혐오 등도 마찬가지이다. 우리가 우리 문화의 내면 혹은 좌분면의 발달을 계속 의식적으로 추적해야 하는 이유가 바로 여기에 있다. 단순한 우분면적 접근으로는 이 문제를 절대 해결할 수 없다.

우리는 우분면 속 문제들에만 집중해 왔다. 그렇게 우리의 외면적 우분면 기술과 인공물들을 지구적 세계 중심적 수준으로 끌어올려 왔지만 좌분면의 세계 중심적 수준에는 아직 발을 들여놓지 못했다. 나는 우리가 오늘날 직면하고 있는 전 지구적 문제, 혹은 심지어 전 지구적으로 자살을 부르는 거의 모든 문제도 마찬가지라고 말하고 싶다. 이런 문제들은 기본적으로 특히 기술과 인공물에 있어서 최소한 오렌지 세계 중심적 단계에 도달한 우분면의 진보와, 60퍼센트의 인구가 세계 중심적 단계에 도달하지 못한 좌분면의 진보 사이의 심각한 불균형 때문에 발생한다. 그리고 이 불균형이 우리 모두를 죽일 수도 있다.

내면의 의식 및 문화 발전과 외면의 기술 및 인공물 발전이 서로 보조를 맞추도록 각별히 노력해야 하는 까닭이 여기에 있다. 지금까지 보았듯이 우분면의 평균적 발달 정도가 그 발달을 이용하는 좌분면의 그것보다 너무 자주 훨씬 앞서가고 있으며, 이런 일이 벌어질 때 대다수를 차지하는 좌분면 내 (배려심, 자비심, 사랑이 부족하고 지배적, 억압적, 착취적인) 하위의 욕구와 가치관들이 우분면의 기술들을 이용하게 된다. 모든 종류의 대규모 우분면 기술과 인공물이 오렌지 근대-지구적(혹은 더 높은) 단계에 있고, 그것들을 이용하는 좌분면의 동기와 욕구들이 근대 오렌지 이전 단계에 있다면, 그 결과가 바로 현재 세상이 갖고 있는 전형적인 전 지구적 (그리고 보통 자살을 부르는) 문제들인 것이다.

인간이 만든 인공물들이 재난을 부를 수 있다고 보는 이유가 여기에 있다. 성장에 있어 선도에 선 천재 한 명이나 여러 명이 (예를 들어 자동차, 비행기, 컴퓨터 혹은 인터넷 같은) 우분면에 속하는 매우 정교한 인공물을 생각해 내고 창조할 테지만, 그런 인공물이 일단 창조되고 나면 사실상 성장의 모든 단계에 걸쳐 있는 거의 모든 사람이 그것을 이용할 수 있다. 당신 스스로 컴퓨터를 구상하고 제조할 필요가 없는 것이다. 일단 만들어지고 나면 당신이 성장 어느 단계에 있든 그것은 당신의 것이므로 사용할 수 있다. 바로 이래서 외면의 우분면 기술과 인공물들이 지금까지 좌분면의 우리 의식과 문화의 발달보다 훨씬 앞서갈 수 있었던 것이다.(칼 마르크스의 이론은 사실상 전부 우분면과 좌분면 사이의 이런 긴장에 기반한 것이다.)

우리의 지구는 오렌지 우분면 세계 중심적 기술과 인공물은 다룰 줄 알지만, 좌분면의 발달 수준이 오렌지 전 단계, 세계 중심 전 단계에 있는 사람들에 의해 공격당해 불구가 되었다. 그리고 지구는 세계적 현실 따위는 보지 못하거나 신경 쓰지 않는다. 이것이 우리 모두를 죽이고 있다.

다음으로 나는 전 지구적 자살을 부르는 몇몇 근대의 문제들을 예로 들어, 각각의 문제가 어떻게 우분면의 과학과 기술이 오렌지 세계 중심적(혹은 그 이상의) 단계에 있는 반면, 좌분면의 내면 발달은 여전히 그 전 단계에 있는지 보여 주려 한다. 가장 분명한 예로 기후 위기부터 시작해 보자.

우리는 기후 위기에 대해 몰라서 문제를 보지 못하는 것이 아니다. 오렌지 근대의 우분면적 결과들(특히 산업혁명과 뒤이은 환경오염을 부르는 부산물들)이 너무 많은 온실가스를 대기로 날려 보냈고 이것이 지구의 대기 온도를 높여 왔음은 너무도 자명하다. 단지 이 문제에 대한 우리의 좌분면적 반응이 형편없었을 뿐이다. 전문가들 사이에 기후 변화가 얼마나 심각한지에 대한 약간의 견해 차이는 있지만 기후 문제가 매우 실재하며 극도로 위협적이라는 데에는 모두가 동의한다.(전문가들을 대상으로 한 최근 세계적 여론 조사를 보면, 그들의 거의 절반이 지구 온난화가 인류의 멸종, 진짜 멸종을 부를 거라고 경고한다!)[4]

하지만 재난이 정말 일어날지 의심하는 사람이 많다. 심지어 지구 온난화가 '농담'이라고 생각하는 사람들도 적지 않다. 이 사람들은 인지적 도덕적 발달이 민족 중심적 단계 이하에 있는 경향을 보인다. 세계 중심적으로 생각하고 과학을 이해할 수 있는 사람은 일반적인 날씨의 양상에서 기후 변화의 증거들을 보는 데 아무 문제가 없을 테고, 그에 맞는 합리적인 결론을 내릴 것이다. 그런데 세계 인구의 60퍼센트가 좌분면에서 아직 근대의 세계 중심적 단계에 이르지 못했으므로 우리는 이 문제에 적절히 대응하는 데 심각한 문제에 직면하게 된다. 우분면에서 보면 지구 온난화 문제는 명확하다. 오렌지 단계 세계 중심적 기술이 전 지구에 영향을 준 것이다. 명확하지 않은 것은 발달의 오렌지 전 단계, 세계 중심 전 단계, 보편성 전 단계에 있는 좌분면 내의 지구 온난화 문제이다. 그런데 이렇다는 사실을 심지어 알 수도 없다. 내면을 전혀 살피지도 않으니까.

또 다른 전 지구적 문제로 근대 비즈니스 시스템이 있다. 물질인 돈을 중심으로 한 오렌지 단계 우분면 체계로서 구축되고 실행된 근대 비즈니스의 거의 모든 인공물은 (비록 그 자체는 대체로 아담 스미스 같은 전 지구적 근대의 천재들에 의해 고안되었지만) 내면이 레드 단계에 있어서 자기중심적일 뿐만 아니라 탐욕이 좋은 거라고 믿으며 적자생존이 세상의 법칙이라고 생각하는 사람들에 의해 소유되고 이용되고 운영될 수 있다. 우분면 오렌지 단계의 비즈니스 시스템 전체가 좌분면 오렌지 단계 한참 이전의 야만적 동기로 움직이는 사람들에 의해 운영될 때 모든 곳에서 독성 가득한 (감정적, 환경적) 쓰레기들이 뿜어져 나온다. 오렌지색 비즈니스가 철저한 '우리 대 저들' 대결 구조로 움직이고 '서로 먹고 먹히는 게' 세상이라고 믿는, 엠버 민족중심적 단계의 사람들에 의해 운영되면 그나마 아주 조금은 낫겠지만 문제는 여전히 심각하다. 이들은 '죽을 때까지 싸우자.'는 자세를 보이며 지구를(혹은 최소한 시장을) 정복하기 위해 살아가며 모든 곳에 지나치게 공격적인 경쟁을 뿌리내리는 데 전념한다.(그리고 환경 문제는 신경도 쓰지 않는다.)

근대 자본주의를 비판하는 사람들은 대부분 자본주의 자체가 '탐욕'이 거대한 원천일 뿐이라서 자본주의적 비즈니스 자체에 탐욕이 내재하며 불가피하다고 주장한다. 이것은 수많은 지식인이 아주 오랫동안 자본주의를 경멸한 주요 이유이다. 하지만 자본주의적 비즈니스가 지구 중심적 이전의 레드나 엠버 단계에 있는 사람에 의해 운영될 때만 그렇다. 비즈니스 문화와 경영진이 오렌지 단계나 특히 그린 단계에 도달할 때 비즈니스 도덕도 지속가능성을 장려하고 직원의 혜택을 증진하는 쪽으로 바뀌며, 이는 자기중심적이고 민족 중심적인 상스러움이 비즈니스 혹은 자본주의 자체에 본질적이지 않음을 증명한다. 근대의 모든 위기는 모두 같은 구조적 문제를 보인다. 다시 말해 우분면의 일련의 오렌지 단계 경제적 지구 중심적 인공물들이 좌분면의 레드와 엠버색 단계의 근대 이전의 욕구와 가치를 따르는 사람들에 의해 운영되는 것이 문제이다. 이런 일은 우분면 인공물들이 좌분면의 실재들보다 훨씬 빨리 진화하므로 불가피하다. 따라서 진짜 문제는 우분면의 인공물들과 좌분면의 지혜가 서로 엄청나게 불화한다는 것이다. 로버트 케건의 '의도적 개발 조직 Deliberately Developmental Organization, DDO'(이것이 무엇인지는 곧 살펴보겠다.)을 통한 작업들을 보면 이 불화는 극복될 수 있고 따라서 지혜로운 비즈니스가 가능하다. 회사의 내면이 모두 오렌지 단계 혹은 그린(혹은 그 이상) 단계에 있다면 그 회사는 진정으로 균형 잡힌 문화를 갖기 시작하고 자본주의는 그 진정한 집을 발견할 것이다

2019년 세계경제포럼이 세계에서 가장 심각한 세 가지 위험 중 하나로 꼽은 사이버 범죄에 대해서도 기후 위기와 자본주의 병폐의 그것과 유사한 분석이 가능하다. 사이버 범죄는 매우 정교한 (오렌지 혹은 그 이상의) 단계에 있는 우분면 컴퓨터 기술을 대체로 자기중심적-범죄적 (레드 단계의) 정신 혹은 민족 중심적이고 민족주의에 집착하는 (엠버 단계의) 군국주의적 정신에 이용될 때 일어난다. 다시 말하지만 인공물이 일단 존재하기 시작하면(이 경우 초정교한 컴퓨터 하드웨어) 매우 사악한 마음을 가진 사람들을 포함한 누구나 그것을 이용

할 수 있게 된다. 내가 이 예를 드는 것은 지금까지 설명해 온, 인류의 자살을 부르는 매우 명백하고 전형적인 문제(즉 좌분면 의식과 지혜의 발달보다 훨씬 앞서가는 우분면 인공물의 발달)여서이기도 하지만 이것이 야기하는 굉장한 위험들을 대부분이 의식하지 않아서이기도 하다. 예를 들어 제대로 하기만 하면 한 번의 사이버 범죄가 미국 전역의 전기를 며칠 동안 차단할 수 있다. 이런 유형의 공격이 다양한 정도로 이미 세계 곳곳에서 거의 매일 일어나고 있다. 세계경제포럼이 사이버 범죄를 그렇게 높은 순위(기후 위기와 핵 위협 다음 세 번째 위협)에 뒀음은 그만큼 심각하다는 뜻이다.

상호 확증 파괴MAD 혹은 전반적인 핵 위협도 똑같이 심각하다. 지구 중심적, 세계 중심적 우분면 과학과 인공물이 그 이전 단계(엠버 혹은 레드)의 좌분면 내면의 동기들과 결합된 상황을 단 하나만 꼽으라면 그건 바로 상호 확증 파괴 상황이다. 쿠바 미사일 위기 이래 지난 수십 년간의 조정 기간 동안 우리는 (최소한 일시적으로는) 3차 세계 대전을 막을 정도의, 세계 중심적 내면 발달 수준에서 움직여 왔다.(1989년 구소련 붕괴도 핵전쟁을 막는 데 도움이 되었다.) 하지만 예를 들어 이란이 우분면에서 핵기술을 개발하고 좌분면에서는 여전히 민족 중심적, 근본주의적 종교적 내면에 의해 움직이기를 계속한다면 어떤 일이 일어날까? 혹은 우분면에서 지구 중심적 핵 능력이 있음이 분명한 북한에서 좌분면에서 바보나 다름없는 어떤 지도자가 나타나 방아쇠를 당기겠다고 결정하면 어떻게 될까? 이쯤 되면 세계경제포럼이 기후 위기 다음 큰 위협으로 핵을 지목한 것도 당연하지 않겠는가.

정리하자면 우분면 물질적 실재, 인공물, 기술들이 그것들을 적절히 책임감 있게 이용해야 하는 좌분면의 도덕과 지혜보다 자주 훨씬 앞서 발달하는 것이 문제이고, 우리가 좌분면의 실재들을 심지어 추적조차 하지 않는다는 것이 이 문제를 더욱 심각하게 한다. 이것은 특히 중요한데 왜냐하면 인류의 전 지구적 수준의 발달이 왜 인류를 전 지구적 수준으로 파괴할 수도 있는지 설명해 주기 때문이다. 우리는 그런 파괴를 부를 수 있는 기후 위기, 사이버 범죄, 상호 확증 파괴(혹은 핵무기 전반) 같은 위협들을 살펴보았다. 이 위협들 모두에서 우리는 좌분면의 지혜가 우분면의 지구 중심적 기술 발달에 뒤처지고 있음을 확연히 볼 수 있다.

의도적 개발 문화

2019년 세계경제포럼의 글로벌 리스크 리포트는 일반적인 위협의 5대 기본 영역과 가장 심각한 위협 세 가지를 꼽았다. 5대 일반적인 위협 영역은 ①경제적 취약성 ②지정학적 긴장 ③사회 및 정치적 갈등 ④환경적 취약성 ⑤기술적 불안정성이다. 가장 심각한 위협 세 가지는 ①기후 위기 ②핵 위협 ③사이버 범죄이다. 이 모든 위협이 (집단 체계의 3인칭 복수 외면을 관장하는) 집단적이고 역동적이고 서로 얽힌 '그것들'의 우하분면에 속함을 알기 바란다. 이 목록이 수많은 문제를 나열함에도 불구하고 인류가 직면하고 있는 그 모든 문제들에 1인칭 차원들('나'와 '우리') 혹은 2인칭 차원들('너', '당신', '당신들 모두')은 전혀 기여한 바 없다고 말하는 듯하다. 그 문제들이 모두 3인칭 실재들이니 말이다. 그러니까 '나', '우리' 그리고 '당신'은 아무것도 빼앗긴 게 없는데 '그것'과 '그것들'에 모든 것이 주어졌다고 말하고 있는 듯하다. 늘 그렇듯 이런 관점은 부분적으로만 옳다. 하지만 '무엇이 완전히 옳다.'고 하는 것도 우리가 상상할 수 있는 가장 환원주의적이고 파편적이며 2차원적이고 깨진 세계관이다. 그리고 인류가 드러냄Show up에 완전히 실패했음을 보여 주는 명백한 증거이다.

발달에 관한 연구들은 인류가 직면하는 문제들에 관해 또 다른 관점 하나를 추가해 왔다. 즉 발달의 첫 번째 층과 두 번째 층을 구분해 왔다. 첫 번째 층은 자신이 믿는 진실과 가치가 유일하게 진실이고 가치 있다고 믿는 층이다. 다른 모든 진실과 가치들은 착각이고 유치하거나 그냥 틀렸다. 그런데 두 번째 층으로의 도약이 일어난다. 두 번째 층에서 시작하는 단계들(예를 들어 전 지구적-통합적 단계)은 이전의 모든 단계 각각에 의미가 있고 완전히 필요했던 단계들이었음을 직관적으로 이해한다. 그 필요가 단지 인간 발달의 단계들이어서 건너뛰거나 돌아가거나 없앨 수 없어서였다고 해도 말이다. 원자, 분자, 세포, 유기체의 순서에서 분자를 건너뛰고 원자에서 세포로 갈 수 없는 것처럼 인간 발달에서도 우리는 레드 단계에서 엠버나 오렌지 단계를 건너뛰고 그린으로 갈 수는 없다. 두 번째 층의 단계들이 시작될 때 이런 심오한 진실이 직관적으로 분명해지고, 따라서 지구적-통합적 단계 같은 단계들은 인간 역사에 있어 진정으로 전체적이고 포괄적이고 종합적인 첫 단계가 된다.

그러므로 두 번째 층 지구적-통합적 단계들에서는 점점 더 드러냄Showing Up이 실패할 수 없게 된다. 그리고 바로 그렇기 때문에 마침내 통합으로 향한, 깜짝 놀랄 정도로 심오한 세계적 전환을 촉구한다. 이 말은 지구적-통합적 단계들이 인류가 결코, 정말로 결코 한 번도 본 적 없는 종류의 단계들이라는 뜻이다. 첫 번째 층과 두 번째 층에 대한 앞의 정의를 고려할 때 당신은 이 말에 동의하겠는가?

로버트 케건과 리사 라스코우 라헤이Lisa Laskow Lahey는 자신들의 책 『모두의 문화An Everyone culture』에서 기업 문화가 발달 단계들을 의식하고 외면적 성장과 수익을 직원들의 내면적 발달과 성장과 연결할 때 어떤 일이 벌어지는지 보여 준다. 케건과 라헤이는 그렇게 할 때 직원들의 행복 지수와 회사 수익이 증가하고 이직율이 감소하며, 사업적 성공을 가리키는 거의 모든 지표가 극적으로 향상됨을 발견했다. 하버드 교육대학원 교수로 기관들의 의식 향상에 일생을 바쳐 온 케건은 그런 발견이 기관들이 '의도적 개발 조직DDO'이 되는 것이 얼마나 중요한지를 너무도 확연히 보여 준다고 결론 내렸다. 의도적 개발 조직은 내면만이 아니라 내면의 *실제 단계들*, 즉 성장의 실제 단계들에 주의를 기울이고 (좌상분면의) 지식을 (좌하분면의) 회사 문화에 포함시킨다.(둘 다 내면의 좌분면 실재들이다.) 기업들이 이렇게 할 때 (비즈니스 자체는 물론) 그들 인간 자본의 성장도 모든 면에서 뚜렷해지고 따라서 모든 것이 폭발적으로 향상된다.

케건과 라헤이는 개인의 좌상 내면 분면만이 아니라 사분면 모두의 실재와 발달을 추적하는 것이 얼마나 중요한지를 완전히 인식하고 있다. 『모두의 문화』에서 이들은 《이코노미스트》가 "역사상 가장 성공적인 헤지펀드 회사"로 평가한 브리지워터 어소시에이츠Bridgewater Associates를 비롯한) 몇몇 초강력 기관들이 의도적 개발 조직이 되는 것을 도왔던 매우 뜻깊었던 시기에 자신들이 내면 차원에만 너무 집중했기 때문에 여러 다른 정말로 중요한 측면들, 특히 외면을 생략했음을 알아차렸다고 설명했다. 이들은 외면만이 실재한다고 생각했던 서양의 유물론적 편견을 깼지만, 또 다른 극단으로 치달으며 (의식과 문화의) 내면에만 집중했던 것이다. 따라서 이들은 의도적으로 드러냄의 과정을 밟아 나갔다. "우리 동료 켄 윌버는 복잡한 심리학적 현상을 더 포괄적으로 보기 위한 훌륭한 발견법인 4-박스 모델을 창조해 냈다. (……) 4-박스 발견법은 의도적 개발 조직으로 나아가고자 하는 사람들의 시선이 윌버가 '통합적' 혹은 더 적절하게는 전체적 관점이라고 부르는 네 박스 모두에 골고루 집중하게 해 준다."5 다시 말해 4-박스 발견법은 완전한 드러냄을 가능하게 한다. 그리고 이것은 케건과 라헤이가 경험했듯 실제로 노력과 연습을 필요로 한다.(이들은 드러냄과 관련해 "우리는 진전하고 있다."6고 했다.)

문제에 대한 진정으로 통합적인 접근법이라면 우리 사회가 언제나 의도적 개발 문화DDC를 유지해야 한다고 주장할 것이다. 그리고 이것은 인류가 발달의 지구적 단계에 도달했고, 이것이 지금까지 살펴보았듯 진보만이 아니라 기본적으로 전 지구적인 문제도 의미한다고 했던 나의 주장과도 일맥상통한다. 앨런 왓킨스Alan Watkins와 나는 이 심각한 전 지구적 문제들을 "고약한 문제"라고 부른다.7 우리의 이 '고약한 문제'에는 몇 가지 특징이 있다. 관점/차원, 이해 당사자, 원인, 징후, 해결책 모두 다중적이고 끊임없이 진화한다. 그리고 그런 문제들은 오늘날 결국 전 지구적인 문제를 의미한다.

인류는 첫 세계 중심적 단계(약 1600년에 시작된 오렌지 합리-근대 단계)의 도래와 함께 처음으로 진화의 전 지구적 단계에 도달했다. 이때 세계 중심적 혹은 전 지구적 의식 수준이 만들어 내는 놀라운 가능성과 비범한 혜택들이 쏟아졌다. (약 1960년에 시작된) 두 번째 주요 전 지구적 단계는 그린 탈근대 단계였다. 이때 우리는 근대 전 지구적 실재들의 하강을 보고 깨달았으므로 모든 것을 상대화하며(그래서 이 시기는 자주 '상대적' 단계로 불린다.) 출구 없는 탈진실 세상으로 빠져들었다. 이 시대는 근대의 문제들을 보았지만 제대로 해결할 방법은 거의 찾지 못했다. 이 두 단계 모두 첫 번째 층에 속함을 알기 바란다. 그린 탈근대 단계는 첫 번째 층에서 가장 높은 단계이다. 문제를 만들어 낸 수준에 그대로 머물 때 그 문제는 풀 수 없다, 이것은 자주 반복되는 사실로 발달에 있어 기본 법칙에 해당한다. 따라서 첫 번째 층에 속하는 단계들은 첫 번째 층 자체에 내재하는 문제들을 해결할 수 없다. 첫 번째 층에 속하는 문제들은 통합적인 두 번째 층(단계로 치면 현재 인류가 경험하는 가장 높은 세 번째 전 지구적 단계)으로의 '중대한 도약'이 있어야만 해결될 수 있다.[8]

간단한 예로 탈근대의 주요 목표들과 관련해 탈근대 자체가 어떻게 스스로 해결할 수 없는 문제들을 만들어 내는지, 두 번째 층 통합 단계는 어떻게 그 문제들을 해결할 수 있는지 한번 살펴보자. 탈근대에서 사회 정의에 대한 열망은 다양성, 평등, 포괄성이라는 말로 요약될 수 있다. 그린이 원하는 것은 무엇보다 모든 존재를 완벽한 평등 안에 넣는 것이다.(평등이라는 포괄적 우산 아래 모든 다양성을 포용하는 것) 기본적으로 문제가 없고 어느 정도 숭고한 이상이라 할 만하다. 하지만 안타깝게도 그린의 도구만으로는 성취될 수 없는 이상이다. 평등이나 공평함을 이루기 위한 그린의 접근 방식은 모든 사람이 똑같이 대우받아야 하는 (사회적, 문화적, 성적, 인종적, 교육적, 정치적) 영역들을 알아내는 것이다. 그래서 그린은 불공정을 지시하는 것 같은 모든 외면적 지수들(남녀 임금 격차, 캠퍼스 내 강간, 부의 막대한 불평등 같은 것에서 드러나는 백인 특권의 유행, 트랜스 젠더 화장실 권리 등등)을 찾아낸다. 안타깝게도 여전히 첫 번째 층에 속하므로 그린 그 자체로는 모든 것을 포괄하지 못한다. 다시 말해 이런 문제들에 (동등한 결과 같은) 외면적 수치만을 추적하는 완전히 2차원적인 접근법을 취한다. 그리고 그린의 다양성은 눈에 보이는 외면적 다양성, 특히 피부색(인종 차별)과 생물학적 성별(성차별과 가부장제)에 국한된다. 그린은 마틴 루터 킹이 말한 "피부색"만 고려할 뿐 마찬가지로 킹이 말한 "인격의 내용Content of Character"은 고려하지 않는다.

특히 그린은 인간 내면 발달의 단계들이 문제들을 다루는 방식들 사이에 존재하는 심오한 차이점들을 추적하지 않거나 이에 대해 알아차리지도 못한다. 예를 들어 사회적 평등으로서의 사회적 정의에 대한 열망은 그린 단계에서 출현한 열망이다. 그리고 앞에서 보았듯이 이런 그린의 가치들을 일단 보고 원하려면 개인은 약 여섯 개의 주요 발달 단계들을 통과해야 한다. 그린은 민족 중심적 자세와 행동을 맹렬히 공격한다. 엠버 단계에 기원한 인종 차별, 남녀 차별, 여성 혐오, 동성애 혐오, 트랜스 혐오, 외국인 혐오, 종교적 근본주의, 극단적 애국, 식민주의 등을 맹렬히 공격한다. 이런 것들은 엠버 민족 중심적 단계에서 발생하며 모두 '정체성 정치'에 포함되는데, 정체성 정치는 사실 (정체성은 따지고 들어가 보면 모두 민족 중심적이므로) '민족 중심적 정체성 정치'이다. 백인, 흑인 혹은 여성 등 구체적인 정체성을 선택한다는 것은 곧 정체성을 찾기 위해 민족 중심적 집단을 선택한다는 뜻이고, 바로 그래서 모든 정체성 정치가 민족 중심적 엠버 단계의 산물인 것이다. 앞서 보았듯이 미국 인구의 최대 60퍼센트가 민족 중심적 단계(혹은 더 낮은 단계)에 있다. 이 초기 단계들에 있는 사람들이 그린 단계에서 나온 가치들을 받아들일 리는,

간단히 말해 없다.(대신에 본질적으로 그린에 반대하고 '정치적 올바름'에 반대하는 트럼프 같은 사람을 대통령으로 선출한다.)

따라서 자신들의 사회적 목표를 성취하기 위해 탈근대 그린이 중점적으로 해야 할 일은(그린의 가치를 정말로 효과적, 실질적, 성공적으로 높이자 한다면) 개인들이 내면적으로 더 높은 세계 중심적 단계들(그린은 특히 탈근대 세계적 단계를 목표로 할 것이다.)로 성장하고 발전하는 데 도움이 될 (교육적, 경제적, 기술적, 문화적) 수단과 방법들을 제안하고 진지하게 지원하는 것이다. 이것은 곧 '의도적 개발 문화'의 창조를 도와야 한다는 뜻이다. 이것이 그린의 생성과 강화를 실질적으로 지지하는 유일한 방법이다.

그런데 그린은 정확하게 그 반대에 열심이다. 그린은 '더 높은 곳으로의' 발달이라는 생각 자체를 끔찍한 계급주의로 간주하기 때문에 더할 수 없이 민족 중심적(혹은 인종주의, 남녀 차별주의 혹은 그 비슷한 것)이라고 생각한다. 다시 말해 그린은 성장growing Up을 성장 위계가 아닌 지배 위계로 본다. 따라서 그린에서 사실상 성장은 일어나지 않는 경향을 보인다.(그린은 모든 위계에 이런 자세를 취한다. 모든 위계가 권력에 관한 것이라고 믿기 때문이다. 다시 말해 그린에게는 성장 위계가 곧 지배 위계이다. 쿼크에서 시작해 원자, 분자, 세포, 유기물로 이어지는 것 같이 자연에서 보이는 위계의 방대한 대다수가 성장 위계임에도 불구하고 말이다. 앞서도 언급했듯이 분자는 원자를 혐오하지도 억압하지도 않는다. 반대로 원자를 너무 사랑해서 자기 구조 속에 포함하고 포용한다.) 앞서 문화적 진화 같은 말을 발설만 해도 아이비리그 아카데미 환경에서 외면받는 현실을 언급한 바 있다. 그린의 행동 방침은 정확하게 그린이 가장 원하는 바를 이루지 못하게 한다. 그린의 행동 방침은 단계들 자체를 부인하는 것으로 더 높은 세계 중심적 그린 단계들로 나아가지 못하게 막고, 그린이 인종주의, 남녀 차별주의, 동성애 혐오, 외국인 혐오를 줄이기 위해 제안하는 모든 방식과 도구들은 그런 편견 자체의 가장 중요한 원인을 명백하게 부인하고 무시한다. 따라서 그린은 문제를 간파하지만 그린의 행동 자체가 문제 해결을 불가능하게 한다.

반면 두 번째 층에 속하는 지구적-통합적 단계는 실제로 그리고 진실로 포괄적인 첫 단계이다. 그린은 필사적으로 다양성과 포괄성을 원하기만 하는데, 통합 단계는 실제로 다양성과 포괄성을 실현한다. 통합 단계는 내면의 진정한 다양성(그리고 그 내면의 다양한 세계관)과 내면의 발달 단계들을 제대로 포함하고 그 단계들을 통해 개인이 어떻게 가장 효과적으로 성장하고 또 포용될 수 있는지를 세심하게 고려한다. 따라서 지구적-통합적 단계는 모든 발달 단계, 그 다양성을 진정으로 포용하고, 그 모든 단계를 세계 중심적 방식으로 동등하게 포용할 타당한 방법들을 찾는데, 이것이야말로 진정으로 성장과 드러냄(그리고 깨어남, 열림, 정화)을 온전히 포함하는 포괄적이고 세계 중심적인 방식이다.

요약하면 통합적 단계는 '의도적 개발 문화'를 제시하고 케건이 설파하듯 이 의도적 개발 문화는 사분면 모두를 포괄한다. 이때 성장이 곧 진정한 드러냄이 된다. 그리고 당신은 이쯤에서 컨베이어 벨트 아이디어 자체가 정확하게 의도적 개발 문화를 소개하는 것임을 알아차릴 것이다. 덧붙여 우리 사회가 우리 다중 지능을 모두 컨베이어 벨트로 만들어 의식적으로 소개하고 완전히 장려하고 강화하면 (드러냄과 성장에) 더 좋다.

처음으로 돌아가 이야기를 끝내자면 쿠바 미사일 위기는 바비 케네디(존 케네디가 국방장관으로 만든 그의 동생)와 당시 구소련의 미국 대사였던 아나톨리 도브리닌이 어찌저찌해서 해결되었다.(해결이 정확한 어휘인지는 모르겠지만) 두 사람이 만났을 때 정확히 어떤 대화가 오고갔는지는 결코 알 수 없겠지만 (미국이 터키에 설치해 둔 미사일을 철수시키는 것을 포함한) 많은 협상 끝에 구소련이 쿠바에 설치된 미사일을 영원히 제거했다. 우리는 3차 세계 대전(그리고 상호 확증 파괴)을 피했다. 지금까지는 말이다.

그러나 근대의 다른 하강들은 피하지 못했고 오히려 더 맹렬해진 듯하다. 말했듯이 근대는 좋은 것과 나쁜 것이 똑같이 전 지구적인 규모를 보인다. 전 지구적 자살이라는 공황 상태를 불러일으키는 공포가 상호 확증 파괴에서 거의 즉시 근대의 다른 모든 하강들로 옮겨 갔고, 그 각각의 하강 모두 치료법 없는 이런저런 형태의 암세포를 증식했으며, (의도치 않은 결과로서의) 치명적인 세계적 재난의 가능성을 상기시켜 선도적 탈근대주의자들(그리고 모든 곳에 있는 온전한 정신의 소유자들)로 하여금 계속 항우울제를 복용하게 만들었다. 전 지구적 혹은 전 지구적에 가까운 자살을 부르는 재난을 몇 가지만 떠올려 보아도 우리는 깊은 불안에 빠질 수밖에 없다.

- 대대적인 인구 폭발('폭발'이라는 단어 자체가 대단히 파괴적일 수 있음을 암시한다.)
- 나날이 상상조차 하기 힘들 만큼 심각해지고 있는 지구 온난화(만약 기후 위기를 이대로 방치한다면 인류의 생존을 진정으로 위협할 것이고, 쿠바 미사일 위기로 우리가 처음 맛본 전 지구적 자살에 대한, 마비될 것 같은 공포를 다시금 그 최신 버전으로 맛보게 될 것

이다.)
- 세계 경제의 몰락을 예고하는 글로벌 금융 붕괴
- 사실상 처벌받지 않고 전 세계 모든 곳을 공격하는 듯한 테러리즘
- 이란에서부터 북한까지 곳곳에 존재하는 핵무기(그리고 핵무기를 기꺼이 사용하겠다는 의지가 보여 주는) 위협
- 오렌지 단계 근대 기술을 사용하지만 레드 단계 종교적 부족적 동기로 움직이는 잔인한 군국주의자들에 의해 점점 전 지구화되는 전쟁
- 범지구적으로 심각한 물 부족
- 매년 6000만 명 이상이 피해를 입는 국제 인신매매와 노예화
- 매일 아사 위기에 처한 아이들 수가 5만 명에 달한다는 충격적 현실
- 환경오염으로 인한 전 지구적 불안정한 기후
- 많은 전문가가 특이점에 도달하면 인류의 진짜 종말이 될 거라고 보는, 인간 지능을 뛰어넘는 초인공지능의 창조
- 한 나라의 전력 체계를 마비시킬 정도로 이미 세계적으로 전쟁 형태를 띠고 있는 사이버 범죄.
- 지구상에 존재하는 가장 악에 가까운 사실 중 하나로, 전 세계에서 가장 부유한 5명이 세계 하위 50퍼센트와 같은 재산을 소유하고 있는 상황9

이 모든 위기들(당신은 더 많은 위기를 생각해 낼 것이라고 나는 확신한다.) 때문에 지구는 암이 깊고 만연한 행성이 되었다. 그리고 이로 인한 가장 직접적인 타격을 받을 가장 어린 세대의 75퍼센트가 임상적 수준의 우울증을 앓고 있다.(《타임》은 Z세대 75퍼센트와 밀레니엄 세대 50퍼센트가 임상적 수준의 불안증이나 우울증으로 일을 할 수 없었던 경험이 있다고 보도했다.)

이런 재난에 가까운 문제들의 근본 원인은 엄청난 속도의 기술적 발달이 아니다. 그런 기술적 발달에 내면의 발달이 속도를 맞춰 가지 못하는 것이 그 원인이다. 내면은 그런 기술에 대한 일종의 균형, 지혜 그리고 옳은 판단력을 제공하지 못한다. 민주주의란 절반의 사람들이 최소한 절반의 경우에는 옳다는 데 거는 내기라고들 사람들은 말한다. 인간 발달을 놓고 봤을 때 이는 인구의 절반 이상이 오렌지 세계 중심적(혹은 그 이상의) 단계에 있을 때만 민주주의가 지혜롭게 작동할 거라는 뜻이 된다.(인구의 60퍼센트가 오렌지 세계 중심적 단계에 이르지 못하고 있다면 어떤 일이 일어날 것 같은가?)

강력히 반복하는 바 (오렌지 혹은 그 이상의) 세계 중심적 단계의 도덕성을 소유한 사람이라면 노예제도, 홀로코스트, 인신매매, 세계적 금융 사기 행위, 민족 중심적 지하디스트 근본주의에 따른 테러 행위, 무장 지도자들이 자행하는 집단 성폭행과 인종 청소, 생물권을 파괴하는 독성 쓰레기 폐기, 혹은 인종 차별, 남녀 차별, 동성애 혐오, 여성 혐오 행위는 (굶어 죽게 되지 않는 한) 절대 하지 않을 것이다. 하지만 우리는 이런 문제들을 대개 어떻게 해결하려고 하는가? 이런 재난과 편견들의 출처인 내면의 상태들을 우리는 전적으로 무시한다. 이것은 선천성 면역 결핍증HIV을 부인하면서 에이즈를 치료하려는 일과 같다.

근대와 탈근대의 전 지구적 의식 단계, 거의 그 시작부터 인류는 드러냄에 있어 전적으로 실패했고 이는 진실성이 깊이 결여된 상태라고 할 수 있다. 이 이유가 아니고서야 어떻게 진화적으로 그렇게나 진보한(즉 민족 중심성에서 세계 중심적으로 도약한) 무언가가 이렇게 사실상 처음부터 나빠질 수가 있나? 이것은 의도했던 것인가? 아니

13장 오늘날의 어두운 그림자들 | **379**

면 의도하지 않았던 또 다른 결과인가? 어느 쪽이든 이것은 근대와 탈근대의 세상이 지난 3~4세기 동안 살아왔고 앞으로도 한동안 살아갈 모든 어두운 그림자 중에서도 가장 어두운 그림자이다. 드러냄과 통합에 있어서 이 깊은 실패는 인류가 나머지 영역에서 일련의 심오하고 눈부신 발견을 해 오던 바로 그 시점에 실재의 많은 근본적인 영역들을 포기하고 없애 버리려 했음을 말해 준다. 외면이 역사를 바꾸는 진보를 하는 동안 내면은 지워졌다. 어떻게 인류가 가장 진화한 시기에 이토록 불균형한 일이 일어나게 된 걸까?

그리고 드러냄에 있어 이 심각한 실패를 우리는 대체 어떻게 바로 잡을 수 있을까? 치료법을 알기 위해서는 일단 병의 원인부터 아는 게 도움이 될 것 같다.

14장　　　　　　　　　　　　　**Finding Radical Wholeness**

근대성이라는 악몽

　근대의 가장 큰 죄는 정말이지 우분면의 외면 차원에서 눈부신 발전과 진보를 이루면서 좌분면의 내면 차원의 실재는 거의 완전히 제거하고 지워 버렸다는 점이다.

　근대 서구 세상의 배경을 이루는 공식 철학은 오늘날까지도 과학적 유물론이다. 실재의 물질적 차원들(두 번째 의미의 '물질', 즉 모든 우분면 차원들)에 대한 과학적 탐구가 지속되는 진짜 지식을 얻는 유일하고 확실한 길이라고 믿는 것이다. 여기에 철학자 위르겐 하버마스는 동의한다. 하버마스는 근대 과학이 내면을 지워 버린 것(이를 하버마스는 "과학에 의한 생활 세계Lifeworld의 식민지화"라고 불렀다.)이 근대 세계관의 가장 뼈아픈 하강이라고 보았다. 좌분면 내면 실재들을 삭제한 것은 최악의 문화적 재앙이었다. 그러므로 다시 물어보자. 이런 일이 대체 어떻게 일어나게 되었을까?

자연의 위대한 체계

우리의 추적에 따르면 전 지구적 근대의 시작부터 좌분면 내면의 실재들을 완전히 부인하는 것에서 발생하는 문제들이 산재해 있었다. 인류는 존재와 의식에 있어 오렌지 세계 중심적 단계들로의 혁명적 도약을 이제 막 이룬 상태였다. 그것은 수많은 덕목의 새로운 등장과 함께한 진정한 진화론적 도약이었지만 처음부터 변질되기 시작한 도약이었다. 더 높은 단계였던 것은 맞지만 깊이 병들어 가던 단계이기도 했다. 병든 버전의 더 높은 단계였던 것이다. 이것은 결과적으로 좋은 것이었을까? 나쁜 것이었을까?

좋기도 했고 나쁘기도 했다.

근대의 시작을 의미하는 서구 계몽주의에 대한 일반적이자 매우 잘못된 통념과 달리, 계몽주의의 주도적이고 중심적인 개념은 유물론도(첫 번째 의미의 '물질', 이것은 모든 실재가 무생물의 근본 입자로 돌아가는 환원주의이기도 하다.) 기계론이나 원자론도 아니었다. 흔히들 그렇다고 주장하고, 또 그렇게 보며 우리가 지금까지 개괄해 온 근대의 모든 문제를 유물론적 원자론과 기계론의 부상 탓으로 돌린다. 하지만 이것은 계몽주의의 진정한 성질을 이해하는 데 큰 혼란을 부르고 그 결과 계몽주의에서 기원한 모든 문제의 진짜 원인을 엉뚱한 곳에서 찾게 만든다.

찰스 테일러Charles Taylor가 『자아의 원천들Sources of the Self』에서 상세히 증명했듯이 계몽주의를 촉발한 핵심 사상은 자연이 전적으로 서로 얽혀 있고 통합되어 있다는 것이었다. 이것을 일부 프랑스 철학자들은 *자연의 체계*Systeme de la Nature라고 했다. 이 개념에 따르면 실재Reality 혹은 자연Nature은 고도로 상호 얽혀 있는 체계이다. 존 로크는 이것을 '대연동 질서Great Interlocking Order'라고 불렀다. 우주의 모든 실재는 장대한 자연의 그물 안에서 다른 모든 실재와 밀접하게 연결되어 있다. 이렇게 신화적 신은 죽고, 자연의 대연동 거미줄이 탄생했다.

깊이 통합된 체계적 자연 개념이 당시 얼마나 널리 퍼져 있었고 얼마나 강력한 힘을 발휘했는지 우리는 알아야 한다. 왜냐하면 그 통합 개념 안에 인류를 갉아먹기 시작한, 드러냄Showing Up의 심각한 실패를 부른 부분이 내재해 있었기 때문이다. 나는 이 문제가 통합적 자연 체계 내 어떤 부분에 내재해 있었다고 했는데, 그렇다면 대체 어떤 부분인가?

모든 것이 너무 희망적으로 시작된 점이 문제였다. 자연의 위대한 체계는 존재의 위대한 사슬(계몽주의의 중심 사상을 말할 때 사람들이 놓치는 또 다른 요소)에 기반했다. 우리는 존재의 위대한 사슬(혹은 위대한 둥지)이 그 기독교적 형태에서 '물질, 몸, 정신, 혼과 영'으로 나타남을 보았다. 모든 고리가 다른 모든 고리와 밀접하게 얽혀 있어서 말 그대로 '빠진 고리가 하나도 없는' 이 사슬 개념은 다윈이 생물학에서 그 증거를 제공하려고 충실하게 노력하기 수십 년 전부터 폭넓게 받아들여졌다. '빠진 고리가 없다.'는 믿음은 그 어떤 과학적 발견이 아니라 위대한 사슬 개념에서 나온 것이다.(다만 과학적 발견이 이 사슬 개념을 확증해 주었다.)

아서 러브조이Arthur Lovejoy의 『존재의 위대한 사슬The Great Chain of Being』은 이 개념에 대한 권위를 인정받은 텍스트이고, 그런 러브조이가 증명하듯 위대한 사슬 자체는 말 그대로 역사상 가장 널리 채택된 세계관이었다. 다시 말해 위대한 사슬의 비전들이 전 세계의 위대한 사상가들 대다수에 의해 받아들여졌다. 러브조이 자신이 말하듯이 존재의 위대한 사슬 세계관은 "역사를 통틀어 문명화된 인류 대다수의 공식 철학"[1]이었던 것이다.

계몽주의에서도 분명히 그랬다. 러브조이는 "'자연' 다음으로 '존재의 위대한 사슬'이 18세기에 가장 신성한 문구였다."[2]고 말한다. 위대한 사슬은 어떤 부분들이 아무리 분리 혹은 고립된 것처럼 보여도 실제로는 위대한 전체에 얽힌 부분들임을 확증했고, 그 전체가 궁극적 실재여서 진정한 사상가라면 누구나 그 전체성의 증명을 목표로 삼았다. 디드로의 『백과전서 Encyclopedie』(계몽주의의 합리적 성경)는 지식의 진보를 논하는 것으로 시작된다. "자연 내 모든 것은 서로 연결되어 있다." 그리고 "철학은 분리된 부분들에 새로운 연결점을 추가하는 학문이다." 과학자와 철학자 모두가 "자기 주장의 절정에 도달했을 때, 전체로서 우주 체계의 완벽함에 대해 웅변적으로 논증하곤 했다."[3]는 것은 놀라운 일이 아니다. 파스칼 자신도 말했듯이 "그것의 부분들이 모두 서로 그렇게나 관계하고 상호 연결되어 있으므로 전체를 알지 않고 부분을 아는 것 혹은 부분을 모두 알지 않고 전체를 아는 것은 불가능하다."[4]

그러므로 존재의 위대한 홀라키가 존재한다. 위대한 사슬을 단순한 고리들의 연속이 아니라 서로를 감싸는 동심원 구조로 본다면 말이다. 이 개념은 완전히 서로 얽혀 있는 자연이라는 시스템 이론의 관점을 확증하고 전 지구적 보편 체계를 말하고 있으므로 정말이지 근대의 멋진 시작이 아닐 수 없다. 그 시점까지 인류 문명에 가장 널리 퍼져 있던 개념 중 하나, 즉 존재의 위대한 사슬 개념이 엠버에서 오렌지로 전환한 근대에 부드럽게 안착한 것이다.

오렌지 단계에는 더 높고 참으로 의미심장한 출현이 하나 더 있었다. 바로 점점 더 강해진 분화 능력이 그것이다. 이 분화는 근대로의 도약을 포함해 진화가 각 발달 단계에서 가져오는 '분화와 통합' 속에 본질적으로 포함된 요소다. 우리는 이 분화를 막스 베버의 근대 자체에 대한 학문적 정의에서 직접적으로 분명히 본다. 베버는 근대는 "가치 영역들을 분화하는" 특징을 보인다고 했다.(하버마스도 이 정의를 받아들인다.) 베버의 "가치 영역들"은 빅 쓰리(사분면)를 의미했다. 즉 근대는 진(과학), 선(도덕), 미(예술) 영역으로 분화되어 그 각각의 훌륭한 발전으로 이어진 시기였다.

전 단계인 전통의 신화적-종교적 앰버 시기에는 사분면이 대체로 서로 융화된 상태거나 분화되지 못한 상태였다. 교회가 선언하면 그게 무엇이든 진선미 중 무엇에 관한 것이든 그대로 받아들여졌다. 이 세 영역이 아직 분명히 분화되지도 교회의 지배에서 벗어나지도 못했다. 따라서 성직자는 갈릴레오의 망원경을 통해 세상을 볼 이유가 없었다. 성경이 그들이 볼 것을 이미 정확히 말해 주고 있었으므로.

그런데 오렌지 근대 단계가 분화를 시작했고 따라서 예술적 미, 도덕적 선, 철학적이고 과학적인 진, 이들 스스로 자기만의 방식을 탐구해 자기만의 수단, 방법론, 논리를 계발할 수 있었다. 덕분에 예술, 도덕, 과학(빅 쓰리)이 그 잠재력을 그 즉시 최고로 발휘하기 시작했다. 이 모든 것의 긍정적인 결과와 다른 많은 엄청난 진보를 우리는 '근대의 위엄the dignity of modrnity'이라 하고, 다른 많은 것 중에서도 특히 인간 역사에서 처음으로 대규모 노예 해방(그리고 물론 물리학, 생물학, 천문학, 화학, 지리학 등에서의 발견들)을 가능하게 한 것이 바로 이 진실하고 심오한 근대의 위엄이다.

이는 실재의 새로 풀린 그 모든 차원에서 우리 자신을 완전히 드러낼 수 있는Show Up 흥분되는 새로운 기회를 맞이했다는 뜻이기도 했다. 즉 그 새로운 차원들을 서로 분리되고 분화된다고 보는 것이 아니라, 그것들을 통합하고 또 그 안에 온전히 거주하면서 심지어 더 큰 통합과 진실성Authenticity을 구현할 기회를 얻은 것이다. 다시 말해 성장의 이 새로운 세계 중심적 오렌지 단계는 드러냄(신뢰를 갖고 정직하고 성실하게 모든 사분면에 온전히 진심으로 거주하는 것)을 위한 더 높고 새로운 방식을 의미했다. 언제나 거기 존재해 왔던 사분면이 이제 돌연 우리의 의식적 자각을 촉구하고 나선 것이다. 이제 인간 존재의 주요 네 차원들 모두에 새롭고 더 높은 요소들(오렌지 단계 요소들)이 생겨났다. 그것도 이전에 결코 보지 못한 방식으로. 인류는 한 단계 상승하고 더 드러내라는 초대를 받았다. 이 새롭고 더 높은 오렌지 전 지구적 단계에서 발생한 근대의 위엄은 전례 없는 발판이었고, 인류는 그 위에서 도약하라는 초대를 받았던 것이다.

바로 그 도약이 약 1~2세기 전 인류가 했던 것이고, 그 결과가 현재 우리가 살고 있는 이 세상의 많은 기본적인 요소들을 집단적으로 규정하는 것, 즉 주로 '계몽주의의 가치'로 불리는 것들이다. 그런데 그러던 어느 순간 가치 영역들의 분화Differentiation가 가치 영역들의 분열Dissociation로 전락했다. (외면, 우분면의) 과학 영역이 유일한 실재로 승격했고 (도덕과 미학, 그리고 일반적인 내면 좌분면의) 선과 미의 영역은 버려지듯 격하되었다.(객관적으로 그 사실을 증명할 수 없기 때문이었다.) 후자는 단지 주관적이었고, 중요하지 않았으며, 상관할 바 아니었고, 정말 실재하는 것이 아니었다. 순전히 객관적인 과학적 유물론만이 점점 더 실재에 대한 공식 관점으로 받아들여졌다. 우주가 그 전통적 위상에서 서서히 내려왔으며 환상이 깨진 세상에서 인류는 질식할 것만 같았다. 더 심각한 점은 이런 일에 참여한 문화적 지도자들이 무슨 일이 벌어지고 있는지 전혀 몰랐다는 것이었다.

가치 영역들의 분화가 근대의 위엄으로 이어졌다면, 가치 영역들의 분열은 근대의 재난이었고 종종 "계몽주의의 죄"로도 일컫는다. 사실상 (탈근대에 와서 확실해진) 근대의 전 지구적 (생태학적, 군사적, 경제적, 영적, 국가 간) 악몽을 부른 것이 이 재난이라고 할 수 있다. 계몽주의의 중심 사상(즉 자연 체계 개념과 존재의 위대한 홀라키 개념)이 근대의 죄는 아니었다. 그 중심 사상의 부패와 분열이 근대의 죄였다. 이는 넓은 의미에서 인류가 가능한 가장 충격적 방식으로 드러냄을 거부한 것이었다. 사분면 모두가 아니라 단지 외면의 우분면만 포용하는 과학적 유물론이 정착했다. 이 우분면은 오직 물질적 실재, 외면적 형태, 감각적 표면, 피상적인 겉면의 영역일 뿐이다. 의식의 내면, 문화, 주관성, 선, 미는 근대의 바람에 실려 멀리 날아가 버렸다.

측정의 엄청나게 크고 완전히 엇갈린 발전

정확하게 무슨 일이 일어났던 걸까? 서로 완벽하게 연결되는 위대한 홀라키, 모두를 포함하는 자연 시스템의 근대적 사상과 함께했던 찬란한 출발을 고려하면 이런 전개가 우리는 더욱 의아할 수밖에 없다. 이 질문에 대답하기 위한 배경 작업으로 1~2세기에 걸쳐, 앞서 살펴보았던 '물질'의 의미가 어떻게 대단히 변했는지를 살펴봐야 한다. 다시 말해 물질은 이제 더 이상 실재의 가장 낮은 단(인류 역사 대부분의 시간 동안 그랬던 것처럼 위대한 사슬의 맨 아래 단)이 아니라 모든 단의 외면적 차원이 되었다. 물질은 이제 의식이 점점 깊어지는 살아 움직이는 몸, 마음, 영혼 같은 형상들의 외면적 짝이다. 우분면의 물질이 복잡해질수록 좌분면의 의식도 그만큼 깊어지며 서로 짝을 이룬다.

예를 들어 고대 사람들도 수많은 생각을 했겠지만 그때 물질인 뇌에서도 동시에 엄청나게 복잡한 과정들이 진행됨을 아는 사람은 당시에 사실상 아무도 없었다. 근대에 와서 현미경과 다른 탐지 장치들(다양한 '촬영기')이 발명되자 그것은 점점 더 명확해졌고, 그러자 많은 근대 과학자가 1인칭 의식이 단지 3인칭, 물질 뇌의 활동일 뿐이라는 생각에 빠지게 되었다. 그렇게 계몽주의의 죄가 서서히 드러나기 시작했다.

통합 이론은 그렇게 물질의 두 번째 의미가 드러났다고 주장한다. 그전에는 인류가 물질적 구조들을 볼 수 있는 기구, 도구 혹은 촬영기를 갖지 못했기 때문에 드러나려야 드러날 수 없었다. 이제 물질은 위대한 사슬의 가장 낮은 층일 뿐만 아니라 위대한 사슬의 모든 단계의 외면이기도 하다.(그 복잡성 증가가 의식 증가와 짝을 이룬다.) 하지만 대부분 연구자들은 이런 물질과 의식의 관계를 분명히 이해하지 못했다. 물질은 물질이고 그걸로 끝이었다.(앞으로 보게 되겠지만 범심론자들은 모든 물질이 단계별 정신을 갖고 있음을 이해했다.)

물질과 의식의 이런 관계는 대체로 약 1~2세기 동안에는 그리 큰 문제가 되지 않았다. 과학자들은 외면들(다시 말하지만 뇌는 객관적 외면이며 개인의 내면적 마음에 대한 3인칭 관점이다.)을 연구했고 덕분에 현미경에서 망원경, 사진 건판을 비롯한 오렌지 단계의 많은 기술적 발명이 이루어졌다. 외면에 집중했던 자연과학은 물리학, 화학, 생물학, 진화론, 지리학, 천문학, 즉 근대의 위엄을 이루는 모든 분야에서 아주 놀라운 발견들을 하기 시작했다. 미학, 도덕 같은 다른 가치 영역들에서도 인상적인 발전이 있었지만 과학의 발달은 터무니없을 정도로 대단했다. 산업혁명이 최고조에 다다랐을 즈음 인류는 오렌지 단계의 세계 중심적, 전 지구적, 객관적 과학기술, 그리고 우분면에 속하는 물질적 인공물의 세상을 적극적으로 만들어 가고 있었고, 그 새 공간에 거주하고 있는 좌분면 내면의 실재들에 대한 관심은 부족하거나 그것들의 존재 자체를 의식하지 못했다. 외면에만 맹렬히 집중할 때 내면의 실재들은 점점 희미해져 간다. 그리고 명백하게도 점점 더 필요 없어진다. 단적인 예로 물리학과 우주과학의 놀라운 발전을 보라. 바로 거기서 우리는 외면의 기술에 내면의 지혜가 발맞춰 가지 못하는 전형적인 사례를 목도하기 시작한다. 그리고 이것은 결국 계몽주의의 죄로 판명 날 터였다.

 근대 과학 자체 안에 이런 재난을 초래한 요소가 있었다는 점을 인식하는 것이 중요하다. 그것이 계몽주의의 죄를 실제로 불러온 것이자 그 죄의 가장 큰 공헌자일 수도 있을 테니 말이다. 과학은 그 가장 기본적인 정의를 생각할 때 확실히 인간의 감각과 그 확장들이 드러내는 자료들만 연구하는 학문은 아니다. 그 본성상 과학이 경험적인 것은 맞다.(과학은 자신의 주장을 뒷받침하는 경험적 증거들을 찾는다.) 하지만 윌리엄 제임스도 알았듯이 경험에는 감각적 경험, 정신적 경험, 영적인 경험도 있다. 그리고 이 모두가 일반적인 과학적-경험적 접근법으로 적절히 조사될 수 있다.(이에 대해서 더 자세히 알고 싶다면 나의 책 『아이 투 아이*Eye to Eye*』를 참고하기 바란다.)

근대 과학이 (감각적 경험, 정신적 경험, 영적인 경험을 모두 포괄하는) 일반적인 경험적 자료들에 머물렀다면 그다지 큰 문제는 없었을 것이다. 하지만 근대 과학은 단지 경험적인 것에 머무르지 않았다. 무슨 말이냐면 근대 과학은 인간이 할 수 있는 모든 경험 중에서 측정할 수 있는 경험에 가장 큰 가치를 두기 시작했다는 말이다.

근대 과학은 단지 경험이나 실험으로 증명할 수 있는 실재를 추구하지 않았다. 혹은 단지 증거만 찾지는 않았다. 근대 과학은 측정할 수 있는 경험적 증거를 원했다. 화이트헤드가 『과학과 근대 세계 Science and the Modern World』에서 지적한 대로 근대 과학 방법론의 진짜 핵심은 1605년 갈릴레오 갈릴레이와 요하네스 케플러에 의해 동시에 그리고 각각 만들어졌다. "자연법칙은 측정에 의해 가장 잘 이해된다."가 이들이 동시에 그리고 각각 소개한 사고의 핵심이었다. 따라서 케플러는 하늘의 운동을 측정한 후 행성 운동의 법칙들을 발견했다. 갈릴레오는 지구의 움직임을 측정한 후 지구 움직임의 법칙들을 발견했다. 천재 중 천재였던 아이작 뉴턴은 이 두 측정을 합쳐 중력과 운동의 보편 법칙들을 찾아냈다. 사람들은 뉴턴이 자기 머리에 사과가 떨어졌을 때 이러한 법칙들을 떠올렸다고 즐겨 상상하곤 한다. 이는 사과를 땅에 떨어뜨린 힘이 지구가 태양을 공전하게 하는 힘과 동일하다는(이른바 중력) 뉴턴의 발견을 반영하는 이미지이다. 땅의 법칙과 하늘의 법칙이 대통합되었고 자연의 위대한 체계가 또 한 번 가장 중요한 위치에 올랐다.

하지만 이것은 집단적 외면적 실재들이 하나의 위대한 체계로 보여진 것이다. 측정될 수 있는 것은 모두 우하분면에 속한다. 케플러, 갈릴레오 혹은 뉴턴의 법칙들 중 어디에도 내면에 대한 언급은 없다. 그리고 물론 내면이 있을 필요도 없다. 외면에 집중할 때 정확하게 이런 종류의 발견을 하게 된다. 외면만 볼 때 외면만 산출된다. 위대한 사슬(처음에 계몽주의가 완전히 포용한 개념)이 말하는 배경 문맥은 측정 가능한 모든 외면적/물질적 실재가 외면적임에도 불구하고 모든 내면적/정신적 실재와 밀접하게 엮여 있다는 점이었다.(몸, 정신, 혼을 포함한 더 높은 단계들이 모두 위대한 둥지 안에서 서로 엮여 있다.) 창조적이고 천재적인 이 과학의 선구자들은 세상을 측정하기 시작했을 때 자신들이 단순히 우분면, 물질 영역만 탐구하고 있음에도 무언가 중요한 것을 배제하고 있다고는 생각하지 않았던 것이다.

광범위한 측정 활동은 정말이지 상당히 새로웠고, 근대 과학을 근대적이고 진정 새롭고 참신한 것으로 만들었다. 이전에 과학자들은 자연 연구에 있어 높은 수준의 관찰이나 공격적인 경험 접근법을 제시했다. 그리고 인류 초기의 많은 학자들도 과학에 접근하는 데 이 방식을 따르며 자연을 조사했다. 그중 한 명인 아리스토텔레스도 그 시대에서 할 수 있는 한 가장 경험적이고 광범위한 방식으로 자연을 관찰했었다.

하지만 이들 중 누구도 그 무언가를 측정하지는 않았다. 이들은 자연을 집중해서 관찰하고 경험적으로 분류하는 과학적 방법론을 채택했지만 자연의 측정이 추가되는 근대적 방법론은 사용하지 않았다. 따라서 이들 중 누구도 갈릴레오, 케플러, 뉴턴이 발견한 법칙들에 근접조차 하지 못했다. 누구도 근대 과학을 제시하지 못한 것이다. 화이트헤드의 탁월함 중 하나는 다음과 같은 점을 지적한 데 있다. 경험적 과학은 최소한 고대 그리스 시대부터 존재해 왔으나 근대의 경험적 과학은 1605년 갈릴레오와 케플러에 이르러서야 비로소 등장했으며, 그 핵심은 바로 측정의 엄청난 중요성을 발견한 데 있었다는 점이었다.

내면의 정신보다는 외면의 물질을 측정하는 것이 당연히 훨씬 쉽다. 사실 정신 혹은 정신적 실재를 측정하는 것은 어렵기로 유명하다. 그러므로 자연을 이해하는 데 측정이 가장 좋다는 규칙을 따른다면 당신도 기꺼이 자연을 단지 물질적 우분면으로 축소하고 싶을 것이다. 자연의 위대한 체계를 여전히 믿고 있다면 자연을 체계적 물질 분면인 우하분면으로 축소할 것이다. 따라서 새롭게 발견된 과학(화학, 생물학, 물리학, 천문학, 지리학 등)의 어떤 방정식도 내면의 실재에는 전혀 적용되지 않았다. 이 방정식은 오직 외면의 물질, 즉 두 번째 의미의 물질에만 적용되었으며, 그 대상이 자연의 위대한 체계에 관한 것이었기 때문에 물질의 체계적/집단적 형태, 즉 우하분면 관해서만 설명했다.

통합 이론은 존 로크의 '대연동 질서'가 빠르게 우하분면에 한정되어 갔다고 주장한다. 여전히 자연의 위대한 체계이고 여전히 서로 완전히 얽혀 연결되어 있지만, 이제 인간의 감각 혹은 그 확장에 의해 보이고 측정될 수 있을 때만 그렇다. 대연동 질서는 3인칭 복수의 관점에 의해서만 관찰되었고, 이 관점은 자연 체계의 우하분면, 즉 집단적이고 물질적인 차원만 보았다. 가치 영역의 분열, '근대의 재난', 환상이 깨진 세상이 빠르게 주도적인 현실이 되어 갔다.

제임스 와트James Watt도 근대의 이런 새로운 접근법을 택했다. 1760년대에 그는 역사상 다른 어떤 생각보다 인류에 더 강력한 영향을 미쳤다고 할 만한 생각을 하나 하게 되는데, 바로 작동 가능한 증기 기관의 원리를 생각해 낸 것이다. 그리고 이것이 모든 것, 정말로 모든 것을 바꿔 놓았다. 부차적이긴 해도 중요한 몇 가지 다른 발명과 함께 이것은 기계 문명, 산업혁명, 근대 문명의 시작을 알린 사건이 되었다.

첫 근대 철학자로 거의 모두가 인정하는 르네 데카르트의 말을 빌리면 근대의 이런 새로운 현상은 정신(내면 혹은 좌분면 차원)은 의도 Intention를 갖고 물질(외면 혹은 우분면 차원)은 외연Extension을 갖는다고 말할 수 있다. 외연은 시공간과 양적인 측면으로의 확장을 의미하는데, 데카르트의 이 말은 우리가 방금 보았듯이 오직 외면/물질의 객관적 차원만이 외연을 갖고 따라서 측정될 수 있음을 분명히 말해 준다.(내면적 의도도 측정될 수 있지만 훨씬 어렵고 까다로우며 '사적인' 것들과 결부되므로 측정에 관해서라면 거의 모든 내면이 처음부터 묵살되었다.) 따라서 측정이 실재를 알아 가는 데 있어 열쇠라고 믿을 때 이는 거의 자동적으로 객관적, 3인칭 외면만이 실재로 받아들여진다는 뜻이 된다. 그 결과 새 과학적 방법론은 아주 빨리 사람들로 하여금 과학적 유물론에 빠지게 만들었다. 그리고 이것은 이제부터 공식적으로 드러냄Show Up의 노력은 하지 않을 거라는 근대 서양의 진심 어린 선언이나 다름없었다.

따라서 자연은 서로 얽히고 연동하는 위대한 체계임에도 단지 물리적 요소들과 감각적 표면들과 물질적 실재들로만 구성된 것이 되었다. 다시 말해 모든 분면이 우하분면으로 축소되었다. 나는 이것을 '미세한 환원주의Subtle Reductionism'라고 부른다. 왜 '미세'하냐면 보지 못하고 지나치기 쉬운 환원주의이기 때문이다. 왜 지나치기 쉬운 환원주의냐면 비록 내면 분면 자체는 배제되었지만, 모든 사분면의 물질적 대응물을 포함하고 있어서 전체가 서로 얽힌 하나의 거대한 그물망을 다루는 것처럼 보이기 때문이다. 이 환원주의는 자연의 위대한 체계를 여전히 믿지만 감각 혹은 그 확장들에 의해 보여질 수 있는(그래서 촬영될 수 있는, 즉 3인칭 증거가 있는) 자연에 한에서만 그렇다.(거친 환원주의는 여기서 심지어 더 나아가 전체를 원자적 부분들로 축소한다. 다시 말해 우하분면을 우상분면으로 축소한다. 이것은 계몽주의 시대에 처음 나타났고 자주 계몽주의의 주요 '죄'로 혼동된다. 하지만 거친 환원주의는 그 주요 죄의 부산물에 불과하다.)

미세한 환원주의는 그 초기에는 놓치기가 지금보다 더 쉬웠다. 어쨌든 초기에는 다들 측정된 물질적 실재들이 위대한 둥지 속 모든 것과 완전히 뒤섞여 있어서 그것에 모든 것이 포함된다고 여전히 믿었으니까 말이다. 모든 것이 서로 완전히 연결되어 있으므로 걱정할 것은 없어 보였다.

물질이 정말 실제로도 모든 내면 차원의 외면이긴 하지만 외면 자체는 기본적으로 내면이 아니며, 내면을 어떤 식으로든 대체하거나 대신할 수 없다. 무엇보다도 내면적 실재들은 좋고 나쁨, 옳고 그름, 더 훌륭한 것과 덜 훌륭한 것, 선과 악 같은 가치들을 포함한다. 이런 좌분면 가치들의 어떤 것도 외면, 우분면 영역들에서는 찾아볼 수 없다. 나무는 개구리보다 더 크지만 더 나은 것은 아니다. 산은 숲보다 무겁지만 더 도덕적인 것은 아니다. 수컷 공작의 꼬리는 암컷 공작의 꼬리보다 화려하지만 더 가치 있는 것은 아니다. 반대로 내면의 세계 중심적 정체성은 남녀 차별적 혹은 인종 차별적인 민족 중심적 정체성보다 낫다. 다시 말해 가치들은 좌분면 내면의 영역에서 발견되는데, 이 영역들이 점점 더 그 기반을 잃게 되면 우주는 점점 더 가치 없는 세상이 될 수밖에 없다. 즉 '환멸 가득한' '실격된' 세상이 될 수밖에 없다.

내면, 미덕, 가치, 목적, 선, 미가 사라진다. 남겨진 것은 (원자론적이지 않고 전체론적인) 기운찬 먼지(태초의 물질)가 서로 뒤섞인 세상뿐이다. 이것은 진짜 '나' 혹은 '너' 혹은 '우리'들이 어디에도 없는, 서로 역동적으로 얽힌 '그것들'의 세상이다. 내면의 것들은 모두 주관적이고 따라서 객관적인 진실이 아니므로 완전히 거부된다. 이것은 '순진한 생태학'이라고 할 수 있다. 분명 상호 연동되고 상호 얽혀 있지만 표면, 외면, 객관적 차원들로만 구성되는 생태학 말이다. 이것은 겉핥기식 생태학이다. 순진한 생태학은 생태학적 전체나 체계를 보기는 하지만 그것을 구성하는 외면 혹은 피상적 요소들만 본다. 외면/피상적 요소들이 정확하게 우하분면이다. 우하분면은 나무, 풀, 개구리, 개, 고양이, 인간(그리고 인간이 만든 인공물들)을 포함하지만, 볼 수 있고 촬영할 수 있는 그것의 객관적이고 외면적인 물질적 표면만 다룬다. 그 외에는 말 그대로 아무것도 없다. 어디에도 단 하나의 내면성도 보이지 않는다.

이것이 측정 위주의 경험 과학이 지지하고 계몽주의가 최고로 받아들인 근대의 관점이다. 이런 제한적이고 붕괴된 관점에 대한 격렬한 반항은 이미 시작되고 있었다. 낭만주의 운동과 뒤이은 이상주의 운동이 이런 환원주의 관점을 비판했다. 어떤 비판가는 "이 정도의 환원주의를 받아들이려면 무감각해지거나 죽어야 할 것이다."라고 외쳤다. 하지만 이런 저항이 강력한 합리성으로 무장한 과학적 유물론으로 향한 공인된 지지를 꺾을 수는 없었다. 내면과 외면이 온전히 얽힌 진정으로 전체적인 자연 체계는 유물론적인 전체론으로 붕괴했다. 자연의 완전하고도 완벽하게 얽힌 체계가 정말로 인식되긴

했지만 우하분면/외면적 집단적 차원 안에서만 그랬다. 이것은 완전히 2차원적인 밋밋한 전체론이다. 이것은 전체론이지만 드러냄을 거부한, 진실성이 결여된 전체론이다.

이런 2차원적 형태의 '대연동 질서'가 계몽주의에 그 뿌리를 둔 진짜 죄이고, 이런 과학적 유물론이 오늘날까지 서구 세상의 공식 배경 철학으로 남아 있다. '정말로 실재하는 것'을 알고자 할 때 우리는 더 이상 종교에 묻지 않는다. 과학에 묻는다.

이 계몽주의 죄에서 최악은 모든 실재를 우하분면으로 축소한 것이 아니라 좌분면을 공식적으로 지워서 사라지게 한 점이었다. 의식, 문화, 정신 및 다른 일반적인 주제들이 과학적으로 측정될 수 없으므로 전부 삭제되었다. 그리고 우리는 근대와 탈근대의 거의 모든 문제가 이 내면적 실재들이 삭제되고 제거되고 따라서 추적할 수 없는 것에서 나옴을 보았다. 그리고 이는 계몽주의 자체가 아니라 계몽주의 죄, 즉 자연의 위대한 체계, 존재의 그 사분면에 연동하는 질서를 우하분면으로 축소한 데에서 유래한다.

이 문제와 관련해 마지막으로 지적하고 넘어가야 할 점은 과학 자체는 전 지구적, 세계 중심적 발달 단계에 도달했지만 우리의 내면은 그 단계에 도달하지 못했다는 것이다. 왜냐하면 내면이 심지어 더 이상 추적되지도 않았기 때문이다. 혹은 심지어 존재한다고 여겨지지도 않았기 때문이다. 우리의 외면적 과학, 기술, 인공물과 우리의 내면적 의식, 문화, 지혜 사이의 이 엄청난 불균형 때문에 우리의 문제는 전 지구적 자살을 불러올 정도가 되었고, 이것이 여전히 지금 우리가 서 있는 세상이다.

근대의 *재난*이 근대 자체가 되었다.

원자론 대 시스템 이론: 뉴 패러다임?

이 소제목이 시사하듯이 근대 과학이 도래한 이래 과학 자체 내에서 뜨거운 싸움이 있었다. 실재는 궁극적, 역동적으로 상호 작용하는 물질적 요소들과 그 과정에서 만들어지는 전체 체계로 구성된다고 주장하는 미세한 환원주의와, 실재가 서로 분리된 물질 요소들로만 구성된다고 주장하는 거친 환원주의 사이의 싸움 말이다. 이것은 요약하면 다양한 형태의 역동적 시스템 이론과 다양한 형태의 유물론적 원자론 사이의 싸움이다. 이 내분은 물론 전적으로 외면의 우분면 안에서 일어났다. 이 싸움에 내면의 어떤 것도 관여하지 않는다.(시스템 이론은 아름다움, 도덕, 사랑, 선함, 가치 혹은 1인칭 의식 같은 현상적 실재들을 다루는 척도 하지 않는다.) 이는 분명히 우하분면의 시스템(혹은 집단적 홀론) 지지자 대 우상분면의 원자(혹은 개인적 홀론) 지지자들 사이의 싸움이다.

이 싸움은 분명 계몽주의 시대에 일어났다. 대연동 질서가 존재의 위대한 둥지의 반영으로 시작했지만 결국 우하분면의 물질 시스템으로 끝난 시대 말이다. 그리고 물론 이 환원주의를 심지어 더 멀리 데리고 가 우주를 단순히 '원자론적' 혹은 '유물론적' 혹은 '기계론적인' 것으로, 다시 말해 더할 수 없이 환원주의적으로 설명하며 거친 환원주의로 직행하는 사람들도 생겨났다. 이런 거친 환원주의를 설명하는 용어들이 종종 계몽주의의 핵심으로 여겨지기도 하는데, 우리가 보아 왔듯이 이런 종류의 거친 환원주의는 '존재의 위대한 홀라키Great Holarchy of Being'이자 서로 완전히 얽혀 있는 자연 체계라는 계몽주의의 진짜 핵심 사상이 왜곡되고 부패된 결과였다. 그리고 가장 중요한 것은 거친 환원주의를 맹렬히 부정하는 사상가들조차도 실은 미세한 환원주의자라는 점이다.

따라서 시스템 이론가들은 자신들이, 포함되어야 하고 포함될 수 있는 모든 실재를 포함하며 모든 것을 다른 모든 것과 완전히 얽혀 있는 존재로 본다고 대대적으로 주장할 것이다.(나는 시스템 이론을 완전히 포용한다. 물론 우하분면에 한해서만!) 하지만 내가 처음부터 말했듯이 이런 설명은 윤리, 도덕, 미덕, 비전, 목적을 언급도 하지 않는다. 성장의 단계들이나 깨어남의 상태들, 혹은 정화의 방식들이나 열림과 드러냄의 중요성에 대해서는 정말이지 아무 말도 없다. 내면 혹은 좌분면에 해당하는 것은 아무것도 없다. 대연동 질서 혹은 생명의 거미줄이 외면 형태 하나로 축소되고 붕괴되었으니 말이다. 그리고 시스템 이론가들은 이것이 진짜 문제라는 것을 심지어 감도 잡지 못한다.

시스템 접근법의 지지자들은 굉장히 발끈하며 자신들이 얼마나 포용적인지에 대해 성토할지도 모른다. 자신들은 원자주의를 굉장한 적으로 간주하고 원자주의자들과 반대로 완전히 온전하고 서로 얽혀 있는 실재를 논한다고도 주장할 것이다. 모든 것이 다른 모든 것과 연결되어 있는 상호 역동적인 과정으로 구성된 실재 말이다. 그리고 우주는 시스템 안에서 시스템들이 위대한 조화를 이루는 거라고 할 것이다. 이들은 합일과 전체성을 위한 대대적인 캠페인에 당신을 초대한다. 그리고 사실 이들은 그들의 관점에서는 전적으로 옳다. 그들의 관점 안에서 실재는 정말로 거대하게 서로 얽혀 있는 시스템이다. 문제는 그들의 서로 얽혀 있고 '전체적인' 체계가 실은 우주의 절반을 배제하고 있다는 점이다. 이들의 시각은 좌분면, 내면 차원을 그들 자체적인 1, 2인칭 용어로 완전히 없애고 지우는, 철저한 3인칭 외면 차원 우분면의 관점에 지나지 않는다. 따라서 예를 들어 좌상분면의 1인칭 의식과 자각이 우상분면의 뇌 체계와 신경 네트워크를 통과하면서 3인칭 정보의 조각들로 축소된다. 마찬가지로 ('세상을 바꿀 것'이라는) 무수한 '뉴 패러다임들'로 무장한 시스템 이론가들도 현대 최첨단 자연과학이 완전하고 온전하고 단일한 세상을 가리키고 있다고 주장한다.(이는 신비주의자들이 자신들의 이론을 놓고 역사를 통틀어 주장했던 바와 흡사하다.)

예를 들어 '양자 얽힘'은 '모든 것이 서로 얽혀 있음'에 대한 증명으로 받아들여진다. 양자 얽힘은 서로의 특질을 결정하는 두 개의 아원자 입자가 분리될 때, 아무리 멀리 떨어져 있더라도 한 입자의 특질이 결정되면 다른 입자의 특질도 동시에 결정되는 현상을 말한다. 빛의 속도로 여행하는 정보조차 동시 발생할 수는 없으므로 두 입자의 '얽힘'은 그 존재들 자체에 구축되어 있음이 틀림없다. 여기에 문제는 없다. 하지만 두 아원자에 적용되는 양자 법칙은 실재의 더 높은 혹은 더 복잡한 차원들에 대해서는 거의 아무것도 말해 주지 않는다. 과학 내부에서조차 그렇다. 양자역학이 생물학, 심리학, 생태학 혹은 사회학에 관해 설명하거나 예측할 게 그다지 없다. 양자역학은 유전자가 작동하는 법, 생화학의 모든 형태들, 분자들의 복잡한 상호 작용, 생태학에 대해서, 생물권의 붕괴가 어떻게 일어나는지에 대해서, 그림자 제재와 그 정화에 대해서 아무것도 말해 주지 않는다. 그리고 성장이나 드러냄 혹은 그 비슷한 어떤 것에 대해서도 절대적으로 아무것도 말해 주지 않는다. 아원자 두 개를 지배하는 법칙이 다른 모든 입자에도 똑같이 적용된다고 해도(실제로는 전혀 그렇지 않다.) 실재의 더 높은 단계에는 확실히 적용될 수 없다. 적용될 수 있다고 주장하는 것 자체가 기본적으로 환원주의이다.

그리고 우리는 정말로 당혹스러운 사실을 이미 보았다. 양자역학이 실제로 선불교 수행자가 사토리로 보는 그 똑같은 상호 얽힌 실재(궁극적 단일 의식)를 드러낸다면 물리학 교수 모두 대대적인 사토리 경험을 해야 할 텐데, 실제로 전혀 그렇지 않다는 사실 말이다.

뉴 패러다임 이론가들은—이들도 고결한 마음과 최고의 의도에서 출발했음에는 의심의 여지가 없지만—(붕괴된) 대연동 질서, 즉 (깨진) 자연 체계를 옹호하는 논리를 펼치고 있는 것이다. 역설적이게도 사실상 이들 모두가 자신들이 계몽주의의 역겨운 원자론/기계론 패러다임을 극복하는 중이라고 큰소리로 주장하지만, 실은 붕괴된 계몽주의의 미세 환원주의 관점의 또 다른 버전을 제시하는 것이다. (뉴 패러다임이 '새 과학'으로 포용하는) 진보한 자연과학은 정말로 자주 자연의 그 어떤 전체론적인 부분을 보여 주기는 하지만, 다시 말하지만 그것은 단지 자연의 외면, 객관적, 물질적, 역동적인 '그것들' 내부에 한정된 전체론이다. 이들은 전통적 체계 과학의 변형일 뿐이고, 따라서 당연히 전통 과학으로서 과학적 유물론의 가장 최신 형태를 제시할 뿐이다. 실재의 거미줄을 포함하는 전통 과학도 여전히 전통 과학, 즉 과학적 유물론이다. 그리고 새로운 과학적 유물론의 다른 모든 이론처럼 뉴 패러다임도 자신들의 진짜 적이 원자론임을 강경히 주장한다. 초개인주의를 강조하고 세상을 탐욕스러운 자본주의, 재난을 부르는 환경 파괴, 그리고 계속되는 지배 위계 권력으로 몰고 가는 것이 바로 원자론이라는 것이다. 뉴 패러다임이 보여 주는 단일한 체계 관점만이 이런 경악할 만한 상황을 되돌리고 지구상에 새로운 삶을 불러올 수 있다고 한다.

대연동 질서의 환원주의 형태('계몽주의의 죄')는 이렇게 계속 살아간다. 전체 세상을 포용한다고 주장하지만 내면을 계속 으스러뜨리고 훼손하면서, 그렇게 근대의 재난을 똑같이 반복하면서 말이다. 이것은 미세한 환원주의의 전형이다. 이런 뉴 패러다임은 자살을 부르는 인류 위기의 해결책은 단지 자신들의 대연동 질서를 포용하는 데 있다고 주장한다. 하지만 지금까지 보았듯 사실 이러한 주장은 사분면 모두를 3인칭 형태로(맞다, 집단적이고 연동하고 복수인 형태로) 축소하는 것이고, 정확하게 그것이 문제이다. 이런 접근법이 실은 이들이 치유해야 한다고 주장하는 그 병의 증상이다.

그러므로 모든 것이 드러냄Showing Up이 가장 중요하다는 결론으로 귀결된다. 삶에 대해 어떤 접근법을 갖고 있든 그렇다. 삶을 위해서 드러내라. 대대적 자살을 부를지도 모르는 재난을 불러온 근대의 하강을 거부하라. 특히 당신 삶에서 좀 더 통합과 조화와 전체성을 찾고 싶다면 표면, 겉면, 껍데기만 보는 실수를 범하지 말라. 무엇보다 대연동 질서/자연의 위대한 체계의 붕괴되고 환원된 버전 속으로 추락하지 말라. 그리고 모든 표면과 외형이 서로 완전히 얽히고 연결되고 섞여 있다는 사실에 현혹되어, 대연동 질서가 역동적으로 서로 얽혀 있는 '그것들Its'만의 질서라는 파괴적인 사실을 간과하지 않도록 하라. 거기에 '나', '너', '우리'는 없다. 이것은 드러냄의 엄청난 실패이다. 그리고 최악은 뉴 패러다임은 자신이 이렇다는 사실을 모른다는 것이다. 자신이 드러내고 있지 못함을 심지어 의심조차 않는다는 것이다. 그러므로 '그것들Its의 거미줄'을 당신의 삶에 적용할 때 (당신 스스로 '그것It'이 되고 싶지 않는 한) 조심하기 바란다.

내일의 세상: 글로벌 트랜스휴머니즘?

당신은 지금 당장 (드러냄, 성장, 깨어남, 열림, 정화의) 빅 홀니스를 위한 모든 연습을 할 수 있지만 이런 통합적 접근법이 미래 사회에서 온전히 의미 있게 될 즈음이면 그 사회는 로봇이 인간의 일을 거의 모두 대신하는 사회일 것이다. 인간은 수명이 말 그대로 몇백 년으로 늘어나서 원하는 일은 무엇이든 다 할 수 있는, 여유로운 문화 속에 존재하게 될 것이다. 그리고 깨어나고 성장하고 정화하고 드러내는 방법들을 무엇보다 원하게 될 것이다. 그 외에는 다른 할 일이 거의 남아 있지 않아서라도 말이다. 그런 일을 대신해 줄 로봇은 없을 테니 우리 스스로 기꺼이 할 것이다. 그렇게 우리는 스스로 성장하고 확장하고 진화하는 여정과 모험에 열정을 다할 것이다. 나라는 단 하나의 분리된 유기체와 함께하는 정체성에서 나와 전 우주 안의 다른 모든 것/사건들과 함께하는 정체성, 즉 우리의 가장 깊고 가장 진정한 본성, 우리의 본래면목인 우주 의식 정체성으로 가는 여정과 모험 말이다.

기술적인 예측에 관해서라면 인간이 자신의 의식을 컴퓨터에 다운로드해서 기본적으로 무한정, 즉 영원히 사는 트랜스휴머니즘 Transhumanism, 즉 초인본주의나 초인간주의가 널리 퍼진 신념이 될 수 있다. 다만 당신의 컴퓨터를 누가 떨어트려 박살 내지 않게 조심해야 할 것이다. 물질인 컴퓨터가 영원히 존속될 수는 없다. 따라서 컴퓨터에 영원히 의존할 수 없을 것이다. 당신이 컴퓨터 안에서 컴퓨터를 통해 세상을 바라보고 있는데, 그 컴퓨터를 누가 떨어트려 박살 내 당신의 영원하다던 삶이 끝나 버린다면 얼마나 당혹스럽겠는가? 이보다 바보 같은 일이 또 있을까?

  그리고 이것도 생각해 보자. 의식을 다운로드할 때 당신은 어떤 의식이고 싶나? 한 번 다운로드하면 그게 영원히 지속되지 않는가? 당신은 깨어나고 싶은가? 아니면 착각과 에고가 지배하는 의식 상태에서 나머지 영원의 시간을 보내고 싶은가? 이쯤 되면 트랜스휴머니즘이란 곧 영원한 무지(깨닫지 못함)인 것 같다. 영원히 무지한 것, 이것이 정말로 당신이 원하는 바인가?

  진화는 또 어떤가? 다운로드되는 순간부터 당신의 의식은 분명히 1센티미터도 성장, 발달, 진화하지 않을 것이다. 그래서 당신은 남은 영원의 시간을 진화의 기회가 제로인 채 상대적으로는 물론이고 전반적으로도 무지 상태에서 보내게 될 것이다. 지구에서의 나머지 인생을, 예를 들어 신화적 민족 중심적 의식 상태에서 보내는 것은 어떨까? 세상에 이보다 더한 재난이 있을까?

  이 모든 것 대신에 당신은 평면적인 시각을 거부하는 미래를 바로 지금 선택할 수도 있다. 당신은 바로 지금 드러냄을 선택할 수도 있고, 당신 존재의 충만함 속으로 걸어 들어가 그 원천과 여여如如(그 그대로의 모습)를 모든 이에게 보여 줄 수도 있다. 당신은 근대의 재난을 받아들이지 않아도 된다. 당신은 뉴 패러다임을 포용하지 않아도 된다. 뉴 패러다임은 대연동 질서의 영광을 노래하지만 당신의 내면을 도려내고 당신을 당신의 영광으로 이어지는 길 위에 로드킬당한 동물처럼 버려 둔다. 당신은 당신의 좌분면 내면을 지우지 않아도 된다. 당신의 실재를 얇은 표면이자 빛나는 겉면과 겉치레일 뿐인 우분면 외면으로 축소하며 성장, 깨어남, 정화의 모든 희망을 몰살하지 않아도 된다. 당신은 존재의 표면으로만 살아가지 않아도 된다.

당신은 중심이 사라진 의식의 공동(空洞)인 채로 살아가지 않아도 된다. '과학에 의한 생명 세계의 완전한 식민지화'를 겪게 되면 당신의 의식에 남는 건 그러한 공동의 표면뿐이다.

지금까지 이 책으로 당신은 '성장'이 정말로 존재하고(우리는 지금 당장 효율적으로 성장할 수 있다.) '깨어남'도 진정으로 존재하며(이것도 바로 지금 맛볼 수 있다.) '정화'가 분명히 가능하고(정화와 함께 특정 홀니스와 마음의 평화에 이를 수 있다.) 진정한 '열림'도 가능함을(바로 당신 안에 있는 수많은 잠재력에 접근하게 해 준다.) 매우 설득력 있는 증거들로 보았을 것이다. 그리고 그 모든 것이 진정한 '드러냄' 안에서 지금 이 순간에 효과적으로 구현되고 포용될 수 있고, 그렇게 당신의 삶이 모든 방향으로 심지어 무한대 그 이상으로 빛날 수 있음도 보았길 바란다.

지금까지 몇 챕터 동안 우리는 드러냄이 진정으로 의미하는 바와 우리 문화가 전체적으로 어떻게 드러냄을 더 이상 포착할 수 없게 되었고 다시 포착하려면 어떻게 해야 하는지를 집중적으로 살펴보았다. 이제 깨어남 주제로 다시 돌아가 깨어남이 무엇인지와 깨어남에 제대로 접근하는 법을 살펴보려 한다. 앞에서 깨어남에 대해 이미 소개한 바 있지만 이제부터는 좀 더 상세히 들어가 볼 것이다. 깨어남은 빅 홀니스의 완전하고 진정한 깨달음에 매우 중요한 부분이기 때문이다. 나는 지적 지도를 시도할 것이고 통합 성 탄트라 수행을 포함한 당신이 진정으로 깨어나는 데 도움이 될 몇몇 수행법도 소개할 것이다. 통합 성 탄트라로 당신은 성행위를 할 때마다 진정한 깨우침의 길 위에 서는 법을 배우게 될 것이다.

나는 당신의 참나, 당신만의 진정한 본성, 당신 존재의 핵심 조건과 실재로 향하는 당신만의 여정에 동참하려 한다. 이는 정해진 날짜나 기간도, 목적이나 목표도 없는 여정이며, 깨달음으로 향한 끝도 시작도 없는 여정이다. 나는 당신이 실망하지 않으리라고 생각한다.

15장

Finding Radical Wholeness

깨어남

개관

먼저 이 장에서 무엇을 다룰 것인지 개관하며 깨어남의 핵심적인 과정으로 접근해 보자. 내 생각에 당신에게도 흥미로운 주제가 될 것 같은데, 이 장에서 우리는 투리야(목격 혹은 순수한 의식)와 투리야티타(궁극적 비이원적 합일 의식, 일미 혹은 단순한 여여)라는 의식의 가장 높은 두 상태를 집중해 살펴볼 것이다. 더불어 이 두 상태에 동반되는 즉각적인 느낌들의 톤도 탐구할 것이다. 다시 말해 깨달은 상태가 실제로 어떤 느낌인지 알아볼 것이다.

예를 들어 목격 상태일 때, 당신은 (보통 에고라고 부르는) 작고 유한하고 제한적이고 보이는seen 자아 정체성에서 벗어나, 방대하고 무한하고 늘 존재하는 목격, 즉 순수하게 보는 자Seer(보이는 그 어떤 것도 아님), 순수한 의식 자체(의식의 그 어떤 내용이 아님)의 정체성으로 전환되고, 그때 철저한 자유나 심오한 의미의 해방과 구제를 느낀다. '나는 산을 보지만 나는 그 산이 아니다. 나는 감각들을 갖지만 나는 그 감각들이 아니다. 나는 느끼지만 나는 그 느낌이 아니다. 나는 생각하지만 나는 그 생각이 아니다.'라는 말은 목격 상태를 제대로 설명해 준다. 목격은 관찰되거나 보이는 것과 상관이 없다. 목격 상태는 순수하게 보는 것이다. 목격 상태는 의식의 내용이 아니고 순수한 의식 자체이다. 목격 상태는 모든 내용과 묶이는 성질에서 완전히 자유롭다. 목격 상태는 네티 네티Neti Neti, 즉 '이것도 아니고 그것도 아니다.'이다.

  이것도 아니고 그것도 아닌 이 참나를 추구할 때 당신은 무언가를 보는 것으로 그것을 발견할 수 없다. 무언가를 본다는 것은 더 많은 대상, 더 많은 내용, 더 많은 것을 의미하기 때문이다. 당신이 무엇을 보든 괜찮다. 그것과 자신을 동일시하지 않는다면 말이다. 당신은 동일시 대신 그 모든 것으로부터의 막대한 자유, 막대한 열림, 막대한 공간감을 하나의 대상이 아니라 하나의 분위기로 느끼기 시작할 것이다. 모든 대상의 목격 상태는 모든 대상에서 깊이 자유롭고 이것을 우리는 대해탈Great Liberation이라고 한다. 대해탈은 본래적으로 모든 두카Dukkha 즉 모든 괴로움에서 자유롭고, 불안, 우울, 두려움의 지속에서 전적으로 자유롭다. 더 이상 삶의 희생자 상태가 아니라 삶의 목격 상태이므로 그 자체로 철저히 자유롭다. 이런 막대한 자유의 느낌을 당신은 바로 지금 당신 안의 진정한 목격자를 인식하는 순간 곧장 느낄 수 있다.

  그런 무한한 자유의 느낌은 황홀한 구제, 심오한 기쁨, 깊은 행복의 느낌으로, 이 모든 것을 많은 전통은 한 단어, 즉 *지복*Bliss으로 요약한다. 목격 상태는 지복의 느낌을 주는 철저한 자유 상태이다. 산스크리트어로 지복은 아난다Ananda이고, 아난다는 영Spirit의 중심 메타포이다. 그리고 여기서 거의 모든 전통은, 나가르주나에 따르면 그 어떤 말로도 정확하게 설명할 수 없는 '궁극적 영'과 메타포로 어느 정도는 설명할 수 있는 '한정적 영'을 매우 신중히 구분한다. 궁극적 영은 '전적으로 한정할 수 없는'이란 뜻의 '니르구나Nirguna 브라흐만'이라고 한다. 다시 말해 니르구나 브라흐만은 진짜 공空, Emptiness(모든 생각과 모든 것의 텅 빔)이다. 대조적으로 '사구나Saguna 브라흐만'은 '메타포적 성질을 갖는 영' 혹은 메타포적으로만 진실인 성질의 영이다. 지금 여기서 내가 다루는 영은 당연히 사구나 브라흐만이다. 니르구나 브라흐만은 당신 스스로 직접 깨어날 때만 직접적으로 이해할 수 있고, 이 부분은 조금 뒤에 알아보겠다.

사구나 브라흐만은 인도철학에서 삿치타난다Satchitananda로 정의된다. 사트Sat는 '존재'를 의미하고 치트Chit는 '의식'을 의미하고 아난다Ananda는 '지복'을 의미한다. 존재-의식-지복, 이것이 깨어남의 메타포적 핵심이다. 그리고 목격 상태는 늘 존재하는 실재이므로(바로 지금도 당신이 알든 모르든 전적으로 존재한다.) 그것의 자유와 지복도 당신이 인식하든 않든 언제나 존재하고, 지금 이 순간도 온전히 존재한다. 따라서 우리가 우리 참나와 그 철저한 자유를 인식하는 데 도움이 될 연습들을 할 때 특히 이 항상 존재하는 지복을 찾아볼 것이다. 결국에는 이 지복 덕분에 우리 참나의 한결같은 현존(바로 지금 여기서 직접 경험할 수 있음)을 예민하게 알아차릴 수 있다.

따라서 요약하면 목격 상태의 철저한 자유는 지복으로 느껴지고 이 지복이 우리가 볼 주요한 것들 중 하나이다.

깨달음의 가장 높은 상태들을 계속 탐구하다 보면 우리는 투리야에서 투리야티타, 즉 의식의 가장 높고 궁극적인 상태라는 곳으로 옮겨 가게 될 것이다. 이 다섯 번째 상태(투리야가 네 번째 상태이므로)는 목격하는 자아 상태에서 나아간 분리되지 않은 순수한 현존의 단순한 여여 혹은 진여(혹은 일미) 상태이다. 여기서 나는 더 이상 산을 목격하지 않는다. 나는 산이다. 나는 더 이상 별을 보지 않는다. 내가 별이다. 나는 더 이상 구름을 바라보지 않는다. 내가 구름이다. 나는 더 이상 땅을 느끼지 않는다. 내가 땅이다. 세상을 한 걸음 물러서서 목격하던 자아의 감각이 해체되며 온 세상과의 순수한 합일 속으로 들어간다. 내가 그것이다. 자유의 느낌은 여전하지만 이제 충만함의 느낌이 훨씬 더 강하다. 나로부터 분리된 혹은 나의 밖에 있는 것은 말 그대로 아무것도 없다. 나만 있는데 그것은 '나'가 아니고 단지 이것이다. 따라서 여여이고 진여이며, '이것'과 모든 순간의 존재Isness만 있고, 안도 바깥도 없고 과거와 미래도 없다. 이것만 있다.

  자유는 항상 무언가로부터의 자유를 의미한다.(무언가를 하는 자유도 어떤 제한으로부터 벗어남을 전제로 한다.) 목격 상태의 철저한 자유는 전체 현현 영역으로부터의 자유, 삼사라의 모든 것으로부터의 자유이고, 삼사라의 모든 괴로움, 불안, 우울, 고통, 공포로부터의 즐거운 자유이다. 목격 상태는 그런 것들 중 어떤 것도 아니기 때문에 그런 것들로부터의 자유이다. 목격 상태는 네티 네티, 즉 '이것도 아니고 그것도 아닌' 자유이다. 하지만 일미의 충만함은 모든 현현으로부터의 자유가 아니다. 즉 모든 현현과의 분리가 아니다. 오히려 모든 현현과의 철저한 하나(그래서 일미 혹은 순수한 비이원)를 뜻한다. 이것도 자유의 한 유형이지만 모든 것을 배제하는 데에서 오는 자유가 아니라 모든 것과 철저하게 하나가 되는 데에서 오는 자유이다. 일미는 일어나는 모든 것과 하나(궁극적 단일 의식)이므로 그것 밖에서 그것을 제한하고 위협하고 상처 주거나 괴롭힐 것은 아무것도 없다. 일미의 느낌은 이런 넘치는 충만함이다.

따라서 이 철저한 충만함은 지복이라기보다는 사랑이다.(지복도 있기는 하지만 말이다.) 사랑 자체가 무언가와 하나가 되는 느낌이고, 그 하나가 되는 것이 주는 환한 따뜻함이 우리가 말하는 일상적인 '사랑'이다. 깨어남이 주는 사랑은 전 우주와 하나이고 우주에서 발생하는 모든 것과의 일미이므로, 무한하고 궁극적인 사랑이다. 나는 전 우주 혹은 우주적 의식과 말 그대로 하나이거나 비이원이고, 현재의 지금 순간의 여여나 진여 안에 완전히 포용된다. 그리고 나는 지금 이 순간을 경험하는 것이 아니다. 나는 지금 이 순간의 전체 Totality이며 그 빛나는 사랑 속에 있다.

순수한 목격과 일미의 이 두 가장 높은 상태를 인식하는 것은 동시에 철저한 자유와 심오한 충만함을 인식하는 것이다. 그리고 이 자유와 충만함을 우리는 진정한 지복과 모두를 포용하는 사랑으로 느낀다. 이 사랑의 지복 혹은 지복의 사랑이 우리의 가장 깊고 항상 존재하는 본성인 궁극적 자유와 철저한 충만함을 반영하는, 우리가 늘 갖고 있는 모든 지금 순간의 실제 감촉이다. 이 책의 이 부분에서 우리는 이 순수한 목격과 비이원의 일미 상태를 추구해 볼 것이다. 지속하는 지복과 모든 것을 포함하는 사랑으로 느낄 수 있는 그 철저한 자유와 순수한 충만함과 함께 말이다.

이 장부터 다음 장(16장)까지 나는 의식의 가장 높은 두 상태(투리야와 투리야티타)를 탐구하며 항상 존재하는 이 두 상태를 깨닫는 데 도움될 지적 지도 몇 가지를 제시할 예정이다. 그다음 17장에서는 깨달음의 느낌들(지복과 사랑)을 살펴보고 여기서도 당신 안에 항상 존재하는 이것들을 깨닫는 데 도움될 지적 지도 몇 가지를 제시할 예정이다. 깨어남에 대한 이 모험의 마지막 부분으로 우리는 통합 성 탄트라를 탐구해 볼 것이다. 탄트라는 넓은 개념이지만 가장 중요하게는 성행위 시 자연스럽게 일어나는 행복과 사랑의 감정을 이용해 궁극적 영의 지복과 사랑으로 나아갈 수 있음을 보여 준다. 우리는 이미 지복과 사랑이 진정한 영적 자각의 가장 근본적인 두 가지 감정 톤임을 보았다. 탄트라는 우리의 진정한 본성인, 항상 존재하는 무한한 지복과 자유를 기억하고 고취하고 강화하기 위해, 성행위가 주는 일시적이고 유한한 행복과 사랑의 감정들을 이용하는 하나의 매우 실질적인 수행법이다. 요약하면 섹슈얼리티를 깨어남의 수단으로 이용한다. 그러므로 성행위를 할 때마다 당신은 곧장 신성한 영 자체로 뛰어들어 당신의 가장 깊고 가장 진정한 자아/여여와 대면하게 될 것이다. 그렇게 하는 데 필요한 구체적인 연습과 수행법을 통합 성 탄트라를 다루는 18, 19장에서 살펴보겠다. 이것은 당신이 섹슈얼리티를 보는 방식을 영원히 바꿔 줄 수도 있다.

깨어남에 대한 역사적 망각

깨어남은 근대 세상이 망각하거나 무시하거나 대놓고 부인해 왔지만 분명 홀니스의 가장 심오한 영역 중 하나이다. 근대는 대체로 깨어남을 비난해 왔다. 왜 그랬을까? 앞에서 우리는 성장에서 일어나는 '설명에 의한 직접적인 지식'인 영적 지능과 깨어남에서 일어나는 '면식에 의한 직접적인 지식'인 영적 경험 사이에 중요한 차이가 있음을 보았다. 특히 서양에서 인류가 엠버의 전통적-신화적 단계에서 오렌지의 합리적인 근대('이성의 시대')로 진화하고 성장해 나갈 때 선도적 엘리트들은 많은 바람직한 이유에서 합리적 과학이 생산하는 지식 유형에 점점 더 매료되었고, 단순히 신화적이기만 한 종교의 재난에 가까운 이면들을 점점 더 맹렬히 비난했다. (1700년대) 근대 유럽은 수 세기에 걸친 진정 야만적인 종교 전쟁들을 막 끝낸 상태였다. 그 수 세기 동안 '우리의 신이 너희의 신보다 낫다.'고 믿었다면 근대는 '신은 죽었다.'고 믿었다.(그리고 엠버 신화적 신은 정말로 한때 선구적이었던 모든 종류의 관점들이 그렇듯 결국 죽어 가고 있었다.)

오렌지 합리성의 과학적 세계관이 계속해서 탄력을 받아 감에 따라 신화적인 독단은 꾸준히 그 토대를 잃어 갔다. 그렇게 한두 세기가 지나자 대부분의 선도적인 사상가들이 신화적인 종교가 아니라 합리적인 과학에 의지하기 시작했다. 그리고 오늘날 현대 서양 문화의 공식 철학은 여전히 과학적 유물론이다.(이런 상황의 역사적 시작에 대해서는 앞 장에서 살펴보았다.)

그런데 종교를 그렇게 버렸을 때 근대는 사실 (성장의 한 라인인) 영적 지능과 (깨어남의 직접적인 상태인) 영적 경험을 완전히 혼동했던 것이다. 다양한 종교 체계들 자체에서도 이 구분은 항상 불확실했다. 세계 대종교 대부분의 창시자들 자체는 어느 정도의 심오한 깨어남을 경험했지만 이들의 신봉자들도 그랬다고는 볼 수 없다. 종교 자체의 중요한 목적은 일반적으로 그 창시자의 그것과 유사한 의식 상태에 이르는 것이고 많은 수행법이 그런 더 높은 상태를 목표로 한다. 그런 깨어남의 더 높은 상태에 이른 사람도 있었지만 대부분은 그러지 못했다. 하지만 그들 모두는 예외 없이 성장의 어떤 단계에는 가당았고(대부분 신화적 단계) 따라서 어느 정도의 영적 지능을 소유했다. 중세 시대 영적 지능의 가장 흔한 단계는 실제로도 엠버 신화 단계였고, 따라서 관련 독단들이 전형적인 독단이 되어 당시 기독교를 정의했던 다양한 신조들에 부드럽게 안착했다.(예를 들어 매우 엠버 신화-문자적이고 민족 중심적인 원칙들인 「니케아 신경」과 「사도 신경」) 기독교는 진정한 깨어남(보통 네티 네티 류의 부정, 즉 신비주의 투리야 상태)을 목표로 하는 명상이나 관상을 수행하는 사람들 혹은 '무지의 구름Cloud of Unknowing' 같은 훨씬 소수였던 사람들도 포용했다. 이들은 보통 수도사들이었고, 이 중에서도 아주 소수만이 실제로 진정한 깨어남을 경험했다. 나머지 대다수의 일반 사람들은 신화-문자적 영적 지능에 머물러 있었다.

당시 영적 지능과 영적 경험을 구분해서 이해하는 사람은 극소수였다. 성장의 단계들이 아직 발견되지 않아서이기도 했고, 진정한 깨어남을 경험한 사람들의 수가 아주 적었기 때문이기도 하다. 그 결과 성장에서 나타나는 영성과 깨어남에서 나타나는 영성 사이에 일관된 선이 그어질 수 없었다. 따라서 문외한의 눈에는 둘 다 '종교적'으로 보였다. 기독교의 하나님을 믿는다고 말하는 사람들의 막대한 대다수는 사실 일종의 신화-문자적 믿음을 말하는 것이었다. 하지만 종교를 몰아낼 때 과학은 이 둘을 다 몰아냈다. 과학은 엠버의 신화적 종교를 버렸지만 동시에 깨어남의 영성도 모두 버려 버린 것이다. 신은 죽었고 그와 함께 영성도 죽었다. 이것이 서구 세계가 깨어남을 망각한 이유이다.

따라서 나는 깨어남을 부활시킨 다음 당신에게 적극적으로 추천하고자 한다.

목격 대 일미

목격과 일미 사이의 차이를 구분하는 데, 혹은 최소한 그 차이를 기억하는 데 사람들은 자주 곤란함을 겪는다. 목격 의식과 일미 의식의 차이는 간단히 말해 당신이 존재하는 모든 것의 전체 그림과 맺는 관계 방식의 차이이다. 전자(목격) 상태에서 당신은 그 전체에서 자유롭고 그 전체를 대상으로 단지 목격한다.(절대적 주관, 순수하게 보는 자 혹은 참나로서의) 목격 자체가 되어 어떤 대상이든 모든 대상으로부터 완전하고 철저한 자유로움(네티 네티)을 유지하는 것이다. 후자(일미) 상태에서 당신은 한 단계 더 나아가 목격 상태를 전체 그림 속으로 녹아들게 해 모든 분리감이 사라지게 한다.(그래서 순수한 일미 의식) 이제 그 모든 것으로부터 자유로운 느낌보다는 그 모든 것과 함께하는, 혹은 그 모든 것으로서의 충만한 느낌이 더 크다.(무엇으로부터 자유의 느낌이 아니라 그 무엇과 하나임의 느낌)

여기서 전체 그림이란 바로 지금 당신 의식 속에서 아무런 회피, 부인, 저항 없이 일어나는 모든 것과 모든 사건을 의미한다.(당신은 그 모든 것을 목격하거나 그 모든 것과 하나가 된다.) 따라서 두 경우 모두에서 그 기본적인 첫 단계는 당신이 의식할 수 있는 가장 큰 전체의 가장 큰 전체의 가장 큰 전체에 머무는 것이다. 회피하지 않고 당신이 경험하는 모든 것을 단지 경험하는 것이다. 존재하는 모든 것의 전체 그림을 모두 온전히 포함하는 목격 의식 속에 머무는 것으로 시작하자. 바로 지금 생성되어 바로 지금 당신이 경험하는 모든 것, 사건, 감각, 충동, 느낌, 욕망의 전체 그림, 즉 그 존재하는 모든 것의 그림(당신의 전체 세상) 말이다.

우리의 일반적인 혹은 전형적인 의식이 근본적인 회피, 원초적 두려움, 위축Contraction에 의해 휘둘리고 있음을 알면 큰 도움이 될 수 있다. 매 순간 우리가 보기 싫어하는 것이 있다. 어떤 아이디어, 생각, 인식, 충동, 감각, 어떤 사물이나 사건 등등. 그래서 우리는 고개를 돌리고 다른 곳을 보고 그 자리를 떠나 버린다. 이런 근본적인 회피가 인류 불행의 원인이다. 이 때문에 사슬 반응으로 계속해서 이원성이 생겨나고 모든 것이 분리되고 깨진다. 그리고 이 깨짐의 동의어가 괴로움이다.

  이런 원초적인 회피의 가장 흔한 증상 중 하나가 일상의 경험들 속에서 나타나는 모호하지만 도저히 간과할 수 없는 긴장감, 자기 위축이나 뻣뻣함이다. 이는 경험 전반을 완전히 의식하지 못하고 초점을 그 일부에만 제한적으로 맞추고 좁게 *의식하기* 때문이다. 하지만 이런 자기 위축적인 긴장감이 있어도 당신은 그런 사실을 의식할 수 있고, 또 그렇게 의식하는 것 자체가 거기에서 벗어나게 한다. 이 때 당신의 의식은 그 위축과 자신을 동일시하지 않는다. 단지 목격하기만 한다. 그리고 그 순수한 목격 안에서 모든 것이 쉽게, 온전히, 완전히 일어난다. 원초적 의식이 위축을 포함한 그 모든 것을 즉흥적으로 쉽고 자연스럽게 의식한다. 새들은 노래하고 자동차들은 경적을 울리고 사람들은 수다를 떨고 구름은 흘러간다. 이 모든 것이 방대하고 열린 빈자리, 즉 의식 자체에서 일어난다.

  따라서 목격과 일미 둘 모두를 위한 모든 종류의 마음챙김 훈련에서 가장 중요한 점은 회피에 붙잡히지 않고 의식 속에서 일어나는 모든 것(그 하나하나의 대상, 사건, 일)이 있는 그대로 그때그때 드러나기를 항상 절대적으로 허용하는, 항상 존재하고 원초적인 목격 의식을 인식하는 것이다. 그 모든 것(대상, 사건, 일)이 바로 존재하는 전체 그림의 그 전체이다. 그리고 모든 그림이 그렇듯 그림 전체가 애초에 의미를 가지려면 현재 순간의 모든 특성이 필요하다. 우리는 상승과 하강, 빛의 공간과 어둠의 공간, 산과 계곡, 선과 악, 쾌락과 고통, 행복과 슬픔이 필요하다. 그 각각의 것들이 존재하려면 말이다. 악을 모두 제거하고 선만 좇는다면, 고통을 모두 제거하고 기쁨만을 좇는다면, 슬픔을 모두 제거하고 행복만을 붙잡는다면 상승만 있고 하강은 없는, 들어가는 것만 있고 나오는 것은 없는, 왼쪽만 있고 오른쪽은 없는 세상이 될 것이다. 위대한 전통들이 이구동성으로 깨달음은 '한 쌍으로부터 자유롭게 되는 것'이라고 할 때, 그 쌍이란 **모든** 서로 반대되는 것을 의미한다. 영은 단지 선하지 않다. 영은 선과 악을 초월한다. 그리고 단지 쾌락이 아니라 그 쾌락과 고통을 초월한 것이다. 영은 빛도 행복도 자유도 석방도 구제도 아니다. 혹은 반대가 있어야만 의미가 생기는 다른 어떤 개념도 아니다.(공에 대한 나가르주나의 지적을 기억하기 바란다.) 이것은 기독교 신비주의자들이 '반대의 일치 Coincidentia Oppositorum' 혹은 양극의 합일이라고 부른 것이다. 깨닫고자 한다면 반대를 이루는 한 쌍의 한쪽만 추구하느라 나머지 한쪽을 제거하면서 우주의 정중앙을 찢어 놓지 말아야 한다.(앨런 왓츠는 관련해 『신의 양손 The Two Hands of God』이라는 멋진 책을 쓴 바 있다. 신에게는 언제나 왼손 그리고 오른손이 있다. 이 둘은 언제나 함께 간다!)

그러므로 목격과 일미 모두를 얻기 위한 첫 단계는 존재하는 전체 그림의 모든 것을 포함하는 목격 의식 속에 안주하는 것이다. 요령은 위축, 회피, 외면이나 도망이 없는 거울-정신 의식을 발동시키는 것이다. 다시 말해 모든 경험을 경험하라. 모든 경험이 그냥 그 자체로 바로 지금 온전히 일어나기를 허락하라. 그리고 위축도 부인도 없이 그 모든 것이 당신을 통해 온전히 흘러 나가도록 허락하라. 모든 것에 대면하라. 아무것도 피하지 마라.

지금 무언가를 피하고 있거나 위축되고 있다면 그래도 괜찮다. 단지 그 회피도 알아차리기만 한다. 그 회피도 그 모습 그대로 당신 의식 안에서 일어나도록 허락한다. 당신은 아무것도 부인하고 싶지 않다. 하지만 만약에 부인한다면 그래도 괜찮다. 단지 그렇게 부인하고 있음을 알아차리기만 한다. 당신은 무엇으로부터도 도망가고 싶지 않다. 하지만 만약 도망가고 있다면 그것도 괜찮다. 그것도 그냥 알아차리기만 한다. 당신은 이것을 잘못 이해할 수 없다. 왜냐하면 당신 의식의 한 부분이 이미 항상 이것을 정확히 이해하고 있기 때문이다. 그러니 당신 의식 속에서 이미 일어나고 있는 것을 그냥 알아차려라. 그리고 그 의식 자체가 모든 것을 포용하는 거울 정신임을 알아차려라. 그 의식은 매 순간 일어나는 모든 것을 즉흥적으로 쉽게 알아차린다. 현재의 의식, 그 순수한 목격을 그저 알아차리고 그 안에서 머물러라.

연습에서의 두 단계

첫 번째 단계는 목격과 일미 두 연습에서 모두 똑같다. 모든 것을 그저 목격하는 것이다. 목격과 일미 이 두 연습 사이의 차이점은 이 연습의 두 번째 단계에 이르러 전체 그림과 정확히 어떤 관계를 취해야 하는지를 볼 때 드러날 것이다.

전체 그림은 다시 말하지만 현재 순간에 일어나는 현상들의 전체,

즉 (과거와 미래에 대한, 현재 일어나는 모든 생각을 포함한) 당신이 현재 하는 경험 전체를 뜻한다. 그 모두가 일어나는 대로 일어나게 둔다. 그 전체 그림을, 그 각각의 현상들을 그것과 동일시하거나 피하거나 외면하는 일 없이 가차 없이 목격하고자 할 때 그 현상들은 목격의 대상들로 나타날 것이고, 목격 자체는 그 모든 대상에서 완전히 자유로워질 것이다. 당신은 진정한 주체, 절대적인 주관성이 될 것이고 그 대상들은 모두 당신 '앞에' 나타날 것이다. 이것이 당신이 하는 일이라면 당신은 거울-정신 의식을 이용해 그림 전체를 온전히 목격하는 투리야 연습(목격 연습)을 하는 것이다.

한편 여기서 한 단계 더 나아가 목격 상태를 존재하는 그림의 그 전체성 속으로 녹아들게 한다면 당신은 더 이상 그림 전체를 목격하는 것이 아니다. 당신이 그림 전체**이다**.[1] 당신은 한 걸음 물러서서 일어나는 무엇이든 더 이상 목격하지 않는다. 당신은 그것과 온전히 하나이다. 당신이 그것이다. 당신은 일미에 있다. 이 깨달음이 무르익을 때 모든 이원성을 초월한 완전히 깨우친 비이원의 여여如如라는 최종 깨달음에 도달한다. 당신은 더 이상 자신을 다른 모든 것과 다른, 분리된 자아로 느끼지 않는다. 당신은 실제로 자신이 모든 것과 하나라고 느낀다. 이것은 완전한 우주 의식이다. 어느 선불교 선사는 이를 "내가 종소리를 들었을 때 거기에는 종도 없고, 나도 없고, 단지 소리만 있었다."라고 아름답게 표현하기도 했다.

보통의 경우라면 당신은 일미를 인식하기 전에 목격 상태로 완전히 들어가고 싶을 것이다. 완전한 목격 상태가 될 때 그리고 자신을 전체 그림 속 대상들 중 그 어떤 것과도 동일시하지 않을 때 ('나는 이것도 아니고 그것도 아니다.') 당신은 현현된 것들 혹은 현현된 사건들에 대한 모든 집착, 모든 고착, 모든 동일시를 완전히 벗겨 내기 때문이다. 그리고 그 모든 것과의 동일시에서 벗어날 때('나는 이것도 아니고 그것도 아니다.') 더 쉽게 **모든 것**과 하나가 될 수 있기 때문이다.('나는 이것이고 나는 그것이다.') 당신이 여전히 어떤 특정한 것이나 사건들과 자신을 은밀히 동일시하고 있다면 이런 일은 제대로 일어날 수 없다. 그 선행된 은밀한 동일시가 모든 것과의 평등하고 온전한 동일시를 방해하기 때문이다.

당신은 선택된 몇 개 혹은 집단 항목과 자신을 동일시하는 것(당신이 '자아'라고 부르는 일단의 대상들, 즉 당신의 *가짜 주체*Pretend Subject도 여기에 포함된다. 이것은 에고를 위한 모든 성장 단계에서 나타나는 전형적인 조건이다.)에서 하나의 것/사건과도 자신을 동일시하지 않는, 텅 빈 목격자로서 완전히 자유로울 때 일어나는 그런 상태로 나아가고 싶다. 그리고 바로 그 상태에서 당신은 모든 곳에서 **모든 것**과 절대적으로 하나가 되는 상태로 옮겨 갈 수 있다. 이 연습은 말 그대로 어떤 것(에고)에서 아무것도 아닌 것(목격)을 거쳐 모든 것(일미)으로 나아가는 것이다.(다시 말하지만 다음 장들에서 우리는 목격 상태와 일미 상태를 정확히 인식하는 법을 자세히 살펴볼 것이다.)

지적 지도

의식의 더 높은 상태와 가장 높은 상태를 알아차리기 위한 두 가지 매우 일반적이고 기본적인 활동이 있다. '수행'과 '인식'이 그것이다. 명상을 수행할 때 당신은 어떤 연습을 하면서 낮은 알아차림 상태에서 높은 알아차림 상태로 나아가려 할 것이다. 이 수행의 결과는 무언가를 얻는, 완수하거나 성취하는 것이다. 여기서 당신은 낮은 상태의 알아차림에서 더 높은 상태의 알아차림으로 나아간다. 이것이 가장 흔한 유형의 명상이며 확실히 효과가 있다.

이는 더 높은 상태로 나아가는 데 효과가 있다는 말이지 *가장 높은 상태로 가는 데 효과가 있다는 말은 아니다*. 수행으로 더 높은 상태로 갈 수 있는 것은 그 더 높은 상태들이 궁극적이지 않고 상대적이기 때문이다. 그 상태들이 가장 높은 상태가 아닌 것은 가장 높은 상태들이 절대적이고 궁극적이고 영원한 혹은 시간이 없다는 뜻이기 때문이다. 이는 항상 존재한다는 뜻이며 바로 여기 지금 온전히 존재한다는 뜻이다. 따라서 어떤 식으로든 그 속으로 들어갈 수도, 그것을 획득할 수도, 성취할 수도 없다. 대신에 그 가장 높은 상태들은 항상 이미 사실이다. 그래서 그것들로 들어가는 것이 그저 불가능할 뿐이다. 혹은 그것들이 아닌 지점에서 그것들인 지점으로 옮겨 가는 것이 그저 불가능할 뿐이다. 왜냐하면 그것들이 아닌 지점이 없기 때문이다. 가장 높은 상태들은 궁극적이고 절대적이고 편재하며, 모든 것을 포용하고 포함하며, 불생不生, Unborn(시간적인 시작이 없다.)이고 불사不死, Undying(시간적인 끝이 없다.)이며, 언제나 이미 사실이며, 언제나 이미 온전히 존재한다.

이 가장 높은 상태들은 본질상 상태라기보다는 항상 있는 조건에 더 가깝다. 매슬로는 이런 상태가 일시적인 '정상 경험Peak Experiences'이 아니라 기본적으로 영원한 '고원 체험Plateau Experience'이라고 했다. 상대적인 상태는 다른 상대적인 상태와 구분되고, 그 한 상태가 존재하기 시작하면 다른 상태는 밀려 나간다. 당신은 술이 취한 동시에 맑은 정신일 순 없다. 앞으로 가면서 동시에 위로 갈 수는 없다. 꿈 없는 숙면 상태에 있으면서 동시에 꿈꾸는 상태일 수는 없다 등등. 상대적인 상태들은 서로 번갈아 나온다. 서로 교대한다.

하지만 궁극적 상태들은 다른 상태들과 다르지 않다. 궁극적 상태는 다른 모든 상태와 함께 존재하는 어떤 것이다. 궁극적 상태는 다른 모든 상태의 배후에 항상 존재하는 배경 현실 같은 것이다. **목격** 상태는 정말로 다른 모든 상태가 왔다가 갈 때 항상 변하지 않고 온전히 존재한다. **목격** 상태는 오지도 가지도 않고, 모든 *상태*가 오고 가는 것을 끊임없이 **목격한다.** (그리고 목격 상태를 깨닫거나 인식하면 당신이 인식하지 못했을 때도 그것이 언제나 현존했음을 알게 될 것이다. 당신은 바로 지금 **목격 중이다.** 당신이 그것을 알아차리든 않든.) **일미**도 마찬가지이다. 일미 상태는 오지도 가지도 않고 다른 상태들과 교대하지도 않는다. 모든 상태 아래 존재하고 모든 상태를 온전히 포용하고 감싼다. 이것이 목격/투리야와 일미/투리야티타가 항상 함께 의식의 두 주요 궁극적 상태로 말해지는 이유이다. 거친 상태, 미세한 상태, 원인 상태는 대조적으로 상대적 상태들이다. 이들은 시간 안에서 왔다가 간다. 한동안 유지되다가 전환된다. 이 상태들 중 어떤 것도 항상 존재하지 않고 영원하지 않다, 혹은 궁극적이지 않다.

따라서 궁극적 상태들을 위해 여기서 우리가 해야 할 일은 수행이 아니라 단순한 인식 혹은 깨달음이다. 단순한 인식 혹은 깨달음은 대개 스승이 그 가장 높은 상태가 이미 거기 있음을 당신이 인식할 때까지 말로 지적함으로써 성취될 수 있다. 그리고 이미 항상 있는 그 상태를 당신이 인식하게 되면 그것이 정말로 언제나 거기서 온전히 기능하며 존재했음에도 몰랐다는 사실을 깨닫게 될 것이다. 따라서 당신은 정말이지 그 상태로 들어가는 것이 아니다. 당신은 언제나 그 상태에 있었다. 당신은 이미 항상 그랬던 어떤 것을 이제 인식하거나 깨달을 뿐이다.(앞서 말했듯이 당신은 이것을 목격으로 알아차릴 수 있다. 그 상태로 '들어갈 때'마다 당신은 그것이 항상 그랬으며 단지 지금 당신 스스로 그것을 인식하고 있을 뿐임을 알아차릴 수 있다.)

선불교는 이것을 당신의 '본래면목 Original Face', 즉 '당신 부모가 태어나기 전 당신의 얼굴'이라고 부른다. 시간적으로 당신이 부모가 태어나기 전에 존재했었다고 말하는 것이 아니라 애초부터 시간의 흐름 속으로 들어가지 않았음을 말하는 것이다. 이것은 시간 자체를 앞선다. 당신의 본래면목, 당신의 진정한 존재 Real Being는 부모의 출생, 태양계의 탄생, 빅뱅으로 인한 시공간의 탄생을 앞선다. 왜냐하면 그것은 시간보다 앞서 있기 때문이며, 사실 그게 전부다.

이것이 무엇을 의미하는지 이해하려면, 긴장을 풀고 목격 의식으로 들어가 현재 순간을 목격하는 것부터 시작해 보자. 이 현재 순간이 일어나 몇 초 정도 존재하다가, 새로운 현재 순간이 당신 의식 속으로 들어오면 이전 순간은 과거로 사라지고 기억이 되는 것을 알아차린다. 그 새로운 순간도 몇 초 혹은 좀 더 지속되다가 과거로 사라지고 또 새로운 순간이 나타난다. 이런 움직임은 지속된다. 그냥 계속 이어지고 또 이어진다. 기독교 신비주의자들은 이것을 "흐르는 현재 Nunc Fluens" 혹은 "지나가는 현재"라고 불렀다.

하지만 **목격** 자체를 알아차려 보자. 계속 현재에서 과거로 이동하는 그 지나가는 현재를 알아차리는 의식을 알아차리자. 그 순간의 순수한 목격, 그 자체는 변하지 않는다. 목격 자체는 단지 지속되는 현존, 알아차림의 순수하고 이동 없는 한 지점이고, 지속되는 진정한 **거울 정신**이다. 목격 자체는 지나가는 현재들이 일어나 잠시 머물다 지나가고, 또 일어나 잠시 머물다 지나가는 것을 그저 지켜본다. 목격 자체는 완전히 이동 없는 채로 남는다. 이동 없고 순수하고 끝이 없는 현존 혹은 영원한 **지금**Now으로 남는다. 이것을 다니엘 P. 브라운은 "한없고 변화 없는 자각"이라고 했다.

기독교 신비주의자들은 이 변화 없는 **현재**를 "멈춰 있는 현재Nunc Stans" 혹은 "이동 없는 현재" 혹은 "영원한 지금"으로 불렀다. 기독교 신비주의에 따르면 영원한 현재, 그 신성한 현재는 지나가는 현재가 아니라 멈춰 있는 현재이다. 진정한 현재는 끝이 결코 없는 현재로서 온전히 존재한다. 이 영원한 지금은 존재하게 되지 않는다. 과거로 사라지지도 않는다. 항상 존재하고 변하지 않는 순수한 현재이다. 지나가는 현재, 미래에 대한 당신의 생각들, 과거에 대한 당신의 기억들은 모두 이 끝나지 않는 현재에서 일어난다. 슈뢰딩거의 말대로 "유일하게 끝이 없는 것은 현재이다."[2]

목격 상태는 언제나 이 영원한 지금 속에 있는 것이다. 목격 상태는 일어나는 모든 것을 이 변하지 않고 영원하고 운동 없는 현재 의식에서 보는 상태이다. 이 멈춰 있는 현재가 지나가는 현재와 그 안의 모든 것(현재 경험들, 과거의 기억들, 미래에 대한 생각들)을 알아차린다. 그리고 지나가는 현재와 그 안의 모든 것은 항상 존재하는 영원한 지금 안에서 일어난다. 변하지 않는 멈춰 있는 현재는 변하기만 하는 지나가는 현재를 온전히 알아차린다.

다시 말해 이 순수한 목격 혹은 목격하는 의식은 항상 존재하는 영원한 지금 속에 항상 존재한다. 알아차림을 수행할 때 일반적으로 바로 지금 현재의 순간에 집중하고 과거나 미래의 일은 생각하지 말라고 한다. '단지 지금 현재만 알아 차리라.'는 뜻이다. 하지만 이런 방식으로 얻게 되는 건 흘러가는 현재일 뿐이다. 당신을 진정으로 멈춰 있는 현재, 그 영원한 지금으로 데려가지는 못할 것이다. 그 영원한 지금은 얻기 어려운 것이 아니라 피하기가 불가능한 것이다.

이것을 정말로 이해하고 싶다면(그리고 목격 상태가 영원한 지금 안에 항상 온전히 존재함을 보고 싶다면) 앞서 영원한 지금의 그 영원의 의미를 논할 때 했던 실험을 반복하기를 권한다. 과거에 있었던(그렇게 당신이 믿고 있는) 어떤 사건에 대해 생각해 보라. 그 과거 사건을 최대한 생생하고 분명하게 그려 본다. 그리고 당신이 지금 실제로 알아차리고 있는 것은 모두 지금 이 순간에만 존재하는 기억임을 알아차린다. 그리고 그 사건이 실제로 일어나 존재했던 그때도 그것은 지금-순간Now-moment이었음을 알아차린다. 두 경우 모두 당신이 실제로 알아차린 것은 지금-순간이다. 마찬가지로 당신이 미래에 존재할 거라고 믿는 어떤 것을 생각해 본다. 그리고 그것이 그냥 생각일 뿐이고 그 생각이 바로 여기 지금-순간에만 존재함을 알아차린다. 그것이 정말로 실제 사건이 된다고 해도 지금-순간에만 실제 사건이 될 것임을 알아차린다.

다시 말해 당신이 정말로 알아차리는 유일한 시간이 지금-순간이고, 지금-순간은 얻기 어려운 것이 아니라 피하기가 불가능하다. 그것은 언제나 이미 그렇다. 그것은 절대적으로 항상 존재한다.(혹은 영원하다.)

그러므로 목격은 (실재들만 다루기 때문에) 언제나 이 지금-순간에서 온전히 작동하며, 지나가는 현재는 이 변하지 않는, 항상 존재하는, 시간 없는 지금의 공간을 통해 이동한다. 알아차림의 내용들은 시간 안에 존재하지만 알아차림 자체는 그렇지 않다. 알아차림 자체는,

계속 존재하고 항상 존재하고 영원한 지금 안에서 작동한다. 그리고 이 모든 것은 당신이 깨닫든 깨닫지 않든 일어난다. 하지만 희망컨대, 지금 이 문장들과 같은 지적Pointing Out으로 당신이 그 항상 존재하고 영원한 지금을 인식하기 시작할 수 있다. 과거와 미래를 온전히 포용하는 지금Now, 지나가는 현재 의식의 좁은 틈이 아니라 모든 것을 포함하고 포용하는 방대한 의식으로서의 지금 말이다.

이 목격 상태가 당신의 본래면목이다. 시간 이전에 존재하므로 당신 부모의 출생 이전에 존재하는 당신의 본래면목이다. 정말로 영원하므로 시간 이전에 존재한다.(영원이란 시간 속에서 끝없이 계속된다는 뜻이 아니라 지금 안에 온전히 존재하는 시간이 없는 점임을 기억하기 바란다.) 우리는 이미 비트겐슈타인이 "영원을 계속되는 시간의 지속이 아니라 시간 없는 점으로 본다면, 영원한 삶은 현재에 사는 사람의 것이다."[3]라고 말하며 전 세계 거의 모든 신비주의자가 동의하는 바에 쐐기를 박았음을 보았다.

지금 이미 존재하는 것보다 더 존재할 미래의 시간은 절대 없을 것이다. 절대. 내일 존재하게 되지만 지금 이 순간에 존재하지 않는 것은, 엄연히 시간 속에 있는 것일 뿐 영원한 것은 아니다. 바로 그래서 샹카라(불이일원론의 베단타 학파의 주창시자)는 자기실현Self-Realization이 획득될 수 없다고 했다. 획득되는 순간 그것은 시작이 되고, 따라서 영원한 것이 아니라 본질적으로 일시적인 것이며, 따라서 진정한 자기실현이 아니게 되기 때문이다.

목격 상태의 순전한 단순함이 목격 상태를 그렇게나 쉽게 놓치게 만드는, 알아차리지 못하고 깨닫지 못하게 만드는 한 이유이다. 이런 순전한 단순함의 한 예가 당신의 나됨I AMness, 즉 곧 당신 안에 바로 지금 존재하는 그 **목격**이다. 우리는 앞에서 그리스도가 "아브라함 이전에 내가 있다.I AM"고 했을 때 정확하게 이 나됨을 뜻한 것임을 보았다. 목격처럼 이 나됨의 느낌은 언제나 존재하지만 우리는 거의 항상 그 심연을 놓친다. 왜냐하면 (정확하게 그 단순함 때문에) 우리는 그것을 재빨리 더 복잡한 무언가와 동일시하기 때문이다. 그럼 그것은 단지 순수하고 즉각적이고 있는 그대로의 **나됨**I AMness이 아니라 '**나는 이것이거나 그것이다.**I AM this or I AM that'가 된다. 나는 의사이다, 변호사이다, 학생이다, 배우이다, 나는 이만큼 크다, 나는 이만큼 무게가 나간다, 나는 이 학교를 간다, 나는 이런 일을 한다 등등. 이런 식으로 영원하고 항상 존재하고 순수한, 존재의 단순한 느낌인 **나됨**은 결코 깨닫지 못한다.

나됨 깨우치기

존재의 순전한 느낌은 다양한 꿈을 꾸는 상태에서도 알아차림을 유지하거나 깨어 있는 법을 배우는 드림 요가* 같은 것을 연습할 때 특히 명백해질 수 있다. 당신은 깨어 있는 상태일 때 수천수만 가지의 것들(특히 거친 혹은 물질 상태 자체의 것들)과 자신을 동일시하기 시작한다. 예를 들어 당신의 직업, 부, 거친 욕망들, 원하고 바라는 것들, 당신의 자동차, 집 등. 깨어 있는 상태에서 당신의 나됨은 이 모든 거친 대상들과의 관계와 동일시된다. 따라서 존재의 순전한 느낌은 인식하지 못한다. 당신은 언제나 이것 혹은 그것이고, 그 '이것'

---

* 티베트 불교 전통에서 수행되는 잠자는 동안에 자각몽을 활용한 수행법. 잠의 상태, 특히 꿈 속에서 의식적으로 깨어 있는 훈련을 통해 궁극적인 자각과 해탈을 추구하는 영적 수행이다.

과 '그것'은 대개 거칠거나 물질적인 대상들과 연결되어 있다. 당신은 나됨 자체는 결코 깨닫지 못한다.

이제 당신은 꿈 상태로 빠져든다. 하지만 연습을 했기 때문에 당신이 꿈을 꾸고 있음을 계속 알아차린다.(맞다, 이건 인식이 아니라 연습이다.) 자각몽을 꾸는 것이다. 이제 당신은 어떤 거친 대상과도 자신을 동일시하지 않는다. 거친 대상들은 다 사라졌기 때문이다.(꿈속에서는 자연도 가이아도 물질적 실재도 없다.) 당신은 이제 꿈속의 미세한 대상들만 알아차린다. 빛을 내는 이미지들, 충동들 그리고 강렬한 환영들. 그리고 당신(당신의 나됨, 당신의 목격 상태)은 이제 자신을 다양한 미세한 대상/이미지와 동일시하고 그것들을 알아차리느라 정신이 없다. 여기서도 당신은 당신의 현존, 당신 참나의 순전함은 인식하지 않는다. 미세하기는 하지만 여전히 분리된 자아감을 갖고 그것이 당신 자신이라고 느낀다.

이제 당신은 꿈 없는 깊은 상태(원인 상태)로 들어간다. 그 가장 끝은 형상 없고 현현 없고 아무것도 없는 순수하고 방대한 공空, 무한한 심연이다. 그럼에도 드림 요가 덕분에 당신은 여전히 그런 상태를 조용히 알아차린다.(수면 시 뇌 활동을 조사하는 뇌파 연구들에 따르면 이런 상태, 즉 꿈 없는 깊은 수면 상태에서도 알아차림이 분명히 가능하다.) 그런데 이 꿈 없는 상태에서는 아무런 대상이 없어서 동일시할 것이 이제 말 그대로 아무것도 없다. 그래도 당신은 여전히 알아차린다. 그리고 당신은 당신이 여전히 알아차리는 그것이 유일하게 여전히 존재하는 것임을 본다. 그리고 그렇게 여전히 존재하는 그것이 바로 목격하는 나됨의 단순한 느낌이다. 왜냐하면 그것은 언제나 존재하고 항상 이미 그랬기 때문이고, 꿈 없는 깊은 수면 상태를 포함한 모든 상태에서 완전히 존재하기 때문이다.

이 원인 상태의 가장 끝(동일시할 것이, 그리고 당신의 나됨과 헷갈릴 것이 아무것도 없는 곳)에서 당신은 갑자기 항상 존재하는 나됨을 있는 그대로 인식한다. 이때 당신은 원인 상태를 지나 순수한 투리야 상태, 4단계의 순수한 목격 혹은 순수한 나됨 상태를 인식한 것이다.

그렇게 당신은 일상에서 당신이라고 불렀던 그 모든 것이 당신의 참나가 아니고, 단지 시간 안에 존재하며, 상대적이고 일시적인 흐름 속에서 왔다가 가고, 따라서 유한하고 덧없으며, 그래서 어쩔 수 없이 괴로운 그 어떤 거친 혹은 미세한 혹은 원인 상태의 대상이었음을 깨닫는다. 그것은 진정한 당신이 전혀 아니다. 진정한 당신은 무한하고 영원하고 방대하고 불생이고 불사인, 한계 없는 존재의 바탕이다.

누구나 이 항상 존재하는 나됨을 평상시에도 어느 정도 감지한다. 라마나 마하리쉬도 자주 지적했듯이, 우리는 잠이 들어 꿈, 숙면 상태를 통과하며 거친 상태의 에고를 잊음에도, 아침에 깨어나서는 "나는 잘 잤다!I slept great!"고 말한다. 이것은 곧 자기 안에 변하지 않는 나가 있음을 스스로 알고 있다는 뜻이다.

그 항상 존재하는 **나됨**을 인식할 때 당신은 그것이 당신이 언제나 느껴 왔던 존재의 느낌과 동일하다는 것을 인식할 것이다. 당신이 기억할 수 있는 한 가장 멀리 돌아가 봐도(당신이 기억하는 당신 인생 최초의 순간에도) 당신은 언제나 그 근본적인 나됨이었다. 당신은 당신이 아니었던 시간을 결코 기억할 수 없다. 그 근본적인 목격이 당신이 지금 알아차리는 것을 아는 존재, 멈추는 현재 안에서 존재하며 당신 의식 안에서 '의식하는 자'였다. 하지만 당신은 그것을 결코 인식하지 못했다. 왜냐하면 거의 즉시 그것을 흘러가는 현재 안에서 알려진 어떤 것(이 대상 혹은 그 대상, 어떤 물건, 특성, 특색이나 성격/에고)과 동일시해 버렸기 때문이다. 그래서 당신은 존재 자체의 순전한 느낌을 항상 놓치고 분리된 것들/사건들의 세상 안에서, 괴로움과 고통과 착각과 궁핍의 세상 안에서 길을 잃고 말았다.

 (깨어난) 거친 상태, (꿈꾸는) 미세 상태, (꿈 없는 숙면의) 원인 상태들은 모두 상대적인 상태들이다. 모두 시간의 흐름 속, 현재의 흐름 속에 존재한다. 모두 시작되어 잠시 머물렀다가 사라진다. 모두 연습하고 획득하고 성취할 수 있다. 따라서 모두 (드림 요가 같은) 명상 수행의 대상이 될 수 있다. 깨어남의 네 번째 단계인 투리야/목격/나 됨의 단계와 다섯 번째 단계인 투리야티타/여여/일미 단계는 절대적 혹은 궁극적 상태이다. 이 두 상태는 영원하고 늘 현존하고 항상 이미 존재하고 무한하고 모든 것을 포함하고 포용한다.[4] 이 상태들은 항상 이미 온전히 존재하고 영원한 지금 안에서 온전히 기능한다. 따라서 들어갈 수 없고, 획득하거나 성취할 수 없다. 단지 인식하거나 깨달을 수만 있다. 영원한 지금 혹은 멈춰 있는 현재는 과거 현재 미래를 쉽게 온전히 포용한다. 영원한 지금 혹은 멈춰 있는 현재는 모든 과거의 생각, 현재의 생각, 미래의 생각이 이 항상 존재하는 멈춰 있는 현재 안에서 바로 지금 완전히 일어나기를 허용한다. 바로 그래서 진정으로 모든 것을 포함하고 모든 것에 스며 있다.

 과거와 미래의 생각들을 배제하는, 흘러가는 현재와 달리 멈춰 있는 현재는 그 생각들을 온전히 포함하고 그 모든 것이 그것들이 원하는 대로 일어나기를 허용한다. 그것들은 모두 영원한 지금 안에서 동등하게 일어나 영원한 지금에 의해 온전히 포용된다.(기독교 신비주의가 오직 멈춰 있는 현재만이 실재하고 진짜이고 신성하며, 지나가는 현재는 일시적이고 착각인 세상의 핵심이라고 주장하는 이유가 바로 여기에 있다.)

이것이 '수행 없는' 인식이다. 이것은 이전에 들어가 있지 않았던 상태나 당신이 수행을 통해 불러온 상태로 들어가는 것이 아니다. 항상 존재했던 상태지만 당신이 미처 다 알아차리지 못한 상태를 즉각적으로 인식하는 것일 뿐이다. 여기에는 약간의 역설이 존재한다. 이 상태가 항상 존재해 왔다고 해도 당신은 이 상태를 알아차리거나 인식하지는 못했다. 따라서 어떤 종류의 시작, 입장Entering 혹은 성취가 발생한다고 말할 수도 있고, 이는 틀린 말이 아니다. 이래서 선불교에는 역설적인 말이 많다. 예를 들어 "도道 안에 훈련(혹은 수행)해야 할 게 있다면 훈련을 완수했을 때 도는 파괴된다. 하지만 훈련할 게 없다면 바보로 남을 것이다." 같은 말들이 그렇다. 일리 있는 말이다. 그런데 인식 자체가 사실상 모든 경우 그 상태가 항상 현존했다는 것뿐만 아니라 당신이 그것을 항상 알았다는 것도 깨닫게 한다. 이것이 선불교가 말하는 '문 없는 문'이다. (깨달음의) 문 한쪽에서 보면 문이 정말로 있는 것 같다. 하지만 그 문을 통과한 다음 뒤돌아보면 그 문은 어디에도 없다. 문은 없다. 있었던 적도 없었다. 자, 당신은 이제 역설적인 가르침의 세상에 들어왔다. 당신은 사토리가 필요 없음을 깨닫기 위해 사토리가 필요하다!

이미 나가르주나와 함께 보았듯 이런 종류의 역설이 결국 일어날 수밖에 없는 것은, 우리가 이 문제를 반대 개념이 있어야지만 의미를 갖는 개념들을 이용해 논할 수 있기 때문이다. 그러니까 파편들을 갖고 전체를 설명하려는 것이다. 그러므로 (다음 장에서) 실제 깨달음을 위한 지적 지도들을 탐구할 때까지(그럼 당신 스스로 직접적으로 알 수 있을 것이다.) 역설의 양쪽 모두를 똑같이 사실로 받아들이는 것이 실재에 가장 가깝게 가는 방법일 것이다.

하지만 아무리 타협하고 싶더라도 근본적인 문제에서는 실수하지 말아야 한다. 당신이 궁극적으로 깨닫고자 하는 것은 바로 지금 정말로 온전히 존재해서 어떤 의미로라도 획득되거나 성취될 수 없는 상태이다. 만약에 모든 존재의 바탕이 바로 지금 온전히 존재하지 않는다면, 당신은 지금 그 자리에서 존재하기를 멈출 것이다. 이 점은 최대한 확실히 이해하기를 바란다.『반야경』(대승불교의 근본 경전)은 깨달음 자체가 절대적으로 획득 불가함을 깨닫기만 한다면 그것이 완전히 깨달은 거라고 반복해서 말한다. 획득 불가함이라고 분명히 말한다. 그리고 깨달음은 정말로 획득될 수 없다. 왜냐하면 이미 온전히 존재하기 때문이다. 깨달음을 획득한다는 것은 당신의 폐나 당신의 발을 획득한다는 말과 같다.

그렇다면 지적 지도란 무엇인가? 당신은 순진한 얼굴을 하고 스승의 눈을 보며 당신이 아직 깨닫지 못했지만 정말로 깨닫고 싶다고 말한다. 그리고 당신이 지금 발이 없으니 발을 획득하게 도와달라고 말하고 있음을 볼 줄 아는 스승은, 발을 획득한 척하는 데 도움될 수행법은 주지 않는다. 대신 당신 발등을 꾹꾹 밟기 시작한다. 당신이 "네네, 제 발 봤어요! 네네, 항상 발이 있었던 것도 봤어요!"라고 소리칠 때까지.

이 '꾹꾹 밟기'가 진정한 '문 없는 문'을 위한 지적 지도이다. 그리고 여기서 내가 하려는 것도 이 꾹꾹 밟기이다. 나도 오랫동안 수행해 오면서 내 정신을 강타하며 내가 항상 알고 있었던 것을 명백하게 보여 준 수많은(어쩌면 수백 가지) 지적 지도를 경험했다. 그중 나에게 큰 의미를 지녔던 두 가지를 소개해 보겠다.

그 하나는 스리 라마나 마하리쉬 책의 아주 간단한 한 문장이었다. "꿈 없는 깊은 수면 상태에서 존재하지 않는 것은 진짜가 아니다." 당시 나는 선불교 수행을 거의 10년 가까이 해 오던 중이었고 몇 번의 공식적인 켄쇼Kensho(불성의 깨달음) 혹은 사토리를 경험했던 상태였으므로 이 문장이 굉장히 크게 다가왔다. 이 문장은 시간 안에서 왔다가 가는 상태도 아니고, 다른 상태와 구분되는 상대적인 상태도 아닌, 항상 존재하는 나됨을 암시했다. 그것은 어떤 상태와 함께 오고 가는 것이 아니라 **모든** 상태를 알고, 모든 상태에 완전히 존재하고, 실제로 모든 상태를 항상 목격하는 항상 존재하는 거울 정신이다. 그것은 지속되는 의식이고, 일시적인 상태와 달리 꿈 없는 깊은 상태를 포함해 하루 24시간 존재한다. 라마나의 문장은 내가 그 시점에 최소한 어느 정도는 인식했지만 완전히 인식하지는 못했던, 항상 존재하는 그것을 지적해 주었다.

다른 또 하나는 족첸Dzogchen(대구경大究竟 또는 '궁극적 경지') 수행(불교에서 가장 높은 가르침이라고들 한다.)을 하던 중 나의 뿌리 스승Root Teacher과 있었던 일이다. 동안거 동안 스승은 제자들이 와서 질문할 수 있게 때로 당신 방문을 열어 두었다. 조용히만 하면 그 방구석에 앉아 질문과 대답을 들을 수 있었다. 그렇게 듣고 있자니 똑같은 대화가 반복됨을 알 수 있었다. 제자들이 방으로 들어와 기본적으로 이런 질문을 한다. "마침내 봤습니다! 믿을 수가 없어요! 한 시간 전에 앉아서 참선하고 있는데 갑자기 제가 모든 것과 하나가 되었어요. 제가 사라지고 모든 것이 되었어요. 왜 이걸 전에는 보지 못했을까요?"

그럼 스승은 항상 이렇게 말한다. "그 일의 시작이 있느냐?" 제자는 말한다. "네, 말씀드렸다시피 한 시간 전이요." 그럼 스승은 말한다. "그거 좋구나. 하지만 나는 네가 시작이 없는 것을 나에게 보여줄 수 있을 때 다시 오길 바란다. 그걸 볼 때 다시 와."

나의 스승은 제자들이 항상 존재하고 이미 항상 그랬던 것을 인식하길 바랐다. 시간 속에서 시작하지 않는 것, 항상 지금에 있는 것 말이다. 그리고 그 깨달은 마음의 100퍼센트가 바로 지금 여기 당신의 의식 속에도 존재한다. 90퍼센트도 95퍼센트도 아니고 100퍼센트가 존재한다. 당신은 그것을 절대 획득할 수 없을 것이다. 그러니 당신의 의식을 관찰하기 시작하라. 바로 지금 그 깨달은 마음이 일어나는 방식을 있는 그대로 보라. 그리고 놀랄 준비를 하라.

내가 몇몇 지적 지도로 도와주겠다.

깨어남에 관한 다음 몇 장에서 우리가 인식하기 위해 노력할 근본적인 관념들은 목격과 일미의 주요 상태들이다.(획득될 수 없고 인식만 할 수 있는 네 번째, 다섯 번째 단계의 궁극적 상태들) 그리고 그 상태 각각의 주요 성질인 자유와 충만함, 그 각각의 주요 감정 톤인 지복과 사랑을 인식해 볼 것이다. 목격의 자유는 지복으로 느껴지고 일미의 충만함은 사랑으로 느껴진다. 이것들의 핵심이 당신이 알든 모르든 바로 지금 존재하므로 나는 특히 통합 성 탄트라를 논할 때 그 발을 꾹꾹 밟을 것이다. 우리는 약간씩 변화를 주겠지만 같은 것과 같은 점들을 반복해 논할 것이고, 중요한 주제들은 한두 번 더 주요 주제로 반복해 다룰 것이다. 당신이 당신의 의식 안에서 그 궁극적이고 항상 존재하는 상태들을 인식할 때까지 말이다.

그럼 시작해 보겠는가?

16장   Finding Radical Wholeness

목격과 일미 지적

깨어남의 두 주요 상태, 즉 목격과 일미를 되새기는 것으로 시작해 보자. 이 두 주요 상태 중 하나(혹은 둘 다)를 인식할 때 당신은 당신 안의 궁극적인 것을 직접 볼 테고, 그것은 곧 당신만의 자각, 깨우침, 깨달음, 깨어남을 의미한다.

목격 1라운드

존재하는 모든 것의 전체 그림/현상의 의식을 허락하면서 그 모든 현상을 아무런 구속 없이 목격한다면(즉 어떤 것도 회피하지 않고 현재의 모든 경험을 목격한다면) 그 현상들은 모두 순수한 주관 혹은 절대적 주체성인 목격의 대상들로 나타나게 될 것이다. 그 목격, 그 한계 없고 변화 없는 의식 안에 머무를 때 당신은 영원한 지금, 그 멈춰 있는 현재 안에 있게 될 것이고, 모든 경험, 모든 것, 모든 사건이 당신 '앞에서' 지나가는 현재로 생성될 것이며, 당신은 그 모든 것을 쉽게 온전히 똑같이 의식하게 될 것이다. 모든 현상이 그 목격자 앞에서 일어나는 대상들로 보일 것이고, 목격자인 당신은 자신을 그 어떤 것과도 동일시하지 않는다. 다시 말해 당신은 그 모든 것에서 진정 절대적으로 자유롭고 현현 자체에서도 진정 절대적으로 자유롭다. 이것이 대해탈이다.

앞에서 일어나는 전체 그림을 완전히 목격하면서 당신은 원초적 자유, 철저한 해방, 무한한 떠나보냄Letting Go를 발견한다. 그 목격자가 말을 할 수 있다면 "나는 산을 보지만 산이 아니다. 나는 그것에서 자유롭다. 나는 감각하지만 그 감각이 아니다. 나는 그것에서 자유롭다. 나는 감정을 느끼지만 그 감정이 아니다. 나는 그것에서 자유롭다. 나는 생각을 하지만 그 생각이 아니다. 나는 그것에서 자유롭다."고 할 것이다. 따라서 이것은 정말로 대해탈, 급진적인 해방으로서의 깨달음이다. 이것은 모든 삼사라에서 절대적으로 자유로운 니르바나이다.

내가 "당신은 누구신가요?"라고 묻는다고 해 보자. 백지를 한 장 꺼내 이 질문에 대한 답을 적어 보라. 당신은 어쩌면 내 이름은 누구누구입니다, 나는 키가 ~정도이고 몸무게는 ~입니다. 나는 ~학교를 나왔고, 돈은 ~정도 모았습니다. 나는 ~에 있는 집에 살고, 사랑하는 사람과 함께 살고 있으며, 그 사람의 이름은 ~입니다. 나는 ~종류의 영화를 좋아하고, ~종류의 책을 읽습니다. 나는 컴퓨터 게임을 좋아하고, 두 마리 개와 다른 여러 반려동물을 키웁니다. 이런저런 취미가 있습니다. 음식은 ~종류를 좋아합니다 등등이라고 말할 것이다. 그런데 그 모든 특성을 생각하는 동안 당신이 그것들을 모두 대상으로 보고 있음을 알기 바란다. 그것들은 모두 의식의 대상들이다. 그것들 중에 진짜 주체 혹은 당신의 참나는 하나도 없다. 다시 말해 그 대상들은 당신이 아닌 것이다. 그것들은 모두 착각에 불과한 가짜 자아 혹은 가짜 주체들이다. 그 어떤 것도 당신의 참나는 아니다. 그것들은 모두 보일 수 있는 것일 뿐 진정한 보는 자Seer가 아니다. 당신의 참나가 아니다. 당신이 당신의 참나라고 생각하는 모든 것(당신이 종이에 적은 모든 것)이 정확하게 당신이 아니다. 당신의 참나는 네티 네티(이것도 아니고 그것도 아니다.)이다. 당신의 참나는 모든 대상에서 철저하게 자유롭다. 당신의 참나는 순수한 주체 혹은 절대적 주관성이다.

당신의 중심에서 기본적이고 깊은 자유를 진정으로 인식할 때까지 이런 급진적인 탈동일화가 계속된다. 그 인식이 모든 성숙한 형태의 영적 자각과 깨달음의 핵심이고 진정한 투리야, 그 궁극적인 상태로 들어가는 입구이다. 이 연습은 부정적이고 무섭거나 너무 불편한 상태일 때 특히 도움이 된다. '나는 이 고통, 불안 혹은 우울한 상태를 온전히 알아차린다. 나는 이 상태에 있지만 내가 이 상태는 아니다.'라고 생각하고 그 상태들을 단지 직접적으로 목격하는 연습을 하라. 그리고 '따라서 나는 그 상태에서 자유롭다.'를 진정으로 이해하라. 바로 지금 당신의 몸을 알아차린다면 당신은 그 즉시 당신의 몸이 당신이 아님을 알 것이다.(그것을 대상으로 보고 있으니 그것이 당신의 진정한 주체일 수 없다.) 마찬가지로 당신의 마음(혹은 생각)을 알아차리면 당신의 마음이 당신이 아님이 그냥 명확해질 것이다.(그것은 또 다른 하나의 지나가는 생각이자 보이는 대상이 분명하므로, 당신의 진정한 주체가 아니다.) '나는 몸과 마음을 갖지만 나는 그 몸과 마음이 아니다.' 그렇게 자유로울 때 당신은 진정한 해방과 떠나보냄을 느끼고 열리고 정화되고 자유로워짐을 느낄 것이다. 일종의 행복 혹은 기쁨을 느낄 것이다.

참나는 순수하게 보는 자로서, 그 자체는 결코 보일 수 없는 존재이다. 따라서 이 참나를 찾으려고 할 때 당신은 그것을 볼 수 없을 것이다. 무엇이 일어나든 그대로 좋다. '당신이 그것이 아님'을 알고 그저 그것이 일어나게 하라. 그것의 진정한 목격자로서 목격하며 머물러라. 매 순간 긴장을 풀고 단지 순수한 현존 안으로 들어가라. 순간순간 일어나는 그 어떤 것과도 자신을 동일시하지 말고 모두 떠나보낸다. 드넓은 자유, 깊은 해방감, 철저한 떠나보냄이 당신이 알아차리는 전부가 될 것이다. 분리된 자기 이미지, 자기 개념, 혹은 에고에 의한 제약과 자신을 동일시하는 대신, 당신은 경험하는 모든 것과 모든 사건을 힘들이지 않고 비추되 그 어느 것과도 동일시하거나 그것에 갇히지 않는 거울 정신으로, 혹은 모든 것을 보는 순수한 의식의 느낌으로 존재할 것이다. 당신은 네티 네티의 순수한 거울 정신이고, 의식의 대상 그 어떤 것과도 자신을 동일시하지 않고 단지 무한하고 완전한 자유 안에 머무는, 노력하지 않는 쉬운 의식이다. 당신은 현현된 세상의 모든 것, 대상, 사건들에 수반되는 자기 수축적 고뇌, 고민, 번뇌와 고통을 모두 초월한다. 당신의 에고가 너무 잘 아는 고민, 당신의 목격자가 철저하게 벗어난 그 고민 말이다. 모든 고민이 일어나기를 멈춘다는 말이 아니다. 다만 '일어난들 어떤가?' 하는 상태가 된다. 고민은 다른 모든 것처럼 단지 목격될 뿐이고, 그러면 지나가 버리는 덧없는 것이 된다. 어떤 것들은 더 아플 수도 있지만 분명 덜 괴로울 것이다.

아이디어, 욕망, 욕구, 동기, 목표, 이미지, 개념 같은, 내면에서 볼 수 있는 모든 대상을 포함한 객관 세상 전체가 일어나더라도 당신은 그 모든 것에서 자유롭다. 당신이 보는 모든 외부 대상이 당신이 아니듯 그 내부 대상들도 정확하게 당신이 아니다. 그 어떤 것도 당신의 참나가 아니다. 일련의 아이디어, 사물, 이미지들(일종의 에고들)과 동일시가 이루어졌던 곳에 이제 무한한 열림, 텅 빔, 공간감, 철저한 자유가 자리한다. 당신이 진정으로 네티 네티임을 깨달을 때 피부 속에 갇혀 있는, 자기 수축적 에고의 느낌 전체가 완전히 자유롭고 철저히 해방된 존재의 느낌에 길을 비켜 준다. 이것은 당신의 본래 면목, 당신의 부모가 태어나기 전부터 있던 당신의 얼굴, 우주 자체가 발생하기 전, 시간의 흐름이 돌연 존재하기 시작해 그 악몽과 고문으로 우리를 묶기 전부터 있었던 당신의 얼굴이다. 당신은 더 이상 삶의 희생자가 아니다. 당신은 삶의 목격자이다.

이 참나가 당신의 근본적인 나됨I AMness이다. 이 나됨의 느낌은 목격이고 항상 존재하는 영원한 실재이다. 그리스도가 "아브라함 이전에 내가 있다."라고 했을 때 그는 이 근본적이고 영원한 투리야를 직관했던 것이다. 당신도 똑같이 말할 수 있다. 당신의 나됨도 그 똑같은 시간 없음, 그 진정한 영원성을 갖는다.

일주일 전 이 시간에 당신이 했던 일을 생각해 보라. 그날 했던 생각이나 일이 자세히는 안 떠오를 수 있다. 하지만 나됨의 느낌이 거기에 있었다는 것만큼 확실하다. 한 달 전에 무슨 일을 했었는지 생각해 보라. 여기서도 자세한 일은 기억하지 못해도 그때 나됨의 느낌이 있었음을 잘 안다. 그 나됨의 느낌은 지금 당신이 갖는 그 나됨의 느낌과 같은 것이다. 순수한 보는 자로서의 나됨은 (순수한 열림 혹은 텅 빔으로) 시간이 흐름에 따라 변하는 성질을 갖지 않기 때문이다. 시간 안에서 움직이는 것은 아무것도 갖지 않기 때문이다.

1년 전으로 돌아가 봐도 거기에도 똑같은 나됨이 분명히 있었다. 10년 전은 어떨까? 한 세기 전, 1000년 전은 어떨까? 그때도 시간의 흐름 속으로 들어가지 않은, 따라서 당신 부모의 탄생보다 앞선, 태양계, 빅뱅, 시간의 흐름의 시작보다 앞선, 그 똑같이 영원하고 항상 존재하는 나됨이 있었다.

에르빈 슈뢰딩거가 남긴 한 사람에 대한 아름다운 이야기가 있다. 슈뢰딩거에 따르면 이 사람은 수 세기 전에 당신이 지금 앉아 있는 바로 그 자리에 앉아 있었다. 당신처럼 그 사람은 마음속으로 그리움을 품고 지는 해를 바라보았다. 당신처럼 그 사람도 여자로 태어나 고통당했다. 당신처럼 그 사람도 바라는 바가 있었고 목적이 있었고 욕망이 있었다. 당신처럼 그 사람도 꿈과 비전이 있었고 강한 갈망을 느꼈다. 그리고 여기서 비범하고 결정적인 문장이 나온다. "그 사람이 다른 누구인가? 그 사람은 당신 자신이 아닌가?"

놀랍기 그지없다. 그 사람의 순수한 나됨 안에서 보면 그 사람은 곧 지금 당신의 나됨이다.(그렇다면 그 사람은 당신 자신이 아닌가?) 여기서 전통들은 만장일치로 말한다. 나됨의 숫자는 하나라고 말이다. 하나의 자아Self, 하나의 영Spirit, 하나의 실재Reality라고 말이다. 아니면 슈뢰딩거가 아름답게 표현했듯이 "의식은 단수형이며 그 복수형은 알려지지 않았다."[1] 이것이 나됨을 깊이 깨달을 때 절대 죽지 않을 것임을 깨닫는 이유이다. 당신은 진정으로 시간을 초월하고 영원하다.(당신은 당신의 가장 깊은 부분은 죽지 않음을 안다. 그렇지 않나? 그리고 그것은 영원의 철저한 실현이다.) 당신의 육체가 죽지 않을 거라는 뜻은 물론 아니다. 시간의 흐름 속으로 들어가지 않는 당신의 깊은 부분이 있다는 뜻이다. 당신의 그 부분이 불생(그것은 시간의 흐름 속으로 결코 들어가지 않았다.)이고 불사(따라서 시간의 흐름을 결코 떠나지도 않을 것이다.)이다. 유일무이한 나됨으로서 당신은 모든 살아 있는 존재들 안에 존재하고, 당신이 만든 세상을 그들의 눈을 통해 바라본다. 위아래를 통틀어 당신은 오직 하나이다. 그리고 바로 그 유일함 속에서 당신의 무한한 자유가 빛을 낸다.

목격자는 모든 대상으로부터 완전히 자유롭기 때문에(왜냐하면 지나가는 현재 안의 어떤 것에도 집착하지 않기 때문에) 그 자체는 진정한 텅 빔(모든 생각과 모든 것으로부터의 텅 빔)이다. 이는 참나가 결코 대상이 될 수 없음을 의미하기도 한다.(진정으로 보는 자는 결코 보일 수 없다.) 참나는 비유적으로 대선사 시바야마가 말한 "절대적 주체성"이고, 이것은 모든 대상은 말할 것도 없고 모든 작은 주체와 모든 작은 자아를 초월하는 '대주체Big Subject' 혹은 '대자아Big Self'이다. 이것은 나-나니, 결코 앎의 대상이 아닌 아는 자The Knower, 그 자체는 인식될 수 없지만 자신은 인식이 가능한 지복 상태, 대상화될 수 없고 어떤 것과도 동일시될 수 없는, 항상 존재하는 나됨이다. 따라서 참나는 묶이거나 구속될 수 없으며 진정으로 깊이, 그리고 항상 자유롭다. 당신이 당신 가장 깊은 중심에서 그런 것처럼 말이다. 당신이 알든 모르든 그것은 이미 항상 그랬다.

일미 1라운드

그러나 투리야 혹은 네 번째 단계로서의 참나가 가장 궁극적인 비이원의 실재(최종 다섯 번째 단계)는 아님을 알기 바란다. 참나는 매우 실재한다. 시간을 초월하고 영원하고 궁극적이다. 이는 논쟁 불가하다. 하지만 (역설적이게도) 가장 궁극적인 것은 아니다. *자아*를 다른 것, 즉 '타자'와 구분하는 감각을 가진 것으로 본다면, 참나는 비이원의 철저한 궁극적 상태는 될 수 없다. 궁극적 상태는 자아 대 타자 혹은 주체(절대 주체라고 하더라도) 대 객체로 나뉘고 쪼개지지 않는 상태이기 때문이다. 목격자에게는 세계 전체가 '타자'로 보인다. 세계 전체가 그 '앞에' 출현한다. 바로 그래서 목격이 정말로 절대적 주체성인 것이다. 목격 상태는 최종적으로 주관 혹은 자아 상태이지 단일하거나 비이원의 상태는 아니다. 이것이 다니엘 P. 브라운이 이 네 번째 단계를 "한계 없고 변화 없는 알아차림"이라고 부르면서도 끝에서 두 번째 상태라고 주장했던 이유이다. 그는 또한 이 단계의 환영적인 부분이 '개인성Individuality'이라고 했다. 다시 말해 투리야는 '주체 대 객체(혹은 뭉뚱그려 개인성)'라는 이분법적 조건의 시작을 보여 준다.(통합 메타 이론에서 개인성은 사분면의 단수 대 복수의 이원성을 동반하고, 궁극적 영을 논외로 할 때 이원성의 실질적 시작이며 환영 혹은 착각의 시작이다.) 따라서 참나는 이원성 영역 내 가장 높은 실재임과 동시에 궁극적 비이원 영역으로 가는 마지막 장벽이다. 가장 높은 지점이면서 마지막 장애인 것이다.

이것이 매우 심오하고 항상 존재하는 목격 상태에 안정적으로 거주하더라도 당신의 가장 진실하고 가장 깊은 실재를 깨닫기 위해서는 여전히 (아주 짧은) 한 걸음을 더 가야 하는 이유이다. 우리는 목격과 일미 둘 다 존재의 전체 그림을 완벽하게 알아차린다는 것을 보았다. 그리고 둘 다 *최종적으로* 정확하게 '궁극적 상태'이다. 이 점을 헷갈리지는 말자. 목격 상태는 전체 그림에서 한 걸음 물러나 완벽한 평정심, 균일하게 떠다니는 거울-정신 의식을 갖고 그 모든 것으로부터의 완전한 해방과 자유를 만끽하면서도 철저한 텅 빔 혹은 방대한 공간감 상태를 유지하며 그 모든 것을 목격한다.(모든 삼사라에서 벗어난 순수한 니르바나 그 자체이다.) 목격자는 전체 세상을 대상으로 목격하고, 그의 텅 빔Emptiness은 매 순간의 인식적 측면, 즉 모든 각각의 현상을 '보고' '응시하거나' '아는' 측면, 그렇게 그 현상들을 '눈앞의' 대상으로 바꾸는 측면과 관계한다. 즉 그렇게 인식하는 동안 목격자는 자신의 텅 빔 안에서 그 모든 것들로부터 자유롭다.

　다섯 번째 단계인 일미 상태로 가기 위해 마지막으로 해야 할 일은 모든 것을 보는 자로서 전체 그림을 계속 목격하다가 부드럽게 하지만 완전히 그 목격되는 모든 것 속으로 이완해 들어가는 것이다. 그렇게 단지 산을 보는 것에서 단지 산인 것으로 나아간다. 당신은 이제 더 이상 구름을 보는 것이 아니라 구름이다. 더 이상 땅을 느끼는 것이 아니라 땅이다. 더 이상 태양을 보는 것이 아니라 태양이다. 이런 비이원적 하나임Oneness은 응시하는 자(목격자)로서 느끼는 감각이 사실상 응시되는 것이 느끼는 감각과 완전히 동일하다고 판명 나는 것을 의미한다. 다시 말하자면 지금 당신이 목격자나 응시자라고 느낀다면 당신이 지금 보는 것(나무, 자동차, 건물, 컴퓨터 스크린 등)의 느낌에 집중해 보라. 그럼 그 둘의 느낌이 하나이고 같은 느낌임이 드러난다. 갑자기 '저기 바깥'과 '여기 안'이 '단지 이것'으로 산화한다. 진여나 여여, 혹은 일미의 경험으로 산화한다.

　하나임의 이 비이원 상태를 실제로 완전히 깨달을 수 있는 아주 쉬운 방법이 하나 있다. 더글라스 하딩Douglas Harding이 제안하는 간단한 연습이 그것인데 나는 이 연습을 따라하다가 일미 의식을 종종 "머리 없는" 상태라고 부르게 되었다.[2] 머리 없는 상태에 대한 하딩의 설명은 일미를 얻는 데 굉장히 효과적인 지적 지도이다. 하딩의 말을 빌려 설명해 보자면 지금 이 순간 "당신은 사실 당신 머리를 볼 수 없다." 직접적으로 볼 수 없다는 말이다. 당신의 머리가 있는 곳을 보려고 해도 보이는 거라고는 콧방울뿐이다. 머리 전체는 보이지 않는다. 머리가 없다. 머리를 통해 주변 세상을 바라본다는 느낌이 들 수는 있지만 머리 자체는 당신이 볼 수 있는 게 아니다. 당신은 사실상 "머리가 없다."

그럼 이제 본격적으로 지적 지도를 시작하겠다. 주변 세상에서 당신이 분명히 볼 수 있는 대상을 하나 골라 보라. 산, 건물, 자동차, 나무, 지금 보고 있는 이 책 등, 뭐든 좋다. 바로 지금 하나를 골라서 그것을 직시한다.

그렇게 응시하면서 동시에 당신 머리가 있는 곳에 집중한다. 이때 당신은 당신 어깨 위에 올려져 있는 그 머리를 보는 대신 실제로 그 대상, 예를 들어 그 건물을 본다. 머리가 있던 바로 그곳 당신 어깨 위 바로 그곳에 그 건물이 있음을 보게 된다. 그 건물은 '저기 바깥', 당신 얼굴의 바깥에 있는 것이 아니라 '바로 여기' 당신 얼굴의 안쪽에서 발생한다. 그 건물은 사실 당신 안에서 일어난다. 그 건물은, 당신이 당신 머리가 있다고 생각했지만 사실은 텅 빈 공간에서 일어난다. 사실 당신이 보는 모든 것이 당신이 당신의 머리가 있다고 생각했던 그 공간에서 일어난다. 분리 따위는 없다. 이것을 정말로 통찰할 때 당신은 무엇을 보든 '여기 안'과 '저기 밖'이 분리되어 있어서 물러서서 바라보는 것이 아님을 깨닫게 될 것이다. 존재하는 것은 '단지 이' 하나의 경험뿐이다. 즉 당신의 머리가 있던 바로 그 당신 얼굴 안쪽에서 대상이 발생하는 경험뿐이다. 이 경험은 너무 자명해서 '저기 바깥'과 '여기 안'이 실제로 그 의미를 모두 잃기 시작한다. 우리가 '저 산이 당신 머리가 있던 당신 얼굴의 안쪽에서 나타난다.'고 할 때의 진짜 의미는 주체와 객체 사이의 구분이 없다는 것이다. 단지 그 현재에 주어진 경험이 있을 뿐이며 그 하나의 경험 그 전체가 당신이다.('이쪽'과 '저쪽'의 의미가 없어지긴 해도 당신 머리가 있던, '당신 얼굴의 안쪽'에서 일어나는 일이므로 그 전체가 당신이다.) 다시 말해 매 순간 전 우주가 당신 안에서 일어난다.(그리고 분리된 '당신'은 없다. 이것이 있을 뿐이다.)

그리고 '저기 바깥'에 있는 것 같던 모든 것이 당신 머리가 있다고 생각했던 바로 그 '당신 얼굴의 안쪽'에서 나타남을 깨달을 때 '당신 얼굴의 안쪽' 공간의 느낌이 (이제 그것은 '저기 바깥'의 모든 것과 완벽하게 하나이기에) '저기 바깥'에 존재하는 모든 것의 전체 범위를 포함하거나 포용한다. 모든 공간의 방대한 공간감을 포함하고 당신은 이제 그 모든 공간의 (당신 머리가 있던 곳에서 나타나는) 모든 부분과 완전히 하나이고(당신 머리 혹은 당신 존재가 이제 **모든 것**이다.) 모든 것이 정확하게 당신 머리가 있던 곳에서 나타난다. 주체/객체 이원성이 하나의 비이원적 단일 경험, 즉 일미로 붕괴하는 것이다.

관련해서 나는 트룽파 린포체의 말을 즐겨 인용한다. 트룽파는 깨달은 일미의 경험을 정확하게 묘사했다. 깨달음을 향한 길의 마지막 단계인 마하 아띠 *Maha Ati* 경험을 설명하면서 트룽파 린포체는 "하늘이 파란 팬케이크로 변해 우리 머리에 떨어진다."[3]고 했다. 웃긴 표현이지만 정확하게 그런 느낌이다. 당신이 '저 바깥' 혹은 '저 위'의

'하늘'이라고 생각했던 것이 정확하게 사실은 당신이 당신 머리가 있다고 생각했던 그곳에 앉아 있는 커다란 파란 팬케이크인 것이다. 즉 당신과 하늘 전체를 구분할 수 없다. 당신이 하늘이고 하늘이 당신의 머리가 있던 바로 그곳에 있다. 당신은 실제로 하늘을 맛볼 수 있다. 그만큼 가깝다.

이 '머리 없는headless'의 비유는 항상 존재하는 의식, 순수한 투리야티타, 순수한 일미 의식을 아주 쉽고 명백하게 지적한다. 머리를 갖고 있지 않음을(그리고 세상 전체가 머리가 있던 바로 '여기 안'에서 실제로 나타나는 것을) 보는 전략을 사용하는 것으로 우리는, 주체 대 객체의 이분법이 없고 세상이 보는 상태와 보이는 상태로 바보처럼 쪼개지지 않는 심오하게 깊은 실재 속으로 뛰어들어 간다. 그런 분리 대신에 솔기 없이 매끄럽지만 특성이 없지는 않은, 하나의 전체가 나타난다. (당신 머릿속에 '위치한') 당신의 '자아'를 느끼고 그다음 그 '전체'를 느낄 때 그 둘이 정확히 같은 느낌이다.(커다란 파란 팬케이크가 당신 머리 위에 떨어진다.) 따라서 당신은 더 이상 세상을 목격하지 않는다. 당신이 세상이다. 전 우주가 당신 안에서 나타나지만 '안'도 없고 '당신'도 없다. 단지 이것This, 단지 진여 혹은 여여만 정확하게 당신 '개인성'의 머리가 있던 곳에서 발생한다.

다니엘 브라운이 '개인성'이라고 했던 것이 (모든 것과 하나가 되어) 용해될 때 당신은 정말이지 일미, 존재하는 가장 높고 가장 궁극적 상태에 있게 된다. 내가 위에서 "당신 '개인성'의 머리가 **있던 곳에서**"라고 했을 때 암시했던 것이 바로 이 개인성의 용해이다. 개인적 자아로 존재하는 것 대 타자라는 이원성의 느낌은 네 번째 단계에 있음을 뜻하고, 이 단계에 있는 한 다섯 번째 단계에 있는 것이 아니다. 네 번째 단계는 순수한 비이원으로 가는 데 거치는 마지막 장벽이고, 그것이 장벽인 이유는 당신이 당신 눈 뒤에 있는 바로 그 공간을 자신과 동일시하고 거기로부터 세상을 보고 있다고 느끼고 그곳에 당신의 개인적 자아(당신의 '개인성')가 살고 있다고 상상하기 때문이다. 하지만 하늘 전체가 커다란 파란색 팬케이크로 바뀌어 당신 머리 위로 떨어지면 갑자기 '여기 안'에 당신의 개인성을 위한 공간이 모두 사라지게 된다.('여기 안'이 전혀 남아 있지 않게 된다.) 한때 당신의 개인성이 있던 곳(당신의 머리)이 이제 분리된 어떤 것으로 사라져 버렸고, 따라서 당신의 개인성도 사라져 버렸다. 하늘(그리고 다른 모든 것)과의 하나임 속으로 용해되어 일미, 다섯 번째 단계의 단일함, 우주적 의식 혹은 궁극적 단일 의식 외에는 그 무엇을 위한 공간도 남겨 두지 않은 채 말이다. 이제 당신은 당신이 인식하는 모든 것과 하나이다. 이것이 진정한 일미 경험이다. 집으로 돌아온 것을 환영한다!

목격 2라운드

또 다른 지적 지도를 위해 다시 처음으로 돌아가서 이 두 궁극적 상태에 대한 다른 접근법을 취해 보자.

우리는 의식의 내용이 아닌, 우리 자신의 순수한 목격 의식 속으로 들어가 머무는 것으로 시작했다. 이것은 대상도 작은 주관도 아닌 절대적 주관성이다. 구체적으로 보일 수 있는 것이 절대 아니고 그저 방대하고 순수하고 열려 있고 텅 빈 목격, 혹은 그 안에서 순간순간 모든 것이 나타나는 광활함, 열림 혹은 정화 상태이다.

이것은 영원한 지금, 멈춰 있는 현재 안에서 머무는 것이기도 하다. 그리고 이것은 과거, 미래와 다르고 그래서 단지 지나가는 순간인 즉각적이고 지나가는 현재가 아니라, 모든 과거의 기억과 모든 미래에 관한 생각이 이 현재 순간에 온전히 일어남을 인식하는 영원한 지금이다. 따라서 지금 순간의 경계가 폭발하며 모든 시간을 포용한다. 모든 과거, 모든 지나가는 현재, 모든 미래가 이 영원한 지금, 이 멈춰 있는 현재 안에서 일어나고 그것을 통해 움직인다. 나는 이 항상 존재하고 모든 것을 포용하는 영원한 지금 순간의 관점으로 모든 것을 힘들이지 않고 온전히 목격한다. 이 목격 자체가 경계 없고 변화 없고 움직임이 없다. 나는 이 영원한 현재의 광활함을 통해 움직이는 세상 전체가 움직이는 것을 본다. 멈춰 있는 현재로서 나는 지나가는 현재를 본다. 지나가는 현재는 끊임없는 움직임 속에 있다. 멈춰 있는 현재는 움직이지 않는다.

따라서 나는 보이고 느껴지거나 감지되는 어떤 것과도 다르다. 나는 내가 이것도 아니고 그것도 아닌 나만의 순수한 나됨 안에서 머문다. 나는 단지 특정한 어떤 것이기 전의 나됨의 순전한 느낌이다. 나는 순수하고 자유롭고 열려 있고 광활하고 깨끗하며 텅 빈 채 목격하는 의식이다. 나는 존재하는 모든 것의 전체 그림을 그것들로부터 완전히 자유로운 채 알아차린다.

여기서 나는 전체 그림의 모든 것을 포함하는 성질을 강화하고 싶다. 나는 아무것도 피하지 않고 모든 것을 알아차리고 싶다. 나는 미묘한 회피, 수축, 움켜잡음 혹은 외면을 허락지 않는 일에 집중해야 한다. 그러나 이 중에 하나라도 일어나면 그것도 좋다. 다만 그것을 알아차린다. 어떤 경험도 피하지 않는다. 피하는 것 없이 모든 것에 대면한다. 모든 경험을 경험한다. 모든 것이 자유롭게 있는 그대로,

단지 그 모습 그대로 일어나게 한다. 이것은 그 어떤 노력도 요구하지 않는다. 오히려 전적으로 노력 없는 노력이다. 그리고 기억하기 바란다. 당신이 틀릴 수 없음을 말이다.

이미 알겠지만, 이제 여기서 당신은 두 개의 서로 다른 길 중 하나를 추구할 수 있다.(다시 말해 계속 목격할 수도 있고, 일미로 나아갈 수도 있다. 우리는 일단 계속 목격하는 쪽을 알아보고 그다음 일미로 나아가는 쪽을 알아보겠다.) 여기서 나는 당신이 전체 그림의 거울-정신 의식으로서 모든 경험이 그것이 원하는 대로 일어나게 허락하면서 동시에 모든 경험으로부터 한 걸음 물러나 있음을 강조하고 싶다. 그렇게 한 걸음 물러나 있으면서 단지 그 경험들을 목격하는 것이다. 당신은 그 경험들을 밀어내지도 끌어당기지도 피하지도 욕망하지도 붙잡지도 판단하지도 않고, 그것과 자신을 동일시하지도 않는다.(그리고 다시 말하지만 그렇게 하더라도 괜찮다. 단지 그런 자신을 목격하기만 한다.)

이제 당신은 현재의 그런 나됨을 온전히 인식한다. 다시 말해 존재의 단순한 느낌을 쉽게 알아차린다. 바로 지금 당신으로 존재하는 것의 느낌을 분명히 감지한다. 그리고 나됨의 그 단순한 느낌이 온전한 나됨이다. 그게 다다. 당신은 이미 집에 와 있다. 멈춘 현재 안에서, 계속되는 순간마다 그 나됨 의식과 함께 그저 머무른다. 이것은 전체 그림을 '나 아닌 것'으로 목격한다는 뜻이고, 나의 나됨과 다른 어떤 것으로 목격한다는 뜻이다.('나는 느끼지만 그 느낌이 아니다. 나는 그것에서 자유롭다. 나는 생각하지만 그 생각이 아니다. 나는 그것에서 자유롭다.') 전체 그림의 모든 현상이 단지 '현상'일 뿐만 아니라 실제로 '대상'이 된다. 그것들이 목격자 '앞에' 나타나고, 목격자 자체는 진정한 주관, 참나, 절대적 주관성, 순수 나-나로 느껴진다.

나-나는 스리 라마나 마하리쉬가 본래면목, 우리의 진정한 본성, 진정한 자아를 뜻하며 쓴 말이다. 목격자, 그 순수한 '나'가 바로 지금 작은 '나' 혹은 에고를 알아차리고 있다는 뜻이다. 당신은 바로 지금 이것을 알아차릴 수 있다. 에고, 작은 '나'를 볼 수 있다. 왜냐하면 그것은 진정한 보는 자, 참나가 아니기 때문이다. 그것은 단지 보일 수 있는 또 하나의 대상이기 때문이다. 참나는 작은 에고 혹은 '나'를 포함한 모든 객체를 보는 진정한 주체이다. 따라서 참나는 작은 자아 혹은 거짓 '나'를 목격하는 순수한 '나'로 경험된다. 참나는 '나-나(순수한 나됨이 작은 에고-나를 알아차리는 것)'이다. 그리고 참나의 느낌은 철저하고 끝없는 자유, 정화, 방대함, 광활함, 투명한 열림이다.

목격 수행을 제대로 하고 있는지 아닌지 알 수 있는 아주 간단한 방법이 있다. 당신과 당신 생각과의 관계가 외부 대상들과의 관계와 전혀 다르지 않다면 잘하고 있는 것이다. 바로 지금 '당신 안'에서 나타나는 당신 생각과 당신의 관계가 저 건물, 지나가는 차, 나무, 별 혹은 컴퓨터 화면과의 관계와 같다면 당신은 잘하고 있는 것이다. 당신은 당신의 생각을 목격하고 그다음 그 건물을 목격할 때 둘 각각을 완벽하게 평등하게 알아차린다. 다시 말해 그중에 하나가 다른 하나보다 '더 당신이' 아니다. 지금 일어나는 내면의 생각들이 그 건물 혹은 컴퓨터 화면보다 '더 당신이' 아니다. 둘 다 똑같이 당신의 목격 의식 앞에 나타나는 대상이고, 당신은 그중 어느 것도 아니다. 그 목격 의식 자체는 내면도 외면도 아니지만 *내면과 외면 둘 다 동등하게 목격한다*. 그러니 내면과 외면을 알아차린 다음 둘 다 동등하게 목격하라. 그 둘 중 어느 것과도 동일시하지 마라.

다시 말해 나는 내 머릿속에 갇힌 분리된 자아가 아니다. 그리고 그 안에서 일어나는(그리고 내가 종종 나의 '자아'라고 생각하는) 생각, 아이디어, 이미지들과만 가깝게 지내는 그 자아가 아니다. 그 모든 생각과 이미지들은 진짜 주체인 척하는, 그래서 내가 무심코 그것이 나인 줄 알았던 객체일 뿐이다. 하지만 이제 나는 내가 그 모든 것을 볼 수 있고, 그래서 그것들이 실제로 객체들임을 깨닫는다. 나는 그것들을 보는 진정한 주체, 순수한 거울-정신 목격자로 복귀한다. 내가 내면의 생각이나 느낌들을 볼 때 그리고 외면의 사물 혹은 사건들을 볼 때 나의 목격자는 정확하게 그 둘 모두와 정확하게 같은 관계를 맺는다. 내 목격 의식 안에서 둘은 동등한 대상이다. 더한 것도 덜한 것도 없다. 그리고 다시 말하지만 이 목격 의식은 내면도 외면도 아니다. 다시 말해 내외면을 똑같이 알아차린다. 그러는 동안 모든 것으로부터의 축복과도 같은, 혹은 즐거운 해방을 의미하는 자유로운 상태를 유지한다. 나는 왔다 갔다 하면서 이 상태를 점검한다. 즉 '내면'에 있는 대상들과 '외면'에 있는 대상들을 번갈아 보면서 내 목격자에게 그것들이 모두 똑같은 대상인지, 내 거울-정신 자아의 똑같은 반영인지를 확인한다.

일미 2라운드

투리야 인식에 집중 중이라면 멈춘 현재 안에서 머무르며 목격 상태 연습을 계속해 나가기 바란다. 투리야티타 혹은 일미 인식으로 나아가고자 한다면 당신 앞이나 당신 밖에서 일어나는 전체 그림이 아니라 당신 안, 당신 의식 안, 당신 존재 안에서 일어나는 전체 그림을 보고 싶을 것이다. '당신 머리가 있던, 당신 얼굴의 안쪽' 말이다. 그렇다면 이제 당신은 그림을 목격하는 것이 아니다. 당신이 그림이다. 전체 그림이 단일한 현재 순간으로서 당신 안에서 온전히 나타난다. 그것은 당신 밖에 있는 대상이 아니라 당신 안에 있는 의식이다. 당신은 그 방 안에 있는 것이 아니다. 그 방이 당신 안에 있다. 그 방이 당신 의식 안에서 나타난다. 그리고 이것은 당신이 더 이상 주체가 아니라는 뜻이다.(심지어 대문자 S로 시작하는 진짜 주체Subject도 아니다.) 당신은 주체 혹은 자아가 아니다. 당신은 단지 여여/일미로 단일화된 경험이다. 하늘이 커다란 파란 팬케이크로 변해 당신 머리 위로 곧장 떨어지고 당신의 머리가 있던 바로 그곳에서 당신과 완전히 하나가 된다. 그것이 당신 '안'에 있고 당신은 일미로 '내면'과 '외면'을 함께 온전히 포함한다.

일미 의식은 각각의 감각으로부터 한 걸음 물러서서 그 주변을 배회하는 후천적 습관을 버리게 하고, 그 감각들을 에워싸는 더 깊은 배경을 인식하게 한다. 그렇게 버리고 인식할 때 세상은 바보같이 두 번 존재하지 않는다.(원래 주어져서 한 번 존재하고 그다음 당신 의식 속에서 반영으로 한 번 더 존재하는 것) 세상은 한 번만 주어지고 당신은 대상을 보지 않는다. 당신이 대상이다.(바로 거기 당신 머리가 있던 곳에서 대상이 나타난다.) 대선사의 말을 반복하자면 "종소리를 들었을 때 거기에는 종도 없었고 나도 없었다. 단지 소리만 있었다."

일미를 인식하는 데 가장 쉬운 방법 하나가 머리가 없는 상태를 연습하는 것이다. 이 연습을 약간 다르게 한 번 더 살펴보자.

일반적으로 당신은 당신 얼굴의 안쪽, 즉 '여기 안'에 존재하고 나머지 세상은 당신 얼굴의 바깥쪽, 즉 '저기 바깥'에서 발생한다고 느낀다. 이 느낌을 느끼는 것으로 시작해 보자. 이 느낌에는 어느 정도 상대적인 진실이 담겨 있다. 상대적인 자아가 있고 상대적인 타자가 있는 것이다. 하지만 그 둘 아래에는 두 개로 나눠지지 않은(비이원) 단일한 상태가 하나의 배경처럼 존재한다. 주체와 객체의 분리만 알아차리는 것은 *자아의 수축*을 의미하고, 집중 대상이 두 개로 나눠지므로 깨지고 좁아지고 제한된 개체를 의미한다. 이것은 근본적인 형태의 원초적 회피Primordial Avoidance이다.('원초적 회피'가 일어나는 것은 현재 순간의 단일함을 '내면'과 '외면'으로 나누기 위해서다. 하지만 단일함 자체는 결코 그런 식의 시작을 하지 않는다.)

그러므로 수축 대신 (저 밖의 나무, 자동차, 혹은 구름 같은) 당신 의식 속에 들어오는 어떤 대상을 취한 다음 그것을 보는 동안 당신 얼굴 '안쪽'을 느껴 보라. 즉 보는 자나 응시자로서의 느낌이 위치한 것 같은 '여기 안in-here-ness'의 즉각적인 느낌을 느껴 보라.(우리는 대개 우리 '자아'가 우리 머리 안에 있고 우리 눈을 통해 바깥세상을 본다고 느낀다.) 1분 정도 집중해 '여기 안'의 공간을 느낀다. 그다음 '저기 바깥'의 객관적인, 예를 들어 나무에 대한 느낌에 주의를 집중한다. '저기 바깥 나무'의 감각을 느낀다. 그렇게 '여기 안 자아'와 '저기 바깥 나무'의 느낌 사이를 몇 번 왔다 갔다 한다. 그다음 돌연 그 두 감각을 *동일시*한다.(다시 말해 현재 의식의 신속함 안에서 단지 하나의 감각만 있음을 인식한다.) '저기 밖'의 객체가 실제로 '여기 안'의 주체와 바로 당신 머리가 있던 곳에서 하나로 나타남을 인식한다. 혹은 객체와 주체가 당신 머리가 있다고 생각했던 바로 거기서 *단 하나의 경험*으로 나타남을 인식한다. 머리 없는 상태로 들어가 '저기 바깥'의 세상 전체가 사실은 당신의 머리가 있던 '여기 안'에서 나타나고 있음을 알아차린다. 따라서 '여기 안'과 '저기 바깥' 둘 다 '단지 이것', 즉 일미의 현재 일어나는 단 하나의 경험 안으로 사라진다.

　이렇게 하는 데 주체와 객체 두 감각 사이에 있는 *거리처럼 보이는 것을 알아차리면* 도움이 된다. '여기 안에' 나라는 주체의 느낌이 있고 (그것과 분명히도 아주 멀리 떨어진 곳인) '저 바깥'에 나무의 느낌이 있다. 그 거리의 느낌을 그냥 *사라지게 한다.* 그 거리 자체를 붕괴시켜 거리든 분리든 '나무'와 '여기 안' 사이에 놓인 것은 뭐든 다 없앤 다음 당신 머리가 있던 바로 그곳, 당신 어깨 바로 위에 나무가 앉아 있게 한다. 이제 나무는 당신 머리가 있던 바로 그곳, 당신 얼굴 안쪽, '여기 안'에서 나타난다. 그다음 멈춘 현재 안에서 그렇게 하나인 채 순간순간 단지 머문다. '여기 안' 공간에, 즉 '당신 얼굴의 안쪽'에 존재한다는 느낌이 남아 있는 한, 나무는 그 공간 안에서 나타날 것이다. 즉 당신 얼굴의 안쪽, '여기 안'에서 존재할 것이다. 나무가 당신 안에서 나타난다. 그리고 그 나무가 그렇게 '여기 안'에서 분리된 채 존재하는 느낌은 꽤 빨리 사라질 테고 그럼 당신이 '당신'으로 느끼는 그것(여기 안의 당신 자아)은 그 즉시 말 그대로 '저기 바깥'의 세계 전체로 확장될 것이다. 당신과 세계 전체가 더 이상 분리되지 않을 것이다. 그리고 갑자기 당신이 보고 있는 나무만이 아니라 온 세상이 당신 안에서 생겨난다. '내면' 느낌도, 따로 구분되는 '당신'의 분리된 자아 느낌도 이제 없다. 오직 순간순간 일어나는 온 세상만 있고 **당신이 그것이다.** 당신이 그 **모든** 것이다. 온 우주가 당신 안에서 일어난다.(그리고 '내면' 혹은 '당신'이 없다.) 다시 말해 당신은 존재하는 모든 그림 그 전체와 하나이다.

　그러므로 저 바깥의 공간이 바로 여기 당신의 머리가 있던 곳에서 일어남을 볼 때, 두 개의 것이 하나의 감각, 단일한 현재 경험이 될 때, 커다란 파란 팬케이크가 당신 머리 위로 떨어질 때, '여기 안'의 공간이 저기 바깥의 전체 공간을 포함하거나 포용하는 '광대한 공간vast Spaciousness'으로 폭발한다. 확장해 모든 공간을 포용한다. 당신의 '여기 안의 자아'였던 것이 확장해 **존재하는 모든 것**의 광대하고 머리 없는 공간을 포함한다. 온 하늘이 당신의 머리가 있던 곳에서 일어나고 당신의 머리는 이제 온 하늘이 있던 곳에 있다. 세상은 이제 두 번 나타나지 않는다.(한 번은 '저기 바깥'에서, 그다음은 당신이 그것을 '여기 안에서' 볼 때, 이렇게 세상은 두 번 나타났다. 그렇게 당신은 두 개의 세상이 있다고 느꼈다.) 이제 세상은 단일한 경험으로 오직 한 번 나타난다. 그리고 당신은 **그것**, 즉 일어나는 모든 것을 포용하는 단일한 여여, 진여 혹은 있음Isness이다. '여기 안'과 '저기 바깥'이 즉각적으로 머리 없는 일미가 되었으므로 '여기 안의 자아'는 이제 더 이상 없다. 굳이 무엇이냐고 묻는다면 당신은 안도 바깥도 없는 모든 공간이고 모든 것이고 단지 '이것'이다. 일미 여여이다.

이렇게 되기 위한 쉬운 방법으로 책으로든 컴퓨터 스크린으로든 이 책을 읽는 동안 머리 없는 상태를 연습해 보라. 이 책을 읽는 동안 실은 머리가 없음을 인식하라. 이 책의 내용이 당신이 머리가 있다고 생각했던 바로 그곳에서 일어나고 당신은 실제로 이 책의 내용과 하나이다. 이 책의 내용이 하나의 공간 안에서 나타나고, 당신은 그 공간과 온전히 하나이다.(이것은 정말이지 진정한 일미 경험이다.) 그다음 머리 없고 단일한 그 일미 상태에서 읽는 연습을 해 보라. 우리는 머리로 읽는 데 너무 익숙하기 때문에 이것은 약간의 시간과 연습이 필요할 수 있다. 하지만 정말로 놀라운 경험이 될 테니 계속 연습해 보라.

 이런 하나임의 느낌은 음악을 들을 때도 아주 쉽게 깨우칠 수 있다. 한번 해 보라. 먼저 당신이 좋아하는 노래를 틀어 놓고 눈을 감는다. 그 노래가 처음에는 '저기 바깥'에서 오는 것처럼 들릴 것이다. 그다음 '여기 안', 당신 뇌의 깊은 곳에서 오는 것처럼 들어 볼 수도 있다. 이제 하나임 경험의 성질에 대해 배운 모든 것을 생각해 보고 그 노랫소리에 곧장 적용해 본다. 노래와 당신 사이의 거리를 없애는 것으로 시작한다. 당신과 음악 소리 사이의 차이를 없애면서 그저 음악의 흐름 속으로 녹아들어 간다. 분리된 자아 느낌을 몰아내고 음악의 흐름 자체와 온전히 하나가 되면서, 그것이 단지 모든 것을 관통하는 단 하나의 흐름인 것처럼 들어 본다. 기계로부터 흘러나오는 음악 소리와 그것을 듣는 당신, 존재하는 것은 그런 두 개의 경험이 아니다. 단 하나의 경험만이 존재한다. 즉 당신이 하나의 흐름 안에 있는 음악이다. (이는 '머리 없는 상태'를 연습할 때 할 수 있는 바로 그 경험이다.) 대선사의 말을 응용하면 '기계에서 나오는 음악 소리를 들을 때 거기에는 기계도 없고 나도 없고 단지 음악만 있다.'

 이 상태에 다다랐다면 재빨리 실험을 하나 해 본다. 그 일미 의식을 무한으로 확장해 보는 것이다. 당신의 일미 의식을 당신이 지금 있는 곳에서 시작해 전 지구, 전 태양계(해, 달, 행성들)를 지나 수십억 개 별들이 있는 은하계 전체로 확장하면서 점점 더 커지게 만들고 그다음 또 더 확장해 모든 은하계를 합친 것만큼 커지게 한다. 당신의 의식은 그 모두를 지나 확장하고 그러는 동안 그 모두를 에워싸고 포용한다. 그다음 당신의 의식이 무한 자체로 완전히 확장하게 한다. 끝없는 저 너머로까지 확장하게 한다. 하지만 당신의 의식은 그 끝없는 저 너머, 그 완전한 무한마저 알아차린다. 단지 당신의 의식을 우주의 완전한 끝까지 던져라. 그것이 갈 수 있는 가장 먼 곳까지 던져라.

그러다 어느 시점이 되면 바깥쪽으로 향하는 의식의 움직임이 멈추고 무한처럼 보이는 일종의 끝에 다다를 것이다. 당신의 의식은 왜 멈출까? 아니 멈춰야 하는 걸 어떻게 알까? 자기가 무한에 가닿았다는 걸 어떻게 알까? 그 답은 '당신의 의식은 이미 그곳에 있었기 때문이다.'이다. 당신은 당신의 의식이 이미 항상 무한하므로 무한에 가닿았음을 안다. 당신의 의식은 이미 무한에 있었다. 이제 당신의 의식이 단지 그런 자신을 인식한 것뿐이다.

이것은 쉽게 이해될 수 있는 단순한 시각화 기법이지만 그렇다고 환영/착각은 아니다. 당신만의 태고 의식, 순수한 의식이 항상 이미 절대적으로 무한하고 영원하다는 것 말이다. 그것 바깥에는 그야말로 아무것도 없다. 그 의식이 당신 '지고의 정체성Supreme Identity'이고 그 당신의 의식, 그 무한하고 영원한 실재가 영Spirit과 하나이다. 이것이 궁극적, 비이원적 합일 의식이고 당신의 본래면목이다. 즉 항상 그렇고 이미 그런, 진짜 당신이다. '머리 없는' 상태 연습 같은 간단한 연습을 할 때 당신은 철저한 빅 마인드Big Mind로 접속해 들어간다. 빅 마인드는 당신과 나무 혹은 음악과의 합일에 그치지 않고 그 안에 온 우주를 포함한다. 초신성이 당신 마음 안에서 폭발한다. 당신 뇌신경 세포들이 초신성 별들처럼 터진다. 심장이 사랑으로 터질 것 같다. 세상의 모든 생명체가 당신의 순수한 의식 안에 있다. 당신이라는 존재가 무한이라는 한계를 지니고 이것이 당신의 지고한 정체성이다. 이 시점이면 절대적으로 모든 것이 당신 존재 안에서 나타나는 것 같다. 온 우주가 당신 안에서 나타나고 그저 '내면'에서 희미해진다. 그리고 존재하는 것은 오직 '모두 이것All This'이다. 즉각적으로 나타나고 자기 현현하고 자기 해방하는 이것. 그리고 당신은 이것 안, 세상의 모든 것 안, 지금 그리고 말 그대로 (모든 현재에서 항상 존재하는) 영원 안에서 일어나는 모든 각각의 것을 직접 만지고 노력 없이 포용한다. 그리고 온 우주가 완전히 사라져도 당신은 여전히 당신, 존재의 그 순수한 정수일 것이고 아무 일도 일어나지 않을 것이다.

이것은 거대한 홀니스이다. 영원하고 시간을 완전히 초월하고 항상 존재하는 **지금**에 존재하기, 이런 영원성이 매 순간 온전히 100퍼센트 존재한다. 무한히 혹은 공간을 완전히 초월하는 **여기**에 존재하기, 이런 무한성이 공간의 모든 지점에 온전히 100퍼센트 존재한다. **지금 여기를 살아라**는 진부하게 들리지만, 당신이 모든 유한한 공간 아래에서 그 모든 공간을 포용하는 무한한 존재이고('무한이 공간의 산물들과 사랑에 빠졌다.') 모든 일시적인 시간 아래에서 그 모든 시간을 포용하는 영원한 존재임을('영원이 시간의 산물들과 사랑에 빠졌다.') 직접적으로 말해 준다. 이것이 당신의 지고한 정체성이고 눈부시게 아름다운 홀니스이다.

그런데 이것이 끝이 아니다.

17장　　　　　　　　　　　　　　　　　　　Finding Radical Wholeness

깨달음의 느낌들

   이 장의 요지는 깨달음에는 주체나 객체가 없고 느끼는 것이나 느껴지는 것은 없지만, 그 어떤 비이원적 느낌들은 분명히 있다는 것이다. 다시 말해 깨어난 의식만 있는 것이 아니라 깨어난 느낌도 있으니, 여기서는 그 느낌들을 탐구해 보려 한다. 나는 대개 지복, 사랑이라는 말을 쓸 테지만 (기쁨, 자비심, 행복, 보살핌 같은) 대략 비슷한 말도 등장할 것이다. 우리는 의식Awareness을 따라가며 깨달음에 이를 수도 있지만 느낌을 따라가며 깨달음에 이를 수도 있다.

지복을 넘어서는 큰 지복

   고립되고 유한하고 수축된 자아가 부르는 제약과 숨막힘에서 해방될 때 (순수한 목격 의식을 시작으로) 우리는 지복至福, Bliss, Ananda, 모든 것에 스며드는 기쁨, 깊은 행복, 혹은 간단히 말해 심오하고 무한해 보이는 안녕Well-being에 열리게 된다. 이 지복은 왔다가 가고 시작과 중간과 끝이 있어서 불안이나 불행이라는 반대를 수반하는, 분리된 감정이 아니다. 이 지복은 반대가 없고 모든 것을 철저히 포용한다. 이 지복은 상대적 일시적 상태가 아니라 궁극적이고 시간을 초월한, 혹은 항상 존재하는 상태의 한 측면이다. 대문자 B로 시작하는 블리스Bliss(지복)는 소문자 b로 시작하는 모든 왔다가 가는 블리스bliss(축복)와 불행을 초월하고 이것들의 기저에서 지속되는 것이다. 이 큰 지복은 목격 의식의 성질인 철저한 자유의 느낌이 있고, 왔다가 가지 않고 목격 의식처럼 말 그대로 항상 현존한다.

  축복과 불행을 초월하는 지복은 태고 의식의 초월적 측면이 주는 항상 존재하는 자유의 느낌이다.(목격처럼 이 느낌 자체도 항상 존재하고 불생이며 불사이다.) 간단히 말해 지복은 목격이 주는 *자유의 느낌이다*. 목격 의식이 눈앞에 나타나는 모든 것을 거리낌 없이 자유롭게 볼 때 자유의 온전한 느낌이 존재한다. 즉 지복이 모든 각각의 경험 안에서 자유의 느낌으로 온전히 존재한다. 지복은 모든 비좁고 깨지고 고통받는 작은 자아들로부터의 황홀한 해방이고 태고 의식 자체로 늘 현존하고 지속된다. 절대 가지도 오지도 도착하지도 떠나지도 않은 채 우주에서 일어나는 모든 경험에 황홀해한다. 그 모든 경험이 이미 항상 원초적으로 자유이기 때문이다.(이 자유는 모든 현현한 제약으로부터의 자유와 모든 것을 목격하기 위한 자유 둘 다를 뜻한다.)

  자유(특히 그 어떤 제약으로부터의 자유)는 항상 일종의 기쁨이나 행복감을 불러일으킨다. 그 자유가 현현된 세상 전체로부터의 자유라면 그때 느끼는 행복감은 정말로 강렬할 수 있는데, 그걸 다른 어떤 말로 부르든 다 대지복Big Bliss이다.

  목격 의식으로서 안도 밖도 아닌 자리에서 진정으로 자유로울 때,

그리고 그 철저한 자유를 자신에게 허락할 때 우리는 (대상이 아니라 분위기Atmosphere로) 전통들이 '아난다Ananda'라고 부르는 지복 혹은 기쁨을 알아차리기 시작한다. 지극히 고통스럽고 자기 수축적인 파편들의 영역에서 벗어나는 황홀한 해방감 말이다. 바로 지금 나타나는 모든 것의 전체성을 알아차릴 때 나는 내가 그 모든 것으로부터 절대적으로 자유로움을 깨닫는다. 나는 네티 네티이다. 즉 나는 그 어떤 것과도 나를 동일시하지 않고, 그 어떤 것에도 집착하지 않으며, 그 어떤 것에도 묶이지 않는다. 나는 그 모든 것을 떠나보낸다. 나는 그 모든 것이 야기하는 모든 고통, 괴로움 혹은 고뇌에서 완전히 자유롭다. 나는 완전한 자유의 무한한 공간이고 그 광대무변을 느끼기만 한다. 그 완전한 자유는 더할 수 없는 해방이고 황홀한 놓아줌이고 인식적 축복이다.

그 황홀한 혹은 기쁨으로 가득한 해방을 깨달았다는 것은 예를 들어 고통이 일어나도 고통을 목격하기만 하는 목격 의식 안에서 일어남을 깊이 이해한다는 뜻이다. 이제 더 이상 고통이 내가 아니다. 고통은 단지 *나의 것*일 뿐이다. 나는 고통과 나를 구별한다. 나는 주체였던 고통을 객체로 만들었다. 그리고 모든 주체가 객체가 될 때, 따라서 객체로 만들 것이 더 이상 남아 있지 않을 때, 그때 남는 것은 절대적 주관성이다. 그리고 그때 나는 철저한 자유의 물로 목욕하며 진정한 해방과 지복의 기쁨에 젖는다. 따라서 내가 목격 의식 속에서 쉴 때 나는 자유 안에서, 그리고 자유의 느낌인 지복 안에서 쉬는 것이다. 모든 자유가 기쁨을 부른다.

이것을 경험한 사람들은 "몸의 모든 세포 안에서 지복이 느껴진다."고 말한다. 매슬로는 이것을 다음과 같이 아름답게 묘사했다.

"사람은 통합적인 방식으로 보는 법을 거의 마음대로 배울 수 있다. 그러면 목격하고 감상하는 상태, 고요하고 인식적인 축복 상태라고 할 만한 것이 생긴다."[1] 나는 이 "목격, 고요, 인식적인 축복 상태"라는 구절을 정말로 좋아한다. 정확히 그렇기 때문이다. 인식하는 목격의 고요한 지복 상태 말이다. 이것은 인식하는 목격과 그것의 축복 가득함이라는 두 개의 기본 재료를 너무 멋지게 합쳐 놓는다. 그리고 이것이 매슬로의 경험적 연구에서 나온 말임을 기억하자. 이 "인식적인 축복 상태"가 경험에 기반한다는 말이다.

내가 이것도 아니고 그것도 아닌, 광대하고 텅 비고 열린 목격 의식 속에 머무를 때 (내 눈을 가릴 것이 아무것도 남아 있지 않으므로, 그리고 모든 자유가 본래적으로 기쁨/지복이므로) 나는 축복 가득한 자유의 경계 없는 확장 속에 머문다. 따라서 나무를 알아차릴 때 그 나무는 인식적 지복 자체인 그 방대하고 열린 공간 속에서 곧장 나타난다. 지복이 나무를 본다. 지복이 개를 느낀다. 지복이 이 생각을 생각한다. 지복이 그 자동차를 본다. 이것이 목격 의식의 질감(깊은 기쁨, 무한한 놓아줌과 해방, 진정한 인식적 축복)이다.

동양에서는 흔히 궁극적 실재를 삿치타난다Satchitananda로 정의하는데 이는 각각 참존재Sat, 참의식Chit, 지복Ananda이라는 뜻이다. 여기서 참존재와 참의식은 둘 다 순수하게 텅 비어 있다.(특성 없다.) 이런 텅 빔이 아난다 혹은 항상 존재하는 지복의 매우 미세한 느낌을 만들어 낸다. 이것은 무한과 영원의 느낌과 관계하므로 모든 상대적인 느낌과는 다른 느낌이다. 이것은 정말로 무한하고 영원한 느낌이고 늘 현존하는 고요한 인식적 지복이다.

내가 어떤 대상이나 어떤 작은 자아감과 나 자신을 여전히 동일시한다면 나는 그 제한적인 정체성에 의해, 이 현현 세상에 내재하는 고통Dukkha 혹은 원죄에 묶일 것이다. 그러면 (행복 같은) 긍정적인 느낌과 고통의 느낌이 어느 정도 만나게 될 것이고, 그럼 더 이상 (지복 같은) 순수하게 긍정적인 느낌이 절대 될 수 없다. 하지만 내가 진정으로 그리고 깊이 순수한 나됨이라면, 온전히 이것도 아니고 그것도 아닌 상태라면, 삼사라의 감옥에서 해방되는 황홀감이 내 존재를 관통해 치솟을 테고, 진정으로 포괄적인 대지복Big Bliss의 지속되는 황홀감이 배경처럼 나의 상태를 흠뻑 적실 것이다.

이 대지복은 시간 안에 존재해서 왔다가 잠시 머물다가 사라지는 불행, 불안, 고뇌 같은 것들의 대안인 작고 배타적인 행복이 아니라, 항상 현존하는 지복이고 항상 현존하는 목격 의식의 정확한 질감이다. 무한하고 영원한 목격 의식이 존재하는 곳의 질감은 언제나 지복이다. 고뇌, 고통, 공포 혹은 불안을 진정으로 목격한다면 그것은 더 이상 당신을 공포에 몰아넣지 않을뿐더러 그 모든 것의 핵심에 있는 깊은 기쁨, 즉 대지복의 지속되는 배경이 드러날 것이다. 이 대지복이 목격 의식의 안쪽 면이다. 목격 의식이 항상 존재함을 인식하고 목격 의식이 되어 단지 주변을 잠깐 둘러보면 (대상이 아닌 모든 것을 포함하는 분위기로서) 깊은 자유, 기쁜 해방, 심오한 행복감을 발견한다. 이것이 그 나무를 보는 것(혹은 인식하는 것)이 주는 지복이다. 지복의 목격이 세상을 목격한다. 이것이 영원히 현존하는 나됨의 진정한 질감이다. 바로 삿치타난다(참존재-참의식-지복)이다.

사랑을 넘어서는 큰 사랑의 충만함

목격 의식의 철저한 자유가 주는 느낌이 기쁨으로 가득한 깊은 지복이라면 일미의 철저한 충만함이 주는 느낌은 모든 것을 포함하는 사랑Love이다. 대문자 L로 시작하는 러브는 일반적인 사랑과 그것의 반대인 미움을 초월한다. 이 사랑은 아무런 반대도 갖지 않고 모든 것을 완전히 포용한다. 항상 존재하는 사랑은 작은 사랑과 그 반대인 미움 둘 다에 온전히 존재한다. 이 큰 사랑은 작은 사랑과 작은 미움과 다른 모든 일시적인 감정들의 기저를 이루고 그것들을 포용한다. 진정으로 사랑하고 받아들인다. 모든 것의 기저에 이 순수한 사랑의 느낌이 존재하고, 이 사랑이 모든 것을 에워싼다. 긍정적이고 부정적인 다른 모든 감정과 느낌들이 극적인 홍망의 현재를 통해 흘러간다면, 이 항상 존재하는 사랑의 배경은 멈춰 있는 현재에 안정적으로 남아 있다. 이 큰 사랑은 단일한 우주의 실질적인 느낌이다. 간단히 말해 이 사랑이 일미, 그 충만함의 느낌이다. 지속적인 포용과 전체성 속에서 우주 전체와 하나일 때 당신은 대문자 L로 시작하는 완전한 사랑을 지속적인 배경으로 **느낀다.** 다시 말하지만 이것은 무한의 느낌이다. 이것은 특정 사람이나 물건을 사랑해서가 아니라 모든 것을 사랑하기 때문에 느끼는 것이다.

모든 것에 대한 모든 것으로서의 이 큰 사랑은 존재하는 모든 것을 하나로 포용하면서 모든 태고의 회피를 초월해 나눠지지 않은 혹은 비이원의 순수한 홀니스로 나아간다. 이 홀니스의 느낌이 순수한 사랑이다. 당신 심장에서 곧장 나오고 존재하는 모든 것과의 절대적이고 순수한 하나임 혹은 빛나는 단일성 속에 있는 사랑 말이다. 그리고 존재하는 모든 것은 항상 경계 없는 충만함, 깨지지 않은 홀니스, 일미 속 순수한 사랑의 진정한 표현 안에서 존재한다.

대지복과 큰 사랑은 무한과 영원으로의 깨어남, 그 홀니스의 본래적인 부분들이다. 나무처럼 간단한 무언가를 볼 때조차 그 나무를 인식하는 바로 그 행위는 결코 오거나 가지 않고, 잃어버리거나 사라질 수 없으며, 항상 존재하여 모든 경험의 안쪽에 깃든 황홀을 불러일으키고 떠올리게 하는데, 이는 당신이 언제나 *자유롭기* 때문이다. 목격 의식의 항상 존재하는 자유의 느낌, 그 톤과 접속하고 그것을 지속되는 배경으로서의 지복 혹은 깊은 행복으로 깨달을 때 당신은 그 대지복이 항상 존재했었음을, 전에는 그것이 이 세상의 비참함을 견디게 해 주는 작은 행복의 물거품으로만, 당신의 가장 깊은 진짜 본성의 희미한 빛으로만 존재했었음을 깨닫는다.

하지만 이제 그것을 직접 그리고 온전히 깨달을 수도 있다. 그때는 그것의 항상 존재하는 성질이 홀니스 자체만큼이나 분명해진다. 그 '고요하고 인식적인 충만함' 말이다. 그 가장 깊은 부분에서 당신은 항상 *자유롭고* 항상 자유로울 것이며, 경이로운 해방의 기쁨으로 가득할 것이다. 이 자유는 깊고 지속되고 축복 가득한 기쁨으로 당신 몸의 모든 세포를 통해 발산될 것이다. 왜냐하면 당신이 정말로 항상 모든 것으로부터 자유롭고, 그래서 아무 일도 일어나지 않기 때문이다.

그 똑같은 나무를 인식하며 그 나무의 핵심인 하나임을 향해 나아갈 때, 당신 가슴에서 한계 없고 모두를 포용하는 사랑이 솟아나며 그 나무뿐만 아니라 모든 존재에 대한 예외 없는 무한한 보살핌, 친절, 그리고 철저한 포용이 넘쳐난다. 그 모든 느낌이 당신의 가장 깊은 여여 혹은 일미 상태의 질감이다. 이것이 정말로 모든 것을 위한 공간을 만든다. 당신이 '머리 없는' 상태가 되고, 그 상태 안에서 무한한 홀니스 혹은 충만함으로서 온 우주가 일어날 때, 그 충만함의 느낌이 바로 그 방대하고 항상 존재하는 배경인 사랑이다. *따라서 지복이 목격 의식이 주는 자유의 느낌인 것처럼 사랑은 일미 의식이 주는 충만함의 느낌이다.* 일미 상태가 항상 이미 그래 왔었음을 인식할수록 그 무한한 사랑도 시간 안에서 행진하는 작은 느낌들의 바탕으로서 항상 존재해 온 느낌임을 (주의 깊게 본다면) 더 잘 인식하게 될 것이다. 그 큰 사랑은 그 모든 작은 느낌들을 철저하게 머리 없는 일미, 그 충만함의 질감으로 매 순간 온전히 사랑하고 포용한다. 그러므로 상대적으로 정말로 참일 수도 거짓일 수도 있고, 좋을 수도 나쁠 수도 있고, 고귀할 수도 역겨울 수도 있고, 맞을 수도 틀릴 수도 있는 경험들에 대한 모든 일반적인 판단들 아래에서, 마침내 온 세상에 당신이 깊이 그리고 온전히 사랑하지 않는 것이 아무것도 없게 된다.

궁극적 자유와 충만함, 그 각각의 느낌 톤인 지복과 사랑이 당신이 앞으로 갖게 될 모든 인식, 충동, 감각 그리고 경험의 본질이다. 항상 존재하는 목격 의식과 머리 없는 일미 상태를 연습할 때 그 깊은 행복 혹은 중요한 지복, 그리고 그 순수한 사랑 혹은 완전한 포용을 허락하기 시작하라. 그것들을 사랑의 지복 혹은 지복의 사랑으로 생각하라. 어느 쪽이든 상관없다. 둘 다 철저하게 시간을 초월한 '지금'의 그 가장 깊은 중심으로부터 뿜어져 나온다. 다시 말하지만 이 지복의 사랑은 생겨났다가 잠시 머문 후 사라지는 각각의 느낌이나 감정이 아니라 그런 표면적 느낌들 아래에서(혹은 그것들과 함께, 혹은 그것들로서) 배경으로 끊임없이 일어나고 매 순간 진정으로 항상 존재하는 깊고도 핵심적인 느낌이다. 이 지복의 사랑은 지나가는 현재를 통해 움직이는 모든 각각의 것들과 감정들 아래 존재하므로 (흘러가는 현재가 아닌) 멈춘 현재의 축복과 사랑이 가득한 깊은 감각이다. 이 지복의 사랑은 흔들릴 수 없고 멈출 수 없는 지속적인 배경의 감각으로, 시간을 초월한 지금으로부터 흘러나오고, 온 세상을 포용하는 광대한 풍요로움으로 빛난다.

이 지복의 사랑이 멈춰 있는 현재의 가장 핵심에 해당한다. 왜냐하면 대문자 B로 시작하는 블리스Bless와 대문자 L로 시작하는 러브Love, 즉 사랑의 지복 혹은 지복의 사랑은 사랑과 미움 혹은 행복과 불행처럼 시간 안에 존재하며 와서 조금 머무르다가 사라지는 일반적인 감정들이 아니라 초월적 목격 의식의 항상 존재하는 자유와 비이원 일미의 *항상 존재하는* 충만함과 함께 오는 *항상 존재하는* 성질들이기 때문이다.

따라서 당신은 다른 모든 느낌들(느낌들이 여전히 존재할 경우) 아래 당신 머리부터 발끝까지 온몸을 관통하며 터지고, 당신의 깊은 곳으로부터 부드럽게 발산되어 세상을 전체적으로 포용하는 지복의 사랑을 지속적인 배경의 감각으로 느끼기 시작할 것이다. 그리고 지금부터는 당신이 무엇을 느끼든 그것은 사실 목격과 일미의 이 기본적인 대지복과 깊은 사랑의 어떤 변이가 될 것이다. 그리고 그 둘은 함께 일어난다. 일미와 그것의 사랑이 목격과 그것의 지복을 초월함과 동시에 포함하기 때문이다.(당신이 아디 다Adi Da*를 좋아한다면 그가 자신의 영적 이름으로 러브-아난다 혹은 러브-블리스라는 궁극적 실재를 가장 잘 보

---

* 미국의 영적 교사이자 작가이자 예술가

여 주는 단어들을 선택했음을 기억하기 바란다.)

　목격을 점점 멈추면서 일미에 길을 내줄 때 목격의 지복은 점점 더 모든 것을 포함하는 사랑으로 융합될 것이다. 목격 의식의 지복 혹은 깊이 행복한 느낌은 정확하게 목격 의식이 전체 현현 세상으로부터 철저하게 자유롭기 때문이다. 그런데 일미의 출현과 함께 세상 전체로부터의 *완전한 자유*가 세상 전체와의 철저한 *하나임*으로 바뀐다. 이런 투리야에서 투리야티타로의 이동은 어떤 의미에서 날카로운 부서짐이다. 선불교는 이를 "양동이 바닥이 깨진다."라고 말한다. 양동이의 바닥이 존재한다는 느낌, 즉 의식의 단단한 바닥, 의식의 주체 혹은 목격자가 있다는 느낌, 여기 안에 저기 바깥의 세상을 보는 단단한 자아가 있다는 느낌이 더 큰 진실인 단일함 혹은 일미의 비이원성을 막는 기본적인 이원성으로 작동한다. 그것만의 분리된 실재로서의 목격 의식이 사라질 때, 그렇게 '머리 없는' 합일 상태를 통해 세상 전체와 하나가 될 때, 목격 의식은 순수한 비이원의 의식에 내재하는 측면으로, 즉 일미 혹은 비이원성 안에 이미 항상 존재했던, 인식하거나 아는 차원으로 돌아간다.

　이런 일이 일어날 때 목격 의식이 부르는 지복의 느낌도 일미의 사랑으로 가득한 충만함으로 밀려들어 간다. 그 결과 사랑의 지복 혹은 지복의 사랑이 매 순간 지속된다. 모든 것에서 벗어난 지복의 자유가 정말로 모든 *것과의 사랑의 하나임* 안으로 융합된다. 세상에서 한 걸음 물러나 그것만의 지복의 자유 안에서 머무르며, '앞에서' 생겨나는 세상 전체를 목격하던 느낌이 이제 앞이 아니라 그 안에서 일어나는 세상 전체와 사랑으로 철저하게 하나가 되는 느낌 속으로 융화된다. 이제 막 머리 없는 합일 상태에 도착한 상태라면 여전히 목격 의식의 느낌이 존재하지만 이 목격 의식은 이제 그 단일하고 머리 없는 의식 안에서 일어나는 세상 전체와 온전히 하나이다. 주체가 더 이상 없다. 모든 것으로부터 한 걸음 떨어져 있는 절대적 주체성조차 없다. 존재하는 것은 주체와 객체가 온전히 하나라서 '저기 바깥'의 세상이 당신의 의식 안에서(당신의 머리가 있던 바로 그곳에서) 온전히 나타나는, 비이원의 여여 혹은 진여뿐이다. 자유의 느낌인 지복이 여전히 있지만 그 지복이 이제는 모든 곳의 모든 각각의 것들과 사건들로 다가가 큰 사랑의 키스로 그것들을 포용한다. 내면과 외면 둘 다 하나의 머리 없는 일미에 길을 내어 준다. 이것이 사랑의 지복이고 지복의 사랑이다. 자유가 그 온 존재로 충만함을 포용하는 것이다. 당신은 더 이상 세상으로부터 자유롭지 않다. 당신은 이제 머리 없이 세상과 하나이다. 그 세상이 거친 상태이든, 미세한 상태이든, 원인 상태이든, 투리야 상태이든, 투리야티타 상태이든 혹은 그 모든 것이든 그것과 하나이다.

일미와 함께하는 목격이 이해하기 어려울 수 있으니(즉 사랑과 지복을 동시에 연습하기가 어려울 수 있으니) 나는 19장의 마지막 부분 '지복과 사랑의 궁극적 합일'에서 그 방법을 더 자세히 설명하려고 한다. 거기서 ('저기 바깥'의 모든 대상이 당신 머리가 있던 '여기 안'에서 나타남을 직접적으로 느낄 수 있고, 따라서 '저기 바깥'과 '여기 안'을 '단지 이것'의 하나의 단일한 경험으로 느낄 수 있는) 머리 없는 합일 상태로 들어가는 법을 먼저 배울 것이다. 그다음 저 바깥의 나무가 실제로 당신 머리가 있던 그 '여기 안'에 있음을 느끼는 바로 그 시점에, 그것을 모든 것을 포용하는 사랑의 느낌과 동일시해 전체 세상이 그 머리 없는 단일한 사랑 안에서 일어나게 해 볼 것이다. 당신의 머리 없는 상태가 모든 것을 포함하는 사랑 의식과 온전히 하나임을 단지 느껴 보는 것이다. 머리 없는 상태의 이 단일함이 당신이 알아차리는 모든 것을 위한, 모든 것을 포용하는 사랑임을 느껴 본다. 그럼 이제 그 비이원의 단일하고 머리 없는 상태에서 당신의 목격 의식은 일미 상태로 녹아들어 그것과 하나가 될 것이다. 그 결과 목격 의식이 주는 지복도 이제 그 머리 없는 사랑과 하나가 된다. 따라서 당신이 세상을 볼 때 지복의 사랑 의식을 통해 본다. 다시 말해 당신은 당신의 머리 없는 일미가 만드는 사랑에 지복이 가득함을 느끼기 시작한다. 이것이 진정한 지복과 사랑의 머리 없는 일미이다.

이제 일반적인 성행위 안에 이 지복과 사랑의 느낌이 존재함을 기억하기 바란다.(유한하고 상대적이고 일반적인 축복과 사랑이긴 하지만 이런 축복과 사랑이 자주 궁극적인 형태로 폭발하기도 한다.) 통합 성 탄트라는 이런 일반적인 축복과 사랑의 느낌을 궁극적 지복과 사랑에 도달하기 위한 발판으로 이용한다. 이것이 우리의 다음 주제이다. 성행위와 함께 일어나는 일반적인 느낌들, 다시 말해 행복한 엑스터시와 하나 됨(즉 유한한 성적 축복과 사랑)이, 항상 존재하는 지복과 당신의 진정한 본성인 사랑을 인식하고 기억하고 강화하는 데 어떻게 사용될 수 있는지를 살펴볼 것이다. 섹스는 영을 거스르는 죄가 아니라 영으로 가는 직선로이다. 이것은 섹슈얼리티에 대한 당신의 생각을 영원히 바꿔 줄 것이다.

18장   Finding Radical Wholeness

통합 성 탄트라

우리는 이제 탄트라라고 하는 흥미진진하고 매우 중요한 새 영역을 살펴보려 한다. 탄트라는 기저에 항상 존재하는 비이원성 혹은 궁극적 실재를 깨닫기 위해 성행위와 영을 통합하는 매우 효과적인 수행법이자 지적 지도이다. 따라서 탄트라 수행은 대지복Big Bliss과 큰 사랑Big Love과도 곧장 연결된다.

탄트라에는 수십 개의 매우 다양한 학파들이 있다. 하지만 카쉬미르 샤이비즘Kashmir Śaivism, 바즈라야나Vajrayāna/금강승金剛乘 혹은 티베트 불교 같은 최고 권위의 탄트라 학파들이 위대한 지혜 전통들을 통틀어 가장 세련되고 심오한 전통임에는 대개 동의하는 것 같다. 탄트라는 8~11세기 인도 나란다 불교대학에서 정립되었지만 탄트라는 불교에 국한되지 않는다. 사실 대부분 위대한 전통들에서 탄트라의 주요 주제들의 변형들이 어느 정도 발견된다. 탄트라는 진화를 규정하는 추진력, 즉 초월과 포함의 심오한 정점이었다.

그렇다면 탄트라의 역사를 짧게나마 살펴보는 것으로 정확하게 어떤 중요한 쟁점들이 있는지 보도록 하자. 탄트라에는 불교 형태가 있고 불교의 역사는 이미 다룬 바 있으므로, 이미 다룬 것을 약간 반복할 수 있다. 이는 탄트라가 애초에 정확하게 어떻게, 왜 발전했는지 그리고 탄트라가 그 이전의 종교들을 왜 대부분 초월하고 포함하는지를 보는 데 매우 중요하다.

초기 불교는 축의 시대(혹은 대신화 시대) 세계 전반에서 발생한 모든 위대한 종교들이 그랬던 것처럼 현현된 세계 전체가 끔찍하다는 믿음에서 출발했다. 현현된 세계는 삼사라이고 본래적으로 타락했으며 원죄로 가득하다. 혹은 초기 불교가 두카라고 불렀던 괴로움으로 가득하다. 삼사라의 현현된 세상은 원래가 괴로움이다. 현현된 세상 안이라면 그 속의 생명체는 괴로울 수밖에 없고, 이는 어떻게 해도 바꿀 수 없다. 하지만 삼사라의 바퀴에서 나오거나 완전히 벗어날 수는 있다. 그렇게 하기 위해 우리는 의식의 내용을 철저하게 목격하는 것을 목표로 하는 명상을 시작해야 한다. 의식의 원천 혹은 의식 자체를 직접 발견할 때까지, 다시 말해 모든 대상, 모든 현현, 모든 삼사라에서 자유로운 순수한 니르바나를 발견하고 순수하고 텅 빈 목격 의식을 발견할 때까지 말이다. 그 순수하게 형상 없고 내용 없고 텅 빈 의식의 발견이, 모든 형상으로의 현현에서 자유롭기 때문에 모든 괴로움, 에고, 욕망, 고통에서도 철저하게 자유로운, 시간을 초월한 상태, 즉 니르바나의 발견이다.(이것은 어느 정도 꿈 없는 깊은 수면 상태와 비슷하다.)

따라서 초기 불교의 목표는 매우 간단명료했다. 삼사라(혹은 현현된 우주 자체)는 본래적으로 고통이다. 따라서 삼사라와 관련되는 모든 활동을 완전히 멈추고 명상을 통해 순수한 목격 의식을 발견한다.

순수한 의식은 모든 대상, 모든 현현에서 철저하게 자유롭기 때문에 그 텅 빔 속에 있는 것이 곧 모든 자아, 모든 욕망, 모든 괴로움에서 벗어나는 순수한 해방(목격 의식의 순수한 자유)이다. 목격 의식이 우리 의식에서 항상 존재하는 측면임을 깨달을 때 우리는 그것의 항상 존재하는 자유 안에서 영원히 거주하기 시작한다. 그리고 모든 삼사라에서 벗어난 자유 안에서 그렇게 영원히 거주하는 것을 붓다는 니르바나라고 불렀다.

그리고 내가 앞서도 지적했듯이 니르바나는 의식의 매우 실재하고 매우 심오한 상태이며, 아무것도 일어나지 않는 순수하게 텅 빈 의식 안에서 완전히 머무는, 현현 없는 순수한 통합 상태이다. 이 상태는 니르비칼파 사마디Nirvikalpa Samadhi라고도 하고, 그 정점이 니로드흐Nirodh(소멸 혹은 중단)의 상태 즉 니르바나이며, 이 상태는 너무도 실재해서 그 안에 있으면 당신은 말 그대로 아무런 고통도 느낄 수 없다. 아무리 강한 고통도 느낄 수 없다. 믿기 힘들다면 불타고 있는 동안에도 한 처의 미동도 없이 앉아서 명상하며 항거했던 베트남 스님들을 떠올려 보라. 니르바나는 매우 매우 실재해서 그 뜻 그대로 당신을 모든 고통과 괴로움에서 철저하게 벗어나게 한다.

그런데 이 니르바나 상태가 가장 높은 상태일까? 앞에서 보았듯 천재 승려 나가르주나는 '아니'라고 대답한다. 니르바나는 가장 높은 상태가 아니다. 이원적인 영역에서는 가장 높은 상태지만, 기본적인 착각(환상)이 아직 존재한다. 니르바나는 삼사라로부터 분리된다. 공空은 색色(형상)으로부터 분리된다. 하늘은 땅으로부터 분리된다. 이것은 분명히 전체적이지 않고 단일하지 않은 비이원 상태이다. 깨지고 부서진 이원적 상태이다. 그리고 깨진 상태는 당신에게 진정하고 온전한 깨달음을 줄 수 없다.

 돌이켜 보면 나가르주나가 목표로 삼았던 것은 (초기 불교가 그랬던) 니르바나가 아니라 순야타Shunyata였다. 순야타는 순수한 비이원의 상태이고, 니르바나라는 한 단계 낮은 상태를 초월하고 포함하는 일미 상태이다. 순야타는 니르바나를 삼사라로부터 분리하지 않고 그 둘을 더 깊고 비이원적인 홀니스(전체) 안에서 통합한다.(여기서 '홀니스'라는 말은 모든 용어들이 그렇듯이 엄격하게 볼 때는 부적당하다.) 나가르주나는 이 더 깊은 상태를 스스로 발견했다. 니르바나 상태에 사실은 한계가 있고, 따라서 진정으로 궁극적이지 않음을 알았다. 그러므로 나가르주나는 비이원 혁명을 선도했다고 할 수 있다. 이 순야타 상태는 (더 큰 진화적 성취로서) 정말로 더 작은 삼사라와 니르바나의 상태들을 비이원적 홀니스의 더 큰 상태로 초월하고 포함했다. 삼사라로부터 분리된 니르바나는 더 이상 존재하지 않았다. 하지만 그 둘을 온전히 포함하는 더 깊은 비이원의 홀니스가 있었다. 『반야심경』은 이것을 "색즉시공 공즉시색"으로 요약한다. 삼사라가 곧 니르바나이고, 니르바나가 곧 삼사라라는 뜻이다. 더욱이 (예를 들어 무한과 유한, 선과 악, 영원과 순간, 영과 물질, 영과 섹스 같은) 니르바나와 삼사라의 이른바 이원성을 반영하는 모든 반대들도 이제 통합되었다.(비이원 혹은 '두 개가 아닌 것'이 되었다.)

 이것이 절대적으로 모든 것을 바꾸었다. 깨달음을 방해한다는 것들이 갑자기 깨달음을 일으킨다는 것들과 통합(혹은 하나가)되었다. 당신이 죄라고 생각했던 것들이 사실 깨우침과 하나였다. 당신이 피해 왔던 것들이 포용해야 하는 것들이었다. 갑자기 이런 비이원적 통찰이 일어나는 곳 어디든 종교적 수행에 있어서 심오한 전환이 일어났다. 청교도적 금욕의 색이 강했던 수행에서 변형Transformation을 위한 수행으로 전환이 일어난 것이다.(당시 종교들은 대부분 정말로 청교도적이었다. 앞서 지적했듯 신성 신비주의, 무형상 신비주의, 나뜀 신비주의를 추구하는 대부분 학파들이 독신주의를 비롯한 다양한 금욕주의를 권장했다.)

예를 들어 초기 불교에서는 분노 같은 신성하지 않은 감정이 들 때 그 감정을 억압하거나 제거하기 위한 모든 종류의 해독제를 동원했다. 대조적으로 탄트라에서는 분노가 일어나면 비이원 일미 의식으로 그것을 단지 포용하고 그러면 분노는 그 즉시 신성하지 못한 감정에서 분명하고 초월적인 지혜로 변형된다. 니르바나와 삼사라가 두 개가 아니기 때문이다. 신성하지 못한 분노와 분명한 지혜가 서로 영원히 싸우도록 운명 지워진 화해할 수 없는 원수들이 아니라 같은 근본 실재의 두 측면이기 때문이다. 깨달음은 반대되는 것들의 한 면만 추구하고 다른 면은 부인할 때(우주의 반만 좇고 나머지 반은 제거하려 할 때)가 아니라, 둘 다를 초월하고 포용할 때 찾아온다. 탄트라는 수백 개의 욕망, 충동, 이미지들, 아이디어들을 억압하고 금욕하라고 하지 않는다. 탄트라의 규칙은 아주 간단하다. 모든 것을 길로 가져오라. 이는 모든 것을 포용하는 순수한 투리야티타 수행이고, 당시 영적 세상을 그 뿌리째 흔들었다.

그러므로 초기 불교에서의 목표가 아라한Arhat이 되는 것, 즉 삼사라를 완전히 포기하고 니로드흐나 순수한 니르바나 속으로 완전히 숨어들어, 현현된 세상을 철저하게 망각한 채 모든 고통받는 존재들이 니르바나의 순수한 절멸 속으로 영원히 사라지는 '고독한 깨달은 자'가 되는 것이라면, 이 새로운 비이원의 길에서 목표는 니로드흐나 니르바나 속으로 사라지지 *않겠*다고, 꼭 삼사라에 머물겠다고 서약하는 보디사트바Bodhisattva(보살)가 되는 것이다. 보디사트바는 니르바나와 삼사라의 합일을 보고 삼사라에 남아서, 다른 존재들이 삼사라가 실은 니르바나임을 보도록 도울 것을 서약한다. 다시 말해 모든 살아 있는 존재들의 깨우침을 돕겠다고 서약한다.

이런 보디사트바의 서약은 대개 "나는 최대한 빨리 깨달음을 얻어서 모든 살아 있는 존재들도 깨달을 수 있도록 도울 것을 맹세한다."고 말하는 것으로 이루어진다. 이 서약은 기본적으로 니르비칼파 사마디, 니로드흐 혹은 순수한 비현현의 절멸 속이 아니라 사하자 사마디Sahaja Samadhi 혹은 비이원의 단일한 일미 안에 머무르겠다는 약속이다. 이는 당신이 지구의 생태적 쇠퇴를 지켜보면서도 걱정하지 않고 현실 세계를 완전히 무시한 명상에 빠지지 않겠다는 약속이고, 매트에서 일어나 지구와 당신 주변에서 고통받는 사람들을 돕겠다는 약속이다. 그리고 당신은 그 사람들이 깨우치도록, 즉 니르바나가 아니라 니르바나와 삼사라의 합일 혹은 비이원성을 깨우치도록 돕는다.

당신도 여기서 영성이 어떻게 심오하게 변하기 시작하는지 볼 수 있을 것이다. 영성은 이 세상에서 벗어날 길을 찾는 것에서 이 세상 안에 온전히 존재하는 길을 찾는 것으로, 이 땅 너머에서 천국을 찾는 것에서 이 땅에서 천국을 찾는 것으로, 육체를 억압하는 영을 추구하는 것에서 육체 안에 온전히 거주하는 영을 추구하는 것으로 변했다. 이것은 정말로 지극히 혁명적이었다.

우리는 이미 인도의 많은 탄트라 입문식에서 '다섯 M'이 포함됨을 보았다. 예를 들어 술, 붉은 고기, 볶은 곡물, 특히 섹스와 같이 브라만 힌두교가 악한 것으로 선언하고 완전히 금지하고 피하는 다섯 품목 말이다.(산스크리트어로 모두 M으로 시작하여 '다섯 M'으로 불린다.*)
탄트라 입문식은 이것들을 피하지 않았다. 사실 이 모두를 의도적이고 고의적으로 포함하여 실행했다. 당연히 섹스도 포함되었다. 이보다 더 요지를 명확하게 드러낼 수는 없을 듯하다. 모든 진정한 비이원적 깨달음에 바탕을 이루는 믿음은 '영Spirit만 존재한다.'는 것이다. 신만이 존재한다. 모든 방향으로 두 번째 없이 일자One만 있다. 따라서 일자는 찾기 힘든 어떤 것이 아니라 피하기가 불가능한 것이다. 영 외에는 아무것도 없기 때문이다. 따라서 당신이 영을 깨닫지 못하게 막는다고 생각했던 모든 것이 실은 영 자체의 직접적인 현현이자 영의 장신구이다. 따라서 억압하거나 부인해야 할 것이 아니라 포용하고 축하해야 하는 것이다. 바로 이것이 '모든 것을 길로 가져오라. 왜냐하면 영만이 존재하기 때문이다.'의 의미이다.

이런 측면에서 탄트라는 영적 깨달음을 얻는 수단으로서의 성행위 수행법으로 널리 알려지게 되었다. 사실 탄트라의 가르침에 성행위는 작은 부분일 뿐인데도 말이다. 하지만 탄트라가 발견한 성적 수행법들과 그것들의 영과의 직접적인 관계 둘 다 정말로 혁명적이었다. 쿤달리니 각성 같은 것이 그런 수행법 중 하나이다. 쿤달리니는 미세한 성적 에너지로, 척추 아래쪽 끝에 뱀처럼 똬리를 틀고 앉아 있다가 각성되면 척추를 타고 올라가면서 척추 안과 위쪽과 머리 위에 있는 무한한 빛, 의식 그리고 영과 합일한다고 알려져 있다. 우리는 이런 발견이 나르바나와 삼사라를 나가르주나가 최초로 동일시한 데서 나온 직접적인 결과임을 알 수 있다. 그 이후로 대부분 종교가 전혀 반대로 받아들였던 무한과 유한, 하늘과 땅, 영과 성性 같

---

* 나머지 하나는 생선이다.

은 것들이 사실 궁극적 실재라는 같은 동전의 양면으로 보이게 되었다. 따라서 당신은 너무도 확실하게 그 한 면을 이용해 다른 한 면을 깨달을 수 있다. 예를 들어 성행위는 영을 깨닫는 데 방해가 되는 것이 아니라 영으로 향하는 직선로이다. 탄트라가 말하는 진리는 그 뿌리가 비이원의 진리에 직접 닿아 있다. 영과 육, 무한과 유한, 공과 색, 니르바나와 삼사라는 모두 정말로 둘이 아니다.

탄트라는 많은 곳에는 깨달음으로 가는 매우 빠르고 쉬운(그리고 매우 즐거운) 길이라는 평판을 받는다. 깨달음으로 가는 전형적인 길은 인식, 자각 그리고 강력한 의지를 필요로 한다. 예를 들어 선불교를 수행한다면 당신은 '무無' 같은 특정 공안에 집중할 테고 그렇게 밤낮으로 집중하기 위해 의지력을 발휘할 것이다. 그렇게 쉬지 않고 3~4년을 집중하다 보면 어느 시점에 사토리나 하나임 혹은 비이원성을 깨닫게 될 것이다. 그러나 탄트라는 대개 성관계를 가지면서 흐름에 자신을 맡기는 것이다. 과연 어느 쪽이 더 쉽겠는가? 어느 쪽이 더 재밌겠는가?(어떤 탄트라 시각화 연습들은 매우 복잡하고 세밀하지만 여기서 내 말의 요지는 궁극적 추동력은 의지력이 아니라 행복한 성적 에너지 혹은 쿤달리니라는 것이다. 그리고 이것은 정말로 강력하고도 간편한 추동력이다.)

탄트라에 대한 개관

먼저 내가 용어, 탄트라를 사용하는 특별한 방식을 강조하고 싶다. 탄트라의 핵심은 세계 어디서나 기본적으로 유사하지만 몇몇 중요한 차이점이 있다. 나는 천재적인 불승 나가르주나에 대해 이미 몇 번 언급했다. 힌두교 베단타 철학에 상카라가 있다면 대승불교에는 나가르주나가 있다. 나가르주나는 비이원론을 발견하고 그 이론과 실천에 최고로 통달한 천재였다.

나가르주나 자신은 비이원론의 대가였지 탄트라 수행자는 아니었다. 하지만 나가르주나 이후 불교에서 비이원론에 기반한 탄트라가 처음 발달했을 때 대체로 나가르주나의 비이원적 통찰들에 의지했다. 샹카라도 비이원론의 대가였지 탄트라 수행자는 아니었다. 그리고 힌두교에서 발달한 탄트라도 샹카라의 천재적인 통찰들과 어느 정도 유사한 면이 있다. 나는 통합 이론 자체가 그렇듯 이 둘 모두에 의지한다.

하지만 내가 제시하는 것은 더 큰 통합성 탄트라로, 통합 체계와 전 세계 모든 종류의 탄트라 이론들이 결합된 통합적 혼합체다. 이것은 그 자체로는 불교 탄트라도, 힌두교 탄트라도, 도교나 유교의 탄트라도 아니다. 하지만 (나가르주나, 샹카라, 도교의 장자, 그리고 다른 많은 대가를 포함하는) 세계의 다양한 탄트라 학파들의 본질들을 통합적으로 혼합한 데에 기반한다.

따라서 혹시 당신이 특정 탄트라의 전문가라면 이 점을 염두에 두기 바란다. 나는 비이원적 탄트라의 핵심들을 통합 메타 이론의 가장 좋은 점과 통합해, 각각의 최고로 이루어진 슈퍼 탄트라를 만들어 냈다.

탄트라의 상대적 축복과 상대적 사랑을 이용하는 법

성행위와 관련해서 탄트라가 특히 주목하는 두 느낌이 있다. 성행위에는 물론 많은 느낌들이 관여되지만 이 두 느낌은 좀 더 뚜렷하다. ①먼저 상대와 하나가 될 때 고양되는 따뜻하고 포용적이고 때로 압도적일 수도 있는 사랑의 느낌이 있다. 그리고 ②특히 오르가슴에 다다를 때 황홀함, 축복, 폭발적인 기쁨과 해방의 느낌이 발생한다. 이 느낌은 우리를 저절로 미소 짓게 하며, 성행위로 도달할 수 있는 가장 큰 행복으로 여겨진다. 섹슈얼리티로 인한 이 사랑-축복의 느낌은 너무 압도적이어서 (프로이트를 비롯한) 많은 사상가들은 성적 충동이 인간이 갖는 가장 강한 충동이라고 믿었다. 이런 성적 충동이 전 우주를 움직이는 근본적인 약동이라는 주장도 있다.

그런데 우리는 이미 궁극적 영 자체의 근본적인 느낌 톤이 (대문자 L과 대문자 B로 시작되는) 사랑이고 지복임을 보았다. 이는 절대 우연이 아니다. 위대한 전통들에 따르면 영의 특성들(메타포적 특성, 다시 말해 사구나 브라흐만)은 뿜어져 나온 후 유한한 물질 세상 속으로 단계적으로 내려가면서 그 작은 버전들을 만들어 낸다. 이것이 우주가 창조된 방식이다. 따라서 큰 사랑과 대지복, 즉 궁극적 영 자체의 메타포적 두 성격이 물질적이고 유한한 세상으로 내려가, 섹슈얼리티의 좀 더 작은 사랑과 축복으로 나타난다. 혹은 이들이 생기게 한다. 비이원성 덕분에 이들은 직접 연결되어 있다. 초월적이고 분명한 지혜가 궁극적 실재 안에서 작은 분노와 곧장 연결되어 있는 것처럼 큰 사랑과 작은 사랑, 대지복과 작은 축복도 같은 막대기의 양쪽 끝이다. 더 정확히 말하자면 같은 자석의 남극과 북극이다. 그 한쪽으로 뛰어들어가는 것으로 우리는 그 즉시 직접적으로 다른 한쪽으로도 뛰어들어갈 수 있다. 이것이 유명한 탄트라 성 수행의 배후에 있는 핵심 원칙이다.

지금(2022년) 나는 마음챙김Mindfullness 전체 스펙트럼을 위한 주요 수행 프로그램의 일부로서 통합 탄트라에 관한 매우 상세한 수업 과정을 하나 만들고 있다. 탄트라 수행에 관심이 있다면 통합적 삶을 위한 웹사이트 www.IntegralLife.com에 들러 프로그램을 확인하기 바란다. 하지만 이 책에서도 다음 장에서 탄트라 수행의 약간 단순한 형태를 소개할 테니 당신도 혼자서 시도해 볼 수 있을 것이다. 그리고 통합적인 삶을 위해 당신이 하는 다른 수행에 이 탄트라 수행을 쉽게 통합할 수 있을 것이다. 통합 탄트라의 근본적인 배경 개념들은 전 세계의 모든 탄트라 전통에 충실히 기반하고 있지만 이 프로그램 자체는 상당 부분 매우 독특하며 일부 연습은 완전히 새로운 것으로, 통합 체계의 통찰들에 의해 만들어진 것이다. 그럼 이런 점들을 염두에 두고 시작해 보자.

19장 통합 성 탄트라 수행

Finding Radical Wholeness

탄트라에서의 인식

수많은 탄트라 수행법이 있다. 예를 들어 잠시 남성 섹슈얼리티에 집중해 보면 오르가슴과 사정 행위를 분리해서 사정 없이 여러 번 연속해서 오르가슴을 느끼게 하는 연습들이 있다.(이것은 축복을 영적 수행의 일부로 사용했던 탄트라 수행자들이 발견한 흥미로운 것 중 하나이다.) 사정 없는 다중 오르가슴은 생식기 부분에서 나오는 축복을 폭발적으로 확장시켜 온몸을 휘감게 한 다음, 그 에너지가 몸을 넘어 온 세상으로 흘러가도록 이끈다. 온몸에서 느끼는 오르가슴이 온 세상을 뒤덮는 축복이 되는 것이다. (남녀 모두를 위한) 이런 수행은 언제나 특별한 호흡과 함께 하는데, 성적인 감각들을 아래와 밖으로 향하게 하지 않고 다시 정신을 집중해 의도적으로 안과 위로 향하게 하는 호흡이다. 보통 날숨으로 성적 감각들을 생식기 부분에서 척추 아랫부분으로 보내고 거기서 다시 척추를 타고 뇌까지 올려 보낸다. 그

다음 심지어 뇌를 넘어 크라운 차크라에 있는, 그리고 그 너머에 있는 무한한 빛과 의식Consciousness까지 올려 보낸다. 그다음 들숨으로 그 전체 과정을 되돌린다. 여성도 모든 성적 감각을 (날숨으로) 생식기 부분에서 척추 아랫부분으로 보내고, 거기서 다시 척추를 통해 머리 정수리를 거쳐 온 우주로 보낸 다음, 들숨으로 위의 빛과 의식을 머리 정수리로 데려오고, 그다음 이어서 얼굴과 몸을 거쳐 아래 생식기 부분으로 데리고 오는 똑같은 과정을 따른다.

  탄트라는 즐겁고 쉬운 길이라고 할 수 있지만 어떤 탄트라 전통에서는 단지 그 효과가 너무 강력하기 때문에 상당히 위험할 수도 있다. 나는 약 40년 동안 탄트라를 수행해 오면서 그 모든 위험 요소를 조사해 왔고 따라서 정확히 무엇을 배제해야 하는지 잘 알기 때문에 이 통합 버전 탄트라에는 위험 요소가 거의 없다. 그리고 위험한 부분들을 내가 의도적으로 배제한 것도 있지만, 통합 체계 자체가 너무도 균형 잡혀 있어서 위험 요소들이 저절로 사라진 것도 있다. 내가 확실히 말할 수 있는 것은 통합 탄트라를 거의 30년 동안 가르쳐 왔지만, 학생들 중 그런 위험을 겪은 사람은 한 명도 없다는 것이다. 탄트라의 위험한 요소를 매우 진지하게 받아들이는 사람으로서 나는 상당한 확신을 갖고 당신에게 걱정하지 않아도 된다고 말해 줄 수 있다.

  보통 다른 탄트라 수행법들은 조금이라도 효과를 보려면 최소한 한두 달은 연습해야 한다. 신경 가소성을 이용해 뇌의 특정 회로들을 재배치하는 데 그 정도 시간이 걸린다. 그만큼 상당한 노력이 든다. 어렵기도 하고 결과가 나타나는 데까지 시간이 걸린다.[1]

  대조적으로 통합 탄트라는 정말로 항상 존재하는 그 대지복과 큰 사랑의 측면들만 골라서 연습한다. 이 대지복과 큰 사랑은 우리 각자가 원하는 성적인 활동으로 바로 지금 깨달을 수 있다. 우리는 (수행/연습과 대조되는) 이것들의 즉각적인 인식 혹은 *지적 지도*에 집중할 것이다. 이 인식 혹은 지적 지도가 탄트라의 진짜 핵심이다.

배경 설명 하나만 덧붙이자면, 숨을 내쉬면서 의식Awareness이 척추를 따라 올라가 머리 정수리를 넘어 무한한 해방, 빛나는 자유, 무한한 의식 속으로 움직이는 장면을 시각화하는 것이 곧 투리야와 접촉하는 방식이다. 그다음 위의 그 지점에서 숨을 들이쉰다. 즉 그 무한한 빛과 의식Consciousness을 들이쉬며 아래 머리 정수리로 내린다. 그러면서 대지복도 함께 가져온다. 그리고 계속 (입을 완전히 다문 채) 얼굴, 목, 가슴, 아랫배, 생식기 부분으로 끌어내린다. 따라서 (순수한 목격 의식인) 그 위의 무한한 빛이 아래로 내려와 '그 아래의 삶' 속으로 들어간다. 이것이 합일 혹은 일미의 충만함 혹은 온 세상을 사랑으로 껴안고 포용하는 투리야티타를 부르는 결합이다.

대지복을 동반하는 빛, 큰 사랑을 동반하는 삶, 그 자유와 충만함의 결합이 섹슈얼리티, 즉 축복-사랑의 힘(추진력)을 제공한다. 이것들이 서로 연결되는 방식이 그렇다. 다시 말해 목격 상태의 '지복의 자유'와 일미 상태의 '사랑의 충만함'이 섹슈얼리티의 축복-사랑으로 곧장 현현하는 궁극적이고 영적인 특성들이다. 바로 그래서 목격 상태와 일미 상태로 다시 올라가기 위해 섹슈얼리티를 이용할 수 있다. 따라서 성행위가 영을 깨닫는 데 방해가 되지 않는 것이다. 그러기는커녕 성행위는 영으로 향하는 직선로이다.

(목격 상태와 일미 상태라는) 의식의 가장 높은 두 상태가 관여하므로 빛으로 향한 삶의 상승 흐름과 삶으로 향한 빛의 하강 흐름은 항

상 존재하는 에너지의 신성한 흐름이다. 도가에서는 이 흐름을 '소주천小周天, Microcosmic Orbit'이라고 부른다. 온 우주를 움직인다는 흐름이 몸에서 재생산되는 것이다. 그리고 이 흐름은 정말이지 항상 존재한다. 자유와 충만함의 합일, 지복과 사랑의 합일, 우리 몸을 통하는 이 끊임없는 순환은 정말이지 항상 존재한다.

(대문자 B와 대문자 L로 시작하는) 궁극적 '지복의 사랑Blissful Love'과 섹슈얼리티에서 발견되는 상대적 축복과 사랑, 그 둘 사이의 관계는 의미심장하다. 무엇보다 작은 축복과 작은 사랑은 그 반대를 갖는다. 축복은 그 반대로 불행, 불안이나 고뇌를 갖고, 일반적인 사랑은 그 반대로 미움, 적대, 혹은 (어떤 사람들에게는) 두려움을 갖는다. 하지만 대지복과 큰 사랑은 무한하고 아무런 반대도 갖지 않고 비이원이다.(이것은 일반적인 축복과 불행의 대치를 초월하는 지복이고, 일반적인 사랑과 미움의 대치를 초월하는 사랑이다.)

그리고 대지복과 큰 사랑은 일시적이지 않다. 즉 단지 왔다가 가지 않고 영원하고 항상 존재한다. 유한하고 일시적인 작은 축복과 작은 사랑은 정말로 왔다가 간다. 도착해 잠시 머무르다가 사라진다. 이것들은 경계, 내부와 외부, 한계, 시작과 끝을 갖는다. 하지만 대지복과 큰 사랑은 전혀 왔다 가지 않는다. 대지복과 큰 사랑은 목격 의식과 일미 의식의 항상 존재하는 자유와 항상 존재하는 충만함이 항상 갖고 있는 느낌의 톤들이다. 이것들은 (목격과 통합의) 기저에 있는 느낌의 톤들이고 작은 축복/불행, 작은 사랑/미움과 온전히 함께 존재한다. 이것들은 정말로 모든 반대와 모든 감정과 온전히 함께 존재한다. 왜냐하면 모든 반대와 모든 감정이 의식의 지나가는 현재 안에서 끊임없이 지나가기 때문이다. 대지복과 큰 사랑은 이미 항상 온전히 존재하는 궁극적 실재들이다. 지복의 사랑 혹은 사랑의 지복이 그 '영원한 지금'의 질감이다.

그런데 우리는 어떻게 이것들의 현존을 진정으로 인식할 수 있나? 정확하게 바로 여기가 성적 통합 탄트라의 실질적 수행이 필요한 지점이다. 통합 탄트라는 영적 '지복과 사랑'의 궁극적이고 영원한 느낌들을 기억하고 인식하기 위해 성적인 축복과 사랑의 상대적이고 유한한 느낌들을 이용한다. 다시 말해 (언제나 존재하는) 영적 지복과 사랑을 직접 인식하기 위해 (왔다가 가는) 성적 축복과 사랑을 이용한다. 요약하면 통합 탄트라는 영을 인식하기 위해 성행위를 수행한다. 여기까지가 탄트라 수행의 배경 설명이다. 이제 시작해 보자.

지복의 목격 의식을 인식하기 위해 섹스 이용하기

지복과 사랑이 기본적으로 각각 목격 의식과 일미 의식의 서로 다른 두 궁극적 상태에 속하므로, 따로 접근하며 둘을 구분하는 것으로 시작해 보자. 그다음 둘을 다시 결합할 것이다.(어쨌든 둘의 결합이 둘의 궁극적 실재 혹은 조건이기 때문이다.) 다시 결합하는 시점에서 당신은 이 둘을 함께 수행하는 데 곤란을 겪을 수도 있는데, 그때 도움이 되는 설명도 어느 정도 제공할 것이다. 그럼 큰 지복(깊은 기쁨 혹은 핵심 행복), 즉 목격 의식의 '고요하고 인식적인 지복 상태'를 먼저 다뤄 보자.

지금 우리는 지복에 초점을 맞추려 하므로 성행위를 시작할 때(이성애, 동성애, 트랜스섹스, 양성애 혹은 어떤 다른 형태의 섹스든) 목격 의식 안에 머무는 것으로 시작한다.

여기서 목격자로서 당신 몸과의 관계가 당신 파트너 몸과의 관계와 정확하게 같아야 한다. 앞서 나는 목격 의식이 '저기 바깥'에서 일어나는 대상들보다 '여기 안' 즉 당신 몸/뇌 안에서 일어나는 느낌들과 자신을 더 동일시하지 않는다고 했다. 이것을 잘 기억하기 바란다. 목격 의식은 안도 아니고 바깥도 아니다. 목격 의식은 안과 밖을 똑같이 평등하게 목격하고, 그 자체는 그저 자유이다. 따라서 당신은 목격자로서 '여기 안', 그 내면에서 나타나는 대상들과 당신의 관계를 '저기 밖' 외면에서 나타나는 대상들과의 관계와 정확히 같게 만들면서 당신이 제대로 목격하고 있는지를 점검할 수 있다.(내면과 외면이 정확하게 똑같이 목격되어야 한다.)

그러므로 목격자로서 갖는 당신 몸과 당신의 관계가 당신 파트너의 몸과 갖는 당신의 관계와 똑같게 한다. 당신의 목격하는 자아에게 두 몸은 동등한 대상들이고 당신은 그중 어떤 것과도 자신을 동일시하지 않는다. 심지어 그 두 몸을 하나의 몸으로 볼 수도 있다. 여기서 중요한 점은 어쨌든 그 두 몸 중 어떤 것과도 동일시하지 않는 것이다. 당신은 순수한 목격 의식으로서 그 상태가 주는 모든 자유 안에 있다.(나는 이것이 아니고 그것도 아니다. 따라서 나는 이것에서도 그것에서도 자유롭다.) 이런 목격 상태로 완전히 들어갈 수 없다면 최대한 가까이 간다. 그다음 원하는 성행위를 계속 진행한다.

여기서 한 가지 다르게 할 점이 있다. 목격자로서 원래는 그 어떤 대상과도 자신을 동일시하지 않고 순수하게 목격만 할 뿐이지만, 이 특별한 연습에서는 쾌락 혹은 축복의 느낌들이 어디서 나오든 상관없이 일단 취한 다음 곧장 목격 의식과 동일시하기 시작한다. 쾌락을 느낀 다음 목격 의식을 느끼고, 그다음 그 두 감각(즉 쾌락/축복의 즉각적인 느낌들과 순수한 목격의 느낌)을 동일시하라는 말이다. 즉 그 쾌락이 세상을 보는 것을 허락하라. 그 쾌락이 세상을 목격하기 시작하는 것을 허락하라. 통합 이론은 이미 궁극적으로 지복의 목격Blissful Witness 혹은 고요하고 인식적인 지복이 세상을 본다는 걸 발견했다. 이것이 이 성적인 수행이 향하는 지점이다.

지복과 목격을 이렇게 연결하는 데 어려움이 있다면 우리가 지금 매슬로가 "고요하고 인식적인 지복"이라고 불렀던 것을 목표로 삼고 있음을 떠올리면 도움이 될 수 있다. "고요하고 인식적인 지복"은 목격의 두 측면, 즉 앎의 (혹은 인식적) 측면과 자유/지복(혹은 느낌)의 측면을 지적한다. 이 둘은 사실 목격의 서로 다른 '부분들'이 아니라 우리가 습관적으로 서로 다른 두 관점(앎/인식의 관점과 느낌의 관점)으로 볼 때 생기는 서로 다른 두 이름이다. 따라서 여기서는 당신이 느끼는 모든 쾌락이나 축복을 목격 의식의 인식이나 앎의 부분과 동일시하는 것으로 '지복' 부분을 향한 연습을 시작한다. 목격 의식이 기본적으로 인식되는 대상이 아니라 인식하는 의식 그 자체이기는 하지만, 여기서 우리는 "고요하고 인식적인 지복"을 목표로 연습하고 있으므로 모든 쾌락이나 축복을 목격 의식의 앎 혹은 인식 부분과 동일시한다. 따라서 어떤 쾌락이나 축복이 일어나든 당신의 앎 의식과 동일시한다. 그럼 '지복이 세상을 보고' '지복이 내 파트너를 만지고' '지복이 사랑을 하는' 상태가 된다. 이것이 목격 의식의 성질인 완전한 자유를 방해하지는 않을 테니 그 점은 걱정하지 않는다. 왜냐하면 목격 의식은 이미 자유/지복의 측면을 완전히 포함하고 이 측면 자체가 완전한 비이원이고 텅 비고 모든 것을 포함하기 때문이다. 일반적인 쾌락을 목격 의식과 동일시하는 것은 단지 초보자를 위한 조치에 불과하다. 이것이 목격 의식의 무한성 혹은 영원성에 영향을 주지는 않는다. 단지 당신이 목격 의식 배후의 진정한 지복을 환기하고 기억하는 데 도움이 될 뿐이다.

티베트 불교는 목격 의식을 '지속되는 앎'이라고 부른다. 여기서 '앎'은 인식적인 부분이고, '지속되는'은 항상 진행 중이며 늘 존재하는 영원에 관한 부분이다. 그런데 이 문구가 티베트 불교도들 사이에서는 매우 특별한 방식으로 사용된다. 이들에게 이 문구는 앎의 느낌과 앎의 대상이 분리됨을 의미한다. 다시 말해 목격 의식으로 당신은 아는 느낌만 원하지 '어떤 것'을 알거나 이것저것 알기를 원하지는 않는다. 당신은 앎의 순수한 느낌 그 자체만 원한다. 목격 의식은 결국 어떤 대상을 아는 것이 아니라 순수하게 아는 자 그 자체이다. 게다가 '지속되는' 부분도 이것저것을 알거나 어떤 대상을 알기 위한 어떤 여지도 남기지 않는다. 왜냐하면 그 어떤 대상도 늘 존재하지는 않거나 혹은 영원하지는 않기 때문이다. 모든 대상은 시간의 세상 속 지나가는 순간들 안에서 계속 지나간다. 그래서 '지속되는 앎'은 지속되고 항상 존재하는 목격 의식을 의미하고 이 목격 의식은 '항상 존재하는 인식적 지복'이기도 하다.(목격 의식을 쾌락이나 축복과 동일시 할 때 특히 그렇다.)

정리하자면 순수한 목격 상태일 때 당신은 '지속되는 앎' 상태에 있다. 그 앎의 대상이 된 상태가 아니라 앎을 지속적으로 감각하는 상태에 있다.(목격 의식 안에서는 무엇이 일어나든 그렇다.) 단 이 통합 탄트라 연습에서는 당신의 목격 의식이 당신이 느끼는 모든 쾌락이나 축복과 동일시된다. '지속되는 앎' 속으로 들어가라. 그다음 성행위로 일어나는 모든 쾌락이나 축복의 감정을 그 지속되는 앎의 느낌과 동일시한다. 여기서 당신의 목표는 고요하고 인식적인 지복이기 때문이다. 이 연습이 당신 안의 그 지복을 환기해 줄 것이다.

지복이 목격 의식과 동일시될 때 우리는 '지복이 세상을 본다, 혹은 목격한다.' '지복이 저 건물을 본다.' '지복이 저 나를 만진다.' '지복이 개를 느낀다.' '지복이 사랑을 한다.' 등과 같은 말을 할 수 있다. 이 문장들은 모두 인식적 지복 상태에 있고 따라서 실제로 인식하고 알고 보는 지복의 완벽한 예들이다. 다시 말해 이것은 지복이 앎의 목격 의식과 온전히 하나인 상태이다. 그리고 이것은 목격하는 지복, 인식하는 지복 혹은 아는knowing 지복이다. 이 연습에서 우리의 의도는 단지 목격 의식의 두 '부분(앎/인식 부분과 느낌/자유/지복 부분)'을 하나로 모으는 것이다. 우리는 이미 자유가 목격 의식에 내재하는 부분임을 충분히 살펴보았다. 지복은 자유에 내재하는 느낌이다. 목격 의식의 이 두 부분을 쉽게 기억하는 방법 중 하나가 매슬로의 문구 "목격하고 인식하는 지복"을 상기하는 것이다. 목격 의식을 꾸준히 연습해 왔다면 당신은 이미 인식 부분은 숙지하고 있을 것이다. 따라서 이제 지복 부분만 추가하면 된다.

그리고 여기까지는 주요 이벤트를 위한 준비운동에 지나지 않는다.

오르가슴이 가까워짐에 따라 몸의 긴장을 풀고 그 강렬한 느낌들을 집중적으로 느낀 후 그 느낌들과 목격 의식을 곧장 연결할 준비를 한다. 오르가슴이 동반하는 강력한 축복을 느끼기 시작할 때 그 축복이 당신의 목격하는 자아와 같다고 느끼고 그 지복의 목격 의식을 통해 세상을 본다. 오르가슴이 부르는 축복이 목격 의식 자체와 하나임을 느낀다. 그 축복이 바로 관찰하는 자아의 질감임을, 보는 자아의 본성임을 느낀다. 그 목격 의식을 통해 모든 방향에서 세상을 보는 축복/지복을 느낀다.

다시 말해 성적인 해방의 작은 축복을 이용해 목격 의식의 성질 안에 이미 존재하는, 모든 것을 포용하는 대지복을 상기하고 환기하고 심지어 강화한다. 당신은 작고 일시적인 성적 축복의 강렬함을 이용하여 시간을 초월해 항상 존재하는 대지복을 겨냥하고 환기한다. 성적인 축복을 느끼고 목격 의식도 깊이 느낀다. 그리고 그 강한 성적 축복이 무한으로까지 뻗는 끝없이 더 크고 더 넓은 인식적 지복을 떠올리게 한다. 그 작은 축복은 결국 그 끝에 다다를 것이다. 하지만 대지복은 그렇지 않다. 그 덧없는 작은 축복을 이용해 이미 항상 그랬던 궁극적 지복 혹은 인식적 지복을 환기하고 상기하고 공명하고 심지어 그것을 불러일으킨다.

이것은 분명해질 때까지 거듭해야 하는 수행이다. 성적인 축복의 질감과 느낌들을 통해 목격 의식에 가닿는 것이다. 축복의 성질을 갖는 목격 의식을 느끼고 그다음 그 *지복으로 세상을 목격한다*. 나 됨I AMness(진정한 나, 목격자)이 그 지복이 되게 하라. 이것이 진정한 인식적 지복이다. 축복을 목격 의식 자체와 동일시해 완전한 지복의 목격 의식의 눈으로 세상을 보기 시작할 때, 그 축복은 항상 존재하고 무한한 목격의 성질들을 건드리기 때문에 대지복을 환기하기 시작할 것이고, 실제로 진정한 목격 의식의 항상 존재하고 무한한 대지복을 불러온다. 따라서 나-나가 인식적 지복으로 내 몸을 목격한다. 나-나가 인식적 지복으로 내 파트너의 몸을 알아차린다. 나-나가 인식적 지복으로 우리가 누워 있는 침대를 본다. 나-나가 인식적 지복으로 내 지복의 의식 안에서 나타나는 그 방을 알아차린다. 목격 의식의 철저한 자유가 심지어 삼사라까지 황홀하게 보는 지복을 만들어 낸다. 나는 그 방에 있지 않다. 그 방이 내 안, 내 지복의 의식 안에서 나타난다. 나는 그 침대에 있지 않다. 그 침대가 내 지복의 의식 안에서 나타난다. 나는 내 파트너의 몸 옆에 누워 있지 않다. 내 몸과 내 파트너의 몸이 내 안, 내 지복의 의식 안에서 나타난다. 나는 정말이지 그 모든 것이 깊은 지복 의식의 장$_{Field}$ 안에서 일어남을 알아차린다. 성적 황홀경이 주는 축복의 느낌이 내 진정한 목격 의식의 핵심인 늘 존재하는 지복을 나에게 상기시키고 환기하고 심지어 강화한다. 따라서 지복과 함께하는 목격자로서, 인식적 지복으로 나는 세상 전체를 본다. 모든 감각, 모든 느낌, 모든 생각이 지복으로 가득한 목격의 장 안에서 일어난다. 온 세상이 시간을 초월한 지복의 이러한 변형에 지나지 않는다. 그리고 이 대문자 지복은 왔다가 가는 것이 아니기 때문에 왔다가 가는 모든 더 작은 느낌들의 저변에 계속 존재한다.(이 대문자 지복은 정말이지 축복으로 가득한 목격 의식의 '지속되는' 측면, 항상 존재하는 부분이다.) 이것은 곧 황홀하게 자유롭고 깊은 지복으로 가득한 목격 의식을 알아차리는 것이다.

일시적, 성적 축복이 사라져도 그 축복/지복을 기억 속에 저장하고 계속 목격 의식과 연결한다. 통합 탄트라는 이것을 '오르가슴 기억'이라고 부른다. 오르가슴을 느낄 때마다 그 축복을 목격 의식과 동일시하고 오르가슴 축복이 사라질 때는 그 기억을 목격 의식과 동일시한다. 낮 동안 목격 의식을 연습하면서 목격 의식과 접촉할 때마다 즉시 강력한 성적 축복의 기억을 그 목격 의식과 연결하고 그 인식적 지복으로 세상을 관찰한다. 세상을 지켜보는 목격 의식으로써 성적인 오르가슴의 황홀한 스릴을 느껴 본다. 직접적으로 느껴 본다. 당신이 지복으로써 그것을 모두 목격한다. 이것이 인식적 지복의 진정한 의미이다.

당신은 이 오르가슴 기억을 바로 지금 떠올려 볼 수 있다. 먼저 목격 의식 속으로 들어간다.(혹은 최대한 목격 의식 속으로 들어간다.) 그리고 오르가슴의 강렬한 축복을 떠올린다. 그다음 그 축복의 느낌을 목격 의식과 연결해 세상을 그 축복의 목격 의식, 그 인식적 지복을 통해 본다. 매우 간단하지 않나?

성행위로 돌아와서, 작은 축복이 점점 줄어들 때는 줄어들지 않는 더 큰 지복을 예의주시한다. 작은 축복이 모든 불안, 괴로움, 고통에서 벗어나 황홀한 당신 안의 의식과 깊이 공명할 것을 허락한다. 니르바나적 해방은 황홀한 깨달음이다. 그리고 이 황홀한 깨달음은 항상 존재하고 영원히 존재하기 때문에 섹슈얼리티가 주는 작은 축복보다 훨씬 크고 한계가 없다. 이것은 불쑥 나타나 잠시 머무르며 당신의 불빛을 밝혀 주다가 이내 사라지는 그런 것이 아니다. 이 황홀한 깨달음이 당신의 부모가 태어나기 전부터 가졌던 당신의 본래면목, 당신의 의식, 그 무한한 자유의 영원한 핵심이다.

대지복이 순수한 영의 본래적 특성에서 이 현현된 세계로 내려와 일시적이고 제한적이며 유한한 성적 추동력이라는 결과를 낳았으므로 급기야 대지복의 원래 강도가 일반적인 성적 축복보다 더 약한 것으로 느껴질 수도 있다. 따라서 많은 사람에게 일반적인 오르가슴이 주는 축복의 강도가 처음에는 목격 의식의 자유가 주는 대지복보다 훨씬 더 크다. 그러므로 성적인 축복의 느낌을 목격 자아에게 보낼 때 지복의 느낌을 강화하거나 확대하는 것처럼 느껴진다. 이것은 역으로 순수한 목격과 그것이 주는 (니르바나) 자유의 영역으로 더 깊이 들어갈 때 느끼기 시작할 지복의 강도가 얼마나 강할지를 말해 준다. 대문자 지복과 더 공명하기 시작할 때 그것의 원래 강도가 마침내 유한한 성적 축복을 뛰어넘고 앞지를 것이다. 그리고 솔직히 이런 일이 일어나면 많은 사람이 보통의 오르가슴은 거부하게 된다. 보통의 오르가슴은 너무도 실망스럽고 생명 에너지만 낭비하기 때문이다.

어쨌든 이 연습은 작고 상대적이고 무한하고 성적인 오르가슴의 축복을 이용해 당신의 순수한 의식, 진정한 인식적 지복, 항상 존재하는 대지복을 상기하고 환기하고 강화하는 연습이다. 이것은 영과 섹스를 직접 연결할 것이고 탄트라 원칙들에 기반한 수행법이다. 더불어 인간 역사 내내 전 세계의 많은 신비주의가 지금까지 합일의 상태를 설명하기 위해 가장 애용해 온 비유가 성적 결합임도 잘 알기 바란다. 신비주의자들은 성적 결합이 신비주의적 합일에 가장 흡사하다고 주장한다. 왜냐하면 둘은 정말로 직접 연결되어 있기 때문이다. 섹스는 영의 현존을 방해하는 것이 아니다. 섹스는 영 자체의 직접적인 현현이고, 영으로 가는 직선로이다. 이것은 나가르주나의 통찰이 맺은 결실이다. 애초에 비이원론의 집대성을 부른 그 통찰 말이다.(그리고 유사한 깨달음이 서양의 신비주의자들 사이에서도 일어났던 것이다.) 섹스와 영은 궁극적으로 둘이 아니다. 다음이 그 자세한 설명이다.

사랑의 일미 의식을 인식하기 위해 섹스 이용하기

성적 합일을 통해 애정 어린 하나됨과 큰 사랑을 인식하는 데에도 일률적으로 같은 것이 적용된다. 우리는 성적 합일의 즉각적인 느낌들, 따뜻함, 배려, 하나됨의 애정 어린 느낌들을 이용해 순수한 일미의 철저한 충만함에서 나오는 큰 사랑을 상기하고 고취하고 강화할 것이다. 이 두 사랑은 사실 연결되어 있다.(섹슈얼리티 사랑은 시간을 초월한 사랑의 하나임, 즉 궁극적 영이 몇 단계 낮아진 버전이다.)

그러니 일단 당신에게 가장 잘 작동하는 방법들을 이용해 일미/비이원 여여 상태로 들어간다. 나는 기본적으로 '머리 없는 연습'을 추천하므로 머리 없는 상태를 이용하는 법도 같이 설명할 것이다.(16장의 '일미 1라운드' 부분도 참고하기 바란다.) 하지만 원한다면 다른 방법을 써도 무방하다. 어떤 방법으로든 그냥 일미 상태로 들어간다. 일미 상태로 완전히 들어갈 수 없다고 해도 괜찮으니 가능한 한 가깝게 들어간 다음 계속한다. 연습하는 동안 일어나는 사랑의 느낌들 자체가 신호(구체적인 지적 지도) 역할을 할 것이다. 당신 일미의 완전한 충족감을 반영하는 심오한 배경이자 이미 완벽하게 항상 존재하고 더 깊고 완전한 '사랑의 하나임Loving Oneness'을 포착하고 인식하는 데 도움을 줄 신호 말이다. 당신이 알든 모르든 당신의 머리 없음이 어쨌든 이미 늘 온전히 그런 것처럼 '사랑의 하나임'도 그렇다.

성행위 중 당신이 이미 어느 정도 일미 상태에 있다면 그 의식에 나타나는 모든 것이 이미 당신 존재 자체의 질감처럼 혹은 당신 의식 자체의 변형처럼 느껴지고, 당신이 그 모든 것인 듯 느껴질 것이다. 머리 없는 상태를 이용한다면 당신이 머리가 있다고 생각했던 그곳에서 나타날 세상 전체와 바로 지금 쉽게 하나가 될 것이다. 하지만 머리 없는 연습을 이용하든 하지 않든 이어지는 지시들에 반드시 주의한다.(당신에게 중요한 효과를 불러일으킬 지시들이다.) 모든 것을 포함하는 그 큰 공간에서 따뜻한 연결, 깊은 배려, 사랑과 포용의 느낌에 집중하자. 그리고 특히 당신 파트너와의 사랑 가득한 결합 혹은 하나됨의 모든 느낌에 주의를 집중한다. 당신이 진정으로 일미의식에 들어 있다면 파트너와의 그 사랑 가득한 결합의 느낌이 이미 영원한 사랑, 그 하나임의 더 넓은 공간 안에서 발생하고 있을 것이다. 좋다. 그런데 최소한 처음에는 당신 파트너와의 사랑 가득한 성적 결합이 당신 파트너만이 아니라 모든 사람과 모든 것에 적용되는, 일미의 사랑 가득하고 항상 존재하는 충족감보다 더 강렬하게 느껴질 수 있다. 하지만 사실 그 성적인 따뜻한 결합의 강력한 느낌은 당신이 진정한 일미, 순수한 여여로 더 깊이 더 직접적으로 깨어날 때 거의 즉시 느끼기 시작할, 사랑 가득한 충족감이 얼마나 강렬하고 충격적일지에 대한 직접적인 힌트이다.

요약하자면 작고 상대적이고 유한하고 성적인 하나됨oneness, 그 사랑의 결합을 이용해 당신의 비이원적 의식의 늘 존재하는 사랑의 하나임Oneness을 상기하고 고취하고 강화하기 시작하라는 말이다. 성행위 동안 사랑의 손길, 배려, 부드러움을 느낄 때마다, 그리고 특히 결합 혹은 하나됨의 강한 사랑을 느낄 때마다 그 느낌에 집중한 다음 그것을 일미의 충족감에 적용한다.

일미 상태에 아직 완전히 가닿지 않았더라도 이 연습은 어렵지 않다. 일미 상태에 최대한 가까이 간 다음 성행위를 시작하고 파트너와의 결합이 주는 사랑의 느낌에 압도되는 바로 그 순간("당신을 참을 수 없을 정도로 사랑합니다!"라고 말할 정도의 순간) 그 강렬한 사랑의 느낌을 잡고 확장해 세계 전체에 적용한다. 머리 없는 연습을 하는 중이어서 세계와 하나일 때, 그리고 세계가 당신과 당신의 머리 없는 상태와 하나일 때도 세계와 합일한 그런 상태에 사랑의 그 강렬한 느낌을 적용한다. 따라서 '저기 밖'으로의 방대한 확장을 보면서 '당신을 참을 수 없을 정도로 사랑합니다!'를 느끼며 당신을 세상과의 합일 속으로 던져 넣는다.("나는 당신을 너무 사랑해서 내가 당신입니다!") 세계 전체와 하나가 되는 게 정확히 어떤 느낌일지 궁금할 때마다 그냥 당신 파트너와 하나가 될 때의 느낌을 생각한 다음 그 느낌을 확장해 온 우주를 포용한다.(그리고 머리 없는 상태에 있을 때도 그렇게 한다. 즉 당신 파트너와 하나가 될 때의 그 강렬한 느낌을 당신의 머리 없는 상태로 보낸다.) 혹은 당신 파트너와 결합한 그 사랑의 느낌을 이용해 당신 안에 이미 존재하고 이미 세계 전체를 포용하는 유사한 사랑의 하나임을 인식하고 느낀다. 그 사랑의 하나임이 늘 존재하는 당신의 일미이다.

어느 쪽이든 성적인 하나됨이 주는 느낌들이 온 우주로 확장되게 한다. '나는 그 **모두를** 사랑합니다! 왜냐하면 내가 그 **모두이기** 때문입니다!' 최소한 이 두 문장 중 첫 번째 문장부터 시작해 '나는 그 **모두를** 사랑합니다.'를 느껴 본다. 다시 말해 세계 전체와 사랑을 나누는 의식 속으로 들어간 다음 그 느낌을 알아낸다. 그러므로 당신 파트너와 사랑을 나눌 때, 특히 진정한 사랑으로 하나됨을 느낄 때 그 느낌을 단지 세상 전체로 확장한다.

요약하면 당신 파트너에 대한 사랑의 느낌을 일미의 세상 전체에 대한 사랑(혹은 일미의 세상 전체로서의 사랑)으로 보내라는 것이다. 다시 말해 당신 파트너와 사랑을 하고 있다는 생각과 느낌에서 세계 전체와 사랑을 나누고 있다는 생각과 느낌으로 나아간다. 그리고 당신이 그 모든 것과 완전히 하나임을 깨닫는다.

가장 쉬운 방법은 정말이지 머리 없는 연습을 이용하는 것이다.

파트너와 사랑을 나눌 때 당신을 둘러싼 온 세계를 알아차린 다음 그 세계 전체가 사실 '여기 안' 당신이 당신의 머리가 있다고 생각했던 그곳에서 나타나고 있음을, 그리고 당신이 그 모든 것과 하나임을 깨닫는다. 그다음 머리 없는 상태의 그런 합일을 느낄 때 파트너를 향한 따뜻한 사랑의 감정을 이제 당신이 머리가 있다고 생각했던 그곳에서 나타나는 그 전체 세상과 그 안에 있는 모든 '대상들'로 보낸다.

머리 없는 경험은 '저기 바깥'의 세상 전체를 '여기 안' 당신의 머리가 있던 곳과 하나가 되게 하면서 주체와 객체를 의식의 합일로 붕괴시킨다. 이것이 일미의 진정한 모습이다. 바로 그때 파트너를 향한 사랑의 감정을 머리 없는 세상이 이제 제공하는 그 완전한 합일로 보내면 (파트너를 향한) 진정한 사랑과 (머리 없는 상태의) 진정한 합일 상태가 합해지고 이때 (일미의) 사랑의 합일을 놓치거나 무시할 수는 도저히 없다. 그렇게 두 상태가 더해지면 대개 당신 안에 사랑의 일미 상태가 그 즉시 깨어난다.

당신은 파트너에게 느끼는 진정한 사랑과 비이원적, 머리 없는 진정한 하나임을 합해 (일미의) 사랑의 합일을 부른다. 당신은 파트너를 향한 사랑이 일어나는 걸 느낀다. 그리고 그것을 느끼는 동안 당신 눈에 보이는 세계 전체와 하나가 되는 것도 알아차린다. 당신은 파트너에 대한 사랑을 느끼고 그것을 합일의 머리 없는 상태로 가지고 간다. 그렇게 추가된 사랑은 당신이 혼자서 머리 없는 연습을 할 때 놓쳤던 부분일 것이다. 그 사랑의 느낌과 세상과 하나됨이 이제 함께 동시에 일어나는데 이 사랑+합일 경험이 이제 곧 당신이 기억하고 환기하고 알아차릴, (일미의) 사랑의 합일과 본질적으로 같은 것이다.

다시 말해 그것이 일미의 따뜻한 느낌을 강화할 것이다. 일미의 충만함이 생산하는 사랑의 느낌, 그 전류의 세기를 강화할 것이다. 그 성적인 사랑의 감정을 확장해 당신 머리가 있다고 생각했던 그곳, 이제 당신과 하나인 그곳에서 지금 나타나고 있는 *세계 전체*에 적용하라. 일미의 사랑 가득한 충만함은 어차피 이미 항상 거기에 있었다. 따라서 우리는 완전한 하나임 속에서 전 우주를 포용하고 전 우주에 넘쳐나는 사랑을 의식적이고 적극적으로 찾아보기만 하면 된다. 그러니 당신의 머리 없는 합일 상태에서 자연스럽게 드러나는, 항상 존재하는 일미(이제는 사랑 가득한 합일 상태)를 인식하라.

성행위 동안 생겨난 하나됨의 강렬한 사랑의 느낌을 기억하고 낮 동안 그 느낌을 당신 일미 의식(혹은 머리 없는 일미 의식)에 적용한다. 당신은 세계 전체와 하나가 되는 사랑의 느낌을 환기하고 기억하고 강화하고 그것과 공명하고 싶다. 그렇다면 그냥 성적인 결합이 주는 느낌을 이용해 그렇게 한다. 당신 파트너에 대한 사랑의 느낌을 세계 전체에 대한 사랑의 느낌으로 확장하는 것이 중요하다.('나는 내 파트너와 사랑을 하고 있다.'에서 '나는 세계 전체와 사랑을 하고 있다!'로 나아간다.)

탄트라 수행으로 (머리 없는 연습이든 아니든) 우리는 성행위 동안 일어나는, 하나됨이 주는 사랑의 감정을 그 즉시 일미 자체와 동일시해서 그저 나무를 '보더라도' 혹은 이 책을 읽더라도 그것들이 (순수한 자아와 에고가 하나가 되듯이) 단일해지는 사랑의 장에서 일어나게 하고 싶다. 나무나 이 책이 내 머리가 있던 곳에서 나타나는(파란 하늘이 파란 팬케이크가 되어 내 머리 위로 곧장 떨어지는) 그 합일은 직접적이고 강렬한 사랑으로 느껴진다. 왜냐하면 그것은 근본적인 합일이고 모든 사랑의 본질인 합일이기 때문이다.

따라서 나무나 책 혹은 하늘이 순수한 하나임 안에서 나를 건드리는 바로 그곳, 내 머리가 있던 곳이지만 이제는 모든 것을 포함하는 방대한 '올 스페이스All Space'*인 바로 그곳에 무한한 사랑이 존재한다. 그곳에 철저한 하나임의 더할 수 없이 포용적이고 배려와 친절로 가득하고 극도로 흠모할 수밖에 없는 충격적인 에로티시즘이 존재한다. 그리고 이 사랑은 나무처럼 단순한 것에조차 적용된다. 항상 존재하는 사랑으로 가득한 하나임으로서의 이 사랑이 내가(그리고 당신이) 인식하고 기억하기 시작하는 어떤 것이다.

따라서 내 파트너와 사랑을 하고 하나됨을 느끼기 시작할 때, 혹은 우리의 몸이 합쳐지고 융화되기 시작할 때, 혹은 내 파트너에 대한 사랑이 너무 강렬해서 내 자아가 사라지기 시작할 때, 나는 그 사랑이 나에게서 떨어져 나와 내 파트너를 넘어 온 세계를 포용하게 한다. 그럼 나는 내 파트너와 융화하는 바로 그 똑같은 방식으로 온 우주와 융화한다. 나는 그 성적인 결합을 일미에 적용하고 그럼 온 우주가 내 안에서 내 머리 없고 단일한 상태, 내 철저하게 포용적인 사랑 안에서 일어난다.

이것은 성적인 하나됨의 느낌을 모두 취한 후 그것을 현재 내 의식의 전체 장Field에 골고루 퍼뜨리는 것이기도 하다. 나는 '나는 내 파트너와 하나입니다!'에서 '나는 세계와 하나입니다!'로 나아간다. 나는 모든 것과 머리 없는 상태로 하나이다. 이런 방식으로 깊은 사랑의 하나임이 주는 철저한 충족감, 그 일미의 질감, 즉 큰 사랑이 성

---

* 모두를 위한 공간, 모든 것이 포함되는 공간

적 사랑의 느낌에 의해 즉시 환기되고 강화된다. 강렬한 성적 포옹의 분위기가 내 의식 곳곳에 골고루 퍼지고 따라서 그것이 건드리는 모든 대상과의 의식적 하나임이 그 즉시 성적이고 충격적이고 사랑 가득한 하나임으로 느껴진다. 이것은 온 우주를 사랑의 열정으로 껴안는 것과 같다. 이것은 사랑 넘치는 하나임의 더 이상 친밀할 수 없고 더 이상 격할 수 없는 놀랍도록 강렬한 포옹이다. 성적인 포옹의 모든 느낌을 일미 의식으로 보낼 때 이렇게 된다.

따라서 예전에는 분리된 '나-감각 I-sense'이 떨어져 있는 '거기 나무'를 보았다면 이제 '나-감각'은 일미 안에서 안도 바깥도 없고 '단지 이것'만 있는 완전히 머리 없는 상태로 그 자신을 본다. 그리고 이 여여, 진여 혹은 나뉨은 모든 방향으로 사랑의 미세한 느낌을 방출한다.(사랑이 이제 머리 없는 합일 안에서 내 파트너에서 세계 전체로 보내지고 확장된다.) 이것은 특정 사람이나 대상을 사랑하는 일반적인 사랑의 느낌이 더 이상 아니고 무한한 사랑의 느낌이다. 왜냐하면 이제 나는 예외 없이 모든 것을 사랑하기 때문이다. 이것은 마침내 무한하고 영원한 사랑이고 바로 그래서 일반적인 사랑과는 그렇게나 다른 느낌인 것이다. 같은 이유에서 무한하고 영원한 대지복도 일반적인 축복이 줄 수 없는 느낌을 준다. 그리고 바로 그래서 대지복이 궁극적 자유이고 따라서 네티 네티(이것도 아니고 그것도 아님)임에도 불구하고 여전히 아난다 혹은 대지복으로 느껴질 수 있는 것이다. 이것은 기억할 가치가 있는 중요한 지점이다.

따라서 나는 더 이상 단순히 나무를 보기만 하지 않는다. 나는 나무를 사랑한다. 더 정확히 말하면 나와 나무가 여여 자체인 사랑의 장에서 일어나는데, 나는 나이기도 하고 나무이기도 하고 여여이기도 하다. 나는 그 모든 것이다. 그런데 '그 모든 것'이, 그 진정한 질감인 항상 존재하는 사랑이 점점 더 분명해짐에 따라 점점 더 따뜻해진다. 이것이 정확하게 내가 내 파트너와 사랑으로 하나 되는 느낌을 즉시 단일한 의식의 장에 적용할 때 일어나는 일이다. 현재 순간의 여여가 커지면서 태양과 우주의 모든 별을 움직이는 사랑과 함께 진동하고 퍼지기 시작한다. 어느 곳에도 내가 깊이 사랑하지 않는 것은 말 그대로 아무것도 없다. 모든 곳에서 단 하나도 없다.

이 정도의 사랑으로 흠뻑 젖는 삶, 그 사랑이 사방으로 퍼져 나가 당신과 그 길 위 모든 것을 적시는 삶을 상상해 보라! 이 사랑은 나와 내 파트너의 결합에서 나온다. 그 결합의 원천이 영적 홀니스 자체인, 모든 곳에 존재하는 큰 사랑이므로 성적인 하나됨의 따뜻한 느낌은 말 그대로 모든 것을 포용할 수 있다. 그것은 나와 내 파트너에서 나오고 우리의 방 전체를 채우고 그 방 너머 건물 전체를 채우고 그 건물 너머 온 지구, 온 태양계, 온 우주 자체로 확장된다. 그리고 내가 그것이다. 나는 아주 단순하게 바로 그것이고, 나는 모든 곳에 있는 사랑 속으로 사라지고, 그 사랑이 영Spirit이다.

내 의식이 모든 것을 건드리고 그 모든 것이 되는 것으로, 즉 (내 머리가 있던 바로 그곳에 커다란 파란 팬케이크가 떨어져 앉는 것처럼) 그 모든 것과 하나가 되는 것으로 그 모든 것을 알 때 그 하나임 자체가 점점 더 무한한 사랑의 섬세한 포옹으로 인식된다. '나는 저 산과 하나입니다.'는 '나는 나인 저 산을 사랑합니다.'라는 뜻이다. 그리고 나는 저 건물을 사랑하고, 저 차들을 사랑하고, 지나가는 사람들을 사랑하고, 비를 사랑하고, 바람을 사랑하고, 뜨거운 태양을 사랑한다. 그리고 나는 (충격적일 수도 있지만) 오존 구멍을 사랑하고 테러 공격을 사랑하고 히틀러, 스탈린, 마오쩌둥을 사랑한다. 나는 이 분노를, 이 고통을 이 괴로운 수치심을 사랑한다. 이 사랑은 영원한 사랑의 빛나는 장 안, 모든 것과 모든 사건을 절대적으로 포함하고 포용한다. 그리고 그 황홀한 배려와 경탄할 만한 다정함과 완벽한 (머리 없는) 합일로 나를 전율케 한다.

이런 일은 사랑과 지복이 그냥 모든 존재의 궁극적 바탕이기 때문에 일어난다. 그리고 (선과 악, 옳고 그름, 아돌프 히틀러와 선한 다수 등등) 존재하는 절대적으로 모든 것이 이 둘을 바탕으로 갖는다. 혹은 이 둘 없이는 애초에 존재할 수도 없다. 이런 종류의 사랑을 종종 '조건 없는 사랑'이라고도 한다. 이 사랑은 정말로 무한히 무조건적이다. 이 말은 모든 것을 95퍼센트도 99퍼센트도 아니고 100퍼센트 받아들이며 사랑한다는 뜻이다. 아무것도 거절되지 않는다. 모든 것이 완전히 받아들여진다. 그리고 이것이 정확하게 비이원적 혹은 궁극적 합일 의식이 하는 일이다. 내 가슴에는 빈 공간이 없다. 온 우주가 그 안에 살고 있기 때문이다.

이런 깨달음이 점점 깊어질 때, 즉 큰 사랑의 넘치는 충족감으로 점점 가득해질 때 그리고 큰 사랑의 진정으로 무한한 차원들을 점점 더 확실히 인식할 때 그 넘쳐나는 무한한 사랑이 마침내 모든 유한한 성적 포용의 한계들을 이기고 더 강하게 빛날 것이다. 이런 일이 생기면 성행위에 대한 생각에 다시 대대적인 변화가 생긴다. 섹스는 더 이상 (사적인 사랑의 표현이나 긴장 해소 같은) 어떤 목적을 위한 수단이 아니다. 섹스는 이제 정말이지 태양과 다른 별들을 움직이는 사랑의 현현이고 아름다운 상징이다. 이 시점에 이르면 일반적인 오르가슴은 너무 답답해서 거부하는 사람들도 있다. 아니면 오르가슴을 모든 곳에 존재하는 사랑의 순수한 표현으로 보고 이용할 것이다. 확실한 것은 섹슈얼리티를 다시는 영으로 가는 길 위의 방해물로 보지는 않게 될 것이다.

지복과 사랑의 궁극적 합일

요지는 성행위를 할 때마다 틀림없이 심오한 영적 깨달음 혹은 아주 심오한 홀니스로 곧장 이어지는 길 위에 서게 된다는 것이다. 당신은 성적인 축복과 파트너에 대한 진정한 사랑이 즉시 그것들의 신성한 원천인 대지복과 큰 사랑과 곧장 연결되는 것을 보게 된다. 그리고 성적인 축복과 사랑이 보통 서로 뒤섞여 있고 같이 일어나는 것처럼, 대지복과 큰 사랑도 연습이 어느 정도 진행된 단계일 때는 우리의 가장 깊은 조건으로부터 동시에 나타난다. 대지복과 큰 사랑이 '지복의 사랑' 혹은 '사랑의 지복'으로서 멈춰 있는 현재, 그 영원한 지금의 질감 안에서 당신의 진정한 여여와 직접적으로 깊이 공명한다.

지복과 사랑이 서로 어떻게 접합하고 그 조합으로 각자가 무엇을 가져오는지 잘 알아차리기를 바란다. 내가 사랑의 지복을 위해 (혹은 지복이 사랑과 융화되는 상태를 위해) 지복에 사랑을 더할 때 (깊은 기쁨 혹은 핵심 행복 같은 변이들을 포함한) 지복의 느낌이 확장되며 세계 전체를 포옹하기 시작한다. 지복은 세상과 완벽하게 거리를 두는 목격의식과 연결되어 있기 때문에 보통 세상에 무심하고 둔감하다. 따라서 대지복도 똑같이 세상과 거리를 둔다. 다시 말해 '그것 앞'의 객관 세상에서 무슨 일이 어떻게 일어나든 똑같이 행복하다. 무슨 일이 일어나든 행복은 행복으로 남는다. 이런 니르바나적 해방이라면 자신의 인간 육체가 불에 타 재가 되어 가도 꿈쩍도 하지 않는다. 외면과 내면 세계로부터 완전히 자유롭기 때문이다. 목격에 내재하는 지복도 주변 세상에서 일어나는 모든 사건에서 자유롭다. 지복은 정말이지 무심하고 무감하다.

하지만 이 지복(혹은 기쁨 혹은 행복)에 사랑이 번져 지복과 사랑이 하나가 되면 지복은 자신에게서 나와 세상을 포옹하기 시작한다. 세상도 행복하기를 바란다. 왜냐하면 지복 의식은 이제 세상을 **사랑하기** 때문이다. 사랑의 지복은 세계 전체를 포옹하고 안고 감싸는 지복이고 온 세상과 그 안의 모든 거주자와 그들의 모든 흥망, 기쁨과 슬픔, 즐거움과 고생 전부와 사랑에 빠진 황홀한 지복이다. 사랑과 결합한 지복은 더 이상 무심하지도 둔감하지도 않다. 절대적으로 모든 것을 포옹한다.

바로 지금 깊은 행복감에 있다고 상상하는 것으로 이를 확인해 보라. 당신은 지금 진정한 기쁨, 빛나는 지복 상태에 있다. 그런 상태에 있기 위한 조건 같은 건 없다. 바깥에서 무슨 일이 일어나고 있든 당신은 단지 넘치는 지복 상태에 있다. 목격 의식일 때 당신은 세상과 완벽하게 거리를 두므로 세상은 단지 당신 '앞'을 지나간다. 그러는 동안 당신은 주변에서 일어나는 일을 완전히 알아차리지만 그 어떤 것에도 집착하지 않는, 지복의 넘치는 행복 상태를 유지한다. 당신은 그저 지복으로 가득하고, 자유로 가득한 지복이 그렇듯 세상에 무심하다.

이제 세상 전체가 당신의 지복 의식에 스며들기 시작하는 모습을 상상하라. 당신은 당신의 지복이 세상 전체와 그 안의 존재들에게

다가가 안고 감싸고 포용하는 것을 본다. 당신은 무한한 지복을 그 모두에게 퍼트린다. 이제 모든 것을 포함하는 당신의 지복에 안긴 그들 모두가 빛나는 행복이 된다. 그들 모두 당신 태고의 지복 의식 안에서 몸짓으로 나타나고 당신은 그 모두가 된다. 사랑의 지복이 행복하게 그 모두를 포옹하는 것이다.

이렇게 되기 위한 가장 쉬운 방법이 머리 없는 연습을 하는 것이다. 세상과 완전히 분리된 채 세상을 목격하기 시작할 때 당신은 그 세상이 사실 당신 얼굴의 안쪽, 당신이 머리가 있다고 생각했던 '여기 안'에서 일어나고 따라서 당신이 그 세상과 실제로 하나임을 본다. 그때 그 머리 없는 상태의 하나임 자체가 모든 것을 포용하는 하나임, 혹은 진정한 사랑, 혹은 이 경우 사랑의 지복임을 그저 깨닫는다.(그리고 직접 느낀다.)

그리고 그런 시각화 동안 대지복이 단지 세상 전체와 하나가 되었다고 해서 그 철저한 자유를 잃게 되지는 않음을 잘 알기 바란다. 지복은 사랑과 하나이고 둘은 완전히 연결되어 있으므로 둘 모두 자신의 성질을 그 합일 상태로 갖고 온다. 사랑은 그것의 하나임을, 지복은 그것의 자유를 갖고 온다.

간단히 말해 사랑은 지복에게 철저한 하나임, 충만함 혹은 홀니스(지복으로 가득한 우주 의식)를 가져다준다. 우주가 초콜릿으로 덮여 있다고 생각해 보라. 온 세상이 정말이지 일미이고, 그 맛은 정말 좋고 행복하고도 신성하다. 초콜릿처럼.

한편 지복의 사랑(혹은 지복과 융화된 사랑)을 위해 지복이 사랑$_{Love}$에 추가될 때도 여전히 사랑은 세상과 깊은 사랑에 있고 *세상과 하나임*인 상태에서 출발한다. 그 사랑의 포옹과 무한한 합일은 지복이 그 사랑에 무한한 기쁨과 빛나는 황홀감과 미소를 짓게 하는 생동감과 행복감을 주입할 때, 그리고 그 모두를 관통하는 빛나는 지복을 주입할 때 지복의 사랑이 된다. 사람들은 대부분 사랑에 빠질 때 처음에는 거친 행복과 축복과도 같은 기쁨을 느낀다. 하지만 사랑이 진행되면서 더 깊어질수록 더 자주 질투, 불안, 심지어 의심 같은 감정들이 생겨난다. 이것은 사랑love이 단지 무엇과 하나가 되는 느낌이기 때문이다. 사랑은 그 하나됨이 행복한 것이든 슬픈 것이든 상관하지 않는다. 누군가를 정말로 사랑한다면 당신은 그 사람이 행복하든 슬프든 사랑한다. 그리고 사랑은 자주 슬프다. 사랑은 걱정, 긴장, 화, 드라마를 만들기 때문이다. 우디 앨런의 말처럼 "사랑은 긴장을 만들고, 섹스는 긴장을 풀어 준다."

다시 말해 사랑의 긴장을 풀어 주는 것이 섹스의 축복bliss이고 진짜 지복Bliss의 진정한 행복감이다. 따라서 지복의 사랑은 행복 진영으로 영원히 넘어간다. 사랑에 지복의 자유가 포함될 때 세상이 슬프든 슬프지 않든 사랑은 그 남아 있던 집착이나 욕심에서 벗어나 모두를 동등하게 사랑하는 평정심 상태로 돌아간다.(그리고 그것이 환기하는 기쁨과 황홀감으로 돌아간다.) 이것이 일미 그 충만함의 항상 존재하는 질감으로 존재하며 행복한 지복의 사랑이다. 그리고 이것이 지복이 사랑에 가져다주는 것이다. 모든 것의 한가운데에서 느끼는 황홀한 기쁨이나 행복감 말이다. 존재하는 것은 그냥 홀니스(사랑이 제공하는 것)가 아니라 지복의 사랑이 제공하는 행복한 홀니스이다.

요약

목격 의식은 자유를 주고 이 자유를 우리는 지복으로 느낀다. 지복은 단지 세상과 세상의 고통을 완전히 초월한 것이 주는 느낌이다. 이것은 핵심 지복, 혹은 깊은 기쁨, 혹은 계속되는 행복감, 혹은 아난다의 느낌이다. 이것은 삼사라에서 완전히 벗어나 진정으로 해방된 니르바나의 깊은 느낌이고, 자신의 육체가 재가 되도록 불타도 꿈쩍도 하지 않는 상태이다. 목격 의식이 (니르바나와 삼사라를 비이원여여 속에서 통합하는) 일미의 심지어 더 큰 홀니스 속에서 초월될 때 (하지만 포함도 될 때) 자유의 목격 의식이 낳는 지복이 점점 더 일미의 사랑으로 가득한 완전한 충만함과 융화한다. 이제 일미의 그 사랑의 Loving 느낌은 존재하는 모든 것(현현한 것과 현현하지 않은 것, 형상과 무형상, 유한과 무한, 부정과 긍정, 빛과 어둠, 행복과 슬픔, 희열과 불쌍함, 기쁨과 비참함)과 절대적으로 하나인 의식 안에서 일어나는 심오한 공명이 된다. 그 비이원의 철저한 충만함 밖에 다른 것은 아무것도 없다. 이런 상태에 '느낌'이란 말이 적절할까 싶지만 지복의 사랑, 포옹, 합일, 하나임, 광활함 그리고 홀니스로서의 행복한 충만함이 느껴진다. 니르바나와 그 자유의 핵심인 지복, 기쁨, 행복의 자기 충족적이고 절대 휘둘리지 않는 느낌이 우주에서 물러나는 것이 아니라 우주에 다가가 우주를 철저히 포용하는 심오한 느낌들(그 전형이 '지복의 사랑' 느낌이다.)에 길을 내어 준다.

그리고 그렇게 분리, 구분 상태였던 니르바나가 더 깊은 비이원의 여여 혹은 일미 상태에서 삼사라의 온 세상과 하나가 되고, 지복은 그 지복을 초월하고 포함하는 사랑에 길을 내어 준다. 따라서 사랑의 지복과 지복의 사랑이 존재한다. 지복과 사랑이 동시에 나타나고 당신은 그 둘을 동시에 느끼기 시작할 것이다.(이것이 진정한 깨달음의 느낌이다.) 지복과 사랑이 우리 본성의 궁극적이고 영원한 지금에서 느껴지는 가장 지배적인 톤이기 때문이다.

실질적으로 이것은 지복을 느낄 때마다 둔감한 상태로 그 자족적인 기쁨 안에서 머무르지만 말고 그 지복을 온 세상에 대한 사랑의 포옹으로 확장하라는, 그래서 사랑의 지복을 만들라는 뜻이다. 그리고 마찬가지로 사랑을 느낄 때마다 꼭 그것에 진정한 행복을 주입해 진정으로 행복한 홀니스, 기쁨으로 가득한 충만함, 지복의 사랑을 느낄 수 있게 하라는 뜻이다.

지복과 사랑이 의식의 가장 높은 혹은 궁극적인 두 상태(투리야와 투리야티타)가 낳는 가장 일반적인 느낌이므로 이 두 느낌의 톤을 함께 환기하는 것은 우리 삶에서 중요하다. 혹은 우리 삶에서 중요해야 한다.

머리 없는 상태를 연습하는 것으로 지복과 사랑을 불러오고자 한다면 다음을 실천해 보기 바란다. 세상 전체가 당신이 머리가 있다고 생각했던 바로 '여기 안'에서 나타나는, 그 머리 없는 상태로 들어가 세상과 완전히 하나가 된다. 그다음 그 합일(당신 머리가 있던 바로 그곳에 앉아 있는 그 하나임)을 취한 다음, 그것이 그 자체로 깊고 모든 것을 포함하는 사랑의 느낌임을 인식한다. 당신은 이미 세상과 완전히 하나이다.(한때 당신의 머리가 있던 바로 그곳에 세상이 앉아 있다.) 그러니 그 합일, 그 세상의 모든 것을 순수한 사랑 혹은 사랑의 하나임 상태가 되어 그냥 느껴 본다. 이것은 어렵지 않다. 당신 머리가 있던 곳에서 나타나는 세계 전체와 이미 하나라고 느끼고 있으므로 이제 사랑의 하나임의 의식이 되어 그 합일을 단지 느끼기만 한다. 당신은 이미 그 세상과 하나이다. 그러니 그저 사랑으로 가득한 하나임Oneness의 의식이 되어 그 하나됨oneness을 느껴 보기만 하면 된다. 당신은 이미 그 세상과 하나이다. 그러니 그저 그 세상의 모든 것과 사랑에 빠져 보라. 그리고 그 사랑의 느낌을 이미 존재하는 합일에 더해 단순한 하나임이 아니라 사랑으로 완전히 충만한 하나임의 상태 (혹은 순수한 사랑처럼 느껴지는 하나임, 그 사랑으로 푹 젖은 합일의 상태)가 되게 한다.

그런 사랑의 하나임 상태를 확고히 했다면 이제 행복한 지복의 느낌을 끌어와 그 사랑의 하나임에 삽입한다. 이것은 당신이 무엇을 느끼느냐의 문제이고, 필요에 따라 다른 감정을 가져오는 능력의 문제이다. 당신은 이미 당신의 머리 없는 합일 상태에 사랑을 더했다. 이제 당신은 지복, 행복 혹은 기쁨의 느낌도 가져와 그 사랑에 더하고 싶다. 이미 있는 세상 전체와의 사랑의 합일에 지복의 느낌을 더하라. 이것이 당신에게 '지복의 사랑'의 느낌을 줄 것이다. 당신은 당신의 머리가 있던 바로 그곳, 당신 얼굴의 안쪽 '여기 안'에서 나타나는 세상 전체로 향한 지복의 사랑을 느끼게 될 것이다.

말하자면 이것은 느낌 위에 느낌을 툭 얹는 것으로 전체 세상으로 향한 지복-사랑에 도착하는 일종의 기계적인 과정들이다. 탄트라가 이런 지복과 사랑의 느낌을 깨닫고 강화하는 데 도움이 된다. 단 좀 더 보다 자연스럽고 살아 있는 방식의 탄트라를 이용하고, 진정성 있고 생명력 있는 섹스와 함께할 때 그렇다.

그렇게 할 때 우리는 성적인 축복과 사랑의 순간적인 느낌들을 이용해 늘 존재하는 대지복과 큰 사랑을 인식하고 기억하고 환기하고 강화한다. 탄트라라는 성적 길잡이는 길을 밝혀 주는 불빛으로 실수와 오류가 있을 수 없으며, 당신이 파트너와 사랑을 할 때마다 당신에게 공짜로 완전히 주어진다.(사실 이 길잡이에 실수와 오류가 있을 수 없기에 세계의 신비주의자들이 성적인 사랑을 영적 합일의 메타포로 사용했던 것이다.) 그리고 당신은 사랑을 나눌 때의 그 축복 가득한 상태에 대한 기억을 낮 동안의 수행에도 이어서 이용할 수 있다. 그럼 당신 존재의 가장 깊은 조건이자 영원한 생득권인, 항상 존재하는 '사랑의 지복'과 '지복의 사랑'을 계속 기억하고 환기하며 그것으로 곧장 향할 수 있다. 이것은 당신이 성행위를 할 때마다 당신에게 주어진다. 섹스! 방금 누가 죽어서 천국에 갔나? 우리 모두 이 탄트라로 그랬던 것 같다.

정리하면 순수한 영의 지복-사랑은 섹스의 일시적인 축복-사랑을 낳는다. 빛의 차원에서의 무한한 빛(지복-사랑)이 생명의 차원에서 현현한 것이 축복-사랑이다. 간단히 말해 섹스와 영은 곧장 연결되어 있고, 섹스는 영으로 가는 길에 장애가 절대 아니라 실은 영 자체의 현현이며, 따라서 영으로 가는 직선로이다. 그러므로 통합 탄트라는 성적인 만남에서 즉흥적으로 일어나는 축복과 사랑의 느낌들을 이용해 우리의 비이원적 의식 혹은 진정한 영 자체의 항상 존재하는 느낌인 지복-사랑을 기억하고 환기하고 강화한다.

그러므로 성행위 중 일어나는 축복과 사랑의 느낌들은 영적 깨달음으로 가는 길이 틀림없고, 이때 섹스 자체가 진정한 기도가 된다. 나는 당신이 통합 탄트라와 함께 이 기도를 자주 하기를 권한다. 기도는 아무리 많이 해도 지나치지 않다. 할 수 있다면 매일 기도하라.

사실 통합 탄트라로 더 자주 기도할수록 진정한 영적 홀니스에 깨어날 가능성이 더 커진다.

그러니 자주 기도하기를…… 장수하기를…… 번영하기를 바란다.

그리고 영적인 홀니스에 진정으로 깨어났다면 반드시 드러냄, 성장, 정화, 열림도 함께 완수해 진정한 빅 홀니스를 발견하기 바란다. 좋은 소식은 이 영역들 모두 지금 현재 당신 의식에 이미 존재한다는 것이다. 따라서 당신은 바로 지금 이 순간에, 당신 삶의 바로 이 한가운데에서 심오한 의미와 목적을 하나 발견할 수 있다. 당신 세상의 모든 것과 모든 경험을 위한 마음이나 공간을 만들고 그 공간을 완전히 모두 채우면서, 할 수 있는 한 만족하고 충만하라. 당신 존재의 가장 중심에서 진정한 빅 홀니스를 발견한다면 당신은 다시는 공허하거나, 텅 비거나, 무가치하거나, 생기 없거나, 의미 없거나, 방향 없이 방황하거나, 다 쏟아 내고 비워진 듯하거나, 채워지지 않는 그런 느낌을 느끼지 않게 될 것이다.

할렐루야, 집으로 돌아온 걸 환영한다! 이 여정을 당신과 함께해서 나는 매우 즐거웠다. 앞으로 다가올 당신의 삶에 좋은 일들이 가득하길 바란다. 이제 다가올 삶은 당신에게 충만하고 의미가 넘칠 것이다.

맺음말

　모든 발달 영역(깨어남, 성장, 열림, 정화, 드러냄)이 바로 지금 완전히 가능함을 깨닫는 것이 중요하다. 당신은 바로 지금 이 순간 그 각각을 곧장 성취할 수 있다. 혹은 최소한 그 각각을 위해 어디를 봐야 하는지 알 수 있다. 이 말은 바로 지금 여기서 빅 홀니스에 접근할 수 있다는 뜻이다. 여러 번 말했듯이 어디를 봐야 하는지 안다면 말이다. 그리고 이 책 마지막에 다다른 지금 나는 당신이 이제 진정한 빅 홀니스를 구성하는 각각의 요소들을 위해 어디를 봐야 하는지 잘 알고, 따라서 빅 홀니스를 바로 지금부터 당신 인생에 통합할 수 있다고 믿는다.

　그냥 우리가 어떤 것들을 배웠는지 한번 보라. 우리는 "논쟁의 여지가 없는" 깨어남의 실재로 시작했다. 당신은 바로 지금 이 순간 당신만의 궁극적 실재로 깨어날 수 있다. 깨어남이 빅 홀니스에 '가장 큰' 부분을 차지하므로 ('깨어남'이 그렇듯 완전한 우주 의식 혹은 궁극의 합일 의식을 목표로 삼고) 마지막 몇 장 동안 다시 깨어남에 대해 살펴보았지만 그 시작도 알다시피 깨어남이었다.

그다음 우리는 성장이 얼마나 중요한지 그 이해를 더했다. 그리고 성장의 단계들이 최근에야 발견되었기 때문에 전 세계 지혜의 전통들 어디에도 포함되지 않았다는 사실도 보았다. 성장의 단계들을 이해하면서 우리는 자기중심적 마법 혹은 민족 중심적 신화-문자적 발달 단계의 믿음들을 갖는 전통적 종교들과 세계 중심적인 것, (모든 것을 과학적 유물론으로 축소하는 경향이 분명히 있지만) 보편적인 합리성에 기반하는 근대 과학이 어떻게 다른지도 제대로 볼 수 있었다. 그리고 영적 *경험*(진정한 깨어남을 직접 경험하는 것)과 영적 *지능*(성장의 모든 단계에서 주어지는 영적 사고 혹은 종교적 대응) 사이의 중요한 차이점도 이해했다.

우리는 성장의 모든 단계가 '영적 지능'으로 알려진 다중 지능의 하나이자, 유한하고 상대적인 세계에서 '궁극적으로 실재하는 것은 무엇인가?' 혹은 '나는 궁극적으로 무엇에 관심이 있나?' 같은 질문을 일으키는 지능을 포함하는 것도 보았다. 근대와 탈근대 세상의 사람들은 대부분 모든 영성이 신화-문자적 세상에 기원한다고 생각하지만 실은 마법적-신화적 형태의 종교에서만 그렇다. 우리의 접근법이 '영적이지만 종교적이지는 않은' 이유가 여기에 있다.(종교에서 '영적인 것'은 성장이 아니라 깨어남에 관한 것이다.)

성장의 여섯 혹은 그 이상의 주요 단계들을 하나하나 살펴보면서 당신은 당신이 이 진화 과정의 어느 단계에 있는지, 어디로 가고 있는지까지 보았다. 즉 우리는 일종의 통합 혹은 체계적 합일의 단계로 가고 있다. 진화의 각 단계가 어떻게 홀니스를 더하는지 살펴보면서 당신은 당신만의 성장으로 당신의 빅 홀니스에 가까이 다가갈 수 있다.

그다음 우리는 정화를 살펴보면서 당신이 성장(그리고 깨어남)의 모든 단계에서 생산해 내는 그림자 제재(혹은 무의식적 과정)에 대해서 이해했다. 그림자 제재는 세상에서 당신이 정말로 혐오하는 모든 것들로 구성된다.(황금 그림자일 경우 당신이 과도하게 사랑하는 모든 것으로 구성된다.) 그림자 제재란 당신이 잘라 내고 끊어 낸, 당신이 지닌 정신의 측면들이기 때문이다. 그다음 우리는 3-2-1 치유법을 당신의 모든 그림자에 실제로 적용하면서 잘려 나간 제재를 다시 당신의 정신과 통합할 수 있음을 보았다. 그렇게 당신은 당신의 빅 홀니스에 정화의 홀니스를 추가할 수 있다.

그다음 우리는 세상의 모든 중요한 차원/관점들을 위한 공간을 만들어 주는(즉 우리 존재의 구성에 사분면을 모두 포함하는) 드러냄에 주목했다. 사분면은 두 개의 (내면 혹은 주관의) 좌분면과 두 개의 (외면 혹은 객관의) 우분면, 혹은 두 개의 (단수 혹은 개인의) 상위분면과 두 개의 (복수 혹은 집단의) 하위 분면으로 구성되고 개인과 집단의 내외면으로의 접근을 유도한다. 사분면에 모두 접근하고 사분면을 모두 포함할 때 우리의 빅 홀니스는 정말로 '큰' 홀니스가 되고 정말로 포괄적인 홀니스가 된다.

다음 우리는 성장의 주요 단계들을 통해 성장하고 진화하는 다양한 발달 *라인*들, 즉 우리의 다중 지능들을 알아차리는 열림에 대해 간략하게 살펴보았다. 우리는 이 라인/지능들이 인간 진화의 과정 속에서 발달해 왔다는 사실을 보았다. 왜냐하면 그것들은 삶이 우리에게 끊임없이 던지는 근본적인 질문들에 답하기 위한 방식이었기 때문이다.(예를 들어 도덕 지능은 '어떤 일이 옳은 일일까?' 감성 지능은 '나는 무엇을 느끼고 있나?' 인지 지능은 '지금 나는 무엇을 인식하고 있나?' 영적 지능은 '나의 궁극적 관심사는 무엇인가?' 같은 질문들을 하게 만든다.) 심리학자들은 약 열두 개의 지능이 있다고 믿지만 사람들은 대개 이런 다중 지능들을 의식하지 못하고 따라서 사용할 생각조차 하지 못한다. 하지만 모든 지능에 열림이 우리 존재의 구성에 포함될 때 그렇게 확장된 의식은 빅 홀니스를 이루는 데 중요한 역할을 하며, 말할 수 없이 크게 기여할 것이다.

다음으로 우리는 다시 깨어남으로 돌아가 보았다. 깨어남이 진정한 빅 홀니스의 가장 중요하고 가장 근본적인 측면일 뿐만 아니라, 깨어남에서는 의식의 궁극적 합일 혹은 완전한 우주 의식을 위해 주관적 영역 전체와 객관적 영역 전체를 통합하는 것이 중요하므로 빅 홀니스의 '가장 큰' 부분을 차지한다고 할 수 있기 때문이다.(그리고 이런 객관과 주관의 통합은 정말로 굉장한 일이다.) 다중 지능과 관련해 순수한 깨어남 혹은 깨달음의 상태는 인지 지능만이 아니라 감정 지능도 드러낸다. 깨달음에는 분명 느낌들이 존재한다는 말이다. 특히 지복은 목격 의식이 주는 자유의 느낌이고, 사랑은 일미가 주는 충족감의 느낌이다. 이 두 느낌은 의식의 두 궁극적 상태(투리야/목격, 투리야티타/일미)의 느낌들이고, 따라서 그 두 상태와 마찬가지로 이 두 느낌도 항상 존재한다. 혹은 영원하다. 그리고 이것은 바로 우리가 지금은 물론이고 언제나 매 순간 그 두 느낌에 접촉할 수 있다는 뜻이다. 그러므로 당신은 그 두 느낌을 바로 지금 당신의 빅 홀니스에 더할 수 있다.

마지막으로 진정한 깨어남과 관련해 바로 지금 여기서 가능한 탄트라의 영원한 혹은 항상 존재하는 측면들(즉 지복과 사랑)을 알아보며 통합 성 탄트라를 살펴보았다. 우리는 섹스가 불러일으키는 상대적 느낌(축복과도 같은 황홀감과 하나됨의 사랑스러운 느낌)을 이용할 때 지복과 사랑의 늘 존재하는 궁극적 느낌들을 끌어내고 강화할 수 있음을 보았다. 그러므로 당신은 이 지복과 사랑도 당신의 빅 홀니스 감각에 추가할 수 있다.

나는 홀니스의 매우 가려진 부분들이 존재하기 때문에 당신이 '전체론자'(우주의 완전한 합일과 홀니스를 믿는 사람)가 되고자 한다면 그 모든 가려진 것들을 포함해야 한다고 지적하며 이 책을 시작했다. 당신은 어디를 봐야 하는지 알 때만 그것들을 포함할 수 있다. 어디를 봐야 하는지 일단 한번 알기만 하면 그것들(성장의 모든 중요한 단계들을 당신 인생에 포함할 때 분명히 드러나는 성장 홀니스, 모든 중요한 라인들을 포함하는 열림, 모든 그림자 요소들을 포함하는 정화, 모든 중요한 상태들을 포함하는 깨어남, 그리고 모든 분면을 포함하는 드러냄)은 매우 분명히 드러날 것이다.

홀니스의 이 영역들이 저절로 보이고 발견될 수 있는 것들이 아니라는 건 이제 충분히 이해했을 것이다. 이것들을 발견하려면 정말로 특별한 노력을 해야 한다. 하지만 그 노력을 하기만 하면 단지 하나의 홀니스만이 아니라 매우 확장적이고 모든 것을 포함하는 빅 홀니스도 이룰 수 있을 것이다.

빅 홀니스를 당신 삶에 통합할 때 삶의 진정한 의미가 부활할 것이다. 이것은 *의미*가 기본적으로 '홀니스'를 뜻하기 때문이다. 의미를 갖는다 함은 무언가 의미 있는 것과 접촉한다(혹은 하나가 된다.)는 의미이기 때문이다. 따라서 빅 홀니스는 당신을 진정한 큰 의미에 접촉하게 하고 깊이 연결되게 할 것이다. 그렇게 될 때 당신은 당신 삶의 모든 것을 위한 공간을 만들 것이다. 그리고 당신이 원한다면 당신 자신의 잘라 냈던 모든 부분과 측면들이 강렬하고 장려한 홀니스로 합쳐지고, 그 결과 전적으로 심오하고 이 세상의 것이 아닌 의미가 드러날 것이다. 당신이 해 온 경험이 모두 함께 당신을 그 깊은 의미 속으로 끌고 갈 것이다. 그곳에서 당신은 당신 자신의 모든 중요한 측면들만이 아니라 당신 세상의 다른 모든 것과도 만날 것이다. 이 시점에 당신 밖에 존재하는 것은 아무것도 없다. 당신 세상의 모든 것이 모든 것을 포함하는 큰 의미(그리고 궁극적 합일 의식) 안에 깊숙이 포함될 것이다. 당신이 보고 만지는 모든 것이 진실하고 깊고 대단한 의미와 가치를 지닐 것이다.

따라서 홀로 사는 삶의 압제와 비참함은 사라지고, 희망도 가치도 없는 삶이 주는 공포와 무의미함도 사라진다. 모든 것을 위한 공간을 만든다는 것은 모든 것이 진정한 의미와 목적을 갖게 된다는 뜻이다. 그리고 바로 여기 당신 삶의 중심에서 세상과 하나가 된다는 것은 세상 전체가 깊고 심오하고 새로운 의미와 중요성을 갖게 된다는 뜻이다.

이것은 당신 일상의 한중간, 바로 지금 여기에서 즉시 발견할 수 있는 의미이다. 그러니 당신 인생이 슬프고 가엽다고 생각했다면 이제부터 그렇지 않음을 알기 바란다. 영광, 현존, 의의, 가치, 영예, 약속, 목적, 가치로 가득한 세상에 온 것을 환영한다. 당신 앞에 심오한 의미와 가치의 원천인 온 우주가 열린다. 왜냐하면 당신이 지금 당신 의식 안에 온 세상을 위한 공간을 만들었기 때문이다. 당신은 이제 그 모든 것을 직접 만지고 포용한다. 모든 것을 위한 공간을 만드는 것이 당신의 인생이다. 왜냐하면 당신의 존재가 그 모든 것으로 만들어졌기 때문이다. 이제부터 당신은 세상 어디에서도 불편하고 이질적이며 생경한, 혹은 겁나는 경험은 절대로 하지 않을 것이다. 그 모든 것을 위한 공간을 당신 스스로 만들었기 때문이다.

이것은 철저하게 전례 없던 기회이다. 무한한 가능성의 내일이고 끝없는 잠재성의 미래이다. 그리고 당신이 바로 지금 곧장 들어가 (깨어남, 성장, 열림, 정화, 드러냄의 길로) 시작할 수 있는 세상이다. 이는 시작도 끝도 없는 깨달음으로 향하는, 당신의 비범한 운명이고 빛나는 영광이며 끝없는 수평선이고 날짜도 기간도 없는 경로이며 목적도 목표도 없는 길이다.

부디 잘 살펴 가기를 바란다.

주

머리말

1. 전문가 독자들을 위해 내가 여기서 홀니스와 스피릿을 매우 조심스럽게 동일시함을 밝혀 두어야겠다. 나는 여기서 (영혼을 가진 현현한 우주의 총합과 같은 의미로 쓰이는) 범신론을 말하는 것이 아니다. 내가 생각하는 홀니스는 일반적으로 동양의 철학자 나가르주나의 개념인 공空과 서양의 플로티노스의 개념인 일자 The One와 가깝다. 두 경우 모두 궁극적 실재가 (그 정의는 물론) 규정이 극단적으로 불가한 성질을 갖고 있음을 강조한다. 나가르주나에 따르면 그것은 '공한 것일 수도 없고 공하지 않은 것일 수도 없지만, 지적Point out을 위해 '공'이라고 불린다.' 나가르주나와 플로티노스의 요지는 말, 개념, 상징은 궁극적 실재를 알고자 할 때 아무 도움이 안 된다는 것이다. 궁극적 실재를 진정으로 알고자 할 때 우리는 그것을 직접적, 즉각적으로 경험해야 한다. 여기에 동서양 통틀어 세계의 모든 신비주의자가 일반적으로 동의한다. 뛰어난 신비주의자들은 대개 실재가 깊이 비이원적not-two인 깨달음이라는 데에도 동의한다. 비이원적이라 함은(말로 표현할 수 있는 한에서 설명하자면, 즉 그다지 정확할 순 없지만) 무한과 유한, 주체와 객체, 무형과 유형, 비현현과 현현, 영과 물질, 하늘과 땅, 열반과 윤회, 선과 악 사이에 비이원성, 즉 '홀니스(전체성)' 혹은 '하나임'이 존재한다는 뜻이다. 이 비이원

성을 당신이 원하는 서로 대응하는 다른 모든 것들에 적용할 수 있다.(궁극적 실재에서 '비이원성not-two'은 언제나 반대의 통합Coincidentia Oppositorum을 의미한다.) 반대는 통합되었다, 혹은 '일미One Taste'이다. 우리는 '모든 존재의 바탕Ground of All Being'을 추구하고, '모든 존재'란 정확하게 바로 모든 존재, 즉 존재하고 존재하지 않는 모든 존재를 의미한다. 절대적으로 모든 것이 철저하게 포함되고 포용되며, 이것은 어떤 말로도 온전히 알려질 수 없고, 단지 직접적인 깨어남, 모든 것을 철저히 포함하는 그 비이원적 '홀니스'를 깨닫는 것으로만 알려질 수 있다. 이를 '범신론'이라고 부를 수도 있지만 그것도 단지 단어나 개념일 뿐이고, 따라서 직접적인 경험이 아니라 설명의 범주로 넘어간다.(이것은 내가 홀니스를 기울임체로 인용하는 이유이기도 하다.) 이 책으로 우리는 당신이 이 모든 것을 스스로 볼 수 있도록 즉각적인 '홀니스' 경험을 부르는 연습들을 함께해 나갈 것이다.

1장 깨어남이란

1. '우주 의식'에서 우주Kosmos는 희랍어로 물질, 몸, 정신, 혼, 영의 '온 세상'이라는 뜻이고 진정한 우주 의식은 실제로 '온 세상'과 하나인 의식이다. 과학적 유물론에 의해 세상이 물질로 축소된 이래 '우주 의식'은 '우주cosmos'라는 용어로 대체되었고 이 우주는 단지 물질 세상만을 의미한다. 그리고 물질만이 유일한 실재라고 여겨졌으므로 우주 자체가 실재의 모든 것을 의미하게 되었다. 따라서 *Kosmic consciousness*가 *cosmic consciousness*으로 쓰이게 되었다. (이 용어를 내가 처음 썼을 때 그랬던 것처럼) 나도 때로 *cosmic consciousness*라고 쓸 것이다. 특히 이 책에서처럼 *Kosmic consciousness*의 의미를 제대로 설명할 공간이 없을 때 그렇다. 하지만 말할 필요도 없이 우리가 Kosmic consciousness로 의미하는 것이 단지 cosmic consciousness는 아니다.

2. 조던 피터슨의 유튜브 대화 '성경 시리즈 Ⅷ: 신성의 현상학Biblical Series Ⅷ: The Phenomenology of the Divine'에서 발췌. 유튜브 영상 https://www.jordanbpeterson.com/transcripts/biblical-series-viii/은 2023년 6월 6일을 마지막으로 더 이상 볼 수 없게 되었다.

3. 조던 피터슨

4. 이 단계들에 대한 방대한 연구는 다니엘 P. 브라운과 더스틴 디페르나Dustin DiPerna의 작업물에서 찾아볼 수 있다. 그리고 물론 나의 작업물에서도 찾아볼 수 있다.

5. Ludwig Wittgenstein, *Tractatus Logico-Philosophicus*(Mineola, NY: Dover Publications, 1998), prop. 6.4311.

6. Erwin Schrödinger, *My View of the World*(Cambridge, UK: Cambridge University Press, 1964), 22

2장 우리는 왜 성장해야 하는가?

1. 다중 지능 개념을 싫어하는 심리학자들이 있는데, 이게 문제될 건 없다. 다중 지능은 서로 다른 기술이나 능력들로 봐도 무방하다. 여기에 이의를 제기할 심리학자는 없고, 내가 말하고자 하는 내용도 전혀 달라지지 않는다. 이 기술/능력들의 발달은 단계들 안에서 펼쳐지고, 지금 내가 설명하는 것도 바로 그 단계들이다.

2. 어떤 발달 모델이냐에 따라 다루는 지능들이 달라진다. 즉 특정 지능에 집중하는 발달 모델들이 있다.(예를 들어 피아제는 인지 발달, 콜버그는 도덕 발달, 뢰빙거는 에고 발달, 그레이브스는 가치 발달, 매슬로는 욕구 발달에 집중한다.) 어떤 메트릭스/측정 체계를 쓰느냐에 따라 각각의 레벨에 있는 인구의 퍼센트가 다르게 나올 것이다. 이는 당연한 일이며, 서로 다른 발달 라인이 서로 다른 발달 레벨에 도달하는 현실을 반영하는 것이다. 여기서 내가 이용하는 측정 체계는(참고로 나는 위의 다른 체계도 아무 문제 없이 이용할 수 있다.) 로버트 케건이 『*In Over Out Heads*』(Cambridge, MA: Harvard University Press, 1994)에서 제시한 체계이다. 케건의 연구에 따르면 5명 중 3명 이하(60퍼센트 이하)의 사람이 근대 (오렌지) 발달 단계에 도달했다고 한다.

4장 영적 지능 대 영적 경험

1. 영적 지능을 깨어남과 성장의 모호한 종합처럼 매우 넓은 의미로 이용하는 사람들이 있다. 정의는 누구나 원하는 대로 내릴 수 있고, 나는 그렇게 정의하는 사람들의 진실성이나 지혜를 의심하지는 않는다. 그럼에도 '모호한'이라고 했던

것은 진정한 깨어남을 말함에도 불구하고 사실상 이들 중 누구도 성장 단계에 대해 이해하는 사람이 없고, 이것이 이들의 관점을 심각하게 제한하기 때문이다. 그래서 나는 깨어남 단계(순수한 영적 경험)와 성장 단계(영적 지능)를 확실히 구분한다. 이것은 그 둘을 모두 분명하고 개방적으로 포괄하기 위해서다.

2. 그리고 모든 경험이 시간 안에서 펼쳐지고 주체-객체의 이원성을 갖기 때문에 여기서 경험Experience이 꼭 맞는 말이라고 할 수는 없지만 그건 깨우침Awakening도 마찬가지이다. 이것은 비이원 혹은 단일한 방식 안에서 이미 온전히 존재하는 어떤 것을 직접적으로 깨닫거나 인식하는 데 더 가깝다. 모든 경험의 바탕에 있지만 그 자체는 경험이 아닌 실재에 깨어나는 것이다. 이는 모든 경험이 일어났다가 사라지는 '정화' 같은 것이다. 하지만 최소한 의식의 즉각적이고 비개념적인 성질을 보여 주기 때문에 깨달음을 종종 경험이라고 할 것이다.

3. 켄 윌버의 『Quantum Questions』(Boston: Shambhala Publications, 2001)을 보라.

4. 개인의 내부 혹은 1인칭 실재 안(기술적으로 이곳을 '두 번째 지대2-zone'라고 부른다.)에 존재함에도 구조들은 우리가 내면을 들여다보는 것으로는 볼 수 없다.(모든 두 번째 지대 구조들이 그렇다.) 우리는 이 구조들이 객관적으로 실재한다고 보는데, 이는 모든 주관적인 개인들 안에 보편적으로 존재하기 때문이다. 즉 주관적인 구조들의 객관적인 면이다.

5장 성장의 초기 단계들

1. 지적했듯이, 다양한 발달 모델이 디테일을 얼마나 드러내느냐에 따라 (성장과 깨어남에 있어) 발달 단계나 레벨들의 수를 매우 다르게 제시한다. 성장에 관해 4 혹은 5레벨을 말하는 모델들도 있고, 7~9레벨을 말하는 모델도 있고, 또 12개 이상을 말하는 모델도 있다. 지적했듯이 가장 흔한 수는 6~8레벨이다. 나의 메타 이론은 최대 16단계까지 구분한다. 여기서도 디테일이 얼마나 요구되느냐에 따라 그 수는 달라진다. 예를 들어 민족 중심적 단계를 보면 이 단계의 일반적인 성질을 보여 주는 단계는 정말 하나의 단계로 존재하지만, 그 하나의 단계가 2개, 3개, 4개, 혹은 심지어 더 많은 하위 단계들로 설명될 수 있다. 나는 보통 8~12단계를 소개한다. 이 책에서는 주요 6단계로 정착했는데 6단계 중 두 단계는 사실

각각. 두 단계가 합쳐진 것이기 때문에 전체적으로 8단계라고 말할 수 있겠다. 이 6단계는 파울러의 분류와 부합하는 가장 기본적이고 가장 흔한 분류이지만, 이 책에서 말하고자 하는 중요한 정보들을 모두 드러내는 데는 부족함이 없다. 『미래의 종교*The Religion of Tomorrow*』(Boston:Shambhala Publication, 2017)에서 나는 13단계를 제시했고 『통합심리학*Integral Psychology*』에서는 16단계를 제시했다. 모두 수많은 증거들로 분명하고 그리고 정확히 그 존재가 증명된 단계들이다. 그러므로 이것은 단지 얼마나 디테일을 설명하고자 하는지의 문제이다.

2. Alfred North Whitehead, *Process and Reality: An Essay in Cosmology*, ed. David Ray Griffin and Donald W. Sherburne (New York: Free Press, 1978), 28.

3. William Blake, *The Marriage of Heaven and Hell* (Garden City, NY: Dover Publications, 1994).

4. 기술적인 점을 몇 가지 밝혀 두고자 한다. 앞에서 언급했듯이 나는 자주 두 단계를 한 단계로 합쳤다. 따라서 그레이브스의 두 단계(마법적-정령신앙적, 자기중심적), 뢰빙거의 두 단계(충동적, 자기보호적)를 한 단계로 합쳤다. 이것은 매슬로의 안전, 셀먼의 자기중심적 단계에 해당한다. 이런 분류 상황은 사실상 존재하는 모든 발달 모델에서 똑같다. 나는 『통합심리학』에서 100개가 넘는 발달 모델들을 메타 분석하면서 통합 모델이 5에서 20개가 넘는 단계들을 제시하고 있음을 설명한 바 있다. 평균은 6~8단계이다.(『통합심리학』에서 내가 제시한 메타 모델은 16단계로 이루어져 있는데, 내가 생각하기에 믿을 만한 증거들이 가장 많은 단계는 그 16단계들이었다. 나는 발달에 있어 하나의 매우 넓은 형태형성장이 존재하고, 사실상 모든 모델들이 이 형태형성장의 서로 다른 부분에 접근하는 중이라고 생각한다. 따라서 모든 모델이 어떤 진실을 제공하지만 '부분적인 진실'이다. 또한 이 모델들 대부분이 발달의 같은 라인, 즉 같은 지능을 말하지는 않는다.(인지 지능 발달을 논하는 피아제, 도덕 지능 발달을 논하는 콜버그, 자아 지능 발달을 논하는 뢰빙거, 욕구 지능 발달을 논하는 매슬로, 가치 지능 발달을 논하는 그레이브스 등등) 이 중에 한 모델이 옳고 나머지는 틀린 것이 아니다. 정말로 모두 '부분적으로만 옳은' 모델들이다. 모두 넓은 형태형성장 속을 파 들어가는 중이고, 형태형성장은 다른 라인에서 다르게 드러날 수 있다. 그리고 심지어 같은

라인도 다른 방식으로 보일 수 있다.

따라서 당신도 각기 다른 모델이 다른 수의 발달 단계들을 제시하는 것에 대해 걱정할 필요는 없다. 우리는 이미 (자기중심적, 민족 중심적, 세계 중심적, 통합적 단계)로 이루어진 약식 4단계 모델을 살펴본 바 있다. 이 모델도 여전히 매우 정확하다. 다시 말해 여전히 매우 정확한 방식으로 성장의 전 스펙트럼에 걸쳐 있다. 이는 단지 디테일의 문제이다. 예를 들어 장 겝서의 단계들을 보면(태고, 마법, 신화, 합리, 다원, 통합) 각각의 단계들 사이에 실제로 중요한 단계들(태고마법, 마법신화, 신화합리, 합리다원, 다원통합)이 존재함을 많은 연구자들이 확실히 증명한다. 나는 이 사이 단계들도 모두 설명해 왔지만 겝서의 6단계로도 중요한 점들을 다 밝힐 수 있다고 생각한다. 이는 디테일의 문제이고, 디테일을 다 제시하는 모델일수록 복잡하다. 그렇다면 우리가 해야 할 질문은 특정한 책의 요점을 밝히는 데 얼마만큼의 디테일이 필요한가이다.

당신이 나의 통합 이론에 익숙하다면 내가 그때그때 (4, 6, 10, 13, 16개의) 서로 다른 수의 발달 단계들을 제시함을 잘 알 것이다. 지금 논하고 있는 (레드 마법-힘) 단계는 내가 보통 두 단계로 나눠서 제시한다.('마젠타/자홍색 충동적-마법적 단계와 레드/붉은색 마법적-신화적 힘의 단계'에서처럼 말이다. 이 두 단계를 나는 '마법 단계', '마법 신화 단계'라고도 한다.) 여기서는 둘을 합쳤다. 단, 마법 단계의 진짜 색은 마젠타이지만 여기서는 두 단계를 합쳐서 레드 마법이라고 부름을 밝혀 둔다.

그리고 지금 여기서 우리는 크게는 인간 발달, 진화 혹은 성장의 6단계를, 작게는 영적 지능의 성장을 논하는 중이다.

5. 이런 초기 특성들로 나는 오늘날의 원주민이 아니라(이들은 이미 계속 상당히 진화해 왔다.) 약 5만~100만 년 전에 살았던 원래 원주민을 말하는 것이다. 현대인은 누구나 윌버-콤즈 격자 첫 번째 칸에서 시작하므로 물론 오늘날의 원주민 문화 속 개인들도 이 마법 단계를 통과하기는 할 테지만 말이다. 하지만 마법 단계에 있던 초기 인류 문화와 달리 오늘날의 원주민 부족들은 더 높은 수준의 의식과 문화로 계속 성장하고 발달할 수 있다. 당시 단계들 자체가 아직 나타나지 않았기 때문에 초기 원주민 부족들이 접근하지 못했던 신화, 합리, 다원 등의 단계

로 말이다. 그런데 오늘날의 개인들도 어떤 문화에서 태어났든 이 초기 마법 단계에 의식이 갇혀 있다면 여기서 우리가 살펴보고 있는 기본적인 마법적 특성들을 실제로 드러낼 것이다. 그리고 앞서 보았듯이 이것은 어떤 매우 심각하고 신경전증적preneurotic이고 정서적인 문제뿐만 아니라 순수하게 마법적이고 미신적이고 종교적인 다양한 문제를 일으킬 수 있다.

6. 한 홀론Holon*의 모든 아퀄AQAL 요소들이 만드는 좌표들이 그 홀론의 우주적 주소이다. 아퀄은 '모든 분면, 모든 레벨, 모든 라인, 모든 상태, 모든 유형'의 약자로 각각 드러냄, 성장, 열림, 깨어남과 연결된다. 좌표들이 우주 내 홀론의 '위치'나 '주소'를 제공한다. 멀티버스는 기본적인 중심점이 없으므로 어떤 홀론이 어디에 있는지를 말할 방법이 다른 모든 홀론과의 관계를 지시하는 것 외에는 없고, 그렇게 관계를 보여 주는 것이 우주적 주소가 하는 일이다.

7. C. G. Jung, *Analytical Psychology: Its Theory and Practice* (New York: Vintage, 1970), 110.

8. 상태와 구조 둘 다 여기서는 발달의 단계들로 제시되고 있으므로 편의를 위해 '상태-단계'와 '구조-단계'로 구분했다. 상태들은 반드시 단계를 따라가며 나타나지는 않는다. 즉 거의 모든 단계에서 '절정 경험Peak Experienced'이 가능하다. 예를 들어 거친 상태에 있는 사람이 투리야 절정 경험을 할 수 있는데, 이는 모든 상태가 늘 존재하기 때문이다.(사람은 누구나 깨어 있고 꿈꾸고 잠잔다.) 반면 구조는 언제나 단계에 따라 나타난다. 한 번에 한 단계씩 구성될 수밖에 없다. 예를 들어 어떤 사람이 두 번째 도덕 단계에 있는데 갑자기 다섯 번째 도덕 단계의 절정 경험을 할 수는 없다. 앞으로 보게 되겠지만 이것은 영적 의식에 대해 우리에게 많은 것을 설명해 줄 것이다.

9. 인류가 가닿을 수 있는 더 높은 교차점도 몇 개 더 있다. 간단한 예로 초통합 단계(143쪽 도표 참조) 같은 성장에 있어 몇 개 더 높은 단계들이 있고 깨어남에서도 앞으로의 진화가 말해 줄 더 높은 상태들이 있다. 하지만 둘 다 오늘날 개인들에게 영향을 주지 못할 정도로 그 힘이 미미하므로 여기서는 강조하지 않는다.

10. Roger Walsh, *The World of Shamanism* (Woodbury, MN: Llewellyn Publi-cations, 2007).

---

* 항상 더 작은 전체들로 구성되는 더 큰 전체, 혹은 존재나 개체. 여기서는 우리 인간 개인을 말함

6장 신화-문자적 앰버/황색 단계

1. 그레이브스와 스파이럴 다이내믹스는 이 단계를 '절대적absolutistic'에 더해 '성자 같은saintly' 단계라고 말한다. 성자 같은은 앰버 발달 단계의 신화적, 근본주의적 성격에서 나오는 종교를 정확하게 반영하는 말이다. 그런데 그레이브스는 거의 모든 영성이 이 단계에서 나온다고 생각했다. 왜냐하면 영성의 진정한 핵심인 깨어남에 완전히 무지했기 때문이다. 그레이브스는 영성을 (성장에 있어) 가장 낮은 단계의 영적 지능, 즉 신화적 단계의 영적 지능과 동일시하면서 합일(깨어남)의 영적 경험을 무시했다. 따라서 진정한 깨어남을 포함하는 영성의 진정한 핵심을 놓쳤다. 그리고 신화-문자적 단계보다 두세 단계 더 높은 단계(즉 합리적 단계, 다원적 단계, 통합적 단계)의 영적 지능이 해석하는 깨어남도 놓쳤다. 그렇게 그레이브스와 스파이럴 다이내믹스는 영성을 도살했다.

하지만 그건 그레이브스의 잘못이 아니다. 거의 모든 교육받은 서양인들이 그레이브스처럼 영성이란 곧 근본주의 종교를 뜻하고 따라서 신화적 단계의 소산이라고 믿는다. 이것은 근대와 탈근대 세상에서 영성에 가해진 재난이었고, 미래의 종교가 즉시 바로잡아야 할 점이다.

모든 종교의 근본주의적이고 신화-문자적 측면들은 분명 앰버 단계에서 나온 것이 맞다. 그레이브스가 이 단계를 '절대적'이라고 한 것은 옳았다. 이 단계는 종교적인 진실이든 아니든 자신이 절대적인 진실을 소유하고 있다고 확신한다. 종교에 대해 말하는 사람들 대부분이 실제로 이 신화적 단계에 대해서 말하는 것이고, 따라서 영성의 다른 다양한 측면들이 모두 성장의 낮은 단계를 의미하는 것으로만 붕괴되고 축소되었다. 따라서 그레이브스가 이 단계를 '성자 같은'이라고 한 것도 완전히 이해할 수 있다. 하지만 깨어남과 성장을 구분하고 영적 지능의 더 높은 단계들(합리, 다원, 통합 단계)을 인식할 때 우리는 모든 종교가 절대적 근본주의를 포기하게 만들 수 있고, 더 진실하고 더 깊고 더 높은 차원들로 나아가게 만들 수 있다. 그럼 그레이브스 체계 내 이 성자 같은 단계는 더 이상 모든 종교를 지시하지 않고, 초기 앰버 신화 단계를 통과해 성장하고 진화하지 못한 종교만 지시하게 될 것이다.

7장 근대-합리적 오렌지색 단계

1. Mary-Alice Jafolla and Richard Jafolla, *The Simple Truth* (Unity Village, MO: Unity, 1999).

2. 이런 해석은 매우 유용한 연습이 될 수 있다. 발달의 모든 단계가 그 전 단계를 '초월하고 포함하므로' 전 단계(신화적 단계)에서 어떤 심오한 '부분적 진실'을 발견할 수 있다. 발달은 각 단계의 '부분적 진실'을 천천히 추가하는 과정이다. 발달의 각 단계는 그것만의 방식으로 세상과 교류하고 세상을 해석하며, 신화적 단계도 그렇게 신화적 방식으로 세상을 해석하는데, 여기서 그 해석은 매우 문자적인 해석이다. '부분적 진실'이 합리적인 다음 단계에 의해 뒤이어 해석될 때는 이제 합리적인 방식으로 해석된다.

그 해석은 합리적 단계에서는 정말로 맞는 해석이지만 그 부분적 진실은 합리적 형식에서 시작된 것이 아니라 신화-문자적 형식에서 시작된 것이다. 물론 여전히 부분적 진실이지만 말이다. 그리고 그것이 더 높은 합리적 형식 안에서 해석될 때 유용할 수 있다. 각 단계는 '초월하고 포함하기' 때문이고, 발달은 발달의 모든 단계의 부분적 진실들이 모인 것이기 때문이다. 따라서 낮은 신화적 진실에 대한 합리적인 더 높은 해석이 깊은 사고로 조심스럽고 심오한 방식으로 이루어진다면, 그 더 높은 합리적 단계에 있는 개인들에게 도움이 될 수 있다. 단 그런 합리적인 해석을 그 신화 자체의 원래 형식이나 의미와 혼동하지 않는다면 말이다. 이는 다양한 '실존적 진실들Existential Truths'[*], 즉 모든 발달 단계의 개인들에게 사실인 경향이 있는 진실들(물론 각 단계마다 다르게 해석된다.)에서 특히 그렇다. 따라서 '인간은 신의 형상으로 태어난다.' 같은 진실은 심오하고 실존적인 진실이지만 신화적 단계에 가졌던 의미를 가질 것이다. 이 신은 신화적 단계의 신화적 신을 의미한다. 합리적 단계에서 '인간이 신의 형상으로 태어난다.'는 여전히 실존적 진실이지만 이제 신은 합리적, 보편적, 세계 중심적 존재이고 이는 신화적 단계에서 의미했던 것이 아니다. 예를 들어 창세기에서 신이 모든 인간이 신의 형상으로 태어난다고 말한 바로 뒤에, 이 확언은 그 보편성을 상실한다. 사실 창세기 후부터 신은 노예제도, 살인, 대학살, 강간을 비롯한 모든 종류의 민족 중심적

---

[*] 혹은 존재 진리 혹은 실존론적 진리

인 행위들을 촉진하는데, 이것은 오렌지색 신이 아니라 앰버의 신이다. 따라서 발달의 단계들 사이에는 언제나 실존적 진실의 미끄러짐이 일어난다.(합리적 진실도 발달의 더 높은 비전-논리적, 통합적 단계에 의해 또다시 통합적인 용어들로 해석되면서 같은 문제를 겪게 될 것이다.) 여기서 나는 신화의 의미에 대한 합리적인 해석에 대한 통합적 해석을 내리고 있는 것이다.

3. C. G. Jung, *Analytical Psychology: Its Theory and Practice* (New York: Vintage, 1970), 110.

4. 투리야 혹은 네 번째 상태는 가장 높은 상태가 아니다. 가장 높은 다섯 번째 상태는 투리야티타 상태인데 여기에는 그만한 이유가 있다. 왜냐하면 투리야는 완전히 규정할 수 없지 않기 때문이다. 투리야는 이원성이 최초로 발생한 상태로 영을 논외로 치면 현현, 착각, 마야, 동굴 벽의 그림자일 뿐인 이 세상의 시작이다. 전통들은 투리야 혹은 목격이 주체와 객체가 분화된 이원성, 그 최초의 집이라고 말한다. 투리야는 상대적인 주체와 상대적인 객체를 포함하는 절대적 주관성Absolute Subjectivity이지만 여전히 세상에서 한 걸음 물러나 철저한 주관성 혹은 개인성으로 그 세상을 목격한다. 통합 메타 이론은 투리야가 개인과 집단의 분화, 즉 두 번째 이원성의 집임도 밝힌다. 이 두 이원성이 모여 사분면을 낳는다. 따라서 투리야 혹은 목격은 정말로 절대적이거나 궁극적 상태이지만 주관성(그리고 개인성)이 가미되어 있고 바로 이 때문에 가장 높은 상태가 되지 못한다. 이 두 이원성을 초월하는 투리야티타는 순수한 비이원 상태이다. 하지만 실질적인 수행을 놓고 보면 투리야는 규정 불가하고 확실히 모든 것을 철저히 포함하니 따라서 두 주요 '궁극적 상태'에 속한다.

5. 근대와 탈근대의 수많은 똑똑한 사람들(예를 들어 실리콘 밸리 사람들)이 불교를 택하고 마음챙김 명상을 하는 이유가 바로 불교가 '합리적인 종교'이기 때문이다. 불교에는 견뎌 내야만 하는 당혹감을 주는 신화들이 없다. 모든 신화-문자적 종교들을 혐오하는 것처럼 보이는 저명한 신무신론자 샘 해리스도 30년 동안이나 불교 명상을 수행했고 심지어 『깨어남 Waking Up』이라는 책까지 썼다.(이는 그의 추종자들이 항상 잊어버리는 듯한 사실이다.)

6. 범신론Pantheism은 현현한 전 우주를 영 혹은 신/여신과 동일시하는 영적 세계관으로 '생명의 위대한 그물'을 논한다. 이 관점은 신화적 관점이 거부되자, 즉 신

화적 신이 거부되고 영적 자연이 그 자리를 대체했을 때 영적 지능에 의해 채택된 관점이다. 범신론은 그 추종자로 하여금 양자역학, 시스템 이론 같은 선도적인 과학을 이용해 자신들의 영적 세계관을 강화하게 한다. 범신론에서 구원은 전체론 Holism과 동일시되고, 고립되고 '죄로 가득한' 삶은 파편/분열과 동일시된다. 따라서 단일한 홀니스라는 실재의 단일성을 보는 것이 범신론의 일반적인 목표이다.

신학자들은 대부분 범신론을 강하게 거부한다. 범신론이 모든 존재의 바탕 없는 바탕Groundless Ground of All Being, 그 완전한 비현현의 무한한 바탕에 대해서는 전혀 언급하지 않기 때문이다. 여기서 무한한infinite이란 유한한 것들의 총합만이 아니라 유한한 것을 진정으로 초월하는 어떤 것, 그래서 진정으로 초월적인 어떤 것을 의미한다. 요약하면 범신론은 원인의 비형상, 혹은 투리야의 공, 혹은 투리야티타의 비이원을 인식하지 않고 모른다. 범신론은 진정으로 초월적인 영이 아니라 즉각적인 영을 말한다. 따라서 이 신학자들에 따르면 범신론은 현현한 우주의 부적당함을 초월하는 어떤 것(혹은 자유)에도 가닿지 못한다. 범신론적 영 자체가 현현한 우주의 총합이기 때문에 그 현현한 우주로부터의 자유를 제공할 수 없는 것이다.

범신론과 반대로 초월적 영과 즉각적 영 둘 다 포함하고자 하는 것이 내재신론 內在神論, Panentheism(추가된 철자 en이 '내in'를 의미한다.)이다. 이 이름 자체가 '모든 것 안에 신' 혹은 '신 안에 모든 것'을 의미한다. 나는 내재신론의 일반적인 주장들에 동의하지만 한 가지 중요한 점을 짚고 넘어가고자 한다. 우리는 궁극적 실재로 진정으로 깨어났든 아니든, 내재신론이 사실이라고 믿거나 생각할 수 있다. 당신이 오랜지 영적 지능 단계에 있고 깨어남 경험을 조금도 해 본 적 없어도, 내재신론의 철학적 관점을 포용할 수 있는데, 이 차이는 분명히 기억해야 한다.* 어쨌든 진정한 깨어남 경험을 할 때 당신의 영적 지능이 그 경험을 내재신론적으로 (혹은 진화적 내재신론적으로) 해석할 수 있다.(통합적 내재신론적으로 해석하면 더 좋다.) 특히 터콰이즈 통합적 단계나 이보다 더 높은 단계에 있다면 이런 해석은 매우 적절하다.

범신론과 내재신론 사이의 또 다른 차이점이 범신론에는 깨어남이 없다는 것

---

* 그래야 영적 지능과 영적 경험을 혼동하지 않는다.

이다. 범신론은 성장, 열림, 정화, 드러냄만 포함한다. 이는 모두 유한하고 상대적인 영역에 해당하는 상대적인 진실들이다.(그리고 범신론은 이런 상대적인 진실들을 영과 동일시한다.) 이들 중에 깨어남처럼 궁극적 실재를 포함하는 것은 아무것도 없다. 따라서 나는 상대적인 진실에 관해서라면 범신론에 완전히 동의하지만 범신론에는 모든 존재의 바탕, 그 무한하고 궁극적인 진실로의 깨어남이 없기 때문에 이 부분에서 나는 (다른 모든 범신론 비판자들처럼) 선을 그을 수밖에 없다. 다시 말해 나는 범신론의 부분적 진실에는 동의한다. 범신론은 내재신론이 그러하듯 더 완전하고 진정으로 더 온전하고 포괄적인 진실을 위해 충분히 멀리 가지는 않는 것이다.

7. Alfred North Whitehead, *Process and Reality: An Essay in Cosmology*, ed. David Ray Griffin and Donald W. Sherburne (New York: Free Press, 1978), 28.

8. 퍼스는 윌리엄 제임스와 동시대를 살았다. 퍼스가 실용주의 철학을 완성한 직후 제임스가 실용주의 용어를 빌려 실용주의의 선도적인 옹호자가 되었다. 그런 제임스가 못마땅했고 그가 자신의 아이디어를 '빌린' 것에 조금 화가 난 퍼스는 자신의 프래그머티즘Pragmatism를 프래그머티시즘Pragmaticism으로 바꾸었다. 후자는 그의 말에 따르면 "너무 추해서 도둑질하고 싶지 않은 용어"이다.

8장 탈근대-다원적 그린 단계

1. 그레이브스는 이 두 번째 층으로의 전환을 "의미의 믿을 수 없이 깊은 골이 메워지는 것", "중대한 도약"이라고 했고, 나는 이것을 '의미의 기념비적인 도약'이라고 바꾸어 말한다.

9장 포괄적-통합적 터콰이즈/청록 단계

1. 내가 말하는 "진화에 있어 가장 선구적"에는 서로 조금 다른 일반적인 의미 두 가지가 있다. 첫째, 선구적 단계는 인구의 10퍼센트 이상이 도달한 단계이다. 인구의 10퍼센트가 진화의 한 문화적 단계에 도달할 때 티핑 포인트가 발생하고 그 선구적 가치들이 문화 전반에 흡수되는 경향을 보인다. 따라서 이 단계가 그런 전환이 일어난 시대를 지칭하게 된다. 예를 들어 인구의 10퍼센트가 오렌지 합리

문화에 도달하게 되면 그 시대는 '합리적 시대'라고 불리게 되고, 인구의 10퍼센트가 그린의 탈근대 문화에 도달하게 되면 그 시대는 '탈근대'라 불리게 된다.

둘째, 선구적 단계는 성장에 있어 지금까지 도달한 가장 높은 단계, 즉 인구의 10퍼센트가 도달하기 전인 진화의 최첨단을 의미한다. 따라서 오늘날의 문화에서 그린은 첫 번째 의미에서 가장 선구적 단계이고(현재 인구의 약 23~25퍼센트가 그린 단계에 있다.) 통합(교차 패러다임적 터콰이즈) 단계는 두 번째 의미에서 선구적 단계이다.(현재 인구의 약 0.5~2.0퍼센트가 통합 단계에 있다.)

2. Hanzi Freinacht, *The Listening Society—A Metamodern Guide to Politics*, Book One (n.p.: Metamoderna, 2017), 181.

3. Freinacht, 182.

4. 따라서 '영이 무엇인가?' 혹은 '신은 존재하는가?'에 대한 유일하게 정확한 대답이 '사토리를 얻어서 스스로 알아내라.'라고 할 때 이는 충분히 진실한 표현이다. '사토리를 어떻게 얻느냐?'라고 묻는다면 '지적 지도'를 쓸 수 있다. 지적 지도가 곧 영 혹은 궁극적 단일 의식을 스스로 직접 경험하기 위해 당신이 할 수 있는 것들에 대한 설명이기 때문이다. 당신 스스로 직접 사토리를 경험해 '메타포적인' 말에서 직접적인 경험으로 옮겨 가라는 말이다. 이것이 이 책 후반부에서 일련의 지적 지도들로 우리가 할 일이다.

10장 정화와 그림자 치료

1. 1-2-3 분리 과정으로 창조되지 않은 그림자 제재의 몇 가지 유형이 있다. 이런 유형에는 3-2-1 과정이 도움되지 않을 것이다. 발달 스펙트럼의 양극단에서 형성된 그림자 제재가 여기에 해당된다. 예를 들어 발달 초기에 발생하는 일부 그림자 제재들은 자아 경계 밖으로 밀려나는 제재들이 아니라, 오히려 자아 경계의 생성 중 만들어지는 문제들과 관계한다. 예를 들어 경계성 장애와 나르시시즘 장애가 그렇다. 이런 장애들은 스스로 치료할 수 없고, 보통 전문가의 도움이 필요하다. 하지만 이런 문제는 상대적으로 매우 드물다. 당신이 갖고 있는 큰 그림자 문제는 3-2-1 과정으로 잘 해결할 수 있는 수준일 가능성이 높다. 그리고 3-2-1 과정이 단지 기술의 하나임을 알기 바란다. 즉 다른 많은 그림자 치료 기술들과

함께 이용할 수 있다. 하지만 3-2-1 과정은 특히 효과가 좋은 기술이므로 이 연습만 한다고 해도 큰 도움이 될 것이다.

2. 성장의 높은 단계들에서도 그림자 제재를 만들어 낼 수 있다. 특히 막 나타나기 시작한 새로운 단계에(그것이 오렌지든 그린이든 통합이든) 잘 적응하지 못할 때 그렇다. 자신의 오렌지 혹은 그린의 성질들을 투사하는 일은 매우 흔하다. 하지만 어떤 경우든 여기 나의 지시들을 따라가 보기를 바란다.

3. 내가 이 3-2-1 과정에 도달하게 된 것이 실제 프로이트의 말("그것It이 있는 곳이 내I가 되어야 한다.") 때문은 아니었다. 물론 그 말이 도움이 되긴 했으나 나는 프리츠 펄스Fritz Perls의 모든 치료 기록을 분석하는 것으로 3-2-1 치료 과정에 도달했다. 프리츠 펄스는 자신이 워크숍을 진행했던 에살렌 연구소Esalen Institute에서 빅스타였는데 자신이 창안한 '게슈탈트 치료법'으로 환자들을 보았다. 게슈탈트 요법은 믿을 수 없이 빠르고 효과적이다. 펄스가 "나는 신경증을 15분 만에 치료할 수 있다."고 했던 것은 유명하다. 놀랍게도 거의 맞는 말이고, 그를 비판하는 사람들조차 대개 동의하는 말이다. 펄스는 심리 치료에 있어 분명 천재였다.

나는 그의 치료 기록을 모두 분석했는데 거의 모든 경우에 펄스는 정확히 같은 일을 하고 있었다. 펄스는 환자에게 환자의 문제를 제3자의 용어로 설명하게 했다.(예를 들어 그들은 상사를 혐오하거나 동반자와 문제가 있거나 불안감이 심하거나 우울증이거나 통제할 수 없는 강박증을 갖고 있었다.) 그다음 펄스는 환자들에게 그 문제를 빈 의자에 놓게 한 다음, 그 문제를 2인칭 '너'로 삼고 대화하게 했다. 그러면 10~15분 안에 그 방에 있는 모든 사람은, 그 환자가 자신의 무엇을 분리해 버림으로써 신경증을 갖게 되었는지 분명히 알게 되었고, 10번 중 9번은 그 증상이 확실하게 완화되었다. 마지막으로 나는 그가 따랐던 과정(나는 그가 이 과정을 분명히 이해했다고는 생각하지 않는다.)을 알아차렸고 그것을 '3-2-1 과정'으로 정리해 논문으로 발표했다. 그게 40년 전이고 그 논문이 동료 검증 후 신도록 되어 있는 학회지에 공식적으로 실은 나의 첫 논문이었다. 3-2-1 과정은 일반적인 치료 과정이지만 나는 아직도 더 나은 과정을 발견하지는 못했다.

4. 더 구체적으로 3-2-1 요법은 깨진 부분을 고치거나 치유하는 것으로, 정화의 회복적인 측면에 속한다. 정화의 발전적인 측면은 깨진 것을 고치는 것이 아니

라 이미 잘 작동하는 것을 강화하고 더 좋게 만드는 '긍정 심리학' 같은 것이다. 정화는 회복적인 측면과 발전적인 측면을 모두 포함한다. 회복적인 측면들이 거의 언제나 가장 긴급한 것들이므로, 여기 이 책에서 중점적으로 살펴본 것이다.

11장 드러냄

1. '우리'는 1인칭 복수이다. 이것은 언제나 2인칭 '너'를 포함하므로 나는 자주 둘을 합친다. 이는 이 장의 '일상의 사분면' 부분에서 더 확실히 설명할 것이다.

2. 그렇다면 이것은 환생을 포함한 모든 형태의 사후 존재가 불가능하다는 뜻일까? 죽음과 함께 물질 차원이 사라지니까? 아니다. 꼭 그렇지는 않다. 사실상 모든 전통은 의식의 모든 사후 상태를 *미세 몸* 혹은 미세한 에너지로 만들어지는 몸(혹은 미세한 물질/에너지, 이것도 우분면 실재의 한 형태이다.)이 동반한다고 본다. 미세한 에너지는 언제나 ('거친'에서 '미세한(정묘)'을 거쳐 원인 상태, 즉 미세한 에너지의 가장 미세한 상태로 이어지는) 형상 스펙트럼 안에 존재하고 의식의 모든 상태는 이 미세한 에너지 형상 스펙트럼 안에 대응체를 갖고 항상 그것과 함께 간다.(모든 좌분면 사건이 우분면 혹은 물질/에너지와 대응한다.) 이 미세한 에너지는 그것의 거친 단계뿐만 아니라 모든 단계에서 항상 의식의 외면 혹은 객관적인 측면으로 인식된다. 유체이탈 같은 의식의 초물질 상태는 모두 일종의 미세한 몸 안에서 이루어진다. 결국 의식은 항상 몸을 가진 상태로 존재하며, (거친 수준, 미세한 수준 혹은 원인 수준에서) 구현된다.(즉 모든 좌분면의 사건이 우분면의 짝 혹은 물질/에너지를 갖는다.) 따라서 당신이 환생이라는 개념을 믿는다면, '의식의 모든 상태에는 물질/에너지가 동반된다.'는 나의 주장이 곧 '어떤 미세한 **형상**Form의 물질/에너지가 함께한다.'는 의미로 자연스럽게 해석될 수 있음을 기억해 주기 바란다. 사분면은 거친 물질/에너지 짝만이 아니라 모든 미세한 물질/에너지와 모든 원인의 물질/에너지도 보여 줄 수 있다.(즉 미세한 에너지 스펙트럼의 모든 단계를 보여 줄 수 있다.) 따라서 모든 좌분면 사건들이 우분면 형상 혹은 물질적 짝을 (거친, 미세한, 원인 상태 어디서든) 갖는다는 말은 여기서도 여전히 맞는 말이 된다.

3. 궁극적 영 자체는 앞선 두 도표의 어떤 분면에서도 발견되지 않는다. 궁극적

영은 사분면이 그려져 있는 종이 위에 넓게 퍼져 있다. 종이는 모든 존재의 바탕 혹은 사분면 그림 내 모든 홀론 '안' 혹은 '기저'에 온전히 존재하는 실재를 상징하는 메타포이다. 사분면은 상대적이고 유한한 실재에 속한다. 존재의 바탕은 궁극적이고 무한한 실재이다. 혹은 비이원의 홀니스 혹은 여여이다. 이것은 앞으로 점점 더 분명해질 것이다.

4. 성세포를 제외한 모든 세포가 XY염색체를 갖는다.

5. 308쪽 도표를 보면 우분면 끝에 'SF1', 'SF2', 'SF3'가 나온다. SF는 뇌 구조 속 (홀론들인) 더 높은 '구조-기능Structure-Functions'의 약자이고 본질적으로 에로스 혹은 (그 자체로 모든 사분면에 등장하는) 우주의 자기 조직적인 충동을 일반화해서 표현한 것이다. 이 세 SF는 화이트헤드에 따르면 세 가지 '궁극의 원칙들'이다. 즉 우주의 출현과 작동에 필요한 것으로 첫째는 '하나The One'이고, 둘째는 '다수The Many'이며, 가장 흥미로운 세 번째가 '새로움으로 향한 창조적 전진The Creative Advance into Novelty'이다. 사실상 모든 현상이 홀론들(전체이자 부분 혹은 하나이자 다수)이므로 첫 두 원칙(하나, 다수) 다 홀론의 실재와 관계하고 이것으로 홀론의 존재는 설명이 된다. 화이트헤드는 나아가 존재의 모든 순간이 그 현재 순간에 의해 파악되는(혹은 그 현재의 순간 안에 포함되는) 과거의 순간으로 이루어진다고 주장하고(이것은 화이트헤드의 인과론이다.) 그 현재 순간은 앞으로 올 미래 순간에 의해 파악된다고 주장한다.(다시 말해 매 순간이 그 전의 순간을 초월하고 포함한다.) 이런 초월 배후의 동력을 통합 이론은 '에로스Eros'라고 부른다. 이것이 우주가 실제로 유지되는 방식이고 이유이다. SF 시리즈는 단지 뇌 구조-기능의 시리즈이고, 다른 모든 현상들처럼 이것들도 그 전신들을 초월하고 포함하면서 복잡성을 더한다. SF 시리즈는 또한 살아 있는 모든 유기체 내에는 작동 중인 미세한 에너지가 있고, 따라서 큰 물질인 (신피질 같은) 뇌 구조 내에도 그러함을 보여 준다. 더 미세하고 더 높은 생명 에너지의 시리즈가 더 많이 존재할 수 있고 존재할 것이다. 마지막으로 SF 시리즈는 진정한 홀니스가 증가함도 보여 준다, 모든 SF가 '초월하고 포함한다.' 파충류에서 포유류로 또 영장류 홀론으로의 진화 과정이 그랬다. 그리고 이런 홀니스의 증가는 특히 뇌 반구들의 동기화Synchronization 같은 것에서 볼 수 있다. 이것은 그 어느 때보다도 전체론적인 상태이다.

12장 열림

1. 많은 인지 신경과학자가 IQ(지능지수)를 우리가 가진 유일하게 기본적인 지능으로 본다.(이 지능지수는 대체로 인지 지능과 언어 지능이라는 두 개의 기본적인 지능을 말한다.) 하지만 이들도 인정하듯이 IQ는 전체 지능의 25퍼센트를 차지할 뿐이다. 나는 IQ가 중요하다는 것과 IQ가 전체 지능의 최소한 25퍼센트에 해당한다는 데 동의한다. 그리고 표준 IQ 테스트가 심리학이 발견한 가장 정확한 테스트임에도 동의한다. 인지 신경과학자들은 다른 다양한 지능들에 대한 요인분석*을 해 보면 IQ의 또 다른 버전(혹은 다시 말해 전체 지능의 25퍼센트 정도)이 나올 뿐이라고도 한다. 좋다. 열두 개가 넘는 지능 유형들을 요인 분석해 보면 보통 IQ(인지 지능과 언어 지능)의 변형을 보게 된다는 것이다.

하지만 그래도 IQ가 미학적 가치, 정서적 가치, 도덕적 가치, 영적 가치 등에 대한 우리 정신/마음의 상태를 말해 주지는 않는다. 이 인지 신경과학자들은 능력이나 기술을 지능과 혼동하는 경향이 있다.(예를 들어 도덕적 능력을 도덕적 지능과 혼동하는 것이다.) 아마도 다중 지능이라는 용어 자체가 인지/언어 지능에 대한 도전처럼 들려서가 아닐까 한다. 그렇게 듣는다면 다중 지능을 분석할 때 다중 지능이 인지/언어 지능으로 축소될 것이다. 따라서 앞서도 말했듯이 다중 지능에 대해 회의적이라면 단지 다중 능력이나 기술이나 관점 정도로 생각하면 된다. 어쨌든 당신은 도덕, 미학, 음악, 감정, 영성 등 사이에 차이가 있다고 생각할 것이고, 바로 그 실질적인 차이가 내가 다중 지능이라고 말할 때 의미하는 것이다.

13장 오늘날의 어두운 그림자들

1. 이 위기 사태에 대해 자세히 알고 싶다면 어니스트 메이Ernest R. May와 필립 젤리코Philip D Zelikow의 『캐네디 녹음 테이프The Kennedy Tapes: Inside the White House During the Cuban Missile Crisis』(Cambridge, MA: Harvard University Press, 1997)를 참조하기 바란다. 이 책을 바탕으로 한 영화가 케빈 코스트너와 브루스 그린우드가 연기한 「D-13」이다. 꽤 잘 만든 영화니 추천한다. 그때 상황이 얼마나 잔인하고 위급했는지 전체적으로 아름답게 잘 표현했다.

---

* 많은 변수를 항목화해 적은 수의 요인으로 축소하는 분석 방법

2. '엄버Umber(암갈색) 신화-합리 단계'는 진보한 민족 중심적 단계를 일컫는 말로 앰버 단계와 합리적 보편적 오렌지색 단계 사이에 해당한다. 엄버는 신화적 관념들이 대체로 제국으로의 군사적 확장을 통해 처음으로 보편-합리적인 충동들과 만나 보편적이 되고자 할 때 나타나고, 제국이 민족 국가들로 진화하는 동안 그 영향력을 계속 확장한다. 엄버는 신화적 구조들(예를 들어 그리스 도시 국가들에는 각각 다른 신들을 모셨는데 소크라테스는 그런 신들을 받아들이지 않아서 죽임을 당했다고들 한다.)에 대한 합리적 사고가 시작되는 단계이기도 하다. 엄버 신화-합리 단계는 이름 자체가 보여 주듯 오렌지 보편 합리성이 앰버의 신화적 실재들을 사고하기 시작하는 단계이다.(여기서 나는 일반적으로 하버마스의 주장을 따랐다.) 유사한 '사이 구조'로 마법-신화 단계가 있다. 완전한 마법 시대와 완전한 신화 시대 사이의 단계이다. 레드 단계는 마젠타 마법과 앰버 신화 사이에 놓인 구조이고, 마법적 실재들을 포함하는 신화적 생각들이 혼한 단계이다.

3. 하버드 교육대학 교수이자 발달 심리 분야의 석학 로버트 케건은 방대한 연구로 미국에서 '5명 중 3명이 근대(오렌지) 단계에 도달하지 못했음'을 보여 주었다. 이것은 미국 인구의 60퍼센트가 보편적-지구적 단계에 안착하지 못했다는 뜻이다.(Kegan, 『In Over Our Heads』) 세계적으로는 이런 사람들이 미국보다 조금 높은 60~70퍼센트에 이른다.

4. 기후 위기의 심각성은 전문가들에 따라 다르게 평가된다. 그래도 인류에게 남은 시간이 12년뿐이라고 생각하는 사람들을 위해 매우 반직관적인 예를 하나 들어 보자면, 기후 과학 최고의 전문가로 구성되어 있고 파리기후협약을 이끈 조직 IPCCIntergovernment Panel on Climate Change(기후 변화에 관한 정부간 협의체)의 평가에 따르면 기후 온난화는 사실이고 인간에 의한 것이며 지금도 계속되고 있다. 그렇다면 얼마나 심각한가? IPCC에 따르면 2050년에는 지구 온난화로 우리가 지불해야 할 비용이 세계 GDP의 0.2~2.0퍼센트가 될 거라고 한다. 와우, 2퍼센트도 안 된다. 이것이 엄청난 재난 같지는 않지만 기후 위기에 관한 한 최고 고문 기관이라는 유엔 산하 IPCC의 결론이 그렇다. 그런데 12년보다는 긴 시간이 주어졌다고 해도 기후 위기가 우분면의 세계 중심적 기술과 그런 상황에 대한 좌분면의 부적당한(즉 덜 세계 중심적인) 반응 때문이라는 사실은 변하지 않는데, 이것이 바로

내가 말하고자 하는 요지이다.

5. Robert Kegan and Lisa Laskow Lahey, *An Everyone Culture* (Boston: Harvard Business Review Press, 2016), 242.

6. Kegan and Laskow Lahey, 161.

7. Alan Watkins and Ken Wilber, *Wicked and Wise: How to Solve the World's Toughest Problems* (Chatham, UK: Urbane Publications, 2015)을 보라.

8. 인지 라인에서 오렌지색 단계의 도래는 체계들을 알아차리는 능력을 불러왔고, 따라서 오렌지는 인간 발달의 첫 세계 중심적 혹은 지구적 단계가 된다. 그리고 보편적 권리와 자연의 체계 같은 것에 지대한 관심을 보인다. 그린은 더 높은 '시스템의 시스템' 혹은 '메타 시스템' 단계이다. 따라서 그린은 근대 오렌지 체계들을 반성하고 비판적으로 사고하는 능력이 있으며, 이것이 탈근대를 불러온다. 두 번째 층인 통합 단계의 도래는 '시스템의 시스템의 시스템'을 볼 수 있게 하고, 이는 모든 것을 매우 포괄적이고 포용적이고 통합적으로 포함하는 (패러다임적이고 교차패러다임적인) 놀라운 능력을 선사한다.

9. 부의 불공정성에 대한 나의 우려는 절대 지나치지 않다. 예를 들어 퍼스널 컴퓨터를 '발명'한 스티브 잡스는 억만장자가 되었지만, 지역 농부들의 돈을 훔쳐서 그렇게 된 것은 아니었다. 사실 농부들이 컴퓨터를 써서 더 많은 돈을 벌었으니 잡스는 농부들을 도운 것이다. 인간은 서로 다른 다양한 능력과 관심사를 갖고 태어나기 때문에 모두가 완전히 같은 결과를 내는 것은 그런 다양성을 억압할 때만 가능해진다. 그러므로 다양성과 불평등은 자연스럽게 일어날 수밖에 없다. 하지만 어떤 것이 어느 순간 엄청나게 커질 때 그것은 스스로 생명을 얻어 그 자체로 악이 될 수도 있다. 내가 볼 때 단 5명의 부자가 경제적으로 하위권에 속하는 50퍼센트 세계 인구가 가진 만큼 가졌다면, 그 순간이 온 것이다.

14장 근대성이라는 악몽

1. Arthur Lovejoy, *The Great Chain of Being* (Cambridge, MA: Harvard University Press), 26.

2. Lovejoy, 184.

3. Lovejoy, 211.

4. Pascal, quoted in Lovejoy, *The Great Chain of Being*, 128.

15장 깨어남

1. 정확히 말하면, 당신은 '그림 전체' 그 자체는 아니다. 왜냐하면 이 그림 전체는 순수한 무형상의 비현현 상태로 완전히 사라질 수 있으며, 그렇게 그림 전체가 객관적으로 사라진 상태에서도 당신은 여전히 그 상태와 완전히 하나가 될 수 있기 때문이다. 현현된 그림 전체를 궁극적 실재와 동일시하는 것은 범신론이며, 여기서 말하는 것은 비이원론이다. 하지만 이 그림 전체는 우리가 '깨어 있는 상태'에서는 항상 나타나므로, 바로 이곳이 당신이 출발해야 할 지점이다. 이 그림 전체를 완전히 '목격하는 것'이 첫 번째 단계다.

2. Schrödinger, *My View of the World* (Cambridge, UK: Cambridge University Press, 1964), 22.

3. Wittgenstein, *Tractatus*, prop. 6.4311.

4. 정확하게 말하면 투리야티타(비이원, 깨어난 의식)가 유일한 궁극적 상태이고, 이미 항상 그렇게 실재하는 유일한 상태이다. 하지만 비이원 의식의 본래적인 차원인 앎의 측면(즉 투리야)도 이미 항상 그렇게 실재한다. 앎의 측면이 홀로 떨어져 나올 때 그것은 아는 자, 목격자, 참나로 나타난다. 즉 독립된 네 번째 상태인 투리야로 나타난다. 그리고 이 상태는 바로 그래서 궁극적인 상태가 아닌 상대적인 상태로 인식될 수도 있다. 하지만 이 앎의 부분은 정말로 비이원 의식의 내재적인 부분, 측면이나 차원이고 비이원 의식처럼 항상 존재하며, 따라서 전통들은 투리야/목격을 투리야티타와 함께 절대적/궁극적 상태라고 말한다. 그래도 목격 자체가 비이원의 여여 혹은 일미만큼 높은 상태는 아니다. 진정으로 궁극적인 상태는 '자아(참나든 작은 나든)'의 모든 감각이 비이원의 단일한 여여 혹은 깨어남의 홀니스 속으로 빈틈없이 사라지는 상태이다. 하지만 목격과 일미(투리야와 투리야티타) 둘 다 여전히 궁극적 상태에 해당한다. 둘 다 기본적으로 정말로 항상 존재하고 모든 것을 포함하기 때문이다. 투리야는 참나-조건이지 완전한 비이원 조건은 아니기 때문에 예를 들어 목격 상태 내에서 경험될 수 있고 이것이 둘이 나눠진 유일한 이유이다. 그리고 비이원 이전의 초기 전통들 대부분이 자주 투리야를 우리가 도달할 수 있는 가장 높은 상태라고 보았다. 비이원 전통이 생겨났을

때 그 이전의 전통들은 보통 늘 그렇듯이 투리야 상태가 투리야티타 상태의 내재적인 부분(보는 부분)임을 깨달았다. 그런 깨달음은 투리야 상태만 의식할 때는 일어날 수 없고, 그래서 비이원 이전의 모든 전통들이 알 수 없었던 것이다.

16장 목격과 일미 지적

1. Erwin Schrödinger, *What Is Life? Mind and Matter* (Cambridge, UK: Cambridge University Press, 1967), 89.

2. Douglas E. Harding, *On Having No Head: Zen and the Rediscovery of the Obvious* (Carlsbad, CA: InnerDirections Publishing, 2002).

3. Chögyam Trungpa, *Journey without Goal: The Tantric Wisdom of the Buddha* (Boston: Shambhala Publications, 1981), 136.

17장 깨달음의 느낌들

1. Abraham Maslow, *Religions, Values, and Peak Experiences* (New York: Penguin, 1970), xi.

19장 통합 성 탄트라 수행

1. 이 연습에 대한 설명은 탄트라 수행에 대한 웬만한 책들 거의 모두에서 찾아볼 수 있다. 그중에서도 나는 특히 데이비드 데이다David Dieda의 책들을 추천한다. 거기에는 다섯 번째 단계로 깊이 깨달은 데이다의 개인적인 경험이 직접적으로 잘 녹아 있다.

옮긴이 | 추미란

인도 역사와 철학을 공부했고 현재 독일에 거주하며 독일어, 영어 출판 전문 기획 및 번역가로 활동하고 있다. 자기계발, 철학, 역사, 심리, 명상, 종교, 뉴에이지, 정신세계, 건강, 뇌과학, 환경 분야 책을 60여 권 번역했다. 옮긴 책으로 『당신도 초자연적이 될 수 있다』, 『자각몽 또 다른 현실의 문』, 『원네스』, 『다시 아이를 키운다면 뇌과학부터』, 『삶과 사랑에 빠진 아이처럼』, 『모기가 우리한테 해준 게 뭔데?』, 『나는 선량한 기후파괴자입니다』, 『내 머릿속에서 이 생각 좀 치워주세요』, 『당신이 플라시보다』, 『소울 마스터』, 『전쟁하는 세상』, 『평화 만들기 101』, 『소크라테스, 붓다를 만나다』, 『보통의 깨달음』, 『어느 날 갑자기 무기력이 찾아왔다』 등이 있다.

빅 홀니스

1판 1쇄 찍음 2025년 8월 8일
1판 1쇄 펴냄 2025년 8월 21일

지은이 | 켄 윌버
옮긴이 | 추미란
발행인 | 박근섭
책임편집 | 강성봉
펴낸곳 | 판미동

출판등록 | 2009. 10. 8 (제2009-000273호)
주소 | 06027 서울 강남구 도산대로 1길 62 강남출판문화센터 5층
전화 | 영업부 515-2000 편집부 3446-8774 팩시밀리 515-2007
홈페이지 | panmidong.minumsa.com

도서 파본 등의 이유로 반송이 필요할 경우에는 구매처에서 교환하시고
출판사 교환이 필요할 경우에는 아래 주소로 반송 사유를 적어 도서와 함께 보내주세요.
06027 서울 강남구 도산대로 1길 62 강남출판문화센터 6층 민음인 마케팅부

한국어판 © ㈜민음인, 2025. Printed in Seoul, Korea
ISBN 979-11-7052-628-5 03180

판미동은 민음사 출판 그룹의 브랜드입니다.